A Literatura no Brasil

Afrânio Coutinho

Foi professor, fundador, diretor, organizador da
Faculdade de Letras da Universidade Federal
do Rio de Janeiro (UFRJ).

Criou e presidiu a Oficina Literária Afrânio Coutinho (OLAC),
localizada em sua residência,
com uma biblioteca de 100 mil volumes.

Afrânio Coutinho

DIREÇÃO

Eduardo de Faria Coutinho

CODIREÇÃO

A Literatura no Brasil

1 *Introdução*

global
editora

© Afrânio dos Santos Coutinho, 1996

8ª Edição, Global Editora, São Paulo 2023

Jefferson L. Alves – diretor editorial
Jiro Takahashi – editor executivo
Flávio Samuel – gerente de produção
Jefferson Campos – assistente de produção
Victor Burton – capa
A2 Comunicação – projeto gráfico e diagramação
Danilo David – arte-final

Dados Internacionais de Catalogação na Publicação (CIP)
(Câmara Brasileira do Livro, SP, Brasil)

A Literatura no Brasil : introdução : volume I : parte 1 : generalidades / direção Afrânio Coutinho ; codireção Eduardo de Faria Coutinho. – 8. ed. – São Paulo, SP : Global Editora, 2023. – (A literatura no Brasil ; 1)

ISBN 978-65-5612-380-6 (obra completa)
ISBN 978-65-5612-362-2

1. Literatura brasileira - História e crítica

I. Coutinho, Afrânio. II. Coutinho, Eduardo de Faria. III. Série.

22-130482 CDD-B869.09

Índices para catálogo sistemático:
1. Literatura brasileira : História e crítica   B869.09

Eliete Marques da Silva - Bibliotecária - CRB-8/9380

Obra atualizada conforme o
NOVO ACORDO ORTOGRÁFICO DA LÍNGUA PORTUGUESA

global editora

Global Editora e Distribuidora Ltda.
Rua Pirapitingui, 111 — Liberdade
CEP 01508-020 — São Paulo — SP
Tel.: (11) 3277-7999
e-mail: global@globaleditora.com.br

- globaleditora.com.br
- @globaleditora
- /globaleditora
- @globaleditora
- /globaleditora
- /globaleditora
- blog.grupoeditorialglobal.com.br

Direitos reservados.
Colabore com a produção científica e cultural.
Proibida a reprodução total ou parcial desta obra sem a autorização do editor.

Nº de Catálogo: **2041**

"Tudo pelo Brasil, e para o Brasil."
Gonçalves de Magalhães

"Since the best document of the soul of nation is its literature, and since the latter is nothing but its language as this is written down by elect speakers, can we perhaps not hope to grasp the spirit of a nation in the language of its outstanding works of literature?"
Leo Spitzer

"Não há dúvida que uma literatura, sobretudo uma literatura nascente, deve principalmente alimentar-se dos assuntos que lhe oferece a sua região; mas não estabelecemos doutrinas tão absolutas que a empobreçam. O que se deve exigir do escritor, antes de tudo, é certo sentimento íntimo, que o torne homem do seu tempo e do seu país, ainda quando trate de assuntos, no tempo e no espaço."
Machado de Assis

Este tratado de história literária complementa a Enciclopédia de Literatura Brasileira, *dirigida por Afrânio Coutinho e J. Galante de Sousa.*
　　　　　　　　São Paulo, agosto de 1997

SUMÁRIO

A LITERATURA NO BRASIL

VOLUME 1

PLANO GERAL DA OBRA (Seis volumes).............................. VIII
NOTA DA EDITORA (à 4ª Edição)................................... XXI
NOTA DA EDITORA (à 3ª Edição)................................... XXII
NOTA DO EDITOR (à 2ª Edição).................................... XXIII
DADOS BIBLIOGRÁFICOS DE AFRÂNIO COUTINHO.............. XXV
DADOS BIBLIOGRÁFICOS DE EDUARDO DE FARIA COUTINHO ... XLV

PRELIMINARES

PREFÁCIO DA PRIMEIRA EDIÇÃO (1955)............................... 4
PREFÁCIO DA SEGUNDA EDIÇÃO (1968)............................... 59
PREFÁCIO DA TERCEIRA EDIÇÃO (1986) 114
PREFÁCIO DA QUARTA EDIÇÃO (1997) 115
BIBLIOGRAFIA 116

1. LITERATURA BRASILEIRA (Introdução) 128

PRIMEIRA PARTE
GENERALIDADES

2. O PANORAMA RENASCENTISTA 162
3. A LÍNGUA LITERÁRIA.. 170
4. O FOLCLORE: LITERATURA ORAL E LITERATURA POPULAR..... 183
5. A ESCOLA E A LITERATURA 194
6. O ESCRITOR E O PÚBLICO 220
7. A LITERATURA E O CONHECIMENTO DA TERRA 232
8. GÊNESE DA IDEIA DE BRASIL.................................. 243
9. FORMAÇÃO E DESENVOLVIMENTO DA LÍNGUA NACIONAL
   BRASILEIRA 259
BIBLIOGRAFIA DA LITERATURA BRASILEIRA E
   ASSUNTOS AFINS... 384

PLANO GERAL DA OBRA
(Seis volumes)

VOLUME 1

PRELIMINARES

Prefácio da Primeira Edição (1955)
A questão da história literária. A crise de métodos. Conceitos. Relações com a crítica. Métodos histórico e estético. Tipos de história literária. A periodização. Conceito de geração. Comparação entre as artes. Historiografia e estilística. Estilo individual e estilo de época. Periodizações brasileiras. Definição e caracteres da literatura brasileira. Influências estrangeiras. Conceito, plano e caracteres da obra.
Afrânio Coutinho

Prefácio da Segunda Edição (1968)
Revisão da história literária. Conceito literário da obra. Que é estético. A obra literária em si. Estética e Nova Crítica. Periodização por estilos literários. História literária é trabalho de equipe. Conciliação entre a História e a Crítica. História e Literatura. Autonomia Literatura. Literatura e vida. Arte e social. A Crítica e o problema do Método. O método positivo. A Crítica não é gênero literário. A Nova Crítica. Para a crítica estética. Equívocos sobre a Nova Crítica. Forma e conteúdo.

Espírito profissional. Princípios no Princípio. Concepção estilística. O demônio da cronologia. Vantagens da periodização estilística. O início da literatura brasileira. Literatura colonial. O Barroco. Bibliografia.
Afrânio Coutinho

Prefácio da Terceira Edição (1986)
Encerramento do Modernismo e início do Pós-Modernismo. As vanguardas. Novos rumos da Literatura Brasileira. Autonomia e Identidade Literárias.
Afrânio Coutinho

Prefácio da Quarta Edição (1997)
1. LITERATURA BRASILEIRA
   (INTRODUÇÃO)
Origem. Barroco. A literatura jesuítica. Neoclassicismo, Arcadismo, Rococó. Nativismo. Romantismo. Realismo-Naturalismo. Parnasianismo. Simbolismo. Impressionismo. Regionalismo. Sincretismo e transição. Modernismo. Gêneros Literários. Lirismo. Ficção. Teatro. Crônica. Crítica. Outros gêneros. Caráter do nacionalismo brasileiro.
Afrânio Coutinho

Primeira Parte
GENERALIDADES

2. O PANORAMA RENASCENTISTA
Que é o Renascimento. Mudanças operadas. O humanismo em Portugal.
Hernâni Cidade

3. A LÍNGUA LITERÁRIA
A transplantação da língua portuguesa e a expressão literária no Brasil-colônia. A consolidação de uma norma linguística escrita. A feição brasileira da língua portuguesa e os movimentos literários: a polêmica nativista no Romantismo; a posição dos escritores e o purismo dos gramáticos no Realismo-Naturalismo; a língua literária no Modernismo e sua plenitude e maturidade pós-modernista.
Wilton Cardoso

4. O FOLCLORE: LITERATURA ORAL E LITERATURA POPULAR
Colheita e fontes da literatura oral. Importação europeia. Os contos. As lendas e os mitos. A poesia. O desafio. A modinha. Os autos populares. Os jogos infantis. A novelística.
Câmara Cascudo

5. A ESCOLA E A LITERATURA
A educação na história da literatura. O ensino colonial. Missionários e civilizadores. O aprendizado da língua. Meios de transmissão de cultura. Escola humanística. D. João VI. Ensino superior. Tradição literária do ensino.
Fernando de Azevedo

6. O ESCRITOR E O PÚBLICO
A criação literária e as condições da produção. Literatura, sistema vivo de obras. Dependência do público. Diversos públicos brasileiros. Literatura e política. Nativismo e associações. Indianismo. Independência. O Estado e os grupos dirigentes. Escritor e massa. Tradição e auditório.
Antonio Candido

7. A LITERATURA E O CONHECIMENTO DA TERRA
Literatura de ideias e literatura de imaginação. Literatura ufanista. Retratos do Brasil. Política e letras. Modernismo e folclore. Nacionalismo linguístico.
Wilson Martins

8. GÊNESE DA IDEIA DE BRASIL
A descoberta do mundo novo aos olhos dos europeus renascentistas. Pero Vaz de Caminha e sua *Carta*. O mito do paraíso terrestre. A catequese dos índios. A antologia cultural e a revelação do Brasil. A exaltação da nova terra. Visão edênica. As repercussões na Europa. Primeiras descrições.
Sílvio Castro

9. FORMAÇÃO E DESENVOLVIMENTO DA LÍNGUA NACIONAL BRASILEIRA
Período de formação. Pontes culturais. Os jesuítas. Humanismo novo-mundista. Os indígenas. Processos linguísticos. Consolidação do sistema: séc. XVII. A reação lusófila: Pombal, o Arcadismo, as escolas régias, o séc. XIX. O Modernismo e a língua brasileira. Enfraquecimento da norma gramatical. Conclusão.
José Ariel Castro

VOLUME 2

Segunda Parte
ESTILOS DE ÉPOCA
Era barroca

10. O BARROCO
Ciclo dos descobrimentos. Quinhentismo português. Mito do Ufanismo. Caráter barroco da literatura dos séculos XVI a XVIII. O termo classicismo. O conceito da imitação. Gregório de Matos e a imitação. O primeiro escritor brasileiro: Anchieta. O Barroco, etimologia, conceito, caracteres, representantes. Barroco no Brasil. O Maneirismo.
Afrânio Coutinho

11. AS ORIGENS DA POESIA
Raízes palacianas da poesia brasileira. Anchieta. A sombra da Idade Média. Os Cancioneiros. Poesia épico-narrativa: a *Prosopopeia*. Início do Barroco. *A Fênix Renascida. Júbilos da América.* Início do Arcadismo.
Domingos Carvalho da Silva

12. A LITERATURA JESUÍTICA
O jesuíta. O teatro hierático medieval e o auto. A estética jesuítica. O Barroco. Gil Vicente. Anchieta. A língua tupi. A obra anchietana. Nóbrega.
Armando Carvalho

13. ANTÔNIO VIEIRA
Vieira brasileiro. As transformações da língua portuguesa. O estilo de Vieira. O barroquismo de Vieira. A arte de pregar. Traços estilísticos. Pensamento e estilo. Alegorismo. Antíteses. Hipérbole. Originalidade.
Eugênio Gomes

14. GREGÓRIO DE MATOS
O Recôncavo no século XVII. Barroquismo. Gregório e a sátira. Visualismo. Estilo Barroco. Caracteres Barrocos.
Segismundo Spina

15. O MITO DO UFANISMO
Aspectos do Barroquismo brasileiro. O ufanismo. Botelho de Oliveira e o Barroco. Polilinguismo. Cultismo. Estilo barroco de Botelho. Nuno Marques Pereira e a narrativa barroca.
Eugênio Gomes

Relação do Naufrágio
Cândido Jucá Filho

16. A ORATÓRIA SACRA
Importância da oratória na Colônia. O Barroquismo. Eusébio de Matos. Antônio de Sá. Características estilísticas.
Carlos Burlamáqui Kopke

17. O MOVIMENTO ACADEMICISTA
Papel das academias no movimento cultural da Colônia. Barroco acadêmico. Principais manifestações, cronologia e variedades do movimento academicista. Academia Brasílica dos Esquecidos. Academia Brasílica dos Renascidos. Academia dos Seletos. Academia Científica. Academia dos Felizes.
José Aderaldo Castelo

Era neoclássica

18. NEOCLASSICISMO E ARCADISMO. O ROCOCÓ
O Classicismo e as escolas neoclássicas. Correntes racionalistas e "ilustradas". O Brasil do século XVIII. A diferenciação e consolidação da vida na Colônia. O surgimento de novos cânones. A origem da Arcádia e a influência dos árcades italianos. A Arcádia lusitana. Os "árcades sem arcádias". O Rococó.
Afrânio Coutinho

19. A LITERATURA DO SETECENTOS
O Setecentismo: Neoclassicismo e reação antibarroca. A ideologia da época. O Iluminismo. A ideia de Natureza. O Bom Selvagem. Pré-romantismo.
António Soares Amora

20. O ARCADISMO NA POESIA LÍRICA, ÉPICA E SATÍRICA
O lirismo arcádico. O Rococó. Cláudio, Gonzaga, Alvarenga, Caldas Barbosa, Sousa Caldas; poesia narrativa: Basílio. Durão. *As Cartas Chilenas*. Melo Franco.
Waltensir Dutra

21. PROSADORES NEOCLÁSSICOS
Matias Aires, Silva Lisboa, Sotero.
Cândido Jucá Filho

22. DO NEOCLASSICISMO AO ROMANTISMO
Hipólito, Mont'Alverne, João Francisco Lisboa.
Luiz Costa Lima

VOLUME 3

Segunda Parte
ESTILOS DE ÉPOCA

Era romântica

23. O MOVIMENTO ROMÂNTICO
Origens do movimento. Definição e história da palavra. O Pré-romantismo. A imaginação romântica. Estado de alma romântico. Caracteres e qualidades gerais e formais. Os gêneros. As gerações românticas. O Romantismo no Brasil: origem, períodos, caracteres. O indianismo. Significado e legado.
Afrânio Coutinho

24. OS PRÓDROMOS DO ROMANTISMO
Início do Romantismo. O Arcadismo e o Préromantismo. A vida literária na Colônia. A era de D. João VI: a renovação cultural nos diversos aspectos. José Bonifácio. Borges de Barros. A imprensa. As revistas literárias. Maciel Monteiro. Gonçalves de Magalhães.
José Aderaldo Castelo

25. GONÇALVES DIAS E O INDIANISMO
Gonçalves Dias e o Romantismo. O Indianismo: origem e diversos tipos. O lirismo gonçalvino. O poeta dramático e o poeta épico. Linguagem poética. Intenções e exegese. A poética de Gonçalves Dias. Originalidade e influências. *Sextilhas de Frei Antão*. Prosa poemática. Contemporâneos e sucessores. Bittencourt Sampaio, Franklin Dória, Almeida Braga, Bruno Seabra, Joaquim Serra, Juvenal Galeno.
Cassiano Ricardo

26. O INDIVIDUALISMO ROMÂNTICO
Ultrarromantismo e individualismo lírico. Álvares de Azevedo. Imaginação, psicologia, subjetivismo. O byronismo. Junqueira Freire, Casimiro de Abreu, Fagundes Varela,

Bernardo Guimarães, Aureliano Lessa, Laurindo Rabelo, Francisco Otaviano.
  Álvares de Azevedo (*Eugênio Gomes*)
  Junqueira Freire (*Eugênio Gomes*)
  Casimiro de Abreu (*Emanuel de Morais*)
  Fagundes Varela (*Waltensir Dutra*)

27. CASTRO ALVES
Antecessores. A década de 1870. Hugoanismo. Pedro Luís, Tobias Barreto, Vitoriano Palhares, Luís Delfino. A poesia e a poética de Castro Alves. Realismo. Narcisa Amália, Machado de Assis, Quirino dos Santos, Carlos Ferreira, Siqueira Filho, Melo Morais Filho. Sousândrade.
Fausto Cunha

28. JOSÉ DE ALENCAR E A
    FICÇÃO ROMÂNTICA
Romantismo e Romance. Precursores. O primeiro romance brasileiro. Lucas José de Alvarenga, Pereira da Silva, Justiniano José da Rocha, Varnhagen, Joaquim Norberto, Teixeira e Sousa, Macedo, Alencar. A obra alencariana: romances urbano, histórico, regionalista. Bernardo Guimarães, Franklin Távora, Taunay, Machado de Assis. Características estruturais do romance romântico: influências da literatura oral, do teatro, do folhetim. Características temáticas: solidão, lealdade, amor e morte, natureza, nacionalidade. Legado do romance romântico.
Heron de Alencar

29. A CRÍTICA LITERÁRIA ROMÂNTICA
Origens. O ideário crítico: sentimento da natureza; ideias da nacionalidade e originalidade: Santiago Nunes Ribeiro, Joaquim Norberto. Indianismo. Macedo Soares, José de Alencar. Definição de "escritor brasileiro". Início da historiografia literária. Literatura da fase colonial. Problema da periodização. Sociedades e periódicos. Machado de Assis crítico: sua doutrina estética, sua prática. Outros críticos.
Afrânio Coutinho

30. MANUEL ANTÔNIO DE ALMEIDA
Romantismo ou Realismo? Influência de Balzac. Obra picaresca, influência espanhola. *As Memórias* e *O Guarani*. O Romantismo dominante. Fortuna da obra.
Josué Montello

VOLUME 4

Segunda Parte
ESTILOS DE ÉPOCA

Era realista

31. REALISMO. NATURALISMO.
    PARNASIANISMO
Movimentos literários do século XIX. Critério de periodização literária. Realismo e Naturalismo. Sistema de ideias da época: o materialismo, o cientificismo, o determinismo. Estética e poética do Realismo e do Naturalismo: definição e caracteres. O Parnasianismo. Histórico da situação no Brasil. As academias. Introdução das novas correntes no Brasil.
Afrânio Coutinho

32. A CRÍTICA NATURALISTA
    E POSITIVISTA
Ideário crítico da era materialista. Fundo filosófico: Comte, Taine, Spencer. Positivismo, evolucionismo, monismo, mecanicismo, determinismo, ambientalismo, cientificismo. A geração de 70 e a renovação brasileira. A Escola do Recife. Rocha Lima, Capistrano de Abreu, Araripe Júnior, Sílvio Romero.
Afrânio Coutinho

José Veríssimo (*Moisés Vellinho*)

Outros críticos: Franklin Távora, Valentim Magalhães. A herança romeriana. A História Literária: Ronald de Carvalho, Artur Mota. João Ribeiro. Impressionismo crítico.
Afrânio Coutinho

33. A FICÇÃO NATURALISTA
Origens do Naturalismo no Brasil: Inglês de Sousa, Aluísio Azevedo, Celso Magalhães, José do Patrocínio. Do Realismo ao Naturalismo: de Balzac a Zola. Influxo da ciência. A polêmica naturalista no Brasil. Papel de Eça de Queirós. Anticlericalismo, combate ao preconceito racial, à escravidão, à monarquia e ao puritanismo da sociedade em relação ao problema sexual. Aluísio Azevedo, Inglês de Sousa. Júlio Ribeiro. Adolfo Caminha. Outros naturalistas. Naturalismo e regionalismo.
Josué Montello

34. A RENOVAÇÃO PARNASIANA NA POESIA
A reação antirromântica. Poesia filosófico-científica. Teixeira de Sousa, Prado Sampaio, Martins Júnior. Poesia realista urbana: Carvalho Júnior, Teófilo Dias, Afonso Celso, Celso Magalhães. Poesia realista agreste: Bruno Seabra, Ezequiel Freire. Poesia socialista: Lúcio de Mendonça, Fontoura Xavier, Valentim Magalhães. Advento do Parnasianismo: Artur de Oliveira, Machado de Assis, Gonçalves Crespo, Luís Guimarães; Alberto de Oliveira, Raimundo Correia, Olavo Bilac, Vicente de Carvalho; Machado de Assis, Luís Delfino, B. Lopes. Poetas menores e epígonos: Rodrigo Otávio, Artur Azevedo, Filinto de Almeida, Silva Ramos, Mário de Alencar, João Ribeiro, Guimarães Passos. Venceslau de Queirós, Emílio de Meneses, Zeferino Brasil, Augusto de Lima, Luís Murat, Raul Pompeia, Francisca Júlia, Magalhães de Azeredo, Goulart de Andrade. Características da forma parnasiana.
Péricles Eugênio da Silva Ramos

35. MACHADO DE ASSIS
Importância do escritor, sua vocação artística. Atitude em face das escolas literárias. As fases de sua evolução estética. O poeta. Os primeiros romances: desenvolvimento do seu processo narrativo. Contar a essência do homem. Os grandes romances. O contista.
Barreto Filho

36. RAUL POMPEIA
Formação e iniciação literárias. Classificação. Impressionismo. Técnica da composição. Doutrina estética e processo de captação da realidade. Prosa artística: os Goncourts. Visualismo: influência da pintura. A técnica da miniatura. Estilo.
Eugênio Gomes

37. JOAQUIM NABUCO. RUI BARBOSA
O Parnasianismo na prosa: a oratória, o gosto pelo estilo requintado. Joaquim Nabuco e a campanha abolicionista. Nabuco escritor, estilista, pensador, orador.
Luís Viana Filho

Rui Barbosa e a campanha republicana. Rui, político ou homem de letras. O escritor, o orador, o homem público. A reação vernaculizante e a pureza da língua. Primado da eloquência. Missão social. Mestre da arte de falar e escrever.
Luís Delgado

38. EUCLIDES DA CUNHA
Definição de Euclides e de *Os sertões*. Obra de arte da linguagem, epopeia em prosa. Realismo, espírito científico. O estilo euclidiano. O poeta e o ficcionista em *Os sertões*. Seu senso do coletivo, a obsessão da palavra. Expressionismo e impressionismo. Interpretação do Brasil.
Franklin de Oliveira

39. LIMA BARRETO. COELHO NETO
O Naturalismo retardatário. Lima Barreto: o homem na obra. Conflito entre a estética e a revolução. O romancista. Sentimento de inferioridade racial e social.
Eugênio Gomes

Coelho Neto: posição do escritor. Obsessão com o Brasil. Seu realismo. A sua teoria da palavra, seu vocabulário. Retrato nacional.
Otávio de Faria

40. O REGIONALISMO NA FICÇÃO
Conceito de Regionalismo: evolução da ideia de incorporação do *genius loci* à literatura. Regionalismo e Realismo. As regiões culturais e os ciclos literários regionais. Influência das regiões no desenvolvimento da literatura brasileira. Ciclos: nortista, nordestino, baiano, central, paulista, gaúcho.
Afrânio Coutinho

Ciclo nortista
Caracteres. Fases: naturalista, com Inglês de Sousa e Veríssimo; do "inferno verde", com Euclides, Alberto Rangel; ufanista, com Raimundo Moraes, Carlos Vasconcelos, Alfredo Ladislau, Lívio Cesar, Jorge H. Hurly; modernista, com Abguar Bastos, Lauro Palhano, Dalcídio Jurandir, Eneida de Morais, Araújo Lima, Gastão Cruls, Osvaldo Orico, Francisco Galvão, Viana Moog, Peregrino Júnior, Aurélio Pinheiro, Ramaiana de Chevalier, Oséas Antunes, Nélio Reis, Ildefonso Guimarães, Lindanor Celina, Odilo Costa Filho. Ferreira de Castro.
Peregrino Júnior

Ciclo nordestino
Caracteres. Franklin Távora e a "Literatura do Norte". Adolfo Caminha, Rodolfo Teófilo, Antônio Sales, Domingos Olímpio, Araripe Júnior, Emília de Freitas, Pápi Júnior, Francisca Clotilde, Oliveira Paiva, Ana Facó, Fonseca Lobo, Gustavo Barroso, Teotônio Freire, Carneiro Vilela, Faria Neves Sobrinho, Zeferino Galvão, Olímpio Galvão, Mário Sete, Lucílio Varejão, Carlos D. Fernandes.
Aderbal Jurema

Ciclo baiano
Características: As diversas áreas: san-franciscana, cacaueira, garimpo, pastoreio, alambique, praia. Rosendo Muniz Barreto, Xavier Marques, Lindolfo Rocha, Fábio Luz, Cardoso de Oliveira, Afrânio Peixoto, Anísio Melhor, Nestor Duarte, Martins de Oliveira, Rui Santos, Dias da Costa, Jorge Amado, Clóvis Amorim, Herberto Sales, James Amado, Emo Duarte, Elvira Foepell, Santos Morais. (Adonias Filho).
Adonias Filho

Ciclo central
Características: Bernardo Guimarães, Felício dos Santos, Afonso Arinos, Avelino Fóscolo, Aldo Luís Delfino dos Santos, Amadeu de Queirós, João Lúcio, Abílio Velho Barreto, Godofredo Rangel, Aristides Rabelo, Afonso da Silva Guimarães, Guimarães Rosa, Mário Palmério, Nelson de Faria, Carvalho Ramos, Bernardo Élis, José J. Veiga, Gastão de Deus, Ivan Americano, Veiga Neto, Pedro Gomes de Oliveira, Domingos Félix de Sousa, Eli Brasiliense.
Wilson Lousada

Ciclo paulista
Garcia Redondo, Batista Cepelos, José Agudo, Ezequiel Freire, Monteiro Lobato, Veiga Miranda, Amando Caiubi, Valdomiro Silveira, Cornélio Pires, Albertino Moreira, Jerônimo Osório, Oliveira e Sousa, Leôncio de Oliveira, Salviano Pinto, Léo Vaz, Hilário Tácito. Os modernistas.
Edgard Cavalheiro

Ciclo gaúcho
Caldre Fião, Bernardino dos Santos, Apolinário Porto Alegre, Aquiles Porto Alegre, Alberto Cunha, Carlos Jansen, Oliveira Belo, Alcides Maia, Roque Calage, Simões Lopes Neto, Darci Azambuja, Ciro Martins, Érico Veríssimo, Ivan Pedro Martins, Contreiras Rodrigues, Otelo Rosa, Vieira Pires, Viana Moog.
Augusto Cesar Meyer

Era de transição

41. SIMBOLISMO. IMPRESSIONISMO. MODERNISMO

Uma literatura em mudança: oposição Parnasianismo – Simbolismo. Valorização do Simbolismo e sua influência. Origens do Simbolismo. Definição e caracteres. Cronologia do Simbolismo no Brasil: os diversos grupos e figuras. Impressionismo: gênese, caracteres, influências. O Impressionismo no Brasil. A incorporação do nacional à literatura. Desintegração e aventura: preparação do Modernismo: antecedentes europeus e nacionais. Expressionismo. O "moderno" em literatura: definição e caracteres. A Revolução Moderna no Brasil: definição, antecedentes, eclosão. A Semana da Arte Moderna. Futurismo e Modernismo. Modernismos brasileiro, português e hispano-americano. Graça Aranha. Os grupos e correntes do Modernismo. Regionalismo. Gilberto Freyre. As revistas e os manifestos teóricos. Cronologia e caracteres do Modernismo. Mário de Andrade. Saldo e legado do movimento: problema da língua; poesia; ficção; crônica; teatro; crítica.

Afrânio Coutinho

42. PRESENÇA DO SIMBOLISMO

A explosão Cruz e Sousa. A primeira e a segunda gerações simbolistas. No Paraná, Minas Gerais, Bahia. Nestor Vítor, Gustavo Santiago, Oliveira Gomes, Colatino Barroso, Antônio Austregésilo, Neto Machado, Carlos Fróis, Artur de Miranda, Silveira Neto, Tibúrcio de Freitas, Saturnino de Meireles, Félix Pacheco, Carlos D. Fernandes, Gonçalo Jácome. Narciso Araújo, Pereira da Silva, Paulo Araújo, Cassiano Tavares Bastos, Castro Meneses, Rocha Pombo, Gonzaga Duque, Mário Pederneiras, Lima Campos, Dario Veloso, Emiliano Perneta, Silveira Neto, Guerra Duval, Júlio César da Silva, Leopoldo de Freitas, Venceslau de Queirós, Batista Cepelos, Jacques D'Avray, José Severiano de Resende, Alphonsus de Guimaraens, Viana do Castelo, Edgard Mata, Adolfo Araújo, Mamede de Oliveira, Pedro Kilkerry, Francisco Mangabeira, Álvaro Reis, Durval de Morais, Astério de Campos, Marcelo Gama, Ernâni Rosas, Eduardo Guimarães. O poema em prosa: Raul Pompeia. A ficção simbolista: Virgílio Várzea, Alfredo de Sarandi, Graça Aranha, Rocha Pombo, G. Duque. O teatro simbolista. Legado do Movimento.

Andrade Murici

43. O IMPRESSIONISMO NA FICÇÃO

O Impressionismo: caracteres. Penetração no Brasil. A ficção impressionista: Raul Pompeia, Graça Aranha, Adelino Magalhães. Influências e repercussões.

Xavier Placer

44. A CRÍTICA SIMBOLISTA

Os críticos do Simbolismo. Nestor Vítor. A crítica de arte: Gonzaga Duque, Colatino Barroso. Outros críticos: Gustavo Santiago, Frota Pessoa, Elíseo de Carvalho, Pedro do Couto, Severiano de Rezende, Tristão da Cunha, Felix Pacheco.

Andrade Murici

45. SINCRETISMO E TRANSIÇÃO: O PENUMBRISMO

O fenômeno da transição em história literária. Sincretismo. Epígonos do Parnasianismo e do Simbolismo. Penumbrismo. Ronald de Carvalho, Mário Pederneiras, Gonzaga Duque, Lima Campos, Álvaro Moreira, Felipe D'Oliveira, Eduardo Guimarães, Homero Prates, Guilherme de Almeida, Ribeiro Couto. (Rodrigo Otávio Filho).

Rodrigo Otávio Filho

46. SINCRETISMO E TRANSIÇÃO: O NEOPARNASIANISMO

Os epígonos do Parnasianismo e o Neoparnasianismo. Júlia Cortines, Francisca Júlia,

Carlos Magalhães de Azeredo, Belmiro Braga, Amadeu Amaral, Luís Carlos, Martins Fontes, Humberto de Campos, Da Costa e Silva, Artur de Sales, Gilca Machado, Hermes Fontes, Augusto dos Anjos, Raul de Leôni, Olegário Mariano, Adelmar Tavares, Batista Cepelos, Catulo Cearense, Luís Edmundo, Múcio Leão, Nilo Bruzzi, Bastos Tigre, José Albano.

Darci Damasceno

47. A REAÇÃO ESPIRITUALISTA
A Reação Espiritualista e seus antecedentes. A Companhia de Jesus e o humanismo espiritualista. A educação na Colônia. Desenvolvimento das Letras. Sentido religioso da vida. Espiritualismo definido e indefinido. Romantismo: ecletismo e sentimentalismo espiritual. A Escola do Recife e a desespiritualização da inteligência. A Questão Religiosa. Início da Reação Espiritualista: Carlos de Laet, Padre Júlio Maria. No Simbolismo. Farias Brito. No Pré-Modernismo. No Modernismo. Leonel Franca, Jackson de Figueiredo. O grupo de *Festa*. Durval de Morais. O espiritualismo contemporâneo. (Alceu Amoroso Lima).

Alceu Amoroso Lima

VOLUME 5

Segunda Parte
ESTILOS DE ÉPOCA
Era modernista

48. A REVOLUÇÃO MODERNISTA
Antecedentes do Movimento Modernista. Atualização das letras nacionais. A Guerra de 1914. Os futuristas de 1920. A palavra "futurismo". A Semana de Arte Moderna de 1922: organização, realizações. Depois da Semana: consequências e repercussão. Os diversos grupos modernistas: "Antropofagia", "Pau-Brasil". "Verdamarelo", "Anta". Congresso Brasileiro de Regionalismo, no Recife, 1926. Principais livros do Modernismo. Encerramento do ciclo revolucionário: 1930.

Mário da Silva Brito

49. O MODERNISMO NA POESIA
Modernismo em poesia: definição. Fase da ruptura: a geração de 1922. Periodização. A Semana de Arte Moderna. Diretrizes da Renovação. Futurismo. Grupo paulista: "Pau-Brasil", "Verdamarelo", "Anta", "Antropofagia". Mário de Andrade. Oswald de Andrade. Menotti del Picchia, Guilherme de Almeida. Sérgio Milliet. Cassiano Ricardo. Raul Bopp. Luís Aranha. Rodrigues de Abreu. Grupo carioca: Manuel Bandeira. Ronald de Carvalho. Álvaro Moreira. Ribeiro Couto. Felipe D'Oliveira. Manuel de Abreu. Grupo de *Festa*: Tasso da Silveira. Murilo Araújo. Cecília Meireles. Francisco Karam. Grupo mineiro: *A Revista*. Carlos Drummond de Andrade. Emílio Moura. Abgar Renault. João Alphonsus. Pedro Nava. Grupo *Verde*: Ascânio Lopes. Rosário Fusco. Enrique de Resende. Guilhermino César. Francisco Peixoto. Grupo gaúcho: Augusto Meyer. Grupo do Nordeste: Ascenso Ferreira. Joaquim Cardoso. Gilberto Freyre. Câmara Cascudo. Jorge Fernandes. Jorge de Lima. Grupo baiano: Eugênio Gomes. Carvalho Filho. Hélio Simões. Pinto de Aguiar, Godofredo Filho. Sosígenes Costa. Expansão do Modernismo: Américo Facó. Dante Milano. Edgard Braga. Segunda fase: Augusto Frederico Schmidt. Murilo Mendes. Vinícius de Morais, Mário Quintana. Henriqueta Lisboa. Geração de 45:

Bueno de Rivera. João Cabral. Domingos Carvalho da Silva. Geraldo Vidigal. José Paulo Moreira da Fonseca. Geir Campos. Lêdo Ivo. Maria da Saudade Cortesão. Péricles Eugênio da Silva Ramos. Concretismo: Haroldo de Campos. Augusto de Campos. Décio Pignatari. Ronaldo Azevedo. Ferreira Gullar. A forma da poesia moderna.

Péricles Eugênio da Silva Ramos

50. VANGUARDAS
Concretismo. Neoconcretismo (*Albertus da Costa Marques*)
Poesia-Práxis *(Mário Chamie)*
Poema-Processo (*Álvaro Sá*)
Arte-Correio (*Joaquim Branco*)

51. O MODERNISMO NA FICÇÃO
   I. Antecedentes:
   As duas linhagens da ficção brasileira: legado do século XIX. O Modernismo. Pioneiros do ciclo nordestino: Franklin Távora, José do Patrocínio, Rodolfo Teófilo, Oliveira Paiva, Domingos Olímpio, Gustavo Barroso, Mário Sette. Outros precursores do regionalismo modernista. O romance carioca do Modernismo. Adelino Magalhães. Classificação da ficção modernista: corrente social e territorial; corrente psicológica e costumista. A explosão modernista. Rachel de Queirós. Gastão Cruls. Marques Rebelo. Ciro dos Anjos.

   Afrânio Coutinho

   II. Experimentalismo:
   Mário de Andrade, Oswald de Andrade, Menotti del Picchia, Plínio Salgado, Alcântara Machado (*Dirce Côrtes Riedel*)
   Ribeiro Couto (*J. Alexandre Barbosa*)

   III. Regionalismo:
   José Américo, José Lins do Rego, Jorge Amado (*Luiz Costa Lima*)
   Graciliano Ramos (*Sônia Brayner*)

   IV. Psicologismo e Costumismo:
   José Geraldo Vieira (*Antônio Olinto*)
   Cornélio Pena (*Adonias Filho*)
   Érico Veríssimo (*Antônio Olinto*)
   Lúcio Cardoso (*Walmir Ayala*)
   Otávio de Faria (*Adonias Filho*)
   Josué Montello (*Bandeira de Melo*)

   V. Instrumentalismo:
   Guimarães Rosa (*Franklin de Oliveira*)
   Clarice Lispector, Adonias Filho (*Luiz Costa Lima*)

   VI. Situação e Perspectivas:
   José Cândido de Carvalho, Herberto Sales, Mário Palmério, Bernardo Élis, Jorge Medauar, Ascendino Leite, Macedo Miranda, Geraldo França de Lima, João Antônio, Rubem Fonseca, José Louzeiro, Nélida Piñon, Samuel Rawet, Osman Lins, Autran Dourado, Jorge Moutner, Dalton Trevisan, José J. Veiga, Geraldo Ferraz, Assis Brasil.

   Ivo Barbieri

52. A CRÍTICA MODERNISTA
A crítica e o Modernismo. As várias gerações e os gêneros modernistas. A crítica sociológica. Tristão de Athayde. João Ribeiro e Nestor Vítor. As Revistas. A crítica Social. Mário de Andrade. Outros críticos. A crítica estética. Eugênio Gomes.

Wilson Martins

A Nova Crítica. Congressos de Crítica. Movimento editorial.

Afrânio Coutinho

VOLUME 6

Terceira Parte
RELAÇÕES E PERSPECTIVAS

53. NOTA EXPLICATIVA
Divisão da obra. Características. Conceitos sociológico e estético. Literatura literária. O valor da História Literária.
Afrânio Coutinho

54. EVOLUÇÃO DA LITERATURA DRAMÁTICA
Inícios do teatro: os jesuítas, Anchieta. Alencar, Martins Pena, Gonçalves de Magalhães. No Naturalismo: França Júnior, Artur Azevedo, Machado de Assis, Roberto Gomes, Coelho Neto, Cláudio de Sousa. Joracy Camargo, Oswald de Andrade. O teatro moderno. A renovação: o Teatro Estudante; Pascoal Carlos Magno, Guilherme Figueiredo, Oduvaldo Viana, Magalhães Júnior, Ariano Suassuna, Jorge Andrade, Dias Gomes, Millôr Fernandes, Nelson Rodrigues, Silveira Sampaio. O teatro infantil: Maria Clara Machado. Lúcia Benedetti. Os atores: João Caetano, Apolônia Pinto, Leopoldo Fróes, Procópio Ferreira, Cacilda Becker, Maria Della Costa, Tônia Carrero, Fernanda Montenegro, Sérgio Cardoso, Paulo Autran, Jardel Filho. Dulcina de Morais. Principais companhias.
Décio de Almeida Prado

55. EVOLUÇÃO DO CONTO
Primeiras manifestações. No Romantismo: Álvares de Azevedo, B. Guimarães. Machado de Assis: sua técnica. No Naturalismo: Aluísio Azevedo, Medeiros e Albuquerque, Coelho Neto, Domício da Gama, Artur Azevedo. Regionalistas: Valdomiro Silveira, Afonso Arinos, Simões Lopes Neto, Alcides Maia, Darci Azambuja, Telmo Vergara, Viriato Correia, Gustavo Barroso, Eduardo Campos, Monteiro Lobato, Carvalho Ramos. No Modernismo: Adelino Magalhães, Mário de Andrade, Alcântara Machado, Ribeiro Couto, João Alphonsus, Marques Rebelo, Guimarães Rosa. Novas tendências.
Herman Lima

56. LITERATURA E JORNALISMO
No jornalismo político: a era da Independência. A era regencial. O Segundo Reinado. A imprensa acadêmica. A propaganda republicana. A era republicana. Polemistas e planfletários.
Américo Jacobina Lacombe

57. ENSAIO E CRÔNICA
Ensaio e crônica – gêneros literários. Definição e caracteres. Conceito de crônica. A crônica e o jornal. Histórico e evolução da crônica – Romantismo. Francisco Otaviano, Manuel Antônio de Almeida, José de Alencar, Machado de Assis, França Júnior, Pompeia, Bilac, Coelho Neto, João do Rio, João Luso, José do Patrocínio Filho, Humberto de Campos, Orestes Barbosa, Álvaro Moreira e a *Fon-Fon*. Berilo Neves, Osório Borba. Genolino Amado, Benjamim Costallat. Henrique Pongetti, Peregrino Júnior, Manuel Bandeira, Antônio de Alcântara Machado, Carlos Drummond de Andrade, Rachel de Queiroz, Rubem Braga. Classificação da crônica. Problemas da crônica: linguagem e estilo, crônica e reportagem, literatura e filosofia. Autonomia do gênero. Importância na literatura brasileira. Outros gêneros afins: oratória, cartas, memórias, diários, máximas, biografia. Gilberto Amado, Lúcio Cardoso.
Afrânio Coutinho

58. LITERATURA E FILOSOFIA
Incapacidade para os estudos filosóficos. Ausência de correntes de pensamento. Filosofia e Literatura. Século XIX, marco inicial. A

independência intelectual. Romantismo. Silvestre Pinheiro Ferreira, Gonçalves de Magalhães, Mont'Alverne, Eduardo Ferreira França, Tobias Barreto, Soriano de Sousa, Sílvio Romero. Os Positivistas. Capistrano de Abreu, Euclides da Cunha, Farias Brito, Jackson de Figueiredo, Vicente Licínio Cardoso, Graça Aranha, Paulo Prado, Tristão de Athayde, Euríalo Canabrava, Miguel Reale, Artur Versiane Veloso. *Revista Brasileira de Filosofia. Kriterion.*

Evaristo de Morais Filho

59. LITERATURA E ARTES
Os estilos de época. Inter-relações das artes. Barroco e Pós-Barroco. Neoclassicismo. Romantismo, Realismo, Parnasianismo. Impressionismo e Simbolismo. Modernismo.

José Paulo Moreira da Fonseca

60. LITERATURA E PENSAMENTO JURÍDICO
O século XVIII e a transformação jurídica do Estado. A vinculação da literatura com o direito. O arcadismo mineiro e os ideais jurídicos da burguesia. Gonzaga. *As Cartas Chilenas* e os Direitos Humanos. As eleições e a ideia da representação e assentimento popular. O constitucionalismo liberal. José Bonifácio. As faculdades de Direito de Recife e São Paulo focos de produção literária. Escritores e juristas. Rui Barbosa.

Afonso Arinos de Melo Franco

61. LITERATURA INFANTIL
Que é Literatura Infantil? Fontes. Folclore. Evolução e principais autores e obras. O século XIX e a moderna literatura infantil. Uso na educação. Aparecimento no Brasil: Livros didáticos e traduções. Diversos gêneros. Monteiro Lobato. Teatro infantil. Literatura religiosa. Histórias em quadrinhos. Revistas e jornais.

Renato Almeida

62. O VERSO: PERMANÊNCIA E EVOLUÇÃO
Debate histórico: a metrificação. Os tipos de verso. As regras. Do Barroco ao Simbolismo. O Modernismo e a mudança no sistema. Conclusões.

Mário Chamie

CONCLUSÃO

63. O PÓS-MODERNISMO NO BRASIL
Pós-Modernismo e a produção literária brasileira do século XX: Guimarães Rosa, Clarice Lispector, João Cabral de Melo Neto. A ficção brasileira dos anos 70 e 80: José J. Veiga, Murilo Rubião, Lygia Fagundes Telles, Nélida Piñon, Edla van Steen, Maria Alice Barroso. O Poema-Processo e a Arte-Postal.

Eduardo de Faria Coutinho

64. A NOVA LITERATURA BRASILEIRA
(O romance, a poesia, o conto)
Definição e situação da nova literatura brasileira. O ano de 1956: a poesia concreta, Geraldo Ferraz, Guimarães Rosa. No Romance: Herberto Sales, José Cândido de Carvalho, Osman Lins, Autran Dourado. Os novos. Adonias Filho, Clarice Lispector. Na Poesia: João Cabral. Poesia Concreta: Décio Pignatari, Haroldo de Campos, Augusto de Campos, Ferreira Gullar, José Lino Grunewald, Reinaldo Jardim, Ronaldo Azeredo. Edgard Braga, Pedro Xisto. Invenção. Poesia-Práxis: Mário Chamie. Poemas-Processo: Wlademir Dias Pino. No Conto: Samuel Rawet, Dalton Trevisan, José J. Veiga, José Louzeiro, Luís Vilela, Jorge Medauar, Rubem Fonseca, José Edson Gomes, Louzada Filho.

Assis Brasil

65. A NOVA LITERATURA
(Década de 80 / Anos 90)
Escritores de maior atividade nesse período. Escritores veteranos pós-modernistas.

Romancistas e contistas mais novos. Poetas veteranos em atividade. Poetas de província. Poetas novos com ligação com as vanguardas. A Poesia Alternativa dos anos 80.
Assis Brasil

66. VISÃO PROSPECTIVA DA LITERATURA NO BRASIL
Uma história predominantemente nacional. A crise da transição. Morfologia da exaustão. Emergência da paraliteratura. A voragem do consumo. A crônica. Alternativas vanguardistas. O signo radical. Indicações prospectivas.
Eduardo Portella

67. HISTORIOGRAFIA LITERÁRIA EM NOVO RUMO
Posição desta obra na historiografia literária brasileira. As várias fases da história literária no Brasil: a antológica e bibliográfica, a historicista, a sociológica. Varnhagen. Sílvio Romero. Outros historiadores. Orientação estética: *A Literatura no Brasil*, um compromisso anti-romeriano. Sua posição, suas características, suas consequências. O ensino literário. A crítica e a história literária.
Afrânio Coutinho

68. AINDA E SEMPRE A LITERATURA BRASILEIRA
As teorias das origens. A expressão da Literatura Brasileira. Nossa Literatura. Independência literária. Uma literatura emancipada. Raízes culturais. O Barroco na América.
Afrânio Coutinho

69. AINDA E SEMPRE A LÍNGUA BRASILEIRA
Língua Portuguesa. Denominação da língua. Que é Língua Brasileira? Ensino da Língua. O professor de Língua. O processo de descolonização. Busca de identidade. Nossa língua. Por uma filologia brasileira. A revolução linguística. A nossa língua. O Português do Brasil. A língua que falamos. A língua do Brasil. O idioma e a constituição. Purismo e classe. Purismo linguístico.
Afrânio Coutinho

70. VISÃO FINAL
O "neoparnasianismo" da geração de 45. A procura de novos cânones. As revistas de vanguarda. A fase transitória dos congressos. As décadas de 50 e 60 – *Grande sertão: veredas*. A nova feição da crítica. A Poesia Alternativa pós-60. Fim do Modernismo.
Afrânio Coutinho

BIOBIBLIOGRAFIA DOS COLABORADORES
Aderbal Jurema. Adonias Filho. Afonso Arinos de Melo Franco. Afrânio Coutinho. Albertus Marques. Alceu Amoroso Lima. Américo Jacobina Lacombe. Álvaro de Sá. Andrade Murici. Antonio Candido. Antônio Olinto. Antônio Soares Amora. Armando Carvalho. Assis Brasil. Augusto Meyer. Bandeira de Melo. Barreto Filho. Cândido Jucá Filho. Carlos Burlamáqui Kopke. Cassiano Ricardo. Darci Damasceno. Décio de Almeida Prado. Dirce Côrtes Riedel. Domingos Carvalho da Silva. Edgard Cavalheiro. Eduardo de Faria Coutinho. Eduardo Portella. Emanuel de Morais. Eugênio Gomes. Evaristo de Morais Filho. Fausto Cunha. Fernando de Azevedo. Franklin de Oliveira. Herman Lima. Hernâni Cidade. Heron de Alencar. Ivo Barbieri. João Alexandre Barbosa. José Aderaldo Castelo. José Ariel Castro. José Paulo Moreira da Fonseca. Josué Montello. Luís da Câmara Cascudo. Luiz Costa Lima. Luís Delgado. Luís Viana Filho. Mário Chamie. Mário da Silva Brito. Matoso Câmara Jr. Moisés Vellinho. Otávio de Faria. Peregrino Júnior. Péricles Eugênio da Silva Ramos. Renato Almeida. Rodrigo Otávio Filho. Segismundo Spina. Sílvio Castro. Sonia Brayner. Xavier Placer. Walmir Ayala. Waltensir Dutra. Wilson Lousada. Wilson Martins. Wilton Cardoso.

ÍNDICE DE NOMES, TÍTULOS E ASSUNTOS

NOTA DA EDITORA
À QUARTA EDIÇÃO

HÁ DEZ ANOS era publicada a terceira edição de *A Literatura no Brasil*. Neste período, muitas transformações ocorreram no mundo e no país no âmbito sociopolítico-econômico-cultural, sem que a sua importância sofresse qualquer influência, já que continua sendo considerada um dos mais completos tratados de história literária que se tem referência no Brasil.

Diante de tão relevante obra, pelo seu conteúdo estético, crítico, historiográfico, bibliográfico, sempre em cadência com o desenrolar dos acontecimentos históricos, há de se ressaltar o valor dos que a dirigem: Afrânio Coutinho e Eduardo de Faria Coutinho, expoentes da Língua e da Literatura, e de Cultura em um contexto geral.

A **Global Editora** tem a satisfação de reeditar a obra completa, em sua quarta edição, revista e atualizada, com a inclusão de textos relacionados ao Pós-Modernismo, à Nova Literatura Brasileira (enfocando a década de 80 e anos 90), as vanguardas e a literatura alternativa, e de textos que retomam e revalorizam o conceito de que obra literária é uma obra de arte e que, ao lado dela, a língua brasileira foi cada vez mais diferenciada, ganhando características próprias, legítimas, de acordo com nossos costumes e valores.

O propósito desta reedição é a certeza de que continuará sendo uma das grandes contribuições ao estudo e à pesquisa da Língua e da Literatura Brasileira, pelo nível das informações, fundamentos teóricos, crítica e história literária.

NOTA DA EDITORA
À TERCEIRA EDIÇÃO

A LIVRARIA JOSÉ OLYMPIO EDITORA sente-se orgulhosa de poder reeditar a obra *A Literatura no Brasil*, há muito esgotada em segunda edição.

Sob a direção ainda de Afrânio Coutinho, com a assistência de Eduardo de Faria Coutinho, esta obra renasce agora revista e atualizada, respeitados os seus fundamentos doutrinários, que lhe constituíram a característica renovadora no tempo de seu lançamento em 1955, sob a égide da Sul América e seu diretor, o Professor Leonídio Ribeiro: conceito estético da obra literária, a crítica acima da história, a periodização estilística, a ênfase na bibliografia, a historiografia por equipe de autores, o primado da obra em relação à biografia e aos fatos históricos, políticos ou sociais, a rejeição do determinismo sociológico, racial, econômico, mesológico do século XIX. Como tal, ela se colocou em nítida posição antirromeriana. Essa posição torna-se agora simbólica ao reeditar-se um século depois da *História da Literatura Brasileira* de Sílvio Romero.

Nesta reedição, a Editora, sempre fiel ao programa de seu criador – servir à literatura brasileira pela publicação de obras significativas em todos os gêneros: poesia, ficção, teatro, crônica, crítica, história – teve o apoio da Universidade Federal Fluminense, por decisão do Magnífico Reitor José Raymundo Martins Romêo, e a colaboração efetiva da Oficina Literária Afrânio Coutinho, por intermédio do trabalho editorial de seu Presidente, o Professor Afrânio Coutinho, e do Vice-Presidente, o Professor Eduardo de Faria Coutinho.

A todos a Editora estende o seu cordial agradecimento. Está certa de que este lançamento marcará época no atual movimento editorial brasileiro.

NOTA DA EDITORA
À SEGUNDA EDIÇÃO

A PRIMEIRA EDIÇÃO desta obra, em quatro volumes, com mais de duas mil páginas e uma tiragem de vinte mil exemplares, apareceu entre 1955 e 1959, por minha iniciativa e sob o patrocínio da Instituição Larragoiti, de que era então Diretor-Executivo.

Confiei o planejamento e a escolha dos colaboradores, assim como a sua direção, ao escritor Afrânio Coutinho, por mim convidado para tarefa de tanta responsabilidade.

Esta publicação, cujo tomo quarto foi editado pela Livraria São José, graças à boa vontade do Sr. Carlos Ribeiro, está esgotada há muitos anos, não tendo sido impresso o último volume que se incorpora à presente edição.

Tomei a decisão de reimprimir este livro, por ser a única história completa da literatura brasileira até nossos dias publicado nestes últimos cinquenta anos, com a participação de várias dezenas de escritores.

Para isso, obtive os seus direitos autorais, graças à gentileza de meu velho amigo Antônio de Larragoiti Júnior.

A Literatura no Brasil é agora lançada, sob a responsabilidade única de seu Editor, revista e atualizada pelo acadêmico Afrânio Coutinho, a quem agradeço a colaboração que de novo me prestou, com tanta competência e dedicação.

Leonídio Ribeiro

DADOS BIOBIBLIOGRÁFICOS
DE AFRÂNIO COUTINHO

15-3-1911 — Nascimento em Salvador, Bahia, na casa de seus avós maternos Romualdo dos Santos e d. Hermelinda dos Santos, cedo falecida, tendo Romualdo contraído segundas núpcias com d. Andrelina dos Santos, os quais foram padrinhos de Afrânio. Seu avô e padrinho Romualdo foi livreiro e editor, proprietário da Livraria Catilina, a mais antiga do Brasil.

Pelo lado paterno, foram seus avós o engenheiro Eduardo Coutinho de Vasconcelos e d. Maria Amélia Rodrigues da Costa Coutinho de Vasconcelos, filha de Antônio Joaquim Rodrigues da Costa, portanto seu bisavô, poeta romântico da grei "castrida", denominação dada por Afrânio Peixoto ao grupo de poetas descendentes de Castro Alves. Seus pais foram: o engenheiro Eurico da Costa Coutinho e d. Adalgisa Pinheiro dos Santos Coutinho, falecidos.

1917-1922 — Realiza curso primário em escola pública, depois completado no Ginásio Nossa Senhora da Vitória (Irmãos Maristas), de Salvador, Bahia. Foi sua primeira professora d. Lulu Cerne de Carvalho.

1923-1925 — Realiza curso secundário no Ginásio Nossa Senhora da Vitória, em regime de preparatórios, com exames finais no Ginásio da Bahia.

1926-1931 — Cursa a Faculdade de Medicina da Bahia, tendo sido orador oficial dos doutorandos numa homenagem ao emérito Professor Euvaldo Diniz Gonçalves. Sobre esse discurso o crítico baiano Carlos Chiacchio publicou, ainda em 1931, um ensaio crítico.

1930 — Interno do Hospital da Força Pública da Central da Polícia e Segurança Pública da Bahia.

1931 — Interno Acadêmico de Clínica Médica Propedêutica da Faculdade de Medicina da Bahia, Serviço do Professor Prado Valadares. Nesse mesmo ano realiza também Curso Privado de Clínica Médica.

1932-1942 — Exerce a função de Bibliotecário da Faculdade de Medicina da Bahia.

1934 — Já em fevereiro desse ano e em nome dos intelectuais baianos pronunciou um discurso de saudação a Renato de Almeida. Aliás, durante a fase acadêmica já produzia trabalhos literários e pronunciava conferências.

1930-1940 — Nessa década exerce intensa militância na imprensa, filiada aos franceses Daniel Rops e Jacques Maritain, cujas obras também traduziu.

1934-1937 — Foi colaborador do jornal *Imparcial*, de Salvador, Bahia, onde semanalmente publicava artigos críticos e ensaios literários.

1936-1937 — Nesse período foi Professor de Literatura do Curso Complementar do Ginásio Nossa Senhora da Vitória (Irmãos Maristas), do qual havia sido aluno.

1937 — Colaborador do jornal *A Tarde*, de Salvador, Bahia, onde publicava, semanalmente, artigos literários e outros.

1938 — Professor de História Geral e História da Filosofia do Curso Complementar do Ginásio Nossa Senhora da Vitória, de Salvador, Bahia.

Nesse mesmo ano é designado para, em comissão, proceder a avaliação dos bens patrimoniais da Faculdade de Medicina da Bahia.

1938-1939 — Membro das Comissões Examinadoras do Concurso de Habilitação da Faculdade de Medicina da Bahia.

1940-1941 — Colaborador de *O Estado da Bahia*, de Salvador, onde na seção "A História dia a dia" comentava a política internacional e a guerra. Seus artigos na imprensa baiana eram transcritos nos jornais do Rio, *Jornal do Comércio* e *Diário de Notícias*, e em Belo Horizonte em *O Diário*.

1939-1946 — Colaborador de *O Jornal*. Escreveu ainda nas revistas *A Ordem*, do Centro Dom Vital, e *Festa*, do Rio de Janeiro.

1936-1941 — Professor de História Geral dos cursos pedagógico e ginasial do Ginásio Nossa Senhora Auxiliadora, da grande educadora Anfrisia Santiago, de Salvador, Bahia.

1940-1941 — Professor de Sociologia do curso pedagógico do Ginásio Nossa Senhora da Soledade, de Salvador, Bahia.

1940 — Orador, designado pela Congregação do Ginásio Nossa Senhora da Soledade, para a abertura dos cursos nesse ano.

1941 — Professor Catedrático de História Moderna e Contemporânea da recém-fundada Faculdade de Filosofia da Bahia. Nesse mesmo ano é paraninfo das professorandas do Ginásio Nossa Senhora da Soledade, de Salvador, Bahia.

1942-1947 — Viagem aos Estados Unidos. Nesse país, além de redator secretário da revista *Seleções* do *Reader's Digest*, exerceu intensa atividade intelectual, quer como conferencista, quer realizando estudos.

Assim, manteve contato com numerosos intelectuais, críticos literários e professores de literatura que muito influenciaram na sua formação mental e literária.

1942 — Professor visitante do curso intensivo de Português e Literatura Brasileira patrocinado pela Rockefeller Foundation e mantido pelo American Council of Learned Societies na Universidade de Vermont, Burlington, EUA.

1942 — Curso do Professor Paul Schrecker sobre "Filosofia da História", na École Libre des Hautes Études, New York.

1942-1943 — Curso do Professor Frank Tannembaum, sobre "Problems of the Western Hemisphere", na Columbia University, New York.

1943-1944 — Curso do Professor Horatio Smith sobre "French Criticism", na Columbia University.

1943-1944 — Cursos do Professor Jacques Maritain, sobre Filosofia, na Columbia University, New York.

1943-1944 — Curso do Professor Herbert Schneider, sobre "History of American Philosophy", na Columbia University.

1942-1947 — Publicou em inglês nas revistas americanas *Commonweal*, *Free World* e *New Leader* artigos sobre o Brasil, com a intenção de esclarecer o público americano.

1943 — Pronunciou na Casa Hispânica da Universidade de Columbia, EUA, conferência sobre "Aspectos da Literatura Brasileira".

1942-1947 — Colaborou como Office of War Information na correção e supervisão de traduções, realizadas para aquele Departamento de Guerra, de trabalhos de caráter secreto.

1942-1947 — Organizou um plano de traduções de livros brasileiros para o inglês, a pedido da Editora de Nova York Alfred Knopf que, progressivamente, foi publicando as versões de *Casa-Grande e Senzala*, de Gilberto Freyre, *Angústia*, de Graciliano Ramos e *Terra do sem fim*, de Jorge Amado. Foi ainda o autor, para a tarefa a que se propôs a Editora de Nova York Alfred Knopf, da indicação do nome de Samuel Putnam para tradutor dos livros brasileiros, indicação essa que veio a revelar-se fecunda, pois aquele escritor, até então só conhecido em meios muito limitados como interessado em assuntos brasileiros, se tornou o grande nome a quem o Brasil tanto deve, como tradutor e divulgador de sua cultura.

1944 — Foi também o responsável pela indicação do nome do Professor Morton D. Zabel, à Rockefeller Foundation, para vir ao Brasil inaugurar o curso de literatura americana, na antiga Faculdade Nacional de Filosofia da Universidade do Brasil.

— Colaborador da Editora Macmillan, no seu programa de edição de livros brasileiros. A propósito, vale mencionar que a tradutora de *Inocência*, D. Henriquetta Chamberlain, recorreu frequentemente ao seu auxílio para a interpretação de trechos do livro do Visconde de Taunay.

1945-1947 — Nos Estados Unidos, manteve intensa colaboração nos jornais brasileiros, colaboração essa distribuída para todo o Brasil pela empresa jornalística Interamericana.

1942-1943 — Participou na Columbia University, New York, do curso "Nature, Methods and Types of History", ministrado pelo Professor Charles W. Cole.

mar. 1943 — Participante do *meeting* "Poetry of the Americas", realizado sob os auspícios do Coordinator of Inter-American Affairs pelo Institute of Inter-American Affairs da Universidade de Boston, tendo pronunciado conferência sobre a Poesia Brasileira Contemporânea.

1943 — Participante do I Congresso Interamericano de Filosofia, reunido sob os auspícios da Sociedade Americana de Filosofia, na Universidade de

Yale, EUA. Nessa ocasião, pronunciou, em inglês, conferência sobre a Filosofia do Brasil.

1944 — Dirigiu um simpósio sobre assuntos latino-americanos no Hampton Institute, na Virgínia, EUA.

nov. 1945/mar 1947 — Contratado pelo Columbia Broadcasting System, de Nova York, realizou dois programas através das suas emissoras para ouvintes brasileiros. O primeiro intitulou-se "O Livro na América" e constou de notas críticas semanais sobre livros americanos de interesse para o leitor brasileiro. O segundo, "Palestras culturais", constou de um curso mensal de Literatura Americana para o Brasil.

1946 — Seguiu nesse ano o Curso do Professor William Troy sobre "Criticism in Theory and Practice", na New School for Social Research, New York.

1947 — Regresso ao Brasil e, desde então, influenciado pelos estudos realizados nos Estados Unidos, imprimiu nova orientação à sua atividade intelectual, de que dão testemunho os trabalhos que veio publicando na imprensa. Essa orientação é marcadamente literária, no sentido de incentivar a melhora de nossa cultura literária por meio do ensino "científico" ou técnico da literatura. A crítica literária tornou-se o centro de suas preocupações, como norma do espírito e da Literatura. E tal índole pode-se notar nas suas entrevistas e nas colaborações que iniciou.

1948-1966 — Inaugurou a seção "Correntes Cruzadas" que manteve no Suplemento Literário do *Diário de Notícias*, do Rio de Janeiro, aos domingos, ininterruptamente, de junho de 1948 a 1966. Esses artigos também apareciam nos jornais *O Estado de São Paulo* (São Paulo) e *A Tarde* (Salvador, Bahia). Empreendeu então uma campanha sistemática pela melhoria dos nossos métodos críticos, bem como em favor de uma visão estética da crítica e interpretação da literatura.

1947-1948 — Seguindo essa orientação, realizou na Faculdade de Filosofia da Universidade da Bahia a conferência "O Paralelismo das Artes e Letras" (julho de 1947), repetida no Rio, na Faculdade de Filosofia Santa Úrsula (1947), e no Centro de Estudos da Faculdade de Filosofia da Universidade Católica (1948).

1949 — Ainda seguindo aquela orientação, e inaugurando a série de palestras que a Secretaria de Educação da Bahia promoveu em comemoração do Centenário da Cidade de Salvador, pronunciou a conferência "As Teorias Literárias e a Teoria de Aristóteles", em fevereiro.

1951-1953 — Pronunciou conferências literárias na Faculdade de Direito do Recife, na Faculdade de Filosofia de João Pessoa, na Faculdade de Filosofia da Universidade de São Paulo e na Faculdade de Filosofia de Porto Alegre.

1947-1951 — Foi Professor Catedrático, interino, de Literatura, no Colégio Pedro II, Internato.

1951-1969 — Professor Catedrático, efetivo, do Colégio Pedro II, Internato, após concurso de provas e títulos. Apresentou, nesse concurso, a tese *Aspectos da literatura barroca*, tendo sido aprovado com a média final de 9,37, ou seja, 187 pontos.

1948-1950 — Exerceu o cargo de Professor Catedrático, interino, da Faculdade de Filosofia do Instituto Lafayette, cadeira de História Moderna.

1949-1950 — Professor de Literatura Brasileira da Faculdade de Filosofia do Instituto Lafayette, em substituição à catedrática efetiva, Professora Virgínia Cortes de Lacerda.

1949 — Primeiro Secretário-Geral da Sociedade Brasileira de Shakespeare, fundada pela antiga Faculdade Nacional de Filosofia.

out. 1949 — Representante do Colégio Pedro II, Internato, e do Governo do Estado da Bahia no Congresso Brasileiro de Língua Vernácula, promovido pela Academia Brasileira de Letras, em comemoração ao centenário de Rui Barbosa. Como integrante desse Congresso, participou ativamente dos trabalhos, na Comissão de Letras, além de apresentar e defender em plenário uma proposta sobre a separação das disciplinas de Português e Literatura, a qual foi aprovada após grande debate.

1949 — Designado pelas Diretorias dos Colégios Pedro II — Internato e Externato — para membro da Comissão Julgadora do concurso instituído pela Congregação, em comemoração ao Centenário de Rui Barbosa.

1949-1950 — Membro da banca examinadora de Português e Literatura no concurso de habilitação para professores contratados do Colégio Estadual e Instituto Normal, ambos da Bahia.

1950 — Professor do curso de extensão universitária "Introdução à crítica literária" da Faculdade Nacional de Filosofia da antiga Universidade do Brasil.

1950 — Professor contratado do curso de Literatura Geral, da Rádio Ministério da Educação.

1951 — Professor da Faculdade de Ciências Sociais do Rio de Janeiro.

1951 — Integrante da Comissão Examinadora de Português e História Geral e do Brasil, indicado pelo Secretário de Educação da Bahia, no concurso para preenchimento de cargos de professores secundários da Bahia.

1951 — Criador e Professor do curso "Teoria e Técnica Literária" como introdução aos cursos de letras neolatinas, anglo-germânicas e clássicas (primeiras séries) na Faculdade de Filosofia do Instituto Lafayete, Rio de Janeiro.

1952 — Professor de Estética Literária dos cursos promovidos pela antiga Liga Universitária Católica da Ação Católica Brasileira.

1951-1953 — Secretário Particular do então Ministro da Educação e Cultura, Dr. Ernesto Simões Filho.

1951-1958 — Redator-Chefe da revista *Coletânea*, do Rio de Janeiro.

1952 — Integrante da Comissão Julgadora do Concurso para provimento da cátedra de Inglês do Colégio Pedro II.

1952-1955 — Convidado pelo Dr. Leonídio Ribeiro, Diretor da Instituição Larragoiti, planejou, organizou e dirigiu a publicação de uma nova história literária brasileira dentro do programa cultural daquela instituição, e que consistia em publicar uma enciclopédia de conhecimentos brasileiros.

A obra intitulou-se *A Literatura no Brasil* e, na primeira edição, constou de 4 volumes, escritos em colaboração por especialistas selecionados, tendo sido planejada segundo orientação nova, atualizando os conhecimentos e preenchendo uma falha existente na bibliografia brasileira. A segunda edição, em seis volumes, sairia em 1968-1971.

1952 — Conferencista do Curso de Poética promovido pelo Clube de Poesia de São Paulo, em colaboração com a Prefeitura da capital bandeirante. O tema abordado foi: "A Poética. Conceito e evolução".

1953 — Nesse ano pronunciou, a convite da Reitoria da Universidade da Bahia, uma série de conferências na capital baiana sobre introdução à crítica literária.

1953-1965 — Professor de História do Livro e das Bibliotecas do Curso de Biblioteconomia da Biblioteca Nacional.

1953 — Integrante da Comissão Examinadora do concurso para Livre-Docência de Literatura Brasileira da Faculdade de Filosofia da Universidade da Bahia.

1953 — Representante da Universidade da Bahia junto ao Conselho Nacional de Geografia.

1953-1963 — Colaborador, na confecção e redação da revista *Bibliografia Brasileira de Educação*, do antigo Instituto Nacional de Estudos Pedagógicos (INEP), do Ministério da Educação e Cultura.

1954 — Integrante da Comissão Julgadora do Concurso de Contos promovido pelo Centro de Estudantes da antiga Faculdade Nacional de Direito.

1954 — Integrante, por indicação do antigo Conselho Nacional de Educação, do Ministério da Educação e Cultura, da Comissão Examinadora do concurso para provimento da cadeira de Português, do Colégio Estadual da Bahia.

— Convidado para participar do Coloquium Luso-Brasileiro, reunido em São Paulo.

— Participante do Congresso Internacional de Escritores, reunido em São Paulo, quando foi eleito, por unanimidade, Presidente da Seção Poesia daquele Congresso, em cuja condição pronunciou um dos discursos de encerramento.

1955 — Supervisor da parte brasileira do "Dicionário de Literatura Latino-Americana" que a União Panamericana projetou publicar.

— Participante da Comissão Julgadora do Concurso de Literatura, instituído pelo antigo Instituto de Previdência e Assistência dos Servidores (IPASE).

— Membro da Comissão Julgadora do Concurso de Romance promovido pelo *Diário de Notícias*, do Rio de Janeiro.

— Integrante, por indicação do antigo Conselho Nacional de Educação, do Ministério da Educação e Cultura, da Comissão Examinadora do concurso para provimento da cadeira de Português do Instituto Normal da Bahia.

jan. 1955 — Professor do Curso de Férias "Como ensinar literatura no curso secundário" promovido pela Secretaria de Educação de Minas Gerais.

1956 — Relator da XII Conferência Nacional de Educação reunida em Salvador, Bahia.

1957 — Presidente de Júri do "Prêmio Internacional de Literatura" instituído pela edição hispano-americana da revista *O Cruzeiro*, do Rio de Janeiro.

— Professor do Curso de Biblioteconomia da Faculdade de Filosofia Santa Úrsula.

— Integrante da Comissão Julgadora do Prêmio Pandiá Calógeras, instituído pela Biblioteca do Exército, do então Ministério da Guerra.

— Integrante do corpo de conferencistas do Curso de Literatura, promovido pela Academia de Letras da Bahia, quando discorreu sobre o tema "Crítica Literária".

— Iniciou nesse ano como Diretor Literário da Ed. José Aguillar, a programação de publicações de obras completas em papel bíblia, de autores brasileiros e portugueses, a "Biblioteca Luso-Brasileira", com mais de 50 volumes editados.

1958 — Convidado para participar do I Congresso Brasileiro de Arte, realizado em Porto Alegre, Rio Grande do Sul.

set. 1958 — Convidado para tomar parte do II Congresso da Associação Internacional de Literatura Comparada, reunido em Chapel Hill, Carolina do Norte, EUA.

1959-1970 — Presidente do Congresso pela Liberdade da Cultura, havendo editado nesse período a revista *Cadernos Brasileiros*.

17-4-1962 — Eleito para a Academia Brasileira de Letras na vaga de Luís Edmundo, cujo patrono é Raul Pompeia, tendo-se empossado em 20 de julho do mesmo ano, com discurso de recepção e saudado por Levi Carneiro.

1962 — Viajou pela Europa, percorrendo França, Holanda, Alemanha, Áustria, Itália, Espanha, Portugal e Inglaterra onde foi hóspede oficial do British Council.

1965 — Professor Catedrático de Literatura Brasileira, por concurso de títulos e provas, da Faculdade Nacional de Filosofia da antiga Universidade do Brasil. Antes, em 1958, já havia feito concurso de Livre-Docência para a mesma cadeira.

1965 — Membro da Comissão do IV Centenário da Cidade do Rio de Janeiro, para os festejos comemorativos, sob o patrocínio do Instituto Histórico e Geográfico Brasileiro.

1966 — Participante do Colóquio Luso-Brasileiro, nas Universidades de Harvard e Columbia, nos Estados Unidos, como Membro da Delegação Brasileira.

— Viajou pela América do Sul, por diversos países, onde pronunciou conferências em universidades e sociedades sábias, sobre assuntos de literatura brasileira.

1967 — Integrante da comissão que procedeu à organização da Faculdade de Letras da Universidade Federal do Rio de Janeiro, desdobrada da antiga Faculdade Nacional de Filosofia.

1967 — Professor visitante da Universidade de Columbia, Nova York, ministrando curso de Literatura Brasileira.

— Quando Professor visitante da Universidade de Columbia, Nova York, foi convidado pelo Departamento de Estado para visitar universidades, tendo, então, percorrido o país realizando palestras sobre o Brasil e a sua literatura e participando em Nashville, Tennessee, de um congresso de professores de português.

1967-1975 — Primeiro Diretor Pro-Tempore da Faculdade de Letras da Universidade Federal do Rio de Janeiro.

1975-1979 — Diretor efetivo da Faculdade de Letras da Universidade Federal do Rio de Janeiro.

1968-1971 — Membro do Conselho Estadual de Cultura do antigo Estado da Guanabara.

ago. 1969 — Participante do XIV Congresso do Instituto de Literatura Ibero-americana, realizado na Universidade de Toronto, Canadá, tendo contribuído com o estudo intitulado "A crítica literária de Machado de Assis".

1969-1971 — Vice-Presidente do Conselho Estadual de Cultura do antigo Estado da Guanabara.

1969 — Pronunciou conferência sobre a personalidade de Machado de Assis na Associação Baiana de Beneficência, no antigo Estado da Guanabara.

1969-1970 — Representante da Faculdade de Letras da Universidade Federal do Rio de Janeiro junto ao Conselho Universitário da mesma Universidade.

1959-1978 — Participou do I ao X Congresso de Língua e Literatura. O primeiro patrocinado pelo então Governo da Guanabara e os demais pela Sociedade Brasileira de Língua e Literatura do RJ, sempre pronunciando conferências seguidas de debates.

1968-1970 — Colaborador do Instituto Nacional do Livro com as Coleções Antologia de Textos Críticos e Romances Brasileiros.

1969 — Em 7 de maio o Instituto Nacional do Livro do Ministério da Educação e Cultura conferiu-lhe o diploma prêmio "Instituto Nacional do Livro de Ensaio Literário, Crítica Literária e Linguística" por sua obra *Tradição afortunada* (O espírito de Nacionalidade na Crítica Brasileira).

— Proferiu a primeira conferência de abertura do Curso de Extensão Universitária promovido pela Superintendência das Atividades Artísticas da UFRJ.

ago. 1970 — Participante da I Bienal Internacional do Livro da qual fez parte o I Seminário de Literatura das Américas, promovido pela Fundação Bienal de São Paulo, realizando a palestra "Que é a América Latina", seguida de debates.

1970 — Participante do V Encontro Nacional de Escritores, promovido pela Fundação Cultural do Distrito Federal, em Brasília.

fev. 1970 — Professor visitante da Universidade de Colônia, Alemanha Ocidental, onde, durante os meses de janeiro e fevereiro, ministrou curso sobre "Evolução do conto brasileiro, seus aspectos estruturais e temáticos, principais tendências e figuras, com análise e comentário de exemplos de contos representativos dos vários estilos de época", no Seminário Românico da mencionada Universidade.

— Realizou, ainda, conferências sobre Literatura Brasileira nos seminários Românicos das Universidades de Bonn e Erlanger-Nuremberg, da Alemanha.

— Conferencista do Curso de Extensão Universitária promovido pela UFRJ, realizado na Escola de Belas Artes, sobre "Origens e evolução do barroco" pronunciando a palestra "Influência do barroco na Expressão Literária".

— Membro do Júri do Museu da Imagem e do Som, para os prêmios Golfinho de Ouro e Estácio de Sá, de Literatura, realizados anualmente.

ago. 1970 — Convidado, participou da I Bienal do Livro e de Literatura, promovida pela Fundação Bienal São Paulo, realizada no Pavilhão Armando Arruda Pereira, Parque Ibirapuera, quando discorreu sobre o tema "Que é a América Latina?".

1970-1982 — Professor dos Cursos de Pós-Graduação da Faculdade de Letras da Universidade Federal do Rio de Janeiro, de Literatura Brasileira, credenciado pelo Conselho Federal de Educação do Ministério da Educação e Cultura.

jun. 1971 — Participante da "Conferência Nacional sobre a Universidade Brasileira e a Comunidade", realizada em Salvador, Bahia, em comemoração do 25º aniversário da Fundação Universidade Federal da Bahia, tendo pronunciado, a convite do Magnífico Reitor, a conferência "As Letras e a Universidade".

— Membro do Conselho de Coordenação do Centro de Letras e Artes da Universidade Federal do Rio de Janeiro.

out. 1971 — Por ocasião da outorga pela Universidade Federal do Ceará da Medalha do Mérito Cultural, pronunciou conferências na Faculdade de Letras daquela Universidade.

— Conferencista da Escola Superior de Guerra quando abordou o tema "A Literatura como fator da nacionalização brasileira".

nov. 1971 — Colaborador da *Revista do Clube Militar* com uma entrevista sobre a Universidade Brasileira.

1972 — Presidente da Comissão Especial de Teatro do Conselho Estadual de Cultura do antigo Estado da Guanabara.

abr. 1972 — Participante do curso "Rio de Janeiro na *Belle Époque*" organizado pela Fundação Vieira Fazenda — Museu da Imagem e do Som, da antiga Secretaria de Educação e Cultura da Guanabara, onde pronunciou a conferência "Literatura Brasileira da *Belle Époque*".

abr. 1972 — Participante do curso "Estudo de Problemas Brasileiros" a docentes universitários, da Universidade Federal do Rio de Janeiro, patrocinado pelo Fórum de Ciência e Cultura, realizando a conferência "A literatura como fator da nacionalização brasileira".

maio 1972 — Participante das Comemorações do Cinquentenário da Semana de Arte Moderna, promovida pelo Governo do Estado de São Paulo, a convite da Secretaria de Cultura, Esportes e Turismo.

set. 1973 — Participante do Colóquio sobre a Criatividade, promovido pelo Conselho Estadual de Cultura da Secretaria de Cultura, Desportos e Turismo do antigo Estado da Guanabara, quando proferiu a conferência "A Criação e o Meio Ambiente".

— Relator do "Setor da Literatura" do Grande Júri do Prêmio Moinho Santista de 1973, realizado em São Paulo, tendo sido o seu "Relatório" o vencedor na votação do plenário (Érico Veríssimo).

out. 1973 — Representou a Universidade Federal do Rio de Janeiro no I Seminário de Teoria da Literatura programado pelo Instituto de Letras da Universidade Federal de Pernambuco, com o apoio da CAPES, de 15 a 19 de outubro, tendo como objetivo estudar e procurar soluções para problemas relacionados com o ensino e a pesquisa no âmbito da Teoria da Literatura. Proferiu, na ocasião, a conferência "Que Teoria Literária se deve ensinar no nível de Graduação universitária".

— É, desde 1973, Membro Honorário da Associação Americana de Professores de Espanhol e Português.

1973-1974 — A convite do Departamento de Cultura da Secretaria de Cultura, Desportos e Turismo do antigo Estado da Guanabara, ministrou em 1973 e 1974 vários cursos de Literatura Brasileira, entre os quais, os seguintes: Modernismo; Literatura Brasileira Contemporânea; Romance Brasileiro; As Correntes da Crítica Literária; Autonomia Cultural e Independência Política — Uma Análise do Processo da Independência Literária.

jan. 1974 — Professor visitante, a convite do Ministério das Relações Exteriores da França (Qual d'Orsay), para pronunciar conferências sobre Literatura Brasileira nas Universidades daquele país onde era ensinado Português e Literatura Brasileira.

maio 1974 — Como participante do Curso de Cultura Geral, promovido pelo Curso Freixieiro, pronunciou a palestra "A renovação da crítica literária no Brasil".

jul. 1974 — Conferencista do Centro de Estudos de Pessoal do Exército, quando pronunciou a conferência "A Nacionalidade da Literatura Brasileira".

nov. 1974 — A convite do Departamento de Assuntos Culturais da Secretaria de Educação e Cultura do antigo Estado do Rio de Janeiro, pronunciou, em Niterói, conferência sobre "Vida e obra de Raul Pompeia".

nov. 1974 — Durante o II Congresso Cearense de Escritores, realizado em Fortaleza, Ceará, proferiu discurso de abertura.

1974 — Foi autor, no Conselho Estadual de Cultura do antigo Estado da Guanabara, do anteprojeto de Lei nº 2491 de 7 de novembro de 1974 que criou o Fundo de Amparo à Cultura.

ago. 1975 — Participou do XVII Congresso Internacional de Literatura Ibero-americana, promovido pelo Instituto Internacional de Literatura Ibero-americano, realizado em Filadélfia, EUA, quando apresentou a comunicação "O surrealismo no Brasil".

jul. 1976 — Participou do 1º Encontro Nacional das Artes (10º Festival de Inverno), realizado sob a forma de seminários, reunido em Belo Horizonte, e que contou com especialistas nas áreas de Artes Plásticas, Literatura Brasileira, Museus de Arte, Música e Teatro. Nessa ocasião pronunciou a conferência "A crítica brasileira no Brasil", seguida de debates.

1976 — Designado pelo Senhor Ministro da Educação e Cultura, pela Portaria 247/76, integrou a Comissão Julgadora do Prêmio Nacional de Ficção do Instituto Nacional do Livro.

jan. 1976 — Presente ao I Congresso Nacional de Estudos de Linguística e Literatura, promovido pelas Faculdades Integradas Augusto Motta (SUAM), quando pronunciou no dia 9 a conferência "Literatura e Crítica Literária".

1976 — Realizou viagem aos Estados Unidos, em missão cultural, sob o patrocínio do Instituto Brasil-Estados Unidos e do Ministério das Relações Exteriores do Brasil, quando pronunciou conferências e seminários sobre Literatura e Problemas Brasileiros nas Universidades de Vanderbilt, Houston, Austin, New Mexico, Los Angeles, Berkeley, Standford, New York e Georgetown.

mar. 1977 — Pronunciou a Aula Inaugural dos Cursos do Centro de Documentação e Letras da Universidade Santa Úrsula, no Rio de Janeiro, proferindo a conferência "Letras e Documentação".

abr. 1977 — Compareceu à primeira parte do XVIII Congresso de Literatura Ibero-americana, realizado em Gainesville, Flórida, EUA, tendo tomado parte em todas as sessões e presidido a uma delas como representante brasileiro.

maio 1977 — Participou da Jornada Cultural sobre José de Alencar, realizada sob o patrocínio da Secretaria de Cultura, Desporto e Promoção do Governo do Estado do Ceará, quando pronunciou a conferência "José de Alencar na Literatura Brasileira".

— A partir de julho desse ano foi incorporado como "Membro Regular" do Instituto Internacional de Literatura Ibero-americana, com todos os direitos e prerrogativas concedidas pelo Estatuto do referido Instituto, sediado nos Estados Unidos.

ago. 1977 — Foi Presidente da 2ª seção do XVIII Congresso Internacional de Literatura Ibero-americana promovido pelo Instituto Internacional de Literatura Ibero-americana e realizado pela Faculdade de Letras da Universidade Federal do Rio de Janeiro, com apoio oficial do Ministério das Relações Exteriores do Brasil, do Conselho Federal de Cultura e Academia Brasileira de Letras, realizado no Salão de Convenções do Hotel Glória, no Rio de Janeiro.

set. 1977 — Participou do IV Congresso Brasileiro de Crítica Literária, realizado em Campina Grande, Paraíba, quando pronunciou a conferência "A Crítica Literária no Brasil".

nov. 1977 — Participou do simpósio "O Romance Moderno Brasileiro", patrocinado pela Universidade de Brasília e coordenado pelo Professor Eduardo Mattos Portella, quando proferiu a conferência "O Peregrino da América".

— Participou do Ciclo de conferências programado em comemoração do centenário da morte de José de Alencar, organizado pela Biblioteca Nacional e pelo Museu Histórico Nacional, quando discorreu sobre o tema "Posição de Alencar na Literatura Brasileira".

1977 — Participou, na qualidade de membro do júri, do III Concurso Nacional de Literatura, promovido pela Superintendência de Assuntos Culturais da Secretaria de Educação e Cultura do Estado de Goiás.

jan. 1977 — Presente ao II Congresso Nacional de Estudos Linguísticos e Literários, promovido pelas Faculdades Integradas Augusto Motta (SUAM), pronunciou a conferência "Do maneirismo ao barroco".

jan. 1978 — Presente ao III Congresso Nacional de Estudos Linguísticos e Literários, promovido pelas Faculdades Integradas Augusto Motta (SUAM), pronunciou a conferência "O Barroco brasileiro".

maio 1978 — Participou, como debatedor, da 1ª Semana de Cultura Nordestina, promovida pela Universidade Federal do Rio Grande do Norte, com o apoio do MEC/DAC/FUNARTE.

maio 1978 — Participante do 1º Seminário de Estudos de Língua e Literatura, promovido pela Faculdade de Filosofia da Federação das Escolas Superiores de Ilhéus e Itabuna, quando pronunciou a conferência "Alceu Amoroso Lima e o globalismo crítico".

1978-1982 — Indicado pelo Conselho Deliberativo da CAPES (Coordenação de Aperfeiçoamento de Pessoal de Nível Superior) do Ministério da Educação e Cultura para Presidente da Comissão de Consultores da área de Letras e Linguística.

jan. 1979 — Convidado, participou como Presidente de Honra do IV Congresso Nacional de Estudos de Linguística e Literatura, promovido pelas Faculdades Integradas Augusto Motta (SUAM), e proferiu uma conferência.

nov. 1979 — Orador na posse de Eduardo Portella na Academia Brasileira de Educação.

fev. 1980 — Convidado, pronunciou a Aula Magna da Fundação Educacional Severino Sombra, em Vassouras.

jan. 1982 — Esteve presente ao VII Congresso Nacional de Estudos de Linguística e Literatura, promovido pelas Faculdades Integradas Augusto Motta (SUAM) quando pronunciou conferência sobre sua especialidade (Literatura Brasileira).

1979 — Idealizou, criou e preside a OFICINA LITERÁRIA AFRÂNIO COUTINHO S/C (OLAC), instituição cultural de utilidade pública municipal e federal que tem por finalidade promover estudos na área de Letras, em especial brasileiras, mediante cursos e pesquisas. Também publica livros, sendo sua principal tarefa, no momento, a *Enciclopédia de Literatura Brasileira*, que será sem dúvida uma obra para os próximos cem anos. Sua biblioteca com cerca de 100.000 volumes, organizada ao longo de sua vida, foi socializada ao público estudioso.

maio 1979 — Participou da programação do Sesquicentenário de José de Alencar, promovido pela Universidade Federal do Ceará, sendo agraciado com o "Diploma Sesquicentenário de Alencar", por seu devotamento à causa da cultura brasileira, diploma este expedido pelo Presidente da Câmara Municipal de Fortaleza, Ceará.

1979 — Indicado pela Congregação da Faculdade de Filosofia, Letras e Ciências Humanas da Universidade de São Paulo para integrar a Comissão Julgadora do concurso de Livre Docência na disciplina de Literatura Brasileira, realizado nos dias 7, 8 e 9 de novembro.

set. 1979 — Como expositor do tema "Criação", participou do I Congresso Estadual do Livro, realizado no Rio de Janeiro, no Governo Antônio de Pádua Chagas Freitas, que teve como objetivo discutir a política cultural do livro no Estado do Rio de Janeiro e apresentar recomendações ao Departamento de Cultura da Secretaria de Estado de Educação e Cultura do mesmo Estado e ao Instituto Nacional do Livro.

out. 1979 — Como parte da disciplina "Problemas Brasileiros" do Curso de Pós-Graduação em Medicina Interna, da Faculdade de Medicina da Universidade Federal do Rio Grande do Sul, pronunciou conferência sobre o tema "Papel da Literatura Médica na Cultura Brasileira".

nov. 1979 — Participou da 2ª Semana de Literatura Brasileira, promovida pela Universidade Federal do Maranhão, por seu Departamento de Letras do Centro de Estudos Básicos, quando pronunciou conferência sobre Literatura Brasileira.

set. 1979 — Participou do 1º Encontro de Sociologia da Literatura, organizado sob sua orientação e promovido pelo Centro de Estudos Sociológicos de Juiz de Fora, Minas Gerais, quando discorreu e discutiu com os participantes sobre o tema "Sociologia da Literatura".

nov. 1979 — Promovido pelo Instituto Estadual do Livro, do Rio de Janeiro, foi levado a efeito, na Sala Guimarães Rosa, no subsolo da Faculdade de Letras da Universidade Federal do Rio de Janeiro, um curso sobre o escritor José de Alencar, em comemoração ao Sesquicentenário de seu nascimento, tendo no dia 27 proferido aula que discorreu sobre "José de Alencar e a Literatura Brasileira".

dez. 1979 — Por ocasião da inauguração da "Sala de Leitura" da Faculdade de Filosofia, Ciências e Letras Professora Nair Fortes Abu-Merhy, da Fundação Educacional de Além Paraíba, Minas Gerais, proferiu uma conferência sobre sua especialidade.

jan. 1979 — Convidado, participou como Presidente de Honra do IV Congresso Nacional de Estudos de Linguística e Literatura, promovido pelas Faculdades Integradas Augusto Motta (SUAM).

1979 — Professor Emérito do Colégio Pedro II do Ministério da Educação e Cultura.

1980 — Professor Emérito da Universidade Federal do Rio de Janeiro.

jan. 1980 — Participou do V Congresso Nacional de Estudos de Linguística e Literatura, promovido pelas Faculdades Integradas Augusto Motta (SUAM), quando pronunciou a conferência "As implicações da telenovela".

1980 — Por Portaria ministerial, foi indicado pelo Ministério da Educação e Cultura para constituir e presidir a Comissão Nacional de Textos, para elaboração de edições de autores nacionais.

— A convite do Serviço Alemão de Intercâmbio Acadêmico (DAAD), viajou para a República Federal da Alemanha para ministrar seminários nas Universidades de Heidelberg, Erlangen e Koeln e para participar da inauguração do Instituto Teuto-Brasileiro na República Federal da Alemanha. Nesta visita, representou o Ministério da Educação e Cultura do Brasil junto às referidas Universidades e outras instituições da Alemanha, com as quais manteve contatos e relações culturais. Visitou ainda a França e os Estados Unidos.

— Membro do Conselho Federal de Educação do Ministério da Educação e Cultura.

1980-1981 — Membro do Conselho de Curadores do MOBRAL.

— Membro do Conselho de Curadores da UNIRIO.

ago. 1980 — Participante da Banca Examinadora do Concurso de Livre-Docência junto à área de Literatura Brasileira, realizado a partir de 19 de agosto no Instituto de Letras, História e Psicologia da Universidade Estadual Paulista "Júlio de Mesquita Filho", Campus de Assis, São Paulo.

1980 — Participou do I Congresso Nacional de Letras e Ciências Sociais, promovido pelas Faculdades Integradas Augusto Motta (SUAM), pronunciando a conferência "Sociologia da Literatura". Nesse Congresso, foi o Homenageado de Honra.

ago. 1981 — Orador na posse de Eduardo Portella na Academia Brasileira de Letras.

1981 — Proferiu, em 27 de março, a Aula Magna da Universidade Estadual de Feira de Santana, quando discorreu sobre "Que é Literatura Brasileira".

— É possuidor do "Diploma União Brasileira de Escritores 1981, Prêmio Fernando Chinaglia", que lhe confere, pelo seu trabalho frente à OLAC, o diploma de "Personalidade Cultural".

nov. 1981 — Convidado, participou do "Seminário sobre o Romance Nordestino de 30", realizado sob o patrocínio da Universidade Federal do Ceará, quando pronunciou conferência sobre o tema "A Crítica Literária e o Romance de 30", seguida de debates.

1981 — Doutor Honoris-causa da Universidade Federal da Bahia. Ao receber o título em 26 de março, pronunciou discurso de agradecimento.

jan. 1981 — Presente ao VI Congresso Nacional de Estudos de Linguística e Literatura, promovido pelas Faculdades Integradas Augusto Motta (SUAM), pronunciou a 15ª conferência: "Uma revisão do conceito de história literária".

set. 1981 — Esteve presente, como Presidente de Honra do Setor Nacional, ao I Congresso Internacional de Línguas, Linguística e Literaturas, promovido pela SUAM (Faculdades Integradas Augusto Motta), quando pronunciou a conferência "Que é Literatura Brasileira".

ago. 1982 — Compareceu ao X Congresso de Literatura Comparada, realizado sob os auspícios da Universidade de Nova York e ao qual apresentou a comunicação "Literature in the Americas during the Colonial Centuries".

1982 — Participou do júri do "Prêmio Goethe de Literatura", para a melhor narrativa de ficção de autor brasileiro, promovido pelo Instituto Cultural Brasil-Alemanha.

jul. 1982 — Presente ao III Congresso Nacional de Letras e Ciências Humanas, promovido pelas Faculdades Integradas Augusto Motta (SUAM), proferiu a conferência "Modernismo e Modernismos".

jan. 1983 — Participou do VIII Congresso Nacional de Estudos de Linguística e Literatura, promovido pelas Faculdades Integradas Augusto Motta (SUAM), quando pronunciou conferência sobre sua especialidade.

1983 — Participou de um Simpósio sobre os 90 anos de Jorge de Lima, realizado em Maceió.

— Convidado, pronunciou em Porto Velho, Rondônia, conferência sobre "Evolução da Literatura Brasileira no sentido da autonomia".

jul. 1983 — Participou do IV Congresso Nacional de Letras e Ciências Humanas, promovido pelas Faculdades Integradas Augusto Motta (SUAM), onde pronunciou conferência sobre "A pesquisa em literatura".

jun. 1984 — Orador na posse de Sérgio Correia da Costa na Academia Brasileira de Letras.

ago. 1984 — Participou do Colóquio sobre Literatura Baiana, promovido pela Fundação Cultural do Estado, em Salvador.

BIBLIOGRAFIA

A. OBRAS PUBLICADAS

Daniel Rops e a ânsia do sentido novo da existência. Salvador, A Gráfica, 1936.

O Humanismo, ideal de vida. Salvador, 1938.

L'Exemple du métissage. In: *L'Homme de couleur.* Paris, Flon, 1939. p. 152-65. (Col. Présences.)

A Filosofia de Machado de Assis. Rio de Janeiro, Vecchi, 1940. (Pensamento brasileiro.)

A Filosofia de Machado de Assis e outros ensaios. Rio de Janeiro, São José, 1959.

Aspectos, da literatura barroca. Rio de Janeiro, Ed. A Noite, 1950. Tese de concurso para o provimento de uma cadeira de Literatura no Colégio Pedro II.

O ensino da literatura. Rio de Janeiro, Imprensa Nacional, 1952. Discurso de posse na cátedra de Literatura do Colégio Pedro II.

Correntes cruzadas (questões de literatura). Rio de Janeiro, Ed. A Noite, 1953.

Lindolfo Rocha. Rio de Janeiro, MEC, 1953.

Por uma crítica estética. Rio de Janeiro, MEC, 1954. (Os cadernos de cultura, 70.)

Da crítica e da nova crítica. Rio de Janeiro, Liv. Brasileira, 1957.

____. 2. ed. 1975.

A crítica. Salvador, Univ. Bahia, 1958. (Publicações da Universidade da Bahia, v. 5.)

____. Editora conjunta Universidade da Bahia/Aguiar, s/d.

____. Salvador, Livr. Progresso, 1959.

Euclides, Capistrano e Araripe. Rio de Janeiro, MES, 1959.

Euclides, Capistrano e Araripe. 2. ed. Rio de Janeiro, Livro de Ouro, 1968.

____. In: *Conceito de literatura brasileira.* Rio de Janeiro, Pallas/Brasília, INUMEC, 1976.

____. 3. ed. Petrópolis, Vozes, 1981.

Introdução à literatura no Brasil. Rio de Janeiro, São José, 1959.

____. 5. ed. 1968.

____. 8. ed. Civilização Brasileira, 1976.

____. 9. ed. 1979.

Conceito de literatura brasileira (ensaio). Rio de Janeiro, Acadêmica, 1960.

____. Pallas, 1976.

____. Petrópolis, Vozes, 1981.

Machado de Assis na literatura brasileira. Rio de Janeiro, São José, 1960.

____. 2. ed. 1966.

Tradição e futuro do Colégio Pedro II. Rio de Janeiro, Colégio Pedro II, 1961. (Aula magna de 1961)

Recepção de Afrânio Coutinho na Academia Brasileira de Letras. Rio de Janeiro, ABL, 1962.

No hospital das letras. Rio de Janeiro, Tempo Brasileiro, 1963.

A polêmica Alencar-Nabuco. Organização e introdução de Afrânio Coutinho. Rio de Janeiro, Tempo Brasileiro, 1965.

____. 2. ed. 1978.

Discurso pronunciado ao tomar posse da cadeira de literatura brasileira da Faculdade Nacional de Filosofia da Universidade do Brasil em 9 set. 1965.

Antologia brasileira de literatura. Rio de Janeiro, Distr. Livros Escolares, 1965 e 1967. 3 v.

Aula magna. Rio de Janeiro, Universidade Federal do Rio de Janeiro, 1968.

Crítica e poética. Rio de Janeiro, Livr. Acadêmica, 1968.

____. 2. ed. Civilização Brasileira, 1980.

A tradição afortunada (O espírito de nacionalidade na crítica brasileira). Prof. Afonso Arinos de Melo Franco. Rio de Janeiro, J. Olympio, 1968.

Crítica e críticos. Rio de Janeiro, Simões Ed., 1969.

An introduction to literature in Brasil. New York, Columbia Univ. Press, 1969.

A vida intelectual no Rio de Janeiro. In: *O Rio de Janeiro no tempo da Independência*. Rio de Janeiro, Cons. Estadual de Cultura, 1972.

Caminhos do pensamento crítico. Rio de Janeiro, Ed. Americana, 1974.

____. 2. ed. Rio de Janeiro, Pallas/INL/MEC, 1980. 2 V.

Notas de teoria literária. Rio de Janeiro, Civilização Brasileira, 1976.

____. 2. ed. 1978.

O erotismo na literatura, o caso Rubem Fonseca. Rio de Janeiro, Cátedra, 1977.

Evolução da crítica literária brasileira. Rio de Janeiro, 1977.

Universidade, instituição crítica. Rio de Janeiro, Civilização Brasileira, 1977.

Histórico e relatório (1967-1978). Rio de Janeiro, UFRJ, Faculdade de Letras, 1978.

Posse do Acadêmico Doutor Eduardo de Mattos Portella na Academia Brasileira de Educação. Rio de Janeiro, 1979. (Discurso.)

O homem de letras. In: *Clementina Fraga: itinerário de uma vida*. Rio de Janeiro, J. Olympio/Brasília, INL/MEC, 1980.

La moderna literatura brasileña. Buenos Aires, Macondo Ed., 1980.

Tristão de Atlzayde, o crítico. Rio de Janeiro, Agir, 1980.

Discursos acadêmicos; discurso de saudação a Eduardo Portella. Rio de Janeiro, Academia Brasileira de Letras, 1981.

Doutor honoris causa. Salvador, UFBA, 1981. (Col. Honoris causa, 2.)

O mundo de Jorge Amado. In: *Jorge Amado; ensaios sobre o escritor*. Salvador, UFBA, 1982.

O processo de descolonização literária. Rio de Janeiro, Civilização Brasileira, 1983. (Col. Vera Cruz: Literatura brasileira, v. 335.)

As formas da literatura brasileira. Rio de Janeiro, Bloch Ed., 1984.

Refomzulação do Currículo de Letras. Brasília, Conselho Federal de Educação, 1984.

B. OBRAS ORGANIZADAS

Memórias de um sargento de milícias de Manuel Antônio de Almeida. Rio de Janeiro, Ed. de Ouro, s/d.

Os retirantes de José do Patrocínio. Brasília, MEC/INL, s/d.

Cabocla de Ribeiro Couto. Rio de Janeiro, Ed. de Ouro, 1957.

A literatura no Brasil. Rio de Janeiro, Sul Americana, 1955-1959. 4 v.

____. 2. ed. 1968-1971. 6 v.

____. 3. ed. Rio de Janeiro, J. Olympio/Univ. Federal Fluminense, 1986.

____. 4. ed. São Paulo, Global, 1997.

Obra completa de Jorge de Lima. Rio de Janeiro, Aguilar, 1959.

Obra completa de Machado de Assis. Rio de Janeiro, Aguilar, 1959. 3 v.

Brasil e brasileiros de hoje; enciclopédia de biografias. Rio de Janeiro, Foto Service, 1961. 2 v.

Bugrinha de Afrânio Peixoto. Rio de Janeiro, Ed. de Ouro, 1961.

Romances completos de Afrânio Peixoto. Rio de Janeiro, Aguilar, 1962.

Obra completa de Carlos Drummond de Andrade. Rio de Janeiro, Aguilar, 1964.

____. 2. ed. 1967.

Estudos literários de Alceu Amoroso Lima. Rio de Janeiro, Aguilar, 1966.

Maria bonita de Afrânio Peixoto. Rio de Janeiro, Ed. de Ouro, 1966.
O mundo como vontade e representação de Schopenhauer. Rio de Janeiro, Ed. de Ouro, 1966.
Obra completa de Euclides da Cunha. Rio de Janeiro, Aguilar, 1966. 2 v.
Anchieta de Jorge de Lima. Rio de Janeiro, Ed. de Ouro, 1967.
Dom Casmurro de Machado de Assis. Rio de Janeiro, Ed. de Ouro, 1967.
O salto mortal de Ascendino Leite. Rio de Janeiro, Ed. de Ouro, 1967.
Os servos da morte de Adonias Filho. Rio de Janeiro, Ed. de Ouro, 1967.
Terra de Santa Cruz de Viriato Corrêa. Rio de Janeiro, Ed. de Ouro, 1967.
Diálogos das grandezas do Brasil de Ambrósio Fernandes Brandão. Rio de Janeiro, Ed. de Ouro, 1968.
Obra poética de Vinicius de Moraes. Rio de Janeiro, Aguilar, 1968.
Obra crítica de Araripe Júnior. Rio de Janeiro, Casa Rui Barbosa, 1958, 1960, 1962, 1966, 1971. 5 v.
Maria Dusá de Lindolfo Rocha. Brasília, MEC/INL, 1969.

O Ateneu de Raul Pompeia. Brasília, MEC/INL, 1971.
Os brilhantes de Rodolfo Teófilo. Brasília, MEC/INL, 1972.
Augusto dos Anjos. Brasília, INL, 1973. (Col. de Literatura Brasileira, 10.)
Mocidade morta de Rocha Pombo. Brasília, MEC/INL, 1973.
No hospício de Rocha Pombo. Brasília, MRC/INL, 1973.
Carlos Drummond de Andrade. Rio de Janeiro, Civilização Brasileira/MEC, 1977. (Col. Fortuna Crítica, 2.)
Graciliano Ramos. Rio de Janeiro, Civilização Brasileira/MEC, 1977. (Col. Fortuna Crítica, 2.)
Cassiano Ricardo. Rio de Janeiro, Civilização Brasileira/MEC, 1979. (Col. Fortuna Crítica, 3.)
Cruz e Sousa. Rio de Janeiro, Civilização Brasileira/MEC, 19 75.
Manuel Bandeira. Rio de Janeiro, Civilização Brasileira/MEC, 1980. (Col. Fortuna Crítica, 5.)
Obras de Raul Pompeia. Rio de Janeiro, MEC/FENAME/OLAC/Civilização Brasileira, 1981-1985. 10 v.

C. COLABORAÇÕES EM REVISTAS

A literatura como fator da nacionalização brasileira. Separata da *Rev. do Arquivo Municipal.* São Paulo, Ano 35, *184* (201-220): 203-20.
Os problemas da nacionalidade e originalidade da literatura brasileira. *Revista lbemamericana*, Washington, *34* (65): 11-44.
O homem moderno e o humanismo. Separata de *A fala dos mestres.* Rio de Janeiro, Colégio Pedro II, s.d.
O homem moderno e o humanismo. *Revista -Brasileira de Estudos Pedagógicos.* Rio de Janeiro, *28* (65): 15-27, jan./mar. 1957.
____. *Cadernos Brasileiros.* Rio de Janeiro, *1* (2): 18-25, jul./set. 1 959.

O homem e os livros. Palestra realizada no Instituto, em 13 de maio de 1933. *Rev. do Instituto Geográfico e Histórico da Bahia,* (59): 483-98, 1933.
O Fantástico e o realismo mágico em literatura. *Revista da Bahia,* jul. 1935.
A Literatura na Pesquisa da nova ordem de vida. *A Ordem,* jan. 1936.
A Aventura poética contemporânea. *A Ordem,* Rio de Janeiro, jul./ago. 1936.
RAMOS, Alberto Guerreiro. Uma revisão necessária: Rui Barbosa. *Revista da Bahia,* set. 1936.
Humanismo integral cristão. *A Ordem,* Rio de Janeiro, nov./dez. 1936.
O Humanismo, ideal de vida. *A Noite,* Rio de Janeiro, 1983.

Problema da cultura e missão do intelectual. *Mensário do Jornal do Comércio*, fev. 1938.

Vocação da América. *A Ordem*, Rio de Janeiro, out. 1938.

Personalismo e cristianismo. *Revista do Brasil*, fev. 1939.

O Cristianismo diante dos fascismos e do comunismo. *A Ordem*, maio 1939.

Reabilitação da inteligência. *Revista do Brasil*, ago. 1939.

Machado de Assis e o problema do mestiço. *Revista do Brasil*, fev. 1940.

O Humano no regional. *Revista do Brasil*, set. 1941.

O Trabalho e a vida. *Revista do Brasil*, 4 (39): 1-7, set. 1941.

Jacques Maritain e a estrutura da civilização. *Revista Brasileira*, 1 (3): 1-7, set. 1941.

Brazil: Laboratory of civilization. *Free world*; a monthly magazine devoted to democracy and world affairs, 6 (2): 172-5, aug. 1943.

Some considerations on the problem of philosophy in Brazil. *Philosophy and Phenomenological research*, 6 (2): 186-93, dec. 1943.

Testemunho. *A Ordem*, Rio de Janeiro, mai./jun. 1946.

Ensaio e crônica. *Internato*, (4): 23-9, out. 1953.

O Ensino de literatura no curso secundário. *Revista Brasileira de Estudos Pedagógicos*, Rio de Janeiro, 21 (54): 3-15, abr./jun. 1954.

A nova crítica. *Revista do Livro*, Rio de Janeiro, 3/4: 256-8, dez. 1956.

Novas tendências da crítica brasileira. *Rev. Hispânica Moderna*, 23 (2): 150-4, abr. 1957.

A Nacionalização da literatura brasileira no pensamento crítico de Araripe Júnior. *Revista Brasileira*, Rio de Janeiro, 9 (21-2): 68-87, jan./jun. 1958.

La crítica Literaria en el Brasil. *Ficción*, Buenos Aires, (11): 126-32, ene./feb. 1958.

A Literatura brasileira e a ideia nacional. *Rev. Brasiliense*, São Paulo, (17): 98-117, mai./jun. 1958.

O Modernismo na literatura brasileira. *Cadernos Brasileiros*, Rio de Janeiro, 1 (1): 14-28, abr./jun. 1959.

O Impressionismo na literatura brasileira. *Cadernos Brasileiros*, Rio de Janeiro, 4 (3): 5-16, jul./set. 1962.

Afrânio Peixoto, entre a cidade e o sertão. *Cadernos Brasileiros*, (5): 39-47, set./out. 1963.

A Unidade literária e o Rio de Janeiro. *Cadernos Brasileiros*, Rio de Janeiro, (33): 25-34, jan./fev. 1966.

Machado de Assis. New York. Columbia Univ. 1967. Separata da *Revista Hispânica Moderna*, Madrid, 33 (1-2): 109-26, ene./abr. 1967.

Conceito da crítica em Alceu Amoroso Lima. *Revista Interamericana de Bibliografia*, Washington, 3 (17): 299-305, jul./set. 1967.

A crítica literária romântica. Separata da *Revista do Livro*, Rio de Janeiro, n. 38, 1969.

Pós-graduação em Letras. *Revista Brasileira de Estudos Pedagógicos*, 58 (128): 306-13, out./dez. 1972.

O problema dos gêneros literários. *Littera*, Rio de Janeiro, 6 (15): 50-4, 1976.

Apresentação. In: Congresso Internacional da Literatura Ibero-americana, 18, Rio de Janeiro, 1977. *Atas...* Rio de Janeiro, Gráfica Vida Doméstica, 1978. p. 1.

O globalismo crítico. *Romanica europaea et americana*. Bonn, 155-65, 8 jan. 1980.

Miscelânia de Estudos Literários. Homenagem a Afrânio Coutinho. Pallas Editora, 1984.

Machado de Assis na Literatura Brasileira. 2. ed. Academia Brasileira de Letras, 1990.

Enciclopédia da Literatura Brasileira. Fundação de Assistência ao Estudante (FAE), 1990. 2 v.

Impertinências. Ed. Tempo Brasileiro, 1990.

Do Barroco. Ed. UFRJ/Ed. Tempo Brasileiro, 1994.

DADOS BIOBIBLIOGRÁFICOS
DE EDUARDO DE FARIA COUTINHO

NASCEU EM NOVA YORK, a 22 de dezembro de 1946, filho de Afrânio Coutinho e Vanda de Faria Coutinho, fez os cursos primário e secundário no Rio de Janeiro e diplomou-se em Letras Vernáculas pela Faculdade de Letras da Universidade Federal do Rio de Janeiro, em 1968. É Professor Titular de Literatura Comparada da Universidade Federal do Rio de Janeiro (UFRJ), onde exerceu também, de 1990 a 1994, a função de Diretor Adjunto de Pós-Graduação. É Mestre em Literatura Comparada pela Univ. da Carolina do Norte, Chapel Hill, e Doutor (PhD) em Literatura Comparada pela Universidade da Califórnia, Berkeley (1983).

Além de sua atividade docente na UFRJ, ele tem sido Professor visitante em diferentes universidades no Brasil e no exterior. Foi Vice-Presidente da Oficina Literária Afrânio Coutinho (OLAC) e da Associação Nacional de Pós-Graduação e Pesquisa em Letras e Linguística (ANPOLL), e membro do Conselho de Cultura do Estado do Rio de Janeiro. É membro fundador e atual Presidente da Associação Brasileira de Literatura Comparada (ABRALIC), membro do Comitê Executivo da Associação Internacional de Literatura Comparada (AILC/ICLA), membro do PEN Clube Internacional e Consultor Científico de diversas agências de fomento à Educação (CAPES, CNPq, FAPERJ, FUJB). Sua principal área de pesquisas é a Literatura Latino-Americana contemporânea. Tem publicado diversos livros, ensaios e artigos em jornais e periódicos especializados no Brasil e no exterior.

TRABALHOS PUBLICADOS

A. LIVROS

No Brasil:
Guimarães Rosa. Coleção Fortuna Crítica. Rio de Janeiro, Civilização Brasileira, 1983. 580 p. (Org.) 2. ed. 1991.
A unidade diversa: ensaios sobre a nova literatura hispano-americana, Rio de Janeiro, Anima, 1985. 212 p. (Org.)
José Lins do Rego. Coleção Fortuna Crítica. Rio de Janeiro, Civilização Brasileira, 1991. 474 p. Org. em colaboração de Ângela Bezerra de Castro.
Em busca da terceira margem: ensaios sobre o Grande sertão: veredas. Salvador, Fundação Casa de Jorge Amado, 1993. 100 p.
Literatura Comparada: textos fundadores. Rio de Janeiro, Rocco, 1994. org. em colaboração com Tania Franco Carvalhal.

No Exterior:
The Process of Revitalization of the Language & Narrative Structure in the Fiction of João Guimarães Rosa & Julio Cortázar. Valencia (Espanha), Estudios Hispanófilos, 1980. 84 p.
The "Synthesis" Novel in Latin America: a Study on João Guimarães Rosa's Grande sertão: veredas. Chapel Hill, North Carolina Studies in Romance Languages & Literatures, 1991. 170 p.

B. ENSAIOS CRÍTICOS EM LIVROS E PERIÓDICOS ESPECIALIZADOS

No Brasil:
Aspectos da estética de Croce. *Littera*. [Rio de Janeiro], 6 (15): 59-72, 1976.
A crítica francesa. *Boletim de Ariel*. [Rio de Janeiro], (13): II-2 e 15, 1976.
Antígona e Macbeth à luz da estética de Hegel. *Letras de Hoje*. [Porto Alegre], (27): 23-37, 1977. Republ. in: *Miscelânea de estudos literários: homenagem a Afrânio Coutinho*. Rio de Janeiro, Palias, 1984. p. 175-88; e com o título de "O trágico na era moderna: perspectiva comparatista", in: *Anais da XIV Semana de Estudos Clássicos*. Rio de Janeiro, Depto. de Letras Clássicas da Faculdade de Letras da UFRJ, 1994. p. 26-37.
Guimarães Rosa e o processo de revitalização da linguagem. In: COUTINHO, Eduardo F., org. *Guimarães Rosa*. Rio de Janeiro, Civilização Brasileira, 1983. p. 202-34.
O jogo/linguagem de Edilberto Coutinho. In: COUTINHO, Edilberto. *Os jogos*. São Paulo, Ática, 1984. p. 323-32.
A narrativa contemporânea das Américas: uma narrativa síntese. In: VASSALO, Lígia, org. *A narrativa ontem e hoje*. Rio de Janeiro, Tempo Brasileiro, 1984. p. 174-84.
Julio Cortázar e a busca incessante da linguagem. In: COUTINHO, Eduardo F., org. *A unidade diversa: ensaios sobre a nova literatura hispanoamericana*. Rio de Janeiro, Anima, 1985. p. 17-43.
Guimarães Rosa e a linguagem literária. In: *Perspectivas 2: ensaios de Teoria Literária*. Rio de Janeiro, Depto. de Ciência da Literatura da Faculdade de Letras da UFRJ, 1985. p. 72-80. Republ. in: *Cadernos de Letras*. Série: Estudos. [Goiânia], (2): 07-22, 1988.
A busca da terceira margem do rio: a questão da identidade cultural nanarrativa

latino-americana contemporânea. In: *Anais do I Seminário Latino-Americano de Literatura Comparada*. 2v. Porto Alegre, Univ. Federal do Rio Grande do Sul, 1986. v. 1, p. 15-24.

A narrativa hispano-americana contemporânea: uma forma amalgamada. In: CÁRCAMO, Sílvia. *Temas de literatura hispano-americana contemporânea*. Rio de Janeiro, Instituto Cultural Brasil-Argentina, 1987. Republ. in: *Primeira Impressão*. [Rio de Janeiro], (11): 10-1, 1990.

A busca de um discurso "síntese" na narrativa contemporânea da América Latina. In: *1º e 2º Simpósios de Literatura Comparada: Anais*. 2 v. Belo Horizonte, Univ. Federal de Minas Gerais, 1987. v. l, p. 187-96.

Discurso de Posse no PEN Clube do Brasil. In: COUTINHO, Afrânio & COUTINHO, Eduardo F. *Posse de Eduardo de Faria Coutinho no PEN Clube do Brasil*. Rio de Janeiro, OLAC/Pallas, 1988. p. 19-26.

A relação arte/realidade em *Fogo Morto*. In: COUTINHO, Eduardo F. et alii. *Ensaios sobre José Lins do Rego*. João Pessoa, Fundação Espaço Cultural da Paraíba, 1988. p. 7-16. Republ. in: COUTINHO, Eduardo F. & CASTRO, Ângela Bezerra de, orgs. *José Lins do Rego*. Rio de Janeiro, Civilização Brasileira, 1991. p. 430-40.

Autorreflexão e busca de identidade na ficção brasileira contemporânea. In: *Perspectivas 3: ensaios de Teoria e Crítica*. Rio de Janeiro, Depto. de Ciência da Literatura da Faculdade de Letras da UFRJ, 1988. p. 23-33.

O discurso autoquestionador de uma narrativa em busca de seu próprio perfil. In: *I Congresso ABRALIC: Anais*. 3 v. Porto Alegre, Univ. Federal do Rio Grande do Sul, 1988. v. 3, p. 61-8.

Classical vs. Modern Tragedy: a discussion of Sophocle's Antigone and Shakespeare's *Macbeth* based on Hegel's *Philosophy of Fine Arts*.

Anais do XXII Seminário Nacional de Professores Universitários de Literaturas de Língua Inglesa (SENAPULLI). Poços de Caldas, MG, Faculdade de Filosofia, Ciências e Letras, 1990. p. 256-68.

Sem centro nem periferia: é possível um novo olhar no discurso crítico latino-americano? In: *II Congresso ABRALIC: Anais*. 3 v. Belo Horizonte, Univ. Federal de Minas Gerais, 1991. v. 1, p. 621-33. Republ. com o título Comparativismo e descolonização: o olhar crítico latinoamericano in: *Estudos Linguísticos e Literários — 500 anos de América*. [Salvador], (13): 197-210, 1992.

O pós-modernismo e a ficção latino-americana contemporânea: riscos e limites. *Terceira Margem: Revista da Pós-Graduação em Letras da UFRJ*. [Rio de Janeiro], *1* (1): 70-4, 1993.

Guimarães Rosa: um alquimista da palavra. Prefácio a *João Guimarães Rosa: ficção completa*. 2 v. Rio de Janeiro, Nova Aguilar, 1994. v. 1, p. 11-24.

Por um comparatismo latino-americano. *Terceira Margem: Revista da Pós-Graduação em Letras da UFRJ*. [Rio de Janeiro], *2* (2): 25-30, 1994.

La ficción latinoamericana de los años 60 y la cuestión de la identidad cultural. *Anuario Brasileño de Estudios Hispánicos*. [São Paulo], (4): 301-9, 1994.

No Exterior:

Guimarães Rosa. *II Confronto Letterario*. [Pavia, Itália], *4* (7): 173-83, mag. 1987.

Guimarães Rosa e os contrapontos da identidade cultural. In: *Actas do 1º Simpósio Interdisciplinar de Estudos Portugueses: Dimensões da Alteridade nas Culturas de Língua Portuguesa — o Outro*. 2 v. Lisboa, Univ. Nova de Lisboa. v. 2, p. 383-94. Republ. in: *Rio Artes* [Rio de Janeiro], (5): 5-7, nov. 1992.

The Committed Character of Guimarães Rosa's Aesthetic Revolution. *Ideologies & Literature*. [Minneapolis, EUA], *3* (20): 197-216, Fall 1988.

Guimarães Rosa. In: SOLÉ, Carlos A., ed. *Latin American Writers*. 3 v. New York, Charles Scribner's Sons, 1989. v. 3, p. 1069-80.

Regionalism and Universalism in Contemporary Latin American Fiction. In: *Proceedings of the XII Congress of the International Comparative Literature Association*. 5 v. Munique, Ludwig-Maximilian Univ. München, 1990. v. 4, p. 191-6.

O sentido engajado da revolução estética de Guimarães Rosa. *Encruzilhadas/Crossroads*. [Los Angeles, EUA], (3): 39-45, 1990.

El discurso crítico-teórico latinoamericano y la cuestión de la descolonización cultural. *Revista Casa de las Américas*. [Havana, Cuba], *32* (187): 61-8, abr./jun. 1992.

Living and Narrating in a Mestizo Continent. Reflections upon Contemporary Latin American Fiction. *Mitteilungen: Deutsche Gesellschaft für Allgemeine und Vergleichend Literaturwissenschaft*. [Aachen, Alemanha], 1992. p. 20-39.

The Contemporary Narrative in Latin America: A "Synthesis" Narrative. *Proceedings of the XI Congress of the International Comparative Literature Association*. 9 v. Paris, Université de Paris IV — Sorbonne, 1993. v. 9: Acculturation.

The Rupture of Eurocentric Perspective in Latin America's Fictional And Critical Discourse. *Proceedings of the XIII Congress of the International Comparative Literature Association*. 6 v. Tóquio, ICLA/AILC, 1995. V. 2, p. 366-73.

The Dialogue between Latin America and Europe: New Approaches. *Latin America as its Literature. Selected Papers of the XIV Congress of the International Comparative Literature Association*. New York, Council on National Literatures, 1995.

Afrânio Coutinho; João Guimarães Rosa; *Grande sertão: veredas*; *Corpo de baile*; *Primeiras estórias*; Graça Aranha; *Canaã*. In: *Diccionario Enciclopédico de las Letras de América Latina*. Caracas, Fundación Biblioteca Ayacucho, 1995.

C. ARTIGOS, RESENHAS CRÍTICAS E PREFÁCIOS

No Brasil:

O jogo/linguagem de Edilberto Coutinho I. *Minas Gerais*, *15* (854), 12 fev. 1983. Suplemento Literário, p. 8.

O jogo/linguagem de Edilberto Coutinho II. *Minas Gerais*, *15* (855), 19 fev. 1983. Suplemento Literário, p. 8. Publ. também em *Correio das Artes*, [João Pessoa], 06 fev. 1983.

Prefácio a MARINHEIRO, Elizabeth. *Vozes de uma voz*. Rio de Janeiro, Tempo Brasileiro, 1982.

Julio César e *As forças desarmadas*. Prefácio a MARTINS, Julio César Monteiro. *As Forças desarmadas*. Rio de Janeiro, Anima, 1983.

Poético americanismo. *Jornal do Brasil*, [Rio de Janeiro], 2 jul. 1988. (Cad. "Ideias", p. 3.)

O direito à palavra. *Jornal do Brasil*, [Rio de Janeiro], 10 jun. 1989. (Cad. "Ideias", p. 3.)

Prefácio a SANTOS, Lídia. *Flauta e cavaquinho*. Niterói, Ed. Univ. Federal Fluminense, 1989.

Falácias da lógica. *Jornal do Brasil*, [Rio de Janeiro], 20 jan. 1990. (Cad. "Ideias", p. 11.)

Entrevista concedida a Frutuoso Chaves. *A Carta*, [João Pessoa], *5* (219): 1-2, 16 mar. 1991.

Apresentação a BEIDER, Liba. *Da poesia à poesia: o percurso do romance*. Rio de Janeiro, Ed. UFRJ/Tempo Brasileiro, 1993.

Apresentação à *Terceira Margem: Revista da Pós-Graduação em Letras da UFRJ*. [Rio de Janeiro], *1* (1): 5-6, 1993.

O sertão rosiano é Minas e o mundo. Entrevista à *A Tarde Cultural*. [Salvador], 16 out. 1993. (Letra por Letra.)

Prefácio a ABREU, Marcílio Ehms. *Homeopatia do conto*. Rio de Janeiro, Faculdade de Letras UFRJ, 1993.

Apresentação ao *3º Seminário da Pós-Graduação em Letras — Pesquisa*. Rio de Janeiro, UFRJ, 1994.

Prefácio a BALBUENA, Monique. *Poe e Rosa à luz da Cabala*. Rio de Janeiro, Imago, 1994. p. 13-7.

Apresentação à *Terceira Margem: Revista da Pós-Graduação em Letras da UFRJ*. [Rio de Janeiro], 2 (2), 1994.

No Exterior:

Lúcia Helena: *Uma literatura antropofágica*. Colóquio/Letras. [Lisboa], (72): 109-10, mar. 1983.

Ângela Maria Dias — *O resgate da dissonância: sátira e projeto literário brasileiro*. Colóquio/Letras. [Lisboa], (73): 105-7, maio 1983.

Lúcia Helena Carvalho: *A ponta do novelo — uma interpretação de Angústia, de Graciliano Ramos*. Colóquio/Letras. [Lisboa], (79): 113-4, maio 1984.

Jorge Amado — *Tocaia Grande: a face obscura*. Colóquio/Letras. [Lisboa], (87): 110-1, set. 1985.

OUTROS TIPOS DE PUBLICAÇÃO

Editor Assistente de *VIA*, Revista Literária publicada pela University of Califomia — Berkeley. (1º n.: 1976; 2º n.: 1977.)

Fundador e Diretor de *Terceira Margem: Revista da Pós-Graduação em Letras da UFRJ*. (1º n.: 1993; 2º n.: 1994.)

Membro do Conselho Editorial de *Letra: Revista da Faculdade de Letras* (1º n. 1980.)

Membro da Comissão Editorial da Revista *Tempo Brasileiro*. (Do n. 64, 1981, até o presente.)

Membro da Comissão Editorial de *Perspectivas 2: ensaios de Teoria Literária*. Publ. do Depto. de Ciência da Literatura da Faculdade de Letras da UFRJ, 1985.

Pesquisador-redator do Vocabulário onomástico da Língua Portuguesa, dirigido por Antônio Houaiss. (Fev. 78 a fev. 79.)

Tradução de VIRGÍLIO, Carmelo, A imagem da mulher em "Frutescência", de Henriqueta Lisboa. *Tradução e Comunicação: Revista Brasileira de Tradutores*. [São Paulo], (7): 57-80, dez. 1985.

Colaborador na revisão e estabelecimento de texto de *Raul Pompeia: Obras*, org. por Afrânio Coutinho. 9 v. Rio de Janeiro, Civilização Brasileira, 1981-3.

Colaborador na revisão e estabelecimento de texto de *Raul Pompeia: Obras*, org. por Afrânio Coutinho. v. 10. Angra dos Reis, OLAC/Prefeitura Municipal de Angra dos Reis, 1991.

Codiretor da edição revista e atualizada de *A Literatura no Brasil*, org. e dir. por Afrânio Coutinho. 6 v. Rio de Janeiro, José Olympio, 1986. 4. ed. São Paulo, Glolbal, 1997.

Editor Associado da *Enciclopédia de Literatura Brasileira*, dir. por Afrânio Coutinho e José Galante de Souza. 2 v. Rio de Janeiro, OLAC/FAE, 1990.

A
LITERATURA
NO BRASIL

Neste Volume
PRELIMINARES
PARTE I / *GENERALIDADES*

No Volume 2
PARTE II / *ESTILOS DE ÉPOCA*
Era barroca / Era neoclássica

No Volume 3
PARTE II / *ESTILOS DE ÉPOCA*
Era romântica

No Volume 4
PARTE II / *ESTILOS DE ÉPOCA*
Era realista / Era de transição

No Volume 5
PARTE II / *ESTILOS DE ÉPOCA*
Era modernista

No Volume 6
PARTE III / *RELAÇÕES E PERSPECTIVAS*
CONCLUSÃO
Biobibliografia dos Colaboradores
Índice de Nomes, Títulos e Assuntos

PRELIMINARES

PREFÁCIO DA PRIMEIRA EDIÇÃO (1955)

A questão da história literária. A crise de métodos. Conceitos. Relações com a crítica. Métodos histórico e estético. Tipos de História literária. A periodização. Conceito de geração. Comparação entre as artes. Historiografia e estilística. Estilo individual e estilo de época. Periodizações brasileiras. Definição e caracteres da literatura brasileira. Influências estrangeiras. Conceito, plano e caracteres da obra.

A obra *A literatura no Brasil* tem por escopo o levantamento da história da literatura brasileira. Seu plano pressupõe uma conceituação e uma metódica.

A QUESTÃO DA HISTÓRIA LITERÁRIA

É dos mais complexos o problema da história literária. O assunto vem provocando calorosos debates entre os especialistas nas últimas décadas. De qualquer modo, é fora de dúvida que não lhe pode ser oferecida uma solução empírica. Está superada a mentalidade que se recusava a encarar a questão metodológica e conceitual[1] no que concerne à historiografia literária, limitando-a ao inventário e armazenagem de fatos do passado literário. O que caracteriza o estado atual da questão não é a fuga ao método, porém a crise de métodos.

Essa crise ficou bem formulada no Primeiro Congresso Internacional de História Literária, reunido em Budapeste, em 1931, cujo tema foi, precisamente, "os métodos da história literária". Já antes, porém, desde 1895 na Alemanha, seguindo um grande movimento de reação anti-historicista, a partir das ideias de Dilthey, desde 1902 na Itália, em torno às ideias de Benedetto Croce, e desde 1910 na França, a respeito dos trabalhos de Gustave Lanson, a crise da metodologia no estudo da literatura patenteava-se dessa ou daquela forma, prolongando-se até nossos dias em diversos outros países, como a Inglaterra, os Estados Unidos, a União Soviética, os países da Europa Central.

Grande parte da controvérsia gira à volta da ideia de substituir o método histórico, de modo a penetrar mais organicamente a realidade do fenômeno literário e o processo de seu desenvolvimento. Como escreve Paul Van Tieghem, em um relatório sobre o Congresso,[2] a crise denota "uma reação contra o estudo preciso e histórico da literatura, considerado como passível de mostrar entre os autores e as obras nexos de causalidade". Ela reflete, ademais, uma reação contra certos abusos do eruditismo que, ainda no dizer de Van Tieghem, "deixava de lado o íntimo valor de arte e pensamento da obra, pelo trabalho de acúmulo de dados biográficos e fontes". "Por outro lado, a explicação histórica dos fatos, de que certas escolas abusaram, no sentido de um determinismo moral, sofreu enorme descrédito nos mais diversos domínios; a noção de tempo foi discutida; assim, encarada por esse ângulo, a crise dos métodos em história literária é um aspecto da crise geral do historicismo."

O conflito, portanto, está bem equacionado. De um lado, a história literária *histórica*; do outro, tentativas de renovação metodológica, de conteúdo estético ou filosófico. De um lado, os métodos históricos e documentais, eruditos e positivos, dominantes no século XIX, para os quais o estudo da literatura deve consistir no exame das condições ou circunstâncias que envolvem a criação das obras literárias, sendo, portanto, uma disciplina histórica, baseada no método histórico,[3] na noção da historicidade do fato literário e da possibilidade de estabelecer entre os fatos relações de causalidade e condicionamento. Do outro lado, uma reação anti-historicista, que, repelindo a identificação de espírito e natureza que realizara o século XIX, ataca os abusos do método histórico, seja em certos elementos mais extremados, negando a sua pretensão de explicar de maneira total a obra de arte a partir do conhecimento e explicação de sua gênese no meio histórico, social ou econômico: seja aprofundando ainda mais a negação, recusando o próprio princípio do método, isto é, a historicidade do fenômeno literário e a possibilidade de estabelecer os nexos de causa e condições. À escola histórica e ao método histórico, filológico ou erudito, cujo período áureo foi entre 1860 e 1890 (L. Sorrento), opõem-se a escola estética e o método estético ou crítico.[4]

A partir dos antigos repositórios biográficos de artistas, a história literária foi-se desenvolvendo do século XVI em diante, em esforços parciais, compilações, levantamentos biobibliográficos, e será justo relembrar, nessa marcha, os nomes de Vico, Tiraboschi, os beneditinos de Saint-Maur, até atingir, no século XIX, a posse de um conceito e de uma metódica. Todavia, esse conceito e essa metódica foram condicionados ao espírito geral da época, e configurados pela voga científica que presidia ao estudo das formas de vida e de cultura, sobretudo pelos métodos das ciências naturais e por certas noções como a de ambientalismo, que concebia a literatura como a resultante de forças exteriores determinantes (meio, raça e momento, de Taine), e a de causalidade material e natural dos fatos do espírito. Além disso, a própria técnica do trabalho, da pesquisa e apresentação dos resultados obedeceu a particular orientação, concentrando-se na pesquisa e arrolamento de fatos, de minúcias sobre as vidas, as fontes, as influências, esse "fatualismo" aliado a um "antiquarismo", ou falsa acepção e idolatria do passado pelo passado. Foi o que se rotulou de "positivismo" em metodologia do trabalho literário, e que compreendeu duas linhas paralelas: a escola histórica ou romântica alemã — Herder, os irmãos Schlegel, os irmãos Grimm —, que considerava os produtos do espírito como oriundos do "gênio do povo", acentuando por isso o interesse pela poesia popular e pelas origens "históricas" e místicas ou divinas daqueles produtos; a outra, a escola positivista, de matriz francesa, patrocinada por Augusto Comte, que buscou apoio nas ciências naturais para estabelecer o método de pesquisa histórica e literária e para explicar os fatos do espírito pelas leis gerais da evolução histórica, da gênese sociológica e das características psicológicas, acentuando o papel da herança biológica, dos quadros social e geográfico no condicionamento dos fatos do espírito.

Consoante essa orientação geral, os estudos de história literária a partir do século XIX tomaram diversas direções, dentro das preceptivas do método histórico. Entre elas, devem mencionar-se, segundo Van Tieghem,[5] as seguintes: 1) *literatura comparada*. Estuda as relações entre as produções das diversas literaturas modernas, procura explicar a obra literária pelas fontes, imitações, influências (J. Texte, L. P. Betz, A. Farinelli, F. Baldensperger, etc.); 2) *literatura geral*. Alargando o objeto da literatura comparada, coloca a obra no meio internacional, estuda-a nas suas relações com as obras análogas, na forma ou no espírito, produzidas na mesma época ou em épocas paralelas em vários países (Van Tieghem); 3) *história literária sociológica*. Estuda o público a que se dirigem as obras, os elementos diversos, os caracteres, as reações, as variações sucessivas ou paralelas do gosto, a influência nos escritores (Hennequin, Lacombe, Lanson, Mornet, Schücking, etc.); 4) *história literária geográfica*. Agrupa os escritores e as obras por províncias ou regiões (Pierce, Nadler, Dupouy); 5) *história literária geracional e periódica*. Divide a evolução da literatura em períodos (*Periodisierung*), ou, mais especificamente, em "gerações", com o intuito de melhor explicar as sucessões e alternâncias de que é feita a história literária (Georges Renard, Cysarz, Petersen, Thibaudet, Peyre, Pinder, Marias, Carilla, Portuondo, etc.).

O valor do método histórico de abordagem do fenômeno literário, do método analítico formado no espírito do Naturalismo, como uma tentativa de aplicar ao estudo da literatura a técnica científica do século XIX, inspirada no culto do fato isolado e concreto e na submissão ao objeto, foi posto em dúvida à medida que o século XX ia tomando maior consciência do conteúdo estético da obra de arte e, em consequência, procurava um método de captação e avaliação dos elementos formativos desse conteúdo. Foi-se compreendendo que havia lugar para uma crítica artística ou estética à qual cabia uma função própria na interpretação da arte em contraposição ao método histórico. Por influência do idealismo hegeliano, desenvolveram-se correntes paralelas na Alemanha e na Itália, na primeira sob a égide de Dilthey, a qual se corporificou na *Geistesgeschichte* ou "história do espírito", e na segunda sob a direção de Croce, que, influenciado pela obra de De Sanctis, reagiu contra as práticas mecânicas em nome do sentido estético da literatura.

Essa revolta contra o positivismo e o historicismo na metodologia do estudo literário[6] fundamenta-se em graves críticas ao método histórico, assim discriminadas por Van Tieghem, no trabalho acima citado: a) dá importância demasiada ao meio histórico e social, a despeito da pequena influência que têm em muitas das obras mais interessantes; b) prende-se aos menores detalhes biográficos, como se a vida do homem condicionasse essencialmente a alma do escritor, na qual a obra se gerou; c) é complacente com os autores medíocres, sob o pretexto de que esclarecem e explicam os contemporâneos; em vez disso não deveriam ter guarida na literatura, pois não souberam criar beleza, além de que, nesses assuntos, entre o pequeno e o grande a diferença não é de grau, mas de natureza; d) faz uso excessivo, ou mesmo insustentável em princípio, das estatísticas, catálogos e outros meios numéricos de abordar a obra de arte; e) procede a análises cada vez mais amplas, como se a quantidade, em matéria de influências por exemplo, não fosse desprezível em relação à qualidade; f) dá grande ênfase às influências e imitações, como se a única coisa que devesse contar em arte não fosse o elemento pessoal do espírito e da obra; g) acumula, através de um labor tão paciente quão ineficaz, os pequenos fatos e os fragmentos de textos (fichas), que perdem seu sentido próprio e seu valor real, retirados do organismo vivo de que são parte, para construir edifícios artificiais; h) pretende explicar a obra literária, ou os detalhes dessa obra, pelos fatos e textos conhecidos, como se, destarte, conhecêssemos a realidade toda, esquecendo que o espírito do escritor foi dirigido ou alimentado durante a criação por uma multidão infinita de encontros que desapareceram sem deixar rastros.

Tal reação não é fenômeno isolado. Faz-se sentir em todos os centros de estudos humanísticos do novo e do velho continente. A começar pela França, onde o método histórico mais fundas raízes plantou, graças a Sainte-Beuve, Taine, Gaston Paris, e sobretudo, à influência poderosa de Gustave Lanson, que transformou a Sorbonne na fortaleza do historicismo, a ponto de as ideias e diretrizes metodológicas por ele praticadas na sua cátedra e no seu famoso e influente manual de *Histoire de la littérature française* (1894) constituírem o "método lansoniano", etiqueta local do método histórico. As etapas desse movimento foram descritas por Philippe Van Tieghem,[7] bastando referir aqui os seus marcos principais. De 1910 em diante, partidários e adversários do método histórico fizeram-se ouvir em agudas polêmicas, como na França em torno de Lanson; em livros significativos, como os de Rudler, Morize, Audiat, Nadler, Schücking, Dragomirescu, Cysarz, Van Tieghem, Cazamian, Eckhoff, Richards; na obra coletiva dirigida por Ermatinger, nos trabalhos dos formalistas eslavos, na polêmica ruidosa na *Romanic Review* (da Columbia University) entre J. E. Spingarn, Daniel Mornet, Bernard Fay, Paul Van Tieghem, no artigo importante de René Bray na *Revue d'Histoire Littéraire*, em numerosos trabalhos surgidos na Inglaterra e nos Estados Unidos, segundo diferentes linhas, mas num sentido anti-historicista e de *new criticism* de cunho estético; na própria França, os livros de Jean Hytier e S. Étienne mostraram a insatisfação em relação ao método histórico, o que ficou ainda patenteado em reunião na Sorbonne, em 1948, quando os defensores do método tradicional, pela palavra de Pommier, reconheceram os sinais de fermentação renovadora.

Não é aqui o lugar de expor os diferentes métodos que se propõem substituir o método histórico e o materialismo positivista. Seja dito apenas que uns se orientam para o conteúdo da obra: o método psico-histórico ou biografia da obra literária (Audiat), que estuda a obra na sua vida íntima, nos desenvolvimentos do pensamento, da emoção, do estilo; o método estético-crítico (Dragomirescu), que estuda a obra em si mesma, na originalidade que a faz obra-prima, nos elementos psicológicos e estéticos; o método filosófico, biológico e moral (Dilthey, Cysarz), que vê na obra a expressão da vida do espírito ou da cultura *(Kulturgeschichte)*; a escola alemã do *Geisteswissenschaftler*, que procura na obra de arte a filosofia típica, a lei eterna, o centro criador, a mitologia, etc. (Klukhohn, Ermatinger, Gundolf, Cysarz, Bertram, etc.); outras escolas alemãs (na Alemanha a revolta antipositivista tem sido larga e vigorosa), que, embora ainda presas a certo positivismo, interpretam a obra de arte como produtos da raça, da nação, do povo, da tribo (Nadler, etc.).

Outras correntes preocupam-se sobretudo com os problemas de forma e estilo: expressão poética, técnicas, composição, estilo, gêneros, temperamentos, correntes e períodos. É o caso da escola formalista russa, ou melhor, estruturalista (Veseloski, Peretz, Brik, Jirmunski, Jakobsen, etc.). E é o caso dos numerosos representantes do *new criticism* anglo-americano (Richards, Empson, Blackmur, Brooks, Burke, Ranson, Warren, etc.), como também da nova escola de pesquisa estilística (Spitzer, Hatzfeld, Vossler, Damaso Alonso, etc.).

À história literária, ou antes, à ciência da literatura, como é a tendência a designar-se esse conjunto de estudos (*Literaturwissenchaft*), abrem-se, destarte, uma perspectiva ampla e inesgotável campo de trabalhos.

Parece ultrapassada a fase da polêmica entre as duas direções opostas. A reação contra o historicismo e o positivismo resultou em corrigir os exageros que hipertrofiaram o papel das pesquisas históricas, sociais, econômicas e biográficas na explicação da obra literária. Facilitou a compreensão de que o exclusivismo historicista deforma a visão da realidade. Mas, o extremismo da reação também não está isento de perigos, pois arrisca a fazer-nos esquecer alguns elementos sem o registro dos quais podemos incorrer num falso isolacionismo estético. Há lugar para a síntese: a análise exata ("*close analisys*") da obra de arte como tal e na sua totalidade e unidade não exclui o conhecimento de certos fatos relevantes que a integram na história da civilização. Por isso, são necessários os métodos históricos: pesquisas biográficas, estudo do meio histórico (fatos econômicos, sociais, diplomáticos, etc.), pesquisa das fontes, influências e relações, estudo das edições e do público, em suma, tudo o que testemunhe as relações da obra com a história, com a época, com a geração — costumes, linguagem, correntes de pensamento e espiritualidade, etc. Mas, advertidos de que, no que respeita à compreensão, explicação e julgamento da literatura, a história não deve ser primeira, mas subsidiária. É que ela é sempre incompleta, por vezes abusiva e desorientadora do espírito crítico, ao qual compete o julgamento de valor das obras. Ao crítico é prudente desconfiar dos excessos e pretensões exageradas do método histórico. À história compete apenas preparar o caminho para a crítica, jamais dispensá-la, substituí-la ou resumi-la. O essencial é o estudo da obra em si mesma. E esta deve ser a finalidade suprema do estudo literário, isto é, da crítica. Os métodos históricos têm um papel especial, no estabelecimento de fatos concretos. O que lhe é defeso é fornecer a conceituação, a orientação, a norma, o plano.

Com ser de natureza estética, o fato literário é histórico, isto é, acontece num tempo e num espaço determinados. Há nele elementos históricos que o envolvem como uma capa e o articulam com a civilização — personalidade do autor, língua, raça, meio geográfico e social, momento; e elementos estéticos, que constituem o seu núcleo, imprimindo-lhe ao mesmo tempo características peculiares, que o fazem distinto de todo outro fato da vida (econômico, político, moral, religioso): tipo de narrativa, enredo, motivos, ponto de vista, personagem, linha melódica, movimento, temática, prosódia, estilo, ritmo, métrica, etc., diferindo conforme o gênero literário e, ao mesmo tempo, contribuindo para diferenciá-lo. Na organização da obra de arte, estes últimos elementos formam o "intrínseco", enquanto os primeiros constituem o "extrínseco". Analisá-la nos elementos intrínsecos, pelo interior, é fazer crítica intrínseca ou ergocêntrica ou estética; a crítica extrínseca é a que encara a obra pelo seu exterior, ou elementos extrínsecos, históricos.

A crítica histórica tem predominado, em virtude da maior facilidade da apreensão exterior ou histórica do fato literário. Mas os problemas da análise estética ou intrínseca estão em aberto, e se ainda não foram completamente resolvidos e se não há mesmo técnicas adequadas à solução de todas as dificuldades que encerram, todavia já sabemos onde e como se situam, desafiando a argúcia dos críticos e estetas.

Em virtude disso, e do prestígio das ciências históricas; em virtude do conceito introduzido pelo Romantismo, que confundiu a história das formas de arte com a das instituições nacionais, e fez da literatura um mero "documento" para o estudo do desenvolvimento de um "espírito nacional", a história literária confundiu-se com a história da civilização. Mais tarde, sob o impacto do positivismo e das ciências naturais, ela tornou-se o estudo das circunstâncias ou causas que produzem ou condicionam a produção da arte, "as circunstâncias externas — políticas, sociais, econômicas — nas quais a literatura é produzida" (Sidney Lee). Era o completo domínio das exterioridades, do que não é literário ou estético para a explicação literária. A história literária era mais *história* do que *literária*. Era um simples ramo das ciências históricas, da história da cultura, encarando as obras literárias como "documentos" representativos de uma raça, uma época, uma nacionalidade, uma personalidade, os testemunhos, ao parecer, mais idôneos para a compreensão de uma cultura. O que interessava sobretudo era o extrínseco e não o intrínseco. Literatura, para esse conceito, incluía tudo o que fosse impresso, servindo de prova para a interpretação de um indivíduo, da psicologia de uma raça ou nação, da evolução social, da filosofia, da religião, do comportamento humano. Para a biografia, a história das ideias e das instituições, as obras literárias não passam de armazéns de documentos e provas.

A esse conceito "histórico" de história literária (história literária como parte da história da cultura) contrapõem-se outras maneiras de entender a natureza e a finalidade da história literária.[8]

Mostra a monografia do Commitee on Research Activities da Modern Language Association of America *(The Aims*, etc.), que a história literária pode ser concebida também como a história de uma arte, encarada a literatura como esta arte, isto é, as obras produzidas pela imaginação: poesia, romance, drama, epopeia. As obras de arte são, assim vistas, não como "documentos", mas como "monumentos". Mesmo entendendo dessa maneira a literatura, a história literária pode assumir duas formas: de um lado, aquela que estuda essa arte literária em termos de causalidade histórica, acentuando a análise das circunstâncias externas ou históricas (políticas, sociais, econômicas) que lhe condicionam o nascimento; foi o método de Taine e é o dos marxistas. É o método histórico--sociológico-econômico, ao qual se ligam também os trabalhos de interpretação biográfica, psicológica e psiquiátrica e de análise ideológica. Todos exageram a dependência da literatura em relação ao ambiente e ao autor, no pressuposto de que há um nexo causal absoluto entre esses fatores e a obra.

O outro tipo de história literária é o que considera as obras em termos da tradição literária, no processo de desenvolvimento da própria literatura, como arte, em relativa independência de fundo de cena, ambiente ou autor, relacionando as obras com as outras do mesmo gênero ou do mesmo estilo, identificando períodos pela similitude de traços estilísticos e convenções estéticas, analisando os artifícios literários, os temas, os gêneros, as convenções, as técnicas, os elementos estruturais, os recursos linguísticos, etc. É para esse último tipo que se voltam as atenções dos que aspiram a uma história *literária* da literatura, próxima da estética e da linguística.

Pode-se reduzir, com René Wellek, a seis os tipos de história literária havidos desde o Renascimento: 1) história literária como catálogo de livros; 2) história intelectual; 3) história de civilizações ou espíritos nacionais; 4) método sociológico ou genético; 5) conceito do relativismo histórico (a obra como simples reflexo do tempo); 6) história literária como a história do desenvolvimento interno da arte: "embora a literatura esteja em constantes relações com outras atividades humanas, ela tem seus caracteres e funções específicos e desenvolvimento próprio que é irredutível a qualquer atividade diversa; de outro modo, cessaria de ser literatura e perderia a razão de ser: tornar-se-ia filosofia, religião, ética de segunda classe, ou mesmo propaganda..."[9]

Este último conceito da história literária é o ideal a que desejam atingir os que concebem a literatura *qua* literatura, com natureza e finalidade específicas, com valor próprio e exigindo escala de padrões própria para ser devidamente julgada, literatura com um valor em si e não como simples veículo de outros valores. E aqueles que aspiram a tornar o estudo literário uma disciplina autotélica, que não esteja sujeita a utilizar-se de métodos transferidos de outras disciplinas ou ciências. Evidentemente, o método literário de estudo da literatura, passada ou presente, pela história ou pela crítica, não implica, de modo algum, o desconhecimento das contribuições que à interpretação da obra literária podem fazer os estudos extraliterários, de seja qual for a disciplina e sobre qualquer elemento extrínseco ou histórico. O essencial é que se saiba que esses estudos e contribuições não são crítica ou história *literárias*. São contribuições exteriores, legítimas, oriundas da sociologia, história, economia, psicologia, antropologia, psicanálise. Não são crítica, embora possam auxiliar a crítica. Crítica e história literária, unidas como devem existir em face da obra literária, visam à obra nos seus elementos intrínsecos ou artísticos. As outras disciplinas da natureza ou do espírito podem trazer-lhes dados que as ajudem em sua tarefa, mas não emprestar-lhes o seu método nem substituí-las no seu modo de operar.

Vista dessa perspectiva, a história literária, com ser *literária*, não perde o caráter científico. Ou antes, dessa maneira é que será científica. Porque, como observa Lanson no magistral capítulo do livro coletivo *De la méthode dans les sciences*, "l'histoire littéraire, pour avoir quelque chose de scientifique, doit commencer par s'interdire toute parodie des autres sciences, quelles qu'elles soient". O que lhe cumpre não é adotar o método das outras ciências, mas assumir uma atitude científica, "une attitude de l'esprit à l'égard de la realité", e partilhar com o cientista "la curiosité désintéressée, la probité sévere, la patience laborieuse, la soumission au fait, la difficulté à croire, a nous croire aussi bien qu'a croire les autres, l'incéssant besoin de critique, de contrôle et de vérification" (op. cit., pp. 237-240).

Essa concepção não isola o fenômeno literário como um bólide no espaço. Reconhece suas relações e laços com o todo da vida humana. Mas exige que ele seja encarado, por sua vez, como um todo, como uma unidade específica, com elementos e caracteres peculiares, com natureza e finalidade próprias, "um sistema orgânico de sinais" (Wellek), para cujo estudo e interpretação se impõe um método especial, o método crítico ou "poético".

Assim concebidas a natureza e a tarefa da história literária, fica evidenciado que a sua finalidade, o objeto de seu estudo é a própria obra literária, na sua estrutura e desenvolvimento. Todavia, isso não implica o afastamento ou isolamento de outros conhecimentos necessários à situação da obra e à compreensão de suas relações no tempo e no espaço. São conhecimentos secundários, subsidiários, auxiliares, mas que não se podem omitir. Não se trata de advogar um ecletismo ou um compromisso ou conciliação de métodos, como parecem querer alguns dos participantes do congresso de Budapeste. Apenas, há que reconhecer ao método histórico uma função que só ele pode desempenhar, à margem da tarefa crítica, na preparação do material sobre o qual incidirá a objetiva do crítico, como o método especial de um conjunto de tarefas e técnicas auxiliares e preparatórias do trabalho crítico. Neste sentido é que se pode aceitar o conselho de Lanson, acima referido, sobre a necessidade, para o historiador da literatura, de iniciar o aprendizado pela obra de Langlois e Seignobos. Neste sentido, ainda, e mais do que essa obra, são indispensáveis os manuais de Morize, Rudler e Amiet. Mas, não se deve perder de vista que todas essas tarefas são colaterais ou auxiliares, do mesmo modo que o conhecimento da história econômica, social, política, da história das ideias, história das outras artes, etnologia, antropologia, filosofia. A literatura está para os outros fenômenos da vida em posição de relação, não de dependência ou submissão. Não é um epifenômeno da economia ou da vida social. Está para eles em relação de equidistância, tendo o mesmo valor que as demais expressões da atividade humana.

PERIODIZAÇÃO

Estreitamente relacionado com o problema do conceito da história literária é o da periodização.[10] "Não há problema metodológico de maior importância no campo da história do que o de periodização (...) problema básico e não exterior", opinam Henri Berr e Lucien Febvre em capítulo da *Encyclopedia of the Social Sciences*. Criticam-se as divisões periódicas da evolução humana como arbitrárias, como desprovidas de objetividade, resultantes, o mais dos casos, de convenções ou circunstâncias fortuitas, jamais correspondendo à realidade interna das épocas ou às forças imanentes que as geraram ou dirigiram.

Dos mais difíceis temas da ciência histórica, a periodologia exige boa formulação, se não quisermos ver na história um fluxo contínuo e sem direção, um acervo de eventos caóticos e indistintos. É que, como acentua René Wellek, a concepção do período não pode separar-se da própria concepção do processo histórico e da teoria da evolução e desenvolvimento da história. Transferido para o campo da história literária, o problema cresce em dificuldades, dado o caráter ainda incerto da disciplina quanto à sua natureza e finalidade. A história literária, como se ressaltou nas páginas anteriores, ainda não delimitou o âmbito de sua atividade, ainda não criou uma metódica própria de pesquisa e de exposição, ainda não distinguiu o seu objeto entre a obra e as circunstâncias de sua formação, ainda se concebe como uma enciclopédia em que cabe tudo

— história social e intelectual, informações biográficas, de meio geográfico, social, político, de permeio com ensaios críticos e notas bibliográficas, — ainda é em suma "uma disciplina preocupada indiscriminadamente com tudo", como diz Manfred Kridl, daí a variedade de modos de concebê-la e executá-la. Domina-a a crença de que é uma simples divisão da história geral. De modo que os fenômenos literários são vistos e interpretados como epifenômenos dos fatos políticos, sociais e econômicos, ou superestruturas dependentes e originárias da infraestrutura socioeconômica.

Por isso, as divisões periodológicas em história literária, até agora em geral, têm sido condicionadas às divisões políticas. Os períodos correspondem aos reinados (Luís XIV) ou recebem etiquetas derivadas dos nomes de monarcas importantes (era elisabetana, vitoriana). Em vez disso, menos caracterizadas ainda são as divisões puramente cronológicas, segundo datas mais ou menos arbitrariamente escolhidas no calendário, que significam apenas a necessidade de um esquema para a apresentação da obra, sem qualquer princípio normativo. Séculos, decênios, datas isoladas, nenhum sentido oferecem, e não passam de escolhas convencionais, podendo ser este ou aquela. Destarte, o critério político ou meramente numérico, de acordo com as separações políticas ou indicadas por grandes acontecimentos históricos ou literários, não oferecem qualquer orientação para a caracterização literária do período, pois implicam o reconhecimento da dependência e determinação da literatura pelos acontecimentos políticos ou sociais.

O mesmo ocorre em relação às literaturas de língua portuguesa. As divisões propostas para a literatura de Portugal misturam denominações originárias da história geral (Idade Média, Tempos Modernos) com outras provenientes da história da arte (Renascimento), com simples termos numéricos (Séculos XVI, XVII, XIX, Quinhentismo, etc.), com termos de conteúdo literário (Romantismo, Classicismo), adotando como marcos ora o limite dos séculos, ora a morte de grandes figuras ou a publicação de obras célebres e influentes (morte de Camões, publicação do *Camões* de Garrett). Igualmente, na literatura brasileira, as divisões tradicionais referem-se, com ligeiras diferenças, a critérios políticos e históricos — era colonial, era nacional — com subdivisões, mais ou menos arbitrárias, por séculos ou decênios ou por escolas literárias.

A confusão e a impropriedade tornam-se ainda mais evidentes em face da variedade de designações para as divisões: era, época, período, fase, idade. Reina a maior balbúrdia entre os autores no uso desses termos, encontrando-se indiscriminadamente empregados, ora com sentido diferente, ora como sinônimos. Parece que "era" é o termo mais geral, seguindo-se-lhe "época" e "período". Fidelino de Figueiredo, em sua periodização da literatura portuguesa, adota "era" como divisão mais vasta (era medieval, era clássica, era moderna), e "época", para as subdivisões, marcadas cronologicamente. De qualquer modo, a terminologia literária oscila quanto ao uso desses termos, como a respeito de movimento e escola.

A falta de critério científico no estabelecimento dos períodos acarreta o ceticismo de muitos, que julgam o problema destituído de rigor, propugnando a tese de que o período é um simples nome, neutro, sem significado, uma etiqueta igual a qualquer outra, e sem a menor ligação com o seu conteúdo. E, dessa maneira, reduzem o período, arbitrariamente, a uma seção de tempo, de conveniência puramente mecânica ou didática, marcada por datas de importância política ou social. A esse extremado nominalismo corresponde, como acentua Wellek, o oposto sistema metafísico de Cysarz e outros, que encaram os períodos como verdadeiras entidades metafísicas, superiores, anteriores e independentes em relação aos indivíduos que as representam. A noção de período, diz categoricamente Wellek, não pode ser abandonada ao nominalismo ou ao ceticismo. O seu uso é necessário, e os termos periodológicos têm uma função científica. "Devemos concebê-los não como etiquetas linguísticas arbitrárias, nem como entidades metafísicas, mas como nomes que designam um sistema de normas que dominam a literatura num momento específico do processo histórico" (Wellek).[11]

O princípio periodológico, tanto quanto o próprio princípio da história literária, deve decorrer de um conceito geral da literatura. Se concebermos o fenômeno literário "não simplesmente como o reflexo passivo ou a cópia do desenvolvimento político-social ou mesmo intelectual da humanidade", embora sem esquecer as inter-relações que existem entre eles ou mesmo as influências recíprocas; se considerarmos que "a literatura tem seu desenvolvimento próprio e autônomo, que não pode ser reduzido ao de outras atividades ou mesmo ao da soma de todas essas atividades", teremos que reconhecer que a periodização literária ideal obedecerá a critério puramente literário, a partir da noção de que a literatura se desenvolve como literatura. "Um período é assim uma seção de tempo (dentro do desenvolvimento universal) dominado por um sistema de normas, padrões e convenções literárias, cuja introdução, alastramento, diversificação, integração e desaparecimento podem ser traçados" (Wellek). Cada obra de arte deve ser compreendida como uma aproximação a esse sistema; por outro lado, acentua Wellek, o sistema de normas, as "ideias reguladoras" do sistema devem ser derivadas da arte literária, a fim de que o desenvolvimento geral da literatura seja dividido em categorias literárias. "A história de um período consistirá em mostrar a ascensão e decadência do sistema de normas, as mudanças de um para outro sistema", resultando daí que a sua unidade jamais poderá ser completa mas relativa: "durante o período certo esquema de normas foi realizado mais completamente", podendo coincidir ou se superpor a outras formas acordes com outras normas. A nova periodologia assim equacionada encerra outra noção importante: em vez da sucessão dos períodos, como blocos estanques, o que ressalta é a imbricação, porquanto os sistemas de normas que se substituem em dois períodos jamais começam e acabam em momentos precisos, porém se continuam em certos aspectos, repelindo-se em outros; as novas normas substituem as antigas progressivamente, imbricando-se, interpenetrando-se, entrecruzando-se, e se superpondo, criando "zonas fronteiriças", de transição, nas fímbrias dos períodos. Assim, em vez de unidades temporais, eles são antes unidades tipológicas, a articulação fazendo-se em profundidade ou por camadas. Rompe-se dessa maneira a "quimera de datas e limites" (Berr e Febvre), ou "a tirania cronológica", a que se refere Oto Maria Carpeaux, para quem essa reação contra a cronologia é a finalidade visível das modernas tendências da historiografia literária.

Consoante essa visão do período, a sua descrição compreende diversos capítulos: o estudo das características do estilo literário que o dominou e da evolução estilística; os princípios estéticos e críticos que constituíram o seu sistema de normas; a definição e história do termo que o designa; as relações da atividade literária com as demais formas de atividade, de que ressalta a unidade do período como manifestação geral da vida humana; as relações dentro de um mesmo período entre as diversas literaturas nacionais; as causas que deram nascimento e morte ao conjunto de normas próprias do período, causas de ordem interna ou literária e de ordem extraliterária, social ou cultural (situa-se aqui a tese da periodicidade geracional, segundo a qual as mudanças se devem ao aparecimento de novas gerações de homens);[12] a análise das obras individuais em relação com o sistema de normas, verificando-se a que ponto elas são representativas e típicas do sistema, análise essa que deve objetivar-se na própria obra, em suas características estético-estilísticas, e não nas circunstâncias que condicionaram a sua gênese: autor, meio, raça, momento, etc.; a análise das formas ou gêneros literários, dentro do quadro periodológico, pondo-se em relevo as aquisições que fizeram sob o novo sistema de normas, ou os desencontros que o tornaram, por isso, impróprio ao desenvolvimento daqueles gêneros. A descrição dos períodos, nas suas realizações e fracassos, fornecerá um quadro do contínuo desenvolvimento do processo da literatura como literatura.

O período é, pois, um sistema de normas literárias expressas num estilo. Os velhos conceitos de "Renascimento", "Barroco", "Romantismo" perderam, como sublinha Oto Maria Carpeaux,[13] "todo sabor de escola, revelando a sua riqueza infinita de nuanças e contradições imanentes, revelando-se como estados de alma e estilos universais de sentir e de viver; já é possível esboçar a história multissecular daqueles "blocos estilísticos", das suas transformações contraditórias, das suas sutilíssimas relações subterrâneas, das suas expressões simbólicas e estilísticas". Esses estilos criam, continua Carpeaux, "novas possibilidades universais de expressão e de realização em todos os setores da atividade espiritual; há literatura, arte, música, religião, filosofia, Estado, economia; medievais, renascentistas, barrocos, classicistas, românticos; há sobretudo, em todas as épocas, o tipo ideal do homem daquela época, o homem medieval, o homem renascentista, o homem barroco, o homem classicista, o homem romântico; e esses homens seriam mudos, e, por consequência, esquecidos, se certos entre eles não tivessem o dom individual da expressão artística, realizando-se em obras que ficam".

Ocupa o centro das épocas ou períodos uma ideia do homem ou o conjunto de concepções que o homem faz de seu destino, de si próprio, da vida futura e de Deus, da melhor maneira de dar representação simbólica a essas concepções, e de gravar em um estilo a sua visão estética da realidade.

Descrever literariamente uma época, conforme os princípios desse "gênero crítico que é a narrativa histórica da literatura" (Getto), é proceder à definição e caracterização do estilo que lhe emprestou fisionomia própria e inconfundível. Aí reside a mais viva e orgânica historiografia literária, adequada à própria natureza do fenômeno literário, pois se dirige ao que ele tem de mais íntimo e intrínseco. Por outro lado, é a que vai ao encontro da ideia do paralelismo e confronto da literatura com as outras artes, em busca de mútua elucidação.[14] Por meio da crítica comparada, estabelecendo-se paralelismos, sincronismos e influências entre as diversas literaturas nacionais, dentro de um mesmo período, que assim denota a sua unidade, interpretam-se as obras literárias à luz de perspectiva universal, tal como propugnam os mestres da "literatura geral" como Van Tieghem, esclarecendo o papel dos temas, tipos, modas, correntes internacionais.

A historiografia de periodização estilística proporciona uma concepção mais flexível do desenvolvimento literário e mais próxima da realidade, pois é no próprio âmago do fenômeno estético que está o seu ponto de referência, os conceitos de estilo individual e estilo de época, assim definidos, conforme Hatzfeld:

> Individual style is the particular aspect of a verbal artifact which reveals the attitude of its writer in the choice of synonyms, vocabulary, stress on abstract or concrete wordmaterial, verbal or nominal preferences, metaphoric or metonymic popensities but all of this not only from the viewpoint of the *écart* from the dictionary and syntax but also from the viewpoint of the fictional whole the organization of which these choices serve in all the artistic details and ramifications.
>
> Epoch style is the attitude of a culture or civilization which comes to the fore in analogous tendencies in art, literature, music, architecture, religion, psychology, sociology, forms of politeness, customs, dress, gestures, etc. As far as literature is concerned epoch style call only be assessed by the conveyences of style feature, ambiguous in themselves, to a constellation which appears in different works and authors of the same era and seems informed by the same principle as perceptible in the neighboring arts.[15]

A periodização estilística proporciona ao historiador a libertação da "tirania cronológica". Não há maior escolho da historiografia literária do que a cronologia. É bem verdade que, como esclarece Carpeaux, "quebrar a tirania cronológica não significa violentar a cronologia". Mas basear a divisão periódica em simples datas ou divisões numéricas é um empirismo inexplicável nessa altura em que se procuram estabelecer os marcos e os métodos de ciência da literatura. A não ser que se eleja tal periodologia como processo simplista de fugir às dificuldades do problema ou de ignorá-las.

À luz da simples cronologia não têm explicação inúmeros fatos da história literária, como as simultaneidades ou concomitâncias no tempo de formas diferentes ou opostas, até mesmo de estilo; os precursores, os "attardés et egarés" de Lanson, as discordâncias de aparecimento do mesmo estilo em pontos diferentes, e outros casos de fácil interpretação mediante a aplicação do conceito de estilo de indivíduo e de época à definição dos períodos. É o que também acontece com o problema dos limites entre as épocas. Libertados do esquematismo cronológico, compreendemos perfeitamente a ausência de limites precisos e absolutos entre os períodos, do mesmo modo que entre as civilizações e culturas aproximadas. Sendo como são unidades vitais, dotados portanto de realidade, não existem entre eles fronteiras nítidas e margens precisas, nem marcos iniciais e términos fixos. Ao contrário, o que prevalece na realidade são "zonas fronteiriças" (Fidelino de Figueiredo) nas quais os acontecimentos individuados, expressos em datas, não passam de sinais ou termos de referência, indicadores da passagem de uma para outra época. Foi o que desejou significar Van Tieghem, ao afirmar:

> mais en littérature comme dans les autres arts, comme en politique et en réligion, comme dans tous les modes de l'activité humaine, les mouvements successifs ne se remplacent pas purement et simplement: chacun d'eux ligue às ses sucessurs, même quand ceux-ci le désavouent et se dressent contre lui, la part la plus durable des nouveautés qu'il avait apportés en son temps; de sorte qu'ils s'enrichissent de plus par ces acquisitions successives. L'histoire, et en particulier celle de la littérature, est le tableau de ces destructions et de ces aequisitions, de ces ruptures et de cette continuité. [*E noutro lugar:*] En littérature, comme dans les autres domaines de l'esprit, le nouveau ne se substitue à l'ancien qu'en adoptant partiellement les conquêtes précédentes pour en adjoindre d'autres et ne laisse completement tomber que ce qui définitivement périmée.[16]

O certo é que, graças à perspectiva estilística, ficamos aptos a compreender a concomitância no tempo de fenômenos estilísticos diversos ou opostos. É o que nos mostra o exemplo do século XVII, no qual aparecem manchas estilísticas, a barroca predominando, mas, no caso da França, o estilo clássico dando a nota, a ponto de obscurecer as feições barrocas lá também existentes inclusive, e imprevisivelmente, de mistura com os elementos clássicos em muitas figuras ou obras, como Racine ou Bossuet, e em outras, como Pascal, outrora consideradas totalmente clássicas e que hoje, pela análise estilística, são incorporadas ao Barroquismo. Situação semelhante ocorre no século XIX, quando se misturam, cruzando-se, imbricando-se e superpondo-se, manifestações estilísticas diversas e opostas, como o Simbolismo e o Parnasianismo, o Realismo e o Romantismo, que nunca se sucederam cronologicamente de maneira exata, antes se amalgamaram e se entrosaram para gerar as formas literárias do século XX. Como compreender tudo isso levando em conta a pura cronologia? Como definir essas manifestações no seu evolver senão apelando para uma teoria do desenvolvimento interno dos estilos, conforme demonstrou Wölfflin quanto à passagem do estilo renascentista para o barroco, ajudado da sua concepção do formalismo na distinção dos traços estilísticos e dos sistemas de normas que regularam aquelas épocas?

Assim, admitindo a unidade do período, e concebendo que essa unidade é produzida, não por homogeneidade estilística, porém pelo predomínio de certo estilo que determina o tom geral, graças a uma constelação de sinais, o que não exclui a possibilidade de concorrência de outros estilos no tempo, e de diferenças geográficas e diferenças entre as diversas artes quanto à época de prevalência do estilo dominante — deduz-se o valor das categorias estilísticas para a definição dos períodos na história da literatura e das demais artes, sobretudo em seguida aos modernos estudos de comparação crítica entre as artes. Os conceitos de estilo, na análise das obras de arte, prestam-se como critério crítico muito mais exato, tanto no estudo das obras-primas, como das obras menores. A relação entre o estilo individual e o estilo de época é um fácil instrumento de análise e interpretação, e, mesmo considerando as concomitâncias do estilo, e mais, a relatividade com que devem ser estabelecidos os estilos individuais — pois, como diz Paul Frank, dificilmente uma obra se pode definir como totalmente pertencente a um estilo, — é mais fácil a definição da obra pela sua maior proximidade a um estilo caracterizado.[17]

Os estilos são a força dinâmica dos períodos. Revelar-lhes a essência íntima é penetrar a própria natureza da época. As formas estilísticas desenvolvem-se e transformam-se à medida que mudam e evolvem a concepção do mundo e o propósito, consciente ou inconsciente, do artista. Ao interpretar e reinterpretar o mundo, o artista exige que as formas estilísticas se transformem e se adaptem às suas necessidades. A transformação do estilo, como mostrou Wölfflin, obedece a leis internas de evolução. Todavia, correspondendo às intenções do artista de expressar e veicular a sua visão da realidade, suas crenças e experiências, essa expressão não poderia ser efetuada através de outra forma, havendo um ajustamento intrínseco entre a visão do mundo a transmitir e a forma estilística que se desenvolveu para dar-lhe vazão. Assim, o Barroco foi uma forma estilística que se desenvolveu para exprimir uma nova concepção do mundo, que só através dele encontraria o modo ótimo de realizar-se.

Na história das artes e letras modernas, graças à aplicação do método comparativo, os estilos principais que prevaleceram como unidades periodológicas foram os seguintes: renascentista, barroco, neoclássico, rococó, romântico, realista, impressionista, modernista. Por influência da história das artes, segundo a nova orientação, esses conceitos e definições estilísticas vão tendo aplicação generalizada à história das letras modernas. Dada a natureza análoga do fenômeno artístico, as artes diferençando-se primordialmente pelo meio que empregam, é muito mais natural que os critérios definidores passem de uma a outra do que entre a história política e a literária. Por isso, é geral e irrestrito o uso de conceitos como romântico, clássico ou realista em todas as artes; mas já se vai generalizando na crítica literária o uso do termo barroco, desde os trabalhos de Wölfflin, para a definição de toda a época não só literária mas histórica do pós-renascentismo; de rococó ("una obra fundamental sobre el rococó en la literatura flota en el aire ", afirma Cysarz) e de impressionismo.

AS SOLUÇÕES BRASILEIRAS

O problema da história literária e seu correlato da periodologia têm recebido, no Brasil, soluções inteiramente dentro da fórmula empírica, simplesmente cronológica, ou da conceituação sociológica e historicista. É significativo que, desde Varnhagen, ele haja despertado a preocupação dos historiadores, podendo considerar-se o Visconde como o fundador da historiografia geral e da historiografia literária. É que a disciplina era vista como uma dependência da história geral, política, social e econômica, e o seu método uma pura transferência do método histórico, pois a literatura não passava de um reflexo das gerais atividades humanas. Esse historicismo foi, por certo, uma herança portuguesa, pois, como relembra Fidelino de Figueiredo,[18] Portugal sempre foi dominado pela "obsessão historicista", que, segundo ele, lá e aqui, "não deixa esperar acolhimento imediato para a nova orientação filosófica deste setor de estudos", justamente essa orientação que o planejamento e elaboração desta obra advoga e inicia entre nós.[19]

A partir do conceito simplista de que a literatura é um fenômeno histórico, de que a história literária, consequentemente, deve ser uma parte da história geral, a historiografia literária no Brasil, na sua fase primitiva, anterior a Sílvio Romero, consistia em exposições meramente descritivas, quando não se limitava a catálogos biobibliográficos e florilégios ou antologias de finalidade didática.[20] A crítica desses livros já foi feita de modo tão completo que dispensa voltar ao assunto.[21]

É com Sílvio Romero que a historiografia literária no Brasil passa a ser encarada em bases científicas, com preocupação conceitual e metodologia, o que o situa como o sistematizador da disciplina, entre nós, quaisquer que sejam as restrições que se lhe possam fazer. Sua obra é um monumento que, embora largamente refutável, não pode deixar de ser estudada, graças à honestidade de sua concepção e ao empenho metodológico. Partiu Sílvio, segundo suas próprias palavras, no cap. I da *História da literatura brasileira*, de uma concepção da evolução histórica e da formação dos povos, que levava em conta a contribuição etnográfica naquela formação; sua visão da história é "filosófica e naturalista"; "seu fito é encontrar as leis que presidiram e continuam a determinar a formação do gênio, do espírito, do caráter do povo brasileiro", sendo mister para tanto "mostrar as relações de nossa vida intelectual com a história política, social e econômica da nação"; sua obra é "um trabalho naturalista sobre a história da literatura brasileira"; influenciado pelo determinismo positivista, investigou os fatores materiais e ambientais, "os elementos de uma história natural de nossas letras" buscando-os na etnologia, na geologia, na biologia, nos fatores sociais e econômicos. Para ele, *literatura* "tem a amplitude que lhe dão os críticos e historiadores alemães. Compreende todas as manifestações da inteligência de um povo: política, economia, arte; criações populares, ciências (...) e não, como era costume supor-se no Brasil, somente as intituladas belas-letras, que afinal cifravam-se quase exclusivamente à poesia".

Vê-se que a concepção romeriana da literatura e da história literária provinha da fonte romântica e germânica, que a identificava com o gênio nacional e interpretava sua evolução em consonância com a marcha do sentimento nacional, concepção aliás que domina a maioria senão todos os nossos historiadores da literatura; e do pensamento filosófico positivista e naturalista, do evolucionismo darwiniano e spenceriano, que formaram o clima naturalista do final do século XIX.

De qualquer modo, em Sílvio Romero consolidou-se a concepção historicista e sociológica da literatura e a adoção do método histórico para a história, que influíram poderosamente em seus sucessores. O estudo da literatura deveria começar pelo conhecimento da parte estática, ou base sobre que se levantam a nacionalidade, raça, território, meio social e econômico, em suma por introduções sociológicas. O próprio José Veríssimo, que reagiu contra as teorias de Sílvio Romero, ao defender uma concepção da literatura como "arte literária" ou de belas-artes, não fugiu à visão da literatura como forma expressiva do sentimento nacional, fazendo coincidir o progresso de uma com o do outro, além de adotar um critério expositivo puramente cronológico e um critério periodológico inteiramente de feitio político-histórico (período colonial e nacional).

Mas é o problema periodológico a pedra de toque do assunto, e é nele que esbarram os nossos historiadores literários, não conseguindo imprimir à história literária um sentido autônomo em relação à história geral. Sem exceção, a partir de Wolf, incidem eles no critério político, misturando-o com a pura cronologia, mesmo quando admitem subdivisões por escolas ou gêneros literários. Senão vejamos:

De Wolf: (5 períodos) do descobrimento até o fim do século XVII; 1ª metade do séc. XVIII; 2ª metade; até 1840; de 1840 a 1863.

De Fernandes Pinheiro: fase de formação (séc. XVI e XVII), fase de desenvolvimento (séc. XVIII), reforma (séc. XIX).

De Sílvio Romero: período de formação (1500-1750); período de desenvolvimento autonômico (1750-1830); período de transformação romântica (1830-1870); período de reação crítica (1870 em diante). Esse plano foi posteriormente modificado para: período de formação (1592-1768); período de desenvolvimento autonômico (1768-1836); período de reação romântica (1836-1875); período de reação crítico-naturalista (1875-1893 ou 1900). Não fica aí Sílvio, e no mesmo prefácio da 2ª edição sugere outra divisão: período clássico (1549-1836); período romântico (1 836-1870); período antirromântico (1870-1900). Uma 4ª classificação ainda parece possível a Sílvio: período clássico (1592-1792); período de transformações ulteriores (1792-...).

De José Veríssimo: período colonial e período nacional, com um estádio de transição (1769-1795). Repele qualquer divisão para o período colonial que não seja "apenas didática ou meramente cronológica" no pressuposto de que seria arbitrária uma divisão sistemática. Para a segunda fase, ordena os fenômenos cronologicamente por escolas e gêneros.

De Ronald de Carvalho: depois da inevitável introdução sociológica (imitada de Sílvio Romero), períodos de formação (1500-1756), de transformação (1756-1830), autonômico (1830-1925).

De Artur Mota: (introdução sociológica), época de formação (4 períodos: embrionário, de elaboração, de iniciação, de diferenciação), até Gregório de Matos; época de transformação (4 períodos: mineiro, patriótico, religioso, de transição); época de expansão autonômica: Romantismo (emancipação literária 1836, fase religiosa, indianismo, ceticismo, nacionalismo concreto, poesia patriótica, condoreiros); época de expansão autonômica: Realismo (reação antirromântica da poesia científica e social, naturalismo, psicologismo, parnasianismo, simbolismo, futurismo). Afirma que nesta divisão estão conciliados o método cronológico com a classificação lógica exigida por Taine e outros.

De Afrânio Peixoto: literatura colonial (de imitação da Metrópole, em 3 fases: Classicismo, Cultismo, Arcadismo); literatura reacionária (reação contra a Metrópole: nativismo político e literário, idealização do selvagem); literatura emancipada (problemas nacionais: abolição, guerra, república, posse dos sertões, regionalismo); influências estrangeiras (europeias: Naturalismo, Parnasianismo, Simbolismo; norte-americanas e outras).

Essa exposição dos principais sistemas periodológicos da historiografia literária brasileira teve o objetivo de pôr em evidência a absoluta ausência de correspondência entre eles e a realidade literária. Sílvio Romero, na primeira edição de sua obra, defende uma divisão, considerando-a "a divisão natural da história literária brasileira", para na segunda edição propor três outras, "o que importa afirmar não fazer o autor grande cabedal da que propôs no texto do livro e destas que aí ficam" (sic), dizendo, linhas adiante, que as de Wolf e Fernandes Pinheiro "se me antolham ainda inferiores às lembradas por mim". Por outro lado, Afrânio Peixoto confessa "não compreender bem as fases de 'formação', 'desenvolvimento', 'reforma' e 'transformação literária no Brasil'" E acentua: "Acaso houve acabamento sociológico, ou político, da 'formação' brasileira? E se já nos 'formamos' definitivamente, como se fala de 'desenvolvimento' em seguida? Reforma?! Tem um sentido religioso ou moral. Transformação, em quê? O Brasil continua, também literariamente." Essas observações têm a maior pertinência, sem embargo de não convencer a divisão proposta pelo polígrafo baiano.

No caso de Sílvio Romero podemos sintetizar o estado de espírito de toda a nossa historiografia literária no que concerne à periodização. Sua atitude de ceticismo e hesitação decorre da inexistência de uma concepção do processo da evolução literária, o que redunda na variedade de divisões, ora baseadas em fatos políticos, ora puramente cronológicas, sem qualquer significação em relação à realidade do desenvolvimento. Dessa maneira, podemos variar ao infinito as divisões e classificações, ao sabor das conveniências, de maneira puramente mecânica ou com intenção didática. É o que resulta de buscar critérios interpretativos estranhos ao fenômeno literário, que não é considerado na sua natureza própria, como manifestação de caráter autônomo, porém como simples reflexo da atividade social-política.

De Wolf a Sílvio Romero, e de José Veríssimo a Ronald de Carvalho, o problema da periodização vincula-se ao conteúdo nacional da literatura, e a história literária é a verificação desse crescente sentimento, a princípio mascarado de nativismo, e cada vez tornado mais consciente até abrolhar em verdadeiro sentimento nacional. A sucessão das épocas, nessas divisões, obedientes à ideia progressista, revela a preocupação de descobrir o aumento da componente nacional na literatura, a intenção de acompanhar o "progresso literário relacionado com a nossa evolução nacional" (Veríssimo), "o abrolhar e a marcha do sentimento nacional através da literatura" (ib.). A literatura, destarte, restringe-se a um documento ou testemunho do fato político; a sua autonomia corresponde à afirmação da personalidade nacional do país recém-libertado do jugo da Metrópole. A história literária subordina-se ao processo político, buscando nossos historiadores as datas dos sucessos políticos para delimitar os períodos, ou, quando muito, denominações políticas e administrativas (origens, iniciação, formação, autonomia, atualidade, diferenciação, elaboração, emancipação, nacionalismo, etc.) com denominações literárias ou culturais (realismo, naturalismo, cultismo, etc., referência a gêneros literários, etc.), com outras de sentido geracional, ou marcadas por grandes personalidades, pelo aparecimento de livros importantes, ou simplesmente com denominações cronológicas, ou ainda com designações vagas e sem sentido (e.g. "reações ulteriores" de Sílvio).

Essa falta de orientação bem expressa no ceticismo de Sílvio Romero, quanto a um problema da maior importância em filosofia da história, decorre da ausência de uma concepção da literatura como fenômeno autônomo, embora em constante ação recíproca com as outras formas da vida humana. Decorre da tendência à subordinação do fenômeno literário ao histórico. Da falta de uma filosofia periodológica de natureza estética.

A solução está na historiografia literária que seja a descrição do processo evolutivo como integração dos estilos artísticos. As hesitações e os erros da periodologia corrigem-se com a adoção de tal sistemática.

É a que inspira a concepção e planejamento de *A literatura no Brasil*. Suas divisões correspondem aos grandes estilos artísticos que tiveram representação no Brasil, desde os primeiros instantes em que homens aqui pensaram e sentiram, e deram forma estética a seus pensamentos e sentimentos.

Assim compreendida, a evolução das formas estéticas no Brasil corporificou-se nos seguintes estilos: Barroquismo, Neoclassicismo, Arcadismo, Romantismo, Realismo, Naturalismo, Parnasianismo, Simbolismo, Impressionismo, Modernismo. Sua descrição é a tarefa que se propõe.

Graças à periodologia estilística liberta-se a história da literatura:

1) da tirania cronológica: afasta-se a dificuldade, implícita no assunto, e contra a qual esbarram todos os historiadores literários, advinda da intenção de encontrar "divisões perfeitamente exatas ou dispô-las em bem distintas categorias" (Veríssimo, p. 2). Não subordinados à mecânica cronológica, os períodos dispensam fronteiras precisas, delimitações exatas, aparecendo, como na realidade, antes como blocos que se imbricam, interpenetram e superpõem, o que explica as concomitâncias, os precursores, os retardados, fenômenos comezinhos da história literária;

2) da tirania sociológica: repele a noção da causalidade dos elementos estáticos — meio físico, meio social, meio biológico, meio econômico — fatores a que Taine e o marxismo, e outras concepções da literatura como expressão da sociedade, concedem a prioridade na gênese do fenômeno artístico, que seria, assim, mera superestrutura em relação àquelas infraestruturas.

3) da tirania política: os estilos afastam da mente do historiador a preocupação de pesquisar o sentimento nacional na evolução literária, preocupação generalizada por influência romântica. Soares Amora (*História da literatura brasileira*. p. 12) aponta com razão o problema da determinação de um critério de nacionalidade literária, da conquista da autonomia literária e da definição do caráter nacional como sendo uma das constantes da crítica brasileira e americana em geral. Sílvio Romero chega a adotar como critério de aferição de valor literário o caráter nacional ("tanto mais... tenha trabalhado para a determinação do nosso caráter nacional, maior é o seu merecimento", Sílvio Romero, cap.

1). Artur Mota, José Veríssimo e outros identificam a literatura, o seu progresso com a marcha do espírito nacional. Em vez de definir e caracterizar a literatura — por influência dessa exacerbação romântica do sentimento de nacionalidade, — pela sua subordinação aos critérios políticos, o que importa à crítica verdadeiramente poética é a qualidade da expressão artística segundo suas características, e não o seu valor como testemunho de nacionalismo. Assim, o conceito periodológico estético-estilístico corrige essa tendência ao aplicar o princípio de nacionalismo à interpretação do fenômeno literário e ao ver na literatura uma expressão da consciência nacional. Ofuscados pela preocupação política, o fenômeno estilístico escapa à compreensão de nossos historiadores, como denota José Veríssimo, entre outros lugares, quando procura mostrar que "somente para o fim do século XVIII é que entramos a sentir nos poetas brasileiros algo que os começa a distinguir" (p. 4), fazendo então afirmações absolutamente errôneas acerca do choque de estilos da época.

Destarte, a periodologia estilística é dos mais importantes capítulos na marcha da história ou ciência da literatura para a sua emancipação da história geral.

DEFINIÇÃO E CARACTERES DA LITERATURA BRASILEIRA

Se perpassarmos o olhar interpretativo pela literatura produzida no Brasil, saltar-nos-á de logo à atenção o drama de sua formação. O ritmo da atividade literária obedeceu, entre nós, a um movimento duplo: de um lado, a desintegração e o abandono de uma velha consciência, do outro, a construção subjacente de uma nova. Dada a contingência de nação colonizada por europeus, os portugueses, e em virtude da ausência de uma tradição autóctone que pudesse servir-nos como passado útil, a evolução de nossa literatura foi uma luta entre uma tradição importada e a busca de uma nova tradição de cunho local ou nativo. Esse conflito das relações entre a Europa e a América, esse esforço de criação de uma tradição local em substituição à antiga tradição europeia, marcam a dinâmica da literatura desde os momentos ou expressões iniciais na Colônia. É um tema que se esboça desde o primeiro século, entre os jesuítas, Anchieta sobretudo, escrevendo a sua epopeia de conquista espiritual e imperialismo religioso, estudam as línguas, a etnografia e a vida social indígenas, no intuito de melhor atuar sobre a mentalidade dos primitivos habitantes, a par da dos colonos, utilizando-se da literatura — poesia e teatro — como instrumento de penetração e convicção. Ao lado dessa corrente didática, que forcejava por adaptar-se à situação local, inclusive valendo-se do artifício do polilinguismo dada a variedade de idiomas que caracterizava os diferentes públicos que tinha em mira, firmou-se, também desde cedo, uma corrente de exaltação da terra, os "diálogos das grandezas", forma de ufanismo nativista, que deu lugar a um verdadeiro ciclo de literatura em torno do mito do eldorado. As ideias do nobre selvagem e da terra prometida ou da fartura são outros tantos mitos que se constituem desde o início, através dessas "prosopopeias", "diálogos das grandezas", "ilhas da maré", cantos genetlíacos em louvor de uma civilização nascente ou de façanhas de viajantes, guerreiros e missionários. Daí por diante, pelos séculos XVII e XVIII, através dos líricos e dos oradores, entre os quais avultam Antônio Vieira e Gregório de Matos, é uma voz nova que se faz ouvir, cada vez mais em discrepância com a da mãe-pátria, ou em luta para desembaraçar-se e libertar-se da aparência lusa que a caracterizava, luta que culminará no Romantismo.

Essa luta entre duas tradições — a luso-europeia e a nativa em formação — teve ainda expressão em outro tema: o conflito entre a concepção da literatura como produto espontâneo e telúrico e o conceito da literatura como flor de cultura complexa e de elaboração pessoal consciente. Esse tema, de remota origem, penetrou fundo em nossas teorias literárias, colocando frente a frente, ao longo de toda a nossa evolução, dois tipos de escritores: os inspirados, telúricos, virgens, instintivos, que buscam inspiração na terra, no inconsciente; e os requintados, cultos, desenraizados, que se voltam para as fontes culturais europeias, bem definidos por Afrânio Peixoto, quando afirmou que o brasileiro, em vez de ir à Europa, "retornava" à Europa.

Resultado ainda desse conflito é o problema das relações entre o escritor e a natureza. O esforço pela fixação de uma tradição dirigiu-se para a natureza, em face da qual a consciência literária se postou ora em atitude de contemplação exaltada, ora num pessimismo trágico de sombria tonalidade, sucedendo-se ou opondo-se vagas de lirismo e ufanismo entusiastas e de realismo pessimista. O indianismo, o sertanismo e o regionalismo são expressões altas dessa presença, por outro lado constante em nossa poesia lírica, evidenciando o papel que desempenha em nossa vida mental a natureza, como finca-pé das aspirações nativistas, presença ou prestígio que tende a dissolver-se à medida que, desde o século XIX, se vem alargando e solidificando o processo de urbanização.

O conflito entre as duas tendências — a que arrasta para a Europa e a que busca estabelecer uma tradição local, nova — constitui os polos de nossa consciência literária, gerador de um drama em meio do qual ainda agora vive o país. Drama que se reflete não apenas na imaginação criadora, mas também na crítica e compreensão da literatura, pois ele envolve a própria concepção da natureza e função da literatura no Brasil. Essa a nossa maior tradição, e que ainda governa a vida literária: cultural e literalmente somos uma nação em curso. A longa marcha no sentido desse autodomínio teve dois pontos altos: a fase romântico-realista do século XIX e o período modernista contemporâneo.

Foi durante a década de 1920 a 1930 que a consciência literária brasileira atingiu a maioridade. Então, perderam os brasileiros a noção de expatriamento cultural, podendo-se aí situar "o nascimento do Brasil e o consequente esmorecer da Europa dentro de nós", como diz com justeza Gilberto Amado (*Minha formação no Recife*, pp. 353-5), acrescentando palavras precisamente de 1926 que registram o fenômeno:

> ... o Brasil aumentara o seu poder de assimilação. A Europa é hoje para nós a viagem, estudo ou recreação, o prazer do clima, o encantamento artístico, a variedade dos dias animados longe das obrigações quotidianas, o atrativo intelectual, a curiosidade simplesmente. Mas não vive dentro de nós. Em substância, não nos interessa senão como um teatro, um espetáculo, um livro. Estamos, os da geração atual, inteiramente desprendidos dela (...) Os fatos da Europa não nos impressionam senão como peripécias e os homens como figuras do drama humano; entre eles e nós não se estabelece nenhum dos laços profundos que nos ligam aqui a todos os fatos e a todos os homens do nosso meio. Obra de cultura social, consequência da formação dentro do país de uma vida unânime que se reflete no fundo de nossa alma, enchendo-a toda de seu amor, sem deixar espaço a outros ecos, o certo é que as novas gerações estão livres do pesadelo que afligiu Nabuco. E não há como atribuir esse fato a outra causa que à República, à sua capacidade de criar Brasil, dentro do Brasil.

Essa tomada de consciência do Brasil pelos brasileiros, correspondente a uma volta do exílio intelectual, foi, todavia, um movimento que se processou lentamente, em consequência do Romantismo.

Naquela época, presos muito embora por laços culturais à Metrópole, já conquistáramos a consciência de nossa nova moldura física e social, e a noção de que a literatura poderia produzir-se sob formas novas, exprimindo novos matizes de sensibilidade e uma nova experiência. Foi o momento em que a velha psiquê colonial cedeu o lugar a forças espirituais que plasmavam, na alma do povo, uma nova mentalidade literária. Dessa encruzilhada partiram ondas de energia a cujo ímpeto se devem os movimentos de extraordinária fecundidade intelectual de então no Brasil, muito tempo depois ainda fazendo sentir os seus efeitos.

O *shock of recognition* dessa mudança encontra-se na polêmica em torno de *A confederação dos Tamoios* (1856), em que participaram José de Alencar, Araújo Porto Alegre, Monte Alverne, Alexandre Herculano, Castilho, Pinheiro Guimarães e o próprio D. Pedro II. É o momento em que a consciência literária se corporifica, em que os problemas literários são encarados de maneira técnica, em que surge a consciência de que se estava fazendo literatura sob feitio novo.

É Alencar quem realiza essa transformação, cabendo-lhe, por isso, o posto de patriarca da literatura brasileira.

Estudadas as suas cartas sobre *A confederação dos Tamoios* (1856) e a sua autobiografia literária *Como e por que sou romancista* (1873), bem como sua polêmica com José Feliciano de Castilho (1872), verifica-se a noção que ele tinha dos problemas literários, como os estudou a fundo nas obras clássicas e modernas, através dos tratados de poética e retórica, e das grandes obras representativas dos vários gêneros, reportando-se, na sua argumentação, às provas fornecidas pelos grandes autores. Ao lado do estudo das formas literárias, tinha ele bem presente no espírito o problema de como dar realização "brasileira" à literatura, preocupação absorvente dos homens de letras de então, de conformidade com aquele "instinto de nacionalidade" que caracterizava a época, como salientou mais tarde (1873) Machado de Assis.

De modo que em Alencar convergem as duas linhas que iriam dar corpo à nossa consciência literária: a linha técnica, a formação e evolução dos gêneros e formas; e a linha "brasileira", o processo de diferenciação da literatura no Brasil. Alencar pegou aquela primeira linha, consubstanciada num gênero informe, incaracterístico, qual a ficção romântica, apenas aqui e ali denotando alguma tentativa mais realizada, e eleva o gênero a um grau de alto desenvolvimento não só quanto ao aspecto estrutural, mas também temático, oferecendo soluções que preparariam o caminho de Machado de Assis, a quem passou, por assim dizer, uma tradição já delineada e viva, que este só teve que desenvolver.

Por outro lado, é mister registrar, ele permaneceu no equívoco, próprio da superposição e fusão de culturas, e que tem encontrado soluções várias como a que adotaram os jesuítas com o artifício do polilinguismo, permaneceu no equívoco de misturar os elementos das culturas em contato, que resultou na imposição de temas de uma à outra, ou no uso de pano de fundo local a cercar os heróis que falam e sentem à europeia. É que, no afã de "criar uma literatura mais independente", como salientou Machado de Assis no ensaio "Instinto de nacionalidade", havia a tendência na literatura da época a "vestir-se com as cores do país". Machado considerava com razão errônea a opinião "que só reconhece espírito nacional nas obras que tratam de assunto local", e, embora admitisse que "uma literatura nascente deve principalmente alimentar-se dos assuntos que lhe oferece a sua região", concluía que "o que se deve exigir do escritor, antes de tudo, é certo sentimento íntimo, que o torne homem do seu tempo e do seu país, ainda quando trate de assuntos remotos no tempo e no espaço".

Era a doutrina certa. Mas foi a posição de Alencar que propiciou a visão mais nítida do problema aos que nele se inspiraram, como Machado de Assis. Em face da tentativa de exaltação da terra, segundo a velha tradição que remonta à *Carta* de Pero Vaz de Caminha, que recrudescia em Gonçalves de Magalhães, com num poema épico nacional, foi Alencar quem reagiu apontando o artificialismo com que Magalhães formulava o problema da nacionalidade em literatura. O assunto estava muito vivo, naquelas décadas, na mente dos homens de letras, provocado pelo Romantismo. Onde buscar a nacionalidade para a literatura? Onde encontra ela as suas qualidades nacionais? Onde reside o novo numa literatura que se constrói a partir do transplante de uma velha literatura?

*

O problema da nacionalidade literária foi colocado, dentro da atmosfera do Romantismo, em termos essencialmente políticos. Os nossos historiadores literários encararam a autonomia literária conforme essa orientação, tendo Sílvio Romero estabelecido a capacidade de expressão nacional como critério valorativo de excelência literária. Misturadas no Romantismo literatura e política, a autonomia política transferia-se para a literatura e confundiram-se independência política e independência literária. A literatura era usada pela política, nas campanhas em prol da independência nacional e da abolição da escravatura, ou como arma de excitação do espírito guerreiro (Guerra do Paraguai, campanha de Canudos) e da propaganda republicana. Os gêneros de atividade intelectual mais difundidos eram a oratória, o jornalismo, o ensaio político, a polêmica, e os homens de letras típicos do tempo eram os lutadores, os que reuniam as letras e a política ou a ação pública. A literatura exercia, assim, uma função cívica, como força de expressão nacionalista.

Dessa maneira, é fácil compreender como não podiam ser encarados consoante perspectiva estritamente literária os problemas da literatura, a começar pelo da sua autonomia. Não se atentou em que a literatura e a política constituíam formas de vida dotadas de desenvolvimento próprio e que a autonomia de uma não implicava obrigatoriamente a da outra, como de fato ocorreu no Brasil, a política tendo-se realizado antes da literária, que é um processo ainda hoje em andamento.

Na verdade, a questão da autonomia das literaturas coloniais não há que ser colocada em termos políticos; não deve ter conteúdo e significado políticos, nem ser identificada com a independência política. Podem ser paralelas, mas uma não depende da outra, ambas realizando-se a partir da consolidação da consciência do povo como povo. A nacionalidade objetiva-se de modo igual quer sob a forma política, quer pela língua, pela poesia, pela tradição popular e demais formas de vida. Foi o século XIX que imprimiu ao nacionalismo, à ideia de nação e de nacionalidade, o sentido político e estatal, graças ao qual a nacionalização era o processo de integração de massas de povo numa forma política comum, numa forma centralizada de governo sobre um território unificado, a que correspondem também manifestações literárias, folclóricas e linguísticas. Daí decorreu a exacerbação moderna da nação-estado, tornada um absoluto, fonte de toda a vida de uma comunidade e de sua arte e literatura. A finalidade da vida nacional seria alcançar a suprema forma da atividade organizada, o estado soberano, à qual estariam subordinadas todas as manifestações, mentais e sentimentais, da vida individual e social, todas movidas por uma consciência comum.

Tal doutrina inspirou os críticos e historiadores brasileiros a interpretar a autonomia de nossa literatura, para eles definida em conformidade com a autonomia política, e resultante do anseio de dar maior expressão à consciência nacional.

A autonomia literária, todavia, escapa à explicação em termos políticos. É antes de natureza estética. É a marcha ou a conquista de uma expressão nacional, ou, como definiu Pedro Henríquez Urefta, é a corrente de esforços "em busca de nossa expressão"[22] e "dentro de ese continuo vital que no admite parcelaciones ni fraccionamientos, es posible señalar etapas, actitudes, momentos que se suceden y penetran, através de los cuales va integrándose una conciencia o, si se prefiere, una visión del mundo peculiar... que se expresa con plenitud gradual, en nuestra literatura", afirma José Antonio Portuondo, ao situar o fenômeno nas literaturas hispano-americanas de maneira inteiramente aplicável à literatura brasileira.[23]

Esse caráter estético, essa busca de autoexpressão literária, esse desenvolvimento da autoconsciência do gênio literário brasileiro, terão que ser seguidos nos elementos literários e nas formas, cuja evolução testemunha aquela caminhada. É o caso acima referido da ficção. A sua evolução dos inícios românticos até Machado de Assis mostra um gênero em busca de expressão e, através dele, a consciência literária conquistando a posse de si mesma e de seus recursos técnicos.

É também o que se observa com a poesia lírica. Se acompanharmos sua evolução desde o Arcadismo, passando por Gonçalves Dias, até Castro Alves, verificamos como atingiu com o poeta das *Espumas flutuantes* o pleno domínio de uma fisionomia estética, formal, estilística e temática, nitidamente brasileira. Essa característica, somente nele alcançada e com ele da maneira mais alta e total, dentro do Romantismo, notou-a Eça de Queirós em episódio registrado por Afrânio Peixoto no prefácio às *Obras completas de Castro Alves* (1921). Ouvindo a leitura das "Aves de arribação", deteve-se Eça em certo ponto para exclamar: "Aí está, em dois versos, toda a poesia dos trópicos." Era a formulação de uma estética brasileira no lirismo, de uma linguagem poética brasileira.

Portanto, estabelecer a autonomia literária é descobrir os momentos em que as formas e artifícios literários assumem o domínio da expressão, como formas e artifícios literários, prestando-se, ao mesmo tempo, a fixar aspectos novos e uma nova perspectiva estética, ou uma visão estética de uma nova realidade. Esses momentos foram encarnados por grandes estilos estéticos, cuja sucessão constitui as etapas ascensionais em busca da autoexpressão literária. É somenos que hajam sido importados, desde que aqui tenham sofrido um peculiar processo de adaptação.

É mal situado o problema da autonomia literária, quando se subordina ao da independência política. São duas atividades distintas, com diferentes composição e conteúdo, significado e finalidade, para ser identificadas, como ocorre com a divisão da história literária brasileira, pelo critério de nacionalidade, em era colonial e era nacional, caracterizada esta última pelo "processo de divergência em face da literatura portuguesa" (Soares Amora).

De fato, a formação da consciência literária nacional remonta a muito antes da época da independência política. A literatura assumiu fisionomia diferente desde o instante em que se formou um homem novo na América. Numa conferência em Buenos Aires, em 1939, Ortega y Gasset[24] afirmou que o colonizador se tornou um homem novo assim que se firmou no novo mundo, e que a mudança não exigiu séculos para operar-se, mas foi imediata, apenas consolidada e reforçada com o correr do tempo. Novas experiências, uma vida nova remodelaram-no, adaptando-o ao ambiente diferente, criando um novo tipo de sociedade e de economia, em que se fundiram e se interinfluenciaram culturas autóctones e alienígenas.

Colocado em uma nova "situação" — para a formação da qual concorriam um meio físico e uma situação social e econômica peculiar — tinha o homem que criar um estado de espírito diferente, atitudes, desejos, ideais, esperanças, uma sensibilidade e psicologia, em suma uma nova concepção da vida e das relações humanas, uma visão própria da realidade. À nova situação corresponderia, por certo, uma visão diferente da do europeu, ou da do colono quando ainda vivia na Europa. O impacto do novo meio fez dele um homem novo, e foi muito forte para que essa transformação durasse três séculos. E de um homem novo — um mestiço de sangue ou de cultura — forçosamente surgiria uma nova literatura, como surgiu também um novo estilo de falar a mesma língua da Metrópole, uma "fala" diferente. O fenômeno da diferenciação da "fala" é interessante de mencionar-se, porquanto há um acordo estreito entre a maneira de falar, no Brasil, a língua portuguesa e a literatura que aqui veio surgindo.

À tentativa de Alencar em favor de uma nacionalização da linguagem a par da nacionalização literária pelo indianismo, e que se consolidou em Castro Alves sob a forma de um estilo brasileiro em poesia, sucedeu, quando da polêmica entre Rui Barbosa e Carneiro Ribeiro a propósito da redação do *Código civil* (1902), uma reação em refluxo para os cânones portugueses, aumentando a distância entre a língua oral e a literária, pela restauração artificial de padrões lusos de expressão, tradicionais ou clássicos. Mas as correntes profundas de "nacionalismo", operando no inconsciente coletivo, e a que se deviam os surtos de sertanismo e regionalismo, reemergiram de maneira estrondosa em Euclides da Cunha, sob a forma de um estilo caboclo, e, em certos aspectos de um Coelho Neto, como, mais tarde, em Monteiro Lobato (1918). Certamente impressionado, sobretudo talvez depois do magistral estudo de Araripe Júnior, "Dois grandes estilos" (1907), Rui Barbosa imprimiu rumo diferente à sua concepção estético-estilística, incorporando, nos últimos tempos, à sua prosa notações brasileiras, haja vista os discursos da Campanha Presidencial de 1919, nos quais, como na alusão ao Jeca Tatu de Lobato, evidenciou que a sua imaginação estava sendo atraída para os motivos locais. O Modernismo viria consolidar essa evolução, procurando diminuir o divórcio entre a língua falada e a escrita, numa integração da primeira na segunda.

Assim, uma literatura surge sempre onde há um povo que vive e sente. É função de seu espírito peculiar.

Com efeito, por maiores que hajam sido os laços de subordinação às vezes até procurada por muitos escritores que porfiavam em considerar-se portugueses, não há como pretender disfarçar a "novidade" do que no Brasil se produziu desde o início, quando a imaginação do homem novo passou a construir suas imagens em termos da nova realidade.

Assim, os quatro séculos de literatura no Brasil acompanham a marcha do espírito brasileiro, nas suas mutações e na sua luta pela autoexpressão. A literatura vive essa luta. O processo de diferenciação não resultou de uma atitude consciente ou de compulsão, mas simplesmente da aceitação da nova vida. E apesar da presença constante, até nossos dias, da nutrição de origem estrangeira, sobretudo portuguesa e francesa, a dinamizar a nossa energia criadora, marcando todos os movimentos literários, e a testemunhar a nossa imaturidade intelectual, há desde cedo um americanismo ou brasilidade rugosa e áspera, uma genuína qualidade nativa, que se apresenta na literatura, condicionando a forma e a matéria, a estrutura, a temática e a seleção dos assuntos, bem como a atitude, aquele "sentimento íntimo" a que se referia Machado de Assis, e que indica o advento de um homem novo.

Em suma, a autonomia da literatura brasileira, definida como corolário da independência política de 1922, é um problema falsamente colocado. O que releva constatar é o desenvolvimento das formas literárias em busca de uma expressão brasileira, diferenciando-se da tradição dos gêneros.

Em vez de procurar na literatura os reflexos da autonomia política e da formação da consciência nacional, cumpre à crítica e à história literária investigar a autonomia das formas, acompanhando a sua evolução para verificar o momento em que ficção, poema, drama, ensaio, alcançaram, entre nós, se alcançaram, na estrutura e na temática, um feitio brasileiro típico, peculiar, distinto, que possa considerar-se uma contribuição nova ao gênero, uma nova tradição.

Por outro lado, reconhecer aquela qualidade nativa não implica um juízo de valor. Não há nisso qualquer motivo de ufanismo, ou qualquer lisonja ao espírito nacionalista, para o qual a superioridade nacional estaria na posse dessas expressões autônomas de cultura. É apenas o registro de um fato observado na intimidade do nosso processo literário. Demais disso, nem sempre esse caráter nativo encontrou expressão estética superior, como prova a impressão de pobreza que se recolhe do conhecimento de nossa história literária, o que levou Tristão de Athayde a afirmar que "a literatura brasileira existe, mas não vive", e José Veríssimo a defini-la como composta de livros mortos, e nomes insignificantes.

Tampouco, mostrar o desenvolvimento dessa qualidade nativa, dessas ondas literárias em busca da autoexpressão, dessa autoconsciência do gênio literário brasileiro, luta ainda ativa, não é reconhecer a plena maturidade e autonomia dessa literatura, fato que está longe de realizar-se. Ao contrário, ainda não nos libertamos de certos complexos e embargos da imaturidade adolescente, que contrariam e desorientam os impulsos criadores. Nota-se uma impotência singular em nosso espírito criador, que não chega a realizar-se plenamente, não amadurece. Daí a falta de profundidade de nossa literatura, e um sentimento de fracasso, frustração, inacabamento que dela se desprende, uma literatura de adolescentes, como bem observou José Veríssimo, literatura "feita por moços, geralmente rapazes das escolas superiores, ou simplesmente estudantes de preparatórios, sem o saber dos livros e menos ainda o da vida".

Não existindo vida literária organizada em bases profissionais, que propiciasse ao escritor um *status* de independência social e econômica, não vigorando sociedades profissionais que, quando existem, se desvirtuam na política em lugar de cuidar dos interesses profissionais e técnicos, o exercício da literatura faz-se em condições parasitárias ou ancilares. A ausência de educação universitária, o autodidatismo portanto, e, doutro lado, a falta de organização profissional no exercício das atividades intelectuais, isto é, a falta de uma cleresia literária, fazem com que seja ainda um bico o exercício das letras entre nós. E, dessa maneira, a produção intelectual jamais passará de episódica, e, consequentemente, superficial e deficiente. Ou esporádica, na dependência de circunstâncias pessoais de gênio ou riqueza. Pode-se, mesmo, dizer que ela constitui um heroísmo, muitas vezes, como é o exemplo de Euclides da Cunha, que trabalhava os seus livros nas horas vagas de um duro labor de campo e de uma vida nômade de engenheiro. Que tempo lhe poderia sobrar para a pesquisa própria e a documentação exata? Isto é natural consequência da organização da profissão intelectual. Nunca será possível enquanto o intelectual estiver na dependência de profissões estranhas ao seu ofício, as quais lhe roubam o tempo e as energias. Quando se fala em intelectual viver do seu trabalho, pensa-se habitualmente que isto significa tirar a subsistência do produto de seus escritos, o que é um engano, pois tal ocorre apenas com um reduzido número em toda a parte. O que se deseja é que o trabalho intelectual, o produto do espírito encontrem mercado garantido e organizado. E que o intelectual disponha de funções apropriadas à sua natureza. Nos países onde a profissão remunera, os intelectuais exercem o seu mister nas universidades, nas editoras, nas revistas e jornais, ambientes condizentes com o seu trabalho pessoal. Entre nós, dispersos por atividades heterogêneas ou presos na administração pública, onde tudo conspira contra o espírito, seremos sempre em literatura uns biscateiros e uns diletantes. A vida literária, assim, é um luxo, uma excrescência.

Essas condições são de todo inadequadas à atividade literária pura. Os homens de letras, ou condenam-se à derrota financeira, ou se deixam atrair por outras atividades — jornalismo político, advocacia, medicina, burocracia, magistério não especializado, política militante, etc. — ou, o que é a regra, são profissionais dessas atividades que cultivam as letras nos raros momentos de ócio, sem especialização, sem terminologia apropriada, sem espírito literário. Ou então encontram na literatura um salvoconduto para a projeção na política, na administração, na sociedade, a ela não se mostrando presos senão por laços sentimentais, nunca por uma fidelidade constante de estudo e de produção. Sem líderes, sem orientadores, sem mestres, sem críticos, sem estudo, sem formação técnica, que produção literária pode vingar, que não seja uma ficção bastarda, na qual se misturam pérola e bagaço, ou uma poesia que se estiola no mimetismo, ou uma crítica jornalística? É claro que avultam exceções, alguns talentos isolados, alguns artesãos conscientes e artistas originais. Mas uma literatura, assim como não se constrói com adolescentes, mas com homens maduros, também não é uma soma de casos isolados, excepcionais. Ela resulta de um esforço conjunto e continuado, de carreiras mantidas contra todos os azares e com todos os sacrifícios, na pertinaz conquista, dia a dia, do instrumento e das formas, dos padrões e das tradições normativas, conscientemente, certos de que, como acentua noutro passo José Veríssimo, "se a falta de uma educação sistemática houvesse de ser motivo de espontaneidade e originalidade, raras literaturas poderiam mais que a nossa mostrar estas qualidades".

Não será reservando para a literatura os que não dão para nada útil; não será condescendendo com o marginalismo e a alienação social do homem de letras, que só pode desempenhar seu papel quando plenamente ajustado; não será proibindo o seu exercício aos bem-dotados, sob o pretexto de que ela não traz compensações materiais; não será envolvendo o homem de letras apenas de uma tolerância simpática, devida aos comediantes, pelotiqueiros e trovadores, que se concorrerá para criar a literatura, à qual compete uma função específica, na comunidade, a de criar beleza como a suprema forma de entretenimento do espírito.

Destarte, literatura superficial, descontínua, imitativa, parecerá artificial levantar o problema da caracterização, falecendo-nos elementos para um levantamento de seus traços distintivos e caracteres definidores, já que ela ainda não possui uma personalidade com fisionomia inconfundível.[25]

Não obstante, faz-se possível mencionar certos caracteres distintivos da realidade social que se refletem na vida e no exercício da literatura, e mesmo nas formas literárias — o romance, o conto, o teatro, a poesia, o ensaio —, seja comunicando-lhes uma temática peculiar, seja forçando-os a acomodações. Se não parece poder falar-se em feitio distintivo de conjunto, a que se deve a constituição de uma personalidade literária, há, todavia, certas tendências marcantes que possivelmente imprimirão, em pouco tempo, à nossa fisionomia literária, seus traços definidores, se, porventura, aceitarmos a tese da existência de um caráter coletivo e permanente de uma comunidade e de uma literatura.

Preliminarmente, há que considerar a possibilidade de duas maneiras de caracterização: geral ou nacional e regional. Esta última foi adotada já uma vez entre nós por Viana Moog em seu ensaio *Uma interpretação da literatura brasileira* (1943), tentativa de definição da literatura brasileira à luz do critério regional. Às perguntas: "Em que consiste a literatura brasileira? Quais as suas características fundamentais? Quais as suas tendências? Terá ela valores estáveis e permanentes capazes de sobreviver às transformações por que o mundo está passando? Constituirá uma unidade homogênea suscetível de definição ou estará ainda na fase confusa, vaga e complexa das indeterminações?", contesta ele não poder dar resposta categórica e definitiva, "mesmo porque, levadas as coisas a rigor, não é possível recolher do conjunto da literatura brasileira nenhuma verdade em grande, nenhuma grande síntese ajustável nos rigores de uma definição". Partindo da premissa de que "não estamos em presença de uma unidade homogênea e definida, ao jeito das literaturas europeias", é de parecer que "é preciso renunciar ao intento de abrangê-la como um todo, numa visada geral" (p. 19), inclinando-se para a caracterização regional, pela "análise dos núcleos culturais cuja soma forma o complexo heterogêneo da chamada literatura brasileira" (p. 22).

As ideias de Viana Moog, para a interpretação sociológica da realidade cultural brasileira, coincidem com as de Gilberto Freyre expostas, desde 1926, em vários trabalhos, nos quais a ênfase é posta no estudo das bases regionais de cultura.[26]

Outros, ao invés, tentam relacionar as qualidades da literatura com uma interpretação do caráter nacional. A tese de Paulo Prado, em seu ensaio sobre a tristeza brasileira, *Retrato do Brasil* (1931), "uma raça triste produto da fusão de três raças tristes", tem-se prestado a interpretações da literatura brasileira, vista como impregnada de um sentimento de melancolia e tristeza, seja quando revestida da roupagem lírica, seja quando incorporada à visão pessimista e trágica da ficção regionalista.

A obra de Sérgio Buarque de Holanda, *Raízes do Brasil* (1936), oferece largos elementos esclarecedores sobre o caráter do brasileiro, conforme ao princípio de dar-lhe interpretação unitária. Sua análise do "homem cordial" brasileiro, caracterizado por "um fundo emocional extremamente rico e transbordante", provavelmente incide num traço singular do nosso temperamento, cujas repercussões devem ser notadas na literatura. De qualquer modo, esse ramo dos estudos de psicologia social, que é pesquisa do caráter de um povo, poderá trazer luz à compreensão de certos componentes temáticos e de certas tendências de nossa psique literária.

Sem pretensões a trabalho definitivo, sem tampouco confiar de todo na perdurabilidade dos traços definidores, é admissível um levantamento de algumas características na evolução de nossa literatura e de nossa atividade literária.

1 — *Predomínio do lirismo*. É um traço herdado da literatura portuguesa. Lá como aqui, o lirismo "absorve as atenções dos que sentiam inclinações literárias", pendendo "ao mesmo sentimento do amor, à mesma confissão pessoal, à mesma expansão da melancolia, da saudade, da dor contraditória de amar e

aborrecer a vida". E, por lirismo, como acentua Fidelino de Figueiredo, que o estudou como uma característica da portuguesa, entenda-se não somente o gênero poético, mas "determinado modo de ser pessoal, o subjetivismo, a preferente curiosidade de devassar e expor a própria vida moral, o gosto de patentear toda a alma, de afirmar a própria individualidade num relevo de primeiro plano" (in *Características*, pp. 17-18). Esse lirismo, com exprimir-se num gênero, impregna todos os outros, o romance, o teatro, a oratória, o ensaio.

Mas, se a ele se devem alguns dos momentos mais altos de nossa literatura, dele decorrem, contudo, certos vícios ou defeitos fundamentais de nossa produção e de nossos hábitos de trabalho.

Não estaremos longe de acertar se responsabilizarmos a propensão ao lirismo pela superficialidade, versatilidade, sentimentalismo e pela escassez de valores substantivos, em nossa literatura; pelo verbalismo, pela excessiva tendência colorista; pela ausência de conteúdo doutrinário e de espírito crítico e filosófico, este último traço também assinalado por Figueiredo na literatura portuguesa. A ele, por certo, devemos o subjetivismo e o espírito opiniático, a carência de noção de valor que domina a nossa crítica literária, dificilmente orientada pela análise objetiva, pelo julgamento fundamentado em padrões concretos, por uma criteriologia, uma epistemologia, uma filosofia dos valores, uma metódica, um instrumental filosófico e analítico, uma terminologia rigorosa.

2 — *Exaltação da natureza*. É o meio mais comum de expressão desse lirismo. Proveniente, aliás, da época da colonização, quando se fundou o mito do eldorado, desenvolveu-se, sobretudo com o Romantismo, uma linha de ufanismo, em prosa e verso, em que a terra e a natureza aparecem divinizadas sob as mais variadas formas. Relacionada com essa é a tendência à exaltação da vida e do homem locais, que explica os movimentos de indianismo, sertanismo, caipirismo, caboclismo, formas de ufanismo em relação ao país que têm marcado a evolução de nossa literatura, em fluxos de entusiasmo que se alternam, às vezes, com refluxos de pessimismo e derrotismo.

3 — *Ausência de tradição*. A luta entre a tradição importada e uma possível tradição nova, que constitui o drama de nossa evolução intelectual, não permitiu vingasse uma tradição, que constituísse um "passado útil" para a inspiração dos escritores. Cada escritor, cada geração sente-se obrigada a partir do começo, numa desastrosa negação daquele princípio de harmonia da produção artística, o equilíbrio entre a tradição e o talento individual a que se referiu T. S. Eliot. Essa repulsa da continuidade torna-nos não somente incapazes de receber as velhas convenções, mas pouco hábeis para criar novas. Vive a literatura brasileira num dilema: uma tradição antitradicional que luta por formar-se, abrir caminho e consolidar-se, e outra reacionária, que defende um passado morto, sem significação para nós. Mas, devido àquela negação da continuidade, há uma periódica desintegração das tentativas de criação de tradições, que não

resistem e degeneram em movimentos frustrados. Em vez daquele equilíbrio pendular da lei da permanência e da mudança, o que se verifica entre nós é a antropofagia das gerações: cada nova geração, marcada pelo ceticismo e pelo iconoclastismo, em vez de procurar formar-se, só tem uma diretriz, a destruição da que a antecedeu conforme o mito da soberania da geração presente, a que corresponde uma estase da realização artística e da acuidade crítica, somente possíveis num clima de continuidade.

Em verdade, a literatura portuguesa está prejudicada, como tradição, em relação à brasileira. Não se distingue por um elevado padrão estético, só em poucos casos atingidos; domina-a na melhor fase uma preocupação moral e didática. Acresce a circunstância de ter sido pasto filológico, perlustrado pelos gramáticos e filólogos da escola normativa em busca de "exemplos" para "escrever bem". Torna-se impraticável a leitura dos autores portugueses sem esse pensamento presente ao espírito, o que impede a fruição de suas possíveis qualidades literárias. É necessário mais do que gramáticas e dicionários para fazer-se uma literatura.

4 — *Alienação do escritor*. Divorciado de uma tradição, o homem de letras sente-se separado dos predecessores, que ignora, da sociedade, que o desconhece, ou dos seus pares, a que não presta atenção. É um desterrado em sua própria terra. É marca indelével de nossa vida intelectual a completa desatenção do escritor ao trabalho dos outros escritores, passados ou contemporâneos. Resultam o isolamento e o marginalismo em vida, e o esquecimento rápido com a morte, como se se construísse sobre a areia. E resulta a impressão de que as obras são feitas de espuma, desaparecendo com o tempo.

5 — *Divórcio com o povo*. O que há de dramático nesse isolamento é que ele encerra um equívoco. Apesar desse desprezo entre os escritores, a literatura é produzida na intenção deles. É literatura requintada, feita por uma classe para o divertimento dessa mesma classe, levando-se em conta o enorme abismo que separa elite e povo no Brasil, elite cultivada e dona da vida, povo distante, analfabeto e deserdado. Esse povo jamais foi atingido pela literatura destinada a um público reduzido, de classe. Há, todavia, sinais de transformação, com o acesso da massa ao poder político, econômico, social, e à posse da cultura. Mas o risco perdura, pois a ninguém será permitido asseverar que essa ascensão não se fará em detrimento dos valores estéticos, com um desnivelamento dos padrões de cultura para adaptar-se às exigências da mesma massa. Assim, o conflito entre as tendências *highbrow* e *lowbrow* se resolveria por baixo. O divórcio com o público resultou em uma literatura a que falta o público. Esse divórcio acentua com o desenvolvimento dos órgãos de cultura de massa, apesar dos benefícios indiretos que propiciam.

6 — *Ausência de consciência técnica*. A vida artística e intelectual cresceu, mal que bem, a despeito do ensino e divorciada do sistema educacional. Caminhou por si, e o autodidatismo foi a regra. Jamais houve educação especializada de

letras que pudesse proporcionar uma formação técnica. O arremedo de ensino literário que tem havido peca pela subordinação ao ensino de linguagem, ou não se liberta da história ou da biografia. É um ensino isento de sentido estético, incapaz de inspirar uma verdadeira compreensão do fenômeno literário em si mesmo, e não como documento linguístico, histórico ou biográfico. De modo que essa ausência de verdadeiro ensino literário acarreta a ausência de consciência técnica, a criação raramente atingindo aquele grau de perfeição que decorre da convergência da vocação artística e da categoria artesanal.

7 — *Culto da improvisação*. Povo de sensibilidade romântica, exacerbada pelo Romantismo, o brasileiro acredita na força miraculosa da improvisação, causa e efeito de falta de consciência técnica. A sua fé no espontâneo, na arte natural, na inspiração telúrica, faz com que despreze o estudo e a formação técnica. Constitui motivo de jactância ou endeusamento, e critério de aferição de valores, o pouco ou nenhum estudo, a virgindade de alma, a incultura, do escritor, refletidos na facilidade e na rapidez e abundância da produção, no descuido e desinteresse pelo aperfeiçoamento, no desatavio e inacabamento artístico, que, com raras exceções, compõem a norma e as características de nossa produção literária. É a esse culto da improvisação que se deve também a tendência subjetivista e personalista em crítica, que não se fundamenta em critério de avaliação nem se inspira em tábua de valores para os seus julgamentos. Não há crítica, assentada em código de normas e valores, em terminologia estável, em epistemologia e criteriologia adequada. Releva acentuar que esse culto da improvisação é uma decorrência daquele "espírito de aventura", que aponta Sérgio Buarque de Holanda, o qual, oposto ao "espírito de trabalho", é característico das condições de nossa vida, e herança da colonização.

8 — *Literatura e política*. Caminham confundidas, e é difícil concebermos o homem de letras puro, que não seja, ao mesmo tempo, um lutador, um "pensador", um guia de opinião política. E é um esforço quase aberrante procurar compreender a literatura sem os liames que a prendem à política e a tornam um instrumento de propaganda e ação cívica. Assim foi, sobretudo, no século XIX — independência, abolição, guerras, república — e assim tem continuado a ser em nosso século sem que se haja logrado a libertação da literatura em relação à politica. Tal situação, o que é pior, repercute inclusive nas teorias literárias e críticas, como vimos a respeito do conceito de literatura, de história literária e periodização. A arte não é compreendida em sua função específica, mas como um meio de ação, arte pragmática. O homem de letras puro é espécime raro, a profissão de letras não é uma profissão de estudo, não encontrou ainda organização, presa às profissões liberais e às carreiras administrativas e burocráticas. Fazendo-se chefes sociais ou políticos, os escritores não se tornam líderes intelectuais e literários, de cuja ausência decorre o desbarato das vocações jovens, que se perdem, desviam ou esmorecem por falta de guias e mestres dentro da literatura.

9 — *Imitação e originalidade*. Literatura de transplante, o dilema da imitação e da originalidade polariza a consciência dos escritores. De um lado, sintoma de imaturidade, a busca deliberada da originalidade, num esforço de encontrar um tom de americanismo; do outro, a tendência à imitação e à submissão à tradição europeia. A despeito da busca de uma tradição nativa, ainda não se perdeu a sensibilidade provinciana e colonial, que sonha com a Europa civilizada, exalta-a e encara-a como um permanente recurso de cultura. É o sentimento do expatriamento, acima referido, ainda vivo na vida cultural, embora já em declínio.

10 — *Metrópole e Província*. A vida brasileira exerce-se como num balanço em que as duas pontas são a Metrópole e as Províncias, inclinando-se ora para este ora para aquele lado, mas, em geral, a primeira atuando como fator de desequilíbrio e esterilização, a segunda como meio de enriquecimento e "rebarbarização" ou de revivificação pelo mergulho das raízes nas fontes mais próximas do povo. Assim, o regionalismo é uma constante em nossa literatura das camadas periféricas, surgindo sempre movimentos de renovação literária. Os diversos focos regionais de cultura e civilização têm também personalidade estética, e o regionalismo brasileiro é uma busca de símbolos representativos da experiência nacional.

*

Ao contemplar a história da literatura brasileira não fugimos a uma impressão pessimista. É uma literatura pobre. Ainda não chegamos mesmo à plena posse de uma literatura. Certamente, porque ainda não logramos construir completamente ou consolidar a formação do país, sem o que se torna impossível, em plenitude, uma literatura vigorosa e original. Qualquer que seja a época em que se observe, há sempre nela algo que falta, certa densidade, certo calado, certa riqueza, que lhe comunicariam personalidade. Ademais, há no intelectual brasileiro um estado mental de distância, que o coloca em descompasso com a época e empresta à literatura por ele produzida uma fisionomia remota. Não se pode ainda falar numa personalidade da literatura brasileira.[*]

No mistério das fontes criadoras deverão estar as explicações para esses problemas. Mas a literatura não é um mistério, nem um milagre; é o meio para a comunicação de uma visão ou experiência da realidade, ou, na palavra do poeta, para

Donner un sens plus pur aux mots de la tribu.
(Mallarmé).

---

[*] O juízo acima, originário da 1ª edição, não está mais de acordo com o estado atual da literatura. É o que se afirma no capítulo "Literatura brasileira", deste volume.

INFLUÊNCIAS ESTRANGEIRAS

A uma filosofia da história literária brasileira é tema que se impõe o das influências estrangeiras. "We have listened too long to the courtly muse of Europe", disse Emerson em sua carta da independência literária norte-americana, o ensaio "The American Scholar". Que diremos nós, brasileiros, cuja literatura "não tem tido movimento próprio na sua evolução", não passando de "uma justaposição cronológica de imitações", para empregar expressões de Fidelino de Figueiredo acerca da portuguesa?

Produto do grande movimento migratório de homens, ideias e instituições, que se processou, a partir do século XVI, em seguida aos descobrimentos marítimos, entre a Europa e o Novo Mundo, a civilização brasileira, como as demais que emergiram nas outras partes da América, desenvolveu formas novas de vida, novas instituições sociais, atitudes, comportamentos e modos de pensar, que resultaram em modificar profundamente os padrões de existência humana, em relação à Europa. Todavia, será difícil estimar o peso maior, se o dos elementos novos, se o dos herdados. O intercurso de ideias e sentimentos aqui produzido, como efeito do impacto da cultura europeia, é uma constante de nossa vida espiritual, pondo em destaque a importância do elemento alienígena como semente de fecundação cultural. De fato, a influência estrangeira afetou a vida brasileira em todas as suas fases, agindo através de vários canais: pelo colono, e depois pelo imigrante, pela importação de ideias, pela imitação. É um capítulo descurado de história intelectual, no Brasil, o do levantamento das influências e dívidas estrangeiras, tarefa hercúlea de análise e investigação, para rastear as ideias até suas fontes.

A partir de um estoque original de noções transplantadas com os primeiros impulsos da colonização, a vida cultural brasileira transcorreu em estreita relação com a cultura europeia, ora repetindo as suas formas, ora reinterpretando-as e adaptando-as às condições individuais e sociais nativas, ora tentando voltar-lhe as costas, na ânsia de criar uma tradição peculiarmente brasileira. Mas a persistência e força das influências intelectuais europeias, o hábito de olhar para a Europa em busca de inspiração e guia, tornaram-se o fulcro da vida mental brasileira, assim marcada por extraordinária capacidade de assimilação de valores estranhos. A própria ideia de Europa constitui o centro de nossas ondas concêntricas de cultura.

A evolução literária brasileira foi, em grande parte, um reflexo dos movimentos europeus. Tristão de Athayde chamou esse fenômeno a "lei da repercussão": país material e espiritualmente dependente, as vagas europeias de cultura nele repercutem com regularidade; mais oriental dos países da América, são mais fortes os laços que o unem à Europa do que ao próprio Continente americano, e os acontecimentos europeus aqui ecoam antes que no resto do Continente e mais proximamente que os fatos originários do próprio solo americano. Isso faz, por outro lado, que sua vida cultural tenha um sentido universal, ou seja, intensamente atraída para a universalidade.

Assinalou José Veríssimo a existência de um lapso de cerca de vinte anos entre os movimentos europeus e suas repercussões nacionais. Com o progresso do país e o encurtamento das distâncias mundiais graças aos modernos meios de comunicação, há uma tendência a diminuir a diferença, como apontou ainda Tristão de Athayde a respeito do Modernismo, que surgiu quase concomitantemente com as suas fontes europeias.

Destarte, a literatura no Brasil sempre se mostrou sensível às influências estrangeiras. Este é dos capítulos que mais desafiam atualmente os eruditos literários brasileiros. Não se diga que não está escorvado. Aqui e ali, os comparatistas hão produzido evidências ou sugerido pistas. O assunto, porém, está longe de um tratamento de conjunto, e muito há que fazer-se para aprofundar o seu estudo, trazendo à liça a cópia de análises, sem as quais é temerária qualquer tentativa de síntese e generalização.

Não basta comprovar-se a influência, fato mais que óbvio. O que importa são os levantamentos de fontes e influências, com os dados e comprovantes indubitáveis, à luz da moderna técnica comparatista.[27] É tarefa penosa e complexa, mas antes dela não é lícito formular qualquer conclusão, senão em termos muito gerais.

O grande influxo a considerar primeiro é, naturalmente, o português. Nos primeiros séculos, ele constituiu mais que influência, pois as duas literaturas se justapunham. Foi a literatura de Portugal que incubou o espírito literário nascente dos brasileiros. Serviu de veículo para a herança de ideias europeias, ocidentais e cristãs que alicerçaram a nossa consciência. Transmitiu-nos os valores clássicos, as técnicas literárias, os modelos artísticos, que se foram adaptando ao novo ambiente, dando lugar ao nascimento de algo dotado de sentido brasileiro. Foi em relação a ela que se desenvolveu o primeiro antagonismo, no afã de imprimir feitio local à herança europeia.

Através da literatura portuguesa chegaram ao Brasil as heranças medieval e renascentista. Sobretudo a primeira, pois, na realidade, o Brasil não teve Renascimento.[28]

Da Idade Média nos vieram a velha medida poética, as formas do lirismo popular e cortês de origem trovadoresca, o romanceiro, as formas dramáticas tradicionais desenvolvidas no auto vicentino e no teatro jesuítico brasileiro. Mas, se a importância do legado medieval é larga, pois o Brasil quinhentista, pela voz de Anchieta e seus companheiros, é uma continuação da Idade Média, com pouco contato com o Renascimento que justificasse outras atitudes senão indiferença e reação, de outro lado a literatura que se iniciava com o Brasil nascente não ficaria de todo impune à influência renascentista. A Europa estava sendo sacudida nos fundamentos mesmos da sua civilização e cultura, o que não deixaria de repercutir de jeito sensível na comunidade nascente.

Em verdade, a mentalidade brasileira amalgama-se debaixo da impressão causada no espírito do europeu pelo impacto dos descobrimentos e contato com as novas terras. Isso causou no europeu verdadeira revolução ideológica, a par da revolução técnico-formal que se vinha produzindo com a difusão da nova medida métrica de importação italiana. Enquanto, porém, a arte nova não lograria senão tardia infiltração, a não levarmos em conta aquele "trôpego e mirrado pasticho" (Sérgio Buarque de Holanda) que é a *Prosopopeia* de Bento Teixeira, a outra, a revolução ideológica irá traduzir-se, desde o início, em sucessivas ondas de encantamento pela terra nova, que gerou o lirismo ufanista de exaltação das coisas e paisagens locais, uma das linhas do lirismo brasileiro, e mais do que isso, da própria literatura brasileira, a que se devem, sem dúvida, as correntes do indianismo, do sertanismo, e mesmo do regionalismo. De fato, todo esse movimento deve ser interpretado como uma tentativa longa e ininterrupta de criação de uma tradição local, pela busca de temas, tipos e motivações regionais para a prosa e a poesia. Na ficção regionalista, esse esforço por absorver a cor local empresta à prosa brasileira um de seus feitios mais característicos.

Mas, ainda, é à atmosfera renascentista, ao ciclo da literatura de expansão, que há que filiar a família dos primeiros poetas e prosadores, aos quais se devem os "diálogos das grandezas", os roteiros de viajantes, os relatos de naufrágios, as descrições da terra e seus habitantes, as crônicas de missionários e soldados. Outrossim, é a esse tipo de literatura de expansão, que remonta ao impulso do Renascimento, que se ligam, também, as formas mais recentes do indianismo, do sertanismo e do regionalismo.

Quanto à outra parte da revolução renascentista, a técnico-formal, só mui lentamente penetrou, e a introdução da medida nova é, talvez, o primeiro exemplo daquela lei de repercussão. A oitava rima e o decassílabo, e o soneto, têm sorte diversa no Brasil: os primeiros jamais se aclimaram à vontade, e os imitadores de Camões, até o século XVIII, não lograram elevá-la acima de medíocres pastichos. Já o soneto encontrou no Brasil, desde o século XVII, com Gregório de Matos, passando pelo XVIII, com Cláudio Manuel da Costa (que é uma alta expressão de influência renascentista retardada), até o Parnasianismo, um ambiente quase sempre favorável.

Portanto, se o Brasil, como acentua com razão Sérgio Buarque de Holanda, não teve Renascimento, havendo passado diretamente da Idade Média para o Barroco, é certo que elementos renascentistas penetraram a sua literatura. Por outro lado, sem embargo da fraca ressonância renascentista, a cultura greco-romana, através da educação humanística ministrada pelos jesuítas, foi um fator sempre atuante nos três primeiros séculos, quando o conceito de imitação era a norma estética por excelência que pautava a criação literária.[29] As línguas clássicas, mormente o latim, gozaram de um prestígio até o século XVIII jamais contestado como instrumento de cultura e fonte de educação. E dos exageros desse culto nasce copiosa galeria de clérigos e letrados, eruditos e cronistas, poetas artificiais de claustro e salão, encharcados de latim e mitologia. Não se pode, porém, desmerecer o papel estimulante e disciplinador que teve a educação clássica, e até durante o século XIX, quando não era raro ainda os homens de cultura dominarem no original os idiomas antigos, os seus efeitos benéficos se fizeram sentir.

Em suma, a primeira grande influência exercida na literatura nascente do Brasil é a da portuguesa, cujos grandes autores, Camões, Gil Vicente, Sá de Miranda, os cronistas, os poetas dos cancioneiros, os prosadores seiscentistas, como mais tarde os poetas românticos e os escritores realistas, constituem uma constante presença em nossa psique, só interrompida ao penetrarmos no século XX. E, com ela, os clássicos antigos, sobretudo os romanos, Virgílio, Horácio, Cícero, Ovídio, Sêneca, formam o manancial mais importante de inspiração, somente modificado esse esquema com o advento da influência francesa a partir do final do século XVIII.

O Barroco abriu nova fonte importante de influência, a espanhola, sobretudo marcante com Quevedo e Góngora. Mas, a essa matriz se deve outra influência bastante significativa, a do romance picaresco, a cujas sugestões se ligam certas formas pré-realistas do romance brasileiro do século XIX.

A influência italiana é patente no século XVIII, quando o rococó neoclássico e arcádico vai buscar à Itália de Metastásio as suas normas estéticas e modelos de vida literária. Mas Dante e Petrarca são influências fora de escolas, e dos modernos há que assinalar esta ou aquela figura isolada, como Leopardi.

A época da Ilustração e do Romantismo teve maior papel do que a renascentista, entronizando a maciça influência francesa que marca o século XIX até os nossos dias, através do Romantismo, do Realismo-Naturalismo, do Parnasianismo, do Simbolismo e de correntes outras do século presente, não só quanto aos escritores contemporâneos mas também no que tange aos de épocas anteriores, como os moralistas e outros clássicos. Ao lado dessas influências de caráter literário, é mister não esquecer correntes de pensamento que, por todo esse tempo, oriundas da França, exerceram um papel decisivo em nossa mentalidade, como o complexo positivista-naturalista, aliás associado a correntes filosóficas germânicas.

Dos ingleses, afora Shakespeare, os poetas românticos e os romancistas realistas, não tem sido ponderável a contribuição dispersa aqui e ali em escritores isolados. Menos ainda pode dizer-se de outras literaturas, a alemã, a russa, as escandinavas.

De qualquer modo, pouco sabemos de concreto a respeito das influências estrangeiras em nossa literatura, não passando de conjetura ou de sugestões da intuição, ou ainda de aproximações casuais, a maioria das afirmações no particular. Algo científico, porém, já se levou a cabo em relação a figuras isoladas como Gregório de Matos e Machado de Assis. Mas o terreno permanece devoluto à espera de exploração pela metodologia comparatista.

É indiscutível, todavia, que com o resultado dessas investigações, muito lucrará a compreensão de nossa literatura, tal a força com que sopraram em nossas plagas os ventos de leste.

CONCEITO E PLANO DA OBRA

Esta obra de história literária, *A literatura no Brasil*, obedece ao seguinte esquema de ordem e organização doutrinária:

1) Seu princípio diretor é estético, o conceito estético ou poético da literatura.

A crítica brasileira tem sido dominada pelo estudo dos fatores extrínsecos ou externos que condicionam a gênese do fenômeno literário. Profunda e largamente influenciada pelas teorias decimononistas, através sobretudo de Taine e Sainte-Beuve, ela se deixou impregnar do método histórico no exame da literatura. A essa orientação deve-se a sua fase naturalista — de 1870 a 1915 — a mais compacta, a mais volumosa, a que maior contribuição forneceu, e por isso a que mais influência exerceu e ainda exerce, por intermédio das figuras de Sílvio Romero, Araripe Júnior, Capistrano e algumas dezenas de críticos que seguiram a mesma doutrina. Daí o fato de a crítica entre nós sempre haver sido, na sua generalidade, um esforço no sentido de analisar a obra literária de fora, da sua periferia, na sua moldura histórica, social e biográfica, no seu ambiente, nas suas causas externas, nos elementos exteriores, que, presumivelmente, a diferençaram. As circunstâncias da vida do autor, os seus estados psíquicos, o complexo da vida cultural do grupo em que ele apareceu, tudo o que constitui a atmosfera social, política, moral, histórica, em que despontou a obra, é que formava o objetivo do estudo crítico, conforme a orientação naturalista que, mesmo cessada a fase áurea, ainda persistiu em muitos de seus postulados fundamentais.

Houve no Brasil reações contra a tendência naturalista e historicista em crítica. Das mais sérias foi a que, inspirado nas teorias estéticas do Simbolismo, empreendeu Nestor Vítor (1868-1932). A obra desse crítico, notável em muitos aspectos, ainda está a exigir a consideração devida e um estudo adequado à sua definitiva valoração. De dentro do mesmo clima espiritual surgiu um livrinho que tampouco teve a atenção que merece: *Crítica pura* (1938) de Henrique Abílio (1893-1932). A essa reação também se deve a crítica de Tristão de Athayde (1893-1983), em suas linhas mestras, já dentro do espírito aqui mencionado. E a ela também há que filiar Mário de Andrade (1893-1945), cujas preocupações máximas eram com os elementos intrínsecos e estéticos da obra literária.

Contudo, o grosso de nossa crítica, mesmo quando libertada dos postulados da escola naturalista, é de cunho histórico e biográfico. A obra literária é encarada como instituição social. Para interpretá-la, julga-se mister elucidar os componçntes da estrutura social em que apareceu. O estudo crítico, assim, reduzir-se-ia a uma simples variedade de estudo social, e a obra, à condição de documento. Por sua vez, os biógrafos críticos veem a literatura como a manifestação de uma personalidade e o vasculhamento da biografia do artista seria tarefa bastante para esclarecer a natureza da obra, inclusive nos seus aspectos obscuros. Para qualquer das duas orientações, a obra literária perde a posição central no processo crítico, tornando-se secundário o valor propriamente literário, a mesma crítica deixando de ser crítica para ser história ou inquérito social.

Uma reação dirigida e consciente fazia-se necessária contra esse estado de coisas. Não quer dizer que se devesse abandonar o outro tipo de estudo literário. Não seria possível, nem desejável. O essencial era colocá-lo no seu devido lugar. Porquanto, no estudo da literatura, todas as contribuições esclarecedoras devem ser levadas em conta. Na verdade, é relativa a utilidade das perspectivas interna e externa no estudo literário. Mas a reação no nosso caso se impunha, dado o absoluto monopólio da crítica extrínseca e histórica. Era mister quebrar o exclusivismo, compreendendo-se que outros meios de abordagem do fenômeno literário são lícitos e úteis.

E, na realidade, mais legítimos. Ao método histórico deve caber um lugar secundário, dada a própria natureza estética do fenômeno literário. Para um fato estético-literário é mais adequado um método estético-literário, inspirado em teoria estético-literária. O que se exige é apenas uma delimitação de campos de estudo, uma especialização de métodos, uma especificação de doutrinas. Repele-se a aplicação de métodos de outras disciplinas ao campo literário. Procura-se desenvolver um método estético-literário para o estudo de um fenômeno estético-literário. Desde Aristóteles que se distinguem verdade poética e verdade histórica, isto é, ficção e história. Assim, o método de estudo da ficção tem que ser diverso do que estuda a história. As obras literárias são unidades orgânicas, nas quais todos os elementos constitutivos preenchem uma função específica, como afirma Manfred Kridl, adiantando que o caráter essencial do estudo literário é a descrição das obras nos seus elementos constitutivos. Foi o que exprimiu Philippe Van Tieghem, ao sustentar que as obras literárias "ne sont pas des signes d'autre chose qu'elles, sont des signes de soi, qui n'expriment en théorie rien qu'elles mêmes".

O presente livro — *A literatura no Brasil* — representa mais uma tentativa de reação contra o sociologismo, o naturalismo e o positivismo, e contra o historicismo, em nome dos valores estéticos, em nome da crítica intrínseca ou estético-literária, ou poética, ideal que já era o de Flaubert, no século passado, quando, em carta a George Sand, perguntava quando a crítica, depois de ter sido histórica e filológica, seria artística. Também essa reação é a repercussão entre nós, ou expressão, do movimento internacional que, neste sentido, caracteriza o momento.

Por conceito estético ou poético da literatura continuamos:

2) A literatura é uma arte, a arte da palavra, isto é, um produto da imaginação criadora, cujo meio específico é a palavra, e cuja finalidade é despertar no leitor ou ouvinte o prazer estético. Tem, portanto, um valor em si, e um objetivo, que não seria de comunicar ou servir de instrumento a outros valores — políticos, religiosos, morais, filosóficos. Dotada de uma composição específica, que elementos intrínsecos lhe fornecem, possui um desenvolvimento autônomo. A crítica é, sobretudo, a análise desses componentes intrínsecos, dessa substância estética, a ser estudada como arte e não como documento social ou cultural, com um mínimo de referência ao ambiente sócio-histórico.

3) A história literária (mais *literária* do que *histórica*) é a história dessa arte, no seu desenvolvimento autônomo, nas suas várias formas. Isto é, o estudo da literatura no tempo. Por estudo, entende-se o uso de todos os métodos de análise e interpretação crítica das obras literárias, o que importa o reconhecimento de que a crítica fundamenta a história da literatura. Dessa forma, o assunto da história literária são as obras literárias encaradas, não como documentos (de personalidades, épocas, meios sociais, geográficos ou biológicos...), porém como monumentos artísticos a serem compreendidos e valorados e classificados em si. Dessa perspectiva a história literária passa a ser antes ciência da literatura (*Literaturwissenschaft*).

4) Essa concepção não implica o desconhecimento das relações do fenômeno literário, que não existe no vácuo. Ela reconhece as suas ligações no tempo e no espaço, e procura estabelecer essas conexões. Mas não reconhece às outras formas de vida nenhuma precedência condicionante ou causal da gênese do fenômeno artístico, que fizesse dele um epifenômeno fundamentado em infraestruturas sociais, econômicas, juridicas, políticas, ou delas oriundo. Ela situa o fenômeno literário em plano de igualdade com os outros fatos da vida, com os quais está em relações de influência recíproca, explicando-se mutuamente. Isso afasta a preocupação com o ambientalismo, típica do determinismo do século XIX, que exigia como introdução às histórias longos capítulos sobre o meio físico, a raça e o momento social, segundo a fórmula de Taine, durante muito tempo dogma científico universal, mas inteiramente superado pelo estado atual das ciências sociais e biológicas.

Os fatores exteriores — objeto da explicação genética da literatura — não são condicionantes das caracteristicas e qualidades de uma literatura. A literatura compreende-se e explica-se por dentro, na sua própria natureza, segundo suas próprias leis, nos elementos peculiares e intrínsecos de sua estruturação, e historia-se na evolução desses elementos, dos seus tipos, de suas formas, de seus gêneros. A evolução é interna, e não condicionada por influências extraliterárias de origem social ou política. Tem seu desenvolvimento imanente, e uma história literária ideal retrataria esse desenvolvimento, sem apelar para muletas e sem recorrer à explicação de cunho histórico-social.

Destarte, não pertencem à literatura problemas como este das influências condicionantes do meio, raça e momento. Competem legitimamente à sociologia, à história, às ciências sociais em suma. À história literária não cumpre investigar o ambiente histórico-social em que surgiram as obras. Muito menos reduzir-se a essa investigação, como foi a regra até bem pouco, quando se cogitava de preparar a interpretação, e mesmo explicar de todo a literatura pelas condições ambientais em que foi produzida, pelas influências de fatores políticos, sociais, econômicos. O ato misterioso da criação refoge ou independe de condicionamentos exteriores, que não têm capacidade de dominar ou dirigir as forças anímicas. O abuso cientificista do século XIX, que reduzia a crítica a uma simples verificação das condições de produção da obra, via nela o reflexo das maneiras de pensar de uma raça, num determinado momento e num meio físico e social. Partia de falta de fé na literatura, pois a condicionava a fatores exteriores. E fazia coincidirem a crítica e a história. Liquidava a crítica em favor da história. E os estudos literários não foram mais do que estudos históricos da literatura. No entanto, à literatura cabe aplicar-se, como legítima perspectiva crítica, uma intenção e uma técnica antes de cunho estético.

Por isso, tem aqui papel secundário a moldura histórico-sociológica, que é recalcada para segundo plano, sem caráter de explicação ou condicionamento, mas apenas para compor a articulação do fenômeno literário com as outras atividades do espírito. A ideia que domina é a da equidistância e do paralelismo da literatura, inclusive com as outras artes.

6) Libertando a literatura do histórico, não abandona o método histórico, que tem seu lugar em tudo aquilo em que se faz mister, isto é, na manipulação de todo o material que prepara o terreno para a crítica: o estabelecimento do texto, a cronologia, a biografia, o estudo das fontes e influências, a análise dos documentos, a bibliografia, etc.

7) Mas a cronologia e a biografia não constituem disciplinas fundamentais da história literária, tal como é aqui concebida. Ao contrário, são elementos secundários, subsidiários, a primeira não fundamentando nem mesmo a periodização, a segunda fornecendo apenas os dados úteis à compreensão dá obra. Como ramos da história, seu uso na história *literária* da literatura é relegado àquilo que possa servir de esclarecimento da crítica. A biografia monopolizou quase por completo os estudos literários no Brasil, inclusive a crítica, a ponto de constituir um sério desvio a ser corrigido.[30] Ela absorveu, por influência de Sainte-Beuve, a própria interpretação crítica, e chegou-se a inverter a ordem natural dos estudos literários: em vez de chegar-se à obra através do autor, como poderia ser o legítimo objetivo da biografia literária, passou-se a usar a obra como ponte para atingir-se o autor, idealizado romanticamente na sua individualidade. A hipertrofia biográfica chegou a ponto de afastar a leitura das obras em proveito do conhecimento da vida dos autores.

8) O primado da obra é a norma de crítica poética defendida e executada como outra característica estética do presente livro. Em vez dos autores, as suas obras constituem o objeto do estudo literário, para o que se procuram desenvolver, hodiernamente, diversos recursos de análise crítica, entre os quais constituem os mais vulgarizados os processos da análise exata (*close reading*) dos anglô-americanos, os processos da crítica formalista ou estruturalista dos eslavos, os modernos métodos da estilogia dos suíços, alemães, italianos, espanhóis (*Stilforschung*), os processos de "explicação de textos" dos franceses. Não há que esquecer, todavia, as técnicas oriundas da psicanálise, antropologia, lógica simbólica, simbologia e mitologia, isoladas ou combinadas. É, assim, que a crítica contemporânea atinge o estágio mais avançado de sua evolução, caminhando rapidamente para a fase de completa autonomia de métodos de análise da obra literária, que é a sua finalidade suprema. A verdadeira crítica é a intrínseca ou ergocêntrica, para a qual a obra é o centro de interesse, e da obra os seus elementos interiores ou intrínsecos, que lhe emprestam o caráter especificamente estético.[31] Esses métodos de análise partem, aliás, de um conceito da obra de arte literária, que é "um sistema de sinais com um propósito estético específico" (Wellek), ou "um sistema dinâmico e estratificado de normas" (Ingarden).

9) O estudo da obra objetiva-se em termos de tradição literária, na análise da sua estrutura interna e através dos gêneros ou formas literárias, nos temas, elementos componentes, estratificação, articulação, tonicidade emocional, forma-conteúdo, artifícios técnicos (esquema métrico, rimático e prosódico, estrutura estrófica, padrão rítmico, ordem da construção, técnica da narrativa, caracterização, tipologia, convenções dramáticas, estilo, vocabulário, linguagem poética, figuras, símbolos, sinais, imageria, metáforas, etc.), sua descrição e história, procurando-se identificar aquilo em que inovaram e em que continuaram, segundo o esquema — convenção e revolta, ou tradição e renovação — que marca em geral a sua evolução.

10) Como história *literária*, ela implica um conceito dos gêneros, que decorre do próprio conceito de literatura em que se baseia. Sendo a literatura uma arte, produto da imaginação criadora e tendo como finalidade despertar o prazer estético, tal como definiu a *Poética* de Aristóteles, os gêneros têm que ser entendidos segundo essa perspectiva. O problema dos gêneros tem despertado aguda polêmica modernamente.

GÊNEROS LITERÁRIOS

Faz-se mister uma reformulação de certos princípios da genologia. Problema antigo, conceituado desde Aristóteles, Horácio e outros teóricos literários greco-romanos, despertou, entre os modernos, de um lado a poética neoclássica afirmando os gêneros como entidades absolutas e exteriores à própria obra, do outro a reação e mesmo a negação pós-romântica, sobretudo de Benedetto Croce, para o qual os gêneros não passam de nomes ou etiquetas sem realidade. A poética contemporânea reviu o assunto, e tende a encará-lo segundo conceituação mais justa e equilibrada, reconhecendo a legitimidade da noção e a realidade essencial que ela encerra no que concerne à técnica literária.

Um gênero representa um sistema de artifícios ou convenções estéticas, manipulados pelo escritor e inteligíveis ao leitor, e que, tanto pela forma exterior (estrutura, padrão métrico, etc.), quanto pela forma interior (atitude, tema, tipo narrativo, etc.), emprestam a certas obras uma fisionomia comum que as agrupa naturalmente. Fenômenos naturais, e não invenções arbitrárias, são formações de dentro para fora, que se impõem ao escritor, o qual, por sua vez, as pode transformar. Correspondem às aptidões do autor e também do público. Assim, o romance é romance em Balzac e em Joyce, em Flaubert e Virginia Woolf, malgrado as diferenças que oferece o gênero de um para outro autor. O mesmo pode-se dizer das epopeias de Homero e Camões, de Virgílio e Milton.

Quanto ao número e classificação, a poética contemporânea, como salienta René Wellek, propende, de acordo com o conceito poético da literatura, a reduzir os gêneros àqueles que realmente sejam de natureza poética (*Dichtung*) oriundos da imaginação e visando ao prazer estético. Consoante esse conceito estético, os gêneros literários limitam-se a quatro grupos, constituídos em torno de algumas tendências primordiais: literatura ensaística, literatura narrativa (ficção e epopeia), literatura dramática (tragédia e comédia), e literatura lírica.

Cada qual desses grupos, e as subvariedades que encerram, resulta do modo como o autor se dirige ao leitor ou ouvinte para transmitir-lhe a sua interpretação ou imitação da realidade. Se ele o faz diretamente, em seu próprio nome, explanando seus pontos de vista, surgem os gêneros ensaísticos, o ensaio, do qual se aproximam certos tipos secundários, como a máxima, a carta, o discurso; se ele o faz indiretamente, isto é, usando artifícios que mascaram ou encobrem sua interpretação da realidade, resultam três grupos, conforme o artifício é: a) uma história que encorpa a sua interpretação — literatura narrativa (ficção, epopeia); b) uma representação mimética — literatura dramática (tragédia, comédia...); c) símbolos, imagens, música — literatura lírica.[32]

Dessa forma, distingue-se claramente o que é e o que não é literatura, e ficam excluídas muitas atividades do espírito que, outrora, segundo a poética neoclássica, se consideravam gêneros literários: o jornalismo, a história, a conversa, o gênero didático e gêneros mistos, sem falar até na filosofia, os quais, informando, ensinando, construindo sistemas de explicação do mundo, escapam ao objetivo especificamente literário que é comunicar prazer.

A consequência imediata desse princípio é a redução de âmbito e a exclusão de obras e gêneros que eram habitualmente tratados em nossas histórias literárias, como a numerosa produção quinhentista e seiscentista de "diálogos das grandezas", de relatos históricos e roteiros ou relatos de viajantes, etc., ou o jornalismo, que pertencem antes à história da historiografia, da sociologia ou da cultura, e não à história literária. Em vez de colocar dentro da história literária mais ou menos todos os assuntos, história social, política e cultural, transformando-a numa enciclopédia nacional, num panorama da vida de um povo, conforme o critério de inspiração germânica adotado entre nós por Sílvio Romero, e que leva a ligar, indissoluvelmente, os fatos literários aos fatos históricos; em lugar de definir como literatura todas as manifestações escritas de um povo (Sílvio Romero, Artur Mota), o que transforma a história literária em história da cultura; este livro restringe-se às obras de natureza estética ou pertencentes aos gêneros propriamente literários, obras de imaginação, ensaísmo, narrativa, drama, lirismo. Fora disso, têm ainda cabida as obras de "literatura aplicada" que denotem conteúdo estético ou comuniquem valor artístico por meio de expressão literária, ou que, dessa ou daquela maneira, hajam exercido influência na literatura brasileira: o das relações entre a literatura e outras atividades do espírito, os mesmos temas sendo manejados pela literatura e pelo jornalismo, sociologia, filosofia, pensamento político e jurídico. Há, pois, que estudar essas relações sem que se perca de vista que o interesse predominante é o literário e sem esquecer que, retomando a terminologia de De Quincey, a "literatura de conhecimento" é diversa da "literatura de poder".

11) O conceito periodológico é outra característica estética desta obra. Fundamentada nas noções de estilo individual e estilo de época, constrói sua periodização segundo um esquema estilístico, descrevendo os períodos como a ascensão e a decadência de um sistema de normas ou convenções, procurando identificar o ponto de exaustão dos artifícios e o do início da aspiração por novos, tudo que discrimina e sobre que assentam os períodos literários — inspiração, sentimento, formas literárias — inclusive fazendo referência a grupos geracionais, que, às vezes, de maneira mais nítida, marcam a mudança dos sistemas de valores, como é o caso da geração de 1870. Assim, os períodos são estratos ou camadas encarados e definidos — sem esquecer, no entanto, os aspectos culturais — pelos seus aspectos sobretudo estilísticos, consoante aquele ideal de história literária que seja a história de uma arte verbal, e que, portanto, tenha no estilo e na análise estilística sua primordial razão de ser (Wellek, Victor, Auerbach, Harzfeld, Alonso, Spitzer, etc.).

A periodologia estilística, rompendo com a cronologia estrita, propicia uma compreensão orgânica dos movimentos literários. Ela não isola os fenômenos do tempo e do espaço. Ao contrário, associando-se à análise genológica, isto é, ao estudo dos gêneros literários na sua evolução e características, acompanhando a marcha das formas que interior dos estilos, a historiografia estilística violenta os quadros cronológicos, porque não prende os fenômenos a limites geracionais ou de escolas.

É o caso, por exemplo, do Realismo. O fenômeno não é encarado como uma "escola" segundo a concepção francesa, delimitada pela moldura do século

XIX, a que se ligaram uma ou mais gerações. Graças às modernas tendências da crítica de cunho estilológico, mais nos distanciamos da concepção tradicional. Assim, o Realismo é visto como um fenômeno estilístico — no plano individual e no plano da época — transbordando dos lindes estreitos da escola realista francesa, para tornar-se um largo fenômeno de âmbito universal, que, além do mais, se desdobra para diante, em novas formas diferenciadas, século XX adentro, e incorporando a ordem social brasileira.

Por conseguinte, de acordo com o princípio de ordem que orientou o simpósio da revista *Comparative Literature* (Summer, 1951) dedicado especialmente ao Realismo, compreende-se o Realismo antes como um estilo artístico que caracteriza a tendência principal da literatura moderna, a partir do século XIX, envolvendo as literaturas eslavas, escandinavas, latinas, anglo-saxônicas. Em vez de antitética ao Romantismo, sua marcha foi antes de continuidade e desdobramento, no longo processo de adaptação à realidade, à sociedade, à natureza, desenvolvido pela literatura desde tempos remotos, como demonstrou Auerbach.

Além disso, à luz dessa perspectiva, o movimento não se detém no século XIX, pois diversas manifestações estéticas do século XX não passam de prolongamentos do Realismo, ou foram geradas por ele no contato com outras tendências. Haja vista a ficção impressionista, que traduz a confluência do Realismo e do Simbolismo; o neonaturalismo socialista, a ficção populista, regionalista, expressionista, existencialista, o romance psicológico de tipo "corrente de consciência". Dessa ou daquela maneira, participam do espírito e do estilo realistas, e não podem fugir a um enquadramento realista, se nos colocarmos numa perspectiva estilística na divisão periódica, sobretudo reforçada pela técnica comparatista.

No Brasil, o Realismo tampouco se limita ao século XIX e à escola realista-naturalista, penetrando no século XX, sob nuances diferentes, e produzindo manifestações que outra classificação não pode ter.

Por outro lado, esse critério ajuda a compreensão da ficção regionalista, que tem grande importância em nossa literatura. A ficção brasileira, ao dissociar-se do Romantismo, busca incorporar o quadro regional, em consequência do esgotamento de outras motivações e ambiências. Essa incorporação produz-se por meio do Realismo, como estilo de arte e como estratégia de realização. Uma das forças do Realismo, no Brasil, foi a exploração do elemento regional, e foi ao magma regional que melhor se aclimatou, criando uma longa tradição que vem até os dias presentes. Por esse motivo, é lícito estudar a ficção regionalista no âmbito do Realismo com a ênfase que esta obra lhe dá. E é também lícito estudar, como aqui se faz, o fenômeno realista com maior extensão no tempo e no espaço, seguindo a marcha dos gêneros, como o conto, o romance, o teatro, que com o Realismo melhor se realizaram, penetrando até os dias atuais.

Assim, a concepção estilística amplia e violenta as fronteiras dos períodos, favorecendo a interpretação dos gêneros, cuja evolução é acompanhada dentro dos estilos.

O que ocorre com o Realismo repete-se com o Barroco. Subverte-se, portanto, a tradicional classificação e hierarquização da história literária moderna. Para compreender a nova ordenação dos fenômenos literários dela decorrente, é mister o abandono dos preconceitos e noções vigentes a respeito dos períodos e da sucessão dos movimentos. É de todo imprescindível renunciar às ideias de sucessão cronológica e de fronteiras precisas entre os movimentos.

12) Inspirando-se em conceito estético e construindo-se em periodização estilística, não podia passar despercebida a essa visão da literatura brasileira o paralelismo que existe entre a literatura e as outras artes. A evidência é por demais eloquente para não merecer relevo especial, mormente porque reforça a argumentação em favor da periodização estilística e da história literária como história dos estilos.

13) Sendo a literatura uma expressão do espírito, é natural que um dos fatores que mais influem no seu desenvolvimento sejam os instrumentos de aquisição e propagação da cultura, e os sistemas de educação. "The quality of a population probably is related more closely to its educational status than to any other determinant", afirma L. Smith em *Brazil: people and institutions* (p. 459).

É interessante assinalar, no desenvolvimento da literatura, a influência que teve a educação humanística. Se jamais houve educação literária técnica, contudo o tipo de ensino clássico vigente no Brasil fornecia uma base sólida de formação humanística, ao qual se deve certamente a floração de uma elite intelectual e de homens de letras de escol durante, sobretudo, o século XIX. Aquele tipo de instrução proporcionava ao homem de vocação intelectual um instrumento sólido para o trabalho do espírito. Era uma base apenas, porém de qualidade superior, que facilitava a tarefa posterior no sentido da especialização, realizada pessoalmente. O autodidatismo era a regra da formação propriamente literária, como ainda é hoje, quando o ensino secundário de literatura é um equívoco, e o superior, nas Faculdades de Filosofia, Ciências e Letras, ainda novo para proporcionar o rendimento que dele se espera. Mas, o autodidatismo, naqueles tempos, encontrava um terreno extraordinariamente fecundado pelos estudos clássicos.

Relacionado com esse tema é o da educação literária pela influência estrangeira, fator poderoso que interferiu em nossa formação intelectual e em nossos movimentos literários desde o alvorecer até o momento presente. Em vez de procurar supostas explicações genéticas no meio físico ou social, será mais lícito estabelecer as pontes de aproximação, as fontes que serviram à formação dos estilos, os elementos provenientes de fora, os instrumentos que veicularam as ideias-forças de origem estrangeira, a concepção cristã da vida e os estilos de arte, uma língua, um código de moralidade e leis, tradições, usos e atitudes, todo um comportamento humanístico em face da vida. Ninguém em sã razão poderá conceber o Barroco ou o Romantismo como fenômenos oriundos de causas locais de terra ou raça, tendo eles corporificado correntes internacionais de vida mental e artística. Quando muito, devemos procurar as diferenciações que sofreram entre nós e os motivos que as determinaram, muitos dos quais de ordem técnica, haja vista os que foram introduzidos na arte barroca, pelos artistas mineiros, como o Aleijadinho, em virtude da necessidade de adaptar-se ao material de que dispunham, a pedra-sabão.

14) Na concepção desta obra, reconhece-se que as formas populares da literatura têm um papel destacado. O estudo dos temas e das formas de literatura oral, da sua penetração e transformação, como matéria-prima, na literatura escrita em moldes artísticos, da interação entre elas, é um importante ramo dos estudos literários, e as mais avançadas correntes da crítica contemporânea dão apreço às contribuições da ciência folclórica. Evidentemente, o folclore não é uma disciplina literária no sentido estrito, porém um ramo das ciências sociais e da antropologia. Todavia, o material que constitui o fundo comum de tradições pode transformar-se nos "materiais primários da literatura" a que se refere Constance Rourke: "O teatro que está atrás do drama, as cerimônias religiosas primitivas que foram anteriores a ambos, a história ou conto que precedem tanto o drama quanto o romance, o monólogo que foi a fonte rudimentar de muitas formas." A crítica literária de base folclórica é hoje um dos desenvolvimentos dos estudos antropológicos, em que se destacou a escola inglesa de Taylor, Frazer, Lang, Hartland. E ela intenta analisar a arte literária em termos de suas raízes na tradição folclórica, das relações da arte com os rituais primitivos, nos heróis arquetípicos, nos mitos e símbolos, portanto com o lençol comum de tradições (lendas, provérbios, festivais, mitos, cerimoniais, formas de lirismo, contos, fábulas, etc.). Essa é a raiz que mais fortemente prende os artistas de um país ao seu solo pátrio, e que os distingue dos de outros países. Há que investigar, pois, as manifestações da alma popular, como fazem diversas correntes de críticos contemporâneos, como os ingleses Gilbert Murray, F. M. Cornford, Jane Harrison, Jessie Weston, Colin Still, Wilson Knight, George Thomson, a respeito da comédia e da tragédia antigas ou do drama shakespeariano; ou os norte-americanos William Troy, Francis Fergusson, Kenneth Burke, Parker Tyler, Stanley E. Hyman, Joseph Campbell, Constance Rourke, e outros, a respeito do romance e do drama, a partir de mitos, ritos e heróis arquetípicos; ou ainda como Maud Bodkin, desenvolvendo o conceito junguiano dos padrões arquetípicos e do inconsciente coletivo na análise da poesia; ou ainda como os estudos sobre o mito nas relações com a literatura, graças à crítica mitológica, de enorme voga atualmente.[33]

Na literatura brasileira, as investigações sobre o folclore nas suas relações com a literatura ainda estão em fase inicial. Praticamente, os estudos folclóricos não saíram do período da coleta e classificação do material, necessário e preliminar ao seu estudo, a fim de ser utilizado pela crítica, como instrumento de análise e interpretação das formas elevadas da arte literária.

Então, disporá a crítica de vasto instrumental analítico, mediante o qual estudará questões de estilo, de gênero (origem, influências, transformações, preferências, etc.), de tipos, de temas, de motivos, etc. O mito do tesouro escondido, tão velho na literatura ocidental, renasceu em Alencar, possivelmente por influência da popularidade da ideia no Brasil mineiro do século XVIII.[34]

O lirismo brasileiro mergulha as raízes até as trovas populares, cantadas pelos primitivos trovadores das cidades e dos sertões, quando os homens simples, que começavam a aglomerar-se na Colônia, procuravam expandir suas alegrias ou manifestar as suas tristezas e temores diante dos fatos novos, às vezes hostis, que a natureza lhes punha diante, sugestionando-lhes a imaginação. Por outro lado, da cosmogonia primitiva de índios e negros veio um mundo de notações, mitos, lendas, contos, anedotas, tipos, ligados a homens, animais e forças da natureza e atividades agrícolas, todo um fabulário mitológico, que se incorporou à psicologia do povo, simbolizando inclusive maneiras de reagir, atitudes, formas de comportamento. Destarte, o estudo desse material folclórico, que constitui o lençol inconsciente do povo brasileiro, de origem lusa, negra, índia e mestiça, amalgamado ao longo dos quatro séculos de existência, servirá por certo para aclarar muitas derivantes novelescas ou líricas. Durante o Romantismo, por exemplo, foi bastante significativa a função da poesia popular, e a reversão, então procedida, às lendas e tradições populares constituiu um fator essencial no desabrochar do lirismo.

Outras investigações trarão esclarecimentos para o problema do sertanismo e o mito do sertanejo, bem como do gaúcho, e, o mais tardio, de cangaceiro (Lampião, etc.) central no "ciclo das secas" da literatura regionalista. Como último caso, se levarmos em conta o papel do folclore em um livro tão importante da literatura contemporânea como o *Macunaíma* (1928) de Mário de Andrade, compreenderemos quão úteis à crítica e à história literária são os estudos folclóricos, na elucidação de tipos, temas, motivos, etc.

15) Atenção especial é dada à bibliografia, como instrumento de trabalho indispensável aos estudos literários, conforme demonstrou, entre outros, Fidelino de Figueiredo, em sua obra *Aristarcos* (1941). É um ramo da técnica intelectual que vem sendo cuidado com mais atenção do que dantes, no Brasil, tanto no que tange ao levantamento quanto ao da sistemática de apresentação. Há muito que fazer ainda nesse campo: os primeiros passos, porém, mostram que é crescente, entre nós, a consciência bibliográfica. Não sendo esta uma obra de bibliografia, a parte que lhe é dedicada não visa a esgotar o assunto, mas apenas a servir de roteiro ou ponto de partida, apresentando em cada caso uma lista selecionada dos trabalhos que mais importância têm em relação ao autor ou época em questão.

*

Obra coletiva, inspira-se na ideia de que não é mais possível a história literária senão como tarefa de cooperação. Em primeiro lugar, levanta-se diante do historiador a montanha de material impresso, que deve ler e avaliar. É isso possível, no estágio atual? Afirmou Veríssimo haver lido todas as obras de que tinha que falar. Mesmo em relação ao que havia sido publicado no passado, o que devia ler era muito menos do que mais de 50 anos depois. Mas é preciso não esquecer que o conhecimento desse passado cresceu enormemente desde então, graças às pesquisas que tiveram, precisamente a partir de seu tempo, incremento sem precedentes. E ainda há o grande acervo de trabalhos publicados sobre aquele passado, que ao historiador consciencioso não pode passar despercebido, pois a cultura é uma grande continuidade. De modo que, a um só homem, é mister admitir que a tarefa se afigura insuperável. A cooperação impõe-se, não obstante a dificuldade nova que se antolha, como decorrência da própria natureza do método: a exigência de conciliação entre a unidade de planejamento e concepção e a execução mediante diversidade de autoria. A necessária submissão ao conjunto não implica renúncia, por parte dos autores, das qualidades técnicas e da densidade crítica. Ao contrário, sem as virtudes individuais é impossível lograr-se a eficiência que se espera do plano.

Tentou-se quanto possível fazer obra de conciliação entre a história e a crítica, aquela subordinada à finalidade da segunda, que é o supremo árbitro do estudo literário. De modo que a norma que presidiu à sua concepção e elaboração é de natureza crítica. Pressupõe a ideia de que a história literária deve dispor de categorias críticas e basear-se em clara epistemologia. Não pode mais ser adequada à sua tarefa a teoria do conhecimento para a qual, como salientou Waggoner, os fatos são objetivos e o julgamento crítico subjetivo. Daí o divórcio e o conflito, no século XIX, entre a história literária e a crítica, pois, aplicando-se à coleta de fatos, exclusivamente, a história literária desdenhava a aquisição de um instrumental crítico e filosófico.

Procurou-se impor uma linha de objetividade, representada pela observação desapaixonada do fenômeno, sem preconceitos, e orientada por exaustivas pesquisas nas fontes bibliográficas e, sobretudo, no exame das obras. Com essa diretriz, tentou-se fugir àquela temerária ciência, a que se referiu João Ribeiro, e que tão daninha tem sido à cultura brasileira, especialmente à crítica, "a preguiçosa ciência da mera opinião pessoal sobre os criticados", opinião, em geral, seja colhida nos antecessores, seja formada na simples conversa. O tom opiniático e infalível é um dos vícios mais danosos à nossa crítica.

Assim, admitindo-se a contribuição histórica, não se perde de vista a norma geral que é literária e crítica, dando ênfase à análise literária, através do estudo das obras propriamente ditas, interpretando-as à luz da tradição literária, pelo significado que elas adquiriram dentro dessa tradição, pela contribuição que lhe trouxeram. Tentando-se adaptar o método genológico ao estilístico — as duas abordagens mais adequadas ao estudo da literatura — o fenômeno literário é encarado — insista-se — como fenômeno autônomo, não subordinado, mas equivalente às outras formas de vida com as quais se relaciona. Em suma, o princípio de ordem da obra é estético, e não histórico.

Busca oferecer, pela pena de alguns de seus representantes mais destacados, uma média do que pensa, nesta altura do século, a crítica brasileira, de norte a sul do país, acerca do passado literário brasileiro.

A história literária é uma tarefa sempre em andamento, cabendo a cada geração refazê-la e completá-la. No estado em que esses conhecimentos haviam sido deixados pelos antecessores, fazia-se sentir a necessidade de uma atualização, com uma consequente revisão e renovação críticas.

Pretende, assim, *A literatura no Brasil* ser uma nova ordenação e hierarquização de valores, uma reavaliação e reinterpretação da literatura brasileira, baseada em conveniente reunião de fatos estabelecidos e sugeridos pela pesquisa e pelo pensamento crítico atual. De acordo com os moldes recomendados por Wellek, procura fugir ao "excessivo determinismo que reduz a literatura a mero espelho passivo de outras atividades humanas", concentrando-se, embora sem extremismos, no estudo da obra mesma, à luz de uma teoria estética da literatura e da história literária.

*

O plano de *A literatura no Brasil* obedece ao esquema abaixo discriminado.

Compreende três partes. A primeira inclui o estudo dos problemas genéricos ou propedêuticos, de natureza cultural, nas suas relações com o fenômeno literário: o panorama cultural do Renascimento europeu; a língua literária; o folclore; a educação; as relações do escritor com o público; as relações da literatura com os livros de conhecimento da terra.

Na segunda parte, procuram-se estudar os diversos estilos literários que tiveram desenvolvimento no Brasil, com a crítica e as ideias literárias respectivas: Barroco, Neoclassicismo, Arcadismo, Romantismo, Realismo, Naturalismo, Parnasianismo, Simbolismo, Impressionismo, Modernismo.

Na terceira parte, encaram-se temas ou formas isoladas: o ensaísmo, a oratória, as relações da literatura com a filosofia, com o jornalismo, com as artes, etc.

Cada período acompanha-se da bibliografia a ele concernente, subsídio para o seu aprofundamento, apresentada sob forma de notas para os autores ou assuntos isolados, e, no final dos capítulos, para os tópicos de conjunto. Conforme o critério adotado, não se repetem nas notas bibliográficas individuais os trabalhos de caráter geral referidos na bibliografia final, nos quais também são estudados os temas parciais.

NOTAS

1 Vi sono, senza dubbio, tra loro, alcuni felicemente dotali, i quali, senza bisogno di esplicita riflessione sui metodo e sui concetti, fano buona e sensata critica e storia lette raria. Ma non solo siffatta felicità è rara; essa é anche instabile e pericolosa, perchè; quando poi si presenta una difficoltà improvvisa, per la quale reflessione é necessaria, essi rimangono come disarmati, e si confondono e smarriscono, se non proprio si avviliscono". B. Croce, Osservazioni sullo stato presente della metodologia della storia letteraria (in Proceedings of the First International Congress of Literary History. *Bulletin of historical sciences*. IV, 1. n. 14, 1932, p. 31).
2 Paul Van Tieghem. Le Prémier Congrès International d'Histoire littéraire et la crise des méthodes (in *Modern philology*, XXIX, n. 2, nov. 1931).
3 Ensinou Lanson que "a melhor preparação do estudante de letras... será a *Introduction aux études historiques* de Langlois e Seignobos".
4 Sobre a história literária, seu conceito e métodos, o estado atual da questão, as relações com a crítica e o problema correlato do ensino literário, em que tão agudamente se refletem esses assuntos, ver a Bibliografia das Preliminares.
5 La question des méthodes en histoire littéraire (in *Bulletin*, p. 7.)
6 Ver R. Wellek. The revolt... etc. Esse estudo está incluído no volume do autor *Concepts of Criticism*. New Haven, Yale University Press. 1963. (Nota de 1964.)
7 In *Tendances nouvelles en histoire littéraire*. Paris, 1930.
8 Sobre esse problema do conceito da história literária, ver os trabalhos de René Wellek citados na Bibliografia das Preliminares, e mais: Manfred Kridl. The integral method of literary scholarship. (in *Comparative literature*, III, 1, Winter, 1951); The aims, methods, and materials of researh in the modern languages and literatures (in PMLA, LXVII, 6 oct. 1952). Nova ed.: *The Aims and Methods of Scholarship in Modern languages and Literatues*. New York, Modern Language Association, 1963.
9 René Wellek. *Six Types*, etc. p. 123.
10 Sobre o problema da periodização, consultar a Bibliografia das Preliminares, assim como sobre teoria e método da história das Preliminares.
11 Os trabalhos de René Wellek referidos na Bibliografia das Preliminares são indispensáveis e definitivos para a justa compreensão do problema, e neles se inspiram muitas das considerações aqui expedidas. É também útil o estudo de H. Cysarz.
12 Sobre o conceito de geração, que seduz hoje grande corrente de teóricos e historiadores literários, ver a Bibliografia, Introdução, 4.
13 "A querela da história literária", passim.
14 Sobre o problema da comparação e inter-relação das artes e letras, e da mútua elucidação, ver a Bibliografia das Preliminares.
15 "Estilo individual é o aspecto particular de um artefato verbal que revela a atitude do autor na escolha de sinônimos, vocabulário, ênfase no material vocabular abstrato ou concreto, preferências verbais ou nominais, propensões metafóricas ou metonímicas, tudo isto, porém, não só do ponto de vista do *écart* do dicionário e da sintaxe, mas, também, do ponto de vista do todo ficcional, cuja organização é servida por essas preferências com todos os pormenores e ramificações artísticas.

"Estilo de época é a atitude de uma cultura ou civilização que surge com tendências análogas em arte, literatura, música, arquitetura, religião, psicologia, sociologia, formas de polidez, costumes, vestuário, gestos, etc. No que diz respeito à literatura, o estilo da época só pode ser avaliado pelas contribuições da feição de estilo, ambíguas em si mesmas, constituindo uma constelação que aparece em diferentes obras e autores da mesma era e parece informada pelos mesmos princípios perceptíveis nas artes vizinhas." (Escrito especialmente para esta obra.)

16 Van Tieghem, *Le romantisme dans la littérature européenne*. Paris, A. Michel, 1948, pp. 1 e 120.
17 Sobre o problema do estilo, individual e de época, sua classificação e tipologia, conforme a perspectiva que aqui interessa, inclusive alguns estudos representativos acerca de autores e épocas, ver a Bibliografia das Preliminares.
18 No prefácio ao livro de Jean Hankiss, *La littérature et la vie*, p. VII.
19 Sobre estes assuntos, ver ainda: Afrânio Coutinho. *Correntes cruzadas*. Rio de Janeiro, A Noite, 1953; Idem. *Conceito de literatura brasileira*. Rio de Janeiro, Liv. Acadêmica, 1960. Consultar também os livros de Fidelino de Figueiredo, citados na Bibliografia das Preliminares.
20 Para a bibliografia da história brasileira, ver, além da Bibliografia no final deste volume (Bibliografia da Literatura Brasileira, Obras gerais de história literária), os seguintes trabalhos:
Mota, A. As obras sobre a literatura brasileira. Bibliografia de caráter geral (in *História da literatura brasileira*. S. Paulo, 1930, I vol., pp. 267-286); Simões dos Reis. *A bibliografia da história da literatura brasileira de Silvio Romero*. Rio de Janeiro, Z. Valverde, 1944; Voigtlaender, M. L. Bibliografia de história da literatura brasileira (in *Boletim bibliográfico*. S. Paulo, Biblioteca Municipal, 1950, n. 14); G. M. Moser. "Histories of Brazilian Literature; a critical survey", *Revista Interamericana de Bibliografia*. Washington, Pan American Union, 1960, vol. X, n. 2, abril-junho.
21 Ver os capítulos introdutórios das histórias literárias de Sílvio Romero, José Veríssimo, Artur Mota, Ronald de Carvalho, Afrânio Peixoto, bem como os artigos de Mozart Monteiro, citados na Bibliografia das Preliminares.
22 V. P. H. Urena. *Literary currents in Hispanic America*. Cambridge, Mass., Harvard Univ. pr., 1945.
23 J. A. Portuondo. Períodos y generaciones en la historiografia literaria hispano-americana (in *Cuadernos americanos*, 1948, pp. 231-252).
24 Apud Ureña, op. cit., p. 38.
25 Sobre o problema da caracterização das literaturas, ver a Bibliografia das Preliminares.
26 Ver *Continente e ilha*. Rio de Janeiro, 1943; *Região e tradição*. Rio de Janeiro, 1941, *Manifesto regionalista do Recife*, Rio de Janeiro, 1955.
27 Sobre a doutrina, métodos e resultados da crítica comparada, ver a Bibliografia das Preliminares.
28 "Forçando um pouco o sentido das palavras, cabe talvez dizer que, na arte assim como na vida social, saímos da Idade Média para o Barroco, sem conhecer o Renascimento". Sérgio Buarque de Holanda. Literatura jesuítica (in *Diário de Notícias*. 16 jan. 1949).
29 Sobre o legado das literaturas antigas, ver: Bolgar; R. R. *The classical heritage*. Cambridge, 1954; Curtius, E. R. *European literature and the latin Middle Ages*. N. Y., Pantheon, 1953 (tr. esp. México, 1955); Friederich, W. P. *Outline of comparative literature*. Chapel Hill, 1954; Highet, G. *The classical tradition*. Oxford, 1949 (tr. esp. México, 1954); Menéndez y Pelayo, M. *Horacio en España*. Madrid, 1877; Taylor, H. O. *The classical heritage of the Middle Ages*. N. Y., Macmillan, 1929; Thompson, J. A. K. *The classical back-ground of English literature*. N. Y., Macmillan, 1948; idem. *Classical influences on English poetry*. Londres, Allen & Unwin, 1951.
Do livro de Curtius, há tradução brasileira: Rio de Janeiro, INL, 1957.

30 Cf. A. Coutinho. *Correntes cruzadas*. Rio de Janeiro, A Noite, 1953.
31 Sobre os modernos métodos de análise da obra literária, além dos trabalhos sobre o problema do estilo, citados na nota 17, ver a Bibliografia das Preliminares.
32 Sobre o conceito de gênero literário e sua classificação, em face do estado atual da questão, ver a Bibliografia das Preliminares.
33 Sobre o problema do mito na crítica literária, e o correlato problema do símbolo, ver a Bibliografia das Preliminares.
34 O trabalho de Pedro Calmon, *As minas de prata* (Rio de Janeiro, 1950), não tirou a consequência natural da tese, que é a da influência do mito na história e na arte.

PREFÁCIO DA SEGUNDA EDIÇÃO (1968)

Em janeiro de 1952, após concurso de títulos e provas, fui nomeado professor catedrático de literatura do Colégio Pedro II, Internato. Chamou-me, então, Leonídio Ribeiro, Diretor da Instituição Larragoiti, para encarregar-me da publicação de uma história da Literatura Brasileira, dentro do seu plano de incentivo cultural, com grandes obras panorâmicas sobre o Brasil.

Quero aqui prestar uma homenagem ao grande mestre, idealista, empreendedor e amante da cultura, a quem se devem iniciativas de porte como a da publicação de *A literatura no Brasil*, *As artes plásticas no Brasil*, *As ciências no Brasil* e outras.

Aceita por mim a incumbência, convidei os meus amigos e confrades Eugênio Gomes e Barreto Filho, duas das mais altas expressões da crítica nacional, para ajudarem-me na tarefa. Organizei o plano, estabeleci o critério doutrinário, discutimos os três os seus diversos aspectos, estudamos as escolhas dos colaboradores para os capítulos e pus mãos à obra. Aqui deixo consignados os melhores agradecimentos àqueles dois nobres espíritos e grandes vultos das letras e da cultura brasileiras, pelo auxílio que me deram. Se há deficiências no livro, no entanto, são da exclusiva responsabilidade de seu planejador e executor.

Ao elaborar a obra, tive em mira oferecer ao estudioso um instrumento de trabalho que fosse ao mesmo tempo uma revisão da história literária brasileira. Não perdi de vista — professor orgulhoso de sua missão — a massa de jovens que, como eu quando comecei minhas leituras na província, sentiam falta de um livro que lhes servisse de roteiro e fonte de informações. Procurei oferecer--lhes um instrumento prático, útil, com um cunho didático no melhor sentido e de bom teor crítico, técnico e objetivo, acessível, atualizado não só no que respeita à teoria historiográfica e crítica, senão também quanto à informação.

Discuto a seguir pontos de doutrina da obra e respondo a críticas emitidas quando da sua primeira edição.

*

REVISÃO DA HISTÓRIA LITERÁRIA

A história da literatura brasileira deve as bases da sua interpretação à filosofia e à metódica estabelecidas pelos grandes críticos do século XIX. Foram eles quem primeiro formulou os princípios sobre os quais deveríamos interpretar o nosso passado literário. Mas não só a interpretação, senão também a técnica de levantamento.

Em primeiro lugar, um fato há que registrar, do qual resultou muita coisa. Nossos primeiros historiadores literários foram mais historiadores do que homens de letras. Não foi sem consequências que Varnhagen se situou como o fundador de nossa história literária. Com Wolf e Denis, ele forma a trindade dos que deram o primeiro impulso nos estudos de história literária. É mister não esquecer, também, o cônego Fernandes Pinheiro.

Destarte, a história tendo sido a origem de nossa historiografia literária, é natural que as concepções e métodos desta última hajam procedido da primeira. Se examinarmos as nossas obras, no particular, veremos que as domina o espírito histórico e não o espírito literário. São obras de história e não de literatura. São *história* literária e não história *literária*. Nossos historiadores, conservando uma ilustre tradição, sempre se mostram com veleidades de fazer história literária, à maneira histórica, e não literária, é claro.

A tradição dos iniciadores foi conservada e desenvolvida pelos gigantes da fase naturalista, Sílvio Romero à frente, com sua obra monumental. Nele, como nos demais críticos naturalistas, Araripe Júnior, Capistrano de Abreu, e uma plêiade de outros seguidores das mesmas doutrinas inspiradas em Taine, Buckle, Ratzel, Spencer, Comte, etc., o levantamento e a interpretação do passado literário deveriam obedecer à técnica histórica, pois literatura não passava de uma "expressão" da sociedade, um "documento" do passado, e, portanto, excelente meio de interpretação do caráter e história de um povo. Além disso, literatura era tudo o que produzia o espírito de uma comunidade, o que fazia incluírem-se nos quadros da história literária todas as manifestações escritas. A visão "histórica" dos antecessores, os naturalistas alargaram numa visão social ou sociológica; outras disciplinas foram chamadas a colaborar, disciplinas sociais, biológicas e naturais, a etnografia, a antropologia, a geografia, etc. De que resultou que a história literária passasse a ser uma verdadeira enciclopédia de conhecimentos e interpretação de toda uma civilização. A obra de Sílvio não é senão isso, em toda a sua grandeza e fraquezas.

Contra essa visão sociológica da literatura brasileira, havia muito se vinha sentindo a necessidade de uma reação. Ao naturalismo, positivismo, determinismo geográfico, racial e sociológico, fazia-se mister opor uma concepção propriamente estético-literária, isto é, uma teoria da literatura segundo a qual o fato literário fosse visto, não como um "documento" da sociedade ou da personalidade, porém como um "monumento" estético com qualidades e finalidades próprias, retiradas de sua própria constituição íntima, e analisáveis por uma crítica literária, específica nos seus atributos e métodos. Subordinada a esses métodos e propósitos, a história literária é o relato da evolução das formas e espécies, marcada exteriormente por variedades estilísticas nos indivíduos e nas épocas. Em vez de procurar a gênese dessas formas nas circunstâncias exteriores que lhes deram o ambiente, essa história é antes a narrativa de seu desenvolvimento interno, das causas de sua ascensão e declínio, dos elementos que a compõem. É, assim, intimamente relacionada com a crítica, a cujo serviço praticamente existe, pois seu objetivo é ajudá-la no estudo e interpretação do fenômeno literário. Ao passo que a história literária naturalista divorciou-se da crítica.

Tais foram os postulados e propósitos que inspiraram a confecção desta obra. O seu princípio diretor é reagir contra a historiografia do século XIX, que ainda era dominante entre nós, em nome da primazia do conceito estético-literário, graças ao estudo da própria obra literária, e não das circunstâncias ambientais.

A história literária é um *Work in progress*, uma tarefa sempre em andamento, cabendo a cada geração refazê-la e completá-la. O objetivo de *A literatura no Brasil* é oferecer um corpo de informações e opiniões da atual geração de estudiosos e críticos sobre o passado literário brasileiro. Tentou tirar uma média do pensamento crítico, nesta altura do século, pela pena de alguns de seus representantes mais destacados, acerca da produção literária brasileira. Havia muito se fazia necessária essa atualização dos juízos e valorações da literatura brasileira, que fosse ao mesmo tempo uma atualização dos conhecimentos sobre nosso passado literário. Acreditamos que se deu grande passo avante no sentido do levantamento desse passado, como se pode verificar pelo acervo de informações novas ou aprofundadas que logrou reunir.

A preocupação dominante foi a metodológica, a questão de princípio e de método aplicados à história da literatura.

Nesse particular, o conceito diretor é o estético, que se observa desde a periodização pelos estilos, até a focalização principalmente das obras e não do ambiente social e histórico, geográfico ou racial.

CONCEITO LITERÁRIO

Assim, *A literatura no Brasil* é uma história da Literatura, e não da cultura brasileira. O conceito dominante do livro é literário, isto é, encara a literatura como literatura, reduzindo-se por isso aos gêneros propriamente literários. É diferente da concepção de Sílvio Romero que, inspirado nos teóricos germânicos, incluiu na sua história monumental tudo que, impresso, contribuísse para a explicação da nossa cultura. As obras literárias dessa maneira seriam antes "documentos", por meio dos quais se interpretaria um passado ou um caráter nacional. Ao invés disso, o conceito que inspirou o plano de *A literatura no Brasil* é literário. A literatura é encarada como uma arte, e a história literária é a história dessa arte. Em tal caso, a literatura é expressa pelas formas ou gêneros de imitação, lírica, narrativa, dramática, ensaística.

A história literária pode ser estudada de duas maneiras. Uma é abordar o fenômeno literário em termos de causalidade histórico-sociológica, acentuando a análise das circunstâncias externas ou históricas (políticas, sociais, econômicas) que lhe condicionem o aparecimento; assim fazem os métodos genéticos, como o de Taine, o dos marxistas, o método histórico, o sociológico e o econômico, aos quais se ligam os trabalhos de biografia literária, de interpretação psicológica, psiquiátrica e ideológica. Todos exageram a dependência da literatura em relação ao seu ambiente e autor, no pressuposto de que existe um nexo causal determinista a regular essa relação.

A outra perspectiva de abordagem é a que estuda o fato literário em termos de tradição literária, no processo de desenvolvimento da própria literatura, em relativa independência do fundo de cena ou ambiente e autor. Procura encarar a obra como um todo, com personalidade própria, autônoma, caracterizada pelas soluções estruturais e as convenções que o autor usou, dentro das tradições dos diversos gêneros.

QUE É ESTÉTICO?

O estético é aquilo a que aspiram atualmente os estudiosos do problema em todo o mundo. A concepção estética da crítica impõe o reconhecimento do primado do texto. Parte do pressuposto de que o estético reside na obra, e não no autor ou no meio, o que leva a colocar em segundo plano os métodos extrínsecos de abordagem da literatura, como os históricos, sociológicos, biográficos, eruditos, válidos somente na medida em que proporcionam esclarecimentos sobre a obra; e a preferir os métodos intrínsecos ou ergocêntricos, ou literários, de análise da obra em si, como um todo, nos seus elementos internos, específicos, estético-literários: estilo, textura e estrutura, elementos formais, sistema de normas, sistema de sinais e sons, imagística, sistema de metáforas, *meaning*, temática, simbologia, mitologia, estrutura verbal, estrutura narrativa, esquema rítmico, linguagem, gênero, etc., todo um conjunto de elementos que geram o valor estético intrínseco, o "intrínseco" de Kenneth Burke. Os critérios dessa crítica são internos, derivados do próprio texto, e focam a atenção na obra ela mesma. São literários portanto. Seu método é a análise, *close analysis*, do material artístico.

Se formos buscar o modelo para essa crítica verdadeiramente literária, estético-literária, "poética", teremos que recuar até Aristóteles, que, na sua *Poética*, lhe estabeleceu as bases e normas.

A OBRA LITERÁRIA EM SI

É inegável que a grande conquista da nova crítica é a mudança da visão crítica dos elementos extrínsecos da literatura para os elementos intrínsecos, isto é, das condições ou circunstâncias exteriores da produção para o estudo da obra em si. O século XIX, à luz das teorias positivista, determinista e naturalista, focalizou o olhar crítico no ambiente, na crença de que a literatura espelha o meio em que surge, é um produto da raça, da sociedade e da geografia. O valor literário era medido de acordo com a maior ou menor fidelidade com que a literatura retratava o meio. Expressão da sociedade, ela também exprimia o homem que a fazia, a sua teoria da vida, que, por sua vez, podia ser a concepção da vida que grande parte daquela sociedade esperava. Se em um Balzac há uma visão própria da sociedade de seu tempo, através de sua obra podemos recolher uma média do que foi aquela sociedade, nos seus costumes e concepções. E, mesmo quando um artista reage contra a sociedade de seu tempo, não deixa de exprimi-la.

Tudo isso era dever da crítica no século XIX observar e interpretar. Seu foco de interesse, destarte, residia fora da literatura propriamente. Investigava-se a gênese da obra, os fatores que condicionavam sua origem no tecido social, o seu conteúdo filosófico, político, religioso ou moral, a teoria que estava no seu bojo como filosofia da vida que o autor defendia. O valor literário era, assim, mero espelho de outros valores ou um simples veículo deles todos. Dizia-se que *D. Quixote* valia como retrato e condenação da cavalaria decadente. Não se procurava estudar os meios literários por Cervantes utilizados para atingir o seu objetivo estético.

Ainda como consequência das teorias do século XIX, outro método crítico teve êxito sem precedentes. E se o primeiro centralizou-se em torno de Taine, o segundo divulgou-se extraordinariamente graças à influência de Sainte-Beuve. Em vez da obra, o que interessava era o autor. Sainte-Beuve estabeleceu a sua fórmula ainda no propósito de, através do autor, atingir a obra; aos poucos, abandonou-se esse objetivo, e se transformou a personalidade do artista na mira suprema da crítica, no falso pressuposto de que compreendendo o autor explica-se a obra.

Ainda aqui, no entanto, a via operativa era extrínseca, colocando a obra praticamente em segundo plano e pondo em relevo fatores exteriores.

Foi contra semelhante colocação do problema crítico que se processou a reação, digamos, estética do nosso século. Em decorrência, sobretudo, da obra de Croce, a crítica moderna passou a valorizar o estético da obra de arte, pondo a ênfase de sua aparelhagem sobre os fatores intrínsecos que constituem a estrutura da obra. Por isso, chama-se estruturalista essa orientação, ou formalista, segundo alguns, porque é sobre a forma ou estrutura que ela se exerce, entendida forma, não segundo a velha dicotomia forma-conteúdo, mas como a causa formal da obra de arte.

O que importa sobretudo na obra de arte não é a teoria implícita ou explícita, não é a intenção do autor, não é a imagem social que ela reflete. Isso pode interessar à filosofia, à sociologia, à história, à biografia. À crítica literária o que interessa é averiguar os processos literários que o autor empregou para traduzir a sua visão do mundo. Nisso é que os artistas diferem entre si: no seu método, na sua técnica. A visão do mundo pode ser idêntica em vários autores. A sua técnica pessoal graças à qual ele atingiu o seu objetivo estético é que difere e individualiza os artistas. E essa técnica manipula uma série de artifícios específicos da literatura, diferentes de todas as outras atividades humanas. Esses artifícios, quando um autor os seleciona, é porque eram os mais adequados à tradução de sua visão do mundo. Conhecer e analisar esses artifícios, estabelecer as relações entre eles e a visão do mundo do autor e o modo como ele os utilizou e se o fez com êxito são alguns dos objetos da crítica verdadeiramente literária ou estética, formalista ou estruturalista.

Sua inovação consistiu, portanto, em transferir do ambiente exterior para o núcleo intrínseco da obra, constituído esse núcleo justamente por aqueles artifícios, a estratégia de abordagem crítica. É uma orientação centrípeta, ao contrário da centrífuga, que celebrizou os críticos do século XIX. Isso é o que vai dar à crítica a categoria autônoma entre as demais disciplinas do espírito. Para ela a obra é que vale, e tudo o mais lhe deve estar subordinado.

A propósito da concepção que norteia esta obra, o crítico português José Régio escreveu artigo, no qual salienta o anti-historicismo e o antissociologismo que marcam as suas páginas como um princípio de ordem. Esse princípio, ele define com precisão na fórmula "a literatura... literária".

ESTÉTICA E NOVA CRÍTICA

Esse conceito estético da literatura foi o que procurou a nova crítica estabelecer. Vale a pena aqui insistir sobre as relações entre a nova crítica e o conceito estético do fenômeno literário. *A literatura no Brasil* inspirou-se na renovação metodológica e conceitual que se chamou a "nova crítica".

Circulam inúmeros equívocos a propósito da nova crítica. Em primeiro lugar, é a confusão entre a nova crítica e o *new criticism* anglo-americano. O *new criticism* é apenas um aspecto, ou antes, uma técnica, da nova crítica. Parece que se pensa que a nova crítica é somente a análise miúda, a exegese, dos elementos formais e que não faz nova crítica quem não se dedicar às técnicas de exegese e *close reading*, quando isso constitui apenas uma dentre as muitas técnicas da crítica renovada, e dentro das suas próprias hostes esses recursos não são por todos aceitos e praticados. Outra confusão é entre nova crítica e estilística. É verdade que a análise de estilo faz parte das novas técnicas, é uma de suas direções, graças à qual muita contribuição real tem sido dada à interpretação literária em todas as literaturas, especialmente em virtude dos trabalhos oriundos das escolas teuto-suíça e espanhola. Mas não significa isso que a estilologia é a única face da nova crítica, pois o estilo não resume a obra literária e do fato de que a nova crítica se caracteriza pelo primado da obra não se deve inferir que no estilo deva acabar a sua tarefa. Há outros aspectos estruturais que estão merecendo o maior carinho dos críticos da nova tendência; não só no que concerne à prosa como também à poesia.

Aliás, é nesse ponto também onde se encontra outra fonte de incompreensão. Acredita-se geralmente que a poesia é que absorve as atenções da nova crítica, não fosse esta última, como pensam, um conjunto de táticas de exegese da palavra poética. Todavia, a prosa de narrativa já vai sendo também objeto dos métodos novos, à luz dos quais estão sendo investigados e interpretados os diversos problemas da estrutura novelesca — a ordem da narrativa, a caracterização, o ponto de vista, o tempo, etc. A crítica estrutural é importante setor das novas orientações, e é mister alargarmos a compreensão do problema da ficção, penetrando na sua intimidade intrínseca, pelo uso dos métodos de análise interna, que se acrescentam aos da análise extrínseca, psicológica, sociológica, etc., para a adequada interpretação do gênero narrativo. Posto que a maior contribuição da nova crítica tenha sido no domínio da poesia, com algumas obras notáveis, já são de relevância os trabalho aplicados a ficção.

A nova crítica, insista-se, é toda uma atitude em face da literatura, importando desde uma filosofia literária, segundo a qual o fenômeno literário é visto como fenômeno estético e não como "documento" social, até uma série de métodos de abordagem e acesso ao mesmo, com o fim de analisá-lo, interpretá-lo, julgá-lo. Por tudo isso a nova crítica é uma crítica estética, que não deve, como ocorre habitualmente, ser confundida com a crítica esteticista do final do século XIX. Em dois artigos, Edoardo Bizarri e Bernardo Gersen, a propósito de *A literatura no Brasil*, mostravam à perfeição o que é crítica estética. "É uma crítica fundada sobre o conceito da autonomia do fato estético", disse o primeiro, com a justa compreensão do fenômeno que lhe dá a formação italiana, pois à Itália de Croce é que se deve o maior impulso no sentido da compreensão moderna do fenômeno estético em sua autonomia. Crítica estética não é crítica esteticista, nem é crítica formalística. Para ela, como muito bem acentua o mestre italiano, não mais tem validade a velha distinção entre forma e conteúdo, incompatível com a inteireza da realidade artística. De qualquer modo, a crítica estética opõe-se à velha atitude que considerava "a obra de arte como se não fosse obra de arte, isto é, utilizando uma perspectiva extra-artística, seja ela de ordem retórica, ética, religiosa, ou seja (...) determinada pelos assim chamados valores reais, existenciais, sociológicos, etc.". "O que é então a crítica estética? É a crítica que, articulando-se no conceito de autonomia da arte, procura colher na representação artística a expressão direta da interioridade humana na sua autenticidade, independente de referências a modelos exteriores, a paradigmas preconcebidos, a elementos intencionais anteriores ou estranhos ao processo criador; procura captar os elementos que propriamente conferem à obra o valor e a linguagem da arte; procura, enfim, elucidar, analisar, compenetrar a voz ou o acento de universal vibração que o artista soube infundir na sua obra, e com que veio enriquecer o diálogo humano." ("Da crítica estética", *Diário de São Paulo*, 24-2-1947).

Também Bernardo Gersen realça, com igual felicidade, a natureza da crítica estética, acentuando a diferença existente entre ela e o esteticismo. Estético é uma noção, conforme assinala, que deve ser entendida em termos de ênfase, não exclusiva, nem excluindo os outros elementos ou ingredientes da obra de arte. "No final das contas, praticamente todos os aspectos de uma obra literária, mesmo os sociológicos, se enquadram na visão referida, podem ser encarados de uma perspectiva e em função de padrões estéticos (...) É óbvio, pois, que a noção de estética não abrange somente os aspectos formais da literatura: estilo, técnica da composição, organização da matéria bruta — mas implica o processo total de elaboração e transfiguração literária, a valorização radical de fundo pela forma e vice-versa." ("Crítica estética e *A literatura no Brasil*", *Diário de Notícias*, 17-3-1957).

PERIODIZAÇÃO POR ESTILOS LITERÁRIOS

Segundo tal critério, uma das características da obra é o método de periodização. Em vez de dividir a história literária brasileira por períodos de delimitação cronológica e denominação política, como época colonial, época autonômica, ou então século dezessete, etc., tentou-se aplicar a periodização por estilos literários: o barroquismo, o romantismo, o realismo. Há quem encare o problema da periodização em história literária como não tendo a menor importância, achando que ela se deve reduzir simplesmente a uma série de nomes sem qualquer significado profundo, no interesse puramente didático de oferecer uma arrumação ou ordenação correspondente aos capítulos da obra. Por isso é que muitos adotam a mera divisão cronológica, vazia de qualquer sentido definitório quanto ao que está implícito no período assim delimitado e designado. Destarte, ao denominar a literatura inglesa do século XIX "época vitoriana" não levamos em consideração que esse período inclui autores "literariamente" tão díspares como Oscar Wilde e Carlyle, Hopkins e Macualey, Pater e Darwin, Kipling e Ruskin.

Por outro lado, substituir a periodização, sob a alegação de que não é fácil resolvê-la convenientemente, é apenas fugir ao problema. Em vez de tentar periodizar, em lugar de um sistema de periodização procurássemos fazer antes filosofia de valores, aconselham alguns. Mas, os que se colocam nessa posição não veem que isso é sair da história literária para ficar exclusivamente na crítica. Essa distinção é necessária de início para compreendermos bem o problema. Fazer valoração dos autores do passado por intermédio de ensaios críticos reunidos seguidamente, como uma antologia, não é fazer história literária. Esta exige uma filosofia do desenvolvimento literário, da evolução das formas, ela exige, em uma palavra, uma filosofia da história. Por isso é que Henri Berr e Lucien Febvre, no capítulo que dedicaram ao problema de periodização histórica em *Encyclopedia of the Social Sciences*, afirmam que "não há problema metodológico de maior importância no campo da história do que o da periodização (...), problema básico e não exterior". Tais palavras são incompatíveis com o cepticismo daqueles que julgam o problema sem importância, não merecendo senão as soluções empíricas da divisão cronológica ou das antologias de ensaios críticos sem concatenação.

O problema é dos mais difíceis da ciência histórica. Liga-se à própria concepção da história, à filosofia da evolução humana e literária. A história não é um fluxo contínuo e caótico, sem direção e sem nexo.

Por ser difícil, o problema não pode ser descartado simplesmente. Não podemos evitá-lo. Não é solução deixar de enfrentá-lo. Esse ceticismo repugna ao espírito de rigor científico. A periodização depende da teoria da literatura, da teoria da evolução literária e da evolução humana. Os períodos não devem ser meros nomes ou etiquetas arbitrárias, nem seções de tempo puramente mecânicas ou didáticas, sem ligação com o conteúdo ou a realidade interna das épocas e as forças imanentes que as geraram e dirigiram.

Mas, se a periodização não deve ser confundida com a cronologia, tampouco deve liberar-se dela de maneira total. Esse é outro equívoco em relação às tentativas de periodização estilística. O sistema periodológico de natureza estilística não pretende abolir a cronologia ou fugir dela. Apenas não aceita a cronologia como critério de divisão, porquanto ela nada exprime quanto à natureza estética ou literária do período. A periodização estilística aceita a cronologia como marco secundário de referência histórica, pois a periodização estilística não foge da história. Situa-se nela. O que se repele é que a divisão periódica seja baseada apenas em datas arbitrárias ou nas dos feitos políticos. Que sentido tem asseverar que um período literário começou em tal data, quando sabemos que não há começos nem fins abruptos em literatura, nem na história, nem na vida?

A atenção do organizador desta obra foi cedo dirigida para a periodização estilística em história literária.

O problema da divisão da história por períodos é preocupação sua desde os seus tempos de professor de história na Bahia, na década de 30. Entre 1942 e 1947, quando nos Estados Unidos, procurou aprofundar a visão do assunto. Algumas publicações constituíram, assim, a pedra de toque na renovação que se processou em sua mente, desde então relativamente à historiografia literária: os trabalhos apresentados ao II Congresso de História Literária, em Amsterdã (1935), e publicados em 1937, e, sobretudo, o trabalho de René Wellek sobre periodização literária, que, entre outros do grande mestre, passaram a inspirar muitos dos seus pontos de vista.

O estudo de Wellek foi lido nos *Travaux du Cercle Linguistique de Prague*, de 1936. Outra versão mais desenvolvida do estudo apareceu no *English Institute Annual* (1940), publicação da Columbia. Contribuição valiosa também foi o estudo de Cysarz, inserto no volume de Ermatinger, *Filosofía de la ciencia literaria* (México, 1946).

Por volta de 1945 e 1946, a preocupação do autor com o problema, já a essa altura alicerçada em bases conceituais e baseada nos trabalhos de Wellek, mais tarde corporificados no *Theory of literature* (1949), veio ao encontro de um caso concreto de história literária — o estudo do barroco em literatura, como estilo individual e estilo de época, isto é, como um período literário. Novo trabalho de Wellek, incluído em *The Journal of Aesthetics and Art Criticism* (dezembro 1946), constituiu o ponto de partida de pesquisas e estudos que vieram a dar no ensaio *Aspectos da literatura barroca*, publicado em 1950, mas escrito em 1949. À luz dos princípios apreendidos naqueles estudos, foram aplicados no trabalho os conceitos de periodização estilística ao exame e compreensão da literatura barroca, inclusive do Brasil, outrora chamada seiscentista.

Contribuíram também enormemente para alargar e aprofundar a visão do assunto os estudos de Helmut Hatzfeld acerca do estilo barroco, alguns já utilizados na elaboração do ensaio acima. Aliás, os estudos sobre o barroco literário foram o trampolim para muita renovação na crítica e historiografia literária modernas, e a periodização estilística, uma das noções que deles mais lucraram.

Assim, quando, na segunda metade de 1951, trabalhava na concepção de *A literatura no Brasil*, já o problema da periodização estilística se impunha. Fundado na doutrina estético-literária, e não na histórico-sociológico-cultural, que constituía a herança de Sílvio Romero até então dominante na teoria literária brasileira, outro não poderia ser o critério de periodização que o estilístico, haurido nos ensinamentos de Wellek, Hatzfeld e em outros teóricos da poética contemporânea sobre o problema. Embora publicado o primeiro volume em 1954, desde 1951 estava o seu plano concebido e conhecido.

Foi por estar afeiçoado à orientação estético-estilística na historiografia literária e à doutrina da periodização estilística para a literatura em geral e brasileira em particular que se decidiu por adotá-las. Era a teoria nova em marcha, como correspondendo mais adequadamente à realidade do fenômeno literário e como oferecendo maior segurança terminológica e conceitual. Desde então ela se generalizou nos cursos e manuais.

HISTÓRIA LITERÁRIA É TRABALHO DE EQUIPE

Na execução da obra, foi aplicada uma ideia nova no Brasil: o trabalho em equipe, uma vez que não se pode mais admitir a história literária senão como tarefa coletiva, dada a imensidade do campo, impossível de ser abarcado por um só homem. Tratando-se de obra de cooperação, havia dificuldades de ordem pessoal a vencer, no interesse de dar harmonia e unidade ao conjunto. Por isso, procurou-se fugir ao extremismo metodológico, adotando-se antes um critério levemente conciliante. Mas, com admitir a contribuição histórica, procurou-se não perder de vista a norma geral, que é literária, dando-se ênfase à análise literária, através do estudo das obras propriamente, interpretando-as à luz da tradição literária, pelo significado que elas adquiriram dentro dessa tradição, pela contribuição que elas trouxeram. Uma tarefa das mais importantes e difíceis na consecução do livro foi a de conciliar a liberdade da colaboração com o interesse de unidade da obra, harmonizando-a quanto às opiniões e conceitos, quanto à metodologia, quanto à concepção e à apresentação.

Por outro lado, os leitores não estão, entre nós, acostumados ao espírito de uma obra coletiva. Num livro de colaboração, os nomes dos autores dos diversos capítulos desaparecem em proveito da unidade do trabalho. O que deve aparecer, aos olhos do leitor, não é autoria individual, porém o livro como um todo. Numa obra como *A literatura no Brasil*, não se poderia colocar à frente dos capítulos, como têm reclamado alguns, os nomes dos autores. Há entre nós muito quem leia um livro só atraído pelo nome do autor. Em obras como esta, não é o nome do autor do capítulo que deve interessar em primeira linha, mas o valor do conjunto, o plano, a execução. Não se trata, no caso, de uma antologia de ensaios, mas de um todo orgânico, com fio condutor interno. Contanto que a autoria esteja indicada em qualquer parte, o leitor não deve ser levado à leitura seduzido pela importância desse ou daquele colaborador, mas pelo interesse do assunto e valor do tratamento. Por isso é que se adotou o critério, em *A literatura no Brasil*, de dissimular a autoria, registrando-a embora no final de cada tomo ou volume.

É claro que há diferenças entre os colaboradores, a despeito do esforço pela unidade essencial da obra, mas acredita-se que foi respeitada a orientação geral, o plano e diretivas doutrinárias, a concepção historiográfica e crítica.

Do modo como deram cabo da tarefa os diversos colaboradores cabe à crítica aferir, a julgar pelo material humano disponível, dificilmente se poderia obter melhor no momento, e, quaisquer que sejam as deficiências, a lição ficará para beneficiar os futuros cometimentos análogos. Tendo partido, portanto, do nada, no particular, não há que julgar o resultado que oferece de um ponto de vista de Sirius, perfeccionista, absolutista, mas dentro da realidade brasileira, e em relação ao que foi até agora. O resto é questão de educação, no sentido de corrigir os velhos hábitos de personalismo.

CONCILIAÇÃO ENTRE A HISTÓRIA E A CRÍTICA

Tentou-se tanto quanto possível fazer obra de conciliação entre a história e a crítica. Mas o princípio de ordem que presidiu à sua concepção e realização é de natureza crítica. Ao procurar oferecer a média de opinião crítica atual sobre a história literária brasileira, os colaboradores da obra não se descuidaram de rever muitos juízos aparentemente passados em julgado. Estudaram por si mesmos, foram às fontes e às obras, e graças a esse trabalho de pesquisa individual fizeram trabalho de revisão e renovação crítica.

HISTÓRIA E LITERATURA

Mas, há que lembrar a respeito que história e literatura são duas atividades distintas.

No Brasil, como se disse acima, os historiadores sempre tiveram a veleidade de fazer história e crítica literárias. Esse hábito se tornou uma tradição desde quando, no século XIX, demos os primeiros passos na história de nossas letras, pela mão de Varnhagen, Pereira da Silva, Joaquim Norberto, Sotero dos Reis, Fernandes Pinheiro. Em todos o que predomina é uma confusão entre crítica e história, por meio da história literária. Concebiam a literatura como dependência do meio social, e a história, como gênero literário. A literatura era um documento da época, ou da personalidade. Não possuíam nenhuma noção do valor estético da literatura, resíduo este do neoclassicismo de cunho horaciano, para o qual a literatura não valia como arte, mas como instrumento ou expressão de valores extraliterários.

Por outro lado, esse hábito que se infiltrou em nossa mentalidade crítica coadunou-se à maravilha com a tendência, muito de nosso gosto para o poligrafismo. No Brasil, é o elogio maior dizer-se de um intelectual que ele pode tratar de muitos assuntos. Inteligência versátil e polimorfa, saber enciclopédico constituem as definições que mais agradam a nossos homens de cultura. Ainda estamos no estágio de desenvolvimento em que são possíveis semelhantes critérios de avaliação dos homens.

Em qualquer centro cultural minimamente policiado, tais expressões intelectuais não são simplesmente levadas a sério. Sabe-se que não se baseiam sobre o método científico, que não são mesmo compatíveis com a atitude científica de espírito. Em vez de constituírem motivo de júbilo e de elogio, são antes razão para desmoralização e desprestígio, provas de improbidade, de desrespeito às mais comezinhas regras da vida intelectual.

No entanto, não compreendemos ainda tal fato. A história é hoje uma ciência autônoma, e não um gênero literário como se quis muito tempo. A crítica porfia por atingir o mesmo plano. A história literária também, através de uma clarificação de sua própria natureza, métodos e objetos. Uma coisa não é possível: a confusão de métodos, a mistura de atividades intelectuais diversas, que exigem atitudes diferentes de espírito, técnicas de trabalho, terminologias, maneiras distintas de tratar matérias radicalmente diferentes. A verdadeira história literária, que se alia à crítica, não vê a literatura sempre condicionada à história e acredita na possibilidade de um desenvolvimento imanente da literatura, em formas, estilos, gêneros, o qual suscitaria as transformações estéticas independentes de desenvolvimentos extraliterários. Ao atirar-se à literatura, o historiador pode fazê-lo com o intuito legítimo, para ele, de recolher material de documentação histórica. Mas, assim fazendo, ele se engaja como historiador, não como crítico literário, nem mesmo como historiador literário. Nossos historiadores oitocentistas, lidando com a literatura, com a pretensão de escrever crítica, não fizeram mais do que história, quando muito *história* de literatos. Porque, para eles, história literária era *história* e não literatura, que escapava, na sua natureza e função, à sua mentalidade de historiadores. Há sempre essa deformação de visão no historiador que trata da literatura. Crê mais na história do que na literatura. Na história relacionada com aquela literatura. Subordina esta àquela.

Daí o fracasso daqueles historiadores que, no século XIX, se empenharam no estudo da literatura. Não atinaram em que atividades tão diversas de espírito — a crítica literária, a estética, de um lado, e do outro as ciências sociais, a história, a etnologia — se não são isoladas em compartimentos estanques, se se prestam auxílios mútuos, não podem ser tratadas simultaneamente, pois exigem uma especialização até da mentalidade de quem as exerce, duas atitudes, duas metódicas, duas terminologias diferentes. Não se pode ser crítico literário e estético e, ao mesmo tempo, historiador ou etnólogo. Não é a mesma pessoa que compreende e avalia a poesia modernista e que pesquisa no campo as variantes da vida conjugal de sociedades primitivas. Só a nossa civilização viciada pela mania do polígrafo é que não atenta a tal coisa e que ainda respeita e supervaloriza os que estadeiam uma mente enciclopédica.

Uma crítica feita a *A literatura no Brasil* foi que não tivesse guarida na obra o estudo dos historiadores e da historiografia brasileira. Antes, porém, da surpresa, deveríamos — o que não é comum entre os nossos comentaristas bibliográficos — estudar o assunto e averiguar quais os pressupostos doutrinários de historiografia literária e os princípios de ordem que regulam a concepção e elaboração do livro. De fato, há uma longa tradição que incorpora a historiografia e os historiadores à história da literatura, tradição ligada ao conceito neoclássico dos gêneros, segundo o qual tudo era literatura, desde a poesia lírica, à filosofia, ao jornalismo, à história, até a conversa. Reforçou essa tradição a teoria germânica, a que se filiaram os nossos críticos e historiadores positivistas e naturalistas, Sílvio Romero à frente, para a qual literatura era toda a produção literária de um povo, tudo o que fosse escrito e tudo o que testemunhasse o seu esforço espiritual e constituísse o seu patrimônio intelectual. Partindo dessa premissa, Sílvio incluiu em sua obra monumental todo o acervo de nossa cultura, pois literatura coincidia em verdade com cultura. Literatura queria dizer documento de vida espiritual, e não monumento artístico. Destarte, a história literária era o arrolamento de todos os indivíduos que houvessem contribuído para a vida espiritual, romancistas e poetas, ao lado de juristas, filósofos, jornalistas, historiadores. Foi o que procurou fazer Sílvio Romero, e essa concepção dominou a compreensão do problema de tal modo que ainda em nossos dias ela é pacífica e surpreende quem quer que ensaie reagir contra ela. E é tão espalhada que deu lugar a que até a medicina e os médicos fossem incluídos na história literária, como é o caso da que dirigiu Albino Forjaz de Sampaio em Portugal.

Não será necessário forçar muito a mão para asseverar a incompatibilidade dessa conceituação com a que inspirou a *A literatura no Brasil*. Nada havendo nela de arbitrário, mas obediente a um plano prévio e a um princípio normativo, há que procurá-lo antes de estranhar qualquer omissão, que pode estar nele justificada. No caso da historiografia não há omissão involuntária, porém deliberada não inclusão, em obediência àquele plano.

Já se foi o tempo em que se considerava a história um gênero literário e em que o historiador tinha que ser antes de tudo um artista, indiferente às regras do método e ao rigor da disciplina especializada. Desde o século passado que a história se libertou da literatura enveredando pelo rumo da ciência, tornando-se uma das ciências sociais, com o domínio de uma metódica apropriada e específica. O historiador pode ser forrado de sensibilidade artística e dotado de recursos estilísticos e literários, o que é outro assunto, mas, ao escrever história, não faz literatura nem se despe de suas prerrogativas de cientista do fato histórico e social, que investiga e interpreta à luz de metodologia e critérios de aferição de valores inconfundíveis com os processos da criação literária.

Como obra de história literária, *A literatura no Brasil* obedece a um conceito da literatura que é de natureza estética. A literatura, para ela, é o produto da imaginação criadora, artística, é uma forma de arte, a arte da palavra, cuja finalidade é apenas despertar o prazer estético. Conforme essa concepção, tudo aquilo que, produto do espírito humano, tenha por objetivo ensinar, informar, dirigir a opinião, estudar o passado, investigar o presente social, está fora da literatura. É o que ocorre com o jornalismo, a história, a filosofia, a sociologia, etc. São formas de atividade espiritual estranhas à literatura. Esse conceito, portanto, é restritivo, delimitando o campo da literatura.

Daí, consequentemente, o conceito de gênero, também restrito. São gêneros literários exclusivamente: as literaturas lírica, dramática, narrativa (ficção e epopeia) e ensaística. O objeto da história literária é o estudo desses gêneros, não esquecendo, muito embora, o estudo da crítica literária, que, não sendo um gênero, é o conjunto de métodos de análise e interpretação do fenômeno literário, estreitamente ligada, portanto, aos gêneros de imaginação. Não há, pois, como encontrar em *A literatura no Brasil* capítulo dedicado à história e historiadores em si. Isso é assunto pertencente à história geral da cultura brasileira e da historiografia e não à da sua literatura.

Não podemos, todavia, escapar da realidade e um esquema, para ser válido, tem que respeitá-lo. No Brasil há uma sólida ligação da história e da literatura. Muitos escritores exercitaram-se nos dois domínios, e há uma relação permanente de temas que se projetam de uma sobre a outra, uma influência forte de uma na outra. Não se podem, portanto, separar. Há que investigar essas relações e influências, estudo de fronteira entre duas atividades que se interpenetram na história intelectual brasileira. Foi o que se tentou realizar no capítulo "A literatura e o conhecimento da terra", em que é abordado o tema das relações entre a literatura de imaginação e a de ideias e conhecimento do Brasil, isto é, entre os literatos e os historiadores e sociólogos. Jamais iria a obra em apreço estudar a historiografia brasileira. Mas não poderia esquecer as influências da literatura de conhecimento da terra — historiadores e sociólogos — sobre a literatura de imaginação. *Os diálogos das grandezas*, a *História* de Frei Vicente do Salvador, *A carta* de Caminha, toda a "brasiliana", não são literatura. Não podem ser estudados como tal numa obra de história literária. São livros de historiografia, documentos sociais, que devem aí ser mencionados nas suas possíveis relações ou ligações com a evolução do fato literário no Brasil. Foi o que se fez, num capítulo, por assim dizer, marginal. A "terra", a "raça", o "meio", o "homem" não são estudos pertencentes à história literária. A outras disciplinas cumpre realizá-los. A história literária deve apenas registrar as possíveis relações desses temas com a literatura. É capítulo subsidiário, e não central da história literária, e assim é que há que compreendê-lo uma história literária que se caracteriza por orientação estética. Por isso, em *A literatura no Brasil*, um Varnhagen ou um Capistrano não têm entrada como historiadores, mas pela contribuição que deram à crítica e à historiografia literárias.

AUTONOMIA DA LITERATURA

O princípio geral que norteia a concepção desta obra é o da autonomia do fenômeno literário e do estético em geral. Transcrevo para aqui o que já escrevi em outra obra mas que aqui tem toda adequação.

É interessante assinalar o fato altamente significativo, na história das ideias estéticas, da concordância entre os princípios aristotélicos e a moderna concepção da poesia, identificada pela linha de Baudelaire, Mallarmé, Valéry, Eliot, até os nossos dias, sobretudo, como assinala o crítico Francis Fergusson, no que concerne à autoconsciência da arte. Esse fato foi posto em relevo por Jacques Maritain, em sua monumental suma estética, *Creative, intuition in art and poetry*, onde mostra que essa marcha para a autoconsciência (*self awareness*) atingiu, no último século, um grau sem precedentes e constituiu mesmo uma das contribuições imperecíveis da arte moderna. Maritain conciliou o seu profundo conhecimento da arte e literatura modernas, e sua rara capacidade de compreendê-la, com os princípios aristotélicos, para libertar a concepção da arte do idealismo platônico, responsável de um lado por toda a sorte de teorias mistagógicas e mágicas, e do outro pelos advogados da responsabilidade e do *engagement* da arte e da literatura no terreno ético, religioso ou político. As primeiras confundem a arte com uma atividade transcendental, oriunda de uma inspiração secreta e misteriosa sem ligação com a razão, de um mundo de ideias eternas e de Musas incorpóreas; os segundos reduzem a arte a uma ancila de outras atividades, um veículo de outros valores que não simplesmente estéticos, valores religiosos, políticos, morais, desta sorte transmitidos pelo instrumento da arte, e assim retirando-lhe valor próprio e finalidade específica, subordinando-a aos fins das atividades que veicula. Há, assim, coincidência entre o pensamento do neotomismo maritainiano e os princípios da nova crítica.

Consoante a filosofia aristotélica, hoje tão bem compreendida porque confirmada pela moderna evolução da arte, não há que buscar fora dela objeto para a atividade artística, e seu valor reside no prazer que desperta, o prazer estético, e não nas possíveis "mensagens" circunstanciais que encerre. Seu valor está no seu todo, no seu "único", em que se fundem o que ela diz e o que ela é, a sua totalidade formal, tornando-se forma no sentido aristotélico de princípio gerador que determina internamente a essência e qualidade das coisas. Desta maneira, a arte é dotada de existência plena e autônoma, independente da história, filosofia, ciências físicas, biológicas e sociais. Subordiná-la às outras atividades é descrer de suas possibilidades, não acreditar na especificidade de sua função (estética) e não ter fé na arte (e na literatura).

Essa formulação do problema tem imediata consequência no método crítico, sabido como a doutrina inspira os métodos, não podendo um método existir sem uma prévia conceituação, em que pese aos que, como é comum entre nós, acreditam no empirismo das soluções que nada resolvem. Ao recusar o platonismo idealista e abstrato, é impossível concordar com o tratamento crítico impressionista, que reduz o trabalho crítico à captação de ideias existentes dentro da mente do crítico, ideias despertadas pelas reações que só ele sente de impressões que ninguém mais percebe. Por outro lado, fugindo desse relativismo individualista, o platonismo crítico não pode deixar de cair no extremo oposto da subserviência ao social, político ou religioso, identificando o método crítico com o método histórico.

A outra posição possível, consentânea com os postulados aristotélicos, contrária ao platonismo, reconhece a autonomia da literatura, como fenômeno dotado de caracteres e objetivos próprios, a ser compreendidos e identificados nela mesma, na sua própria natureza e essência. Essa é a compreensão a que vêm propendendo as teorias estéticas e críticas nos últimos cem anos, à luz da evolução paralela da literatura. A arte basta-se a si mesma, e não pede emprestada a nenhuma outra atividade do espírito justificação para sua existência. Constituem herança caduca do naturalismo decimononista as tentativas de sua subordinação aos valores sociais, filosóficos, políticos e religiosos. Essa é a lição que se retira da evolução literária e artística mais recente. E não compreender o assunto dessa maneira é falhar na apreensão crítica da literatura contemporânea.

À luz de tais premissas, a literatura é vista como um todo, em que entram ingredientes vários, que o artista retira de sua "experiência", graças a sua liberdade criadora, transformando esse material da experiência numa visão poética da realidade. Por isso, é inteiramente superada a tese de que há uma arte social e outra de cunho psicológico, distinção essa muito comumente aplicada, sobretudo ao romance. Basta observarmos os grandes exemplos que fornece a história do romance para compreendermos que não se podem isolar, nem se isolam, na composição do romance, os diversos ingredientes, de natureza psicológica ou sociológica, utilizados pelo artista. Em Dostoiévski, por exemplo, a transposição do mundo psíquico mistura-se inseparavelmente com o material social, e se ele representa um grande passo no sentido da valorização do psicológico, sua arte tem sido vista, pelos intérpretes revolucionários, como encerrando uma mensagem favorável à revolução social. Henry James, se é um mestre da introspecção, sua obra passa hoje por ser uma vigorosa pintura de uma classe em decadência, e portanto possui nítido caráter revolucionário, embora aparecesse, em seu tempo, como reacionária. Machado de Assis deixou uma obra de alta investigação psicológica, mas tem fornecido campo à interpretação social, retrato que foi da sociedade do Segundo Reinado brasileiro. O mesmo se aplica a Proust. Não têm sentido nem validade crítica tais conceitos, sendo de todo impossível separar o material psicológico do social na composição da matéria-prima da literatura, desde que não existem isolados na vida. E muito menos se pode aceitar qualquer hierarquia para os valores psicológicos ou sociológicos, uma espécie de arte maior ou arte menor de acordo com o material que utilize. A *Ilíada* é, igualmente, grande como apresentação das reações psicológicas do guerreiro e como pintura dos atos de guerra. A arte é representação ou recriação da realidade, uma rugosa e complexa realidade, e não apenas de um de seus aspectos. A propósito, há que relembrar a opinião de Henry James: "O romance é algo vivo, uno e contínuo, como qualquer outro organismo, e, à medida que vive, suponho eu, é que se descobrirá que se encontra em cada parte alguma coisa das demais. O crítico que, sobre a contextura compacta de um romance acabado, pretender traçar uma geografia de partes constitutivas, demarcará, ao que temo, fronteiras tão artificiais quanto certos limites que a história tem conhecido. Existe uma distinção antiquada entre o romance de caráter e o de incidente, que deve ter valido boas gargalhadas ao fabulista intencional que se revelou arguto em seu trabalho. Distinção que me parece tão despropositada quanto aqueloutra, igualmente célebre, entre o romance (*novel*) e a narrativa romanceada (*romance*) para que corresponda a qualquer realidade." Esta citação é do ensaio importantíssimo *The art of fiction*, cuja leitura e meditação é altamente recomendável a críticos e romancistas. Para encerrar, há ainda outra passagem digna de citação: "Romance e narrativa romanceada, romance de incidente e romance de caráter — essas distinções ineptas parecem-me criadas por críticos e leitores para conveniência própria e para ajudá-los a sair de algum de seus eventuais apuros, mas encerra pouca objetividade ou interesse para o criador." Diz ainda James: "Totalmente tua é a vida, e não dês ouvidos aos que terminariam por encurralar-te nos seus cantos, a dizer que a arte somente habita aqui ou ali."

LITERATURA E VIDA

Portanto, conceber a literatura não é fazer crer que o fenômeno literário é como um bólide no espaço, sem contato com o ambiente social e histórico, retirando-lhe assim qualquer significado humano. É verdade que os que assim pensam colocam-se numa perspectiva oposta, e que é tão errada quanto seria a primeira: a de considerar o fenômeno literário sem existência fora do magma social, o que redunda em descaracterizá-lo, negando-lhe autonomia.

O que se sustenta aqui é a natureza peculiar do fato literário, sua origem na imaginação criadora, sua finalidade em despertar o prazer estético, sua natureza específica formada por elementos que só nele e para ele existem, sua autonomia em face dos outros fatos da vida. Mas defendendo sua autonomia e características próprias não se quer, de modo algum, implicar o seu isolamento em relação aos demais fenômenos da vida. Nega-se não o isolamento, mas o condicionamento e dependência, como queria Taine e afirmam os críticos e teóricos marxistas, para os quais o fenômeno da arte é uma forma da vida social, onde se origina e em função da qual existe e tem sentido e finalidade, ou uma superestrutura derivada da infraestrutura econômico-social.

Quem acredita nas forças do espírito não aceita semelhante subordinação deste e de suas manifestações ao império dos elementos materiais. A arte é típica expressão espiritual. E o elemento estético é o que a distingue e a torna específica. A verdadeira crítica de arte é a que procura identificar esses elementos específicos, classificá-los, avaliá-los, na sua própria natureza e não nas forças que porventura atuem sobre ela, a partir da periferia social. O objetivo primordial da crítica a toda arte é centralizar ou focalizar a sua objetiva naqueles elementos internos, intrínsecos, que a especificam, é apreender o modo como tiveram tratamento pelo artista, a maneira boa ou má, sucedida ou não, de como aparecem na obra. A verdadeira crítica literária é intrínseca e não extrínseca, isto é, trata da obra *in arte* e não *in merito*, visa à obra no seu contexto, em vez de discuti-la em termos psicológicos ou sociológicos.

A crítica no Brasil, em sua maior parte, é um produto da influência de Taine e das teorias romântico-realistas, segundo as quais o fenômeno literário devia ser compreendido e julgado à luz de suas qualidades e conseqüências extrínsecas, isto é, pelos seus aspectos históricos, políticos, sociais. Não se enxergava o aspecto estético da obra literária, justamente o que devia predominantemente servir de pasto ao trabalho crítico verdadeiramente literário. Por isso a reação que, inaugurada por quem aqui escreve, tinha que ser necessariamente contundente e polêmica e enfatizar o lado oposto. A consequência foi que passou a ser interpretada como negando as relações exteriores do fato literário. Nada mais falso. Nunca se negou tais ligações, mas simplesmente o seu predomínio e portanto o maior interesse da crítica pelas forças exteriores ou pela base física da literatura. O que se quis foi inverter a mira: em vez das forças exteriores, o objetivo precípuo da crítica devia ser os elementos interiores do fato literário. É claro que tudo o mais que se fizesse, concernente aos agentes exteriores, e que servisse para o esclarecimento do fenômeno artístico, devia ser considerado e bem recebido. Apenas esses trabalhos não têm que ser entendidos como crítica literária. São estudos sociológicos, psicológicos, biográficos, antropológicos, históricos, geográficos, o que forem, menos crítica, se bem que a crítica se beneficie deles, como subsídios valiosos para a sua tarefa de investigar e valorizar a obra literária. Daí que se chegue como consequência a advogar a constituição da crítica como disciplina autônoma. É a consequência natural e lógica. Possuindo objetivo próprio, natureza específica, a disciplina que o estuda e ajuíza tem que ser autônoma em seus métodos e técnicas, métodos e técnicas também específicos, adaptados àquele objeto. Para o estudo do personagem, da ordem da narrativa, da estrutura do enredo, da metáfora, que são alguns dos elementos especificamente literários da obra de literatura, não é possível usar com eficiência os métodos de nenhuma outra ciência, mas criar novos métodos de análise e observação, compatíveis com aqueles elementos e próprios à sua natureza. O erro da crítica cientificista do século XIX, de Hennequin e outros, foi precisamente tentar aplicar ao fato literário métodos de ciências, com objetivos e natureza diversos. A crítica atual procura tornar-se ela mesma científica, mas desenvolvendo uma atitude científica e criando métodos próprios de natureza científica adaptados ao estudo do fato que constitui o seu objeto — o literário.

Parece clara a exposição de pensamento que aí fica. Está longe de negar as correlações do fato literário com as demais formas de vida. Ele também é forma de vida, com a mesma razão de ser dos outros, específica e autônoma a sua existência, natureza e finalidades, e não retirando sua razão de existir da dependência às outras formas. Defender a autonomia da literatura não é isolá-la, mas acreditar na eficiência de sua missão, do seu papel entre os homens. Subordiná-la é descrer dessa função. O problema da crítica estética não é de desconhecimento das circunstâncias externas do fato literário. É de ênfase nos elementos internos, intrínsecos, literários, específicos.

Desta maneira, opor a literatura à vida é um contrassenso. Literatura é forma de vida. Se assim pensarmos veremos quão errônea é a fórmula dos que afirmam que a literatura, vista como fenômeno estético isolado, é contrária à vida, e que ela deve ser englobada no social para ser viva. Ora, segundo nossa concepção, o social, o humano, o vivo, estão incorporados ao estético. O conceito estético é global, integral. Para ele, a obra de arte é um todo, composto de partes indissoluvelmente ligadas de conteúdo e forma, de significante e significado. Não tem sentido falarmos em fundo e forma separadamente, como era comum entre os parnasianos. Um elemento não existe sem o outro. Um nasce para o outro, e num determinado estilo de época o conteúdo só se pode adequadamente expressar através daquela forma que ele faz nascer para sua expressão. Foi assim quando o barroco substituiu o estilo periódico, ciceroniano, do Renascimento, pelo anticiceroniano e senecano, que veio a tornar-se o estilo barroco. O anterior não se adequava às suas necessidades expressionais, que encerravam um conteúdo oposto ao renascentista.

ARTE E SOCIAL

A propósito desse problema das relações do social com o literário, da arte com a sociedade, será interessante mencionar a posição do crítico e historiador de arte Arnold Hauser.

A ciência da estética está passando por profunda ebulição nos últimos decênios, como se pode sentir pelos congressos recentes. É a metodologia, são os conceitos, é a terminologia, tudo está passando por uma revisão larga que coloca a estética numa verdadeira encruzilhada, no ponto crucial de sua história, na marcha para a autonomia científica.

Em face da experiência estética, ainda se dividem os estudiosos do fenômeno entre as interpretações psicológica, sociológica e estilística. A abordagem sociológica parece que conta com a maioria da opinião, e, ainda recentemente, ela foi reforçada de maneira brilhante pelo livro notável publicado pelo húngaro Arnold Hauser, inglês de adoção e hoje vivendo nos Estados Unidos onde tem ensinado história da arte, em várias universidades. Seu livro — *Social historiy of art* (1951) teve larga repercussão, com tradução em diversos idiomas, inclusive o espanhol e o português. É uma obra impressionante, em que o autor aplica o método dialético à interpretação do processo evolutivo da história da arte, um exemplo admirável do que pode a sociologia da arte contribuir para o esclarecimento do fenômeno estético. É verdade que, a despeito do peso novo trazido a favor da interpretação sociológica por um argumentador poderoso forrado de segura erudição especializada, não ficaram menos claras, na época, as limitações desse método de abordagem, pois, devido ao exagero de que nem sempre escapa, quase consegue um *reductio ad absurdum* em sua conceituação.

Pois bem, a grande novidade é o recuo de Hauser em nova obra: *The philosophy of art history* (Londres, 1959). É evidente que não se trata de um repúdio de sua teoria anterior. Continua preso ao método dialético e à interpretação sociológica. Ele próprio confessa que "o princípio dirigente de seu livro anterior e do atual pode ser assim formulado: tudo na história é a realização de indivíduos, e os indivíduos sempre se encontram numa certa situação definida de tempo e lugar; sua conduta é o produto tanto de suas capacidades inatas quanto da situação". Assim exposta a doutrina em termos gerais, o autor admite, "no entanto, que é muito consciente das limitações do método sociológico", e que "o mais sério defeito que veio no meu livro anterior consiste em não aplicar o método dialético com as devidas cautelas". Ao reconhecer as limitações do método sociológico, embora ficando-lhe fiel, Hauser denota maior reconhecimento do fator estilístico, cujo significado e função ele considera inalteráveis.

Diante da obra de arte, cuja estrutura intrínseca e cuja natureza de entidade independente vão sendo geralmente admitidas, a controvérsia reside em avaliar o grau de importância dos elementos sociais, psicológicos e estilísticos que se entrechocam no seu bojo, dando-lhe origem e significado.

O que importa nesse livro é a maior ênfase dada ao papel do estilo, graças a uma consideração mais atenta da teoria de Wölfllin, sem embargo de que a abordagem sociológica ainda constitui o eixo do livro. Mas, não há dúvida de que é bem significativo, tratando-se de um mestre da interpretação sociológica e do método dialético, esse reconhecimento do papel das forças propriamente estéticas sintetizadas no estilo — o renascentista, o barroco, o romântico, etc. Mais comedido no seu método dialético, Hauser dá valor à interpretação estilística, o que, para os "formalistas" (forma tomada aqui não no sentido que lhe comunicava a oposição forma-conteúdo) não pode deixar de ser bem recebido. Resta a esperança de que o avanço dos estudos e debates, como vem ocorrendo nos anos recentes, venha pôr em evidência que a obra de arte é de natureza estética, traduzindo-se em estilo individual e de época, e que o seu estudo deve recair primordialmente sobre os elementos intrínsecos que compõem essa natureza, e não sobre as circunstâncias externas de sua gênese (fatores sociológicos), que são reais, mas não os que compõem a qualidade específica do fenômeno estético.

Não isolemos a obra de arte de seu contexto social. O estudo desse contexto é importante. Mas a verdadeira natureza da obra de arte só é compreendida e explicada pela análise e interpretação de seus elementos intrínsecos, propriamente estéticos. Para uma ciência que penetre o seu núcleo e os analise, é que nos dirigimos. É a que aspiram todos os que acreditam na arte (e na literatura) como fenômeno autônomo e com função específica na sociedade, ao lado dos outros fenômenos da vida.

Desde que a emoção criadora se incorpora numa entidade específica — a obra de arte — ganhando uma estrutura unida de conteúdo e forma, ela se organiza englobando o contexto social, e sua autonomia estrutural adquire um sentido global.

A CRÍTICA E O PROBLEMA DO MÉTODO

Os métodos de estudo da obra literária, como demonstram os modernos teóricos da ciência literária, são de dois tipos: extraliterários e literários (Manfred Kridl), extrínsecos ou intrínsecos (Wellek e Warren), estes últimos também chamados ergocêntricos por Lempicki.

Se representarmos o fenômeno literário por um gráfico, teremos hipoteticamente a sua constituição entrevista da seguinte forma: no círculo externo, incluem-se alguns dos elementos extrínsecos do fenômeno literário, aqueles considerados genéticos pela crítica do século XIX: a raça, o meio físico, o momento social, os fatores político e econômico, o autor; no círculo interno, aparecem alguns elementos intrínsecos, de natureza específica, que só existem na literatura, e, por isso, lhe são peculiares: o personagem, o enredo, o cenário, a métrica, a rima, o estilo, etc.

Ao grupo dos exteriores pertencem os estudos de crítica extrínseca, não concernentes com a obra literária propriamente, mas antes com seu autor e o meio — genético, psicológico, sociológico, histórico e cultural, tais estudos descendem da filologia e da história (filológico-históricos) e incluem a língua, a literatura e a cultura, tratando-as por meio da genética, da psicologia, e encarando a obra literária como documento cultural e pessoal.

Os métodos literários intrínsecos ou ergocêntricos de crítica dedicam-se aos elementos internos. Tais métodos surgiram pelos começos do século, ligados a nomes como Croce, Vossler, Spitzer, Sperber, os franceses da explicação de textos, os ingleses e americanos da *new criticism*, os formalistas russos e poloneses, os estruturalistas tchecos. Por aí se vê de logo que os métodos intrínsecos não constituem um todo homogêneo, mas encerram uma grande variedade de atitudes, aspectos, técnicas, aplicação de artifícios metódicos.

A fim de render justiça à obra literária, deve-se adotar um método integral de estudá-la. Integral, este método abraça tudo, sem exceção, que existe na obra literária; literário, ele estuda todos os elementos dentro dos limites da obra, do ponto de vista literário. A obra de arte será estudada, não como documento histórico-cultural, nem como um sistema filosófico ou político, nem mesmo como conjunto de conselhos para a vida prática, mas como *objetos artísticos*, mundos independentes, imaginários, criados por meio de artifícios específicos e únicos.

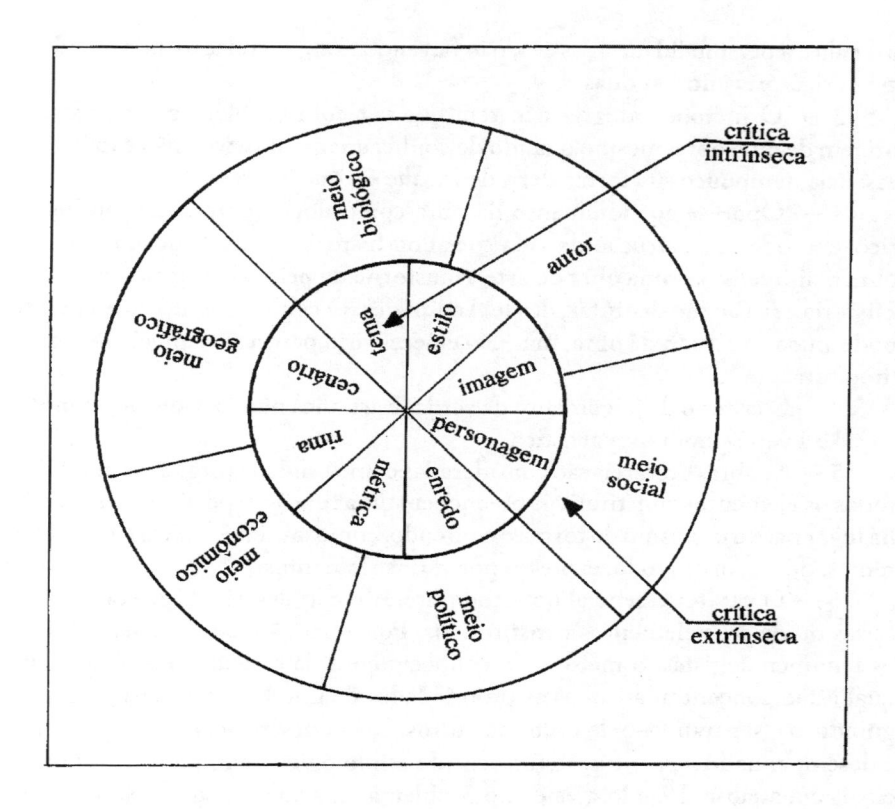

[Diagrama circular com os seguintes elementos: círculo interno dividido em setores com "tema", "estilo", "cenário", "imagem", "rima", "métrica", "enredo", "personagem"; círculo externo com "meio biológico", "autor", "meio social", "meio político", "meio econômico", "meio geográfico"; setas indicando "crítica intrínseca" (apontando para o círculo interno) e "crítica extrínseca" (apontando para o círculo externo).]

Esse método integral de crítica foi preconizado pelo crítico polonês Manfred Kridl. Segundo sua doutrina, o estudioso da literatura, *scholar* ou crítico, deve firmar claramente qual o seu objetivo, isto é, deve saber que somente obras literárias constituem o assunto de suas pesquisas, e que seu objetivo é investigar as propriedades literárias específicas que as distinguem de quaisquer outras. É claro que é lícito ao historiador da literatura ocupar-se com obras não literárias, sabendo porém que está fazendo tudo menos crítica literária.

Eis alguns dos postulados fundamentais do método integral de estudo literário, de acordo com Kridl.

1 — Ocupa-se com as obras não com seus autores. Acostumamo-nos a identificar obras e autores, as primeiras como memórias da alma de quem os produziu, uma das formas da invasão da psicologia nos estudos literários. No entanto, as obras não são puramente fenômenos psíquicos, mas artefatos, objetos artísticos com sua própria existência, independente de seus autores. O psicologismo literário acredita que devemos passar pela alma do autor para compreender-lhe a produção literária, ou pela obra para reconstruir-lhe a alma. Devemos distinguir o ego privado e o ego artístico de um autor, a personalidade

privada e a personalidade artística, não havendo exata correlação ou dependência obrigatória entre as duas.

2 — O método integral não tem que ver com problemas genéticos. A origem de uma obra, mesmo quando de conhecimento possível, não explica sua essência, tampouco sua forma derradeira, que é a que interessa.

3 — Opõe-se ao tratamento da obra como documento social ou histórico, e a toda reconstrução da vida social ou histórica a partir dela. Mesmo a obra mais realista é uma obra de arte, transformada pelo laboratório do artista. História e ficção são distintas, desde Aristóteles. O conhecimento do ambiente pode ajudar o estudo da obra, mas não é necessário para a sua apreciação como literatura.

4 — O critério de julgamento da verdade artística não é a vida, mas a motivação e a verossimilhança artística.

5 — As obras literárias são consideradas como unidades orgânicas nas quais todos os elementos constitutivos preenchem uma função específica. Assim, não há lugar para o dualismo de forma e conteúdo, como entidades separadas e diferentes. Só existe um todo, expresso por vários elementos.

6 — O caráter essencial do estudo literário é a "descrição" das obras literárias ou de seus elementos constitutivos. Por descrição entenda-se, segundo os fenomenologistas, o método de conhecimento da essência dos objetos, na qual estão concentradas todas as propriedades de um dado fenômeno, distinguindo-o e separando-o de todos os outros. Nessa descrição, o papel principal é desempenhado pela intuição (no sentido etimológico), e um dos meios principais é a análise. Ligado a este, é o problema da avaliação, delicado e difícil. Depende de esclarecer-se a noção de valor ligado à obra de arte. Valores estéticos são por sua natureza valores de objetos. É o valor estético que faz de nosso "objeto" uma obra de arte.

7 — Finalmente, quanto aos limites e divisões do campo de trabalho, temos que dividir em três ramos principais o assunto: a) poética ou teoria literária; b) investigação literária no sentido estrito; c) teoria de pesquisa literária ou metodologia.

O conjunto da nova disciplina de estudo literário difere nitidamente da velha concepção da história literária, que não passa de uma parte da mesma, aplicada do ponto de vista histórico, ao estudo da literatura, tanto às suas manifestações antigas como às novas.

Esse novo método é o resultado de uma evolução lenta, de perspectivas que se vêm somando, de teorias e postulados que se sistematizam. Mas, um ideal releva sobre todos: aplicar critérios literários ao estudo das obras literárias.

O novo método integral do estudo literário está definido e consolidado na disciplina *Poética*, assim denominado o conjunto de técnicas e princípios de abordagem do estudo do fenômeno literário segundo os novos moldes entre os *scholars*, críticos e estetas.

O MÉTODO POSITIVO

O que dominava os estudos literários, máxime a partir do século XIX, era o chamado método positivo. Que significa ele?

À escola alemã de *scholarship* devem-se os aperfeiçoamentos técnicos em matéria de ecdótica e textologia, de edições de textos e trabalhos eruditos, biográficos ou históricos. É ela conhecida em metodologia do trabalho intelectual como a escola positivista alemã, positivismo aqui de nenhum modo relacionado com o movimento filosófico francês de Comte. Era um esforço de tornar "positivo", tanto quanto possível exato, científico, o trabalho de pesquisa e de confecção ligado às obras literárias e históricas, aplicando-se a ele o método das ciências exatas, naturais e biológicas, então no apogeu de sua voga e influência.

Todavia, o esforço de exatidão foi compreendido como uma obrigação da minúcia. Teve-se a impressão de que, para compreender e explicar a catedral, era suficiente conhecer a qualidade de um tijolo. Sobretudo o método teve enorme fortuna, em literatura, na exploração das vidas dos autores, primeiramente no pressuposto de que os pormenores de uma existência explicavam o todo, e, em seguida, na suposição de que o conhecimento da vida era passo indispensável para a compreensão da obra. Em nenhum domínio, talvez, o positivismo metodológico teve maior êxito do que no da biografia histórica e literária.

Os livros de erudição passaram a ser julgados pelo acervo de fatos e acúmulo de detalhes. E esses fatos e detalhes seriam mais respeitados e valiosos na medida em que cobrissem o maior número de notas e notinhas alinhadas no pé das páginas ou no fim dos volumes. Livros de erudição houve que em cada página tinha apenas duas ou três linhas de texto e o resto de notas e citações ou referências. Outros levavam as notas e referências nas páginas finais, e não era comum encontrarem-se livros em que a terça parte ou mais se constituía de notas. Isso se chamava erudição em termos de edição e anotações, e todos têm a experiência de quanto é penosa a leitura desses volumes massudos em que se especializou a imprensa universitária, sobretudo alemã, mas também, por influência, a inglesa e a americana, senão também a francesa. Esqueceu-se que uma nota ou é muito importante e deve ser incorporada ao texto, ou carece de valor e, nesse caso, merece ser abandonada.

O exagero do positivismo caracterizou, com o correr do tempo, aquilo que hoje se conhece como a crise do *scholarship*, e, paralelamente, o divórcio entre a crítica e a erudição, para ficar no terreno literário que nos interessa. Essa crise e esse divórcio são temas de viva polêmica nos grandes centros universitários, lamentando-se que a crítica haja sido sacrificada em benefício da erudição, e de uma erudição que não passava do sinal da erudição, isto é, em que o aparato erudito substituiu a própria erudição, em que as notas de pé de página são o *sine qua non* do *scholarship*, como se disse.

Um crítico americano definiu muito bem o fenômeno, quando ironizou "a tradição acadêmica, a noção, ainda vigente nas universidades, de que o aparato erudito é igual à erudição, e de que as virtudes das chamadas disciplinas universitárias nos estudos humanos são também as virtudes da crítica. A indústria persistente e a prudência intelectual, quando substituem o método, podem servir para as investigações históricas de rotina, mas são a morte da crítica" (M. Scherer, *Freudianismo and literary mind*).

É que a erudição substituiu a "visão". Os fichários tomaram o lugar da inteligência, aboliram o homem, o humanismo. Fato, fato, fato, gritava a ciência do século XIX, esquecida de que o fato sozinho nada significa, pois falta a inteligência concorrer com a interpretação. A erudição, de meio, passou a fim, e da erudição somente o seu aspecto exterior, mecânico, isto é, aquilo que apenas seria o sinal, o seu testemunho. E sabemos que esta parte pode ser produto de uma organização, de uma equipe de auxiliares e não do autor, que deixa de ser um homem para ser um fichário, um armazém; que renunciou às faculdades espirituais, à imaginação, à inteligência, à visão crítica, para submeter-se aos reflexos medulares. Verificou-se que afinal não havia necessidade de inteligência para arrumar dados, bastando a domesticação, o treino, e que ciência literária não quer dizer encher o livro de notinhas, citações e indicações bibliográficas bem copiadas, como acredita muita gente cuja mediocridade não logra ir além disso e da estatística.

Contra os exageros do método positivista, levantou-se um movimento no seio das universidades alemãs, inglesas e americanas, procurando-se combater o historicismo e o método documental. O debate tem sido dos mais agudos e interessantes, e existem numerosos trabalhos assinados por nomes dos mais ilustres — H. Munford Jones, Louis Teeter, A. Feuillerat, A. Warren, Ronald Crane, Cleanth Brooks, A. Mizener, Harry Levin, John Crowe Ransom — que, discutindo problemas relacionados com o ensino da literatura, abordam a questão das relações entre o *scholarship* e a crítica, ora divorciados na interpretação da literatura, com sacrifício da segunda, e se esforçam por lançar uma ponte sobre o abismo que se cavou entre os dois. A revista *PMLA*, fortaleza do academicismo americano, inscreveu há pouco algumas normas aos seus colaboradores, entre as quais esta: "*PMLA* não tem por certo objeções contra os *footnotes per se*; reconhece a importância da documentação adequada em escritos eruditos. Mas objeta contra o excessivo e desnecessário acúmulo de notas, e terá prazer em publicar ocasionalmente provas de que as notas não são um *sine qua non* da erudição. Acredita que alguns artigos já nascem documentados, outros realizam a documentação, mas, em numerosos, a documentação lhes foi imposta."

A revolta partiu da Alemanha, a pátria do positivismo em metodologia literária e da filologia: a revolta contra o "fatualismo" e contra o historicismo documental. George, Gundolf, este último, em seus livros sobre César e Goethe, com um profundo "desprezo das notas de pé de páginas e das referências, sem prejuízo de seu imenso saber", e muitos outros a culminar nesse estupendo *Mimesis* de Auerbach, que, por um feliz acaso, é um livro sem uma nota ou referência, mas no qual a erudição é uma erudição espiritual, transfigurou-se na visão, iluminando de ponta a ponta o livro, servindo a crítica, como seu instrumento.

A CRÍTICA NÃO É GÊNERO LITERÁRIO

É uma questão sempre atual a da natureza da crítica, máxime tendo em vista certos pronunciamentos que a definem como um gênero literário, colocando-a na mesma categoria do romance, do lirismo ou do drama. Vale a pena, pois, que se reiterem noções ao parecer comezinhas ou elementares, mas que nem sempre se apresentam claras.

Para a poética neoclássica, os gêneros literários eram todas as manifestações da atividade intelectual; tinham, portanto, um sentido amplo, e sua classificação era exaustiva, incluindo assim os gêneros propriamente poéticos — o lirismo, o drama, a epopeia — como o jornalismo, a história, a filosofia. Tudo era gênero literário, mesmo que não fosse literatura.

Naturalmente tal modo de encarar os gêneros constituía a decorrência de uma concepção lata de literatura, concepção apoética, segundo a qual não era apenas a arte da palavra, mas todas as manifestações do espírito por intermédio da palavra. Até bula de remédio seria literatura... e a bibliografia de um assunto é a "literatura" existente sobre o mesmo.

Estabeleçamos certas premissas conceituais. A literatura é uma arte, a arte da palavra. Mas nem tudo o que utiliza a palavra é literatura. Como toda arte, a literatura origina-se na imaginação criadora, e tem por objetivo despertar um estado emocional, cuja natureza tem sido motivo de muita indagação da filosofia estética. De qualquer modo, é um estado de prazer estético, indefinível, quase de felicidade, que não se identifica com nenhum outro, e que tampouco resulta de qualquer outra fonte.

Antes de mais nada, a literatura não visa ao conhecimento, à informação, ao ensinamento. A despeito de a velha fórmula de Horácio, *docere cum delectare*, pretender para a literatura uma finalidade didática, sob uma forma agradável, ou ensinar deleitando; e apesar de muitas obras que tiveram uma intenção normativa — religiosa, moral ou revolucionária —, não é este o aspecto que lhe granjeia o aplauso perene dos públicos de todas as épocas. Não é por aí que as obras literárias se tornam eternas na admiração e no prazer dos leitores. Mas sim pelos elementos estético-literários de sua composição, responsáveis pelo seu valor especificamente literário e pelo prazer estético advindo de sua leitura ou apreciação.

A esse elemento intrínseco, de natureza literária, é que se deve podermos apreciar e amar uma obra de arte de outros tempos e lugares, de "circunstância" histórica diversa da nossa. É que nós adotamos em face delas aquele *suspension of disbelief* a que se referiu T. S. Eliot, graças ao qual ficamos aptos a sentir esteticamente uma obra com a qual estejamos desidentificados em virtude de sua política, filosofia, moral ou religião. É o que faz que um protestante aprecie a *Divina Comédia*, sem aceitar a filosofia tomista, católica, implícita na sua concepção. É o que nos faz apreciar as epopeias homéricas, a despeito de nada termos com os costumes e a religião dos gregos, do mesmo modo que nos apaixonamos pelo *D. Quixote*, sem nos sentirmos presos às concepções sociais do mundo em que surgiu e a que visava satirizar.

Não sendo um meio de conhecimento ou de informação, a literatura expeliu de seu âmbito o jornalismo, a filosofia, a história. E isso fez a duras penas, depois que a ciência estética, a partir do século XVIII, se desenvolveu, passando pela polêmica romântica em torno aos gêneros literários e pelas restrições de Croce. Em nosso tempo, a poética contemporânea, não aceitando muito embora a negação croceana, tampouco se deixou prender à tradição neoclássica. Para os modernos teóricos, a concepção sobre os gêneros repele o sentido lato, amplo, reduzindo os gêneros literários àqueles estritamente de caráter literário, específico, isto é, os gêneros narrativos da epopeia e da ficção, os gêneros dramáticos, líricos e ensaísticos, fechando a porta a tudo o mais que não seja produto da imaginação e vise a objetivos de conhecimento, investigação, informação, análise.

É o caso da crítica, parenta da filosofia e da ciência, pela sua natureza analítica, interpretativa, discursiva. Atividade reflexiva, a matéria-prima de sua atuação é a literatura, o fenômeno literário, que se expressa pelos gêneros. Por isso que ela incide sua irada indagadora sobre os gêneros, deduziu-se abusivamente que ela é também um gênero. Como se a ciência que estuda as flores com elas se confundisse.

A crítica literária tem por meta os gêneros, mas não é um deles. Ela os estuda, sem se confundir com eles. Ela é uma atividade reflexiva, intelectual, da natureza da ciência, adotando um método rigoroso, tanto quanto o das ciências, mas de acordo com a sua própria natureza, um método específico, para um objeto específico, o literário, a obra de arte da palavra. Não é uma atividade imaginativa, embora consista no auxílio da imaginação; é uma atividade científica, sem usar os métodos das outras ciências (biológicas, físicas, naturais), nem se valer das suas leis ou conclusões; não é filosofia, mas recorre ao raciocínio lógico-formal, para refletir sobre os fenômenos da arte da palavra.

Assim entendida, a crítica literária possui um campo de atuação que lhe é próprio e deve caminhar para o estabelecimento de técnicas de pesquisa e análise, e para métodos de interpretação e julgamento, que lhe sejam específicos e também intransferíveis.

Não é, em conclusão, um gênero literário, mas um conjunto de métodos e técnicas justamente de abordagem dos gêneros literários. É o que tem procurado ser no passado, variando os métodos de acordo com as necessidades e em função da literatura que tenha a analisar e julgar. Sua história é uma longa luta, um grande esforço para penetrar e compreender o fenômeno literário. Com atitude científica, observando o fato literário que tenha à mão — como Aristóteles da observação da literatura grega retirou a sua *Poética* — indutivamente, a crítica literária caminha cada vez mais para alcançar uma autonomia e uma segurança, apanágios da verdadeira ciência.

A NOVA CRÍTICA

Toda a evolução da crítica literária em nosso século, buscando uma renovação de métodos e princípios, culminou no que se convencionou chamar a "nova crítica". Como já escrevi em outro lugar, há equívocos a dissipar sobre a nova crítica (ver "A nova crítica", in *Da crítica e da nova crítica*).

O equívoco maior que vigora entre nós a respeito do que podemos chamar a nova crítica decorre da identificação entre ela e uma de suas correntes ou aspectos, o *new criticism* anglo-americano. Em verdade, a nova crítica não pertence a este ou àquele país, nem indivíduo. É uma tendência geral da evolução crítica, a qual caracteriza a primeira metade do século, tudo indicando que a dirige para constituição da crítica literária como uma disciplina autônoma. Damaso Alonso, ao prefaciar a tradução espanhola do livro *Teoria literária*, de Wellek e Warren, a bíblia ou *Novum Organum* da nova crítica, exprimiu muito bem o estado de espírito, quando se referiu aos muitos que, nesta primeira metade do século, espalhados pelo mundo, chegaram às mesmas conclusões doutrinárias e metodológicas no que tange ao estudo literário, sem que nenhum contato houvesse entre eles, sem que conhecessem as obras uns dos outros. Na Espanha, e outros nos Estados Unidos, sem se conhecer, tocavam nos mesmos temas, de um ponto de vista próximo, podendo concordar sem violência uns com os outros. Esse testemunho de Damaso Alonso é fundamental, para mostrar a identidade e paralelismo de preocupações em diversas partes do mundo, ao mesmo tempo, sem qualquer ligação ou contato. Daí as numerosas e diferentes posições, doutrinas e métodos de abordagem que caracterizam a fase atual da nova crítica, fase de linguagem multidimensional, como diz Franklin de Oliveira. Ao sair do século XIX, superadas as suas postulações do problema, a crítica evoluiu através de uma série de ondas, impulsionada pelo pensamento e prática de alguns renovadores, até atingir o atual estágio, que se pode definir como revolucionário, pois subverte inteiramente a posição do espírito crítico em face da obra de arte literária.

A formulação básica da nova crítica opõe-se frontalmente à do século XIX. Enquanto nesse século a crítica, como salienta Damaso Alonso — que é, diga-se de passagem, um dos líderes da revolução crítica — dirigia-se à obra literária indagando sobre a sua gênese, perguntava-lhe "por que, como se originou", a nova crítica passa a investigar "o que é" o poema. A primeira, a oitocentista, é genética, historicista, extrínseca, a atual é estruturalista, intrínseca, ergocêntrica, em vez de buscar a origem do poema, procura estudar a sua natureza, a sua estrutura, segundo a sua "unicidade", as leis e constantes de sua existência como tal. Essa a diferença fundamental de teoria e métodos entre a perspectiva decimononista e a nova crítica literária. A questão é de ênfase: enquanto uma colocava a mira sobre os fatores circunstantes e ambientais, o foco de interesse da nova é o núcleo intrínseco do fato literário. A primeira era histórica, a atual é estética. Um ponto é, todavia, essencial à sua compreensão: ela não isola o fato literário do seu contexto geral, mas o encara nas suas relações com os outros fatos da vida, sem contudo sacrificar o que deve ser o ponto precípuo da análise crítica, isto é, o núcleo intrínseco. A prova que ele não abandonou a contribuição extrínseca, incorporando-a ao contrário ao estudo literário, é o livro de Wellek e Warren, no qual largo espaço é dedicado aos métodos extrínsecos, que têm valor, embora relativo, para a análise crítica. O extremismo metodológico, o exclusivismo, nesse particular como em outros, é atitude infrutífera, ao substituir um unilateralismo por outro. Insista-se: a questão é de ênfase. Ao exclusivismo genético do século XIX, devemos opor o estruturalismo intrínseco, como preocupação primeira da interpretação literária, sem abandonar entretanto a contribuição extrínseca naquilo que ela pode ser útil, pois, se ela não era capaz de fazer uma interpretação total do fato literário, são muita vez esclarecedores os dados que fornece através do método biográfico, psicológico, histórico, sociológico, etc., aplicados devidamente no campo próprio.

Quando se fala na nova crítica habitualmente se entende que é uma técnica de exegese e análise, focalizada na intimidade formal da expressão literária. Naturalmente, as técnicas de investigação formal e poética fazem parte do conjunto de métodos que distinguem a nova crítica, no seu afã de penetrar o coração da literatura como expressão. Mas esse é apenas um dos aspectos da nova crítica, que não deve ser confundido com os miúdos rendilhados em que se apraz o espírito alexandrino de todos os tempos. O experimentalismo na linguagem e na expressão caracteriza grande ala da poesia e da prosa contemporânea, o que não podia deixar de refletir-se na crítica, arrastada também ela para as investigações linguísticas no justo desejo de amar-se para corresponder às exigências de interpretação da literatura hodierna. É-nos lícito, aliás, afirmar que o advento da nova crítica está condicionado ao estágio correspondente da evolução literária e às exigências de sua interpretação. Um Joyce, um Proust, um Kafka, um Pound, introduziram novas dimensões na literatura que escapariam aos critérios e ao instrumental pouco precisos da crítica oitocentista, e muito menos ao impressionismo, daí a pesquisa de novos métodos de abordagem e novos recursos de análise. E isso não somente quanto ao estilo, senão quanto à técnica da narrativa e à tipologia. O caso de um Guimarães Rosa, entre nós, violenta completamente os quadros da crítica tradicional, que fica perplexa diante dele, incapaz de penetrar e compreender um mundo e uma fala inadequados à aferição pelos padrões tradicionais. A nova crítica é, portanto, também uma exigência da evolução literária, e seu desenvolvimento é paralelo ao da literatura contemporânea.

A nova crítica não é apenas um instrumento de análise. É todo um conjunto de ideias e princípios, no plano da estética geral e da doutrina literária; no plano da estética particular dos gêneros; e no plano da análise e do método de investigação. Ela inclui postulados de ordem geral, a respeito do conceito da literatura, sua natureza, função e finalidades, inclusive com uma série de conceitos, como o da ironia, do *objective correlative*, do paradoxo, da relevância, do sinal, da estrutura, do símbolo, da textura, da tensão, da ambiguidade, alguns antigos com sentido diferente, outros novos. E, ao lado disso, ela desenvolve uma série de técnicas de "leitura" textual e interpretação do texto, muitas delas oriundas ou aplicadas de ciências estranhas ao estudo literário — como a psicologia, a psiquiatria, a antropologia, a economia, a filosofia, a linguística. E, por último, ela criou uma coleção de termos novos ou sentidos novos para palavras antigas, que exigiram o arrolamento em glossários, como o de William Elton.

Outro erro é pensar que a nova crítica é válida apenas para a poesia, quando é tão eficiente para a prosa, já havendo numerosos altos exemplos na análise e interpretação da ficção e do drama saídos de críticos da nova escola. Os problemas de estrutura da ficção estão sendo esclarecidos graças às novas técnicas.

Afirmou alguém que a nova crítica estruturalista não havia dado ainda um grande crítico. É claro que tal assertiva decorre de ignorância, e não nos é lícito e honesto negar um fato só porque o desconhecemos. Portanto não será possível negar a categoria de grande crítico a Richards, William Empson, Richard Blackmur, Kenneth Burke, F. R. Leavis, Cleanth Brooks, Robert P. Warren, sem falar em T. S. Eliot, o pioneiro, e para referir apenas alguns nomes. Mas é mister não esquecer Damaso Alonso, em nosso mundo ibero-americano, sem querer entrar no mundo alemão, em que avultam um Helmut Hatzfeld, um Leo Spitzer, um Eric Auerbach. Que maiores críticos pode apontar atualmente a crítica tradicionalista, extrínseca?

A nova crítica é um novo meio, uma nova perspectiva de interpretação da literatura — antiga e corrente. Igual mudança de atitude, acentua Damaso Alonso, ocorreu em relação a todas as artes. Essa nova perspectiva resultou numa revisão de diversos conceitos literários. A velha oposição cara ao século XIX, de tão desastrosas consequências, entre crítica e história literária foi rompida. Graças a ela, a história literária lidava com fatos e podia portanto ser objetiva, impessoal, bastando tomá-los da realidade, enquanto a crítica e ajuizamento desses fatos era uma operação que pertencia ao mundo dos valores e provinha do plano subjetivo. Daí o divórcio entre crítica e história literária, esta podendo ser científica e objetiva, aquela devendo permanecer subjetiva, pessoal, impressionista. Como se ambas não devessem partir de uma epistemologia e de uma filosofia de valores e como se uma e outra não devessem operar unidas a serviço do julgamento e da hierarquização estética.

Mas a nova crítica ainda fez a história literária passar por sérias reformas, no que respeita à periodização, introduzindo a periodologia estilística, que liberta a história literária das tiranias cronológica, política e sociológica; ao problema dos gêneros reduzidos aos de natureza estritamente literária; ao problema da comparação com as outras artes, expressas todas por um mesmo "estilo". Exemplo do que pôde realizar a nova crítica na revisão e reclassificação do passado literário são a reinterpretação e revalidação do barroco literário do século XVII, a visão nova da literatura rococó setecentista e do impressionismo literário da passagem do século XIX para o XX, bem como o esclarecimento de diversos outros problemas da história literária.

É evidente que a nova crítica ainda não se constituiu completamente. A própria diversidade de correntes em todo o mundo é disso uma prova. Por ora está na fase das críticas, à espera da Crítica. Mas que chegaremos lá, e que é este o caminho, não resta dúvida aos que estão a par do problema.

Desta forma, independente da filiação doutrinária, a crítica literária caminha para tornar-se uma disciplina autônoma, cuja finalidade é a análise, explicação e interpretação do fenômeno literário. Essa afirmação constitui o eixo da doutrinação que desde 1948 vem desenvolvendo o responsável por esta obra. Quem quer que esteja a par das tendências atuais da literatura e das ideias literárias, não poderá fugir a essa verificação, extraída da observação comezinha dos fatos. A crítica não se conforma com a arte literária, não é um gênero literário, nem o processo crítico se identifica com o processo criador peculiar às formas de literatura imaginativa.

Numa série de importantes ensaios, Euríalo Canabrava desenvolve raciocínios e conclusões que vêm corroborar, em termos filosóficos, as teses aqui aventadas. (Ver *Estética da crítica*. Rio de Janeiro, 1963.)

Partindo da premissa de que há diferença no meio de expressão entre a crítica e a obra literária imaginativa, a primeira analisando a produção estética através da "metalinguagem", ao passo que a segunda constitui forma direta da "linguagem-objeto", mostra como a função do crítico não pode converter-se em mero suplemento da criação literária, e como não subsiste à análise do ponto de vista lógico a identificação da crítica à literatura imaginativa. Afirma com absoluta razão o filósofo: "A ativação do crítico é de tipo reflexivo e determina o julgamento estético, apoiado em certas evidências que provêm das propriedades estruturais da obra de arte. O mesmo não se pode dizer do criador, cuja motivação se confunde com os traços dominantes do seu feitio temperamental e de sua personalidade. Enquanto o julgador lança mão de argumentos para demonstrar as suas conclusões interpretativas, o ficcionista procura transmitir ao leitor a impressão da autenticidade de sua mensagem. (...) É por isso que o novelista, como o poeta, limita-se a sugerir o sentimento do real, enquanto o crítico, agindo como o homem de ciência, põe a descoberto na tessitura do argumento as propriedades estruturajs do objeto estético" ("Filosofia e Crítica Literária").

Como demonstram cabalmente esses trabalhos, a crítica literária é uma modalidade de julgamento estético, e, como toda sorte de juízo, "para tornar-se válido, deve satisfazer certos requisitos lógico-formais: objetividade, precisão e consistência". Participa, destarte, o juízo estético da natureza e da técnica do raciocínio científico. O erro dos corifeus retardados do impressionismo e da conversa fiada reside numa falsa concepção de ciência. Falam eles em ciências empíricas, no pressuposto falso de que a essas se reduzem todas as ciências. Por outro lado, seria repetir o passo errado dos Hennequin e outros decimononistas, querer aplicar à matéria artística os métodos de investigação e análise que aquelas ciências utilizam no estudo de seu objeto próprio. Tudo isso reflete uma atitude mais consentânea com o espírito do século XIX, felizmente superada. O que se exige, hoje em dia, é a criação de uma mentalidade científica no estudo do fenômeno literário, é a instituição de métodos científicos para o julgamento estético, é a adoção de processos de raciocínio baseados em requisitos lógico-formais para a explicação da literatura nas suas qualidades intrínsecas e peculiares. É uma atitude científica, perfeitamente possível. Sem isso, a crítica não será mais do que o blá-blá-blá vazio, irresponsável e leviano.

Na mesma ordem de ideias, Bráulio do Nascimento, em artigo sobre a situação da crítica no Brasil, no Suplemento Literário do *Seminário* (dezembro 1956), sintetiza todo o pensamento atual a respeito da crítica literária de maneira clara e positiva: "1) A crítica literária não é uma forma de arte. É uma disciplina de natureza científica e para a organização de sua metodologia devem concorrer todas as disciplinas capazes de tornar fecundo seu estudo da obra; 2) Não sendo uma forma de arte, não é, consequentemente, faculdade de eleitos. É acessível a quem tenha vocação, preferência e quem queira submeter-se ao necessário aprendizado; 3) São perfeitamente distintos o campo da criação literária e o da crítica, embora ambos usem o mesmo instrumento, a linguagem; 4) Não é tarefa da crítica literária a edificação ou orientação do leitor. Não tem função supletiva, nem supre a leitura dos originais; 5) Do mesmo modo que a arte moderna, subvertendo noções tradicionais do belo, não têm mais sentido para a crítica as indagações em torno das noções de bom ou ruim na obra literária, são pseudoproblemas. Toda a operação da crítica deve ater-se às estruturas linguísticas. O bom gosto, como argumento da autoridade no julgamento da obra literária, caiu inteiramente em descrédito; 6) A estrutura da obra é definitiva para a crítica, deveria sempre ser como é, como elaborou o autor. A crítica literária não é normativa; 7) Todas as atividades são válidas em face dos homens e dos acontecimentos, porque as bases da crítica literária são de natureza científica e não moral. O critério é absolutamente secundário; o essencial é a metodologia crítica e toda importância está na intersubjetividade de seus resultados; 8) A crítica literária não esgota a obra porque é apenas um dos muitos caminhos de sua penetração. É um ramo de uma disciplina mais ampla, uma Ciência da Literatura, ainda sem nome e com estruturação por fazer."

Diante dessa formulação bem longe nos sentimos dos que pretendiam reduzir a crítica a uma atividade aleatória, vaga, imprecisa, presa ao arbítrio subjetivo, às idiossincrasias pessoais, ao famoso gosto individual, ao impressionismo e seus filhos bastardos. É evidente que muito se progrediu e que a simples possibilidade de aparecerem doutrinações da natureza das que vimos acima já é um bom sinal de que a crítica literária vai encontrando o seu caminho, ao compasso do espírito da época.

PARA A CRÍTICA ESTÉTICA

Essa evolução mostra que estamos caminhando para a crítica de natureza estética.

A crítica estética está logrando impor-se de preferência à crítica baseada no método histórico, para elucidação de inúmeros problemas e enigmas da história literária, em relação a cuja interpretação fracassou a segunda até agora. O caso do padre Antônio Vieira oferece margem para ilustração dessa tese. Ainda em seu abono, podem ser aduzidos exemplos, com base em recentes estudos de crítica literária à luz dessa tendência estética. São os casos, por exemplo, da crítica relativa a Dante e à literatura medieval.

A propósito da crítica dantesca, assinalava há tempos Helmut Hatzfeld, foi que as modernas tendências da crítica literária se tornaram patentes. Foi a respeito da *Comédia*, afirma ele, que por primeira vez "a ênfase foi transferida do estudo do pano de fundo para o estudo da obra em si mesma, a minúcia filológica foi colocada a serviço da elucidação da poesia, o estudo da estrutura e unidade se tornou primacial, e a diferenciação decisiva foi feita entre ideias originais como tais e ideias comuns expressas originalmente, isto é, consideradas como informadoras da textura do artefato".

Passa então o grande mestre humanista a descrever os diversos aspectos da crítica dantesca mais recente para documentar a nova orientação que ela seguiu dentro daquelas linhas acima apontadas e extraídas de seu ensaio (in *Comparative Literature*, Fall, 1951). Outras tendências ainda se evidenciaram na crítica dantesca conduzindo-a na mesma direção: "O simbolismo e a imagística foram reconhecidos como fatores determinantes do grau de poesia numa obra, bem como suas proporções místicas; a linguagem, o estilo e a métrica foram compreendidos na sua função psicológica como meios de expressão; finalmente, as questões do valor intrínseco, da catarse, da persuasão poética e do assentimento do leitor foram tratadas tendo em vista problemas de literatura *engagé* versus arte pela arte."

Em outro estudo também fundamentado em numerosos trabalhos da mais recente crítica literária, Hatzfeld demonstra como a crítica de natureza estética aplicada à literatura romance medieval também resultou na mesma orientação (in *Modern philology*, maio de 1948), afastando o intérprete da literatura medieval romance do caminho impressionista e subjetivista. Assim, acentua Hatzfeld, o medievalista deve apoiar-se num método de crítica literária estética, e não puramente no método histórico, mesmo porque há problemas de erudição medieval que fogem ao alcance dos críticos históricos e que somente a metodologia histórica e estética é capaz de resolver. Por isso, conclui Hatzfeld, o medievalista literário deve adquirir um treino nos métodos escolásticos da moderna crítica, nos métodos do historiador de arte, a fim de coordenar as diversas expressões artísticas, fenômenos de um mesmo espírito que se elucidam mutuamente; e deve dominar as teorias literárias e artes poéticas, sem o que lhe escapariam muitos elementos que compõem a literatura medieval.

Seria fácil acumular exemplos de como se está invertendo a situação entre a crítica histórica e a estética. Esta última, em revanche contra o espírito do século XIX, tende a conquistar a primeira plana como arma de análise e interpretação da obra literária. Enquanto a crítica decimononista era de fundo histórico, a crítica literária verdadeira a que se aspira busca seus critérios de análise e aferição de valores na própria matéria estética, e o que põe em relevo são os elementos da textura e estrutura da obra, da unidade, sentido, estilo, simbolismo, imagística, conduzindo a interpretação artística da literatura. Apliquei tal critério interpretativo na análise de *Os sertões* de Euclides da Cunha, do que ressalta a compreensão de que essa obra funde elementos pessoais, morais, políticos e mesmo científicos (botânica, geografia, etc.) em ficção e símbolos de natureza poética e não didática ou histórica.

Estudando os novos rumos da ciência da literatura *(Estudos de literatura*, 5ª série, São Paulo, 1951), Fidelino de Figueiredo afirmou que a crítica literária, a ciência da literatura, não podia deixar de seguir a onda renovadora de métodos e concepções de que participam todas as ciências depois da Primeira Guerra Mundial. A Crítica, acentua o mestre, chegara a extrema decadência, com o esgotamento do método histórico e do impressionismo; reduzia-se à metodização de curiosidades pequenas, recuperação do anedótico singular da vida dos autores, da história externa das obras, etc. "O melhor da crítica do fim do século XIX foi feito com sacrifício das obras aos autores." E conclui, depois de mostrar os esforços recentes: "A crítica literária ou ciência da literatura, cuja história é uma enfiada de flagrantes infidelidades aos métodos prefixados e de dramáticas impotências, atingiu o auge da sua luta por se objetivar e engrandecer (...). Haverá contradita. E haverá um período confuso de adaptação. É como dizer a um pianista que, de um dia para o outro, passe a tocar um piano de dois teclados."

Não se poderá dizer melhor. E isso afirma todo aquele que está a par do assunto. O problema da compreensão das novas tendências da crítica literária depende, antes de mais, de informação e cultura. É claro que para o ignorante de um determinado assunto não há problemas. Estes surgem com a cultura e o conhecimento do mesmo. E só aos técnicos e às autoridades é que compete a sua solução. Ninguém ousará, em sã razão, exigir de um botânico a resolução dos problemas da física nuclear ou da aviação supersônica. Caminhando para esse estágio de autodomínio que caracteriza toda ciência, a crítica moderna o faz, como sublinha David Daiches (*Critical approaches to literature*, 1956), à custa de um tom de inquirição decidida, de ênfase na análise cuidadosa e na terminologia meticulosamente definida, e da compreensão de que o valor da obra de arte pode ser descoberto na investigação de como ela opera, e, acrescenta-se, na dissecação de sua estrutura intrínseca.

EQUÍVOCOS SOBRE A NOVA CRÍTICA

A reação contra a nova crítica baseia-se, muitas vezes, em falsos postulados a ela atribuídos. São colocações aligeiradas que lhe atribuem seus adversários, frequentemente para desacreditá-la.

Um primeiro equívoco é pensar na nova crítica em termos de unidade. Não há dúvida de que a nova crítica possui um caráter de movimento geral de intenção renovadora no que respeita aos estudos literários do presente e do passado. Há inúmeros postulados comuns, como a reação anti-histórica e antibiográfica na crítica. Mas, com ser um movimento, ela não denota unidade doutrinária e é posta em circulação por numerosas correntes ou grupos, muitas vezes divergentes quanto a método e estratégia para alcançar o objetivo, e mesmo quanto a pontos de doutrina, conceitos e terminologia, sem falar em diferenças de colorido nacional. A escola eslava, por exemplo, à sua vez diversificada internamente, tem dado uma contribuição que não se pode confundir com a dos ingleses e a dos norte-americanos, diferentes também estes do que têm feito os alemães, suíços e italianos.

A variedade de correntes, às vezes até opostas, da nova crítica é um dado que tem sido posto em evidência repetidamente. A sua fecundidade tem resultado, precisamente, da variedade de métodos com que têm trabalhado os seus adeptos.

Outra noção errada muito corrente a respeito da nova crítica é a que a confunde com a estilística e as técnicas de análise formal, tomando *forma* como conceito oposto a *conteúdo* ou *fundo*. A nova crítica seria, assim, identificada com a corrente teuto-suíça e espanhola e os seus acusadores a veem presa a análise de minúcias de estilo, imagens e peculiaridades semânticas, tal como o cientista, usando verdadeiros microscópios. Na verdade, se apenas isso fosse a nova crítica não teria renovado senão um dos aspectos dos estudos literários com as novas técnicas de análise estilística, devidas àquelas escolas. Mas, esse é somente um de seus aspectos e sua ambição é muito mais vasta.

Ao encarar a obra de arte como entidade autônoma, com qualidades próprias e específicas, a nova crítica não se limita a caracterizá-las, apenas pela linguagem. Não há dúvida de que a obra literária é uma obra de arte da linguagem. Mas é também uma *estrutura artística*, sem a qual a linguagem não funciona como instrumento artístico. Por isso a análise verdadeiramente crítica, tal como concebida pela nova crítica, incorpora a análise formal à análise da imagística e do símbolo e mito, bem como à decomposição de sua estrutura arquitetônica, sem o que não se pode apreender a unidade da obra, a sua orgânica unidade e sua autonomia como forma de arte, como um todo de sentido, na constituição do qual entram os artifícios literários e os signos estéticos.

Concebida, destarte, com essa complexidade, a crítica tem que usar uma estratégia ampla e métodos de abordagem diversos. Um dos pontos essenciais da nova crítica é, por exemplo, o estudo do mito, é a crítica mitológica ou arquetípica, e para atingir o mito na literatura, a crítica não pode dispensar conceitos e técnicas oriundas da psicanálise. Nesse ramo, a nova crítica já deu excepcionais provas de sua fecunda versatilidade, com alguns trabalhos notáveis.

E assim chegamos a outro dos grandes equívocos. Acreditam alguns que a nova crítica isola a obra de arte, desligando-a de suas raízes e separando-a do seu contexto social e histórico. Nada mais falso. Na sua fase inicial e heroica, por necessidades polêmicas, a nova crítica acentuou muito a sua reação contra o historicismo e o biografismo na crítica. Dado o domínio que essas técnicas exercem nos estudos literários, era indispensável, para quebrar esse monopólio, uma reação violenta. Jamais, porém, esteve na mente de nenhum crítico da nova orientação negar ou desprezar a importância dos informes de natureza biográfica, social, histórica, etc. O que se condenava era o esquecimento por parte da crítica da sua regra de ouro — o exame e julgamento da obra de arte como um todo coerente e artisticamente estruturado sobre a linguagem, — para trocá-la pelo conhecimento dos fatores extrínsecos de meio, raça e momento. Negou-se que a obra de arte literária só pudesse ser interpretada à luz da história, mas admitia-se a contribuição da história para essa compreensão, como subsídio importante em nada desprezível que ajuda a situar a obra no seu meio, mas que não a define totalmente, pois o poema é um poema e não um documento histórico. Reduzir o estudo literário a um tipo de estudo histórico, como fazia certa crítica tradicional, era fugir do assunto e não acreditar na literatura, na sua especificidade de natureza e função. A obra de arte (literária) não existe para ensinar, formar cidadãos, nem atuar politicamente ou religiosamente. A arte visa a causar prazer estético. E a crítica tem por objetivo julgar o grau de eficiência com que a obra logrou atingir esse resultado e analisar os meios que usou para isso. É um problema de valores e não de conhecimento histórico. É uma questão de julgamento estético. É todo um corpo de técnicas e conhecimento para atingir esse julgamento.

Tal ponto de vista foi muito bem compreendido em relação ao sistema doutrinário de *A literatura no Brasil* por um crítico estrangeiro. Fora do ambiente do país, às vezes tem-se mais objetividade para compreender. Foi o que ocorreu com Giuseppe Carlo Rossi, em resenha publicada em *Nueva antología* a respeito daquela obra. Acentua ele que a orientação da obra é renunciar à preocupação sociológica e historicista, sem todavia cair, ao mesmo tempo, no esteticismo que ignora o tempo e o espaço como fatos concretos inegáveis. Esse é o pensamento diretor da obra, que não pretende, como se declara no prefácio da 1ª edição, basear-se em um extremismo metodológico (*sic*), e embora encare a obra predominantemente no seu todo estético e estilístico, admite a contribuição histórica no seu conhecimento, como está fartamente documentado no seu plano e nas suas páginas. A questão é de ênfase no valor estritamente literário.

FORMA E CONTEÚDO

Os problemas e conceitos da estética estão sofrendo, nos últimos decênios, profunda revisão. Livros e revistas especializados encaminham o intenso debate para soluções, crescendo dia a dia o que se vai chamando a ciência estética. A tais soluções não podem ficar indiferentes os estudos da literatura — ao contrário devem estar na base da teoria literária e da crítica. Acompanhar o seu desenvolvimento e estar em dia com ele é um dever do crítico, neste momento em que se processa um geral esforço de conscientização da crítica em relação aos problemas da literatura e do próprio exercício de sua atividade como disciplina do espírito literário.

Um desses problemas é o do "formalismo", ainda agora mal compreendido, porque ainda vigora, em certos círculos, a velha e falsa dicotomia forma-conteúdo.

É comum o mais absurdo equívoco, resultado de evidente falta de conhecimento do assunto, a respeito das correntes críticas contemporâneas, arroladas por alguns como "formalistas". Baseados no velho preconceito crítico segundo o qual forma e conteúdo eram duas categorias isoladas, e que se podiam encarar isoladamente, inclusive porque muitas vezes se opunham, "formalismo" ficou sendo a doutrina e a prática literárias em que a "forma" sobreleva ao "conteúdo" na obra de arte, e formalista seria a crítica mais sensível ao aspecto formal da obra de arte, aspecto formal considerado em divórcio ou oposição ao conteúdo. Essa compreensão errônea do formalismo é ainda comum. Ainda vemos referências aos métodos formalistas de crítica, o cavalo de batalha do jornalismo literário mais vago e irresponsável, como sendo a consideração da forma independente do conteúdo ou em detrimento deste, que seria, ao ver da maioria, o principal da obra de arte, plena de valores políticos, sociais, religiosos, econômicos, cheia, para empregar expressões muito do gosto de certos comentaristas superficiais, de vida, de humanidade, pois vida e humanidade se opõem, na sua opinião, a forma. Como se vida não fosse também forma... e como se a causa formal não constituísse, como queria Aristóteles, o princípio organizador e unificador das coisas. No caso da arte, além disso, chega a ser irrisório minimizar o formal, porquanto da arte talvez nada mais certo se possa dizer que afirmar a sua essencialidade formal.

Mas quando os críticos e teóricos atuais da literatura, situados na corrente da revisão formalista, se referem a "forma" e "formalismo", as implicações são diversas das contidas nas premissas do século XIX, que confundiam formalismo com arte pela arte, isolando forma de conteúdo, ou supervalorizando-a num sentido abstrato, seco, como o fizeram os parnasianos, e encarando-a como análoga a uma casca de ostra ou como simples embelezamento externo.

A dicotomia forma-conteúdo não tem mais sentido para a poética moderna. Já diversos teóricos a combateram, como Herder, Lipps, Croce, Eichenbaum, e outros, para os quais são inseparáveis e correlatos a forma e o conteúdo, como a alma e o corpo, constituindo a unidade ou unicidade da obra de arte, um todo orgânico, no qual todos os elementos desempenham um papel peculiar e específico. Como disse Manfred Kridl, "a divisão das obras literárias em *que* e *como* é artificial e sem sentido, porquanto *que* é simultaneamente *como* e vice-versa; sem *que* não existe *como*, e sem *como* não existe *que*". Daí, acentua ainda aquele crítico, a falência dos sumários a dar mesmo uma remota ideia do conteúdo das obras, como bem exemplifica a anedota a respeito de Tolstoi, que, perguntado sobre qual o conteúdo de *Ana Karenina*, respondeu ser necessário copiar todo o romance para responder. O crítico Zirmunski, formalista russo (apud Victor Erlich), combatendo a ideia ingênua e a crítica da forma como uma simples roupagem das ideias, afirma que "na literatura imaginativa o conteúdo — emocional ou cognitivo — só aparece através do 'medium' da forma, e desse modo não pode ser discutido com proveito, ou mesmo concebido, à parte sua roupagem artística". Na mesma ordem de ideias, segundo informa ainda Victor Erlich, ele adverte contra a tendência da crítica extrínseca a separar as emoções ou ideias, incorporadas na obra poética, de seu contexto literário, e discuti-las em termos psicológicos e sociológicos, isto é, a tratar os aspectos ideológicos (ideias, enredos, etc.), da obra *in merito* e não *in arte*, como acentua Kridl. É que a ideia, no caso, conforme ainda este crítico, não deve ser concebida como parte de um sistema filosófico, mas como integrante da obra literária e não pode existir fora dela, como uma abstração, pois assim ficariam totalmente esvaziadas de tudo o que lhes dá vida artística. "As ideias na obra literária não têm a existência e o caráter independente que possuem na vida, na filosofia, na política. Elas existem estreitamente amalgamadas com outros elementos do todo, e devem, por isso, ser compreendidas e explicadas em sua função literária."

À luz de tal formulação básica do problema, compreende-se que o uso do conceito de "forma" e da rubrica de "formalismo" na crítica literária chamada formalista dá lugar a inúmeros equívocos, o que induz diversos teóricos e críticos a tentar substituí-los. É que, no comum, são termos carregados de um sentido tradicional, inspirado na dicotomia e oposição forma-conteúdo. E quando se fala em forma o que se entende é a forma exterior, mais generalizadamente a forma gramatical, supervalorizada em detrimento do conteúdo.

Todavia, para a crítica formalista a "forma" envolve toda uma série de elementos que constituem a estrutura e os materiais da obra literária, os quais lhe comunicam a sua especificidade, sua unicidade, fazendo o fato literário diferir de qualquer outro fato da vida: tanto o elemento formal, o estilo e a imagem, quanto a ordem da narrativa, ou a estrutura e o esquema de enredo. E é isso que comunica especificidade à obra literária, e não o assunto ou as ideias filosóficas, religiosas ou políticas (comuns a outras variedades de discurso).

A crítica formalista, em consequência, que seria a verdadeira crítica literária, não se interessa primordialmente pelas ideias contidas na obra, como se estas pudessem existir separadamente da mesma obra, e, portanto, no ambiente cultural, no meio social, político ou histórico, na mente do autor (pesquisas que foram o objetivo de Taine, dos críticos culturalistas, marxistas, biográficos, psicológicos, etc.). Para essa crítica, aquelas ideias têm interesse, mas só valem no contexto, integradas nele, inseparáveis do modo como foram expressas, porque só assim elas têm vida e razão de existir. Daí a ênfase que a crítica formalista coloca na obra em si, como o centro do interesse crítico, e na análise de suas partes. E daí a sua busca de um instrumental metodológico adequado a esse propósito, um instrumental que seja verdadeiramente literário, independente, autônomo, específico, porque destinado ao estudo de um fenômeno de natureza literária, e não de natureza sociológica, psicológica ou histórica.

Para evitar que perdurem os equívocos acerca da crítica formalista, entendida no seu verdadeiro sentido, e para que não se continue a confundir formalismo crítico com análise de "forma" estilística ou gramatical, do aparato verbal, pois não pode haver maior heresia, é que se tem tentado substituir a etiqueta por outras mais convenientes. Entre os formalistas russos, Eichenbaum propôs o termo "morfológico". Outros em vez de "forma" falam de "estrutura", como noção mais ampla e sem as conotações equívocas. Entre os norte-americanos, surgiu "textura".

De qualquer modo, crítica formalista, estruturalista, morfológica, são expressões que visam a significar o mesmo tipo de abordagem crítica em que a obra é o objetivo máximo, e da obra sua estrutura íntima, sua "forma". É a crítica verdadeiramente "poética" no sentido aristotélico, a que procura o intrínseco, específico da obra literária.

Esse problema tem sido muito bem posto em relevo pela escola formalista russa, de que oferece um seguro roteiro a obra de Victor Erlich, *Russian formalism* (Haia, 1958).

Seu autor, Victor Erlich, é um *scholar* americano, que, no contato com o grande linguista eslavo Roman Jakobson, radicado nos Estados Unidos, e que foi um dos participantes do movimento formalista, conseguiu levantar um quadro completo da história e da doutrina da escola, estudando o grupo de escritores que a constituíram no esquema de ideias que desenvolveram e nas obras produzidas.

Como acentua René Wellek, no prefácio do livro, o formalismo russo parte do princípio de que a obra de arte em si mesma deve ser o centro de atenção da crítica; assinala e põe em relevo a diferença essencial entre a literatura e a vida, rejeita as explicações da literatura como fenômeno sociológico, psicológico ou biográfico, e desenvolve métodos altamente engenhosos para a análise das obras de literatura e para traçar a história da literatura em seus próprios termos. A concepção do século XIX, que encarava a literatura como uma instituição social, como uma manifestação do pensamento social, foi por ele posta em xeque. Partiram seus adeptos da noção de que a literatura é feita de palavras e de que a crítica deveria visar aos modos de expressão. O estudo literário, em vez de derivar de outras formas de conhecimento — estética, filologia, história, filosofia — deveria tornar-se uma disciplina independente, com seus métodos próprios, baseada no objeto específico que são as qualidades específicas do material literário. A poética é a disciplina que estuda a literatura como uma arte. O formalismo repeliu a velha dicotomia ou o dualismo de forma e matéria, afirmando que todos os elementos da obra literária são formais (daí o "formalismo", a que outros preferem "estruturalismo") no sentido de que todos participam no efeito artístico completo: estrutura métrica, estilo, composição, isto é, elementos formais, bem como o tema, a caracterização, o enredo, a situação, ou elementos que constituem a matéria ou conteúdo.

Esses e outros pontos de doutrina, e que, evidentemente, não podem ser esgotados aqui, constituem uma amostra da contribuição que o formalismo russo deu ao movimento que empolga os estudiosos da literatura em todo o mundo no sentido da criação de uma disciplina literária autônoma para substituir a tradicional história da literatura, concebida esta como uma instituição social. Uma disciplina especificamente literária, visando ao estudo dos elementos literários das obras literárias, isto é, tratando-a simplesmente como obra de arte.

ESPÍRITO PROFISSIONAL

A presente obra procura pôr em prática um espírito de profissionalismo no exercício da literatura.

É mister repisar ainda essa questão do amadorismo na literatura brasileira, responsável por muito da sua imaturidade, superficialidade, falta de substância. Quando alguém procura um médico ou um advogado, a confiança em que se baseia a sua escolha resulta da certeza de que aquele indivíduo é um profissional, isto é, um homem que se dedica inteiramente ao seu mister, depois de haver adquirido uma formação, uma consciência, uma terminologia, uma técnica de trabalho; que mora e dorme com a sua especialidade; que lhe dedica todas as suas atividades e meditações, não deixa de estudá-la diurna e noturnamente, varando os seus mistérios e problemas, observando as suas peculiaridades, adquirindo o domínio de seus segredos, acumulando uma experiência que só o trato constante fornece, através dos anos, criando um sexto sentido que é a chave do êxito. É tudo questão de tirocínio, experiência, prática, saber acumulado. Esse espírito profissional é o que se almeja também para o exercício da literatura, tanto na poesia, como no romance, como na crítica. Porquanto aqui é que ainda vigoram o empirismo, a improvisação, o amadorismo, que ninguém admite naquelas especializações e que são bastantes para desacreditar o profissional.

Que não haja dúvida: já acabou a era em que se podia fazer literatura à margem das atividades profissionais mais diversas e nos momentos vagos da vida profissional, à margem dessa vida. A literatura era assim como uma terra devoluta, em que podiam aterrissar, por desenfado, para distrair a cabeça, os profissionais de outras atividades e produzir uma obra literária. A atitude comum era de certo não liguismo, de não dar importância maior, porque era fácil fazer um poema ou um romance, dependendo apenas de se ser talentoso e dispor de uma hora vaga. Era só sentar e escrever, passado o que — passado aquele momento de ócio — voltavam a calma e a normalidade da vida.

Resultava essa atitude de absoluta ignorância do fenômeno da criação literária, das regras a que está sujeita, das normas que norteiam sua construção, como toda construção.

Uma obra literária não é um conjunto arbitrário. Deve ser um edifício arquitetado em obediência a uma série de cânones, é um conjunto de sinais e símbolos, de convenções e artifícios, cuja participação em um todo não é fora de regras, ao contrário, funciona segundo desígnios e planos preestabelecidos, e de acordo com a tradição dos gêneros. Nada disso se aprende por instinto, mas na observação dos modelos, na prática dos mestres, na lição dos grandes criadores e renovadores. Que se pode, portanto, esperar de quem não vive continuamente estudando o assunto, dia a dia, a todo momento, a fim de que as sementes sejam geradas, cresçam e venham a furo? Que se pode esperar de quem exerça atividades as mais díspares e lá um dia "resolve" escrever uma obra literária, um romance, um poema, se ele não está com o cérebro preparado para aquela criação por um amanho constante, por uma excitação e fecundação permanentes?

Já se foi o tempo em que a literatura era uma brincadeira para o ócio dos privilegiados. A sua profissionalização é uma consequência natural da compreensão de sua natureza e função.

Como pode uma pessoa não afeita ao mundo da literatura saber que um romance não existe sem uma estrutura, sem obediência a regras mui estritas na pintura dos personagens, na movimentação da trama, no desenvolvimento da intriga, na ordenação dos fatos, na seleção do material, no ponto de vista do narrador, na manipulação do tempo, na composição dos diálogos? Questões todas essas e outras que exigem soluções estéticas e que não podem ser abandonadas ao arbítrio pessoal, arbítrio que é tanto mais grave quanto maior for a ignorância de quem se propõe escrever a obra.

Idêntica observação se impõe a respeito da crítica. Com muito maior razão porquanto a crítica não é um gênero literário de criação, mas uma atividade reflexiva acerca da literatura. E se ela não tiver de ser condenada à situação secundária do palpite, do impressionismo, da conversa fiada e do espírito opiniático, do empirismo e da improvisação, terá de se armar de todo um aparato e instrumental reflexivo, de argumentação lógica, de fundamentação e embasamento sistemático. Do contrário, não passará do achismo, do gostei-não-gostei, da afirmação irresponsável, reflexo de estados íntimos que tanto podem ser de simpatia ou de animosidade, de qualquer modo, de estados idiossincráticos de levianos arvorados em críticos. É o que ocorre entre nós quando, com a facilidade que caracteriza a ignorância, fazem afirmações vazias e avançam opiniões infundadas.

Dizer que gostou ou não de uma obra de nada vale como enunciado crítico, se essa declaração não se fundamenta em algum padrão de valores, em algum corpo de cânones, em algum critério ou código de normas. Confiar na capacidade de um indivíduo e aceitar o seu juízo sem maior exame é um exagero de individualismo a que fomos levados pelo romantismo e seu culto da personalidade. A crítica não deve partir da alma do crítico, resumindo-se nas suas impressões. A sua origem não é o sujeito, mas o objeto, isto é, a obra. Nesta é que se deve situar para, analisando-lhe os padrões arquiteturais e estilísticos, fazer um pronunciamento acerca de seu mérito. O mais é achismo irresponsável, impressionista, leviano, ocasional. Pode-se chamar de tudo, menos crítica. E quem o fizer é tudo, menos crítico.

PRINCÍPIOS NO PRINCÍPIO

O amadorismo teve como consequência principal o descaso do aspecto conceitual no tratamento dos problemas de letras.

Um dos aspectos mais curiosos e mais nefastos da ausência de tradição universitária no trabalho de letras, portanto do autodidatismo, é o horror aos princípios, ao debate de ideias e métodos, à fixação de conceitos e teorias, como base de qualquer atividade do espírito, inclusive do esforço crítico. De quando em quando, vemos surgirem essas defesas do que se chama o direito e a liberdade da criação, antes indevidas tentativas de controle da razão e da disciplina reflexiva. Acreditam esses corifeus da sugestão, intuição, improvisação, que, em termos de escola crítica, se define como impressionismo, acreditam eles que a disciplina racional no ato crítico retira-lhe a espontaneidade e autonomia, reduzindo-a a um mero formalismo seco e divorciado da realidade. A crítica deveria, para eles, ser meramente um registro das emoções despertadas ao contato da obra de arte.

A falta de base universitária é que conduz à divinização das faculdades instintivas e improvisadoras. Desacostumados ao trato das ideias gerais e dos princípios, associamo-nos de modo definitivo ao pragmatismo ou ao intuitivismo. Essa atitude não se encontra no Brasil somente no campo literário. Qualquer terreno em que nos situemos, nele encontramos logo os defensores radicais do empirismo e da falta de planejamento. Somos um país que cresce como as árvores da floresta. Nossa economia, nossa produção, nossas atividades extrativas, tudo marcha ao sabor das circunstâncias, e não acreditamos que possam obedecer a qualquer planejamento. Por isso, muita vez, se transforma em elemento de confusão ou prejuízo, quando não de devastação e ruína.

Na vida literária vivemos presa do improviso, julgando que arte é exclusivamente produto da imaginação, da criatividade pura, do instintivismo telúrico, e esquecidos de que há na arte um aspecto de aprendizado elementar, inicial, absolutamente imprescindível, e que se aprendem os *know-how* das artes como dos ofícios. E se esquecermos que um artista como Baudelaire não só respeitou as regras, mas apontou a necessidade de seu cultivo e respeito, como noção primordial de todo êxito na arte, certamente não julgaremos bem o conceito emitido pelo poeta, em que pese a ter sido um extraordinário crítico.

É evidente que certos defensores do impressionismo o fazem em função dessa fuga à conceituação que caracteriza nossa vida mental, consequência da falta de disciplina universitária a regulá-la. É essa falta que nos faz não enxergarmos o papel da teoria em qualquer atividade espiritual, função prévia necessária aos desdobramentos na prática, e função que não anula nem prescinde do papel da sensibilidade, emoção, intuição. Ao contrário, valoriza-as, incorpora-as, mas, diferentemente do impressionismo crítico, não as erige em regra e princípio diretor da operação aferidora e valorativa. Enquanto o impressionismo reduz o ato crítico à impressão inicial, a verdadeira atitude o faz partir da impressão para completá-lo na explicação e no julgamento, através de um esforço reflexivo e discursivo, para o qual se impõe o funcionamento da razão e de toda uma aparelhagem teórica ou conceitual, e de um instrumental metodológico e técnico.

Uma coisa, todavia, há que ficar esclarecida. Essa aparelhagem conceitual não deve ser de natureza apriorística e abstrata, mas resultar da experiência, da própria análise do fenômeno, do estudo de sua natureza íntima e estruturas intrínsecas, existentes na realidade. Foi essa a lição de Aristóteles na *Poética*: para estabelecer a sua visão do fenômeno literário, que fez ele? Examinou os espécimes que lhe oferecia a literatura grega. É que a crítica não deve residir na cabeça, no gosto, no sentimento do crítico. Não é o transunto de suas impressões. Ela deve ser o estudo e interpretação da obra literária em si mesma, na sua estrutura intrínseca, nas leis dos gêneros. Não está no sujeito, mas no objeto.

Toda autêntica revisão de valores em qualquer disciplina tem que começar pela revisão conceitual e metodológica. Aqui se tentou colocar uma posição de princípio: procurar o estabelecimento de uma teoria da história literária brasileira, debater os problemas de periodização historiográfica, preconizar o emprego de métodos estéticos no estudo e interpretação da literatura geral e brasileira. Essas preocupações generalizaram-se no Brasil, o que é bom porque nada se faz em matéria de cultura senão à base de teorias.

CONCEPÇÃO ESTILÍSTICA

Uma objeção levantada contra esta obra e seu conceito diretor é a de que nem sempre a literatura brasileira "pode ser analisada à luz de uma concepção de crítica que dê primazia aos postulados estéticos", e que "pretender reduzi-la a questões de estilo ou de linguagem nem sempre será pretender compreendê-la".

Ora, o conceito estético, está mais do que evidenciado aqui, não se reduz a questões de linguagem ou estilo. Isso é um conceito primário de forma, tal como era comum em certos críticos antigos. *Forma* não é linguagem e estilo. E está dito acima também que o estético engloba o social, o geográfico, o histórico, o psicológico, o político. Ele é que respeita a unidade da obra, e a crítica sociológica é que destrói essa unidade, ao enfatizar o unilateralismo do elemento social, no falso pressuposto de que é o essencial.

O DEMÔNIO DA CRONOLOGIA

Acusou-se o organizador desta obra de ser um inimigo desarrazoado da cronologia, e que, tendo-a expulsado pela porta, ela entrou de novo pela janela. Nada mais falso. Um historiador não se pode permitir o luxo de esquecer que a história tem dois olhos: a geografia e a cronologia, sendo impossível abstrair as condições de tempo e lugar dos fatos históricos. Isso é uma noção elementar, tanto no que se refere aos fatos políticos quanto aos literários. E assim não seria possível admitir a exclusão da cronologia, pois não seria admissível excluir o tempo da consideração historiográfica. A expulsão da cronologia do sistema desta obra não passa de interpretação arbitrária.

A cronologia está presente em toda a obra, desde a sua "Introdução".

O que contestei e ainda contesto é o exagero da cronologia, é aquilo que se chamou "a tirania cronológica", isto é, a transformação ou o uso da cronologia como critério definitório dos períodos literários e como termo designativo desses períodos. Isto é que é uma redução conceitual absolutamente sem valor, contra a qual reagem os que se preocupam com a historiografia literária sem o simplismo, o cepticismo e a superficialidade. O simplismo e o cepticismo, por exemplo, de julgar que isso não tem a mínima importância, e que qualquer denominação e divisão servem, contanto que arrumem os fatos compreensivamente sem nenhuma preocupação com a unidade interna dos períodos e o que eles representam através das obras literárias.

O que se combate aqui é o uso de expressões como "século XIX" para designar a literatura produzida nesse século, sem levar em conta que durante ele várias épocas estilísticas se sucederam ou superpuseram, cada qual com a sua característica própria. E, ao colocar em seu lugar denominações como Romantismo, Realismo, Simbolismo, etc. não parece que se esteja dando nomes diferentes à sucessão cronológica, nem substituindo as indicações cronológicas por etiquetas estéticas, mas sim procurando definir estilos literários, que se sucederam no século, possuidores cada qual de sua unidade interna, sua identidade, sua tipologia comum, seu sistema de normas, que os caracterizam irrecusavelmente, como tendo aparecido naquele tempo. E a prova disso é que, se podemos falar de um romantismo em Eurípedes e Ovídio, nisso que eles participam de certa "constante" romântica da alma humana, o seu temperamento romântico nada tem com o que constitui o tipo romântico moderno. Além disso, as etiquetas estéticas não cobrem exatamente os mesmos limites cronológicos, pois para a periodização estilística não existem limites fixos entre as épocas.

Por outro lado, aquelas denominações possuem validade definitória, identificando-se através delas a natureza estilística, estética, literária dos períodos (tomando-se estilo como o conjunto de normas estético-estilísticas que se manifestam através de indivíduos e de épocas). Elas não substituem apenas a denominação cronológica. Vêm ao encontro do desejo e da busca, empreendida pela historiografia literária, de conceitos e termos próprios, aprofundando os seus recursos no sentido do rigor científico e técnico. E o fato de algumas dessas denominações serem oriundas da história das artes não invalida o sistema, pois, dadas as inter-relações das artes, é mais natural o empréstimo do que de denominações vindas da história política.

Insista-se. A periodização estilística não pretende estabelecer-se sobre a negação ou superação da cronologia, mas incluí-la, construir-se sobre ela, a partir dela, ou levando-a em consideração, pois os fatos estéticos que ela designa são fatos dotados de realidade, acontecidos num tempo e num lugar, em "situação" histórica e geográfica.

VANTAGENS DA PERIODIZAÇÃO ESTILÍSTICA

A periodização estilística aplicada à história da literatura brasileira, além das vantagens gerais de abolir as tiranias sociológica, política e cronológica, que caracterizam os sistemas de periodização tradicionais, tem outras consequências importantes.

A consideração do problema conduz às seguintes conclusões:

a) O problema da periodização liga-se ao do conceito da história em geral, e, em particular, ao da história literária.

b) De sua fixação decorre a compreensão do início da literatura brasileira. Que é literatura brasileira? Quando começou a literatura brasileira: no século XVI ou no século XIX? A periodização estilística realça a formação da literatura brasileira concomitantemente com a própria origem da civilização e do homem brasileiro do século XVI, em pleno mundo espiritual e estilístico do barroco.

Fica superada de todo a velha dicotomia entre literatura colonial e nacional. Uma literatura não é colonial só porque se produz numa colônia e não se torna nacional apenas depois da independência da nação. A nossa literatura foi "brasileira" desde o primeiro instante, assim como foi brasileiro o homem que no Brasil se firmou desde o momento em que o europeu aqui pôs o pé e aqui ficou.

Assim, a literatura brasileira primitiva não é colonial, mas barroca e brasileira, exposta numa língua que desde o início se foi firmando como "brasileira".

c) A periodização estilística põe em relevo o caráter estético, a especificação e autonomia da literatura. Para quem defende esse conceito, a arte é estilo, oriundo da criação ou transformação de formas: o objeto estético, a obra de arte é um todo, um universo autossuficiente com uma forma e uma estrutura, uma autonomia e uma finalidade internas, uma forma significante, bastando-se e existindo por si mesmo, com a sua verdade própria, não se colocando a serviço de nenhum outro valor, não tendo outra função além de sua própria, que é despertar o prazer estético. Mas, ao reivindicar a autonomia e especificidade da arte não pretendem os formalistas, isto é, os que advogam uma concepção formal, estética, e não conteudística, da arte de negar suas ligações, o seu substrato, as suas infraestruturas.

Na arte, há o artista, homem carregado de motivos de ordem psicológica e vergado ao peso das impurezas do mundo social. Mas, desde que a arte constitui um universo específico, não atingimos as suas essências quando estudamos (mesmo esgotando) as "condições" externas de sua situação; por outras palavras, as análises e explicações psicológica ou sociológica jamais conseguem explicar totalmente a arte, porque se conservam de fora, naquilo que não é artístico. Todavia, são contribuições valiosas como complemento e subsídio, a ser incorporadas numa visão total da obra de arte.

O artista, como homem, pertence a uma classe e vive num espaço e numa situação concreta; mas, como artista, ele produz algo que é antes uma conquista, uma superação de sua condição material, e "por uma atividade criadora ele condensa todas as significações em um objeto que aparece ao mesmo tempo necessário e imprevisto (...) um objeto novo, único, carregado de sentido" diz Lefebvre, em sua obra de estética marxista, acrescentando que o conteúdo da arte não seria outra coisa senão uma "certa direção" dada ao "poder de criar", o que vem a dar no mesmo que afirmar que a obra de arte não é um reflexo passivo, mas resultado superior de um esforço criador, espiritual (*Contribution à l'esthétique*. Paris, 1953, p. 93).

Desta sorte, admitir a base psicológica e social da obra de arte é perfeitamente compatível com a ideia de sua natureza específica, emprestada pelas suas qualidades específicas e intrínsecas e suas leis internas. É, portanto, lícito a uma estética formalista aceitar o que de válido existe numa estética psicológica. A crítica integral incorpora as explicações psicológicas e sociológicas na visão total da obra de arte, eleva-se do plano material de base à sua essência espiritual e estética. Parte da periferia, das exterioridades sociais e psicológicas, do homem e do meio, da casca de elementos secos, para o âmago ou núcleo de elementos intrínsecos, específicos, poéticos.

d) A periodização estilística proporciona uma visualização de conjunto das artes, inter-relacionando-as, pois o "estilo de época" se traduz igualmente através de todos os meios artísticos.

e) A periodização estilística facilita a compreensão e valoriza estilos até agora tidos como secundários ou de decadência, como o barroco; auxilia a classificação de obras que não tinham lugar certo nas tábuas de valores da história, põe em relevo épocas estilísticas que passavam despercebidas ou não tinham definição precisa, como o impressionismo.

f) A compreensão das origens barrocas da literatura brasileira pôs em relevo a im:portância "brasileira" de figuras como Anchieta, Gregório de Matos, Antônio Vieira, que fazem hoje parte integrante daquele período da literatura brasileira. Por outro lado, termos de intenção pejorativa como "gongorismo", "conceitismo", "cultismo" deixam completamente de ter qualquer sentido, pois o tipo de arte que eles procuravam designar não é inferior ou decadente, mas apenas um estilo diferente, com sua individualidade estética bem marcada.

g) Ainda em consequência do reconhecimento do caráter barroco na definição da literatura produzida no Brasil dos meados do século XVI ao final do século XVIII, não mais permite o uso do termo "clássico" para rotular essa produção, como era corrente. Essa fase não pode ser interpretada como clássica, nem designada como período de classicismo.

Os três primeiros séculos na literatura do Brasil, já que aqui não houve propriamente Renascimento, mostram a intercorrência de estilos artísticos, o barroco, o neoclássico e o arcádico, formas de fisionomia estética bem caracterizada por sinais e princípios dominantes, que constituíram manchas espaciais e temporais, entrosando-se, misturando-se e interpenetrando-se, às vezes somando-se, nem sempre sucedendo-se e delimitando-se segundo cronologia exata. O Barroquismo nasce com as primeiras vozes jesuíticas, penetra os séculos XVII e XVIII, manifestando-se pela poesia e prosa ufanista, pela poesia crioula de Gregório de Matos, pela parenética de Vieira e seus descendentes, pela prosa e poesia das Academias, e atinge mesmo o começo do século XIX, sob um mimetismo de decadência. Enquanto isso, no século XVIII, o Neoclassicismo caminha, ao longo deste século, com os elementos do Barroquismo. O século XVIII, sobretudo, reflete essa confusão, entrecruzamento e interação de estilos.

h) As mesmas facilidades proporciona o conceito de periodização estilística à compreensão dos estilos literários que, durante o século XIX, tiveram expressão no Brasil: o Neoclassicismo, o Romantismo, o Realismo, o Naturalismo, o Parnasianismo, o Simbolismo. Compreende-se melhor que eles se sucedem, mas se imbricam, entrecruzam, interpenetram, superpõem, influenciam-se mutuamente. Daí os escritores pertencentes a mais de um estilo, ou impregnados de elementos de diversos, os sincretistas e de transição. Daí o Romantismo penetrar pelo seu adversário o Realismo com muitos de seus traços característicos, o Parnasianismo e o Simbolismo se combaterem absorvendo as qualidades um do outro.

i) A melhor compreensão da literatura modernista é também um resultado da aplicação desse conceito. O Modernismo, para uma periodização estilística, não se reduz à fase da Semana de Arte Moderna (1922), mas compreende toda a época estilística de 1922 em diante, com três subfases: a 1ª fase, de 1922 a 1930, fase revolucionária ou de ruptura; a 2ª fase, de 1930 a 1945, de recomposição; a 3ª fase, de 1945 a 1960.

Dessa maneira, a nova periodização estilística é um instrumento conceitual do maior valor para a solução do problema na literatura brasileira.

Oferece ampla margem para a renovação interpretativa e revisão da produção literária no Brasil, encaminhando, demais disso, a compreensão da autonomia do fenômeno literário em relação aos outros fenomenos da vida, e da autonomia e originalidade da literatura brasileira.

O INÍCIO DA LITERATURA BRASILEIRA

O problema preocupou sempre os historiadores literários. A tese mais comum entre, sobretudo, os portugueses, mas também alguns brasileiros, era de que a produção dos séculos XVII e XVIII não passava de prolongamento da literatura portuguesa, e que a brasileira só teria começado depois da independência política, com o Romantismo. Essa teoria decorre de um conceito político da historiografia literária, fazendo depender a literatura da política e a autonomia literária da ideia nacional.

Ela não levava em conta que antes de ser uma nação o Brasil era um país, mesmo politicamente dependente de Portugal. Um país habitado por um povo, que havia muito se diferenciava do colonizador em hábitos, sentimentos, aspirações, fala, uma sociedade que, por força da miscigenação e aculturação intensivas, plantada em uma situação geográfica inteiramente nova e diferente, se constituíra com fisionomia diversa da portuguesa. A literatura, como a dança, como o canto, como a música, não podem deixar de ter sido diferentes também desde o início, quando o habitante que os expressava era um homem novo desde o início, logo que aqui botou o pé, e criou nova atitude, novos hábitos culinários, novo sistema de convivência com os outros homens, a fauna, a flora, e teve que lidar com novos tipos de animais e comer novas frutas, existentes numa natureza diferente, diante da qual caiu em verdadeiro êxtase. Se outros eram o homem e a sociedade, diversos deveriam ter sido e foram a literatura e demais artes.

Daí surgiu uma atitude diferente em historiografia literária. A consideração desses fatos não podia senão resultar em uma revisão do conceito historiográfico tradicional, passando a considerar como brasileira a parte da literatura produzida no Brasil antes da Independência.

Foi o que fez o planejador desta obra, acompanhando aliás outra linha da historiografia brasileira. Não só no "Prefácio da Primeira Edição", como também no livro *Conceito de literatura brasileira* (Rio de Janeiro, Livraria Acadêmica, 1960), (3ª ed. 1981), foi essa a teoria defendida.

A literatura brasileira começou no século XVI, pela voz barroca dos jesuítas, em primeira linha Anchieta, que deve ser considerado o seu fundador. Iniciada no primeiro século, ela cresceu aos poucos, desenvolvendo gradativamente as suas características temáticas e formais, as suas peculiaridades, a sua fisionomia, promovendo uma fórmula brasileira, graças a uma crescente aproximação e incorporação da realidade humana, social e geográfica local, e ao esforço do pensamento nativista, a princípio contra Portugal, tornando-se autônorna com o Romantismo, para afinal, com o Modernismo, estabelecer-se o princípio de que a literatura brasileira deve ser antes de exportação que de importação.

Essa doutrina é modernamente esposada por outros teóricos, como é o caso de Roger Bastide, professor da Sorbonne, especialista em literatura brasileira. Em um trabalho *Études de littérature brésilienne* (Paris, Centre de Documentation, 1961), estudando o "estatuto colonial" em relação com a literatura, combate os que não consideram literatura brasileira aquela produzida na fase colonial. Uma sociedade à parte da lusa não podia deixar de produzir uma literatura nova. Ela revela a "competição" que se estabeleceu no espírito do brasileiro, que pretendia "sobre os mesmos temas e nas mesmas formas artísticas, rivalizar e vencer" os portugueses.

LITERATURA COLONIAL

A tese acima tem como consequência o afastamento do conceito de "literatura colonial" para definir a literatura produzida no Brasil no período anterior à independência política de 1822.

Em verdade, como demonstrei no livro acima referido ao qual remeto para maior discussão do assunto, do ponto de vista da crítica literária não pode ter circulação um conceito como o de "literatura colonial". Ele traduz a aplicação de critério político à definição e aferição de valor literário. "Literatura colonial" não existe em literatura, não tem o conceito validade crítica. Não se pode negar a existência da produção literária do período histórico da Colônia. O que se deve é invalidar um conceito falso, que não pode ter aplicação à literatura, por lhe ser inadequado e estranho. Colonial é um termo político, sem qualquer validade nem sentido em crítica e história literária.

Adotando-se uma periodização estilística, a literatura produzida no período chamado colonial é a expressão dos estilos barroco, arcádico e neoclássico, esses estilos se entrecruzando, superpondo ou sucedendo dos séculos XVI a XIX.

A velha divisão da história literária, adotada por José Veríssimo e outros, em colonial e nacional, divisão periódica de sentido político, deixa de ter razão de ser. A literatura produzida no Brasil é "brasileira" desde o primeiro século, e uma literatura não é colonial só porque se produz numa colônia e não se torna nacional só depois da independência política, com a criação de uma nação.

A literatura brasileira primitiva não é "colonial", mas brasileira: barroca, arcádica, neoclássica. (Ver ainda sobre o problema: Afrânio Coutinho. *A tradição afortunada*. Rio de Janeiro, José Olympio, 1968.)

O BARROCO

Aliás, há um ponto ainda a destacar. A diferença entre as literaturas portuguesa e brasileira processou-se por meio do Barroco. Esse estilo não foi congenial à literatura portuguesa justamente por sua origem e característica espanholas, num momento em que Portugal reagia contra o domínio espanhol, e essa reação não era somente política, mas de toda a consciência nacional, envolvendo portanto aspectos culturais e artísticos. O Barroco, para Portugal, era uma manifestação espúria, estrangeira, daí considerar-se entre os portugueses uma forma inferior e de decadência, inteiramente contrária ao tradicionalismo quinhentista, a verdadeira tradição lusa.

Ao passo que, para o Brasil, o Barroco não oferecia qualquer caráter inferior, e, ao contrário, coadunava-se à maravilha com o espírito nativista da civilização nascente, pois o nativismo foi fenômeno muito precoce no Brasil. O Barroco serviu assim de válvula de escape e de testemunho da reação antilusa, mesmo inconscientemente. E sem falar em Gregório de Matos, os primeiros literatos da colônia, ao se reunirem nas academias de "brasílicos" e "esquecidos", faziam-no conscientes de sua posição de inconformismo e competição, e falavam num estilo que não era o aprovado ou do agrado do oficialismo luso, um estilo "decadente", empolado, arrebicado.

Portanto, a formação da literatura brasileira está naquele período, isto é, nos séculos XVI e XVII, sob a égide do estilo barroco, daí a profunda marca desse estilo na consciência brasileira de todos os tempos. E dessa forma, repele-se a velha dicotomia entre literaturas colonial e nacional, bem como a ideia de era luso-brasileira para englobar a produção do período da colônia, que era entendido como um todo reunindo as literaturas portuguesa e brasileira, esta mero prolongamento daquela.

A nova conceituação reforça a visão estética da história da literatura brasileira.

LINGUÍSTICA. LITERATURA. CRÍTICA.

Em anos recentes, a ciência da linguagem teve um desenvolvimento muito grande, e, naturalmente, em consequência criou-se a necessidade de estudarem-se as suas relações com as ciências afins e com o campo de atuação de outras áreas de conhecimento. No caso, por exemplo, da literatura, as discussões têm sido insistentes no sentido de estabelecer a delimitação de campos e de saber a validade da aplicação dos métodos da linguística à compreensão do fenômeno literário e do trabalho crítico. De qualquer perspectiva que se encare o problema, mister se faz, como ponto de partida, distinguir claramente "entre o objeto da crítica literária e o objeto da análise crítica, entre a estrutura da linguagem e a estrutura da literatura" (Elias Schwartz), e, "porque a análise linguística não é, nem pode ser, crítica literária", e porque a análise linguística nada nos diz acerca da "estrutura literária de um texto literário", portanto não existe uma crítica linguística. Essas reflexões, essa discussão não têm chegado a resultado definitivo. Desde os formalistas russos e tchecos que a relação entre linguística e crítica e literatura se vem procurando esclarecer. Partem muitos da ideia de como a linguagem atua numa obra literária. Que diferenças existem entre a estilística e a própria estrutura da obra literária? Por ser fenômeno constituído de palavras, é suficiente o estudo do instrumento verbal em si? Ou existe na linguagem tornada literária (literatura) algo que lhe imprime uma dimensão diferente (literária), tornando o método da linguística, e mesmo da linguística estilística, impotente, inadequado, insuficiente? São perguntas que surgem em todos os que hão estudado o assunto: Jakobson, Wellek, Fowler, Whitehall, Juilland, Levin, Brooks, Mukarovsky, Schwarz, Lester, Ohmann, Hendricks, Burke, Chatman, Freeman, Hill, Olson, Sayce, Hirsch, Beardsley, Sebeok, Barthes, Todorov, Ruwet, Culler, Hollander, Spitzer, Halliday, Bierwisch, Wheelwright, Ransom, Richards, Croll e outros que, em numerosos livros e simpósios, com resultado dos debates reunidos em volumes, procuram uma base comum para compreensão do que é estilo em literatura, sua natureza e características, precisamente aquilo que comunica a diferença entre a linguagem padrão e a literária. São linguistas, psicólogos, antropólogos, críticos literários na árdua e importante tarefa de delimitar os campos e prover um entendimento, o mais lúcido possível, do que a crítica literária pode encontrar na linguística quanto à ajuda para o esclarecimento do fenômeno da literatura, o que ela é e o que são os elementos do estilo e da linguagem poética ou literária. Problema este que implica a própria natureza do processo criador em literatura. De modo geral, há consenso entre os estudiosos do assunto no que respeita à necessidade de relacionar os estudos linguísticos e a crítica literária. Todavia, o que parece também fora de dúvida é que não se pode aceitar sem reservas a aplicação das teorias e métodos linguísticos à análise literária, nem tampouco substituir a segunda pelos primeiros. Os estudos linguísticos são relevantes para os literários, sobretudo no que se denomina a "linguística estilística", mas não podem ser um substituto para a crítica. A análise linguística de um texto literário deve ser considerada um estágio pré-crítico. Como afirma Freeman, o trabalho linguístico sobre um texto literário, com toda a técnica e nos diversos planos da linguagem, é "uma atividade prévia e distinta, embora importante, do ato crítico propriamente". O trabalho linguístico, por mais completo, vai até um certo ponto, além do qual a operação é de crítica literária. A crítica parte de onde a linguística se detém. Tudo depende do modo como se encara a linguagem num texto literário. A linguística estuda a língua nos seus elementos isolados. A crítica objetiva o todo, a globalidade da obra, do texto, da língua literarizada. Além disso, a obra literária, se é feita de palavras, ela contém algo mais, que são os artifícios literários, os quais é que constituem a literariedade, ou qualidade literária da obra. A literatura, além de feita de palavras, possui uma dimensão que está além da palavra, uma "forma" que não é a língua. Há uma diferença fundamental entre a língua padrão e a língua literária, e esta é que define a especificidade da literatura. A língua literária não é um conjunto de sentenças, que a linguística tem por objetivo analisar, com os seus métodos próprios. Há categorias literárias que são distintas do simples aspecto verbal da literatura, por considerá-los meros artifícios morfológicos, semânticos, fonológicos, aos quais o linguista reduz a sua abordagem. Os artifícios literários, que se iniciam na estilística e penetram a retórica e a poética, compõem um campo diferente, específico, natural da pesquisa crítica. Desta forma, está sublinhado que a abordagem linguística é inadequada à crítica literária, senão como ponto de partida. Salienta Juilland: "O ato literário é algo mais do que um puro e simples ato de linguagem: é um ato de linguagem com uma dimensão extra." Nessa "dimensão literária" é que está o segredo da "forma" literária. Usando aqui forma num sentido lato, a qual especifica o ato literário, o fenômeno literário (ou artístico em geral), a obra literária, o estilo literário, o sentido (*meaning*) da literatura. Esse fenômeno tem uma estrutura que lhe é peculiar e distintiva, e que não é composta de elementos "verbais" apenas, mas de artifícios diferentes dos componentes da língua padrão. Mukarovsky estuda-os no seu famoso ensaio "Língua padrão e língua poética". Esses artifícios emprestam ao todo que é a obra uma estrutura poética ou literária, não somente linguística. Daí o abismo entre a interpretação linguística de um texto literário e a apreciação crítica, pois o literário ou a literariedade está situada além da linguagem simples, plano em que a linguística não penetra nem compreende. É claro que as informações do linguista sobre a linguagem de um texto literário são úteis ao estudo crítico desse texto, mas reduzem-se somente a contribuição, e não substituem a abordagem crítica, nem se identificam com ela. "O crítico não precisa ser um linguista", afirma o professor Francis, "mas ter apenas alguma familiaridade com os resultados da moderna linguística, fazer deles parte do seu equipamento de crítico." É que, no dizer de W. Hendricks, "alguns aspectos da literatura transcendem a linguagem — particularmente, a estrutura literária". E a estrutura literária, situada acima da superfície linguística, é objeto do estudo da crítica literária, essencialmente diverso do linguístico, numa "visão armada" (Coleridge) de teoria, história, linguística, psicologia, antropologia, e qualquer técnica que estiver à sua disposição e que seja exigida pela qualidade característica do texto, sobre o qual deve incidir a mirada crítica, essencialmente valorativa.

BIBLIOGRAFIA DE APOIO

Bamcelli, J. P., Gibaldi, J. ed. *Interrelations of literature.* 1982; Barthes, R., et allii. *Linguística e literatura.* 1968; Brady, F., Palmer, J. Price, M. ed. *Literary theory and structure.* 1973; Branca, V., J. Starobinski, J. *La filologia e la critica letteraria.* 1977; Brown, W.K., Olmsted, S.P. ed. *Language and literature.* 1960; Caretti, L. *Filologia e crítica.* 1955; Chatman, S. and Levin, Samuel, ed. *Essays on the language of literature.* 1967; Chatman, S. ed. *Literary style.* 1971; Ching, M. K. L, Haley, M. C., Lunsford, R.F. *Linguistic perspectives on literature. 1980*; Coletti, V. II *Linguaggio letterario,* 1978; Foerster, N., et allii. *Literary scholarship.* 1941; Fowler, R., ed. *Essays on style and language.* 1966; Fowler, R. ed., *Style and structure in literature.* 1975; Freeman, D. C. *Linguisties and literary style.* 1970; Petöfi, J., Berrio, A. G. *Lingüística del texto y crítica literaria.* 1978; Sebeok, T.A. ed. *Style in language.* 1960; Smith, B.H. *On margins of discourse.* (The relation of literature to language). 1978; Thorpe. J. *Relations of literary study.* 1967; Traugot, E. C., Pratt, M. L. *Linguistics for students of literature.* 1980.

PREFÁCIO DA TERCEIRA EDIÇÃO (1986)

Há muito esgotada a Segunda Edição, publica-se agora uma Terceira, aumentada e atualizada, tendo em vista os novos desenvolvimentos teóricos, críticos e historiográficos relativos à Literatura Brasileira, levando-se em conta as mais recentes correntes e tendências nos diversos gêneros.

Tendo o Modernismo, por volta de 1960, chegado a seu término como movimento renovador da maior importância, tendências outras, a partir da década de 60, imprimiram novos rumos à produção literária nacional, abrindo um período já cognominado de Pós-modernismo, através de grupos de vanguarda em todo o país.

Nesta altura do século (década de 80), a Literatura Brasileira atinge o estágio de total identidade e autonomia nacional. Publicada primeiramente na década de 50, a obra acompanhou a evolução de nossa literatura durante toda a fase posterior ao Modernismo. Agora, um século depois da grande obra de Sílvio Romero, a sua reedição marca uma etapa decisiva da nossa Literatura.

PREFÁCIO DA QUARTA EDIÇÃO (1997)

Em 1955 foi publicada a primeira edição de *A Literatura no Brasil*, em 4 volumes, sob a direção de Afrânio Coutinho, que, incumbido do planejamento de conteúdo e da escolha dos colaboradores para os diversos temas que compõem os volumes, direcionou seus esforços no sentido de oferecer ao estudioso da Língua e da Literatura Brasileira um instrumento de trabalho que proporcionasse também uma revisão da história literária, mas daquela literatura tratada como arte e por isso possuidora de um valor estético, encarada como um todo, autônoma e com identidade própria.

A segunda edição revista e ampliada, publicada em 1968, muito tempo depois de esgotada a primeira edição, mereceu a inclusão de mais dois volumes.

Em decorrência, também, da passagem do tempo, e atualizada pelos novos desenvolvimentos em relação às teorias, à crítica e à historiografia, toda a obra, com seus seis volumes, foi reeditada em 1986 (3ª edição), levando-se em conta as mais recentes correntes e tendências nos diversos gêneros, apresentando a literatura brasileira em um estágio de total identidade e autonomia nacional atingido na década de 80, vindo ao encontro do objetivo proposto por Afrânio Coutinho desde a primeira edição nos idos dos anos 50.

A publicação pela **Global Editora** da 4ª edição de *A Literatura no Brasil*, revista e ampliada, com a introdução de textos que atualizam a obra até os nossos tempos, tem como finalidade continuar oferecendo aos estudiosos e pesquisadores um dos mais completos estudos sobre a história literária brasileira.

Os editores

BIBLIOGRAFIA

I — *História literária, seu conceito e métodos, o estado atual da questão, as relações com a crítica e os problemas correlatos do ensino literário e da biografia:*

The aims, methods, and materiais of research in the modern languages and literatures (Repport by the Committee on research activities of the Modern language association of America). (in *PMLA*, LXVII 6, oct. 1952); Alonso, D. *Poesía española*, Madrid, Gredos, 1950; Amiet, W. A. *The practice of literary history*, Sidnei, Angus and Robertson, 1936; Auerbach, E. *Introduction aux études de philologie romaine*. Frankfurt am Mein, Klostermann, 1949; Audiat, P. *La biographie de l'oeuvre littéraire*. Paris, Champion, 1924; Babbitt, I. *Literature and the American College*. Boston, Houghton, 1908; Baldensperger, F. *La littérature*. Paris, Flammarion, 1919; idem. Hypothèses et verifications en histoire littéraire. (in *Helicon* 1. 1938, p. 3-9): Barreto Filho, J. O valor da história literária. (in *Diário de Notícias*. Rio de Janeiro, 4 jul. 1943); Bash, V. *Wilhelm Scherer et la philologie allemande*. Paris, 1889; Bateson, F. W. *English poetry and the English language*; Betsk:y, S. The teaching of literature: toward a solution. (in *Sewance Rev.* Autumn, 1949); Braga, T. *Introdução e teoria da história da literatura portuguesa*. 1896 (1ª ed. 1870); Bray, R. Les tendances nouvelles de l'histoire littéraire. (in *Revue d'histoire littéraire*, 1930); Brooks, C. *The well wrought urn*. N. Y., Reynal & Hitchock, 1947; idem. A note on the limits of history and criticism. (in *Sewanee Rev.* Winter, 1953); idem. The new criticism and scholarship. (in *Twentieth Century English*. N. Y. 1946; idem. Criticism and literary history. (in *Sewanee Rev.* Spring, 1947); idem. Literary criticism. (in *English Institute Essays* 1946. N. Y. Columbia, 1947; Bush, D. Marvell's Horatian ode (in *Sewanee Rev.* Summer, 1952); Carpeaux, O. M. A querela da história literária (in *O Jornal*. Rio de Janeiro, 18 jul. 1943); idem. Crítica e história das letras americanas. (id., ib., 19 jun. 1949); Clark, H. H. Suggestions concerning a history of American literature. (in *American Literature*. Nov. 1940); Colby, J. R. *Literature and life in school*. Boston, Houghton Mifflin, 1906; Cooper, L. *Methods and aims in the study of literature*. Ithaca, Cornell un. pr., 1940; Coutinho, A. *Correntes cruzadas*. Rio de Janeiro, A Noite, 1953; Craig, H. *Literary study and the scholarly profession*. Seattle, Univ. of Washington pr., 1944; Crane, R. S. History versus criticism in the study of literature. (in *English Journal*, XXIV, 8, oct. 1935); Croce, B. *La crítica e la storia delle arti figurative*. Bari, Laterza, 1946; idem. *La poesia*. Bari, Laterza, 1946; idem. *Problemi di estetica*. Bari, Laterza, 1949; idem. La riforma della storia artística e letteraria. (in *Nuovi saggi di estetica*. 2ª ed. Bari, Laterza, 1926); Cysarz, H. *Storia della litteratura come scienza dello spirito*. Milão, Bompiani, 1945; *Dictionary of World literature*, ed. J. Shipley, N. Y. Philosophical Library, 1943; Dragomirescu, M. *La science de littérature*. 4 vols. Paris. Gamber, 1928; Elton, O. The meaning of literary history. (in *Quaterly review*. July. 1904): *English Institute Essays: 1946*. (The methods of literary study). N. Y., Columbia, 1947; idem: 1940. N. Y., Columbia, 1941; Ermatinger, E. [et al.] *Filosofía de la ciencia literaria*. México. Fondo de Cultura Económica, 1946; *Essays in teaching*, ed. H. Taylor. N. Y. Harper, 1950; *Estado actual de los métodos de la historia literaria*. Org. Raul Silva Castro. Santiago, Prensas de la Universidad de Chile, 1933; Etiemble.

Après l'histoire, la géographie littéraire (in *Les temps modernes*. Avril 1947); Étienne, S. *Défense de la Philologie*. Bruxelas, Lumière, 1947; Ferguson. D. Should scholars try to trink? (in *American scholar*. Spring, 1942): Feuillerat, A. Scholarship and literary criticism. (in *Yale review*, Jan. 1935); Fiedler, L. A. Archetype and signature. (in *Sewanee Rev.* Spring, 1952); Rife. R. H. The basis of literary history. (in *PMLA*. LXVI, 1, Feb. 1951); Figueiredo, F. de. *Aristarcos*. Rio de Janeiro, Antunes, 1941; idem. *A crítica literária como ciência*. Lisboa, Liv. Clássica, 1922; idem. *A luta pela expressão*. Coimbra, Nobel, 1944; idem. *Últimas aventuras*. Rio de Janeiro. A Noite, s. d.; idem. *Estudos de literatura*. 5ª série. S. Paulo, 1951 (Bol. Fac. Fil., nº 7); Foerster, N. *The American Scholar*. Chapel Hill, North Carolina Univ. pr., 1929; idem. *Towards Standards*. N. Y., Farrar & Rinehart, 1932; Frank, T. Changing conceptions of literary and philological research. (in *Journal of the History of Ideas*. III, 4, 1942); Fuchs, A. *Initiation à l'étude de la langue et de la literáture allemandes modernes*. Paris, Belles Lettres, 1948; Getto, G. La storia letteraria. (in A. Momigliano. *Problemi ed Orientamenti critici:* II. *Tecnica e Teoria Letteraria*. Milano, Marzorati, 1948); idem, *Storia delle storie letteraire*. Milão, Bompiani, 1946; Gourfinkel, N. Les nouvelles méthodes d'histoire littéraire en Russie. (in *Le Monde slave*. Fev. 1929); Greenlaw, E. *The province of literary history*. Baltimore, Johns Hopkins Univ. pr., 1931; Guérard, A. L. *Preface to world literature*. N. Y. Holt, 1940; idem. *Literature and society*. Boston, Lothrop, 1935; Gullette, G. A. The professor and his critic. (in *College English*. may 1940); Hankiss, J. *La littérature et la vie*. (in *Boletim da Fac. Fil., Ciências e Letras*. São Paulo. nº 8, 1951); Hatzfeld, H. A. Esthetic criticism applied to medieval romance literature. (in *Romance Philology*. I, 4, may 1946); idem. Modern literary criticism as refleted in Dante's criticism. (in *Comparative literature*. III, 4, Fall 1951); Hazard, P. Les tendances actuelles de l'histoire littéraire. (in *Le Mois*, nº 55, juillet 1935); Heilman, R. B. Footnotes on literary history (in *Southern Review*. VI, 4, Spring 1941); *The Humanities: an appraisal*. ed. J. Harris. Madison, 1950; Hytier, J. *Les arts de littérature*. Paris, 1945; Jones, H. M. *Ideas in America*. Cambridge (Mass.), Harvard Univ. pr., 1944; idem. *The theory of American literature*. Ithaca, Cornell Univ. pr., 1948; idem. Literary scholarship (in *English Journal*. XVIII, 9, Nov. 1943); Kayser, W. *Fundamentos da interpretação e da análise literária*. Coimbra, A. Amado, 1948. 2 vols.; Kridl, M. The integral method of literary scholarship. (in *Comparative literature*. III, 1, Winter 1951); Lacombe, P. *Introduction à l'histoire littéraire*. Paris, Hachette, 1898; Lanson, G. *Méthodes de l'histoire littéraire*. Paris, Belles Lettres, 1925; idem. L'histoire littéraire et la sociologie. (in *Revue de métaphysique et de morale*. XII, 1904); idem. Histoire littéraire. (in *De la méthode dans les sciences*. 2 vols. Paris, Alcan, 1924); idem. Histoire littéraire: résultats récents et problemes actuels. (in *Revue de synthese historique*. I, 1900); Leavis, F. R. *Education and the University*. Londres, Chato and Windus, 1948; Literature and the Professors: A symposium. (in *Kenyon Rev.* Autumn 1940 [e] *Southern Rev.* Autumn 1940); *Literary scholarship, its aims and methods*. N. Foerster et al. Chapel Hill, Univ. North Carolina pr., 1941; Martins, W. Duas histórias literárias. (in *O Estado de São Paulo*, 7 jul. 1955); *The meaning of the humanities*. Ed. T. M. Greene. New Jersey, Princeton Univ. pr., 1940; *Mélanges Baldensperger*. Paris, 1930; The Methods of literary studies: a symposium. (in *English Institute Essays: 1946*. New York, Columbia Univ. pr., 1947); Michaud, G. *Introduction a une science de la littérature*. Istambul, 1950; Millett, F. *The rebirth of liberal education*. N. Y., Harcourt, 1945; Momigliano, A. *Problemi ed orientamenti critici*. Milano, Marzorati, 1948. 4 vols.; Monteiro, Mozart. Série de artigos sobre teoria de literatura, teoria e metodologia da crítica, teoria e metodologia da história literária. (in *Diário de Notícias*. Rio de Janeiro, 30 out., 13, 20, 27 nov., 11 dez. 1949; *O Jornal*. Rio de Janeiro,

15, 22 mar., 5, 12, 19, 26 abr., 3, 17, 24 mai., 14, 21, 28 jun., 5, 12, 19, 26 jul., 2, 9, 16, 23, 30 ago., 6, 13 set., 11 out., 1 nov. 1953); Morize, A. *Problems and methods of literary history.* Boston, 1922; Mornet, D. Questions de méthodes (in *Revue d'histoire littéraire*, 1935); Muller, H. J. [E] Brooks, C. The relative and the absolute. (in *Sewanee Rev.* Summer, 1949); Myrick, K. O. College teaching and creative scholarship. (in *English Journal.* XXVIII, 4, apr. 1931); Pearce, R. H. Pure criticism and the history of ideas. (in *Journal of Aesthetics and Art Criticism.* Dec., 1948); Prado Coelho, J. História da cultura e história da literatura. (in *Revista filosófica.* II, 5, Coimbra, 1952); idem. *Problemática da História Literária.* Lisboa, Ática, 1961. Praz, M. Literary history. (in *Comparative literature.* II, 2, Spring 1950); Proceedings of the First International Congress of Literary History. (in *Bulletin of the international committee of historical sciences.* IV, 14, Paris, feb. 1932); Raushenbrush, E. *Literature for individual education.* N. Y., Columbia Univ. pr., 1942; Reyes, A. *El Deslinde: prolegómenos a la teoría literaria.* México, Fondo de Cultura Económica, 1944; idem. El método histórico en la crítica literaria. (in *Tres puntos de exegética literaria.* México, Fondo de Cultura Económica, 1945); Rudler, G. *Les téchniques de la critique et de l'histoire littéraire.* Oxford, 1924; Salter, F. M. Scientific method in literary research. (in *The University review.* VIII, 4, 1942); Sanders, C. *An introduction to research in English literary history.* N. Y., Macmillan, 1952; Schutze, M. *Academic illusions.* Chicago, Univ. pr., 1933; Shoemaker, F. *Aesthetic experience and the humanities.* N. Y., Columbia Univ. Press, 1943; Spears, M. K. Scholarship and the sense of the past. (in *Sewanee Review.* Spring 1950); Spencer, B. T. An American literature again. (in *Sewanee Review*, winter 1949); Spitzer, L. *Linguistics and literary history.* New Jersey, Princeton Univ. pr., 1948; idem. A new program for the teaching of literary history. (in *American Journal of Philology.* LXIII, 3, 1942); The teaching of literature: A symposium. (in *Sewanee Rev.* Autumn, 1947); Teeter, L. Scholarship and the art of criticism. (in *Journal of English Lit. History.* V. 3, sept. 1938); idem. Literary history and the aesthetic experience. (in *English Journal.* nov. 1936); Tillyard, E. M [e] Lewis, C. S. *The personal heresy.* Oxford, 1939; Van Kranendonk. New methods for the study of literature. (in *English studies.* XVII, 4, Aug. 1935); Van Tieghem, Philippe. *Tendances nouvelles en histoire littéraire.* Paris, Belles Lettres, 1930; Van Tieghem, Paul. Le premier congrés international d'histoire littéraire et la crise des méthodes. (in *Modern Philology.* XXIX, 2, nov. 1931); idem. La synthése en histoire littéraire. (in *Revue de synthese historique.* V. 1920); Waggoner, H. H. The state of literary history. (in *Sewanee Review.* LXIII, 3, Summer 1955); Warren, A. The scholar and the critic: an essay in mediation. (in *Univ. of Toronto Quarterly.* VI, 2, jan. 1937); Wellek, R. *The rise of English literary history.* Chapel Hill, North Carolina Univ. Pr. 1941; idem. The impass of literary hisfory (in *Kenyon review.* Summer 1949); idem. Literary history. (in *Literary Scholarship, its aims, and methods.* Ed. N. Foerster. Chapel Hill, Un. North Carolina, 1941); idem. The mode of existence of a literary work of art (in *Southern Review.* Spring, 1924); idem. A new history of English literature. (in *Modern Philology.* August 1949); idem. The revolt against positivism in recent European literary scholarship. (in *Twentieth Century English.* ed. W. S. Knickerbocker. N. Y., Philosophical Library, 1946); idem. The theory of literary history (in *Travaux du Cercle Linguistique de Prague.* IV, 4, 1936); idem. Six types of literary history. (in *English Institut Annual: 1946.* N. Y., Columbia Univ. Pr., 1947); Wellek, R. [e] Warren, A. *Theory of literature.* N. Y., Harcourt, Brace, 1949; White, M. G. The attack on the historical method. (in *Journal of Philosophy.* XLII, 12, Jun. 7, 1945); Wimsatt Jr., W. K. History and criticism. (in *PMLA.* LXVI, 1, feb. 1951); Winters, Y. On the possibility of a cooperative history of American literature. (in

American Literature, nov. 1940); Woodhouse, A. S. P. The historical criticism of Milton. (in *PMLA*. dec. 1951); Wright, L. B. Toward a new history of American literature. (in *American Literature*, Nov. 1940).

1 — *Sobre o problema da biografia em crítica e história literárias, ver:*

Cherniss, H. The biographical fashion in literary criticism. (in *California Publications in Classical Philology*. XII, 193- 3-1944); The critical significance of biographical evidence. Symposium. (in *English Institute Essays, 1946*. N. Y., Columbia, 1947); Ellis, F. H. The biographical problem in literary criticism. (in *PMLA*, December 1951); Figueiredo, F. de. Do gosto da biografia. (in *O Jornal*. Rio de Janeiro, 19 mar. 1939); Johnson, E. *One mighty torrent: the drama of biography*. New York, 1937; Johnston, J. C. *Biography: the literature of personality*. N. Y., Century, 1927; Lewis, C. S. (e) Tillyard, E. N. W. *The personal heresy in criticism*. Oxford, 1934; Lins, A. *Jornal de Crítica*. IV e VI Ser. Rio de Janeiro, J. Olympio, 1946, 1951; Lynd, R. The biographical element in criticism. (in *London Mercury*. Feb. 1923, VII, nº 40); Maurois, A. *Aspects de la biographie*. Paris, 1928; Melo Franco, A. A. *Homens e símbolos*. (in *O Jornal*. Rio de Janeiro, 18 mar. 1944); Nicolson, H. *The development of English biography*. Londres, 1927; Thayer, W. R. *The artofnbiography*. N. Y., 1920; Wellek, R. (e) Warren, A. *Theory of literature*. N. Y. Harcourt, 1949.

2 — *O problema da periodização:*

Bauer, W. *Introducción al estudio de la historia*. Barcelona, Bosch, 1944; Berr, H. Antiquité et Moyen Âge. (in F. Lot. *La fin du monde antique et le début du Moyen Âge*. Paris, 1927); Berr, H. [e] Febvre, L. History and historiography. (in *Encyclopedia of the Social Sciences*. vol. VII, p. 365: periodization); Bernheim, E. *Introducción al estudio de la historia*. Trad. esp. Barcelona, Labor, 1937; Boas, G. Historical periods. (in *Journal of Aesthetics and Art Criticism*. X, 3, mar. 1952); Cazamian, L. *L'évolution psychologique de la littérature en Angleterre*. Paris, 1920; idem. Periodicity in literature: the final stage. (in *Criticism in the making*. N. Y., 1929); Collingwood, R. G. *The idea of history*. Oxford, 1946; Cysarz, H. El principio de los períodos en la ciencia literaria. (in *Filosofía de la ciencia literaria*. ed. E. Ermatinger. México, 1946); Ferguson, W. K. *The Renaissance in historical thought*. Cambridge (Mass.), Houghton, 1948; idem. The interpretation of the Renaissance; suggestion for a synthesis. (in *Journal of the History of Ideas*. XII, 4); Foerster, M. The psychological basis of literary periods. (in *Studies for William Read*. Louisiana State Univ., 1940); Frank, P. L. Historical or stylistic periods? (in *Journal of Aesthetics and Art Criticism*. XIII, 4, June 1955); Friedell. E. *A cultural history of modern age*, trad. ingl. N. Y., Knopf, 1930, 1950, 3 vols. Halecki, O. *The limits and divisions of European history*. N. Y. Sheed and Ward, 1950; Huizinga,. J. Sobre el estado actual de la ciencia histórica. Madrid, 1934; idem. *El concepto de la historia y otros ensayos*. México, Fondo de Cultura Económica, 1946; Kohler, P. *Lettres de France*. Lausanne, Payot, 1943; Langlois, C. V. [e] Seignobos, C. *Introduction aux études historiques*. Paris, 1898; Lovejoy, A. O. On the discrimination of Romanticisms. (in *Essays in the history of ideas*. Baltimore, 1948); Morente, M. *Las épocas modernas en la historia*. La Plata, 1934; Nordstrom, J. *Moyen-Âge et Renaissance*. Paris, Stock, 1933; Petersen, J. Las generaciones literarias. (in *Filosofía de la ciencia literaria*. ed. E. Ermatinger. México. 1946); Portuondo, J. A. Períodos y generaciones en la historiografia literaria hispanoamericana. (in *Cuadernos Americanos*, 3, may-jun. 1948); Rodrigues, J. H. *Teoria da História do Brasil*. S. Paulo, Ipê, 1949; Le Second Congrès Intemational d'Histoire Littéraire, Amsterdam, 1935: Les périodes dans l'histoire littéraire. (in *Bulletin of the International Committee of the Historical Sciences*. IX, 1937); Sé, H. Science *et philosophie de l'histoire*. Paris, 1933; Sodré, N. W. Períodos da história literária. (in *Correio Paulistano*. 19 out. 1954); Wellek, R. Periods and movements in literary history (in *English Institute Annual: 1940*. N. Y. Columbia Univ. Pr., 1941); idem. Periods in literature. (in *Dictionary of World Literature*. ed. J. Shipley. N. Y., Philosophical Library, 6943); Wellek, R. [e] Warren, A. *Theory of Literature*. N. Y., Harcourt, 1948; Xenopol, A. D. *La théorie de l'histoire*. Paris, 1908; Munro, T. *Toward Science in Aesthetics*. New York, 1956.

3 — *Teoria e método da história:*

Aron, R. *Introduction a la philosophie de l'histoire*. Paris, Gallimard, 1938; idem. *La philosophie critique de l'histoire*. Paris, Vrin, 1950; Bauer, G. *Introducción al estudio de la historia*. Tr. esp. Barcelona, Bosch, 1944; Barnes, H. E. *The new history and the social studies*. N. Y., Century, 1925; Berr, H. *La synthèse en histoire*. Paris, A. Michel, 1953; idem. *L'histoire traditionelle et la synthèse historique*. Paris, Alcan, 1935; Berdiaeff, N. *El sentido de la historia*. Tr. esp. Barcelona, Araluce, 1936; Beernheim, E. *Introducción al estudio de la historia*. Tr: esp. Barcelona, Labor, 1937; Burckhardt, J. *Considerations sur l'histoire humaine*. Tr. franc. Paris, Alcan, 1938; Collingwood, R. G. *The idea of history*. Oxford, Clarendon, 1946; Croce, B. *Il concetto della storia*. Bari, Laterza, 1954; idem. *Saggio sullo Hegel*. Bari, Laterza, 1948; idem. *La storia come pensiero e come azione*. Bari, Laterza, 1938; idem. B. *Teoria e estoria della storiografia*. Bari, Laterza, 1916; idem. *History as the story of liberty*. N. Y., Norton, 1941; idem. *History, its theory and practice*. N. Y. Harcourt Brace, 1923; Fling, F. M. *The writing of history*. New Haven, Yale Univ. Pr. 1920; Flint, R. *La philosophie de l'histoire*. Paris, G. Baillère, 1878; Garraghan, G. J., S. J., *A guide to historical method*. N. Y., Fordham Univ. pr., 1946; Georgel, G. *Lés rythmes dans l'histoire*. Paris, Servir, 1947; Glénisson, Jean. *Iniciação dos Estudos Históricos*. São Paulo, Difusão Europeia do Livro, 1961; Gottschalk, L. *Understanding history*. N. Y., Knopf, 1950; Gouhier, H. *L'histoire et la philosophie*. Paris, Vrin, 1952; Harsin, P. *Comment on écrit l'histoire*. Paris, Droz,. 1935; History and Historiography. *Encyclopedia of social sciences*. vol. 7. N. Y., 1942; *L'Homme et l'histoire*. (Actes du VI Congrès des Soc. de Philosophies). Paris, Pr. Univ., 1952; Hockett, H. C. *The Critical Method in Historical Research and Writing*. New York, 1955; Hours, J. *Valeur de l'histoire*. Paris, Pr. Univ. 1954; Huizinga, J. *Sobre el estado actual de la ciencia histórica*. Madrid, Rev. de Occidente, 1934; idem. *El concepto de la historia*. México, Fondo de Cultura Económica, 1946; Johnson, A. *The historian and historical evidence*. N. Y. Scribner, 1934; Jusserand, J. J. [et al.] *The writing of history*. N. Y., Scribner, 1926; Lacombe, P. *De l'histoire considerée comme science*. Paris, Vrin, 1930; Langlois, C. V. [e] Seignobos, C. *Introduction aux études historiques*. Paris, 1894; Mandelbaum, M. *The problem of historical knowledge*. N. Y., Liveright, 1938; Marrou, H. 1. *De la connaissance historique*. Paris, Du Seuil, 1954; Michelis, E. *El problema de las ciencias históricas*·. Tr. esp. Buenos Aires. Ed. Nova, 1948; Neff, E. *The poetry of history*. N. Y., Columbia Univ. pr., 1947; Nevins, A. *The gateway to history*. N. Y., Appleton, 1938; Oman, C. *On the writing of history*. N. Y., Dutton, 1939; Renier, G. J. *History: its purpose and method*. Londres, Allen Unwin, 1950; Robinson, J. H. *The new history*. N. Y. Macmillan, 1912; Samaran, Charles, *L'histoire et ses méthodes*. Paris, Bibl. de la Pléiade, 1961; Schneider, H. *Filosofía de la historia*. Tr. esp. Barcelona, Labor, 1931; Soranzo, G. *Avviamento agli studi storici*. Milano, Marzorati, 1950; Strayer, J. R. [et al.] *The interpretation of history*. Princeton, Univ. Pr., 1943; Teggart, F. J. *Theory and process of history*. Berkeley, Univ. of California Pr., 1941; Sé, H. *Science et philosophie de l'histoire*. Paris, Alcan, 1933; Vincent, J. M. *Historical research*. N. Y., Holt, 1911; Woodbridge, F. J. E. *The purpose of history*. N. Y. Columbia Univ. Pr., 1916;

Xenopol. A. D. *Teoría de la historia.* Trad. esp. Madrid, Jorro, 1911.

4 — *O conceito das gerações:*

Carilla, E. *Literatura argentina: 1800-1950* (esquema geracional). Univ. Nac. de Tucuman, 1951; Carpeaux, O. M. As gerações e suas literaturas. (in *Correio da Manhã.* 12 out. 1941); Cretela Sobrinho, P. e Srenger, I, *sociologia das gerações.* S. Paulo, Martins, 1952; Entralgo, P. L. *Las generaciones en la historia.* Madrid, 1945; Jantz, H. J. Herder. Goethe and F. Schlegel on the problem of generations, (in *Germanic Rev.* VIII, oct. 1933); idem. The factor of generation in German literary history. (in *Mod. Language Notes.* LII, may 1937); Jasinski, R. *Histoire de la littérature française.* Paris, Boivin, 1947. 2. vols.; Marias, J. *El método histórico de las generaciones.* Madrid, *Rev. de Occidente,* 1949; Ortega Y Gasset, J. La idea de las generaciones (in *El tema de nuestro tiempo,* 1941; repr. in *Obras.* Madrid, Espasa Calpe, 1932); Petersen, J. *Las generaciones literarias.* (in Ermatinger, E. *Filosofía de la ciencia literaria.* México, 1946); Peyre, H. *Les genérations littéraires.* Paris, Boivin, 1948; Pinder, W. *El Problema de las generaciones.* Buenos Aires, Ed. Losada, 1946; Pommier, J. *Questions de critique et d'histoire littéraire.* Paris, Droz, 1945; Portuondo, J. A. Períodos y generaciones en la historiografía literária hispanoamericana. (in *Cuadernos Americanos.* México, 1948); Portuondo, J. A. *La Historia y las Generaciones.* Santiago de Cuba, 1958; Remos y Rubio, J. *Historia de la literatura cubana.* Habana, Cardenas, 1945. 3 vols.; Salinas, P. El concepto de generación literaria aplicado a la del 98. (in *Revista de Occidente.* XIII, 1935. Repr. in *Literatura Española, Siglo XX.* México, Séneca, 1951); Schuman, D. W. *Cultural age groups in German thought.* (in *PMLA.* Dec. 1936); idem. The problem of age groups. (in *PMLA.* jun. 1937); Thibaudet, A. Générations et expositions. (in *Nouvelles Littéraires.* 10 out. 1931); idem. *Réflexions sur la littérature.* Paris, Gallimard, 1938. p. 120-128;

idem. *Histoire de la littérature française de 1789 à nos jours.* Paris, Stock, 1936; Wellek, R. Periods and movements in literary history. (in *English Institute Annual: 1940.* N. Y., Columbia Univ. pr. 1941); Wellek, R. [e] Warren, A. *Theory of Literature.* N. Y., Harcourt Brace, 1949.

5 — *O problema da comparação e inter-relação das artes e letras e da mútua elucidação:*

Alecrim, O. Teoria da prosa impressionista. (in *Cultura.* 6 dez. 1954); *Atti dei quinto congresso internazionale di lingue e letterature moderne nei loro rapporti con le belle arti, 1951.* Firenze, Valmartina Ed., 1955; Bailly, O., Richter, E., Alonso, A. Lida. R. *El impressionismo en el lenguage.* Buenos Aires, 1936; Bréton, A. *Le surréalisme et la peinture.* Paris, Gallimard, 1928; Brown, C. S. *Music and literature* (a comparison of the Arts). Ahens, Ge., 1948; Chaix, M. A. *La correspondance des arts dans la poésie contemporaine.* Paris, Alcan, 1919; Chemowitz, M. E. *Proust and painting.* N. Y. International univ. pr., 1945; Coeuroy, A. *Musique et littérature* (études de musique et littérature comparées). Paris, Bloud et Gay, 1923; David-Sauvageot, A. *Le réalisme et le naturalisme dans la littérature et dans l'art.* Paris, Pr. univ., 1929; Dejob, C. *De l'influence du Concile De Trente sur la littérature et les beaux arts.* Paris, Thorin, 1884; Demorest, D. L. *L'expression figurée et symbolique dans l'oeuvre de Gustave Flaubert.* Paris, Press Modernes, 1931; Fardwell, V. *Landscape in Marcel Proust.* Washington, Catholic Univ., 1948; García, M. H. *Contribución de la literatura a la historia del arte.* Madrid. Consejo superior de investigaciones científicas, 1943; Giovannini, G. Method of the study of literature in its relation to the other fine arts. (in *J. of Aesthetics and Art Criticism.* March 1950); Gotschalk, D. W. Interrelating the fine-arts philosophically. (in *J. of Aesthetics and Art Criticism.* dec. 1950); Greene, T. M. *The Arts and the art of criticism.* Princeton Univ. pr., 1940; Hagstrum, J. H. *The Sister Arts.* Chicago Un. Press, 1958; Hamm, V.

M. The problem of form in nature and the arts. (in *J. of Aesthetics and Art Criticism*. Dec. 1954); Hatzfeld, H. A. *Literature through art*. N. Y., Oxford, 1952; idem. Literary criticism through art and art criticism through literature. (in *J. of Aesthetics and Art Criticism*. VI, 1, Sept. 1947); idem. Literatura y arte. (in *Insula*. VI, 15 mai 1951); Hautecoeur, L. *Littérature et peinture en France du XVIIe au XXe siècles*. Paris, Colin, 1942; Hier, F. *La musique dans l'oeuvre de Marcel Proust*. N. Y., Inst. of French Studies, 1932; Holt, E. G. Ed. *Literary sources of art history*. Princeton, 1947; Hourticq, L. *L'art et la littérature*. Paris, Flamarion, 1946; The Interrelations of the Arts: a symposium. (in *J. of Aesthetics and Art Criticism*. XI, 4, jun. 1933); Lalo, C. The aesthetic analysis of a work of art. (in *J. of Aesthetics and Art Criticism*. VII, 1949); Lamandé, A. *L'impressionisme dans l'art et la littérature*. Monaco, Soc. de Conférences (nº 13), 1925; Lecomte, G. *L'art impressioniste*. Paris, Chamerot & Renouard, 1892; Lebel, F. *Morphologie comparée des arts*. Paris, 1930; Lemaitre, G. *Cubism and surrealism in French literature*. Cambridge, Harvard Univ. Press, 1941; Levy H. *Henri Wolfflin, sa théorie, ses prédécesseurs*, Rothweil, 1936; Maritain, J. *Creative intuition in art and poetry*. N. Y., Pantheon Books, 1953; Maury, P. *Arts et litterature comparés*. Paris. Belles Lettres, 1934; Medicus, F. El problema de una historia comparada de las artes. (in Ermatinger, E. *Filosofía de la Ciencia Literaria*. México, 1946); Munró, T. *The arts and their interrelations*. N. Y., Liberal Press, 1949; idem. "The afternoon of a Faun" and the interrelation of the Arts. (in *J. of Aesthetics and Art Criticism*. X, 2, dec. 1951); idem. The morphology of art as a branch of aesthetics. (in *J. of Aesthetics and Art Criticism*. June, 1954); idem. Form and value in the arts: a functional approach. (in *JAAC*. mar. 1955); Sachs, C. *The commonwealth of Art*. N. Y., Norton, 1946; Scott, G. *The architecture of humanism*. N. Y. 1924; Souriau, E. *La correspondance des arts*. Paris, Flamarion, 1947; Stein, L. *Painting, poetry and prose*. N. Y., Crown, 1947; Sypher, W. *Four stages of Renaissance style*. N. Y. Doubleday, 1955; Taylor, J. F. A. ed. *An introduction to literature and the fine arts*. Michigan State college pr. 1950; Webster, T. B. L. *Greek art and literature*. Oxford, Clarendon, 1939; Weisbach, W. *El barroco, arte de la Contrarreforma*. Tr. esp. Madrid, Espasa-Calpe, 1948; Wellek, R. The concept of baroque in literary scholarship. (in *J. of Aesthetics and Art Criticism*. V, 1946); idem. The parallelism between literature and the arts. (in *The English Institute Annual: 1941*. N. Y. Columbia Univ. pr., 1942); Wellek, R. [e] Warren, A. *Theory of Literature*. N. Y. Harcourt Brace, 1949; Wimsatt Jr., W. K. [e] Greene, T. S. Is a general theory of the arts of any practical value in the study of literature? (in *J. of Aesthetics Art Criticism*. VIII, 4, jun. 1950); Wolfflin, H. *Conceptos fundamentales de la historia del arte*. Tr. esp. Madrid, Espasa-Calpe, 1945.

6 — *O problema do estilo, individual e de época, sua classificação e tipologia.*

O ponto de partida fundamental é:

H. Hatzfeld. *Bibliografía crítica de la nueva estilística*. Madrid, Gredos, 1955. (Hatzfeld, H. et y. Le Hir. *Essai de Bibliographie Critique de Stylistique Française et Romaine*. Paris, PUF, 1961)

Alonso, A. *Materia y forma en poesia*. Madrid. Ed. Gredos, 1955; Alonso, A. [et al.] *El impressionismo en el lenguaje*. Buenos Aires, 1942; Alonso, D. *La lengua poética de Góngora*. Madrid, Consejo Sup. de Inv. Científica, 1950; idem. *Poesía española* (Ensayo de metodos y limites estilísticos). Madrid, Ed. Gredos, 1950; Alonso, D., Bousono, C. *Seis calas en la expresión literaria española*. Madrid, Gredos, 1951; Apolonio, M. *Critica ed exegesi*. Firenze, Marzocco, 1947; Artz, Frederick. *From the Renaissance to Romanticism*. Chicago, 1962; Auerbach, E. *Mimesis*. Tr. esp. México, Fondo de Cultura Econ., 1950; Bally, C. *Stylistique genérale et stylistique française*. Berne, 1944; idem. *Traité de stylistique française*. Paris,

Klincksieck, 1951. 2. vols.; Barat, E. *Le style poétique et la rev. romantique.* Paris, Hachette, 1904; Black, Max. *Models and Metaphors.* Ithaca, 1962; Bousono, C. *La poesía de Vicente Aleixandre.* Madrid, Insula, 1950; idem. *Teoría de la expresión poética.* Madrid, Gredos, 1952; Bruneau, C. *La stylistique.* (in *Romance Philology.* V. 1, Aug. 1951); Casalduero, J. *Sentido y forma de los trabajos de Persiles y Sigismunda.* Buenos Aires, Ed. Sudamericana, 1948; idem. *Sentido y forma del Quijote.* Madrid, Insula, 1949; Cressot, M. *Le style et ses tecniques.* Paris. Pr. Univ. 1948; Croll, M. V. Attic prose. (in *Studies in Philology.* XVIII, 1921); idem. The baroque style in prose. (in *Studies in English Philology.* Minnesota Univ. pr., 1929); Curtius, E. R. *European literature and the Latin Middle Ages.* Tr. ingl. N. Y., 1953; Da Cal, E. G. *Lingua y estilo de Eça de Queirós.* Coimbra, 1954; Devoto, G. *Studi di stilistica.* Firenze, Le Monnier, 1950; Dobbrée, B. *Modern prose style.* Oxford, Clarendon, 1934; Frank P. Historical or estylistic periods? (in *J. Aesthetics and Art Criticism.* XIII, 4, jun. 195 5); Friedrich, C. Style as the principle of historical interpretation. (in *J. Aesthetics and Art Criticism.* XIV, n. 2, december 1955); Gourmont, R. *Le problème du style.* Paris, Mercure de France, 1924; Greene, T. M. *The arts the art of criticism.* Princeton, Univ. pr., 1940; Guiraud, P. *Langage et versification d'après l'oeuvre de Paul Valéry.* Paris, Klincksiek, 1953; idem. *Les caracteres statistiques du vocabulaire.* Paris, Press Univ., 1953; idem. *La Stylistique.* Paris, Presses Univ., 1954 (Col. Que sais je? 646); Hatzfeld, H. *A critical bibliography of the new stylistics* (applied to the Romance literatures). Chapel Hill, 1953 (ed. esp. Madrid, Gredos, 1955); idem. *Literature. Through Art.* N. Y. Oxford, 1952; idem. *El "Quijote" como obra de arte del lenguaje.* Trad. esp., Madrid, 1949; idem. Per una definizione dello stile di Montaigne. (in *Convivium* n. 3, mag.-ging. 1954); idem. Stylistic criticism as art-minded philology. (in *Yale French Studies.* II, 1, Spring-Summer 1949); Hendrickson, G. L. The peripatetic mean of style and the three stylistic characters (in *American Journal of Philology.* XXV, 2, 1904); idem. The origin and meaning of the ancient characters of style. (in *American Journal of Philology.* XXVI, 3, 1905); Honig, E. *Dark Conceit.* Cambridge, 1960; Hytier, J. H. *Les arts de littérature.* Paris, Charlot, 1945; idem. La méthode de Leo Spitzer. (in *Romanic Rev.* XLI, 1950); Jansen, F. J. B. *Esthétique de l'oeuvre d'art littéraire.* Copenhague, Munksgaard, 1948; Kayser, W. *Fundamentos da interpretação e da análise literária.* Coimbra, A. Amado, 1948. 2 vols; Lanson, G. *L'art de la prose.* Paris, Fayard, 1907; Lida de Malkiel, M. R. *Juan de Mena.* México, F. cult. econ., 1950; *Metaphor and Symbol.* ed. L.C. Knights. Londres, Bu Herworthes, 1960; Munro, T. Style in the arts: a method of stylistic analysis (in *J. of Aesthetics and Art Criticis.* V, 1946, pp. 128-158; Mouton, J. *Le style de Marcel Proust.* Paris, Correa, 1948; Murry, J. M. *The problem of style.* Oxford, 1922; Nadler, J. El problema de la historia del estilo (in Ermantinger, E., op. cit., p. 401); Paiva, M. Helena de Novais. *Contribuição a uma Estilística da Ironia.* Lisboa, 1961; Pontes, M. L. Belchior. *Frei Antônio das Chagas. Um homem e um estilo do séc. XVII.* Lisboa, Centro de estudos filológicos, 1953; Sayce, R. A. *Style in French prose* (A method of analysis). Oxford, Clarendon, 1953; Scherer, J. *L'expression littéraire dans l'oeuvre de Mallarmé.* Paris, Droz, 1947; Spitzer, L. *Linguistics and literary history.* Princeton, Univ. pr., 1948; idem. Les théories de la stylistique. (in *Le François Moderne.* Juillet, 1952); *Stil und Formeproblem in der Literatur* (VII Congresso Int. Língua e Literatura). Heidelberg, 1959; *Style in Language.* ed. T. Sibeok. New York, Wiley, 1960; Sypher, W. *Four stages of Renaissance style.* N. Y., Doubleday, 1955; Tagliabue, G. M. *Il concepto dello stile.* Milano, Bocca, 1951; Thornton, H. A. *Time and Style.* Londres, Metheuen, 1962; Turbayne, C. M. *The Myth of Metaphor.* New Haven, Yale, 1962; Vossler, K., Spitzer, L. [e] Hatzfeld, H. *Introducción a la estilística romance.* Buenos

Aires 1942; Wellek, R. [e] Warren, A. *Theory of Literature*. N. Y., Harcourt Brace, 1949, Wellek, R. *Concepts of Criticism*. New Haven, Yale, 1963; Wheelwriggth, P. *The burning fountain*. Bloomington, Indiana Univ. pr., 1954; Williamson, G. *The Senecan Amble*. Chicago, Univ. pr., 1951; Wimsatt fr., W. K. *The prose style of Samuel Johnson*. New Haven, Yale Univ. pr., 1941; Idem. *The verbal icon*. Univ. of Kentucky pr., 1954; Wolfflin, H. *Conceptos fundamentales en la historia del arte*. Ir. esp. Madrid, Espasa-Calpe, 1945; idem. *Classical art*. Tr. ingl. Londres, Phaidon, pr. 1953.

7 — *Os modernos métodos de análise da obra literária*.

(ver também os trabalhos sobre o problema do estilo).

Alonso, D. *Poesía española* (Ensayo de metodos y limites estilisticos). Madrid, Gredos, 1950; Arms, G. [e] Kuntz, J. M. *Poetry explication*. N. Y., Swallow, 1950; Auerbach, E. *Mimesis*. Tr. esp. México, Fondo de cult. econ., 1950; Blackmur, R. P. *The double agent*. N. Y., Arrow, 1935; idem. *The expense of greatness*. N. Y., Arrow, 1940; idem. *Language as gesture*. N. Y., Harcourt Brace, 1952; idem. *The Lyon and the Honeycomb*. N. Y., Harcourt Brace, 1954; Bousono, C. *Teoria de la expresión poética*. Madrid, Gredos, 1952; Broks, C. *The well wrought urn*. N. Y., Reynal Hitchcock, 1947; Brooks, C. [e] Warren, R. P. *Modern Rhetoric*. N. Y., Harcourt Brace, 1949; idem. R. P. *Understanding Poetry*. N. Y., Holt, 1938; idem. *Understanding Fiction*. N. Y., Crofts, 1945; idem. *Understanding drama*. N. Y., Holt, 1945; Brooks, C., Purser, J. T., Warren. R. P. *An Approach to literature*. N. Y., Crofts, 1944; Castagnino, R. H. *El análisis literaria*. Buenos Aires, Ed. Novo, 1953; Costa Marques, F. *Problemas de análise literária*. Coimbra, Liv. Gonçalves, 1948; Eliot, T. S. *Selected Essays, 1917-1932*. N. Y., Harcourt Brace, 1932; idem. *The sacred wood*. Londres, Methuen, 1920; Empson, W. *Seven types of ambiguity*. Londres, 1930; idem. *The structure of complex words*. Norfolk, Conn. 1952; Erlich, V. *Russian formalism*. La Have, Mouton, 1955; *L'explication française*. Par une réunion de professeurs. Paris, L'enseignement libre, 1948, 2 vols.; Kayser, W. *Fundamentos da interpretação e da análise literária*. Coimbra, A. Amado, 1948, 2 vols.; Lalo, C. The aesthetic analysis of a work of art. (in *J. of Aesthetics and Art Criticism*. VII, 1949. pp. 275-293); Lanson, G. *L'art de la prose*. Paris, Fayard; Leavis, F. R. *New Bearings in English poetry*. Londres, Chatto, 1942; idem. *Revaluation*. Londres, Chatto, 1936; idem. *The great tradicional*. Londres, Chatto, 1948; idem. *The common pursuit*. Londres, Chatto, 1952; *Literary scholarship: its aims and methods*. ed. N. Poerster. Chapel Hill, North Carolina Univ. pr., 1941; Petsch, R. El análisis de la obra literaria. (in Ermatinger, E. *Filosofía de la ciencia literaria*. México 1946); Ransom, J. C. *The world's body* N. Y, Scribner, 1938; Richards, I. A. *Principies of Literary Criticism*. Londres, Kegan Paul, 1924; idem. *Pratical criticism*. Londres, Kegan Paul, 1929; Roustan, M. *Précis d'explication française*. Paris, De la plane, 1911; Rudler, G. *L'explication française*. Paris, Colin, 1902; Vianey, J. *L'explication française*. Paris, Hatyer, 1914; Wellek, R. [e] Warren, A. *Theory of Literature*. N. Y., Harcourt Brace, 1949.

8 — *Conceito de gênero literário e sua classificação:*

Anceschi, L. A debate on "literary types". (in *J. Aesthetics and Art Critism*. XIV, n. 3, march 1956); Baldensperger, F. *La littérature*. Paris, Flamarion, 1913; Bonnet, H. *Roman et poésie* (Essai sur l'esthétique des genres). Paris, Nizet, 1951; Bovet, E. *Lyrisme, epopée, drame*. Paris, Colin, 1911; Bray, R. Hiérarchie des genres (in *Recueil de travaux de l'Université*. Lausanne, 1937); Brunetière, F. *L'évolution des genres dans l'histoire de la littérature*. Paris, Hachette, 1898; Burke, K. Poetic categories (in *Attitudes toward history*. N. Y., New Republic, 1937); Croce, B. *Estetica como scienza dell'expressione e linguistica generale* (1902). Bari, Laterza; 1946; Donohue, J. G. *The theory of literary kinds.* Duboque, Iowa, 1943; Ehrenpreis, I. *The types approach to literature.* N. Y., King's Crown, 1945; Erskine, J. *The kinds of poetry.* N. Y., 1920; Fernandez, M. G. *Teoria literaria.* Habana, Cultural, 1952. 2 vols.: Frye, N. A conspectus of dramatic genres. (in *Kenyon Rev.* XIII. autumn 1941); idem. The four forms of prose fiction. (in *Hudson Rev.* II, 4, winter 1950); idem. *The Anatomy of Criticism.* Fubini, M. Genesi e storia dei generi letterari, in Momigliano. *Problemi ed Orientamenti Critici.* V. 2. Milano, 1948; Les genres littéraires: 3.ème Congrès Int. d'Histoire Littéraire, Lyon, 1939. (in *Helicon.* II; 1940); Hack, R. K. Toe doctrine of literary forms. (in *Harvard Studies in classical philology.* XXVII, 1916); Hamn, V. H. *The pattern of criticism.* Milwukee, Bruce, 1951; Hankiss, J. La Littérature et la vie. (in *Boletins da Fac. Filos., Ciências e Letras de São Paulo*, n. 8, 1951); Kayser, W. *Fundamentos da interpretação e da análise literária.* Coimbra, A. Amado, 1948, 2 vols.; Ker, W. P. *Form and style in poetry.* Londres, 1928; Kohler, P. Pour une philosophie des genres littéraires (in *Lettres de France.* Lausanne, Payot, 1943); Magoe, A. S. J. *Princípios elementares de literatura.* S. Paulo, Cia Ed. nacional, 1935; Pearson, N. H. Literary forms and types (in *English Institute Annual: 1940.* N. Y., Columbia Univ. pr., 1941); Sánchez, L. A. Sobre la falacia de los géneros literarios y las exigencias de la pedagogia literaria. (in *Rev. nacional cultura.* XVI, 1954, pp. 40-46); Soares Amora, A. *Teoria da literatura.* 2ª ed. São Paulo, Ed. clássico-científica, 1951; Suberville, J. *Théorie de l'art et des genres littéraires.* Paris, l'Ecole, 1948; Van Tieghem, P. *Littérature comparée.* Paris, Colin, 1931; idem. La question des genres littéraires. (in *Helicon.* 1. 1938. pp. 95-102); Verest, J. S. J. *Manuel de Littérature.* Paris, Ed. Universelle, 1932; Vincent, C. Abbé. *Théorie des genres littéraires.* Paris, Gigord, 1948; Whitemore, C. E. The validity of literary definitions. (in *PMLA.* XXXIX, 1924).

9 — *Problemas do mito e do símbolo na crítica literária:*

Art and symbolic: a symposium. (in *Kenyon Rev.* XV, 3. summer 1953); Blackmur, R. P. Between myth and philosophy (in *Southern Rev.* VII, 1942); Bodkin, M. *Archetypal patterns in poetry.* Oxford, 1934; Burke, K. *The philosophy of literary form.* Baton Rouge, 1941; Bush, D. *Mythology and the Renaissance traditon in English poetry.* Minneapolis, 1932; idem. *Mythology and the Romantic tradition in English poetry.* Cambridge, Harvard Univ. pr., 1937; Cailler, E. *Symbolisme et âmes primitives.* Paris, Boivin, 1936; Caillos, R. *Le mythe et l'homme.* Paris, Gallimard, 1938; Campebell, J. *The hera with a thousand faces.* N. Y., Pantheon Books, 1949; Cannabrava, E. Sobre "Le mythe et l'homme" de R. Caillois. (in *O Jornal* 1938); Carpeaux, O. M. Mitos literários. (in *O Jornal*, 11 fev. 1951); Caudwell, C. *Illusion and reality.* Londres, 1937; Cassirer, E. *Language and myth.* N. Y., 1946; idem. *The myth of the state.* New Haven, Yale Univ. pr., 1946; idem. *The philosophy of symbolic forms.* tr. ingl. New Haven, Yale Univ. pr., 1953-1955. 2 vols.; Chase, R. Myth as literature (in *English Institute Essays: 1947.* N. Y., Columbia Univ. pr., 1948); idem. Mith revisited (in *Partisan Rev.* XVII, 1950); idem. *Quest for myth.* Baton Rouge, 1949; idem. What's myth. in *Partisan Rev.* Summer 1946); *Chimera:* especial issue on Myth. New Jersey, IV, 3, Spring 1946 (Art.: H. Brouch, Toe heritage of myth in literature; N. Colas, Myth and initiation; E. Kahler, The persistence of myth; W. Troy, Myth, method and the fature, etc.; Cornford, F. M. *The origin of attic comedy.* Cambridge, 1934; Douglas, W. W. The meaning qf "Myth" in modern criticism. (in *Modern Philology*, L, 4, may 1953); Edelstein, L. Toe function of myth in Plato's philosophy. (in *J. of the History of Ideas.* X, 4, oct. 1949); Fergusson, F. *The idea of a theater.* Princeton, Univ. pr., 1949; Foss, M. *Symbol and metaphor in human experience.* Princeton, Univ. pr., 1949; Fromm,

E. *The forgotten language*. N. Y., Rinehart, 1951; Frye, N. The archetypes of literature (in *Kenyon Rev*. XIII. 1951); Gaster, T. H. *Thespis*. N. Y. 1941; Graves, R. Toe la language of myths. (in *Hudson Rev*. Spring 1951); Gusdorf, G. *Mythe et métaphysique*. Paris, Flamarion, 1953; Harrison, J. E. *Ancient art and ritual*. N. Y., Holt, 1913; Hertz, R. *Chance and symbol*. Chicago, Univ. pr., 1948; Hooke, S. H. *Myth and ritual*. Oxford, 1933; Hyman, S. E. *The armed vision*. N. Y. Knopf, 1948; idem. Myth, ritual and nonsense. (in *Kenyon Rev*. XI summer 1949); Knight, Q. W. *The Whel of fire*. Londres, Oxford, 1930; Krappe, A. H. *La genèse des mythes*. Paris, Payot, 1938; Langer, S. M. *Philosophy in a new key*. N. Y., 1948; idem. *Feeling and form*. N. Y., 1933; Malinowski, A. *Myth in primitive psychology*. Londres, 1926; Murray, G. *Aristophanes*. Oxford, Clarendon, 1933; idem. *Aeschlus*. Oxford, Clarendon, 1940; idem. *The rise of greek epic*. Londres, 1924; idem. *Euripides and his age*. N. Y., 1913; Myth and literature: a symposium (in *English Institute Essays*, 1947. N. Y., Columbia Univ. pr., 1948); *Myth and Myth making*. ed. H. Murray. New York, G. Braziller, 1960; *Myth and Symbol*. ed. B. Slote. Lincoln, Nebraska Univ. Press, 1963; Neumann, E. *The origins and history of consciousness*. N. Y., Pantheon Books, 1954; Prescot, F. C. *Poetry and myth*. N. Y. 1927; Raglan, Lord. *The hero*. Londres, 1937 (2ª ed. Londres, Thinker's Library, 1949); Rahv, P. Toe myth and the powerhouse. (in *Partisan Rev*. nov-dec. 1953); Riley, W. *From myth to reason*. N. Y., Appleton, 1926; Rourke, C. *The roots of American culture*. N. Y. 1942; Singleton, C. S. Dante and myth (in *J. of the History of Ideas*, X, 4 oct. 1949); Stauffer, D. A. The modern myth of the modern myth. (in *English Institute Essays*, 1947. N. Y., Columbia Univ. pr. 1948); Stewart, J. A. *The myths of Plato*. Londres, 1905; Symbol and Symbolism: a symposium) (in *Yale French studies*. n. 9 New Haven, Yale Univ. pr. (sd) Symbolism and creative imagination: a Symposium. (in *J. of Aesthetics and Art Criticism*. XII, 1, sept. 1953); Symbols and values: an initial study. 13 Conference on Science, Philosophy and Religion, 1952. N. Y., Harper, 1954; Tindall, W. Y. *The literary symbol*. New York, Columbia 1955; Watt, I. Robinson Crusoe as myth. (in *Essays in Criticism*. I, 2, apr. 1951); Weston, J. L. *From ritual to romance*. N. Y., P. Smith, 1941; Wheelwright, P. Notes on Mythopoeia. (in *Sewanee Rev*. LIX, Autumn 1951); idem. Poetry, myth and reality. (in A. Tate. *The language of poetry*. Princeton. 1942); Myth: a symposium. American Folklore Society, Philadelphia, 1955; Shuniaker, W. *Literature and The Irrational*. Nova York, 1960.

10 — *Problema da caracterização das literaturas:*

Alonso, D. Escila y Caribdis de la literatura española. (in *Estudios y ensayos gongorininos*. Madrid, Ed. Gredos, 1955); Diáz Plaja, G. *Hacia un concepto de la literatura española*. Buenos Aires. Espasa Calpe, 1948. (col. Austral, n. 297); Dimier, L. *Le nationalisme littéraire et ses méfaits chez les français*. Paris, 1935; Farinelli, A. *Consideraciones sobre los caracteres fundamentales de la literatura española*. Madrid, 1922. (repr. in *Ensayos y discursos de crítica hispanoeuropea*. Roma, 1926); Figueiredo, F. de. *Características da literatura portuguesa*. 3ª ed. Lisboa, Liv. Clássica, 1923 (repr. in *Literatura portuguesa*. Rio de Janeiro, A Noite, 1940 (2ª ed., Liv. Acadêmica, 1954); idem. Características da literatura espanhola (in *Espanha*. S. Paulo, Cia. Ed. Nacional, 1945); Madariaga, S. de. *Semblanzas literarias contemporáneas*. Barcelona, 1942; Menéndez Pidal, R. Caracteres de la literatura española, con referencias a las otras literaturas hispánicas, latina, portuguesa y catalana. (in *Historia general de las literaturas hispánicas*. Dir. G. Diáz Plaja. Barcelona, Ed. Barna, 1949. vol. l).

11 — *Doutrina, métodos e resultados da crítica comparada:*

Actes de l'Association Internacional de Littérature Comparée. III Congrès. The Hague, Mouton, 1962; Aldridge, A. Owen., ed. *Comparaiive Literature: Matter and Method.* Univ. Illinois Press, 1970; Block, H. M. *Nouvelles Tendances en Histoire Littéraire.* Paris, 1970; *Comparative Literature, method and perspectives.* ed. N, P. Stallkennecht and H. Frenz. Carbondale, Southern Ill. Univ. Press, 1961; *Comparative Literature Studies.* Univ. Maryland, 1963; Etiemble. *Comparaison n'est pas raison.* Paris, Gallimard, 1963; Friederich, W. P. *Outine of Comparative Literature.* Chapel Hill, 1954; Guyard, M. F. *La Littérature Comparée.* Paris, PUF, 1951; Hagstrum, J. H. *The Sister Arts.* Chicago Univ. Press 1958; *Litérature Genérale et Histoire des Idées.* Actes du I Congres Nat. de Littérature Comparée. Paris, Didier, 1956; Momigliano, A. *Problemi ed Orientamenti Critici.* v. 4: *Letterature Compararée.* Milano, Marzorati, 1948; Pichois, C. A. M. Rousseau. *La Littérature Comparée.* Paris Colin, 1967. Porta, A. *La Letteratura Comparata.* Milano, Marzorati, 1951; Posnett, H. M. *Comparative Literature.* New York, Appleton, 1886; Van Tieghem, Paul. *La Littérature Comparée.* Paris, Colin, 1931; Van Tieghem, Philippe. *Les Influences Étrangères sur la Littérature Française.* Paris, PUF, 1961; Wellek, R. *Concepts of Criticism.* New Haven, 1963; idem. *Conpontations.* Princeton, 1965.

1. Afrânio Coutinho
LITERATURA BRASILEIRA
(Introdução)

Origem • Barroco • A literatura jesuítica • Neoclassicismo, Arcadismo, Rococó • Nativismo• Romantismo• Realismo-Naturalismo • Parnasianismo • Simbolismo • Impressionismo • Regionalismo • Sincretismo e transição • Modernismo • Gêneros literários • Lirismo • Ficção • Teatro • Crônica • Crítica • Outros gêneros • Caráter do nacionalismo brasileiro.

A literatura brasileira compreende o conjunto das obras literárias produzidas no Brasil em língua portuguesa desde os tempos coloniais. Descoberto o Brasil pelos portugueses, no ano de 1500, foi sendo colonizado graças a uma progressiva imigração predominantemente lusa, aos poucos misturada com elementos de origem indígena e negra. A educação, nos três primeiros séculos, foi realizada pela Companhia de Jesus, e limitava-se a um ensino posto a serviço da religião, e fundava-se nas velhas disciplinas básicas, a Gramática, a Retórica e a Poética, aplicadas ao estudo das línguas latina e portuguesa, além da matéria estritamente religiosa. Esse ensino era frequentemente completado pelos filhos das famílias ricas, por uma formação superior nas universidades europeias, sobretudo Coimbra.

Constituiu-se, destarte, desde cedo uma elite intelectual, que se dava ao cultivo das letras. Assim, a literatura brasileira originou-se no início da colonização. Ambas, a portuguesa e a brasileira, resultaram de fontes literárias medievais, e se desenvolveram de maneira divergente desde o início do século XVI, uma fixou-se em Portugal, a outra encaminhou-se para o Brasil. É mister assinalar-se que o ramo brasileiro demorou mais a tomar corpo, devido ao natural fator da distância e do primitivismo da nova terra descoberta, tendo os primeiros passos da colonização durado praticamente todo o século XVI.

Graças a esforços e tentativas diversas, o mesmo fenômeno se deu relativamente ao idioma que, originário das raízes medievais, tomou rumos divergentes, um em Portugal, outro diferenciando-se no Brasil. Não obstante, o esforço colonizador jamais se separou da ação literária, que teve início bem precoce, pela mão barroca dos jesuítas, aqui aportados em 1543, na comitiva do 1º Governador-Geral, D. Duarte Coelho. Pode-se fixar em José de Anchieta (1534-1597) o seu marco inicial, o seu fundador.

Sua obra, lírica e teatral, situada no século XVI, inspirada no espírito e princípios da Contrarreforma, pertence ao início do Barroco ou Pré-barroco. Escrita em latim, português, espanhol e tupi, polilinguismo usado para atingir os vários públicos da época, utilizou ademais todos os artifícios do teatro jesuítico, visando à conquista espiritual. A parte de lirismo é de conteúdo religioso e místico. Desde cedo, a literatura brasileira foi sendo caracterizada por uma tendência à diferenciação da literatura portuguesa, num processo de adaptação ao ambiente físico, à nova situação histórica, ao homem novo que se foi criando com a colonização.

Os primeiros vagidos de nativismo literário remontam a Bento Teixeira, Gregório de Matos e Manuel Botelho de Oliveira. Daí em diante, por todo o século XVII, com o movimento das Academias Literárias, e mais tarde, com o Arcadismo da chamada "Escola Mineira", e, por último, com o Romantismo, o processo de autonomia ou descolonização literária se configura e consolida, concentrando-se em José de Alencar, no século XIX. Essa autonomia caracteriza-se pela temática, pela técnica, pela forma, pela concepção da vida.

1. *Origem*

Originou-se a literatura brasileira da "situação" nova criada pelo descobrimento e colonização da nova terra. Naquele instante nasceu um homem novo. Nela chegado, em contato com a nova realidade geográfica e social, o europeu "esqueceu" a situação antiga, e, ajustando-se à nova, ressuscitou como outro homem, a que se agregaram outros homens novos aqui nascidos e criados. Esse homem novo, americano, brasileiro, gerado pelo vasto e profundo processo desenvolvido de miscigenação e aculturação, não podia exprimir-se com a mesma "fala" do europeu, embora fosse a mesma língua; por isso, transformou-a, adaptou-a, condicionou-a às novas necessidades expressionais, do mesmo modo que se adaptou às novas condições geográficas, culinárias, ecológicas, aos novos tipos de relações humanas e animais, do mesmo modo que adaptou seu paladar às novas frutas, criando, em consequência de toda essa nova "situação", novos sentimentos, atitudes, afetos, aspirações, ódios, medos, motivos de comportamento, de luta, alegria e tristeza.

Todo esse complexo cultural novo tinha que dar lugar a uma nova arte, a uma nova poesia, a uma nova literatura, a uma nova dança, a um novo canto, a novas lendas e mitos populares. É o que encontramos desde o início. Não importa o local de nascimento de quem interpretou a nova literatura. O que vale é a sua integração e identificação com as condições sentimentais, psicológicas, anímicas, paisagísticas, geradas pela nova situação histórico-geográfica.

Politicamente dependente de Portugal, o Brasil, como país (não como nação), começou com os primeiros passos da colonização, e foi feito pelos "brasileiros", isto é, pelos homens que, nele nascidos ou nele radicados, desde cedo se libertaram dos interesses europeus e se integraram na nova situação histórico-geográfica, e lutaram com sangue, suor e lágrimas para construir a civilização brasileira, diferente da portuguesa em atitudes, motivos e interesses, divergência esta maior que as semelhanças e aproximações. E assim como o Brasil, a literatura brasileira teve início imediato quando o homem novo começou a construir suas imagens ern termos da nova realidade, pela voz de seus cantores populares, através das inúmeras formas folclóricas, e, em fase mais avançada, pelos seus poetas, pregadores e oradores que, desde os primeiros tempos da colônia, vieram plasmando o novo instrumento verbal, para vazar o lirismo que a sua alma gerara, extasiada diante da natureza diversa.

O que sobreleva na definição e caracterização de uma literatura é a experiência humana que ela transmite, é o sentimento, é a visão da realidade, tudo aquilo de que a literatura não é mais do que a transfiguração, mercê de artifícios artísticos. E quando essa realidade, essa experiência, esses sentimentos são novos — a literatura que os exprime tem que ser nova, outra, diferente.

Não importa que a língua em que é vazada seja a mesma de outra literatura, embora, no caso, sejam cada vez mais radicais as divergências entre os idiomas português e brasileiro. Mais importante que a língua, simples instrumento, é o uso que dela se faz, é a fala que ela produz. A existência de um mesmo idioma não impediu a diversificação literária, desde cedo, entre o Brasil e Portugal. Assim, por literatura brasileira deve entender-se a produção literária em língua portuguesa que, desde o início, no Brasil, exprimiu a alma brasileira, no contato da realidade histórica, social, psicológica, humana, característica da civilização brasileira. Sob forma artística, já se encontra em Anchieta, Gregório de Matos, Antônio Vieira. É brasileira porque exprime a experiência brasileira, testemunha o homem brasileiro de todos os tempos.

Os antigos historiadores literários costumavam dividi-la em colonial e nacional, pressupondo que a parte colonial pertencia à literatura portuguesa (embora produzida no Brasil), e que só a nacional, coincidindo com o advento da independêncía política, seria a verdadeiramente brasileira. Essa colocação errônea do problema decorre de uma visão política da história literária, fazendo a literatura depender da política.

Para estudar a história literária brasileira, em vez de um critério político, deve-se adotar uma filosofia estética compreendendo-a como um valor literário. Para tal, a periodização correspondente é de natureza estilística, isto é, em lugar da divisão em períodos cronológicos ou políticos, a ordenação por estilos. Em consequência, o estudo da literatura brasileira é feito pelos grandes estilos em que se expressou: Barroquismo, Arcadismo, Neoclassicismo, Romantismo, Realismo, Naturalismo, Parnasianismo, Simbolismo, Impressionismo, Modernismo.

Destarte, a literatura brasileira seguiu uma evolução determinada das origens ao século XX. Percorreu uma linha evolutiva, naturalmente decorrente das fontes europeias que mais de perto a influenciaram, percurso este, todavia, sempre traduzindo uma tendência organizadora no sentido de obter uma identidade nacional, isto é, uma "tradição afortunada", alvo consciente ou inconsciente dos nossos homens de letras mais representativos, através de um longo e profundo processo de descolonização. Correram paralelas as duas correntes, a da autonomia e a da dependência aos europeus, primeiro Portugal, depois Espanha, Itália, França e, mais tarde Inglaterra e Alemanha, sem falar nas duas literaturas clássicas.

2. *Barroco*

Os primeiros documentos escritos produzidos no Brasil não pertencem à literatura, mas à história e à sociologia. São obras "sobre" o país, de conhecimento e valorização da terra escritas para os europeus. Pertencem algumas ao "ciclo dos descobrimentos" da literatura portuguesa, obras dedicadas à expansão e aos descobrimentos e suas consequências morais e políticas (Fidelino de Figueiredo), literatura ora de catequese, ora de fundo econômico (caça ao escravo, conquista e desbravamento de novas terras, mercados e fontes de riqueza).

Desses motivos saíram as "primeiras letras" escritas na colônia acerca de fatos, coisas e homens: a obra dos jesuítas, seja a parte tipicamente literária, lírica ou dramática, seja o acervo de cartas e informes em torno das condições da colônia, capítulo da expansão espiritual europeia; a literatura de viajantes e descobridores, os roteiros náuticos, os relatos de naufrágios, as descrições geográficas e sociais, as descrições da natureza e do selvagem, as tentativas de epopeias com assunto local, tudo na linha da literatura de expansão ultramarina do quinhentismo português, marcada de uma tendência à exaltação lírica da terra ou da paisagem, espécie de crença num eldorado ou "paraíso terrestre".

Pero Vaz de Caminha, Pero Lopes de Sousa, Nóbrega, Cardim, Bento Teixeira, Gândavo, Gabriel Soares de Sousa, Fernandes Brandão, Rocha Pita, Vicente do Salvador, Botelho de Oliveira, Itaparica, Nuno Marques Pereira são manifestações da série de cânticos genetlíacos da "cultura e opulência", ou "diálogos das grandezas", ou roteiros de viagens, que constituem essa literatura de catálogo e exaltação, de conhecimento da terra, expressões do espírito nativista em ascensão. A maioria dessas obras não pertence à literatura no sentido estrito. Correspondem à ânsia do brasileiro do século XVII de conhecer, revelar, expandir a terra brasílica. Literariamente inferior, a história literária só tem que anotar as suas relações com o estilo de vida e arte do tempo, o Barroco. Mas sua posição de direito é na história da cultura e da historiografia ou das ideias sociais. Delas proveio o conhecimento da terra, dos fatores geográficos, econômicos e sociais sobre os quais se erigiu a civilização brasileira. E delas deriva uma vasta produção, um verdadeiro gênero cultural, o dos "estudos brasileiros", até hoje da maior importância. É uma "literatura de conhecimento" que se desenvolveu ao lado da "literatura de poder", para usar a distinção de De Quiney.

Mas, nos primeiros tempos, ela não se livrou da impregnação do estilo artístico em vigor, o Barroquismo, inclusive expressando o mito ufanista. Por isso, justifica-se o estudo dos principais autores que tiveram sentido estético nessa fase, alguns deles bastante representativos do Barroco literário, a que não escaparam também os historiadores e pensadores, como Salvador e Rocha Pita.

Quanto aos gêneros literários mais cultivados foram o diálogo, a poesia lírica, a epopeia, ao lado da historiografia e da meditação pedagógica, dos quais o Barroco retira o máximo partido, misturando o mitológico ao descritivo, o alegórico ao realista, o narrativo ao psicológico, o guerreiro ao pastoral, o solene ao burlesco, o patético ao satírico, o idílico ao dramático, sem falar no mestiçamento da linguagem necessária à própria evangelização e resultante da nova sensibilidade linguística de que decorrerá a diferenciação de um idioma brasileiro.

3. *Literatura jesuítica*

A literatura brasileira nasceu sob o signo do Barroco, definido não só como um estilo de arte, senão também como um complexo cultural e um estilo de vida. Foi aliás, mais precisamente, pela voz barroca dos jesuítas que ela teve início. Descontada a literatura de conhecimento da terra, a primeira manifestação de sentido estético foi a literatura jesuítica, sobretudo produzida por Anchieta, o fundador da literatura brasileira. Literatura de missão e catequese, usando o teatro e a poesia lírica, além de artifícios de conquista e intimidação da imaginação selvagem, como a suntuosidade, a pompa, as aparições, a grandiloquência, visando a valorizar a vida celeste e os ideais cristãos. Mas foi no século XVII que o estilo barroco encontrou maior expressão, inclusive em obras de sentido literário, através das figuras de Gregório de Matos (1633-1696) e Padre Antônio Vieira (1608-1697), o primeiro na poesia lírica, satírica e religiosa, o segundo na parenética, e se consideram as expressões máximas da literatura da fase colonial. No Padre Antônio Vieira, encontra-se o ponto alto da estética barroca em prosa. Sua oratória sacra, que encheu o século XVII, na defesa dos interesses do Brasil, unia o conceptismo e o culturanismo, o estilo senecano e sentencioso à ênfase e à sutileza, abusando de figuras barrocas típicas (paradoxo, contraste, paralelismo, antítese, símile, hipérbole).

Gregório de Matos é a máxima expressão na poesia barroca brasileira, fundindo religiosidade e sensualismo, misticismo e erotismo, valores terrenos e espirituais, em estado de conflito e contradição. A importância da vida social já existente na cidade de Salvador, com os primeiros sintomas de organização literária que irá dar no movimento das academias, levou alguns historiadores a falar na "escola baiana", denominação imprópria todavia, para arrolar os homens que se dedicavam à cultura no século XVII, com a poesia como atividade central. Formaram o grupo além daqueles dois gênios: Bernardo Vieira Ravasco (1617-1697), Eusébio de Matos (1629-1692), Domingos Barbosa (1632-1685), Gonçalo Soares da França (1632-1724), Manuel Botelho de Oliveira (1636-1711), José Borges de Barros (1657-1719), Gonçalo Ravasco (1659-1725), João de Brito Lima (1677-?) Com raras exceções, a de Gregório sobretudo, é um Barroco inferior, de imitação, o que produzem, e que se prolongará pelas academias setecentistas. Fora da literatura propriamente dita, citam-se os nomes de Frei Vicente do Salvador (1564-1636?), primeiro historiador brasileiro, e Sebastião da Rocha Pita (1660-1738), também historiador.

Por todo o século XVII, penetrando pelo XVIII, constituiu-se um movimento academicista, com a organização de academias e sociedades sábias e literárias, nas quais os cultores das letras e ciências se reuniam para ler os seus trabalhos. Pertencem em maioria ao Barroquismo. A literatura barroca estende-se, no Brasil, do final do século XVI ao final do XVIII, e mesmo início do XIX, quando se mistura com o Arcadismo e o Neoclassicismo. O Barroco, assim, contamina a produção cultural da época colonial, informando as origens da literatura brasileira, pois além dos gêneros propriamente literários, poesia e drama, ela marca os panegíricos, a oratória, os escritos políticos, históricos, jurídicos, militares. É, pois, do maior interesse o seu conhecimento pela luz que pode fornecer ao estudo da formação literária brasileira.

4. *Neoclassicismo. Arcadismo. Rococó.*

O espírito do Barroco, dominante no século XVII, deteve a marcha da corrente classicizante, inaugurada com o Renascimento na Itália e que encontrou, na França das últimas décadas do século XVII, o seu ponto culminante em literatura com o chamado Classicismo francês da época de Luís XIV. Mas essa tendência classicista penetrou pelo século XVIII criando focos de Neoclassicismo nas literaturas ocidentais. Ao gosto barroco do grandioso e da ostentação, sem que haja completa libertação, pois o Barroco continua sob formas degeneradas e decadentes, sucede uma procura das qualidades clássicas da medida, correção, conveniência, disciplina, simplicidade, delicadeza, que vão dar no Rococó e Arcadismo.

No final do século também entram em cena correntes que reivindicam o sentimento, a sensibilidade, o irracionalismo, ao lado de pontos de vista racionalistas e "ilustrados" que produzirão o "Iluminismo" da Revolução Francesa (1789). No século XVIII, época de transição, o Brasil atingiu um momento decisivo da sua história. É a época de consolidação da consciência histórica no brasileiro. A descoberta e posse da terra, a façanha bandeirante, a defesa contra o invasor, deram lugar a uma consciência comum, a um sentimento de orgulho nacional, com o crescimento da figura do "brasileiro", mestiço de sangue e alma plantado no chão e falando uma língua diferenciada.

Os recursos econômicos e as riquezas aumentaram, a população cresceu, a vida das cidades melhorou, a cultura se difundiu, o espírito nacionalista arrebenta por toda parte. As academias, embora exprimindo uma literatura encomiástica e um Barroco decadente, testemunham um arremedo de movimento cultural organizado, com letrados e salões. O espírito neoclássico, que se infiltra nas mentes luso-brasileiras de então, procura combater o Barroquismo em nome dos ideais de precisão, lógica e medida e da restauração das normas clássicas, codificadas em tratados de perceptística, verdadeiros códigos mecanizados e rígidos baseados na lei da imitação ou no espírito didático a governar a criação.

Esse ideal neoclassicista dominou o final do século XVIII e princípios do XIX, aparecendo em alguns escritores tingido de tintas "ilustradas" e de liberalismo ideológico, ou então de elementos pré-românticos, como o sentimentalismo e o nacionalismo. De todas as formas neoclássicas, foi, porém, a corrente arcádica de procedência italiana a que maior importância assumiu no Brasil, com o chamado grupo plêiade ou "escola mineira" (denominação esta última imprópria, pela inexistência de escola no sentido literário estrito): Cláudio Manuel da Costa (1729-1789), Basílio da Gama (1740-1795), Santa Rita Durão (1720-1784), Alvarenga Peixoto (?-1793), Tomás Antônio Gonzaga (1744-1807), Silva Alvarenga (1749-1814). Seu início é assinalado pela publicação das *Obras poéticas* (1768) de Cláudio Manuel da Costa.

De todos os árcades, o único a ter pertencido a uma corporação dessa natureza foi Basílio da Gama, filiado à Arcádia Romana. A reação clássica para o Arcadismo significava uma volta à simplicidade e pureza dos antigos, sobretudo segundo os modelos anacreôntico e pindárico, e realizando-se através do verso solto, em odes e elegias, numa identificação com a Natureza, onde pensava-se residir todo o bem e o belo. Daí a valorização da vida pastoril, simples, pura e pacífica.

O século XVIII, com as descobertas e explorações das minas, transferiu o eixo econômico do Brasil para a província de Minas Gerais, onde se desenvolveu uma sociedade dada ao fausto e à cultura, máxime em Vila Rica, capital da província, na qual a fermentação econômica e cultural deu lugar a que se reunisse um grupo de intelectuais e artistas, entre os quais se destacavam alguns dos acima referidos. Constituem eles o início do lirismo pessoal brasileiro, pela adoção do veio nativista e da exaltação da Natureza, pela adaptação da temática clássica ao ambiente e homem locais, com sentimentos e emoções peculiares, em suma, fundindo o individualismo, o sentimento da Natureza e o ideal clássico.

Até o desabrochar do Romantismo, na quarta década do século XIX, quando se dá a completa autonomia literária brasileira, foi graças justamente ao espírito arcádico, formando assim uma etapa de transição, que se manteve o ideal nativista, dando um passo avante, e contrabalançando a tendência passadista do Neoclassicismo, cuja marca exterior mais forte foi o gosto da linguagem arcaizante, quinhentista, dita "clássica". E isso se deveu também a que, pela primeira vez, se reunia um grupo de artistas conscientes do ofício e superiormente dotados de valor artístico.

O Arcadismo confunde-se com o que hoje se chama o Rococó literário: culto sensual da beleza, afetação, refinamento, frivolidade, elegância, linguagem melodiosa e graciosa, sentimentalismo, lascívia, gosto da natureza, intimismo, valorização da vida pastoril e bucólica. Passa-se com ele da época cortês para o subjetivismo da era da classe média. Gonzaga, vate de Marília, é o modelo brasileiro da literatura arcádica e rococó.

5. *Nativismo*

O espírito autonômico e nativista desde cedo veio conduzindo a literatura brasileira para a diferenciação cada vez maior, distanciando-se da portuguesa, consolidando-se os ideais nativistas e a consciência comum, crescendo em importância a figura do mestiço de sangue e alma; aprofundando-se a diferenciação linguística, num processo de adaptação ao ambiente físico, à nova situação histórica, ao homem novo que se foi criando e desenvolvendo. De Bento Teixeira a Gregório de Matos, a Botelho de Oliveira, ao movimento academicista do século XVIII, ao Rococó arcádico, o processo autonômico e de descolonização se foi configurando, para se consolidar com o Romantismo, no século XIX. Tendo-se formado no século XVI, a literatura brasileira tornou-se autônoma com o Romantismo.

6. *Romantismo*

Do século XVIII para o XIX, há um período de transição, em que se misturam o Neoclassicismo e Pré-romantismo, até que o Romantismo propriamente dito desabrocha e instala-se em 1836. Já o espírito autonômico fora vitorioso com a Independência, em 1822, intensificado pela permanência da Corte Portuguesa no Brasil desde 1808, período de grande progresso em todos os setores da vida brasileira. O movimento intelectual era largo, sobretudo com a instituição dos cursos superiores de Medicina, Direito, Artes, Militar. Rio de Janeiro, São Paulo, Salvador, Recife, sedes de academias de ensino superior, tornaram-se centros de intensa fermentação e produção intelectual.

O nativismo transforma-se em nacionalismo. O processo de adaptação da literatura ao meio físico, social, histórico, ao novo homem que se formara no território americano, encontrou no Romantismo o ambiente mais propício. O foco de influência cultural passou à França, em vez de Lisboa e Coimbra. O espírito brasileiro tornou-se autônomo.

O Romantismo iniciou-se oficialmente com a publicação do volume de versos *Suspiros poéticos e saudades* (1836), de Domingos José Gonçalves de Magalhães (1811-1882), e pode-se dividir o movimento nas quatro fases seguintes além do Pré-romantismo (1808-1836); a primeira fase ou do grupo fluminense (1836-1840); a segunda fase ou do indianismo (1840-1850); a terceira ou do individualismo e subjetivismo (1850-1860); a quarta ou liberal e social (1 860-1870), situando-se entre 1846 e 1856 o apogeu do estilo de época. No Pré-romantismo, as figuras mais importantes foram José Bonifácio de Andrada e Silva (1763-1838) e Frei Francisco de Mont'Alverne, (1784-1858), predominando nela o lirismo, a oratória, o jornalismo, a história. À primeira fase pertence o chamado "grupo fluminense", de Gonçalves de Magalhães, Porto-Alegre, Torres Homem. A poesia lírica ainda está presa a certos aspectos do Neoclassicismo, embora já rompendo para o Romantismo.

A segunda fase é a do indianismo, assim designado o movimento de valorização do indígena, seus costumes, cosmologia, figuras, feitos, como a expressão mais adequada ao procurado meio de dar caráter brasileiro à literatura. Foram seus maiores cultores e expressões as figuras máximas de José de Alencar (1829-1877) e Gonçalves Dias (1823-1864), o primeiro na prosa de ficção e o segundo na poesia lírica e épica.

Alencar foi o centro da revolução romântica, incentivando pela doutrina e pelo exemplo a autonomia literária nacional, graças à incorporação às letras da paisagem física, temas e motivos locais, fatos históricos, linguagem brasileira. Pela sua extraordinária figura e pela obra notável que realizou, Alencar é o patriarca da literatura brasileira.

A terceira fase é a do "mal do século", individualismo, subjetivismo, Ultra-rromantismo, com os líricos Álvares de Azevedo (1831-1852), Casimiro de Abreu (1839-1860), Junqueira Freire (1832-1855), Fagundes Varela (1841-1875). Na quarta fase, avulta a figura de Castro Alves. É admirável, pela grandeza do estro e caráter brasileiro, a plêiade de líricos do Romantismo. Além de Alencar, a prosa de ficção teve cultores em Bernardo Guimarães (1825-1884), Joaquim Manuel de Macedo (1820-1882,) Manuel Antônio de Almeida (1831-1861), Visconde de Taunay (1843-1899), e o teatro contou com Martins Pena (1815-1848). Depois do Romantismo, com a autonomia assegurada, a literatura poderia caminhar por si, com a natureza tropical incorporada, os costumes e linguagem locais valorizados, um público ledor garantido.

7. *Realismo-Naturalismo*

A partir de 1870, processa-se radical transformação literária, em reação contra o Romantismo. Sob a influência da reforma filosófica produzida na Europa, com as novas doutrinas positivistas, materialistas, deterministas, evolucionistas, cientificistas, a geração que se iniciava na vida intelectual na década de 70 deixou-se impregnar por esse espírito, tornando-se a geração materialista. Intenso debate intelectual apaixonava os jovens vanguardistas, geralmente estudantes das academias de Direito de Recife e São Paulo, e Medicina da Bahia, e das rodas intelectuais do Rio de Janeiro e do Ceará.

Assim, foi empreendida uma verdadeira revolução na vida cultural do país. Em Recife, constituiu-se a chamada "Escola do Recife", chefiada por Tobias Barreto, tendo como principal discípulo o crítico Sílvio Romero. Os numes tutelares dessa revolução foram Comte, Taine, Buckle, Spencer, Darwin, Haeckel, Ratzel, à luz de cujas ideias se produziu a revolução no pensamento, com repercussão imediata nas letras. Foi assim que do Romantismo passou-se ao Realismo e Naturalismo em ficção, e ao Parnasianismo em poesia.

A objetividade passou a ser a regra fundamental da criação artística. A influência maior era originária da França, através da obra de figuras como Flaubert, Stendhal, Balzac, Maupassant, Zola e outros; de Portugal também veio substancial contribuição com os debates em torno do Bom Senso e Bom Gosto e Conferências do Casino, promovidas por Antero de Quental, Ramalho Ortigão, Eça de Queirós, Teófilo Braga entre outros. Desta maneira, a ficção, seguindo ora a fórmula realista, ora a naturalista à Zola e Eça de Queirós, mudou de rumos. Segundo a primeira forma, a figura máxima é Machado de Assis (1839-1908), a maior expressão literária brasileira; na linha naturalista, que durou na década de 1880, destacaram-se: José do Patrocínio (1853-1905), Inglês de Sousa (1853-1918), Adolfo Caminha (1867-1897), Domingos Olímpio (1860-1906), Franklin Távora (1842-1888), Aluísio Azevedo (1857-1913), este último o que melhor realizou os ideais da escola.

8. *Parnasianismo*

Em poesia, o movimento que correspondeu ao Realismo-Naturalismo foi o Parnasianismo, à imagem de igual escola da França. Suas figuras principais foram: Alberto de Oliveira (1857-1937), Raimundo Correia (1859?-1911), Olavo Bilac (1865-1918), Vicente de Carvalho (1866-1924). O Parnasianismo teve numerosos cultores muito além de sua época criadora.

9. *Simbolismo*

Mas, na década de 1890, produziu-se uma reação antiparnasiana, também de influência francesa, com o movimento simbolista. Consistiu numa revanche do espírito subjetivista, individualista, de interiorização, de espiritualidade, contra o objetivismo, o realismo, a exteriorização, usando o símbolo como recurso poético. Seus principais representantes foram Cruz e Sousa (1861-1898), Alphonsus de Guimaraens (1870-1921), Emiliano Perneta (1860-1921), B. Lopes (1859-1916).

10. *Impressionismo*

Em prosa de ficção, a fusão do Realismo-Naturalismo com o Simbolismo, por influência da obra dos irmãos Goncourt, deu lugar ao Impressionismo no romance e conto, de que foram as maiores expressões Raul Pompeia (1863-1895), Graça Aranha (1868-1931) e, mais tarde, Adelino Magalhães (1887-1968). Mas o Realismo-naturalista penetraria no século XX através de diversas figuras como Coelho Neto (1864-1934) e Lima Barreto (1881-1922), sem falar na corrente regionalista, de enorme importância.

11. *Regionalismo*

A tendência regionalista na literatura brasileira é de longa tradição, mergulhando suas raízes nos movimentos nativistas e de busca do caráter brasileiro para a literatura que tiveram manifestações no indianismo, no sertanismo, no caboclismo, e que vieram a desaguar no Regionalismo, sob suas diversas formas ou ciclos: o ciclo do cangaço e da seca, o da mineração, o praieiro, o do gado, o nortista, o nordestino, o baiano, o central, o gaúcho e outros.

O motivo do Regionalismo realista do final do século XIX e primeiras décadas do XX é a cor local, a reprodução dos costumes, tipos, fala dos grupos regionais nos seus tipismos e pitorescos, seus problemas e conflitos, através de estórias retiradas do fabulário popular ou da vida do interior do país. Nessa linha, destacaram-se: Afonso Arinos (1868-1916), Simões Lopes Neto (1865-1918), Valdomiro Silveira (1873-1941), Coelho Neto, Afrânio Peixoto (1876-1947), Xavier Marques (1861-1942), Lindolfo Rocha (1862-1911), Domingos Olímpio (1860-1906), José do Patrocínio, Monteiro Lobato (1882-1948), Hugo de Carvalho Ramos (1895-1921), Gustavo Barroso (1888-1959), Mário Sete (1886-1950), Lucílio Varejão (1892-1922), e alguns outros.

12. *Sincretismo e transição*

As duas primeiras décadas do século XX foram marcadas pela decadência dos estilos anteriores, ou a sua mistura. Época de transição, o sincretismo a caracterizou, sincretismo sobretudo manifesto na poesia lírica, em que as heranças simbolista e parnasiana se intercomunicaram através de epígonos ou indefinidos. São assim as figuras de Mário Pederneiras (1867-1915), Augusto dos Anjos (1884-1914), Raul de Leoni (1895-1926), José Albano (1882-1914), e numerosos outros, todos caracterizados pelo uso de elementos formais ou conteudísticos do Parnasianismo e do Simbolismo.

13. Modernismo

Em 1922, preparado pelos movimentos de vanguarda da Europa de após guerra, e pela situação brasileira, desencadeou-se a renovação literária e artística denominada Modernismo, a partir da Semana de Arte Moderna, realizada em fevereiro de 1922 em São Paulo. A revolução não se restringiu à literatura, mas envolveu toda a vida nacional. Se o Romantismo foi a autonomia literária, o Modernismo foi a maioridade. Seu principal objetivo foi destruir as formas obsoletas, instaurando uma nova ordem literária. A princípio, usaram-se as armas do escândalo, da piada, da destruição. Depois, passou-se à reconstrução.

O movimento modernista, de grande importância para a inteligência brasileira, foi realizado através de três fases ou subperíodos, correspondentes a três gerações: primeira fase (1922-1930), de rebelião, destruição, revisão de valores; segunda fase (1930-1945), de reconstrução sobre moldes novos; terceira fase (1945-1960), de consolidação.

A primeira caracterizou-se pelo predomínio da poesia, destacando-se os nomes de Mário de Andrade (1893-1945), Manuel Bandeira (1886-1968), Menotti del Picchia (1892-1988), Oswald de Andrade (1890-1954), Cassiano Ricardo (1895-1974), Guilherme de Almeida (1890-1969), Ribeiro Couto (1898-1963), Ronald de Carvalho (1893-1935); o grupo carioca da revista *Festa*, entre outros. Teve cunho nacionalista, com os grupos de Antropofagia, da Anta, do Manifesto Regionalista do Recife, o grupo da revista *Verde* de Cataguases (Minas Gerais), o grupo da *Arco e Flexa*, da Bahia.

A segunda fase foi predominantemente de prosa de ficção, com o movimento do nordeste, em que se destacaram José Américo de Almeida (1887-1980), José Lins do Rego (1901-1957), Jorge Amado (1912-2001), Graciliano Ramos (1892-1953), Raquel de Queirós (1910-2003), Amando Fontes (1879-1967), de características regionalistas e sociais, moldadas pelo ambiente social e econômico da região (ciclo da cana-de-açúcar, ciclo da seca e do cangaço, ciclo do cacau, etc.). Ao lado desse grupo, desenvolveu-se outro no centro-sul do país, mais preocupado com os problemas da alma humana e da convivência social, e a arma principal é a introspecção e a análise psicológica. Seus inspiradores foram Machado de Assis e Raul Pornpeia. Destacaram-se: Cornélio Pena (1896-1958), Lúcio Cardoso (1913-1968), Otávio de Faria (1908-1980), José Geraldo Vieira (1897-1977), Érico Veríssimo (1905-1975), Andrade Murici (1895-1984), Marques Rebelo (1907-1973), a que se juntam Josué Montello (1917-2006), Gustavo Corção (1896-1978), Autran Dourado (1926-2012), Adonias Filho (1915-1990), Viana Moog (1906-1988), Ciro dos Anjos (1906-1994), João Alphonsus (1901-1944), Alcântara Machado (1875-1941), etc. Neste subperíodo, também tiveram relevo figuras de poetas como Carlos Drummond de Andrade (1902-1987), Augusto Frederico Schimidt (1906-1965), Vinicius de Morais (1913-1980), Emílio Moura (1901-1971),

Murilo Mendes (1901-1975), Jorge de Lima (1895-1953), Ascenso Ferreira (1895-1965), Henriqueta Lisboa (1904-1985), Cecília Meireles (1901-1964), Tasso da Silveira (1895-1968).

A terceira fase, inaugurada após a Segunda Guerra Mundial, pôs ênfase na busca de novas disciplinas para opor à tarefa libertária e demolidora da primeira fase do movirnento. Desta maneira, surgiu uma geração preocupada com o problema formal e verbal, empreendendo uma pesquisa no domínio da linguagem, não somente na poesia como especialmente no domínio da prosa de ficção. Na poesia lírica, surgiram as figuras de João Cabral de Melo Neto (1920-   ), Péricles Eugênio da Silva Ramos (1919-1992), José Paulo Moreira da Fonseca (1922-2004), Ledo Ivo (1924-2012), Geir Campos (1924-1999), Domingos Carvalho da Silva (1915-2003), Bueno de Rivera (1911-1982), Darci Damasceno (1922-   ) e outros. Na ficção avulta a figura de Guimarães Rosa (1908-1967), além de Clarice Lispector (1925-1977), Adonias Filho (1915-1990), Dalton Trevisan (1925), Osman Lins (1924-1978), Autran Dourado (1926-2012), Otávio Melo Alvarenga (1926-2010), Nélida Piñon (1934), e muitos outros. Também nessa fase teve grande desenvolvimento a crônica, gênero de muita voga no Brasil, com Rubem Braga (1913-1990), Fernando Sabino (1923-2004), Oto Lara Resende (1922-1992), Henrique Pongetti (1898-1979), sem falar em Manuel Bandeira, Carlos Drummond de Andrade, Raquel de Queirós e outros. A crítica literária teve nessa fase um momento de grande importância, com a polêmica em torno da renovação da crítica, contra o Impressionismo e o historicismo, característicos da geração anterior. Destacaram-se nesse ponto Afrânio Coutinho (1911-2000), Eduardo Portela (1932-2017), Eugênio Gomes (1897-1972), Franklin de Oliveira (1916-2000), Fausto Cunha (1923-2004), a que se juntaram depois Fábio Lucas (1931), Maria Luísa Ramos (1926-   ), Rui Mourão (1929), Afonso Ávila (1928-2012), José Lino Grunewald (1931-2000), José Guilherme Merquior (1941-1991), Haroldo de Campos (1929-2003), Augusto de Campos (1931), Décio Pignatari (1927-2012), Mário Chamie (1933-2011), e outros.

Na década de 50, um movimento novo apresenta-se, denominado Concretismo, o qual procurou introduzir na poesia lírica a ideia da redução da expressão a signos pictóricos, visando à apresentação direta do objetivo através de representações gráficas da linguagem, isolando a palavra de suas conotações conteudísticas e valorizando-a visualmente. Citam-se aqui os nomes de Haroldo de Campos, Augusto de Campos, Décio Pignatari, Ferreira Gullar, Mário Faustino. Ao atingir a década de 70, a literatura brasileira demonstra uma grande vitalidade, expressa numa larga visão do mundo brasileiro, capacidade técnica das suas figuras de destaque, um público compreensivo e ávido de suas realizações, uma autonomia de criação, uma força de expressão e apreensão da realidade, que a fazem uma das mais representativas da América.

14. Gêneros literários

Os gêneros literários cultivados no Brasil, ao longo dos quatro séculos e meio de produção literária, foram: a poesia lírica, a epopeia, a ficção (romance e conto), o teatro, a crônica, as memórias e diários, as cartas. Os mais importantes foram o lirismo, o romance e o conto, a crônica. No que concerne aos gêneros em que se expressou a literatura brasileira através dos estilos acima apontados, é mister considerar a fase inicial, em que não se estabeleciam com nitidez os limites do literário em relação à religião, à política e à história, nem mesmo se fazia uma distinção de fronteiras entre os gêneros; e a fase posterior ao Romantismo, quando se foi especificando gradativamente a literatura no sentido da autonomia própria dentro de seus limites e gêneros peculiares. No primeiro caso, o diálogo, a parenética, a poesia lírica, satírica e sacra, o teatro, usavam-se lado a lado com os relatos de viagens, hagiológios e panegíricos. Depois, a poesia lírica se foi consolidando, nasceram a prosa de ficção e a crônica. O teatro tornou-se independente da missão religiosa, criou-se a comédia de costumes.

15. Lirismo

A poesia lírica nasceu com os primeiros europeus que trabalharam na colonização e que encontraram nos indígenas suas expressões elementares de poesia. Sempre houve, desde o início, acentuada inclinação pelo lirismo, herança medieval das mais significativas. É um lirismo sentimental, de exaltação amorosa, de confissão pessoal e íntima, de melancolia, subjetivismo, saudade, e de êxtase ante a natureza, e tão forte que impregna os outros gêneros. Assim, é riquíssima a produção lírica brasileira. O padre José de Anchieta foi o primeiro poeta, sendo desta maneira o fundador da literatura brasileira. O lirismo, a partir daí, desenvolveu-se de conformidade com os cânones estéticos dos diversos estilos de época — o Barroco, o Arcadismo, o Neoclassicismo, o Romantismo, o Parnasianismo, o Simbolismo, o Modernismo. Cada estilo foi representado por figuras de grande importância, que souberam pôr em prática as doutrinas estéticas da escola da maneira mais adequada. Os seus principais representantes estão mencionados acima, quando foram descritos os estilos de época.

16. Ficção

A ficção começou na literatura brasileira praticamente com o Romantismo. Antes tinha havido um livro bastante significativo da estética barroca em prosa, o *Compêndio narrativo do peregrino da América* (1728), de Nuno Marques Pereira. Também é precursor a narrativa *Aventuras de Diófanes* (1752), de Teresa Margarida da Silva e Horta. Mas, em realidade, com técnica narrativa moderna, só com o Romantismo é que a ficção se firmaria. Vários autores lhe deram início: Lucas José de Alvarenga (1768-1831), Pereira da Silva (1819-1898), Justiniano José da Rocha (1812-1862), Francisco Adolfo de Varnhagen (1816-1878), Joaquim Noberto de Sousa e Silva (1820-1891), Teixeira de Sousa (1812-1861). No meado do século, no apogeu do Romantismo, J. M. Macedo (1820-1862), José de Alencar (1829-1877), Bernardo Guimarães (1825-1884), Franklin Távora (1842-1888), Visconde de Taunay (1843-1899), Manuel Antônio de Almeida (1830-1861), ora na fórmula indianista, ora na sertanista, ora na regionalista, ora na urbana, deram forma definitiva ao romance brasileiro. Deveu-se a Alencar a fixação definitiva do gênero, nos seus aspectos estrutural e temático. Daí em diante, só terá que consolidar a sua conquista da realidade nacional, aprofundando o veio regionalista ou alargando a análise psicológica ou o retrato de costumes e problemas sociais, rurais e urbanos. Foi o que fizeram os ficcionistas, fossem romancistas fossem contistas, ao longo do Realismo-Naturalismo, Impressionismo e Modernismo.

A ficção brasileira atingiu um alto grau de força e representatividade em relação ao ambiente brasileiro, com Machado de Assis a sua figura máxima. É hoje notável o estado a que chegou, das mais altas expressões da arte literária das Américas, nos seus aspectos técnico e temático, na pintura de personagens e ambientes, estruturação e estilo. Duas correntes se desenvolveram desde o Romantismo: a regional e a psicológica, em evolução paralela, muitas vezes se confundindo, a regional fornecendo a base ambiental, seja pela área rural seja pela urbana, com problemas de natureza geográfica ou social; e a psicológica elevando situações humanas, com problemas de conduta, dramas de consciências, meditações sobre o destino, indagações acerca das atitudes e suas motivações, interpretando as reações do homem em face de si mesmo e do outro homem, em busca de uma concepção da personalidade humana tal como é vista no meio brasileiro.

O conto recebeu total renovação com os modernistas, embora com Machado de Assis houvesse alcançado a perfeição. Mas acrescentando à experiência realista, à estética psicológica e ao enriquecimento temático do regionalismo novas dimensões no domínio da linguagem e da pesquisa psicológica, por influência da técnica expressionista, quebrou a ordem tradicional de começo, meio e fim, em troca da captação de flagrantes de atmosfera intensamente poéticas ou de episódios ricos de sugestão.

17. *Teatro*

O teatro começou com as tentativas jesuíticas, especialmente do Padre Anchieta, ao colocar em cena, sob forma de autos e alegorias, os problemas enfrentados pela consciência cristã, tendo em vista catequizar os silvícolas, segundo a técnica barroca. Mais tarde, Antônio José, o Judeu, criou uma obra teatral digna de nota. Durante o Romantismo, vários autores como José de

Alencar e J. M. Macedo tentaram o teatro sob a fórmula romântica. Mas foi Martins Pena o criador da comédia nacional.

Durante o Realismo, outros autores tiveram intensa atuação no teatro, como França Júnior (1838-1890), Artur Azevedo (1855-1908), Machado de Assis (1839-1908), Roberto Gomes (1882-1922). No século XX, Cláudio de Sousa (1876-1954), Viriato Correia (1884-1967), Oduvaldo Viana (1892-1972), Joraci Camargo (1898-1973). Profunda reforma sofreu o teatro após o Modernismo, com Álvaro Moreira, o Teatro do Estudante, dirigido por Pascoal Carlos Magno, o grupo de "Os Comediantes", dirigido por Z. Ziembinski, o Teatro Experimental do Negro. A esses movimentos de renovação teatral deve-se um grande impulso, de que surgiram teatrólogos de projeção a partir da década de 1930: Nélson Rodrigues (1912-1980), Guilherme Figueiredo (1915-1997), Raimundo Magalhães Júnior (1907-1981), Silveira Sampaio (1914-1965), Pedro Bloch (1914-2004), Henrique Pongetti (1898-1979), Dias Gomes (1922-1999), Abílio Pereira de Almeida (1906-1977) e outros. Aliando técnicas do expressionismo e da psicanálise a preocupações sociais, o movimento teatral da década de 60 mostra intensa efervescência, com experiências vigorosas inclusive na cenarização e execução, a que um grupo de excelentes atores dá grande relevo. É o teatro brasileiro consolidado.

18. *Crônica*

Extremamente móvel e individual, a crônica é de grande popularidade e tem sido das mais ricas em contribuições originais. Aparentado com o ensaio familiar" dos ingleses, encontra o gênero enorme ressonância, ocupando colunas regulares de jornais e revistas. Tem a forma de pequena exposição em prosa, leve, informal, impessoal, bisbilhoteira, em linguagem coloquial, a propósito de fatos, cenas ou pessoas. Grandes nomes da literatura brasileira cultivam ou cultivaram a crônica. São alguns deles: José de Alencar, Machado de Assis, Raul Pompeia, Araripe Júnior, Humberto de Campos, Henrique Pongetti, Álvaro Moreira, Manuel Bandeira, Raquel de Queirós, Eneida, Carlos Drummond de Andrade, Rubem Braga, Fernando Sabino.

19. *Crítica*

Sem ser um gênero literário, mas o conjunto dos métodos e estratégias de abordagem do fenômeno literário, a crítica se desenvolveu, no Brasil, vinculada de uma parte à história literária, de outra ao jornalismo em atividade militante. Vinda das academias, passando pelo Romantismo, ela teve, sobretudo, existência em polêmicas, em torno da ideia da nacionalidade da literatura ou do caráter que esta deveria ter para ser nacional, ou nos manifestos e prefácios, ou em antologias de fins didáticos e historiográficos, com Santiago Nunes Ribeiro

(?-1847), Sotero dos Reis (1800-1871), Joaquim Norberto de Sousa e Silva (1820-1891), Frei Caneca (1774-1825), Fernandes Pinheiro (1825-1876), ao lado de estrangeiros, como Ferdinand Denis e Ferdinand Wolf, aos quais se devem os primeiros levantamentos das letras brasileiras.

Alencar teve papel de relevo nessa fase, com a polêmica em torno da obra de Gonçalves de Magalhães, vindo depois Machado de Assis, com alguns ensaios de maior significação. Mas foi com um grupo de críticos da fase materialista e positivista da geração de 1870, Sílvio Romero (1851-1914), Araripe Júnior (1848-1911), José Veríssimo (1857-1916), ao lado de outros de menor destaque, como Valentim Magalhães (1859-1903), Capistrano de Abreu (1853-1927), Artur Orlando (1858-1916), Clóvis Beviláqua (1859-1944) que a crítica literária se consolidou como atividade autônoma. Seguem-se-lhe Osório Duque Estrada (1870-1927), Humberto de Campos (1886-1934), Ronald de Carvalho (1893-1935), Nestor Víctor (1868-1932), João Ribeiro (1860-1934), até atingir-se o Modernismo. No século XX, a crítica foi dominada na primeira metade pelo Impressionismo, à imagem de Anatole France e Jules Lemaître. Durante o Modernismo, avulta a figura de Alceu Amoroso Lima (1893-1983), devendo apontarem-se ainda: Múcio Leão (1898-1969), Mário de Andrade (1893-1945), Sérgio Milliet (1898-1966), Sérgio Buarque de Holanda (1902-1982), Álvaro Lins (1912-1970), Eugênio Gomes (1897-1972), Andrade Murici (1895-1984), Afrânio Coutinho (1911-2000), Wilson Martins (1921-2010), Temístocles Linhares (1905-1993), Euríalo Canabrava (1908-1979), Cavalcanti Proença (1905-1966), além da geração mais recente, com Péricles Eugênio da Silva Ramos (1919-1992), Eduardo Portela (1932-2017), Heron de Alencar (1921-1972), Osvaldino Marques (1916-2003), Franklin de Oliveira (1916-2000), Fausto Cunha (1923-2004), Afonso Ávila (1928-2012), Fábio Lucas (1931), Darci Damasceno (1922-1988) Bráulio Nascimento (1924-2016), Mário Faustino (1930-1962), Haroldo de Campos (1929-2003), Augusto de Campos (1931), Hélio Pólvora (1928-2015), aos quais preocupam problemas da linguagem literária e estilo, da natureza estética do fenômeno literário e dos critérios estéticos para a aferição do valor literário, em contraposição aos cânones naturalistas e deterministas herdados de Sílvio Romero e seus companheiros. A crítica atinge também uma fase de autoconsciência e domínio metodológico e técnico, repudiando o autodidatismo, o amadorismo, o impressionismo, a improvisação, por influência sobretudo do estudo superior de letras nas faculdades.

20. *Outros gêneros*

No que concerne a outros gêneros, não tem sido igualmente importante a contribuição brasileira. Quanto ao épico, só apareceram tentativas com Basílio da Gama, Santa Rita Durão e Gonçalves de Magalhães, ficando o espírito épico para contaminar em certos momentos o lirismo, como em Castro Alves, ou a ficção, como no *Macunaíma*, de Mário de Andrade. Quanto às memórias, diários, epistolografia, máximas, tem sido escassa a produção brasileira, excetuando-se nos últimos tempos o memorialismo.

21. *Caráter do nacionalismo brasileiro*

Tudo o que aí fica afirmado evidencia a força nacionalista que deu nascimento, identidade e evolução à Literatura Brasileira. A busca da nacionalidade para a literatura brasileira foi um tema que preocupou absorventemente a mentalidade de nossos homens de letras no século XIX, especialmente na segunda metade, tornando-se uma constante crítica, como já o assinalou Soares Amora. Esse movimento de nacionalismo literário procurava buscar "símbolos que traduzam literariamente a nossa vida social", na feliz expressão de Araripe Júnior, e encontrou em Alencar o intérprete genial, num esforço consciente de dar corpo às próprias tendências da alma. Era o problema da procura dos elementos que diferenciavam o país novo em face do colonizador. Era o problema de ser brasileiro, problema novo em literatura, problema de país novo, de cultura resultante da transplantação de uma cultura tradicional. Era a procura da resposta à total pergunta nacional de autodefinição, de autoidentificação, isto é, das qualidades que faziam o brasileiro diferente, um brasileiro, e, ao mesmo tempo, igual a todos os outros brasileiros.

Esse estado de alma era comum ao homem do século XIX, e, portanto, nada mais natural do que se traduzir pela voz de todos os artistas e pensadores conscientes e responsáveis. De Norberto a Sílvio Romero e Araripe Júnior, de Alencar a Afonso Arinos, todos sentiam a necessidade de imprimir um cunho nacional, brasileiro, à literatura que se produzia no Brasil, fosse por via do indianismo, do sertanismo, do regionalismo, fosse qual fosse o símbolo daquele *instinto de nacionalidade* a que se referiu e que tão bem caracterizou Machado de Assis, como sendo o ideal literário do momento (1873). O resultado, como disse Araripe Júnior, "foi o movimento de diferenciação mais enérgico que temos tido." Nem sempre os contemporâneos compreenderam devidamente o alcance e significado do movimento. Mas os reacionários, portugueses e brasileiros saudosistas, verdadeira casta ainda subordinada econômica e mentalmente a Portugal, estes de logo compreenderam o dever de se mobilizar contra a tendência, no que defendiam a própria causa e interesses. Investiram, assim, contra Alencar, negando-lhe tudo, graças mormente ao trabalho de escribas importados, o que muito prejudicou a obra do autor de *Iracema*, tirando-lhe a serenidade e amargurando-lhe o espírito.

Já para o final do século, contudo, máxime depois da República, a onda nacionalista alastrara-se, a despeito da firmeza dos bastiões lusófilos. Comenta Araripe Júnior: "Indispensável era que houvesse alguma vítima para que um novo mundo de ideias brasileiras surgisse." Com a República, recrudesce com ímpeto o nativismo, como exemplifica a publicação do livro de Rodrigo Otávio, *Festas nacionais*, prefaciado vibrantemente por Pompeia. O espírito colonial não morrera, "a cada derrota muda de acampamento, mascarando as suas operações, e, no fim, é sempre ele que recolhe os despojos, e, pelas finanças, mantém em estado de sítio, as consciências". Digna de admiração é a atitude de Araripe Júnior, desde o início de sua vida intelectual identificado com o ideal nacionalista em literatura, em relação aos escritores portugueses que atacavam o nativismo brasileiro em nome "de um cosmopolitismo vago e em proveito unicamente do nativismo de Portugal", ansiosos por manter o domínio colonialista, expressão do complexo sebastianista que é a morte da inteligência portuguesa.

E, num momento em que exerciam poderosa influência na mente brasileira, num momento de tão grande popularidade dos escritores lusos, colaboradores do mais importante jornal de então, a *Gazeta de Notícias*, um dentre os vários órgãos da imprensa brasileira que eram totalmente controlados pelas potências financeiras lusas, naquele instante, Araripe Júnior ousava enfrentar a todos em páginas da maior altivez, dignas hoje de serem colocadas numa antologia do nacionalismo intelectual e da formulação de mais claro ponto de vista em favor da autoconsciência literária brasileira.

Nada mais falso do que a tese de considerar unidas as literaturas portuguesa e brasileira. Em verdade, a nossa literatura está tão distanciada e diferenciada da portuguesa quanto de qualquer outra europeia. Não há problemas comuns. A língua que as exprime, sendo a mesma, a sua evolução no Brasil tomou tais rumos divergentes que está a exigir uma linguística brasileira, tantas são as questões que assoberbam e desafiam o estudioso do nosso idioma, expressão de um estado social e psicológico profundamente peculiar. Desde Gregório de Matos, a literatura que se produziu no Brasil é diferente da portuguesa. E se a mão forte do colonizador não esmoreceu no afã de sufocar o espírito nativista, fosse no plano político, econômico ou cultural, a tendência nacionalizante e diferenciadora, surgida com o primeiro homem que aqui assentou pé, mudando de mentalidade, interesses, sentimentos, não cedeu o passo caminhando firme no desenvolvimento de um país novo, em outra área geográfica e com outra situação histórica. O espírito colonial não esmoreceu até depois da República, pois só a mudança do regime consolidaria definitivamente a vitória contra o colonialismo luso, vitória que havia sido tentada com a Regência.

Mas, a despeito do estado de sítio financeiro em que, como muito bem disse Araripe Júnior, ainda mantinha as consciências, foi a proclamação da República a libertação brasileira do jugo português. No campo intelectual, o domínio fazia-se sentir através da influência exercida pelo grupo de escritores portugueses mais em voga, que enchiam, quase exclusivamente, a imprensa controlada. Basta examinar os jornais da época, para ver-se quão maciça era a pressão da inteligência portuguesa sobre a vida intelectual no Brasil, estado que se prolongou, mesmo depois da República até os primeiros anos do século XX. Não esquecer, ainda, o controle através das editoras, para sentir-se esse grau de dependência.

O exemplo dos estudos de linguagem é típico: enquanto os nossos estudiosos do fenômeno da língua no Brasil — um Batista Caetano, um Macedo Soares, e outros — se orientavam no sentido brasileiro, mas viviam postos à margem, a corrente lusófila historicista, arcaizante, se fazia sentir. Hoje, ninguém pensa mais nisso, porque não há mais cabimento debater um assunto que não existe. O problema desapareceu. Já não reagimos contra Portugal. Apenas, simplesmente, com tranquila consciência de povo maduro, que atingiu a maioridade, que tomou posse de si mesmo, nos afirmamos.

A República, com a sua "capacidade de criar Brasil, dentro do Brasil", como assinalou Gilberto Amado, clareou a nossa consciência de ser brasileiros, fez-nos captar a resposta autodefinidora, depois de um século de perguntas e pesquisas sobre o que era ser brasileiro, e quais as características da nacionalidade e da literatura nacional. Essa atitude de saúde espiritual faz com que não mais alimentemos qualquer sorte de complexo de inferioridade em relação a Portugal, nem tampouco nenhum intuito jacobinista. Simplesmente, repelimos a tutoria, não admitimos já agora que mentores falsos e anacrônicos, ainda presos ao complexo colonial, nos venham dizer o que devemos fazer. Isso é problema nosso, pois os nossos são diferentes dos de Portugal, malgrado as loas a uma comunidade cultural e a uma unidade linguística desmentidas pela realidade histórica e social. E se há algo de interesse na literatura lusa, como em qualquer literatura estrangeira, nosso patrimônio literário já é capaz de também fecundar a literatura portuguesa. Essa é a lição dos fatos nos últimos trinta anos.

O estudo das teorias acerca da história da literatura brasileira tem que considerar antes de tudo o problema da interpretação do que seja literatura brasileira e de quando ela começou. A teoria que dominou muito tempo não separava, na fase colonial de nossa civilização, as duas produções do Brasil e Portugal, considerando-as em bloco, como se fossem uma só. Os historiadores portugueses eram useiros nessa estratégia, e é claro que situados na perspectiva colonialista e imperial, segundo a qual era português tudo o que se fez no âmbito do mundo de fala portuguesa. E então, costumavam abrir pequenos capítulos, em meio ao todo geral da literatura lusa, para tratar dos "casos" brasileiros. Graças a essa técnica, o Padre Vieira sempre foi incorporado à literatura portuguesa, com desprezo da realidade brasileira de sua obra e personalidade, o que tem obrigado algumas corajosas reivindicações do lado brasileiro quanto à sua posição no quadro das letras brasileiras. Tal perspectiva acostumou uns e outros a encarar o passado literário português como comum a Brasil e Portugal. Eram os chamados "clássicos" luso-brasileiros, patrimônio de uma cultura comum, vazada numa mesma língua. Verdade é que sempre houve os que sentiram a linha diferenciadora brasileira desde muito cedo. Os românticos, mormente Alencar no que concerne à tomada de consciência doutrinária do problema, procuraram enxergar o divisor de águas, e pode-se dizer que esse problema é uma constante da crítica e teoria literária romântica. Mais tarde, Araripe Júnior fez dele uma de suas preocupações maiores, estabelecendo a investigação do traço nativista como um critério da historiografia literária brasileira. Seus companheiros da crítica realista, Sílvio Romero e José Veríssimo, também se distinguiram pelo apreço ao critério nacionalista na avaliação da literatura brasileira.

Todavia, do lado português, a literatura da época colonial era considerada como um trecho da literatura portuguesa produzida na colônia brasileira. Carecia de individualidade própria, já que lhes escapava aos portugueses a substância da revolução que se viera operando na mesma colônia, na mente dos homens que para aqui se transferiram ou aqui nasceram. Revolução tão importante que, desde o primeiro momento havia transformado a mentalidade dos habitantes, através de mudança da sensibilidade, das motivações, interesses, reações, maneiras de ser e agir novos provocados pela nova situação histórica e geográfica. Araripe Júnior, por exemplo, criou uma teoria para explicar o fenômeno da diferenciação. Foi o que ele designou de modo original como o princípio da "obnubilação", que procurou aplicar ao estudo da formação do caráter e da literatura brasileira, lei que, segundo ele, foi bastante forte e atuante nos dois primeiros séculos. Os colonos, à medida que se afastavam da costa e pequenos povoados, regrediam à condição primitiva, esquecendo o estado de civilizados, a fim de adaptar-se ao meio e de habilitar-se à luta com os silvícolas. Esse processo não podia deixar de modificar profundamente o homem criando um novo homem, sob todos os aspectos. Como considerá--lo, pois, um simples continuador do europeu? Não; como afirmou Ortega y Gasset, um homem novo criou-se desde o primeiro instante em que pôs o pé no novo mundo. Foi o americano, o brasileiro. A sua fala, a sua sensibilidade, suas emoções, sua poesia, sua música, tinham de ser, e foram diferentes, diferenciadas desde o início. Nada têm de comum com o que se produziu na Europa. Desde o primeiro século, máxime no segundo, falava-se, sentia-se, cantava-se no Brasil de maneira diferente. Não são uma só literatura, a brasileira e a portuguesa, desde o século XVII.

Nossos escritores são poucos, mas são nossos, diversos dos portugueses. Os clássicos portugueses podem ser clássicos, nem todos os que assim se consideram o são, mas não são nossos clássicos. São clássicos portugueses que podem prestar-nos benefícios, como fertilizantes, do mesmo modo que os clássicos de qualquer outra literatura, desde os greco-romanos. Não há nessa formulação do problema qualquer intenção valorativa. A autonomia da literatura brasileira, o reconhecimento de sua remota origem diferenciadora, não implicam nenhum prejuízo de valor depreciativo à literatura portuguesa. O espírito brasileiro quer viver livre, independente, e a primeira noção a fixar é a das fronteiras dentro das quais lhe é lícito mover-se, respeitadas as suas características, como deseja respeitar as dos que estiverem situados além das fronteiras. Tampouco essa independência importa em desprezo da cooperação, desconhecimento da continuidade de problemas, repúdio à fertilização recíproca. Essa é a norma que regula os contatos entre as culturas, quer expressa quer não no mesmo idioma. E a igualdade de língua não é razão para não se considerarem distintas as duas literaturas brasileira e portuguesa.

No Brasil, não há qualquer motivo para alguém envergonhar-se de ser nacionalista. Porquanto, não há talvez outra linha de pensamento mais coerente, mais constante e mais antiga do que a nacionalista, nem outra que reúna o maior número de grandes figuras da nossa inteligência. Pensar no Brasil, interpretá-lo, procurar integrar a cultura na realidade brasileira, enfatizar os valores de nossa civilização, dar valor às nossas coisas, pôr em relevo as nossas características raciais, sociais, culturais, reivindicar os direitos de uma língua que aqui se especializou no contato da rugosa realidade — eis, entre outros pontos, alguns dos temas que constituem uma constante de nossa história intelectual.

Se acompanharmos com atenção a nossa evolução, veremos como há uma marcha constante no sentido da integração do país e de sua gente em si mesmos, de um aprofundamento no magma nacional, de uma prospecção na realidade de nossa civilização, uma civilização diferente, diferenciada nos trópicos pela ação de elementos só aqui existentes. Uma característica, porém, do nacionalismo brasileiro, quer se traduza na ordem espiritual ou física, é que ele não se faz, a não ser na fase, diga-se heroica de nossa vida, "contra" nenhum país ou raça. Ao contrário, ele é essencialmente assimilador. Todas as contribuições exteriores são bem-vindas e transformadas pela ação aculturante ou miscigenante em elementos que se dissolvem no todo. É, portanto, afirmativo o nosso nacionalismo, nisso que, em vez de opor-se, procura voltar-se para si próprio, buscando definir-se, aprofundar a consciência de suas próprias forças e fraquezas, virtudes e defeitos, para afirmar-se de maneira positiva, em vez de imobilizar-se em atitude negativa e reacionária. O que pretende o nacionalismo brasileiro é afirmar o Brasil.

A propósito de nacionalismo brasileiro, há que considerar o aspecto negativo ao lado do positivo. Ninguém pode contestar a importância da linhagem do pensamento nacionalista que existe em nossa história cultural. O essencial desse pensamento foi muito bem definido por Araripe Júnior a respeito da literatura argentina: "Nacionalizar sem contudo perder a cultura clássica e a nobre emulação dos monumentos estrangeiros." Eis o ideal legítimo de toda cultura, pois nenhuma se elevou e frutificou no vácuo, mas numa situação histórica. E nacionalizar quer dizer absorver e captar as peculiaridades dessa situação, fazendo-as viver através "de símbolos que traduzam literariamente a nossa vida social", como ainda caracterizou Araripe Júnior. Isso foi o que fizeram no passado os nossos maiores escritores, e ainda o fazem os atuais. É inútil tentar contrapor a esse fato qualquer tese cosmopolita, em geral disfarçados avanços de impotentes nacionalismos opostos. O estado de oposição, digamos, em que sempre vegetou a linha de pensamento nacionalista, não lhe foi clima propício a frutificar livremente. Era abafada a sua germinação e impedida a sua propagação, muitas vezes com mão férrea. É o que explica o fato de que, ainda hoje, seja necessário reivindicar certas proposições de interesse brasileiro, pois ainda é comum considerar-se como secundário o ponto de vista nacional, e ainda há quem julgue pacífico continuar o Brasil atrelado cultural e economicamente ao carro estrangeiro, seja ele qual for, sobretudo o português. Em verdade, há muita coisa em que precisamos ser nacionalistas no Brasil. A omissão, no particular, tem-nos criado situações absurdas ou equívocas, que não podem perdurar.

Até bem pouco, a orientação que predominava entre os nossos estudiosos da língua era a historicista e normativa, segundo a qual os padrões de linguagem deveriam vir dos escritores portugueses. Pautava-se o nossos modo de escrever e falar pelos modelos lusos, os famigerados "clássicos" da língua. Poucos notavam a situação absurda que se encerrava nessa regra, um país novo, em franca ebulição, ficar preso a moldes criados em situação histórica bem diversa. Em vez de procurar os modelos entre nossos grandes escritores, tão grandes quanto os de lá, mas sobretudo usando o nosso idioma comum, de acordo com a nossa sensibilidade, gosto e necessidade, com a nossa fisiologia e psicologia, tentava-se forçar a cópia dos modelos que mesmo em Portugal não eram rigorosamente seguidos, e com razão. O resultado foi o atraso da ciência linguística brasileira, de que só a mais nova geração de filólogos nos está libertando, voltada para a nossa realidade linguística. Há que assinalar outros setores em que falhamos em ser nacionalistas. Em nossos ensino deveria haver um lugar para uma disciplina de estudos brasileiros, sob forma viva e atual, antes prospectiva que historicista. Estudam-se História do Brasil, Geografia, Literatura, mas sem entrosamento e integração que caracterizam os modernos currículos. De modo geral, estudam-se mais as culturas e civilizações clássicas e estrangeiras do que a brasileira, e as americanas primitivas. Na estrutura curricular das faculdades de Filosofia e Letras, há departamentos clássicos e neolatinos, mas não de estudos brasileiros, e as disciplinas desses estudos são distribuídas, dispersadas, pelos departamentos clássicos e neolatinos, sem qualquer autonomia ou ênfase.

Outro caso é o do estudo da Literatura Portuguesa em maior escala que o da Brasileira, pois ainda hoje os meios oficiais lusos procuram impor sua vontade aos nossos governos. Dessa maneira, o brasileiro chega ao fim da sua formação escolar maior conhecedor das culturas estrangeiras do que da sua própria. Não são de estranhar a sua alienação e o seu desencanto. Frutos fáceis de uma educação que o faz voltado permanentemente para o exterior. De costas para o seu país.

O contrário também é falso. A pior desgraça que pode acontecer ao pensamento nacionalista no Brasil é a ideia de que, para construir nossa literatura em bases tipicamente nacionais, temos que voltar as costas à contribuição cultural estrangeira, desprezando-a como nutrição inútil ou deformante. Isso é muito comum entre nós. Resulta de falta de formação universitária. Em nosso meio semianalfabeto, porque desdotado dos instrumentos de defesa que a formação universitária proporciona, assistimos a esse espetáculo: porque alguém é incapaz de adquirir cultura proclama que a cultura é falsa e deformante das qualidades nativas do povo, devendo ser desprezada a produção cultural estrangeira, dado que está nos demais países a maior parte da produção cultural.

O verdadeiro nacionalismo literário foi muito bem definido por Araripe Júnior: nacionalizar a literatura sem desprezar a contribuição cultural estrangeira, clássica e moderna. Dessa fusão de elementos é que surgirá a cultura nova, com características próprias, graças à incorporação das qualidades nativas do povo que vivifica a herança cultural importada. Aqui, um aglomerado humano desenvolveu uma civilização peculiar, com emoções e sentimentos, pensamentos e aspirações, criados em uma situação histórica e geográfica específica. Não podia deixar de criar uma cultura diferente, embora fecundada pela herança cultural do Ocidente.

Nesse caso, tanto é errada a atitude de certos antepassados nossos que se sentiam exilados culturalmente no Brasil, porque "saudosos" da cultura estrangeira, como a dos que advogam a ruptura dos laços que nos prendem intelectualmente ao Ocidente, para satisfazer-se na suposta virgindade americana. Não está nessas duas atitudes o remédio. Reside, sim, na maior absorção possível de cultura estrangeira, no mais amplo conhecimento do que se passa realmente entre as outras literaturas, porque o mundo em que vivemos é cada vez mais aquele mundo único a que se referiu o estadista americano. Nada ocorre num setor que não repercuta nos outros. Mormente na esfera cultural.

O isolamento cultural é um mito de funestas consequências, tão funestas quanto as decorrentes da atitude de subserviência e inferioridade colonial. O mal é a absorção cultural desordenada pelo autodidatismo. Mas a cultura feita à sombra da universidade, em vez de deformante e antinativa, se torna estimulante das qualidades peculiares. Em toda parte, a universidade é um elemento de integração nacional, com ser de desenvolvimento de cultura universal.

Esse conflito entre a cultura e as virtudes nativas é inexistente. Nada mais ridículo do que a revolta da impotência. Não podendo abordar uma coisa, condená-la é o mais fácil. Em face da nossa literatura é estultice sustentar que devemos antes de tudo estudá-la, em vez de perdermos tempo com livros e trabalhos estrangeiros. Como se fosse possível bem estudar a literatura brasileira, sem estarmos devidamente aparelhados com os instrumentos só fornecidos pelo preparo cultural universal. É claro que esse estudo, sem isso, ficaria de todo manco, feito pela rama, à custa da conversa, da improvisação, do impressionismo vazio. Mas um estudo rigoroso, severo, científico, profundo, há que mobilizar um instrumental técnico, só passível de ser adquirido no contato com as grandes culturas.

A ciência é uma só, e universal. Faz parte do Humanismo. É muito comum o desprezo pela cultura universitária. Hoje no mundo, nada de sério se faz fora do âmbito universitário. Não é preciso falar dos progressos da ciência atômica. Mesmo no terreno da literatura, as obras de crítica literária mais importantes, como crítica criadora, são produzidas no ambiente da universidade. A maioria dos grandes críticos contemporâneos vive na universidade, ensinando literatura. Já foi o tempo em que literatura se produzia nas mesas de café e bar. No Brasil, dentro de trinta anos, nada se fará de importante, no terreno literário, que não seja ligado à universidade, às faculdades de Letras. Não é possível, em nosso mundo unido, a separação das diversas culturas em departamentos estanques, e como se não resultasse precisamente da intercomunicabilidade o enriquecimento e a fecundação das mesmas. Ninguém mais inglês do que Shakespeare. Em nenhuma figura de sua história os ingleses mais se sentem refletidos. Todavia, ninguém mais universal. Ninguém que mais se alimentasse em nutrição de origem estrangeira, dos antigos sobretudo. O estudo mais perfunctório de qualquer literatura mostrará de sobra que só tiveram a lucrar os grandes escritores no contato com obras e autores de literaturas estranhas. Todas construíram-se à custa desse intercurso de ideias, sentimentos e formas. E o exame do fenômeno não deixa dúvida quanto ao valor do intercâmbio, levando à conclusão de que a arte é contrária ao isolamento geográfico.

No século passado, por influência das ideias de Taine e do determinismo, acreditaram muitos críticos que a arte fosse um produto do meio e da raça, fatores decisivos e exclusivos de sua gênese. Há, porém, um abismo entre essa teoria e o verdadeiro conceito de nacionalismo literário. Para este, a arte nacionaliza-se como um resultado da impregnação e incorporação do ambiente onde se produz. Isso não implica, no entanto, voltar as costas à tradição cultural a que se prende. É curioso argumentar em favor desse nacionalismo que repudia a tradição universal com os exemplos de Machado de Assis e Euclides da Cunha, os quais jamais viajaram ao estrangeiro, ficando assim figuras genuinamente nacionais. Sim, não viajaram, não se deslocaram fisicamente, mas essa afirmativa parecerá de todo pueril se nos lembrarmos de que nenhum dos dois sentiu necessidade de sair do seu país para absorver ao máximo a cultura universal. Machado de Assis não pode ser criticamente entendido e explicado sem o estudo de suas fontes estrangeiras, pois talvez não haja outro que, sendo como foi um autêntico escritor brasileiro, refletindo o seu país como um espelho, tenha tão bem aproveitado do estudo da literatura universal.

De nenhum modo o bom nacionalismo pode vicejar num ambiente de ignorância e de suposta virgindade de alma, no que respeita à arte. O que fazia Machado de Assis, e o que fez José Lins do Rego, era aproveitar a matéria-prima brasileira, dentro daquele "instinto de nacionalldade" que tão bem definiu o primeiro, subordinando-a ao processo transfigurador no contato com os grandes mestres e modelos. Não há sobre isso a menor dúvida quanto a Machado: conhecem-se as suas fontes, que ele usou sem reservas, a exemplo dos maiores mestres. No que concerne a José Lins, a despeito do seu aparente desapreço, era espírito cultivado, e sua formação estética e novelesca está patente, inclusive por suas próprias confissões. No entanto, quem mais brasileiro, nos últimos anos, do que o autor de *Banguê*?

Eis aí o verdadeiro nacionalismo, aquele que ressalta da fecundação exercida pelo espírito universal no magma nacional. É segredo do artista realizar essa operação de maneira superior. O seu espírito é um laboratório onde se processa o encontro e de onde emana a obra de arte, graças ao que se forma uma literatura original, com qualidades peculiares, na temática, na forma, no sentido, na imagística, que a fazem distinta de todas as outras, embora irmanadas no cultivo das mesmas tradições genéricas. Nada mais equívoco do que construir uma teoria nacionalista sobre os alicerces da ignorância e a partir da ruptura dos laços culturais com a tradição ocidental. O sentimento de brasilidade, que é a mais forte herança cultural brasileira, e que se construiu a partir do Modernismo, no tema central da literatura contemporânea, só tem eficiência e validade se não se opuser ao legítimo vaivém de correntes, que se entrosam e se verificam, entre o nacional e o universal.

No segundo volume de suas memórias *Minha formação no Recife*, Gilberto Amado registra de maneira precisa um fato dos mais importantes da nossa história espiritual: o nascimento do Brasil e o consequente esmorecer da Europa dentro de nós, para empregar suas próprias palavras. Citando um trecho de 1926, mostra a evolução desse sentimento do Brasil na alma dos brasileiros, sobretudo processada na década de 20. Antes viviam eles voltados para a Europa, buscando nela todos os prazeres e satisfações para o corpo e para o espírito. O Brasil não existia para os brasileiros. Eram uns exilados na própria pátria. Não tinham qualquer curiosidade por conhecer a vida brasileira, nas suas diversas formas, nas várias modalidades de sua cultura e de sua arte autóctone. Vivendo como caranguejos à beira da costa, o interior do país lhes era inteiramente ignorado. A atitude geral era de desprezo pelo país, de sentimento de exílio, de desgosto por haver nascido neste recanto do mundo. O intelectual, então, este vivia encharcado de cultura francesa, completamente desenraizado, pensando e escrevendo como se fora francês.

Registra Gilberto a volta dos exilados, mostrando a diferença de atitude entre os brasileiros do tempo de Nabuco, por exemplo, e os que, pelos anos de 20, começaram a sentir o Brasil. Conta ele como se analisou e aos brasileiros seus companheiros em viagem pela Europa, a fim de verificar o fenômeno. E a conclusão a que chegou foi que o Brasil aumentara "o poder de assimilação", que vivia mais dentro dos brasileiros, enquanto se desprendiam espiritualmente da Europa. "A Europa é hoje para nós a viagem, estudo ou recreação, o prazer do clima, o encantamento artístico, a variedade dos dias animados longe das obrigações quotidianas, o atrativo intelectual, a curiosidade simplesmente. Mas não vive dentro de nós. Em substância, não nos interessa senão como um teatro, um espetáculo, um livro. Estamos, os da geração atual, inteiramente desprendidos dela." O Brasil criou Brasil dentro dos brasileiros. Do que resultou, como aponta Gilberto nessas belas páginas, a consciência que passavam os brasileiros a ter de seu país, sua vida, sua arte, sua cultura. Descobriram o Brasil.

Graças a essa mudança de atitude, foi possível o conhecimento que se fez do país nos últimos decênios, num largo movimento sem precedentes de brasilianismo: sua história, suas raízes sociais e econômicas, sua cultura, sua arte, a valorização de suas coisas. O movimento já vinha um pouco de antes, mas foi a partir daquela década que se intensificou e tivemos a revelação completa do Brasil. Antes, um fenômeno como Ouro Preto passara despercebido aos brasileiros, a ponto de levar Oliveira Lima, num livro aliás interessante, sobre a literatura colonial, a fazer afirmações que será curioso comparar com as de Gilberto. Diz ele: "Se conseguintemente a arte mineira não legou obras estimáveis como as suas letras, deixou contudo transparecer, por entre o gosto equívoco das suas ricas igrejas do tipo jesuítico, no estilo pseudoclássico, inteiramente abarrotadas de dourados, decorados, com as estátuas policromas vulgares na metrópole, apreciáveis e aproveitáveis disposições nativas por parte de alguns pintores e escultores, os quais em suas obras não desconheceram sequer o valor da expressão. Fala-se sobretudo num estatuário, Antônio José da Silva, alcunhado o Aleijadinho, etc. etc." Tal incompreensão ou antes desconhecimento e alheamento do Brasil está bem expresso nessa página, típica do pensamento do século XIX.

Hoje talvez devamos dizer o contrário, depois que "descobrimos" a grandeza da arte colonial, de que Ouro Preto e a Bahia, de que o Aleijadinho são os pontos altos. O que é estranho, e essa expressão faz o visitante de Ouro Preto, é que aquele monumento extraordinário de arte haja sido construído em plena selva há séculos e tenha ficado ignorado dos brasileiros desde então. Honra à geração atual que o descobriu como a todo o resto do país. Essa observação de Gilberto Amado põe em evidência um fato marcante de nossa história recente. Ele reflete um estado de espírito generalizado: o de sentir a diferença entre a civilização europeia e a brasileira, não sendo esta um mero prolongamento da primeira. A geração atual de brasileiros perdeu a perspectiva metropolitana ao encarar o Brasil. Vemos hoje que o Brasil é uma civilização própria, peculiar, diferente da portuguesa, resultante da mistura de três elementos étnicos distintos, mistura que imprimiu um caráter original a todos os produtos da nossa atividade espiritual e social. Uma civilização mestiça. Essa posição é nitidamente oposta à que dominou muito tempo entre portugueses e brasileiros.

*

Há cinco fenômenos que, no Brasil, se destacam como os mais autênticos e importantes, os mais característicos mesmo, do nosso povo: a música popular, o carnaval, o futebol, a religiosidade popular e a literatura. São as expressões mais legítimas do nosso espírito criador, da nossa criatividade. Ninguém, nem nada nesse mundo consegue destruí-las. Tudo o mais fracassa ou não funciona a contento das exigências e necessidades de uma organização civilizatória. Em meio a toda uma desestrutura, aquelas produções surgem soberanas, superando todas as deficiências gerais e dificuldades de vida. É que elas são partidas da alma popular, como suas manifestações legítimas. Não dependem de nada, senão da alma do povo. E esse é espírito e o espírito floresce onde quer. Elas são o próprio povo falando, expressando-se de maneira autônoma, sem qualquer interferência. Convivem com a inferioridade social, com a desorganização geral, até com a pobreza e a miséria. Basta assistir a um carnaval para ficar convencido disso.

Assim acontece com a literatura. Desde cedo, desde as origens que a alma do povo brasileiro se expressa através da literatura. Um Gregório de Matos, em pleno século XVII, já falava em nome de uma população nova com a primeira voz de protesto contra os erros da colonização que se impunha no Brasil. O mesmo com o padre Antônio Vieira, um brasileiro apontando com veemência os malefícios que corroíam já então a nossa incipiente ordem social. E assim por diante.

A literatura que se produziu no Brasil, em todos os séculos, veio crescendo, na linha de um intenso processo de descolonização e autonomia, que a tornou nitidamente diferenciada da europeia, sem embargo de influências diversas, como a portuguesa, a espanhola, a francesa, para falar apenas das principais, pois houve também a italiana e a inglesa, e ainda as clássicas. E graças a esse esforço, a essa busca de identidade e originalidade, a literatura brasileira cresceu e amadureceu, a ponto de ser hoje uma literatura de fisionomia própria, ligada à realidade nacional, autêntica expressão de nossa alma, de nossa sensibilidade, de nossos costumes, de uma língua exclusivamente nossa, cada vez mais diferenciada da matriz portuguesa. E mais do que isso. Pela massa da produção, que leva a considerar o povo brasileiro como essencialmente literário, ela é hoje a maior das Américas. Maior em quantidade e em qualidade. Encontram-se grandes figuras literárias em outros países do continente. Dificilmente, porém, do ponto de vista da quantidade de escritores e produção literária, qualquer das outras literaturas não resistirá a uma comparação com a nossa. E, além do número, sobressalta ainda a diversidade de tipos, o que resulta, sem dúvida, da riqueza e diversidade da nossa civilização de âmbito continental. Ligada à rugosa realidade, ela se manifesta de maneira tão variada quanto a realidade nacional, social. A literatura do Amazonas é diferente da nordestina e da gaúcha, e a do centro-oeste o é da surgida nos centros urbanos do Rio de Janeiro e São Paulo, como a praieira do recôncavo possui suas características próprias. O regionalismo é uma força no Brasil literário, sem que se prejudiquem as numerosas abordagens técnicas.

A literatura brasileira é hoje uma grande literatura, na poesia e na prosa. Adquiriu uma força e uma fisionomia, que a tornam identificável, pois conseguiu formar uma identidade inconfundível. Isto não é atitude ufanista. Precisamos perder o nosso complexo de inferioridade colonial e afirmar com orgulho aquilo que logramos realizar por nós mesmos. Nossos defeitos de civilização não nos devem impedir de ver o que fizemos graças a nós mesmos, até contra as resistências arcaizantes. O processo de descolonização confunde-se com a tendência à modernização, com o esforço de libertar-nos do sistema colonial. Pois bem, a literatura foi o maior instrumento dessa descolonização e modernização, que corresponde ao processo civilizatório. Abafada em todo o periodo colonial e mesmo imperial, ela não deixou de viver, embora marginalizada, subterraneamente, no sentido da conquista da autonomia, e da formação de um povo independente, falando uma linguagem nova, com uma sensibilidade nascida aqui, numa região nova, com uma sociedade nova. Não podemos continuar a desconhecer tudo isso, e insistir numa subordinação ao estrangeiro e ao passado. Foi contra tudo isso que nós nos fizemos e a literatura constituiu a expressão legítima desse esforço. Fomos criadores de vida, de uma vida nova, de uma língua nova, e a litertura traduziu isso às mil maravilhas. Reconhecê-lo não é atitude ufanista, antes constatação de uma realidade. E isso pode ser verificado no passado literário, como também no presente, pela qualidade superior de nossa produção literária em todos os gêneros, com obras que são de exclusiva feição brasileira, como *Os sertões*, de Euclides da Cunha, livro inclassificável pelos padrões tradicionais.

Que é tudo isso? Que é senão uma literatura de características peculiares, diferente, com identidade própria? Nosso gênio de povo encontrou expressão máxima na literatura. E disso nos devemos orgulhar. Ao observador não ingênuo certamente se imporá a verificação de que a literatura brasileira atingiu neste final de século uma completa emancipação. O longo "processo de descolonização", mantido desde o início, primeiramente sob forma larvada, e depois conscientemente, embora sempre debaixo da mó colonialista, presente mesmo depois da independência política, atingiu agora a plenitude da autonomia, emprestando à produção literária dos últimos decênios uma fisionomia própria, uma verdadeira identidade nacional literária. Depois do trabalho revolucionário do Modernismo, efetuado após 1922 com a Semana, a partir da década de 50, o que se assiste é uma verdadeira afirmação de caráter nacional nas obras e autores contemporâneos. Rubem Fonseca, João Antônio, Dalton Trevisan, Nélida Piñon, Luís Vilela, João Ubaldo Ribeiro, Antônio Torres, Guido Guerra, Murilo Rubião, Rui Mourão, José J. Veiga, Roberto Drummond, Márcio de Sousa, Loiola Brandão, Salim Miguel, Antônio Calado, sem falar nos escritores de geração anterior como Jorge Amado, Herberto Sales, Adonias Filho,

Josué Montello, Osman Lins, Érico Veríssimo, Lígia Fagundes Teles, Raquel de Queirós, e os dois grandes Guimarães Rosa e Clarice Lispector, todos eles são demonstrações evidentes da nova literatura que se produz no Brasil atual. Em prosa, é claro, pois igual situação renovadora e autonomista encontra-se também na poesia, desde a geração de 1945 até os mais novos. Acima de todos avultando a figura máxima de Carlos Drummond de Andrade.

Essa literatura nada tem a dever às estrangeiras, europeias ou outras, a não ser pelo caráter de contiguidade. É claro que não há literaturas estanques num mundo como o nosso, caracterizado pela intercomunicação. Mas, se dívidas existem, às estrangeiras como também à tradição brasileira, o cunho de originalidade supera a tudo o mais. Nem podia deixar de ser assim, tendo-se em vista que ela é expressão de um país novo, de um povo que logrou um grau de absoluta autoconsciência nacional, com sensibilidade peculiar, falando e escrevendo uma língua própria, diferenciada de suas raízes lusas.

Por isso, havemos que reconhecer que as nossas relações com as demais literaturas nacionais são de *contiguidade* e não de submissão. Nada temos, atualmente, a dever a qualquer outra literatura em termos de influência ou dependência. Não estamos isolados, é claro, nesse mundo unificado. Mas trabalhamos por nossa própria conta. E isso vale também para a Literatura Portuguesa. Para nós ela é estrangeira como qualquer das outras. E deve ser estudada no Brasil, em todos os níveis de ensino, em função da Brasileira, tanto quanto as demais literaturas estranhas. A não ser para o especialista, elas só interessam a nós se ensinadas em função da Brasileira, e não em si mesmas ou pelo valor próprio.

E tanto isso é verdade que, doravante, não teremos que periodizar a nossa evolução literária por estilos de época europeus, como fizemos no passado, em virtude da nossa subordinação maior às literaturas estrangeiras. Teremos que encontrar definições e demarcações próprias para os períodos, após o encerramento do ciclo modernista por volta de 1960. O que veio depois deverá ter denominação e limites próprios, de acordo com as peculiaridades de cada um ou dos movimentos que forem surgindo, para os quais ainda não possuímos a devida perspectiva histórica para ajuizar.

O problema da língua é outro. Quem ler qualquer daqueles autores não pode deixar de reconhecer a existência da língua brasileira, com todas as inovações de sintaxe, sentimento íntimo e espírito que ela expõe.

Não posso deixar de concluir portanto. A literatura brasileira, como a música popular, é a maior demonstração da autonomia mental brasileira, que não encontramos em outros setores da nossa vida. E com isso, ela é, no conjunto, a maior literatura das Américas.

E não se limita à língua a emancipação. Ela está nas inovações técnicas, nos recursos narrativos próprios, no "sentimento íntimo", nos assuntos bem brasileiros, tudo revelando o estágio de absoluta identidade nacional literária, inconfundível, às vezes até intraduzível. Tanto na poesia como na ficção, não creio haja outra literatura das Américas maior que a nossa em seu conjunto, do passado ao presente. É o próprio Brasil, seus costumes, sua história, seu homem, sua vida original, traduzindo-se pela sua literatura.

A literatura brasileira atingiu, assim, uma completa autonomia e uma fisionomia própria. E mais: ela possui uma identidade nacional, em tudo identificada com a identidade do país. Essa situação é o resultado da evolução histórica, segundo aquela "tradição afortunada", a que me referi em livro deste nome. Numa série de estudos de Cremilda Medin[*] expressivamente intitulados "a posse da terra", é o que verificamos precisamente: a posse da terra pelos escritores contemporâneos. Nenhum dos livros desses autores encontra parelha com os de qualquer outra literatura. São *brasileiros*. Têm colorido da nossa gente, essa gente mestiça de alma, cultura e sangue; traduzem a nossa sensibilidade; falam a nossa língua brasileira, diferente da portuguesa; refletem os *nossos* costumes; traduzem o nosso lendário, a nossa mitologia, o sincretismo cultural e religioso que é nossa característica fundamental; expressam o nosso anticartesianismo, o nosso irracionalismo, o nosso ilogismo, bem típicos da nossa desordem, do nosso desrespeito inato por qualquer sistema, por quaisquer leis (de trânsito, penais, constitucionais...), a ponto de levar um personagem da *Tocaia Grande* a afirmar que "a gente pôde com a enchente e com a peste; com a lei não pôde não: sucumbiu". Foi o que saiu deste caldeirão, deste laboratório formidável que constitui o Brasil, esse país estranho e incompreensível.

Essa literatura, compreenda-se, não pode responder (para ser, como é, brasileira) senão a essa nova realidade criada em um novo contexto social e histórico, diferente, não melhor nem pior, diferente do europeu em geral. Ela reflete uma nova consciência e se apropria dos mitos e símbolos que aqui se desenvolveram através dos séculos, pela mistura de três raças em contato com um mundo novo. A obra de arte — no caso da literária — é a forma de expressão do sonho coletivo, um sonho que tem dimensão histórico-cultural. Este sonho já foi, como resultado de séculos de luta de uma série de escritores, assumido pela nossa literatura, como se pode verificar nos escritores das últimas décadas, nos quais a nossa realidade se revela em toda a sua plenitude.

---

[*] Medina, Cremilda. *A posse da terra*: Escritor brasileiro hoje. São Paulo, Secretaria da Cultura, 1985.

Primeira Parte
GENERALIDADES

2. Hernani Cidade
O PANORAMA RENASCENTISTA

Que é o Renascimento. Mudanças operadas. O humanismo em Portugal.

O movimento cultural que chamamos Renascimento não é a ressurrreição em bloco, nos fins do século XV e no princípio do XVI, do opulento patrimônio de pensamento, literatura e arte legado pela Antiguidade greco-latina; é antes o seu prodigioso enriquecimento e vasta generalização perante uma curiosidade mais fina, mais complacente e mais compreensiva do homem, e consequente acréscimo de influência em sua mundividência e comportamento.

A Idade Média não desconhecera a Antiguidade. No século XIII verifica-se mesmo o que se pode chamar um "primeiro Renascimento". Contra as oposições ou cautelas ortodoxas que se erguem ante a Filosofia Natural, irradiada da Espanha árabe e que tinha como principal mestre a Averróis, insurgem-se Rogério Bacon, Santo Tomás de Aquino, Alberto o *Grande*, Raimundo Lúlio e outros, que logram estabelecer a conciliação entre a Revelação bíblica e a literatura patrística, de um lado, e as letras e o pensamento antigos, de outro. Sendo a razão humana reflexo da divina, bem poderia a verdade afirmada por Averróis concordar com a verdade revelada por Deus — pensava Santo Tomás, mesmo apesar da sua repulsa dos conceitos, pelo filósofo árabe deduzidos de Aristóteles, da eternidade da matéria e do panpsiquismo. O saber fora uno entre os Patriarcas: só a decadência do homem o separa em partes conflituosas, acrescentava Bacon. A *Suma teológica*, do Aquinatense, foi assim uma vasta especulação a que Aristóteles forneceu a base racional e o método construtivo. Ciência de Deus, ciência do Homem, ciência da Natureza: Bíblia, Patrística, Aristóteles; e logo, através de Dante, Petrarca e Bocácio, cujas obras delas se nutrem, as letras antigas — eis os elementos construtivos desse primeiro Renascimento.

As curiosidades científicas despertadas pela Filosofia Natural e não pouco favorecidas pela concepção franciscana da Natureza, que poeticamente idealiza em convívio simpático com o homem, também, nesse alvorecer da cultura, puderam suscitar, através de Rogério Bacon, o que se chamou o "experimentalismo escolástico", por oposição à "retórica patrística".

É, todavia, força confessar que, de modo geral, o movimento sofria a limitação do fechado sistema da Idade Média, batizada pelo conceito cristão da queda do homem e sombria mancha que o pecado original derrama no

Mundo. Acima de tudo, cumpria encaminhar-lhe a alma para o Céu, e para tal convergiam as obras superiores do pensamento, *da imaginação, da sensibilidade, e da própria ação político-social*: — *Suma teológica, Divina comédia*, a catedral românica e gótica, os ensaios da Teocracia e a empresa das Cruzadas... As letras antigas eram convertidas em cultura subsidiária da cultura cristã: de começo, da historiografia, e permanentemente, da ética. A filosofia aristotélica ou platônica eram meras "ancillas Theologiae". À *General Estoria*, de Afonso X, fornece o Mito personagens e acontecimentos que ela aceita como reais; e Ovídio, "moralizado" desde Boécio, nutre com suas *Metamorfoses*, consideradas apólogos e alegorias, o exemplário moral dos *Infernos de amor* e de grande parte da obra poética de Santillana e João de Mena, tanto como da obra em prosa do Rei D. Duarte e do Infante D. Pedro, e ainda dos poetas do *Cancioneiro geral*, de Resende. E não é sabido que as sibilas e Virgílio foram venerados como profetas laicos da Redenção?

A cristianização forçada da cultura antiga e a tendência abstratizadora a que logo submeteu o nascente impulso experimentalista ameaçavam tudo manter nos limites fechados do sistema medievo-cristão, se não fosse, por um lado, a complacência, cada vez maior desde Petrarca, perante o esplendor formal do Mito; e, por outro lado, a curiosidade cada vez mais inquieta e ansiosa em face dos mundos desconhecidos — de todo o Desconhecido.

A primeira mudança nessa atitude moralizadora do Mito foi no plano estético que se realizou. A Petrarca, por exemplo, interessava ele, não como "la antigua morada de la filosofia", senão como beleza que por si mesma vale e a si própria se sagra, e esta lição se comunica aos poetas renascentistas, desde os mais paganizados, como Lourenço de Médicis ou Ronsard, até os mais cristãos, como Garcilaso ou Camões. Há, porém, uma mudança mais violenta: é a que se denuncia no sonoro e largo riso de Rabelais. Para ele a arte e a literatura do Paganismo não são apenas fontes de beleza; podem ser normas de procedimento, na medida em que se conformem com os ditames da Natureza, considerada não já como manchada do pecado original, senão como guardando a bondade do seu divino "Plasmateur". "Fais ce que voudras" — é o lema da Abadia de Thélème, onde se vive a vida ideal dos homens que o Renascimento mais embriaga e domina — a liberdade dos instintos, nos limites estabelecidos pela razão epicurista.

Com esta fuga à pressão cristã, na ordem estética e moral, converge a que se verifica na ordem intelectual. É verdade que o Cristianismo — religião de amplitude ecumênica, na dogmática como na moral — realiza um progresso relativamente à religião localista qos Antigos — um Deus para cada cidade — tal como a ciência, atingida pela conciliação entre as Escrituras e a Filosofia antiga, para sempre rompera os casulos do hermetismo em que a haviam fechado as velhas seitas — pitagóricos, eleatas e outros. Era a vida espiritual que irrompia, como borboleta da crisálida...

... Para voar, todavia, em espaço fechado... Mas sucedeu que, em seguida a Aristóteles, ressurge toda a galeria dos filósofos antigos, Platão acima de todos, a arruinar-lhe a autoridade, considerada quase infalível: *Ipse dixit*. Com eles vêm os poetas e os moralistas; e com todos, os pintores, escultores, arquitetos, consigo trazendo o gosto ardente das belas formas corporais, que antes ofendiam o recato cristão — e eis que o seu esplendor por toda a parte irradia, nos livros, nas galerias de arte, nos próprios templos. Era geral o deslumbramento! Atinge a própria Igreja. Há um momento em que esta parece prestes a realizar a conciliação sonhada por Marsílio Ficino: "Acolhe em seu seio ampliado a beleza e a sabedoria antigas... Uma fraternidade maravilhosa liga Homero a Dante, Platão a Santo Tomás, Apolo a Jesus. Não é a Suma gótica que se reconstrói sob os nossos olhos; é o Panteão de Alexandre Severo: todos os deuses, todas as verdades conciliadas no mesmo culto e confundidas num igual fervor", diz Bertaux.[*]

Perante esse mundo maravilhoso, não se comovia apenas a sensibilidade; a curiosidade era excitada em todos os sentidos e para todos os caminhos: um deles o das "línguas sábias", órgãos do pensamento e arte que a todos deslumbravam, estendendo-se ainda ao hebreu, por seu turno órgão duma cultura persistente na fé comum. O Humanismo é, no fundo, este ardente, amoroso cultivo das letras antigas e, através delas, em certa medida da vida e do homem antigos. Depois será, com Montaigne, o interesse por todas as formas da cultura e da humanidade, quando o autor dos *Essais* incluía na sua biblioteca os livros espanhóis e portugueses sobre o Ultramar.

Sobre os Livros Santos incide agora a mesma análise filológica que se aplica a restituir e apurar os textos profanos. O mistério sagrado das Divinas Letras refugia-se na sua substância mais irredutivelmente autêntica. O resto é invadido pela curiosidade suspicaz dos filólogos. E o que de revolucionário fizera Petrarca nos domínios da estética, Rabelais na ordem moral, fá-lo Erasmo no plano da exegese religiosa. Isto, sem ultrapassar o âmbito da Igreja Católica, sem atentar na Reforma, que constitui, na própria variedade das suas seitas, e apesar das raivosas intolerâncias que as separam, a afirmação mais viva da liberdade crítica acordada, da rebeldia contra um magistério exterior.

Por outro lado, era cada vez mais inquieta a curiosidade perante o mundo físico. Mas atenuada entre os escolásticos da decadência, só no século XVI Copérnico, dissolvidas no éter as esferas planetárias, reduz a Terra, como todos os outros planetas, a satélite do Sol; e Vesálio, sacudindo escrúpulos religiosos diante do corpo humano — *opificum Dei* — o sujeita como o de qualquer animal, à dissecação anatômica. E com as imprevistas descobertas da Geologia e as que vão sendo realizadas por Da Vinci e Galileu, o fundamento da certeza, quanto às coisas do mundo físico, a pouco e pouco se desloca da página escrita,

---

[*] Apud J. Seznec. *Essai sur le rôle de la tradition mythologique dans l'humanisme et dans l'art de la Renaissance*. Londres, 1940.

mesmo sagrada, para a experiência, "madre das coisas", e a curiosidade se orienta no sentido de compreender, não o *porquê*, senão o *como* dos fenômenos.

Para em Portugal se chegar à mesma atitude, desde o segundo quartel do século XV vinham os pilotos do Infante de Sagres realizando a exploração do Oceano, o estudo das correntes atmosféricas, e aplicando à observação dos astros os conhecimentos astronômicos misturados com as miragens astrológicas no legado árabe dos *Libros del Saber*, que se continuam com os *Almanaques de Madri*, descobertos por Jaime Cortesão, e o *Regimento de Munique*, revelado e publicado por J. Bensaúde.

E é este o rumo da atividade lusa e o sentido da colaboração portuguesa no progresso da cultura quinhentista.

Portugal não foi alheio à revolução mental realizada pelo Humanismo. Numerosos fatos e personalidades o demonstram. Desde o tempo de D. João II (1481-1495), em que os filhos do Chanceler João Teixeira são, em Itália, discípulos de Angelo Policiano, que pelas Universidades espanholas, italianas, francesas e inglesas, sem esquecer Lovaina, crescentemente se espalham os "bolseiros de el-Rei", sobretudo numerosos em Paris. Há os que voltam para Portugal, a dissipar a "barbárie", e não faltam os que lá por fora se detêm, professando nas universidades. Ilustra, por exemplo, as Universidades de Paris, Bordéus e Poitiers, a dinastia dos Gouveias; mas Aires Barbosa, Franciscano Sanches, Pedro Margalho, Salvador Fernandes, Gomes Hispano e tantos outros brilharam por Espanha, França e Itália. Portugal tomou parte na tertúlia internacional dos humanistas, e entre os mais estimados dos contertulianos cosmopolitas portugueses, com relações amistosas com Erasmo, Vives, Sadoleto, Bembo e outros, salientam-se Damião de Góis, André de Resende, o matemático Francisco de Melo e até o nobilíssimo D. Martinho de Portugal, que mais tarde, embaixador em Roma, pretende obter para o grande Mestre flamengo o barrete cardinalício. Cataldo Áquilo Sículo e Clenardo são em Portugal preceptores de infantes e irradiadores de cultura latina entre a nobreza de sangue e a de inteligência. André de Resende, em 1534, na Universidade de Lisboa, com sua *Oratio pro Rostris*, e três anos depois, na Universidade reformada e deslocada para Coimbra, André de Gouveia, com os humanistas estrangeiros e portugueses que de França o acompanharam, tentam criar um grande foco de nova cultura, cujo fulgor é objeto da admiração de Clenardo.

Mas a reação não tardou. À "sandice erasma", ou seja, a liberdade crítica, opõe João de Barros a "razão portuguesa", toda aderente à tradição ortodoxa. Vem a Inquisição. São julgados e demitidos os professores trazidos por Gouveia para Coimbra; e condenado e preso o espírito mais tolerante e livre entre os portugueses — Damião de Góis. A Universidade empenha-se agora, sob a pedagogia inaciana, em fazer dos seus discípulos "mais católicos do que latinos", e por todo o Portugal os anelos vitais do espírito são subordinados aos interesses transcendentes da alma.

Mais uma razão para que fosse no sentido acima indicado realizada a colaboração portuguesa no movimento intelectual que no século XVI transformou a vida.

Aliás, as circunstâncias históricas obrigavam Portugal a manter-se fronteiro, na luta entre a Cruz e o Crescente. Não eram os portugueses apenas zelosamente católicos, mas, pelo menos nos princípios do século, medievalmente cruzadistas. Gil Vicente chama ao português o "Alferes da fé" e aconselha-o a não querer ser genovês, a morar em " casas pardas", para adquirir as "alabardas" necessárias à missão de cruzado, que era, afinal, a explicação da autonomia e a realidade diária da expansão lusa.

Sá de Miranda estancia por Itália, de 1521 a 1525; mas, ao voltar, traz no bornal os moldes e medidas do *dolce stile nuovo*, e nada do espírito pagão que por lá os animava. O sangue moço de Camões aquece e exalta-se em sonhos pagãos, suscitados pelos quadros de Ovídio e Virgílio, mas só em certas fugas da *Lírica* e nos intervalos dum poema em que o heroísmo se justifica pela ideia cruzadista da "dilatação da lei da vida eterna". O poema "Sôbolos rios", tão fundamente radicado em suas vivências, é o poema do cristão que se ergue da "Babel terrena", em que tudo muda e perece, à contemplação da pacificante perenidade da "Jerusalém celeste".

Na poesia do tempo, não faltam os mitos, mas para, sobretudo, "fazer versos deleitosos", pois é vigiada pelos cuidados ortodoxos a natural e espontânea complacência em sua beleza pagã. Os aspectos que definem tal poesia, aliás, são o aristocratismo da língua, que se enoberece de latinismos, ao mesmo tempo que se desprende dos jogos verbais ainda gratos a Bernardim Ribeiro, visto que a poesia agora se reveste de responsabilidades de sacerdócio; a intelectualização petrarquista do amor, às vezes exaltada em ascese platônica; a aspiração à epopeia que imortalize os feitos de que todos se orgulham.

Alguns nomes, que cumpre fixar: Bernardim Ribeiro (1482-1552) que, ainda em metro tradicional e sem mitologia, escreve éclogas de nova sensibilidade perante a Natureza, de fina intuição psicológica e capacidade descritiva, como a do animado quadrinho de Aônia guardando patas. O seu romancinho sentimental — *Menina e moça* — insinua, por inédita magia de forma, uma concepção heraclitiana da vida, que todo o ensombra de melancolia. Sá de Miranda (1481-1558?) põe na composição da poesia os cuidados severos com que pauta uma vida que por ela se confidencia. Antônio Ferreira (1528-1569) tem seu momento mais feliz na tragédia *Castro*, primeira tentativa peninsular de teatro clássico. E leem-se com voluptuoso prazer os versos brandos e fluidos de Diogo Bernardes (1530-1595) e seu irmão Frei Agostinho da Cruz (1540-1619), o místico que no cenóbio da Arrábida canta a saudade do Céu.

Essa galeria dos notáveis da literatura portuguesa completam-na novelistas como Francisco de Morais (1500-1572), historiadores e ensaístas como João de Barros (1496?-1570) e Damião de Góis (1502-1574), sem esquecer o simples e objetivo Castanheda (?-1559) ou o latinista e teólogo Jerônimo Osório (1506-1580); místicos como Frei Heitor Pinto (1508?-1584) e sobretudo Frei Tomé de Jesus (1529-1582). Mas, dominando o coro, os gênios de Gil Vicente (?-1537), Camões (?-1580) e Fernão Mendes Pinto (1510?-1583).

Nenhuns outros melhor exprimem a participação do seu povo na revolucionária renovação que agita o maior século da História. Mestre Gil, capaz de captar o cômico, tanto como o trágico, sensível ao gracioso e ao pinturesco, dá-nos viva a sociedade contemporânea, suas paixões, misérias, ridículos e também sua comovedora poesia. Mas nesse quadro mais de uma vez Lisboa é o grande cais do mundo, onde se embarca o "Alferes da fé", tanto como o esposo ingênuo que a mulher vai trair. Camões revela-nos em sua *Lírica* os enleios da alma enamorada, as ressonâncias, no mais profundo da emotividade, duma vida dramática; mas fixa em *Os Lusíadas* o grande momento em que o português mais do que nunca representa o Homem, na consciência trágica do desnível entre o "bicho da terra tão pequeno" e as forças telúricas de que ousa, teimoso e heroico, "quebrantar os vedados términos". Mendes Pinto abre para a sensibilidade europeia os atrativos exóticos do Oriente, ao mesmo tempo que torna patente a realidade humana que se viveu nesses duros contatos entre culturas diferentes.

Os poetas, ou exaltando a expansão, ou denunciando o envenenamento de Portugal pelos "fumos indianos", constituem o coro da tragédia imensa. Frei Tomé de Jesus escreve os seus *Trabalhos de Jesus*, porque é dela comparsa e vítima. Dela fazem os historiadores de então o objeto das suas crônicas, tais como os descritores de viagens — Francisco Álvares, Duarte Barbosa, Antônio Galvão, Pero Vaz Caminha e outros — é através do seu teatro que colhem as informações de que a Europa é ávida, e os seus livros, como os dos historiadores, percorrem-na, traduzidos nas línguas mais cultas. Portugal inteiro, alma e corpo, é empolgado pela expansão ultramarina! A convergência é às vezes colaboração, como a que, em observações e experiências, Martim Afonso de Sousa e D. João de Castro prestam ao Dr. Pedro Nunes. E é grande o orgulho de, com o "saber de experiências feito", desmentir abusões ou retificar erros da Antiguidade, ninguém melhor o exprimindo do que o Dr. Garcia de Orta, em seus *Diálogos dos simples e drogas*. Prefacia-o Camões com uma ode, pois que era perfeita a comunhão do poeta e do botânico no ideal comum.

Outros povos excederam os portugueses na altura e na audácia do pensamento, na capacidade criadora da imaginação, nos requintes da arte, na sabedoria prática da vida. A Portugal impunham a História e a Geografia fornecer-lhes as noções com que ampliavam e enriqueciam os seus conceitos da vida e do mundo — e ensinar-lhes os caminhos de os percorrer e utilizar.

Foi esta feição da atividade mental da Europa que projetou para além dos mares e especialmente nas Terras de Santa Cruz. Pero de Magalhães Gandavo, Gabriel Soares de Sousa, Pero Lopes de Sousa, Ambrósio Fernandes Brandão e Fernão Cardim, seus primeiros prosadores, continuam nelas essa literatura de expansão. E é significativo que os dois poetas seus contemporâneos sejam ainda, um deles — Bento Teixeira Pinto, discípulo modestíssimo de Camões — mero versificador de tema por ela suscitado; o outro — Anchieta — o representante do fervor religioso e proselítico que ela soube inspirar.

BIBLIOGRAFIA DE APOIO

Bailly, A. *La vie littéraire sous la Renaissance*. Paris, Tallandier, 1952; Barnes, H. E. *An intellectual and cultural history of the western world*. New York, Reynal, 1941; Bataillon, *Erasmo y España*. Tr. esp. México, F. Cult. Econ., 1950. 2 vols.; idem. *Études sur le Portugal au temps de L'Humanisme*, Coimbra, 1952; Biscione, M. *Neo-Humanesimo e Renascimento*. Roma, 1962; Braga, T. *História da literatura portuguesa*. Porto, Chardron (Quinhentistas, Seiscentistas e Árcades: vols. 6 a 23; Recapitulação: vols. 30-31); Burckhardt, J. *The civilization of the Renaissance in Italy*. Tr. ingl. Londres, Phaidon, 1944; Calcaterra, C. *Nella selva del Petrarca*. Bologna, Copelli, 1942; Calmette, J. *L'élaboration du monde moderne*. Paris, PUF, 1934 (col. Clio); Carvalho, J. de. *Estudos sobre a cultura portuguesa* (sécs. XV e XVI). Coimbra, 1948-1949. 2 vols.; Cerejeira, M. Gonçalves. *Clenardo e a sociedade portuguesa do seu tempo*. Coimbra Editora, 1949; Cidade, H. *Lições de cultura e literatura portuguesa*. Coimbra Ed., 1943-1948. 2 vols.; idem. *A literatura portuguesa e a expansão ultramarina*. (sécs. XV-XVI). Lisboa, 1943; Cingria, C.A. *Pétrarque*. Lausanne, Payot, 1932; Figueiredo, F. de. *História da literatura clássica*. 2ª ed. Lisboa, Liv. clássica, 1922-1931. 3 vols.; idem. *A épica portuguesa no século XVI*. S. Paulo, 1950 (Bol. Fac. Filosofia, n. 6); Forjaz de Sampaio, A. *História da literatura portuguesa ilustrada*. Lisboa, Ailaud e Bertrand, 1929-1942. 4 vols.; Friedell, E. *A cultural history of the modern age*. New York, Knopf, 1932. 3 vols.; Funck-Brentano, F. *La Renaissance*. Paris, Fayard, 1935; Garin E. *L'Humanesimo italiano*. Bari, Laterza, 1952; Groethuysen, B. *La conciencia burguesa*. tr. esp. México, F. Cult. Econ., 1943; Hauser, H. et Renaudt, A. *Les débuts de l'âge moderne: La Renaissance et la Réforme*. Paris, Alcan, 1929 (Col. Peuples et civilizations, iii0; Helton, T. ed. *The Renaissance: reconsiderations of the theories*. Madison, Wisconsin Univ. Press, 1964; *História da colonização portuguesa no Brasil*. Dir. C. Malheiros Dias. Porto, Lit. Nacional, 1921-24. 3 vols. ilust.; Lefranc, A. *La vie quotidienne au temps de la Renaissance*. Paris, Hachette, 1938; Le Gentil, P. *La Poésie lyrique espagnole et portugaise à la fin du Moyen Âge*. Rennes, Plihon, 1944-1952. 2 vols.; Mongrédien, G. *La vie littéraire au XVIIe siècle*. Paris, Tallandier, 1947; Monnier, P. *El Quottrocento. Historia literaria del signo XV italiano*. Tr. esp. Buenos Aires, Argos, 1950. 2 vols.; Nolhac, P. *Pétrarque et l'humanisme*. Paris, 1892; Nordstrom, J. *Moyen Âge et Renaissance*. Paris, Stock, 1933; Palomeque Torres, A. *Historia general de la cultura*. Barcelona, Bosch, 1947; Renaudet, A. *Erasme*. Paris, 1912-1913; idem. *Erasme* (Sa pensée religieuse et son action), Paris, 1926; *Il Rinascimento* (Significato e limiti). Instituto nazionale di studi sul Renascimento. Firenze, Sansoni, 1953; Roeder, R. *El hombre del Renacimiento*. Tr. esp. Buenos Aires, Sudamericana, 1946; Sée, H. et Rébillon, A. *Le XVIe siècle* (Renaissance, Reforme, guerres de religion). Paris, PUF, 1934 (col. Clio); Saraiva,

A.J. *História da cultura em Portugal.* Lisboa, 1955; Segura Covarsi. E. *La canción petrarquista en la lírica española del siglo de oro.* Madrid, Consejo de Inv. Cient. 1949; Sellery, G. C. *The Renaissance: its nature and origins.* Madison, Wisconsin Univ. Press, 1962; Silva Bastos, J. T. *História da censura intelectual em Portugal.* Coimbra, 1926; Silva Dias, J. S. *Portugal e a cultura europeia* (sécs. XVI a XVIII). Sep. *Biblos,* XXVIII, 1952. pp. 203-498; Smith, P. *A history of modern culture.* New York, Holt, 1930. 2 vols.; Sombart, W. *Le Bourgeois.* Paris, Payot, 1926; *Storia letteraria d'Italia:* Il Trecento, Il Quattrocento, Il Cinquecento. Milano, Vallardi, 1941, 1942, 1945; Tawney, R. H. *Religion and the rise of capitalism.* Londres, 1926; Taylor, H. O. *Thought and expression in the sixteenth century.* New York, Macmillan, 1930. 2 vols.; Toffanin, G. *Historia del Humanismo.* Tr. esp. Buenos Aires, Nova, 1953; Voigt, G. *Pétrarque, Boccace et les débuts de l'Humanisme en Italie.* Paris, Welter, 1944; Ziegler, H. de *Pétrarque,* Neuchatel, Beuconière, 1941.

3. *Wilton Cardoso*
A LÍNGUA LITERÁRIA

A transplantação da língua portuguesa e a expressão literária no Brasil-colônia. A consolidação de uma norma linguística escrita. A feição brasileira da língua portuguesa e os movimentos literários: a polêmica nativista no Romantismo; a posição dos escritores e o purismo dos gramáticos no Realismo-Naturalismo; a língua literária no Modernismo e sua plenitude e maturidade pós-modernista.

A questão da língua literária, que críticos e historiadores da literatura andaram entre nós negligenciando, é tema que não se pode desvincular de uma visão evolutiva e tanto quanto possível compreensiva das letras de qualquer país. À ideia geral de que a literatura é arte verbal e consequentemente produto linguístico por excelência junta-se nas nações de início colonizadas, cuja literatura se constrói na língua dos colonizadores e por atividade deles próprios ou de naturais caudatários de suas culturas, a convicção logo convertida em fato de que a primitiva forma de expressão há de adaptar-se ao novo ambiente e a uma realidade que aos poucos se vai impondo. No Brasil, onde a prática sintomaticamente precede a teoria, a questão evidencia-se em Alencar, conduzido a sustentar polemicamente uma posição inovadora, e consubstancia-se em Machado de Assis, cujo famoso ensaio "Instinto de Nacionalidade" lhe consagra um capítulo, onde aparecem as primeiras reflexões judiciosas acerca do assunto.

A questão foi, porém, de início negligenciada. A crítica brasileira ou o que com esse nome se consolidou no período do Realismo-Naturalismo tinha feições predominantemente exteriorizantes. Fosse pelo sociologismo de Sílvio, pelo esteticismo de Araripe ou mesmo por certo objetivismo de Veríssimo, o que punha em relevo, tanto pela aplicação de critérios do evolucionismo spenceriano ou do determinismo de Taine, como pela adoção de meticulosas análises à maneira de Brunetière, era o ambiente, o meio físico, os grandes painéis sociais ou culturais de que as obras literárias seriam comprovações mais ou menos mecânicas. A concepção da literatura como obra de linguagem ou realização textual, que aqui se chamou formalista no disfarçado intuito de a menosprezar, é na verdade muito recente.

Seja como for, a *nova crítica*, como entre nós foi identificada, sem que por isso se confundisse inteiramente com o *new criticism* americano ou com a *nouvelle critique* francesa, procedeu a um deslocamento do interesse ou objeto dos estudos literários. Passou da consiperação dos chamados fatores extrínsecos (a alguns dos quais acabaria por voltar; mas com intuitos diferentes) para a análise dos textos. Deixou de ser histórica ou positivista, lansoniana ou tainiana, para aplicar-se à obra como manifestação específica de uma linguagem trabalhada com fins estéticos. Dentro de uma feição característica, tudo tema e enredo, composição e estilo, estruturas métricas ou rítmicas, etc. — prende-se a essa manifestação linguística e participa da unidade que produz o efeito da obra de arte.

A metodologia com que, a partir da década de cinquenta, passaram os nossos críticos a operar impunha, pois, o equacionamento da questão da língua literária. De igual maneira, a reedição da obra que talvez um pouco prematuramente quis ser o marco dessa mesma metodologia impõe agora o seu reequacionamento. Com efeito, *A Literatura no Brasil* foi elaborada e teve a sua publicação iniciada ainda no calor da pregação que seu diretor e organizador vinha sustentando: se, por um lado, nem todos os colaboradores estavam perfeitamente afinados com a sua orientação, por outro, a matéria havia de ressentir-se da formação de linguistas e filólogos, gente pelo geral afeita ao espírito conservador. A verdade toda é que, com os novos rumos da crítica, passou a impor-se entre nós uma nova perspectiva dos estudos linguísticos — a língua literária ou dos escritores, que era tomada como padrão escolar ou culto com finalidade normativa ou de codificação estritamente gramatical, passou a ser auscultada como objeto de criação artística.

1. *A consolidação de uma norma linguística escrita*

Pode-se afirmar que a consolidação de uma norma linguística escrita, diferenciada da portuguesa, se efetiva no Brasil por via de três momentos perfeitamente característicos a partir do ponto em que a Literatura Brasileira se desvincula das letras portuguesas de que deriva. Tais momentos correspondem: 1) ao Romantismo, quando as modificações operadas pela norma vigente no país passam a ter a chancela dos escritores; 2) ao Realismo-Naturalismo, em que, pela ação da perceptiva portuguesa fundada num falso entendimento da unidade da língua, a posição romântica tende a atenuar-se; e 3) ao Modernismo e Pós-Modernismo, onde, depois de vencidos os exageros próprios dos movimentos de vanguarda e de retomada a iniciativa dos românticos, se define de maneira inequívoca uma norma nacional de língua escrita.

As primeiras manifestações da Literatura no Brasil tinham de ser redigidas numa forma de expressão tipicamente portuguesa. Não se trata de negar o caráter de algum modo nacional da produção literária da colônia, fruto de uma *situação* a que se refere Afrânio Coutinho,[1] apoiado em Ortega y Gasset e Araripe Júnior. Tal situação é um fato, e seria difícil compreender a sua evidência em Alencar, se não fosse possível rastreá-la num recuo a Vieira, Gregório de Matos ou mesmo Anchieta. Importa, no entanto, distinguir entre indícios que se vão gradativamente denunciando em obras que refletem interesses ou sentimentos peculiares da nova gente e a consciência de uma norma linguística já consolidada pelo apuramento de falas coloquiais e regionais.

As circunstâncias em que se processou a colonização portuguesa no Brasil não podiam deixar de constituir entrave a que se solidificasse essa norma alimentadora da expressão literária nacional. Como escreve Eduardo Portela,[2] o Brasil, desde o início, se viu inserido na trama capitalista que avassalou a Europa mercantil do século XVI. O discurso da Igreja, que nos proporcionou o modelo literário inicial, a despeito da diversidade de propósitos das diferentes ordens, mobiliza-se no sentido do poder, e as dispersas manifestações literárias, em que se resume todo o complexo cultural, regulam por ele a gramática dos textos. O monopólio do sistema educacional que os jesuítas construíram rápida e objetivamente logo os transforma, como diz Gilberto Freyre, em agentes de destruição das culturas não europeias e os inscreve numa espécie de tecnocracia posta a serviço da expansão da classe dominante. Não é sem razão que a estrutura da parenética de Vieira se constrói dentro da mesma sucessão de sintagmas não progressivos que Damaso Alonso apontou no Barroco europeu. Assim sendo, o que caracteriza a expressão desabusada de um Gregório de Matos ou a verrina contundente das *Cartas chilenas*, como neste último caso observou Rodrigues Lapa, não passa de um elemento transverbal — simples concessão à especificidade do gênero. Em regra, a língua dos escritores do período colonial de nossa história é regulada pela artinha da preceptiva metropolitana.

A verdade final é que, antes da independência política e do advento do Romantismo, que no Brasil confluem cronologicamente, não se encontram sobre o assunto posições tão perfeitamente definidas, como esta de João Salomé Queiroga: "Dizem-me que sou acusado por deturpar a linguagem portuguesa. Mais de uma vez tenho escrito que compondo para o povo de meu país faço estudo, e direi garbo, de escrever em linguagem brasileira: se isso é deturpar a língua portuguesa, devo ser excomungado pelos fariseus luso-brasileiros. Escrevo em nosso idioma, que é *luso-bundo-guarani*."[3]

2. *A polêmica nativista no Romantismo*

A revolução linguística posta em prática pelos nossos escritores românticos assenta-se em duas razões: uma, de ordem geral, que por isso mesmo se alastrou por toda a parte, decorre das características do novo estilo — oposição entre metáfora e metonímia, desequilíbrio de próteses e apódeses, substituição da linguagem verbal ou dramática pela expressão nominal ou pictórica, tudo com vista à espontaneidade, ao entusiasmo, ao arrebatamento; outra, de caráter particular, firma-se na convição de que novo ambiente, nova gente, novos costumes exigem novas formas de expressão.

Pode-se dizer que não há autor romântico no Brasil que não participe de uma ou de outra dessas posturas de escola. Para só ficar em dois exemplos maiores, convém lembrar Gonçalves Dias e José de Alencar.

A despeito da educação coimbrã e de se ver colocado entre os modelos clássicos da gramaticografia lusitana, o poeta das *Sextilhas de Frei Antão* assumiu posição clara a respeito da necessidade de se condicionar a tradição linguística portuguesa às peculiaridades do meio americano. Na "Carta ao Dr. Pedro Nunes Leal", que por muito tempo andou esquecida entre velharias bibliográficas, começa por se exorcizar da classicolatria dominante e mal compreendida: "Abjure-se a 'idolatria da forma' e acreditemos que só se podem chamar clássicas as obras dos grandes engenhos — obras que primem pela ideia, conquanto revestidas de todas as louçanias do estilo. Bons cerzidores de palavras de lei apenas servem para complemento dos bons dicionários. Chamem-se embora clássicos, muitos deles — são intoleráveis. Eu de mim o confesso que os leio a boa soma deles, como por castigo, e confiado na infinita misericórdia divina, que me levará em conta esta penitência voluntária."[4]

É, porém, no fecho dessa mesma carta, em que acertadamente e com rara intuição insere a modalidade brasileira na unidade da língua portuguesa, que resume em poucos itens o seu pensamento central:

"1º — A minha opinião é que, ainda sem o querer, havemos de modificar altamente o português.

2º — Que uma só coisa deve ficar eternamente respeitada, a gramática e o gênio da língua.

3º — Que se estudem muito e muito os clássicos, porque é miséria grande não saber usar das riquezas que herdamos.

4º — Mas que nem só pode haver salvação fora do Evangelho de S. Luís, como que devemos admitir tudo o de que precisamos para exprimir coisas ou novas ou exclusivamente nossas.

E que enfim o que é brasileiro é brasileiro, e que *cuia* virá a ser tão clássico como *porcelana*, ainda que a não achem tão bonita."[5]

Quanto à participação de Alencar, vem sendo ela ultimamente divulgada e melhor seria conhecida se a obra do ensaísta não tivesse sido, durante muito tempo, abafada pela fama do autor de romances. Envolvido em polêmicas que tentaram descaracterizar a sua prática de escritor, nem sempre as suas ideias foram avaliadas com a devida ponderação. Basta lembrar que, como eco tardio das movimentadas "Questões do Dia", os dois volumes que especificamente se ocupam da matéria (duas teses de concurso — uma de Gladstone Chaves de Melo para a antiga Faculdade Nacional de Filosofia e outra de Cândido Jucá (filho) para o Colégio de Pedro II)[6] se empenham precipuamente em livrar o autor de *As minas de prata* da pecha de escritor incorreto na linha normativa da gramática portuguesa. A esse respeito, parece que Alencar ainda espera pelo estudo que avalie a sua contribuição linguística pela face anversa e mais profunda, a saber, mais pelo significado de suas corajosas inovações do que pelo resguardo da tradição de uma língua escrita que se pode rastrear no uso chamado clássico.

De seus frequentes pronunciamentos, fundados ora em um, ora em outro dos variados aspectos da questão, convém lembrar, por ser expressivo da condição do escritor romântico, o que consta do famoso "Pós-escrito" à segunda edição de *Iracema*. Nesse passo, depois de revestir uma de suas páginas mais justamente apreciadas (as do início do capítulo "A prece", de *O Guarani*) da linguagem clássica preconizada pelos seus contendores, opõe ao período atilhado de partículas conectivas, que liga, intercala ou superpõe ideias diversas à maneira dos autores de quinhentos, a limpidez da prosa que destaca os componentes do painel segundo as impressões que provocam: "Nesta descrição da hora de ave-maria no deserto, destacam-se logo à primeira vista os traços largos do painel: lá o ocaso do sol; além a flutuação da luz; aquém, já na sombra, as flores noturnas, que se abrem. A mesma separação dos períodos denota a sucessão e contraste dessas impressões várias. Vestido à moda clássica, tudo isto desapareceria. (...) Chamem outros estilo terço este que para mim é ao contrário uma locução flácida e lânguida, pois, à força de atilhos, mistura ideias distintas, escurece o pensamento e muitas vezes sacrifica a harmonia e lucidez gramaticais. (...) Não posso transportar para aqui todas as observações que tenho feito a respeito dos clássicos; limito-me por enquanto a manifestar minha opinião, ou antes, meu gosto em matéria de estilo. Assim, aqueles que censuram minha maneira de escrever saberão que não provém ela, mercê de Deus, da ignorância dos clássicos, mas de uma convicção profunda a respeito da decadência daquela escola."[7]

Uma coisa não está aí rigorosamente certa. Na verdade, não se tratava de uma questão de gosto ou opinião: as ideias do romancista não só coincidiam com um pensamento geral, e eram a convicção da manifesta tendência para a modificação da língua portuguesa no Brasil, como, de modo particular, se assentavam na melhor ciência do tempo. Acusado de abastardar o idioma comum e de pugnar pela criação de uma nova língua — a brasileira — tratou de desfazer o equívoco e procurou mostrar que os supostos erros ou inovações se limitavam a agasalhar modismos característicos de uma norma nacional de expressão: "Que a tendência, não para a formação de uma nova língua mas para a transformação profunda do idioma de Portugal, existe no Brasil é incontestável."[8]

Ora, como a língua escrita nasce da língua falada e como não passa aquela de um aperfeiçoamento desta, o que em suma queria dizer era que não se devia tolher a individualidade dos escritores brasileiros, forçando-os a um padrão de escrita divorciado das naturais características da língua corrente no país. Tais características, que por serem naturais já se vinham insinuando na prosa e no verso de Magalhães, de Gonçalves Dias e de Porto-Alegre, acabariam por se imprimir na obra de românticos posteriores, ao ponto de fazer de um deles, Casimiro de Abreu, famoso paradigma de incorreção gramatical. Com efeito, certas passagens de poemas do autor das *Primaveras*, como

> Sempre teu lábio severo
> *me chama de borboleta* ("Violeta")

ou

> *Deixa eu dormir no teu seio,*
> *dá-me o teu mel — violeta* (Id.)

ou ainda

> *Vi-a e não vi-a! Foi um só segundo,*
> *tal como a brisa ao perpassar na flor* ("Canto de amor")

malsinadas por aqueles a quem aprazia sufocar na regra da gramática uma personalidade estética, tiveram de aguardar no limbo a redenção que afinal lhes chegou pela lição autorizada de Sousa da Silveira.[9]

Não quer isso dizer que a direção tomada pelos escritores românticos não tenha esbarrado em óbices difíceis de vencer. Em rigor, ainda depois da Independência, nossos autores integravam a comunidade de um Império, e é sabido que o alijamento definitivo da preceptiva lusitana só se viria a perfazer com o advento da República. Aliás, à própria República havia de chegar, em seus primórdios, a voz dos preceptores imperiais, cujo eco final é a famosa polêmica em torno da redação do Código Civil.

3. *A posição dos escritores e o purismo no Realismo-Naturalismo*

Não estranha que o período do Realismo-Naturalismo, encarecendo o apuro formal dos parnasianos, denuncie um espaço aberto na escala traçada pelos autores do Romantismo. Em boa verdade, trata-se de um hiato que repousa sobre um mal-entendido.

É claro que a língua escrita não pode ser um retrato fiel da fala vulgar ou, para ser mais exato, das inúmeras falas vulgares, uma vez que só por abstração se pode reduzir o conceito desta última a um denominador comum. Cumpria, desse modo, aos escritores nacionais apurar um padrão de linguagem que se compreende como norma culta, e isso evidentemente só se tornaria possível à custa de um trabalho de limagem e polimento das loquelas imprestáveis ao lavor artístico. Como não havia (e ainda não há) uma norma brasileira devidamente investigada e suficientemente estabelecida, a qual por sua vez não se pode definir independentemente da prática dos escritores, optou-se, no afã de aprimorar a linguagem dos autores indígenas, pela obediência servil à norma da gramática portuguesa.

Surgiu, desse modo, a época da "classicomania" ou da adoção de um conceito de correção idiomática regulado pela autoridade irrecorrível dos clássicos portugueses. Os jornais do país instalaram consultórios gramaticais entregues de preferência a divulgadores de além-mar, como foi o caso do famigerado Cândido de Figueiredo, e passou-se a evitar na escrita todo e qualquer vocábulo ou torneio de frase que não tivesse por si o atestado de legitimidade lusitana. Como, dentro de tal propósito, tanto mais clássico havia de ser um uso, quanto mais puro e antigo se pudesse documentar, logo se desenvolveu o hábito de ressuscitar palavras e locuções desusadas, algumas das quais pertencentes à infância da língua. Só por isso a famosa *Réplica*, de Rui Barbosa, foi considerada monumento do saber linguístico, quando em verdade, tanto pela doutrina, quanto pela prática do autor, não passa de um ossuário caprichosamente organizado de mamutes literários fora de circulação: "A mim, na minha longa, aturada e contínua prática do escrever, me tem sucedido inúmeras vezes, depois de considerar por muito tempo necessária e insuprível uma locução nova, encontrar vertida em expressões antigas mais clara, expressiva e elegantemente a mesma ideia. Nesses casos o bom escritor, a quem não mingue consciência e tino do ofício, não deve recear-se de tentar e pertentar a reanimação da forma desusada, com tal que venha a cair naturalmente, como não de estudo, no lugar onde a empregarmos, e da urdidura do texto lhe ressumbre transparente o significado."[10]

Com pouco, perdia o uso o prestígio milenar de *norma loquendi*, e pelo que tocava à língua viva do Brasil, nos pontos em que contemporaneamente se afastava da de Portugal, só poderia merecer respeito se tivesse por si o respaldo de alguns séculos pregressos da tradição lusíada. Discutindo com Carneiro Ribeiro o bom emprego das preposições *a* e *em*, o mesmo Rui o adverte de que a prática lusitana por que porfiava caíra em desuso no Brasil, o que não impedia — e isto é que era importante — que a norma vigente reproduzisse uma sintaxe arcaica portuguesa. E vinha, como de costume, a fieira de citações, em que sobrelevam os nomes de Heitor Pinto, Pantaleão de Aveiro, Barros e Fernão Lopes.[11]

Assim se compôs entre nós o perfil linguístico do Realismo-Naturalismo. Os gramáticos e filólogos ou os que de algum modo podiam opinar a respeito do bom uso idiomático logo o tomaram por norma e nele baseavam os seus preceitos. Apenas um M. Said Ali, pela formação científica, ou um João Ribeiro, pelo inconformado bom gosto, conseguiram escapar ao mal. O exemplo de Mário Barreto, tão seguro na informação e nos métodos quanto invulnerável a qualquer modalidade nacional da língua, é expressivo da hora.

O que no entanto caracterizava a postura vigente era a sua nota de compulsório artificialismo. Cedo se instalou o divórcio entre a língua falada e a língua escrita e, consequentemente, passaram a desentender-se os cultores da preceptiva e os escritores verdadeiramente criativos. Logo o gramático passou a ser tomado como o indivíduo que escrevia corretamente mal.

Quer isso dizer, aproveitando a clássica comparação, que a linfa romântica não parou de jorrar por baixo da camada de gelo represada pelo Realismo-Naturalismo. Ao contrário, engrossou com os parnasianos e desaguou nos pré-modernistas, onde foi abafada pelo barulho da Semana de 22, apostada em malhar o sapo parnasiano. Tamanha foi a grita dos desvairados da pauliceia que por um tempo se pensou que os rebeldes tinham conseguido redescobrir a nascente esquecida. Mas o testemunho dos escritores é bastante claro.

Machado de Assis: "Querer que a nossa língua pare no século de quinhentos é um erro igual ao de afirmar que a sua transplantação para a América não lhe inseriu riquezas novas."[12]

Coelho Neto: "Eu estudo com grande amor a língua portuguesa, mas sou pela liberdade, fujo aos estudos propriamente chamados clássico-gramaticais."[13]

Olavo Bilac: "Será ridículo que os nossos netos falem e escrevam exatamente como escreveram os nossos avós; também seria ridículo que o nosso estilo de hoje fosse a reprodução fiel do estilo dos quinhentistas."[14]

Lima Barreto: "A língua — aquela em que escreviam os literatos importantes, solenes, respeitados — nunca consegui entender, porque redigem eles as suas obras, ou, melhor, os seus livros, em outra muito diferente da usual."[15]

Monteiro Lobato: "É risível o esforço do carranca, curto de ideias e, incompreensível, que debatera contra esse fenômeno natural, e tenta paralisar a nossa elaboração linguística em nome dum respeito supersticioso pelos velhos tabus portugueses."[16] Como se vê, a linguagem dos dois últimos, que já pertencem ao período pré-modernista, difere do estilo dos realistas ou naturalistas e de algum modo prenuncia o tom de achincalhe com que os novos de 22 trataram a questão, o qual nem por esse lado foi original.

Com efeito, na crônica em que noticia o aparecimento dos livros *O dialeto caipira*, de Amadeu Amaral, e *O linguajar carioca*, de Antenor Nascentes, o autor de *Policarpo Quaresma* assim pinta o ambiente filológico do Realismo-Naturalismo a que aqui se fez referência: "Os médicos aqui dão em gramáticos — e que gramáticos! — ferozes, interessantes, falando e escrevendo uma língua arcaica, que só pode ser compreendida por quem dispuser de quinhentos ou mais mil-réis, para comprar um alentado Domingos Vieira. Micróbios, bacilos, toxinas e outras cousas ultramodernas da ciência deles, os nossos esculápios as expõem na linguagem de Rui de Pina e Azurara, segundo a gramática de João de Barros, que é de 1540, quando ninguém sonhava com tais novidades. Os gramáticos não olhavam com bons olhos uma tal invasão por parte dos cirurgiões, na sua seara. Ruminaram a vingança, durante muito tempo. Acharam afinal uma e que foi de truz! Deram em dar consultas grátis, não nos fundos das boticas, mas nas páginas mortas dos jornais diários. Assim como um sujeito que não tem dinheiro e sente fortes dores de barriga, corre à consulta grátis do doutor, na farmácia mais próxima; assim também um cidadão dado a gramáticas, mas que não quer comprar por quatro mil réis uma de qualquer autor e tem dúvidas se é 'um dos que foi' ou 'um dos que foram', afia a pena, escreve uma carta, consultando o gramático de certo jornal, tal e qual o outro das dores de barriga faz com o médico da botica."[17]

Em pelo menos dois contos de sua obra menor, volta o romancista à matéria, pondo ao ridículo personagens que se apegam à correção da linguagem nos estreitos limites dos gramáticos do tempo. Em um deles, "A nova Califórnia", o Capitão Pelino, mestre-escola redator da *Gazeta de Tubiacanga*, é um frequentador assíduo da botica do Bastos, onde, no seu "apostolado de vernaculismo", a qualquer pretexto "corrigia e emendava as maiores glórias nacionais". No outro, "Como 'o homem' chegou", durante uma viagem em que acompanha o naturalista e antropologista Tucolas, "Barrado, cuja preocupação era ser êmulo do Padre Vieira, aproveitara o tempo para firmar bem as regras de colocação de pronomes, sobretudo a que manda que o 'que' atraia o pronome complemento."[18]

Foi, porém, Monteiro Lobato quem com a criação de Aldrovando Cantagalo, em "O colocador de pronomes",[19] fixou sem piedade a figura do gramático "corcovado, magro, seco, óculos de latão no nariz, careca, celibatário impenitente, dez horas de aulas por dia, duzentos mil réis por mês". Depois de sucessivos malogros na cruzada do que chamava a defensão do dizer castiço, o inconformado didata, que chegara a instalar numa folha o clássico consultório gramatical, acaba ferido de morte pelo estilhaço de um pronome que, por artes de certa gralha tipográfica, ricochetara da próclise ortodoxa em escrito de sua autoria.

Não se limita, no entanto, à ficção e, dentro dela, às formas do humor e da sátira a consciência que têm os escritores da época a respeito da diferenciação da língua literária entre os países de idioma comum na Europa e na América.

O famoso *Cuore*, de Edmundo de Amicis, traduzido e editado em Portugal no ano de 1871, iria merecer, três anos depois, uma versão brasileira. Levada a cabo por um filólogo e gramático da autoridade de João Ribeiro, caracterizou-se, como viria a confessar na "Advertência" da edição de 1925, por extirpar do texto português tudo aquilo que recendia a modismos típicos da língua corrente em Portugal.

O Professor Evanildo Bechara,[20] que recentemente publicou revelador estudo acerca dessa versão, chega a sugerir que o tradutor brasileiro não fez mais do que adaptar à modalidade corrente da língua no Brasil o texto da tradução portuguesa — hipótese perfeitamente cabível em se tratando de João Ribeiro, criatura inteligentíssima e por isso mesmo meio displicente. Mais. Acrescenta que a moda de traduzir textos de um em outro país de língua portuguesa, como a propósito de suas colaborações na imprensa de Lisboa têm reclamado Raquel de Queirós e Elsie Lessa, parece datar daí e ter o seu início a partir de autores brasileiros com relação aos de Portugal.

4. A língua literária no Modernismo e sua plenitude pós-modernista

A contribuição do Modernismo de 22, naquilo que não é prolongamento desse estado de coisas, constitui aspecto que convém analisar por envolver proposta errada desde a sua origem. Com base na experiência de um escritor e artista respeitável, projetou-se uma singular *Gramatiquinha da fala brasileira*, mais tarde repudiada pelo autor, mas em cujo repúdio nunca se esclareceu o grosseiro absurdo científico. Ora, a consideração da matéria não só confirma a exatidão da trilha aberta pelos escritores românticos, como faz derivar deles a prática que iria vingar entre os pós-modernistas e que costuma ser injustamente atribuída aos corifeus da Semana.

É preciso acentuar que, nessa questão da língua, a dívida romântica dos modernistas é confirmada por quem entre eles tinha procuração para falar por todos. Lê-se, com efeito, na conferência *O movimento modernista*, de Mário de Andrade: "Insisto: não me refiro apenas ao romantismo literário, tão acadêmico como a importação inicial do modernismo artístico, e que se poderá comodamente datar de Domingos José Gonçalves de Magalhães, como o nosso do expressionismo de Anita Malfatti. Me refiro ao 'espírito' romântico, ao espírito revolucionário romântico, que está na Inconfidência, no Basílio da Gama do Uruguai, nas liras de Gonzaga, como nas 'Cartas Chilenas' de quem os senhores quiserem. Este espírito preparou o estado revolucionário de que resultou a independência política, e teve como padrão bem briguento a primeira tentativa de língua brasileira. O espírito revolucionário modernista, tão necessário como o romântico, preparou o estado revolucionário de 30 em diante, e também teve como padrão barulhento a segunda tentativa de nacionalização da linguagem. A similaridade é muito forte."[21]

Não há dúvida que num trabalho tão marcadamente pessoal (para não dizer — biográfico), como é a citada conferência, o que o autor chama "segunda tentativa de nacionalização da linguagem" não é mais do que a experiência que ele próprio empreendeu e que religionários de credo andaram a repetir sem a mesma dose de talento.

Veja-se a questão.

Desde Ferdinand de Saussure, e a partir da publicação póstuma do *Cours de linguistique générale* (1916), tem-se como conquista definitiva da Linguística a dicotomia entre *langue* e *parole*. A importância da concepção do sábio de Genebra daria ensejo à longa discussão que, a partir de suas ideias, irrompeu entre especialistas de diferentes escolas. Mas o que Devoto, Jespersen, Palmer ou Sechehaye, quer compreendendo a língua como um plural de falas, quer tomando-a como uma soma de convenções sistematizadas, entre outros tiveram em mira foi a extensão ou confirmação da tese original a que, por sua vez, chegaram psicólogos da linguagem, como Delacroix, glotólogos estruturalistas e funcionalistas, como os da Escola de Praga, e fonólogos, como o Príncipe Trubetzkoi.

Coube, no entanto, a Eugênio Coseriu[22] aprofundar o pensamento do mestre suíço e sustentar que a dicotomia célebre deve sofrer uma divisão tripartida, em que o primeiro termo (*língua*) se desdobra em dois (*sistema* e *norma*). Conforme esclarece, o *sistema* é um repositório de potencialidades (p. ex., em português, o variado acervo de sufixos nominais destinados ao mesmo fim — *-dade*, *-ez*), dentro do qual a *norma*, sem ser fixa ou imutável, opera realizações que se generalizam pela aceitação da comunidade linguística (p. ex., no caso citado, *velocidade* e não *velocidez*, *rapidez* e não *rapidade*). Já o termo *fala* significa a singularidade do ato linguístico, realização individual dentro da virtualidade do sistema, sem a aceitação coletiva que lhe dê caráter de norma (p. ex., dentro do mesmo capítulo da derivação de palavras, os cacoetes com que o teatrólogo Dias Gomes caracteriza a personagem Odorico Paraguaçu de uma série da televisão nacional).

Pelo que toca aos modernistas de 22, parece certo que não trabalharam uma norma linguística, o que só por si torna absurdo o projeto de codificação de fatos. Na esteira de Mário de Andrade, fixaram-se em experiências individuais que se esgotam nos limites da criação artística, a saber, estenderam a fatos semelhantes, mas não idênticos, soluções paralelas do sistema, com o que ficaram adstritos ao campo da fala. Veja-se como ilustração o que, ainda na área da formação léxica, ocorre em *Macunaíma*. A um *demanhãzinha*, normal e vivo, sucede um *madrugadinha*, com afetado assíndeto, e finalmente um *de tardezinha* (cf. *de tardinha*), apenas paralelo ao sistema. A norma acolhe *gordinho* e *levinho*, mas tirar de *leviano* um *levianinho* e de *liberdade* um *liberdosas* — eis o que é prolongar o sistema em inconsequentes atos de fala. O mesmo se pode dizer de *friúme*, *gentama*, *namorista*, *mocica*, *mocetudo*, *ticotiquinho* e tantos outros.[23]

Prova de que o que esses exemplos atestam são atos de fala individuais e não sancionados pela norma é o fato de que, em substância, provêm do mesmo comportamento que serve ao escritor para pastichar, na "Carta pras icamiabas", torneios e construções arcaizantes, caros à época do classicismo realista e naturalista — *foi-nos de mister*, *em suas casas delas*, *cópia de ladrões*, *valerosos paulistas*, *muito hemos feito*, etc.[24]

Resumindo: a experiência de Mário de Andrade, como outra mais recente e do mesmo modo feliz de Guimarães Rosa, válida da perspectiva da criação literária, não pode ser tomada como padrão de uma língua de escritores. Tipicamente individuais, denunciam ambas atos de fala, e não é possível elevar a fala à categoria de língua, que pela própria condição social repousa na norma. Escrever como qualquer deles, se não for plágio, será pelo menos pastiche.

Falta, pois, razão a Manuel Bandeira, quando, ao tratar da contribuição linguística do escritor paulista, escreve: "Foi preciso que aparecesse um homem corajoso, apaixonado, sacrificado e da força de Mário de Andrade para acabar com as meias medidas e empreender em literatura a adoção integral da boa fala brasileira. Não cabe aqui discutir os erros, os excessos, as afetações da solução pessoal a que ele chegou. Nada disso tira o valor enorme da sua iniciativa, a segunda, e muito mais completa e eficiente que a primeira de Alencar."[25]

Em rigor, a primeira não é de Alencar, a despeito do papel preponderante que nela desempenhou. É de todos os românticos e funda-se na convicção comum de uma norma linguística brasileira diferenciada da portuguesa. Por isso mesmo, constituindo-se aos poucos como padrão, libertou a literatura do país das peias formais do lusitanismo e não só possibilitou experiências do tipo das citadas, como acabou por fixar o molde pósmodernista de uma língua literária marcadamente nacional. Essa língua — de prosadores, como Graciliano Ramos, José Lins do Rego, Jorge Amado, Raquel de Queirós, Érico Veríssimo, Otávio de Faria, Rubem Braga ou Fernando Sabino, e de poetas, como Carlos Drummond de Andrade, Manuel Bandeira, Emílio Moura, Augusto Frederico Schmidt, Cecília Meireles, Cassiano Ricardo, João Cabral de Melo Neto ou Alphonsus de Guimaraens Filho — tão isenta da influência lusitana quanto de tipismos locais, mostra-se em definitivo conformada numa fisionomia amplamente brasileira e é seguramente um fator que legitima a observação de Mário de Andrade: "Tomados ao acaso, romances como os de Emil Farhat, Fran Martins ou Telmo Vergara, há vinte anos atrás seriam classificados como literatura regionalista, com todo o exotismo e o insolúvel do 'característico'. Hoje quem sente mais isso? A atitude espiritual com que lemos esses livros não é mais à da contemplação curiosa, mas a da participação sem teoria nacionalista, uma participação pura e simples, não dirigida, espontânea."[26]

Perfeitamente dito. Só que o mesmo não pode acontecer com *Macunaíma*, mosaico indefinido de tradições folclóricas escrito em linguagem arbitrariamente construída na base da fala. Pura obra de Arte, sem limites ou fronteiras.

NOTAS

1   COUTINHO, Afrânio. *Conceito de literatura brasileira*. Rio de Janeiro, Acadêmica, 1960, p. 10-11.
2   PORTELA, Eduardo. Raízes da literatura brasileira — 1. *Tempo Brasileiro*. Rio de Janeiro, 67: 58-74.
3   CASTELO, José Aderaldo. *Textos que interessam à história do Romantismo*. São Paulo, Conselho Estadual de Cultura, 1961, p. 34.
4   PINTO, Edite Pimentel. *O português do Brasil* — 1. Rio de Janeiro, Livros Técnicos e Científicos/São Paulo, EDUSP, 1978, p. 34.
5   PINTO, Edite Pimentel. *Obra cit.*, p. 38.
6   MELO, Gladstone Chaves de. *Alencar e a "Língua Brasileira"*. 3. ed. Rio de Janeiro, Conselho Federal de Cultura, 1972. JUCA (Filho), Cândido. *Uma obra clássica brasileira — "Iracema" de José de Alencar*. Rio de Janeiro, 1949. (Texto policopiado)
7   ALENCAR, José de. *Iracema. Ubirajara*. 4. ed. Rio de Janeiro, José Olympio, 1957, p. 202-203.
8   ALENCAR, José de. *Obra cit.*, p. 192.
9   SILVEIRA, Sousa da. *Obras de Casimiro de Abreu*. Apuração e revisão do texto, escorço biográfico, notas e índices por... 2. ed. melhorada. Rio de Janeiro, Ministério da Educação e Cultura, 1955, p. 173-174, 178, 179.
10 BARBOSA, Rui. *Réplica*. Rio de Janeiro, Ministério da Educação e Saúde, 1953, II, n. 494.
11 BARBOSA, Rui. *Obra cit.*, n. 304.
12 ASSIS, Machado de. *Crítica*. Paris — Rio de Janeiro, 1910, p. 26.
13 PINTO, Edite Pimentel. *Obra cit.*, p. 399-400.
14 PINTO, Edite Pimentel. *Obra cit.*, p. 369.
15 BARRETO, Lima. *Impressões de leitura*. São Paulo, Brasiliense, 1956, p. 14.
16 LOBATO, Monteiro. In CARDOSO, Wilton e CUNHA, Celso. *Estilística e gramática histórica*. Rio de Janeiro, Tempo Brasileiro, 1978, p. 230.
17 BARRETO, Lima. *Coisas do Reino do Jambon*. São Paulo, Brasiliense, 1956, p. 190-191.
18 BARRETO, Lima. *Clara dos Anjos*. São Paulo, Brasiliense, p. 225 e 288.
19 LOBATO, Monteiro. *Negrinha*. São Paulo, Brasiliense, 1950, p. 121.
20 BECHARA. Evanildo. Português do Brasil e português de Portugal nas traduções do Coração de De Amicis. *Forum Litterarum* (Separatum). Amsterdam & Maarssen, APA-Holland University, 1984, p. 87-93.
21 ANDRADE, Mário de. *O movimento modernista*. Rio de Janeiro, Casa do Estudante do Brasil, 1942, p. 66.
22 COSERIU, Eugenio. *Teoría del lenguaje y lunguística general*. Madrid, Editorial Gredos, 1962, p. 41 e ss.
23 ANDRADE, Mário de. *Macunaíma — o herói sem nenhum caráter*. 17. ed. São Paulo — Martins, Belo Horizonte — Itatiaia, 1980, p. 31, 53, 57, 66, 69, 76, 91, etc.
24 ANDRADE, Mário de. *Macunaíma*, ed. cit., p. 60, 62, 64, 66, etc.
25 BANDEIRA, Manuel. *Crônicas da província do Brasil*. Rio de Janeiro, Civilização Brasileira, 1937, p. 50.
26 ANDRADE, Mário de. *O movimento modernista*, p. 59-60.

4. Câmara Cascudo
O FOLCLORE: LITERATURA ORAL E LITERATURA POPULAR

Colheita e fontes da literatura oral. Importação europeia. Os contos. As lendas e os mitos. A poesia. O desafio. A modinha. Os autos populares. Os jogos infantis. A novelística.

O estudo do folclore no Brasil iniciou-se pela colheita de sua literatura oral. O interesse maior foi despertado pelo conto e pelo verso popular. Celso de Magalhães (1849-1879) divulgou os romances de origem peninsular diferenciados nas versões do norte brasileiro. José de Alencar (1829-1877) registrou as poesias que narravam a gesta do gado no sertão. O "Nosso cancioneiro"[1] é o primeiro documento, mas prejudicado pela tentativa de reconstruir uma versão reunindo trechos de variantes em vez de publicá-las como as tivera. Foi o erro irreparável de Almeida Garrett. Sílvio Romero (1851-1914) sistematizou o folclore, publicando versos e contos e mesmo um estudo sobre a poesia popular. Não anotou os versos nem os contos e não teve auxílio para fixar o texto musical das poesias reunidas. Só no século XX, Pereira da Costa (1851-1923) consegue publicar o *Folclore pernambucano*, ainda a maior coleção de versos populares e, pela primeira vez, tradições maiores, mitos e superstições.

A preferência pela literatura oral, primeiro leite da cultura humana, existe em todas as bibliografias. É o elemento vivo e harmonioso que ambienta a criança e acompanha, obstinadamente, o homem, numa ressonância de memória e saudade. O folclore é a única disciplina que dispensa inicialmente o auxílio alheio para sua comprovação. Todos somos portadores do material rico e complexo, recolhido inconscientemente na infância e guardado nos escaninhos da lembrança. A erudição se destina aos trabalhos de confronto e à pesquisa misteriosa das origens.

Quais são as fontes da literatura oral brasileira?

A parte maior é a dos portugueses. No folclore há um dogma definitório: é o estudo da mentalidade popular numa nação civilizada. "Il n'y a pas de folklore des Câfres ou des Peuhls" (Saintyves). Pressupõe-se nesses "primitivos" ou rudimentares a unidade de cultura ou a impossibilidade de distinguir as duas, a oficial e a popular. Pode-se sustentar ponto de vista divergente: "A distinção parece-me ainda mais íntima e curiosa. Não há povo que possua uma só cultura, entendendo-se por ela uma sobrevivência de conhecimentos gerais. Câfres e Peuhls têm a cultura religiosa, o conjunto de regras sagradas que ritmam a aproximação do homem à divindade, compreendendo os ritos de trabalhos e acomodação social, presididos pela casta sacerdotal ou real, e outra ainda, reunião de contos, fábulas, exemplos, brincadeiras, superstições, alheias inteiramente ao cerimonial da tribo, além de lendas e contos etiológicos que pertencem ao mundo inteiro, adaptando-se às cores locais para os efeitos divulgativos. Essa unidade que Frobenius elogiava no africano será sempre discutida porque haverá obstinadamente, em qualquer agrupamento humano sob a mais rudimentar organização, a memória coletiva de duas origens de conhecimentos: o oficial, regular, ensinado pelo colégio dos sacerdotes ou direção do rei, e o não oficial, tradicional, oral, anônimo, independente de ensino sistemático porque é trazido nas vozes das mães, nos contos de caça e pesca, na fabricação de pequeninas armas, brinquedos, assombros."[2]

Tivemos contribuição indígena e africana vinda dos respectivos folclores. Para os indígenas brasileiros bastará confrontar a *Poranduba Amazonense* de Barbosa Rodrigues com os contos reunidos pelo General Couto de Magalhães no *Selvagem*. Discutível será que os contos etiológicos da *Poranduba* sejam ou não da ensinança ritual, mas ninguém duvidará que as estórias[3] do jabuti, registradas no *Selvagem*, são legitimamente folclore indígena, talqualmente a série que Herbert H. Smith ouviu no Amazonas, assim como Charles Frederik Hartt com o seu delicioso *Amazonian Tortoise Myths* (1875). Com a publicação dos contos africanos, em longa bibliografia, sabemos da extensão desses temas no continente negro e de sua popularidade, alheia inteiramente aos ritos, também hoje mais conhecidos e aprofundados.

O colono de Portugal trouxe seus contos, adivinhações, anedotas, casos, assim como os africanos e indígenas possuíam os mesmos gêneros. Muitos motivos estavam nos três veios e há, naturalmente, discussão sobre a prioridade da criação.

Na literatura oral, a parte mais prestigiosa, universalmente querida, é o conto, a estória de fadas, heróis, gênios, aventuras onde sempre o Bem é vitorioso e os mais fracos, a órfã, o terceiro filho, o amarelo, o animal humilde, jabuti, coelho, pinto, sapo, acabam vencendo. O conto e, musicalmente o acalanto, a canção de ninar, foram as fórmulas expressivas da literatura oral. Ainda se discute se a fábula, convencionalmente dada como episódio entre animais com mentalidade, vícios e virtudes humanas, tenha sido o gênero inicial na espécie.

O conto mais popular é sempre o mais universal. Parece que o conto mais conhecido no mundo é o de Maria Borralheira (Cinderella, Cendrillon, Chernushka, Generentola, Aschenbrodel, Cenicienta, Askingen, Papalluga, mais de cem nomes, por toda a parte), e verticalmente estudado por Marian Roalfe Cox em 1893 e Anna Birgitta Rooth em 1951. Identicamente, na novelística, as novelas velhíssimas (a mais nova do tempo de Luís XV de

França) são ainda atuais, reeditadas e com mercado leitor teimoso entre o povo. Os temas dessas novelas existem, documentadamente, com grandes áreas geográficas de fixação.

Não possuímos elementos para dar uma percentagem da participação negra ou indígena na literatura oral. Decisiva e enorme é a portuguesa, melhormente europeia, como veículo de transmissão, mas de origens dispersas e confusas pelo Oriente e Ocidente. Poder-se-á propor a relação de 7-5-3 para portugueses, africanos e indígenas. Nos mitos já não se dirá o mesmo, reformando, antes observação que o próprio volume demonstra,[4] a maior presença indígena que africana nesse setor.

Os contos mais amados são de importação europeia, "João-e-Maria... "Maria Borralheira", a "Moura-torta", a "Madrasta", a "Sapa Casada" (coleção Sílvio Romero), etc. Há sobre eles estudos eruditos, pesquisas de fontes, interdependência e caminhos de modificação. Ao lado vivem contos literários, tornados populares pelo processo decantador com que o povo assimila o que gosta. Assim são a "Bela e a Fera", cuja redação é de Mme. Jeanne-Marie Leprince de Beaumont (1711-1780), "Branca de Neve" e o "Gato de Botas", redação de Perrault, mas tornados nacionais pelas variantes modificadoras. Segue-se em preferência, e quanto maior quanto mais humilde for a classe social, a estória de animais. Esta coordena águas de muitos rios temáticos e tanto desce de fontes hindus como africanas, brancas e ameríndias.

Pela sua capitosa vivacidade, rapidez de narração, a facécia, o conto humorístico, como muito ou pouco sal, goza de domínio espalhado. A facécia é gênero que recebemos da Europa. Conhecem-se raras facécias negras e nenhuma indígena. De feição obscena, tão poderosa como teste psicológico de apreciação coletiva, a influência branca é quase total. O negro africano era recatado e pudico nessas estórias[5] e nada se sabe dos indígenas brasileiros. Consta que Curt Nimuendaju reuniu trezentas estórias fesceninas, ouvidas aos indígenas mas, segundo se deduz, o original desapareceu com o falecimento do coletaneador.

A adivinhação (todos os povos a possuem) tem sua popularidade mas depende de ambiente, ambiente psicológico, para sua atuação. Certo, o conto popular exige horário típico porque ninguém conta estórias de dia sob pena de criar rabo. A mesma superstição vive por negros e brancos, e Caise informa que entre os muçulmanos era proibido ler ou contar durante as horas solares as estórias maravilhosas das *Mil noites e uma noites*. Fixou-se na adivinha a técnica europeia e os modelos foram seguidos. As africanas são insignificantes em número e as indígenas imperceptíveis. O gênero é, como toda a gente sabe, uma das atividades intelectuais mais antigas. Os contos que envolvem advinhações são tipicamente anteriores aos contos de simples aventuras, sem o auxílio do sobrenatural que caracteriza o "conto de encantamento".

Nos contos as partes modificáveis comumente são o princípio e o fim. Embora o folclore seja conservador, há uma corrente renovadora e dinâmica que é a variante, forma peculiar da deslocação do motivo duma para outra parte. Um mestre do conto popular, Kaarle L. Krohn (1863-1933), fundou seu método, na pesquisa e confronto das variantes. Juntar o maior número possível das transformações menores do mesmo conto e confrontar. As persistentes denunciam o tema inicial e as outras são acomodações ao espírito do povo que as recebeu e por sua vez as transmite. É o conto o gênero mais estudado na literatura oral do mundo.

Seria lógico incluir na literatura oral a lenda e o mito, ambos comunicados e circulantes pelo processo verbal na maioria dos casos. A lenda é considerada sempre de origem letrada. O favor público amplia-a, transfigurando-a. Pode ter vindo de uma pregação religiosa, hagiolário ou sermonário, livro de exemplo, ou emigrada de ponto de origem para local de paisagem psicológica semelhante. Dizemos lenda quase exclusivamente no sentido religioso. Ao derredor do Santo está sua lenda, nova ou soma de tradições milenárias, amalgamadas pela fórmula unificadora do simplismo popular. Em cada lugar de peregrinação há uma lenda e os Santos mais conhecidos guardam um ciclo de estorietas morais e, em alguns, faceciosas, como São Pedro, Bom Jesus da Lapa (rio S. Francisco). Bom Jesus de Pirapora (S. Paulo), Nossa Senhora de Nazaré (Belém, Pará), S. Francisco de Canindé (Ceará), Nossa Senhora dos Impossíveis (Patu, Rio Grande do Norte), Nossa Senhora da Aparecida (S. Paulo) têm lendas explicadoras. Noutros pontos há centro devocional e não há lenda anterior, como em Itapagipe, no culto ao Senhor do Bonfim (Salvador, Bahia). Há apenas fatos históricos da instalação do culto em 1745. O mito era simplesmente uma narrativa de fato tradicional ou mesmo a fábula de animais ou o conto comum. A coleção de fábulas de Esopo chamam-se "mitos", *Aisópu Mythoi*. Passou a significar a lenda heroica, mito de Perseu, Belerofonte, Teseu, Argonautas, e por fim confundiu-se com a lenda que é, entre os gêneros da literatura oral, o único que se localiza geograficamente e, na maioria das vezes, dá nome a sua personagem, Santo de tal lugar, caso ocorrido em tal paragem. Entenda-se por mito a lenda ou narrativa de movimento, com o elemento tradicional e sobrenatural, alheio a função religiosa, mito de Jurupari, Caipora, Anhanga, Boiuna.[6] A divisão sugerida em *Lendas brasileiras*[7] é demasiado elástica e complacente para um rigorismo sistemático.

Parte essencialmente querida na literatura oral é o verso, a poesia. A história literária do Brasil começa no século XVI e este é a época sonora em Portugal, tempo de gaitas e pandeiros, romarias lindas, Portugal vivo nos autos de Gil Vicente. Era a xácara nostálgica e também o romance, o romance recriado nesse século lírico, sentimental, com sua solfa doce e sugestiva. Fixava-se a constante rítmica. O metro do romance, fundado no tetrâmetro trocaico acataléctico, o octonário trocaico que os castelhanos diziam "pie de romances", determinou o setissílabo, pela não contagem de uma sílaba no hemistíquio. O setissílabo no verso como o compasso de 2/4 foram as "permanentes".

Popular, especialmente do século XVII em diante, foi a quadra que se chamou mesmo, e bem significadamente, "verso". Quadra singela, de rimas simples, na fórmula ABCB. Setissilábica foi a percentagem alta da produção nos romances, xácaras, gestas, versos soltos ou "silvas". Outra fórmula salientava-se, fazendo-se vitoriosa, a sextilha, ABCBDB, tão antiga quanto a quadra (verso quadrado) e já visível no romance do *Rei Artur da Távola Redonda, a Segunda Távola Redonda*, de Jorge Ferreira de Vasconcelos, em 1567. A sextilha ainda é a forma vulgar nos "desafios" dos cantadores sertanejos em sua maior porção. Chamam-na "versos de seis pés". Pé não era o acento métrico mas a linha. "Um pé de verso, outro de cantiga", como se lê no *Anatômico jocoso*.

Há, naturalmente, a décima, já velha e popular em Cervantes. Em Portugal a fórmula maiormente conhecida era ABABACCDDC e no Brasil ABBAACCDDC, com a visível influência das oitavas clássicas, divulgadas pelo Infante D. Pedro de Aragão, ABBACDDC, no tipo formador das décimas que sempre tiveram domínio no Brasil e na América Hispânica. A décima prestava-se ao mecanismo da improvisação letrada, glosando-se o mote. Outro tipo é o "pé-quebrado" já preferido pelo venerável Anchieta. É verso bem usado nas sátiras e parece filiar-se idealmente ao *leixapren*, embora distinto na disposição estrófica mas, comumente, repetindo o seguinte primeiro o mesmo último verso. O *leixapren* legítimo era em quadras e há bastantes exemplos na literatura oral brasileira. Os demais versos são em cinco sílabas, a "carretilha", os decassílabos e mesmo dodecassílabos, conhecidos como "martelos" de seis a dez pés.

O gênero de poesia popular mais prestigiosa no Nordeste do Brasil é o "desafio", o canto de improvisação, alternado entre dois cantadores, acompanhados à viola de corda. A origem é peninsular e nos foi trazido pelo português que o houve do árabe (Teófilo Braga) e criou a "desgarrada" e fixou o nome de "desafio". É possível que os provençais tenham conhecido primeiro que os portugueses e espalhado o desafio. É o "débat" das Cortes de Amor, "contrasti" da Itália meridional e da Sicília, as "preguntas y respuestas castelhanas", o "daymans" da Mosela francesa, o "Wettgegange" germânico, a "payada de contrapunto", na América espanhola. Não apareceu documento digno de crédito fixando o "desafio" na África durante o século XIX. No Brasil, em mil exemplos, basta o registro de Manuel Antônio de Almeida evocando festa no Rio de Janeiro por tempo do Rei Velho (D. João VI): "Já se sabe que houve nesse dia função: os convidados do dono da casa, que eram todos de além--mar, cantavam ao desafio..." Era a característica, o uso português na fidelidade ao "desafio".[8] Tivemos magníficos cantadores negros do desafio, como Inácio da Catingueira. Os primeiros desafios conhecidos, assim como os modelos da poesia mnemônica, ABC, Salve-Rainha, Padre-Nosso, Pelo Sinais, eram o primeiro em quadra e os demais, habitualmente, em pé-quebrado. O velho cantador paraibano Manuel Romualdo da Costa Maduri disse a Leonardo Mota: "Antigamente a gente cantava de quatro pés..." Era o domínio da quadra. Em quadra, o mais antigo ABC, do *Compêndio narrativo do peregrino da América* (1731) de Nuno Marques Pereira, assim como o canto do *Rabicho da Geralda* (Ceará, 1792).

A origem do "desafio" é incontestavelmente clássica e provém do Canto Amebeu inteiro, completo, típico e fiel.[9]

Oralmente também se transmite a modinha, de letra culta mas amada pelo povo. Afirma-se que o povo não canta modinha, o que não condiz com a realidade dos fatos. Mas, realmente, a modinha excede dos limites desse quadro popular do folclore oral.

Os autos populares são igualmente sabidos de memória. Os "velhos", os mestres do folguedo, juntam o pessoal para aprender, e nessas aulas surgem às vezes controvérsias pelo inopinado aparecimento de variantes. Todos os autos, representações populares no ciclo do Natal, têm elementos preponderantes de Portugal. Musicalmente, 80%. Os enredos são modificados. Muitas vezes o processo aglutinador é feito no Brasil. Portugal não possui fandango ou marujada, congo ou congada, chegança, como existem no Brasil. Fandango em Portugal é dança de par solto e essa dança não aparece no fandango ou marujada. O mesmo fandango (Norte do Brasil) é apenas, na influência platina, o baile rural no Sul do país, Rio Grande do Sul, S. Paulo, etc. No Norte o fandango não é rigorosamente o mesmo. O enredo, sim, mas os versos e os episódios variam. Em alguns intervêm os mouros (Ceará) e noutros os mouros só aparecem na chegança, reminiscência da luta entre cristãos e mouros. Muitas das jornadas do fandango nordestino continuam em Portugal cantadas independentemente como xácara autônoma, como a *Nau Catarineta*, *Sua Alteza a quem Deus Guarde*, etc., e as quadrinhas surgem noutras paragens, em coleções do Rio de Janeiro, etc. Típica e fielmente composto no Brasil, existe o *Bumba meu boi*, Boi de Rezes (Reis), Boi Kalemba, espantoso auto de sátira e bom humor, constantemente renovado, a mais prodigiosa improvisação intelectual do mestiço nacional. É uma convergência de muitos autos que se foram enfraquecendo, perdendo popularidade e defluindo para a simples Dança do Boi que se tornou o centro de interesse do folguedo. O Boi dançando lembra a Tourinha portuguesa, o boi de canastra, feito de vime, pulando e arremetendo contra o círculo de curiosos. Mas a Tourinha portuguesa constava apenas desse espetáculo. O resto é erudição dispensável, com o Boi Geroa, o *Monólogo do Vaqueiro* de Gil Vicente e o espetacular desfile, hoje desaparecido em Paris, do *Boeuf Gras*.

A Congada ou Congos é embaixada da Rainha Ginga que termina em guerra contra Henrique, Rei Carionga. Há muitas variantes que mudam totalmente o texto do auto. O ambiente é que é o mesmo, Angola, Congo, Guiné, luta de soberanos negros ou poder mágico do feiticeiro resuscitando o príncipe herdeiro. Esse pormenor não ocorre noutras paragens.

Resistem, com intrusão calamitosa de música moderna, os pastoris, na festa do Natal, com a mestra, contramestra, Diana, um elemento cômico, o velho, o Bedegueba, o zagal, a Libertina seriíssima, etc., etc. As figuras são várias e se modificam de lugar para lugar. Revivem ainda, desfigurados, velhos restos de dramas (bailes), curtos episódios cênicos de efeito religioso, pequeninas representações piedosas que embeveciam os assistentes de outrora. As duas alas de pastoras são do Cordão Azul e do Cordão Encarnado. Explicam que o azul é de Nossa Senhora e o encarnado é de Nosso Senhor. Espantoso é que rinhem sempre os dois cordões. Parecem tratar-se de reminiscência de cristãos e mouros, o azul dos cristãos e o vermelho dos mouros. Antigamente dizia-se em vez de pastoris (em certas Províncias) lapinhas, porque o baile era dançado diante da lapa, presépio, com o Deus Menino em efigie.

Toda literatura oral é popular mas nem toda literatura popular é oral. Há uma vasta e borbulhante literatura impressa, centenas de milhares de folhetos em versos, fixando os acontecimentos nacionais impressionantes, caçadas e pescarias famosas, figuras de cangaceiros, enchentes de rios, secas, incêndios, vitórias eleitorais, prisões, sucessos internacionais. Também reedições de velhos folhetos, romances de amor, versificação de trechos emocionais do *Guarani* e da *Iracema* de José de Alencar, das lutas de Carlos Magno e dos Doze Pares de França, do *Quo Vadis?* e mesmo, inesperadamente, um conto do *Decameron*, como o romance de Genebra. Ao lado dos produtores modernos, poetas profissionais, vivendo de escrever, imprimir e vender versos que são vendidos nas feiras, por todo o Brasil e mesmo nas pequenas livrarias das casas editoras que imprimem exclusivamente esses folhetos para o povo, há lembrança dos velhos poetas famosos, ignorados nas cidades mas admirados como égides de sabedoria pelo povo.

Nicandro Nunes da Costa (1829-1918), também cantador; Silvino Pirauá Lima (1848-1913), autor de romances que são vendidos como pão, romances amorosos, doces e sentimentais, em sextilhas, *Histórias do Capitão de Navio*, *Zezinho e Mariquinha*; Leandro Gomes de Barros (1865-1918), o prodigioso produtor do folheto popular, autor de mais de mil trabalhos impressos, com cerca de dez mil edições, que foi o mais popular e querido poeta do seu tempo, só prestigioso entre cantadores, vaqueiros, feirantes, humildes mas ainda vivo na *Cantoria*; Francisco das Chagas Batista (1885-1929) de cuja tipografia em Guarabira e Paraíba (João Pessoa) saíram milhares de folhetos seus e de Leandro. Era o editor dos cantadores. Deixou um volume interessante sobre o assunto, *Cantadores e poetas populares* (Paraíba, 1929). Essa literatura impressa e popular vai-se tornando, nos trechos mais expressivos, anônima e oral na boca dos contadores e seus ouvintes. Constitui a literatura de cordel.

Pertencem à literatura oral as rondas e jogos infantis. Embora essa atividade lúdica tenha bibliografia específica, sua transmissão comum é pela oralidade. Ninguém aprende uma brincadeira lendo, mas brincando...

Há, ao lado da literatura popular, uma literatura tradicional que é o objeto da novelística. Novelas muitas vezes seculares atravessam tempo e maré e conseguem reedições anuais, público fiel e mercado imutável. Nunca mereceram lugar nas histórias da literatura brasileira, mas são elementos ponderáveis e naturais da cultura popular. Basta, para prova de prestígio inamovível, a presença inarredável nas mãos do povo por centenas e centenas de anos.

Essas novelas, destinadas ao público letrado desde o século XV, e mesmo antes, tornaram-se vulgares, distribuídas sem nome de autor, banalizadas em edições pobres e alagaram o Brasil inteiro. As principais são:[10]

Roberto do Diabo. De três fontes, fundiu-se a novela num opúsculo francês (Paris, 1496), traduzido para o castelhano em 1509. Incidiu no Index Expurgatório em 1581, já popularíssima. A mais antiga versão portuguesa conhecida é de 1733, de Jerônimo Moreira de Carvalho. Há versões poéticas em Portugal e Brasil. O herói não tem fundamento histórico.

Princesa Magalona. Dizem-na escrita por um cônego de Magalona, perto de Montpelier, Bernardo de Treviez, em provençal ou latim, e mesmo polida por Petrarca, então estudante na Universidade, no primeiro quarto do século XIV. Traduzida em quase todos os idiomas. Há longa bibliografia erudita sobre as origens dessa novelinha de amor. Em Magalona mostram o túmulo da princesa. Vênus e Saturno, no céu da Provença, têm os nomes dos heróis. Magalona e Pierre de Provença. Há uma edição de Burgos, 1519, e outra, do mesmo ano, em Sevilha, do impressor Jacó Cromberger que, já em 1621, estava em Portugal onde a reeditou amplamente. Inocêncio cita as edições do século XVII. Existem setecentistas de 1783 e 1787. Johannes Bolte compendiou 209 verbetes numa bibliografia sobre a Magalona... há quase meio século. E há muitos acréscimos.

Donzela Teodora. De origem árabe, existindo em algumas edições do Mil Noites e uma Noite (Mardrus, Burton, Haminer) e em certas coleções orientais (Bulaq, Cairo, Bombaim, Beirute), está ausente das edições portuguesas e brasileiras. Hermano Knust encontrou duas versões no Escurial, provavelmente do século XIII ou XIV, e há outra de Abu-Béquer-al-Warrac. A mais antiga edição castelhana é de Toledo, impressor Pedro Hagembach, 1948. Multiplicaram-se na Espanha. Encontra-se na Biblioteca Nacional de Lisboa a mais velha tradução portuguesa, de 1712 e não de 1733 como julgavam Teófilo Braga e Menéndez Y Pelayo.

Imperatriz Porcina. É a única em versos, redação de um cego da ilha da Madeira, Baltazar Dias, contemporâneo de El-Rei D. Sebastião. É o tema da esposa fiel e o seu estudo apaixonou eruditos. Conhecido é o tema, na Europa, desde o século XI ou XII, ligado ao ciclo marial, apologético. É representada em Portugal como drama sacro.

João de Calais. Temas da privação da sepultura por dívidas, da esposa resgatada, do morto agradecido, vivos na literatura oral europeia e fontes clássicas (Cícero, Valério Máximo, Fedro). A redação, traduzida para o português em fins do século XVIII, sem nome do tradutor e do autor, pertence a Madalena Angélica Poison (1684-1774), Madame de Gomez, fazendo parte do seu *Les Journées amusantes* (Paris, 1723) e não no *Cent Nouvelles nouvelles*, como pensavam Nisard e Teófilo Braga. Como conto popular está espalhadíssimo. As reedições são sucessivas. Deu assunto às peças teatrais de Lope de Vega (*D. Juan de Castro*) e de Calderón de la Barca (*El Mejor amigo el Muerto*).

Essas novelas seguem tendo reimpressões em Portugal e no Brasil onde começaram a ser impressas em 1840 na tipografia dos irmãos Laemmert no Rio de Janeiro.

Em ponto menor cita-se a *História do Imperador Carlos Magno e dos Doze Pares de França*. Era o livro mais popular, indispensável e fatal nas residências do sertão e na memória dos cantadores. Ainda hoje vivem Roldão e Oliveiros na cantoria. Na luta do Contestado (Paraná-S. Catarina), o Monge José Maria criou a sua guarda pessoal, denominando-a "Os Doze Pares de França" que eram realmente vinte e quatro. Os Doze abriam a vanguarda, lutando sempre e usavam os nomes prestigiosos. De origem francesa, teve sua primeira edição castelhana em Sevilha, 1525, do original de 1485, sendo tradutor castelhano Nicolas de Piamonte. Desde o século XVII surgiu em Portugal versão portuguesa. O volume como o lemos atualmente (há muitas edições modernas mutiladas) é de 1745, reunião de três partes, sendo a última a das proezas mirabolantes de Bernardo del Carpio.

NOTAS

1. In *O Globo*, Rio de Janeiro, 7, 9, 10, 17, 30 dez. 1874. Transcritos em José de Alencar. *Obra completa*. Rio de Janeiro, J. Aguilar, 1960. Vol. IV, p. 961.
2. Câmara Cascudo. *Literatura oral*. Rio de Janeiro, José Olympio, 1952, p. 27.
3. "Estória" é conto popular, narrativa tradicional ("story"); a palavra foi proposta por J. Ribeiro, e vai sendo adotada por outros folcloristas, em contraposição a "história", no sentido oficial. V. Câmara Cascudo. *Dicionário do folclore brasileiro*. Rio de Janeiro, INL, 1954.
4. Câmara Cascudo. *Geografia dos mitos brasileiros*. Rio de Janeiro, José Olympio, 1947.
5. Cf. Frobenius. *Decameron negro*.
6. V. Câmara Cascudo. *Geografia dos mitos brasileiros*.
7. Id. *Lendas brasileiras*. Rio de Janeiro, 1946.
8. M. Antônio de Almeida. *Memórias de um sargento de milícias*, cap. 1.
9. Câmara Cascudo. *Literatura oral*, p. 368.
10. Câmara Cascudo. *Cinco livros do povo*. Rio de Janeiro, José Olympio, 1953.

BIBLIOGRAFIA DE APOIO

ALMEIDA, Renato. *História da música brasileira*. Rio de Janeiro, 1942.

____. *Inteligência do folclore*. Rio de Janeiro, 1957.

ALVARENGA, Oneyda. *Música popular brasileira*. Porto Alegre, Globo, 1950.

ANDRADE, Mário de. As danças dramáticas do Brasil. (*in Boletim Latino-Americano de Música*. VI, 1ª parte), Rio de Janeiro, 1946.

____. *Música do Brasil*. Curitiba, 1941.

BARROSO, Gustavo. *Ao som da viola*. Rio de Janeiro, 1921.

CARNEIRO, Édison. *Negros bantus*. Rio de Janeiro, 1931.

CASCUDO, Luís da Câmara. *Antologia do folclore brasileiro*. S. Paulo, 1944.

____. *Cinco livros do povo*. Rio de Janeiro, José Olympio, 1943.

____. *Contos tradicionais do Brasil*. Rio de Janeiro, 1946.

____. *Dicionário do folclore brasileiro*. Rio de Janeiro, Instituto Nacional do Livro, 1954.

____. *Geografia dos mitos brasileiros*. Rio de Janeiro, José Olympio, 1947.

____. *Literatura oral*. Rio de Janeiro, J. Olympio, 1952.

____. *Vaqueiros e cantadores*. Porto Alegre, Globo, 1939.

CÉSAR, Getúlio. *Crendices do Nordeste*. Rio de Janeiro, 1941.

FREYRE, Gilberto. *Açúcar*. Rio de Janeiro, 1939.

GOMES, Lindolfo. *Contos populares brasileiros*, 2. ed. São Paulo, 1948.

GONÇALVES, Fernandes. *O folclore mágico do Nordeste*. Rio de Janeiro, 1938.

MAGALHÃES, Basílio de. *O folclore no Brasil*. Rio de Janeiro, 1939.

MATA MACHADO FILHO, Aires da. *Curso de folclore*. Rio de Janeiro, 1951.

MEYER, Augusto. *Guia do folclore gaúcho*. Rio de Janeiro, 1951.

MELO MORAES Filho. *Festas e tradições populares do Brasil*. Rio de Janeiro, 1946.

MOTA, Leonardo. *Cantadores*. Rio de Janeiro, 1921.

PEREIRA DA COSTA, *Folclore pernambucano*. Rio de Janeiro, 1908.

QUERINO, Manuel. *Costumes africanos no Brasil*. Rio de Janeiro, 1935.

RAMOS, Artur. *O folclore negro no Brasil*. Rio de Janeiro, 1935.

RIBEIRO, João. *O folclore*. Rio de Janeiro, 1919.

RIBEIRO, Joaquim. *Folclore brasileiro*. Rio de Janeiro, 1944.

ROMERO, Sílvio. *Cantos populares do Brasil e Contos populares do Brasil* (com o título de Folclore Brasileiro). Rio de Janeiro, José Olympio, 1955, 3 vols.

5. Fernando de Azevedo
A ESCOLA E A LITERATURA

A educação na história da literatura. O ensino colonial. Missionários e civilizadores. O aprendizado da língua. Meios de transmissão de cultura. Escola humanística. D. João VI. Ensino superior. Tradição literária do ensino.

O que significam ou podem significar, na história da literatura de um país, a educação, de modo geral, e, particularmente, a escola, não é sempre fácil conhecer com precisão. Tantos são os fatores que intervêm na produção do fenômeno literário que seria necessário, antes de ligá-la com o pedagógico, pô-la em relação com as condições concretas histórico-sociais em que ambos emergiram. No Brasil, o sistema educacional que se montou na colônia e constituiu a base sobre que se ergueu o do Império, apresenta-se intimamente associado à família, à Igreja, ao poder econômico e político, num conjunto de instituições convergentes e solidárias. A família patriarcal podia então formar, nessa sociedade escravocrata e latifundiária, o quadro que se desenvolvia e se completava pela escola, tão subordinada como aquela às influências religiosas e eclesiásticas. O colégio de padres (e atingiu a 17 o número desses institutos mantidos pelos jesuítas) prolongava, reforçando-lhe os valores, hábitos e costumes, a família das casas-grandes e dos sobrados, a que não faltavam, ainda na época imperial, os oratórios, que foram tomando o lugar às antigas capelas, com seus padres capelães.

Na fase colonial eram os religiosos — jesuítas, franciscanos, beneditinos e carmelitas — os que detinham o saber e se encarregavam de transmiti-lo aos jovens, pelo ensino, pela pregação e por essa frequentação quotidiana e vida em comum, em que, como na metrópole, se misturavam em toda espécie de atividades, intelectuais, econômicas e políticas, o mundo profano e o mundo sagrado. Nessa atmosfera de comunhão espiritual, criada pela influência poderosa da religião, com suas infiltrações por toda parte, e que, formando-se na família, alargando-se à sombra da igreja, no confessionário e no púlpito, se concentrava na escola, era e tinha de ser naturalmente para os padres e a cultura de que eram depositários, que se voltavam os jovens, como para seus iniciadores, guias e modelos.

Mas, a obra missionária e civilizadora que se propunham a religião e seus representantes e, de modo particular, os jesuítas, se, por um lado, encontrava dificuldades quase invencíveis nos desregramentos de uma sociedade aventureira, tinha a favorecê-la, por outro, o "insulamento" imposto à colônia que, com seus portos fechados à navegação estrangeira, se transformara como que numa "ilha cultural" da Metrópole, quase sem contato com outras culturas europeias. De uma parte, uma sociedade nova e em formação, que oscilava entre o fervor religioso e a cobiça e a cujos excessos só a Igreja podia opor freios disciplinadores, empenhava-se a fundo em organizar-se em bases materiais, em armar o seu sistema de exploração econômica — fonte de renda para os empreendedores e a Metrópole — e em defender-se contra índios e invasores, numa áspera luta, só igual à que sustentava contra o espaço, a floresta e a natureza hostil. A posse e o conhecimento da terra, para explorá-la, a defesa da colônia e o cuidado dos interesses materiais tomavam o primeiro lugar às preocupações do governo português e da sociedade colonial. O materialismo dos gostos e das tendências coletivas e o nomadismo aventureiro que estimulava a cobiça fácil impeliam os homens mais para as realidades sensíveis do que para as especulações intelectuais.

De outra parte, porém, o povo segregado não tem nenhum meio de se informar do que se passa além das fronteiras da colônia e do reino. Não se lhe permite senão a leitura do que vem de Portugal ou por esse canal de penetração, sujeita pela censura a expurgos permanentes. O governo, cuja política é exclusivamente orientada pelas exigências e pelos interesses portugueses, age no sentido de suprimir o que poderia despertar ideias de liberdade e o espírito crítico da população. O que lhe importa é mantê-la na ignorância do que se escreve e se publica em outros países. Não há tipografias nem livrarias nem bibliotecas de acesso fácil, como não existe espírito público nem se tenta qualquer esforço para tirá-lo de sua inércia. A única voz que ouve, nesse mundo apartado, é a dos missionários e pregadores. Tudo, na vida intelectual, gira em torno da igreja e dos colégios, de que parte o único apelo às coisas do espírito, e que são ou tendem a tornar-se, com o seminário e o púlpito, os únicos "focos luminosos nessa vasta zona de sombra"...

O ensino, impregnado ainda do espírito medieval, que se dava nesses colégios, para a formação de clérigos, letrados e eruditos, posto a serviço da religião e de uma classe, embora se dirigisse também a jovens mais aptos, recrutados nas camadas populares, atendia às exigências e aspirações não só da Igreja como das famílias das casas-grandes e da burguesia das cidades, que tomavam rapidamente o gosto das sociedades aristocráticas. Ele se completava ou podia completar-se com estudos superiores que, ministrados, quanto à filosofia e à teologia, na colônia e na metrópole, em relação ao direito canônico em Portugal e, para a preparação em medicina, já nos fins do século XVIII, em universidades, como a de Montpellier, na França, se destinavam a poucos e faziam parte dos privilégios das elites, restritas e fechadas. O que, nos três séculos da história colonial, se ensinava nos colégios dos jesuítas, modelados pelos que mantinham eles no reino, eram as disciplinas de base, ou sejam a gramática, a retórica e a poética, aplicadas ao estudo das línguas latina e portuguesa, e aprendidas pelas técnicas tradicionais, como as versões, os exercícios de linguagem e de estilo, com que se procurava alcançar o domínio dos instrumentos clássicos de expressão.

Num meio a que faltavam quaisquer outros caminhos à formação intelectual, esses colégios tinham de imprimir à cultura um caráter predominantemente literário e retórico. Tendendo tanto a favorecer vocações literárias quanto a descoroçoar os tipos de inteligência, inclinados porventura a outras direções, a escola não só *canalizava* a atividade intelectual para as "coisas literárias", desviando-a de outras aplicações, como passou a emprestar desde cedo um certo caráter, um *tonus* especial a toda sorte de produções mentais. A eloquência sagrada, como mais tarde, no Império, a eloquência parlamentar e o teatro, combinando a palavra com outros meios de expressão (a mobilidade de máscara, a mímica, o gesto) e atingindo às vezes, por isso, extraordinário poder de invocação coletiva, favorecia de alto a baixo, na escala social, o gosto pela linguagem falada, viva e sedutora, que se cultivava nas escolas pelos exercícios de retórica e pelas disputações escolásticas. O maior prazer intelectual que se podia experimentar era o do púlpito, donde falavam, entre tantos, que constituíam a legião dos pregadores, um Frei Eusébio de Matos, com seu gongorismo, e o grande Antônio Vieira que arrebatava o público religioso com seu verbo límpido e sonoro, seu espantoso poder de expressão verbal, a solidez de sua erudição, a força de sua dialética e sua capacidade de improvisação.

Certamente, todos os exercícios escolares de aprendizagem da língua, desde a leitura e a escritura até à composição e à arte oratória e poética, passando pela análise de textos e teoria do estilo, "enriquecem o adolescente de um modo de expressão fundamental que permitirá aos homens comunicarem suas experiências interiores, trocando suas palavras, ou receberem ao mesmo tempo a experiência traduzida de maneira privilegiada pelo escritor, e assim viverem em comum o drama permanente da condição humana". É desse "tronco comum" do ensino humanístico, ministrado nos colégios de padres, em Portugal e na colônia, que se alimenta a cultura, em toda essa fase trissecular, como é dele que parte uma das direções mais nítidas e fortes de nossa atividade intelectual — a tendência literária. Mas também "todos os supostos ou reais 'defeitos' de nosso sistema cultural", como ficou assinalado em *A cultura brasileira* e o reconhece Emílio Willems, na análise crítica desse trabalho, "se prendem direta ou indiretamente a esses fatos do sistema educacional",[1] cujo desenvolvimento através de séculos ainda conserva a marca que lhe imprimiram suas origens coloniais.

De fato, desse ensino que se completava com a escolástica e a apologética, provieram não somente o interesse pela vernaculidade e o pendor para dar a tudo expressão literária, como também o amor à forma pela forma, o requinte e os rebuscamentos, e o gosto das disputações que, mais tarde, no Império e na República, pela associação do espírito literário e do espírito jurídico, deviam prolongar-se nas controvérsias gramaticais e filológicas, como nas polêmicas literárias. E — o que é curioso e matéria para refletir — quando o ensino baseado nas letras clássicas leva de preferência à clareza e à simplicidade, ao sentido da medida e do equilíbrio, o que dele (e não apenas dele) resultou entre nós foi antes o *pathos*, a turgidez do pensamento e do estilo, a tendência ao exagero e a desmedida, que não se encontra nos clássicos, e "toda essa excrescência, por vezes monstruosa (o que ainda hoje se pode observar) de uma das faculdades a expensas das outras, e que surpreende a nossa admiração e às vezes a escandaliza nos grandes gênios românticos".

A formação e o desenvolvimento dessas tendências e desses gostos é claro que não se podem imputar somente nem talvez sobretudo à escola, aos valores e ideias que ela transmitia e, transplantados a um ambiente novo, geográfico e social, de larga mestiçagem, estavam sujeitos a desvios e deformações acidentais e a diferentes interpretações dentro de novas perspectivas. As ideias, de fato, como observa Robert Merton, "não podem atualizar-se, encarnar-se em dinamismos culturais, se não estão ligadas de algum modo com interesses, emoções ou tendências coletivas incorporadas a estruturas institucionais".[2] A imensidade dos espaços, a exuberância da floresta tropical, as montanhas abruptas, a extensão e o volume das águas, a variedade e o contraste violento das paisagens, os horizontes ilimitados deviam contribuir para favorecer essa inclinação a ver em grande, essa espécie de megalopia, que o espírito místico, o terror do desconhecido e a insegurança, dando largas à fantasia, tendiam a desenvolver e acentuar. A mistura das três raças que se puseram em contato, com seus mitos e superstições, e tudo o que havia de primitivo e de selvagem, na natureza como nas sociedades, postas em presença da vida em estado bruto, constituíam outras tantas fontes, a que afluíram, para alimentá-las, o gongorismo e o barroquismo da época, vindos da Espanha e da Itália, e de que derivavam as visões microscópicas e o gosto da suntuosidade e do aparato na sua interpretação verbal.

Mas a escola não era estranha ao desenvolvimento desse pendor à amplificação, característica do tipo de ensino e de seus métodos, como dos escritores dela provenientes, em cujas obras já se adivinhavam, quando não se tornavam patentes, as tendências que deviam acentuar-se, na literatura sob o influxo da educação colonial. Na *Prosopopeia* do versificador português Bento Teixeira, no *Diálogo das grandezas do Brasil* (1618), de outro português, Ambrósio Fernandes Brandão, que, vindo para a colônia, se fez senhor de engenho, ou na *História do Brasil* (1627), do baiano Frei Vicente do Salvador, que, "depois de havê-la escrito, incitou a um amigo que a compusesse em verso", e, mais tarde, na *História da América Portuguesa* (1730), de Rocha Pita, senhor de engenho na Bahia, já não se encontram, fortemente marcadas, essa inclinação à retórica e ao exagero, esse impulso para a fantasia, essa ênfase de que ressaltava qualquer coisa de inumano e de artificial, e em que se separava a arte da vida e se admitia a literatura como um luxo ou um privilégio de alguns iniciados?

Assim, pois, a escola, representada na colônia sobretudo pelos colégios dos jesuítas, não só atuou e continuará a atuar daí por diante como um "processo de peneiramento", seleção e valorização de tipos de atividade, pela primazia concedida na hierarquia de valores à educação intelectual, predominantemente literária, como também constituiu o fundo comum de tradição em que os escritores vieram alimentar-se, o suporte ou substrato de cultura em que se apoiaram para as suas criações dentro ou fora dos quadros instituídos pelos antigos. Essa herança cultural que a escola funda ou ajuda a desenvolver, pela transmissão consciente de um tipo de cultura, reflete-se, em graus variáveis, com suas qualidades e "defeitos", com sua maneira de ver as coisas e de exprimi-las, em todos os que escrevem crônicas, cartas, sermões ou poemas.

O que, porém, fixa e transmite a educação e, de modo particular, a escola, com seu caráter eminentemente conservador, são antes os valores estáticos do que os aspectos dinâmicos da cultura (e, portanto, da literatura, que é uma de suas manifestações), antes os padrões tradicionais do que os valores novos que lutam por se inserir no real. A obra da escola, pela sua própria natureza, desenvolve-se mais no plano da "conservação" e preservação do que no da "criação" e renovação de valores. A análise dos laços concretos que ligam a escola e as estruturas sociais, ou da interdependência entre o sistema de educação e o meio sociocultural em que se enxertou, mostra-nos que através daquele é que se podem conhecer os traços mais profundos do caráter coletivo, "o que há de mais irredutível no tipo de mentalidade de cada povo ou em cada caráter nacional". Veículo e transmissão de uma civilização, no que tenha de mais genuíno e incorporado à herança cultural, a educação o é de tal modo e tão eficazmente que o ideal de uma sociedade, observa P. Fauconnet, "nunca talvez seja mais fácil apreendê-lo do que quando se assiste à sua transmissão".

Foi exatamente à luz dessa relação que Emílio Willems, comentam.to passagens de *A cultura brasileira*, em que se estudam problemas de condicionamento social dos fenômenos de educação, lembra "o duplo aspecto desses fenômenos e sua posição 'de chave' no processo cultural. Pois, de um lado, a perpetuação do patrimônio cultural depende do mecanismo de transmissão (ou educação no sentido lato); de outro, o sistema de padrões que regem a educação, faz parte da própria cultura". Por outras palavras, que tomamos a H. I. Marrou, se a educação "é a técnica coletiva pela qual uma sociedade inicia sua geração jovem nos valores e nas técnicas que caracterizam a vida de uma civilização, ela é, pois, um fenômeno secundário em relação a esta, de que normalmente representa um resumo e uma condensação (digo *normalmente* — acrescenta o historiador — pois existem sociedades ilógicas que impõem à juventude uma educação [escolar] absurda em relação com a vida: a iniciação com a cultura real se faz então fora das instituições oficialmente educativas). Isto supõe evidentemente uma certa *décalage* no tempo: antes de poder engendrar a educação que a refletirá, é preciso primeiro que uma civilização atinja sua própria forma",[3] ou construa a sua nova escala de valores.

Não é, pois, somente na escola que se processa a transmissão de uma cultura (o que é importante lembrar na análise das raízes da literatura de um país): na educação intervêm a família, que é também fonte de transmissão de valores e de conhecimento da cultura, a igreja ou as igrejas, os grupos profissionais e, enfim, o meio sociocultural com todas as forças e instituições que cooperam para o desenvolvimento das sociedades. No conjunto das práticas e instituições que convergem no processo educacional, no complexo de fatores de ação cultural sobre o indivíduo ao longo de sua existência, nessa soma de forças sociais operantes, a escola é uma parcela, um dos elementos de formação do homem que resulta afinal do encontro com todas essas influências educativas, essas energias ambientes a que Jules Romains chamaria as "potências da cidade".

Sob a pressão dessas forças e influências, outros escritores, ainda que formados na mesma escola, da colônia ou do reino, surgirão da matriz, profunda e contraditória, da sociedade colonial. O que lhes deu a escola é um modo geral de pensamento, uma certa disciplina do espírito, com um fundo mais ou menos sólido de verdades fundamentais, o sentido da composição e um instrumento de ascese literária, para o domínio das técnicas de expressão, segundo os esquemas tradicionais. Mas é o choque produzido pelo contato com a terra e com as paisagens humanas, e pelos conflitos de raças e culturas, numa sociedade mesclada e pitoresca, como também inquieta e desregrada, que despertou a atenção de colonos e reinóis, como prendia a dos forasteiros, e, com ela, o espírito de curiosidade e de observação, o sentido da realidade e o interesse pelas coisas ambientes. As cartas e narrativas jesuíticas, como as de Manuel da Nóbrega, de José de Anchieta e de Fernão Cardim, ricas de dados e informações, na simplicidade austera da linguagem e com surpreendente espírito objetivo, inauguram na colônia, com trabalhos de estrangeiros, os estudos etnográficos, como os tratados da terra e as histórias do Brasil, de um Magalhães Gandavo, de um Gabriel Soares de Sousa, de um Frei Vicente do Salvador, criam e instauram a tradição dos estudos históricos que constituem uma das preocupações mais constantes e uma das mais vivas manifestações da cultura nacional.

Como a filosofia — a inteligência que especula depois dos acontecimentos sobre a experiência vivida, e Hegel compara à "coruja de Minerva que levanta seu voo ao cair do crepúsculo"[4] —, a história, feita num espírito de pesquisa desinteressada, chega sempre tarde, "quando a realidade já cumpriu o seu processo de formação, e está terminada". No Brasil, porém, começaram, quase no seu amanhecer, os estudos etnográficos e históricos, com os quais se faz a primeira "tomada de consciência" da realidade do país: atividades de espírito — a história, como narrativa e descrição — que podiam facilmente assumir "forma literária", e a que se ajustavam o estilo discursivo e o tom apologético, eram estudos úteis, de uma nítida função social, pelo interesse que representava para Portugal e a sociedade nascente o conhecimento das riquezas da terra e das possibilidades de sua exploração. Mas em toda essa literatura, etnográfica e histórica, o que se reflete, no que tenha de mais vivo e concreto, é menos a atmosfera escolar do que a da "cultura real", a cujo contato fecundo não raramente ela se despoja dos excessos de ornatos e adquire a espontaneidade e a frescura das obras curtidas na observação e na experiência.

A ocupação da terra e a dominação de povos novos, pela conquista; a colonização ligada, na época, à violência com todos os conflitos a que dava origem, e a ideia de missão e de propagação da fé, tinham de transferir ao primeiro plano as "evocações coletivas" e criar esse "sentimento épico" que rompeu em Portugal com as descobertas marítimas e, entre nós, se traduziu primeiro na história, feita em tantas passagens, com sua grandiloquência, à maneira de poemas, e em que se misturavam os fatos e a imaginação. Esses viriam mais tarde, na segunda metade do século XVIII, com o *Caramuru* de Santa Rita Durão e o *Uraguai*, de Basílio da Gama. A história — elogio do branco colonizador; os poemas, como esses, dos fins do século XVIII, e *A confederação dos Tamoios*, de Gonçalves de Magalhães, no século XIX — a exaltação dos índios. Os negros ainda tinham de esperar quatro séculos pela apologia da raça e da escravidão. A espada, a palavra, o trabalho; o palácio do Governador e a prisão; a catequese de missionário e a pregação apostólica, com sua política de "amaciamento"; as plantações de cana e o fabrico do açúcar, nos engenhos, exprimiam a expansão desse imperialismo político, ideológico e econômico na rude sociedade colonial, cujas atividades de espírito pareciam então asilar-se, para florescerem, nos colégios e nos claustros, e, por eles, nas famílias senhoriais.

Mas essa sociedade, com seus costumes e tipos humanos, não tardaria também a refletir-se na literatura, com Gregório de Matos. É do encontro com as "potências da cidade" e sob seu influxo direto que surge a poesia satírica desse estranho poeta que, misturando-se com as camadas inferiores e deixando-se envolver pela atmosfera de suas inquietações, marcou o início tanto "da reação nacional contra o elemento adventício", quanto da reação contra o escolar e o acadêmico, pela irreverência do seu gênio e pela rebeldia do seu temperamento boêmio e agressivo. É uma poesia em que se refugia e se condensa o melhor do espírito do povo e cuja verdadeira escola foi antes a cidade, o mercado, as conversas nas esquinas e à porta das igrejas. Nascida na rua, suscitada pela observação dos costumes, aquecida ao calor da indignação (*facit indignatio versus*), ela acusa menos as influências da escola colonial do que o contato ulterior com o meio e, por leituras, com o teatro e a poesia espanhola.

Concebida como uma função e interpretada em relação a suas fontes e a seus papéis, se a literatura manifesta as tendências tradicionais da sociedade que tão poderosamente se revelam no processo educacional, abre-se ela frequentemente a uma variedade — maior ou menor conforme as épocas — de perspectivas que coexistem no interior de uma sociedade, e resultam dos conflitos de grupos, do encontro e da fusão de influências culturais, das oposições de escalas de valores, de modos de pensamento, cujas repercussões no ambiente escolar não se fazem senão em formas atenuadas e num ritmo mais lento, devido à *demora cultural* entre a difusão e produção de ideias novas e sua incorporação a estruturas institucionais. Se podemos encará-la como um "mero problema de estética", é a literatura, a certos aspectos, uma arte coletiva ou, mais precisamente, uma arte se não diretamente empenhada no serviço, certamente desenvolvida *em função* de coletividades precisas, cujo contorno histórico e social deve ser definido em cada caso, e de cujo sistema social faz parte integrante o sistema de educação.

Mas, enquanto a escola é mais uma força de conservação do que um instrumento de liberação, enraizada como está na cultura tradicional, a literatura é um fenômeno, vário e complexo, de raízes múltiplas, ou em que intervêm fatores os mais diversos, dentro, certamente, dos quadros socioculturais, e tende, por isso, a desenvolver-se, na variedade de suas manifestações, fora da órbita de influência da educação sistemática e organizada. É preciso, pois, distinguir o que nela depende diretamente da escola, e o que, ligando-se à sociedade global ou a uma de suas camadas, é o seu reflexo mais ou menos exato, e o que ao mesmo tempo a *ultrapassa* pelo que ela tem de imponderável, de imprevisto, nas suas criações mais fortes e originais — frutos da pesquisa e do gênio, como o de Antônio Vieira, respostas a situações criadas pelos problemas humanos, vozes discordantes no concerto do conformismo, como eclosão de temperamentos e intuições individuais ou em consequência de mudanças bruscas de orientação, produzidas pelos contatos de culturas diferentes. Donde se vê que, se teve importância na origem, não foi o mesmo, no desenvolvimento de nossas letras, o papel da escola, que o isolamento da colônia e as pressões do grupo religioso mantinham dentro dos valores tradicionais, ainda sob os aspectos puramente literários.

A escola humanística de tipo clássico que se prolongou pelo Império adentro, com acréscimos e modificações não essenciais, explica-nos sem dúvida porque certas culturas, como a literária, puderam, em algumas direções, ir mais longe do que outras. Ela exerceu, como organização sociocultural, uniforme e cerrada, da atividade intelectual, considerável influência sobre o conhecimento linguístico e literário e nos dá *uma chave de explicação* do que, no Brasil, representa a literatura na escala dos valores e das atividades do homem. Mas, se encararmos mais de perto a questão, o seu papel, no movimento e nas correntes literárias, é muito menor do que o da penetração, no período colonial, do teatro espanhol, do gongorismo no século XVII, e do Arcadismo, que tão fortemente influiu sobre os poetas da Inconfidência; o das academias e associações literárias, como as dos Esquecidos, dos Felizes e dos Seletos, todas ainda do século XVIII, pelas quais, na Bahia e no Rio de Janeiro, se propagavam as "modas" portuguesas; o da Independência e das agitações sociais e políticas, o das condições especiais do "meio interno", em cada época, o da difusão da literatura francesa, que se torna, no Império, "o símbolo de um certo estatuto social", e, portanto, o da diferenciação das culturas e dos seus contatos.

É esse um ponto já anotado por Roger Bastide que assinalou o interesse que a sociologia das interpenetrações socioculturais teria em alargar o seu campo de ação ao domínio literário. "Para bem compreender a literatura brasileira dos séculos XVII e XVIII e a influência que sobre ela exerceu a literatura portuguesa, é preciso partir da situação colonial. Não basta mostrar que as 'modas' lusas se espalham da metrópole à colônia, como a da Arcádia, apesar da diversidade das sociedades, uma à base de família particularista, outra, à base de família patriarcal; é preciso ver que o 'meio interno' explica esse fenômeno de difusão, que essa difusão é antes de tudo um protesto político. Ela torna com efeito suas formas mais 'cópia servil', quando o nativismo se desenvolve, quando a opressão econômica se faz mais pesada de suportar, quando em cada cidade praça central se orna com o Palácio do Governador e a Cadeia. Trata-se de mostrar que os colonos podem fazer tão bem e mesmo melhor, esteticamente, que os metropolitanos, e que 'os naturais da terra' não são 'bárbaros' que seja preciso dirigir de fora, mas que chegaram à maturidade intelectual e podem governar-se a si mesmos. Não é impunemente que a conspiração de Tiradentes contra Portugal se tenha recrutado entre os escritores que eram os mais imitadores das 'modas' literárias lusas".[5] Não é sempre, pois, à influência da escola uniformizadora que se podem ligar o gosto da imitação e a própria tendência ao exagero no arremedo e na cópia, associadas antes, como nesse caso, ao esforço de afirmação, por motivos políticos ou outros, da capacidade de fazer igual ou superior ao que se produz no país que domina e exerce opressão, ou de uma cultura considerada de mais alto nível.

O que falta, em geral, a essa época, tão nitidamente portuguesa, é, pois, a diversidade e, portanto, a originalidade: os mais bem dotados espíritos — educados em Portugal ou na colônia, segundo os mesmos ideais e padrões de cultura — tímidos demais para se lançarem em caminhos novos, se às vezes se tornam criadores dentro dos moldes antigos, arrastam-se quase sempre nas sendas batidas da imitação. É nos movimentos literários da Metrópole que iam buscar menos os assuntos de inspiração do que os seus modelos, os seus estilos de pensamento e de expressão. Nada de original, nada de verdadeiramente sentido na poesia, senão em um Gregório de Matos, no século XVII, e, no século XVIII, no poema de Basílio da Gama ou na lírica de Tomás Antônio Gonzaga, Cláudio Manuel da Costa, Silva Alvarenga e outros poetas da Inconfidência, a despeito de sua submissão, sob vários aspectos, aos cânones e às modas portuguesas. Embora de marcado cunho lusitano, que a velha escola contribui para conservar, passa por essa literatura, nos fins do século XVIII o primeiro sopro mais vigoroso, não digo de renovação, mas de inquietação literária, em busca de novas técnicas.

É que a civilização adventícia, como observa Sérgio Buarque de Holanda, "colocada perante a contingência do meio, pôde aceitar, assimilar e produzir novas formas de vida, revelando-se até certo ponto criadora e não somente conservadora de um legado tradicional nascido em clima estranho".[6] Mas só no século XIX "essas forças criadoras do psiquismo coletivo" que atuavam no processo de elaboração de novas formas de vida, irromperam com maior intensidade, influindo sobre a aceitação de novos tipos de pensamento e novas correntes literárias e fazendo florescer na velha árvore clássica a parte viva da "cultura real" que germinara na colônia e não pudera atingir, nessa época, impulso bastante forte para prevalecer no tronco em que se havia enxertado. O próprio Seminário de Olinda que representou, em fins do século XVIII, a primeira reação contra o interesse quase exclusivo das letras, não chegou a influir sobre o tipo de cultura dominante: as transformações que, com a criação desse Seminário, sofreu a escola, no seu conteúdo pedagógico e no seu valor cultural, ficaram circunscritas à instituição de Azeredo Coutinho.

A vinda de D. João VI, a abertura dos portos à navegação estrangeira, a independência política, a penetração, no país, das literaturas francesa e inglesa e, mais tarde, da literatura alemã, os contatos mais frequentes, por leituras e viagens, com outros países do ocidente europeu (as viagens, por exemplo, de José Bonifácio, Gonçalves Dias, Gonçalves de Magalhães, entre tantos outros), começaram a transformar, embora lentamente, o antigo Brasil colonial, até então mais ou menos isolado, num lugar de encontro e de fusão de influências diversas. Alargam-se pouco a pouco os quadros e acentuam-se os progressos da cultura, com o aumento e a intensidade de seus contatos com outras. Criam-se as primeiras escolas superiores de tipo profissional, com os cursos de engenharia militar, médico-cirúrgicos e os de direito. Mas à base dessas escolas novas, como das antigas, de filosofia e teologia, para a formação de clérigos, o que reside é o velho tipo de ensino, coerente e definido, em que não se introduzem senão em 1837, no Colégio Pedro II, transposições e adaptações de importância relativa, que não lhe tiram o caráter de ensino literário, fundado nas letras clássicas.

O que prepondera ainda (e o será por mais de um século) é o tipo de mentalidade e de cultura que com eles se desenvolveu e constituiu um fator de resistência à penetração da cultura científica ou do espírito e dos métodos positivos. "Uma vez chegada à sua maturidade (já observava Marrou, a respeito da antiga educação, na Grécia), a inércia, própria dos fenômenos de civilização (e particularmente dos fenômenos referentes à rotina pedagógica), conserva-lhe, sem mudanças importantes, durante séculos, a mesma estrutura e a mesma prática".[7] Se remontarmos à origem desse fenômeno, isto é, da inércia da cultura brasileira, que se encontra no seu sistema trissecular de educação, e "lhe acompanharmos as manifestações e consequências que se prolongam até hoje", como ficou assinalado em *A cultura brasileira* e confirma com sua autoridade Emílio Willems, podemos concluir que "a inércia tem suas raízes na própria cultura colonial e, onde quer que fossem apresentados (em virtude da difusão), os elementos culturais novos (como, por exemplo, os da cultura científica), chocaram-se com os padrões tradicionais, tendo sido frequentemente rejeitados à primeira tentativa de introdução".[8]

Ao "diálogo com Portugal", mantido quase invariavelmente através do período colonial, sucedem, no entanto, depois da Independência, a oposição à antiga metrópole, um "esforço de autoafirmação", nas palavras de Antônio Cândido,[9] a negação dos valores portugueses e aceitação dos moldes e das correntes literárias francesas. "Se a influência francesa sucedeu à influência portuguesa, depois da proclamação da Independência, é que o Brasil sentia", como observa Roger Bastide, "que a sua independência política não fora seguida pela sua independência cultural. Era preciso, pois, quebrar o último laço, o cordão umbilical que ligava ainda o Brasil a Portugal. Mas o 'meio interno' do Brasil havia então mudado, com os progressos da urbanização, que facilitava a formação de uma classe média, a mobilidade vertical, 'a ascensão do bacharel e do mulato'. A cultura francesa torna-se então o que é o conhecimento do latim na França, o símbolo de um certo estatuto social. A lei de Goblot, a da 'barreira e do nível', irá, pois, entrar em ação, e é através dese fenômeno social que nós devemos compreender a generalização da influência francesa e de sua literatura." Através, sim, desse fenômeno e de outros, como o das transformações da família, e não da escola propedêutica, fundada ainda nas letras clássicas, em cujo currículo se introduziu o ensino do francês, mas que se mantém estranha ao movimento que se processa em consequência das mudanças de estrutura e de novos contatos culturais. O romance brasileiro, por exemplo, que começa a desenvolver-se por essa época, "é o reflexo da metamorfose da família, tanto ou mais do que um simples reflexo de influências estrangeiras. Ou, mais exatamente (ainda na observação de Roger Bastide), a influência estrangeira se faz através do canal de uma transformação de estrutura social".[10]

É certo que a criação de escolas superiores, de medicina, engenharia e direito, abre perspectivas a uma determinada variedade de preparações especializadas de tipo profissional, que se acrescentaram ao "tronco comum" do ensino nos colégios e permitiram o desenvolvimento, em maior escala, das diversidades individuais. Mas, longe de se amortecerem com a diferenciação das culturas técnicas, o espírito e as tendências literárias, herdadas da cultura colonial, persistem por todo o século XIX, infiltrando-se nos quadros profissionais, e de tal modo que bacharéis, médicos e, em parte, engenheiros parece não se contentarem com o diploma e a profissão, sem os ornarem com o prestígio das letras. A aliança se faz desde cedo entre o bacharel e o letrado; e, se o bacharel, cuja cultura se aplica na construção jurídica e política da nação, predomina entre as categorias de profissionais então existentes, não será apenas pela função social realmente importante que lhe reserva o país em fase de organização, como por sua formação mais literária e livresca do que a dos outros tipos profissionais, preparados em escolas superiores. Os médicos não tardarão muito (e é no segundo quartel do século XIX que se acentua esse movimento) a cair na órbita de atração das letras. São os Torres Homem, Francisco de Castro e, mais recentemente, Miguel Couto, Fernando Magalhães, Miguel Pereira, Aloísio de Castro, Antônio Austregésilo, cuja eminente autoridade profissional se diria realçar com a nomeada de escritor ou de orador e as láureas acadêmicas.

O alargamento do interesse e da curiosidade pela literatura, que se torna um dos canais de ascensão social, em que se atropelam brancos e mestiços, e se apresenta como um símbolo de *status* social; a maneira por que é considerado o papel do escritor, como o do orador, sacro ou profano, parlamentar ou tribunício; a expansão de todas as atividades intelectuais, como o magistério, o jornalismo, a magistratura e a política, em que a palavra escrita ou falada é o principal instrumento de trabalho e de expressão, tudo indica ou parece indicar, na base da educação fundamental que se organiza no Império, a sobrevivência de suas origens coloniais. Num tipo de educação superior como o que então se criou e se prolongou até 1934, a tradição literária, cultivada nos antigos colégios, serviu de complemento e contrapeso à cultura estritamente profissional, e quase uma reação contra ela, difundindo-se, num movimento ascendente, para as escolas superiores e retardando a introdução, nestas, do espírito crítico e experimental, que é o espírito científico.

Em todo o caso, excetuada sua função conservadora e, portanto, a que exerceu, como instrumento de preservação de valores e da unidade de língua, não é a escola que conta no desenvolvimento da literatura, mas a difusão, "fonte principal de toda a dinâmica cultural, e que tomou nos séculos XIX e XX feições organizadas, pelo menos (como pondera Emílio Willems) nas esferas culturais consideradas de maior importância no processo de competição internacional".[11] Foi por aí como veículos de difusão, menos pelo ensino de mestres do que pelas facilidades abertas à circulação de ideias, que atuaram as escolas superiores no setor literário. Se não tiveram elas ação direta sobre a literatura, a que de certo modo serviram, alargando a base e promovendo a diversificação de conhecimentos, embora orientados para atividades novas, concorreram de modo notável para a diferenciação e desenvolvimento da cultura e, no caso das Faculdades de Direito, de Recife e de S. Paulo, para o progresso das letras, estimuladas por vias diversas nesses focos de irradiação cultural.

Favorecendo o contato e o convívio de estudantes, provindos de diferentes camadas sociais e de todas as regiões do país, as escolas superiores e, particularmente, as de direito, fomentam a atividade intelectual, abrem um campo mais vasto à difusão de ideias novas, vindas do estrangeiro, que recebem uma espécie de choque nessas corporações turbulentas, suscitam a formação de públicos de grande receptividade para as novidades jurídicas e literárias, para oradores e poetas, que aí surgem com toda a força de seus talentos, como Castro Alves,

Fagundes Varela, Álvares de Azevedo, e, no primeiro quartel deste século, Ricardo Gonçalves, ou se dirigem de outros cenários para as aclamações sob as "arcadas", ao auditório rumoroso dos estudantes. Poderoso auxiliar das atividades jurídicas que se elevam ao primeiro plano e se expandem no magistério, no foro e no parlamento, ganha a literatura novo impulso que a própria boêmia acadêmica estimulará mais tarde, criando, pelo contato e atrito de ideias, um estado de ebulição e efervescência intelectual. As influências de escolas e novas formas estéticas, como o Romantismo, o Simbolismo e o Parnasianismo, na poesia, o Realismo e o Naturalismo, na prosa, quando não irrompem nos agitados meios acadêmicos, neles repercutem em vagas sucessivas, provocando debates, dividindo opiniões e fazendo da população de estudantes, nas instituições de ensino superior, o público mais sensível e vibrátil, preferido por oradores políticos, por grandes e pequenos poetas, e desejado por atores e atrizes, nas galerias dos teatros.

À velha escola de formação linguístico-literária e à tradição cultural que ajudou a afirmar, pode-se atribuir o fato apontado por Antônio Cândido, entre outros, de que "ao contrário do que sucede noutros países, a literatura é aqui, mais do que a filosofia e as ciências humanas, o fenômeno central da vida do espírito". Se "as melhores expressões do pensamento e da sensibilidade têm assumido quase sempre, no Brasil, forma literária",[12] como observa o mesmo crítico, esse fato, intimamente ligado ao primeiro, não tem outras raízes senão as que lançou, na colônia, o sistema de educação, dos colégios de padres. Esse tipo de cultura (portuguesa) que, com a escola, se afirmou e se difundiu, e que os estudos jurídicos, o jornalismo e a vida parlamentar se encarregaram de desenvolver, constituiu por largo tempo o terreno em que desabrocharam todas as flores da retórica. Ele nos poderá explicar "os arranques juvenis para as letras", cuja força de atração parece fazer de cada brasileiro com alguns estudos um "escritor em potencial", "as precocidades que mal ultrapassam a maioridade", nas expressões de Genolino Amado, a mania quase epidêmica das declamações e das récitas, o gosto das palestras e conferências literárias, a improvisação e o diletantismo, e "essas carreiras, tão brilhantes quanto rápidas, que emergiram da boêmia das letras" e de cuja passagem meteórica não ficaram senão os nomes envoltos em lendas e o sulco do anedotário e dos depoimentos de contemporâneos.

Da preponderância várias vezes secular do ensino literário que fornecia o conhecimento da língua e os instrumentos de expressão, mas acabou por ficar desossado e sem substância (pois, se "as letras são a flor das ciências, as ciências são a substância das letras", como escreveu Anatole France) — a disponibilidade de "estilos" em busca de assuntos, a sedução pela forma até o maneirismo e o rebuscamento, o verbalismo, essa "aptidão" para falar sem ter nada que dizer, tão frequente em nossos oradores que, para usar as palavras de Voltaire, nos dão, quando discursam, "a impressão de mastigarem sem terem nada na boca" — e outras manifestações e subprodutos da mesma tendência que Monteiro Lobato satirizou, no seu conto "O colocador de pronomes", a propósito das obsessivas preocupações gramaticais ainda dominantes em seu tempo. Entre os dois ramos — as letras e as ciências, que se destinam a fortificar-se mutuamente — o divórcio que se chegou a estabelecer, se, de um lado, se prende às próprias condições econômicas e sociais do país no século XIX, de outro, se liga, e pelas raízes, a um ensino de cultura geral em que tão fortemente prevaleceram os estudos literários.

Não será, porém, por esse tipo de educação e cultura, com todas as suas influências e repercussões sobre a personalidade, que é possível esclarecer como se enriqueceu e se diversificou em uma grande variedade de gêneros, aspectos e níveis a literatura do país. Se considerarmos a própria "literatura de permanência", como chama Antônio Cândido a essa literatura conformada aos velhos padrões e "satisfeita consigo mesma", de que Rui Barbosa é uma das figuras mais representativas, será ainda muito pouco o que deveu à sua formação inicial, idêntica ou semelhante à de milhares de jovens, o orador, advogado e jornalista, cujas dimensões ultrapassaram as de todas as escolas e de seus mestres, e que se tornou, por sua capacidade excepcional e pela disciplina ascética de estudos prolongados, a expressão mais alta que entre nós, depois de Vieira, atingiu a eloquência humana. Se tomarmos, porém, um homem de teatro como Martins Pena, em cujas comédias não se percebe nenhuma preocupação literária, e que se volta à realidade quotidiana, à análise de cenas, costumes e tipos da vida social, "como o faria mais tarde Manuel de Macedo, nos seus romances", segundo lembra Ronald de Carvalho,[13] a escola ainda parece mais distante da sua "maneira de escrever" e das fontes de sua inspiração.

Não é com ela mas sobretudo com as conjunturas sociais concretas, várias e complexas, que se põem em relação as produções literárias mais diversas, ligadas, nas suas raízes, nos seus impulsos e no seu desenvolvimento, à situação social do escritor e à expectativa de certos públicos, a determinados grupos sociais, a passagens de um grupo para outro, ao contato com estrangeiros, a experiências novas e a viagens ainda aquelas que realizando-se à volta das estantes de uma biblioteca, estão mais facilmente ao alcance de cada um de nós. Pois, o espírito recebe como que um engrandecimento todas as vezes que muda de horizonte, "ele aprende, como escreve Latour-Gayet, a conhecer outras culturas, outras pessoas, outros costumes, outras maneiras de sentir e de pensar diferentes daquelas que lhe são familiares no círculo estreito em que o acaso o fez nascer", e em que se educou. Mas, ainda está por escrever a história das influências dessas viagens e desses contatos com culturas estrangeiras, como a das correntes e dos grupos literários, mais ou menos importantes, que delas foram resultando, e em que se estabeleceu, contra padrões estéticos consagrados, uma comunhão de entusiasmo pela poesia e por uma arte e técnicas novas.

No setor das artes e da literatura, tem sido sempre, aqui como por toda parte, muito reduzida a ação da escola, em face de experiências ulteriores, múltiplas e imprevisíveis, que, sobrepondo-se aos rígidos quadros escolares e às culturas organizadas, criam estímulo e abrem os caminhos mais diversos às criações do espírito. Onde, pois, se devem buscar as origens, tantas vezes obscuras, do movimento e das produções literárias, é antes nas mudanças do "meio interno", nos contatos de culturas diferentes, na circulação de livros e periódicos ("uma coleção de livros é a melhor Universidade", dizia Carlyle), nos lazeres que abrem ensejo à formação de focos intelectuais, na maior ou menor intensidade de participação na comédia humana, nas solicitações da vida e de seus problemas e na força das vocações autênticas, que se realizam, com escolas ou a despeito delas, no silêncio fecundo das bibliotecas, na intimidade das reuniões privadas ou nos ásperos contatos com a realidade, em que se sucedem e se revezam obstáculos, desafios e incentivos. Toda essa fermentação espiritual e cultural que se processa, dentro de determinadas ambiências histórico-sociais, é que constitui, na base e ao calor dos dons naturais de cada um, o crisol em que se elaboram, na sombra ou no tumulto, as elites intelectuais.

Por isso, "pelo imponderável do fator pessoal", tão poderoso na literatura como nas artes, em que intervêm, para lhe darem impulso ou lhe rasgarem novas perspectivas, condições e circunstâncias as mais diversas, é que se recruta, frequentemente, entre autodidatas não pequeno número de escritores, romancistas e poetas. Parece exata a observação de Otávio Tarquínio de Sousa, quando afirma que "ensaio realmente interessante seria o que procurasse estudar o autodidatismo no Brasil, menos para acentuar os males decorrentes da falta de verdadeiros estudos universitários do que para assinalar-lhe a única possível vantagem: o ensejo de que autênticas vocações intelectuais vinguem por si mesmas... pelo ímpeto de sua própria força nativa e alcancem vitórias intelectuais prodigiosas como, por exemplo, a de Machado de Assis, na sua obra e na sua vida". Em apoio desse ponto de vista cita ainda o caso de João Francisco Lisboa que, "escritor dos maiores do Brasil, viveu confinado na sua província até os 43 anos de idade e nela se fez e se formou sem frequentar escolas superiores ou mesmo de ensino secundário sistematizado, sem o influxo de mestres exemplares".[14] E poderia ter citado outros nomes, como Humberto de Campos que foi também caixeiro de loja comercial e teve, no Maranhão, começos de vida semelhantes aos do biógrafo do Pe. Vieira, "sem mestres e sem escolas"; Cruz e Sousa que, embora excelente aluno, não teve ensejo de ir além do curso secundário, ou maus estudantes como Coelho Neto e Olavo Bilac que tentaram cursos de medicina e direito, para logo interrompê-los, atraídos pela boêmia literária, ou Lima Barreto que, concluídos os preparatórios, se destacou, por notas baixas e reprovações, nos primeiros anos da Escola Politécnica, de que acabou desistindo.

A educação secundária sobre que se ergueu no Império o arcabouço diferenciado das instituições superiores de especialização profissional, longe, pois, de alargar o âmbito de sua influência, foi perdendo a que exerceu sobre a literatura na colônia e, dentro de certos limites, naquele período. Nessas duas épocas — uma de "insulamento cultural" e outra, em que se iniciara, com a independência, a interpenetração de civilizações, embora em ritmo lento e através da resistência oposta pelos padrões tradicionais — existia certamente uma situação de compromisso, uma cumplicidade aberta, na colônia, ou latente no Império entre a escola que refletia a cultura da época em Portugal, e a literatura do país. O sistema educacional, no segundo quartel do século XX, desdobrou-se, porém, em uma quantidade de escolas de todos os tipos e graus, e, em consequência, com a complexidade de estrutura e extraordinário crescimento numérico, sofreu, por isso mesmo, sensível redução de nível e qualidade de ensino e particularmente, do ensino secundário.

Mas não é somente porque decaiu nas escolas o ensino de letras clássicas, mas porque outros caminhos se abriram à penetração e difusão do espírito literário, que se estabeleceu maior desvio angular entre a literatura e o tipo de educação. Com os processos de industrialização e urbanização que começaram a acelerar-se, depois da Primeira Guerra Mundial, e as novas técnicas de transporte e comunicações — a expansão da imprensa, o impulso que tomaram as livrarias e as empresas editoras, a distribuição mais rápida de livros e revistas, as viagens dentro e para fora do país, as influências pessoais e de grupos e os contatos, por toda as formas, com as novas correntes de ideias e concepções estéticas, contribuem para quebrar a influência da escola tradicional, inaugurar, sob a pressão de "novos" e "novíssimos", uma era de inquietação e abrir aos meios literários fontes de inspiração mais modernas e singularmente fecundas. Já não é sob qualquer influência direta, mas à margem da escola e em oposição a ela que se desenvolvem e se renovam a crítica, a literatura de ficção, a poesia e o teatro.

À literatura daqueles que "não sabem senão por terem aprendido" (os *mathontes*, como lhes chamavam os gregos), sucede a dos que se voltam para si mesmos ou para os meios sociais mais diversos, onde encontram não só os assuntos como também, pela observação e experiência, novas sugestões e um vigoroso impulso de renovação. A literatura do país entra a beneficiar-se mais largamente do contato com as literaturas estrangeiras e desses movimentos filosóficos e estéticos que, centrados sobre as experiências interiores ou sobre problemas sociais e humanos e colocando-os sob ângulos diferentes, enraízam o abstrato no concreto e a meditação na vida. Em vez de se deixar condenada à sorte de ter o rosto virado para as costas, como certos preceitos do poema de Dante, lança-se para a frente, numa forte reação contra os cânones escolares e acadêmicos, e em busca de novos horizontes. E — o que parece significativo — não é nos meios e nas regiões em que se enriqueceu o sistema escolar, que tomou maior impulso essa literatura. Não é de S. Paulo, onde mais se difundiu a educação coletiva, mas do Nordeste e de Minas que surgem os nossos maiores romancistas.

No entanto, a expansão quantitativa da rede escolar, a extensão da educação e de suas oportunidades a um número cada vez maior e o crescimento constante da matrícula de mulheres nos ginásios, colégios e escolas superiores, tiveram várias e importantes repercussões sobre o desenvolvimento da literatura nacional. Pois, antes de tudo, contribuíram esses fatos para alargar à literatura a superfície de interesse e aprofundar, em todas as camadas sociais, o campo de sondagem, revelação e recrutamento das capacidades nas mais diversas direções. As camadas populares e burguesas, atingidas em maior escala pelos benefícios da educação, começaram a fornecer materiais mais amplos à renovação e diferenciação progressivas das elites intelectuais e, particularmente, na linha da tradição cultural do país, dos quadros literários, que se enriquecem com poetisas, cronistas e novelistas. Favorecendo o comércio de livros e criando novos públicos, mais diferenciados e de diversos gostos e níveis, concorreram ainda para incentivar a produção literária, democratizar a cultura, reduzir o divórcio entre o público e as elites intelectuais e multiplicar os meios de contato e de intercâmbio entre escritores: A escola, pois, se não influi *diretamente* sobre a produção, é certo que, contribuindo para alargar e diversificar o público, estimula as criações do espírito, a que se abrem novas perspectivas, e, afinal, *produz consumo*, aumentando constantemente o número de leitores e, portanto, o mercado de livros.

É certo que a literatura como fenômeno cultural, segundo observa Afrânio Coutinho, não se pode abstrair do seu meio social e histórico e de suas raízes educacionais. Não é possível, de fato, compreender a mentalidade dominante do país nem mesmo a literatura que se originou na sociedade colonial e se desenvolveu no século XIX, "sem ligá-la à escola então existente entre nós, à escola humanística, aos padres e mestres-escolas que 'formavam' as elites intelectuais e políticas". Mas, em torno dessa escola, que apenas oferece o *substrato* de cultura comum e as especializações técnicas e, com eles, um sistema de valores, uma forma de pensamento e um tipo de vida que permite realizá-los, reina uma atmosfera sociocultural, de camadas, densidade e movimentos, muito variáveis conforme as épocas, em que circulam correntes e influências as mais diversas; e tão numerosos, por isso, são os fatores determinantes ou condicionantes da produção literária que só uma investigação empírica, em cada caso, nos autorizaria afirmar até que ponto e em que sentido influiu sobre ela tal ou qual tipo de educação.

Em geral, como já foi notado, é na diversificação das culturas e nos seus contatos que se encontra a fonte principal de inspiração e de estímulo às capacidades inventivas e criadoras. E, se o que dá volume, peso e direção, às atividades e produções literárias, são as estruturas e as mudanças do "meio interno", na medida em que as impelem a se tornarem expressões de situações concretas de grupos e de classes ou abrem possibilidades de procurar itinerários ainda virgens e de se realizarem as vocações, fora ou à margem das influências escolares, o que lhes marca o nível, a originalidade fundamental, o poder de comunicação, a universalidade ou o regionalismo, muito menos ainda tem que ver com a escola, ligado como está tanto a correntes de pensamento, quanto a aptidões e forças nativas eminentemente individuais, a inumeráveis raízes, afinidades, impulsões que suscitam a variedade de tipos de escritores e a pesquisa e a criação de seus instrumentos literários. Em trabalho recente mostra Malcolm Cowley o que se deu nos Estados Unidos, com a instituição de cursos de "criação literária", sugeridos pelo fato de ter saído de Universidades a maior parte dos romancistas norte-americanos. Instalados esses cursos em certo número de colégios, "os estudantes os deixavam, munidos de um diploma que se julgava garantir seu talento. Infelizmente, o talento é coisa que a Universidade não pode assegurar aos editores, de sorte que, paradoxalmente, a ambição de numerosos jovens diplomados não é tanto escreverem eles mesmos quanto se tornarem, por sua vez, professores de 'criação literária' em outros colégios desprovidos ainda desses cursos"...[15]

O ENSINO DA LITERATURA

O problema da literatura, no Brasil, o seu futuro, seu desenvolvimento, sua consolidação, sua maioridade, estão a depender em especial do estudo e do ensino da literatura. Essa ligação da literatura com o ensino, quer secundário, quer universitário, é assunto sobre que se tem muito escrito e países há nos quais certo excesso de subordinação das letras à vida universitária cria verdadeira esclerose que impede o florescimento literário, provocando mesmo certa reação contra esse exagero, o qual consideram um empecilho à espontaneidade e originalidade. No Brasil, entretanto, o mal reside antes na falta de ensino. A produção literária permanece superficial e os escritores de formação autodidática, sem raízes que mergulhem fundo na tradição. A literatura é continuidade e contiguidade, sendo assim produto de cultura, ao lado, naturalmente, do aspecto pessoal da criação. Desta forma, jamais se formará uma classe intelectual permanente, e ficará a literatura subordinada à política ou à vida social. Interessa mais, em consequência, o aspecto exterior social da literatura, a vida literária, que assim é mais importante do que as obras; a vida dos escritores tem a primazia sobre as suas obras. Conhecem-se os fatos de suas vidas, mas não se leem os seus livros. A literatura fica sujeita ao social, e, em muitos casos, é apenas um meio para alcançar prestígio social, político, administrativo. Ou então resta somente uma atividade de jovens das escolas e academias, dão o caráter adolescente que lhe depositou José Veríssimo. O nosso meio exerce forte pressão sobre o homem de letras, e este acaba sempre por ceder, ligando seu nome, mais cedo ou mais tarde, a atividades ou trabalhos estranhos à literatura. O ensino literário decorrente dessa concepção não pode ser outro senão o do aspecto social da literatura, a exposição da vida dos homens de letras, as anedotas mais pitorescas a seu respeito, a enumeração dos títulos das suas obras, e das correntes a que pertenceram, tudo isso sob critério cronológico. As histórias literárias são meros catálogos de nomes e datas, histórias sociais da literatura. A análise das obras é secundária quando não inexistente. No entanto, a obra de arte existe por si mesma. A sua compreensão e interpretação independem do social, dos dados fornecidos pela História — política ou social. É-nos possível desdenhar até do autor para atingir a obra de arte. As explicações deterministas contribuem para esclarecer as exterioridades da obra, mas não esgotam o conhecimento de sua essência. Não passam da casca, das exterioridades. Todos os determinismos: do meio físico, social ou biológico, da geografia, da sociedade, ou da biografia. É absolutamente inaceitável a tentativa de explicar totalmente a obra de arte pela influência do meio, raça ou momento. Assim, uma metodologia ponderada não repele nenhuma das contribuições, ao contrário, combina-as porque nada é demais para a penetração do mistério da criação humana. Encara o fenômeno artístico como parte do todo cultural de um período, formando portanto com ele um bloco indivisível, e utiliza para compreendê-lo e interpretá-lo todos os dados que tiver ao alcance. Compreende-se, depois dos trabalhos de Burkhardt, Dilthey, Huizinga e outros, que as artes e a literatura fazem parte comum do todo que é a cultura, e manifestam em diferentes planos e meios a unidades subterrânea das culturas. Por compreender tudo isso é que essa metodologia tende a substituir, no campo da história das ideias, o antigo critério histórico, que acentuava antes o fundo social da criação artística, ou o biográfico, que exaltava o lado da experiência pessoal dessa criação. Não é possível já agora esconder o exagero em que incorreram os adeptos das explicações biográfica ou histórica, ambas influenciadas pelo clima mental do século XIX, clima esse encharcado das teorias deterministas em biologia e sociologia. Sem negligenciar os aspectos pessoal, histórico e social que existem na criação artística, em obediência a essa noção da unidade das culturas, o literário e o artístico estando intimamente ligados ao todo cultural e às condições históricas e sociais, tem havido recentemente uma reação contra essa maneira de encarar o fenômeno artístico, advogando-se um método estético, que procura antes pôr em relevo certos tipos e formas padrões. A preferência que dá ao aspecto estético parte da convicção de que a obra de arte é em si mesma um monobloco, podendo-se dispensar os elementos exteriores — de ordem pessoal ou social — para sua apreciação. É possível isolar a obra de arte e encará-la em si mesma, apreciá-la, amá-la, entendê-la, mesmo desconhecendo sua autoria ou origem nacional. Por isso, o aspecto estético deve prevalecer sobre todos os outros. Ele deve estar no ápice do trabalho crítico, encarando-se os aspectos biográfico e social como subsídios, relevantes se existem e são bem utilizados, mas não indispensáveis.

Tal concepção do fenômeno literário repercute severamente na metodologia do ensino de Letras. O grande mestre Tristão de Athayde apontou a evolução do ensino literário no Brasil como tendo seguido três etapas: o humanismo clássico, colonial e imperial, baseado no estudo do latim e introduzido pelos jesuítas desde os primórdios da nossa formação cultural; a segunda, a do positivismo pedagógico trazido pela República, que redundou no pragmatismo no estudo das línguas, ficando as letras entregues ao puro autodidatismo e às vocações individuais e leituras anarquizadas; a terceira fase surgiu com a fundação das faculdades de Filosofia e Letras, com as quais se abriram novas perspectivas para o ensino de Letras, com a formação de um novo humanismo objetivo e sistemática no ensino literário. (Didática literária, *Diário de Notícias*, RJ, 14 nov. 1948.)

*

De modo geral, dois tratamentos têm viciado fundamentalmente o ensino da literatura: o histórico e o filológico. Habituamo-nos, de um lado, a considerar o ensino da literatura como ensino de *história literária*, isto é, a exposição da ambiência histórica, social ou econômica que teria condicionado a produção da obra, e da vida do seu autor, em todos os pormenores exteriores. Tal orientação decorreu das premissas estabelecidas pelo "positivismo" oitocentista, pelas teorias deterministas, que tiveram em Taine e Brandes seus maiores propugnadures em literatura, e pelo biografismo literário de Sainte-Beuve. A obra em si mesma era desconsiderada, sóse rvia na medida em que concorria para explicar o autor ou a época. A história literária tinha essa denominação, mas em verdade era mais história do que literatura, relacionando-se com esta apenas muitas vezes por ser um catálogo dos nomes de escritores. Ou, quando muito, porque consistia numa coletânea de ensaios críticos, sem qualquer nexo a articulá-los, sem a menor atenção ao problema que deve ser central na verdadeira história literária — o da descrição da literatura como arte, nos seus gêneros, na sua evolução, nas suas leis. Eis aí, portanto, o critério historicista no estudo da literatura.

A outra perspectiva é a filológica. A literatura serviria apenas como texto de estudo da linguagem. E essa orientação é a que predomina na maioria dos professores de vernáculo, de mentalidade predominantemente filológica, que confundem análise literária com análise gramatical, estudo do estilo, do ponto de vista da estilística e da literatura, com análise sintática ou levantamento do vocabulário. E por isso é que a escola transforma para sempre Camões, e outros grandes escritores, em verdadeiros suplícios da alma juvenil.

Modernamente, criaram-se duas novas deformações ao ensino literário: a da teoria e a da linguística. A introdução dessas duas disciplinas no currículo superior de letras degenerou em que, em lugar de se fazer ensino pela leitura das obras literárias, passou-se a executá-lo pelas teorias acerca da literatura; em vez dos textos eles próprios, os livros de teoria sobre os mesmos. A teoria sobre a literatura em geral substituiu o estudo das obras. Fato idêntico ocorre com a linguística. Em vez dos textos, em vez da leitura e da escrita sistemáticas, recorrem-se aos postulados e à nomenclatura linguística. Outrora, era a terminologia gramatical, hoje é a da linguística. Ninguém pode negar a importância da teoria literária e da linguística para a análise e compreensão do fenômeno literário. Desse reconhecimento ao abuso e ao exclusivismo monista há um abismo que se deve evitar.

Em todos os centros avançados o ensino literário emancipou-se da história e da filologia, dois departamentos tão distintos quanto o de quaisquer outras disciplinas. O ensino da linguagem e o de letras exigem atitudes e mentalidades de espírito diversas, até dois professores diferentes e empregando metodologia e terminologia diversas. Ambos os ensinamentos devem basear-se no primado do texto, apenas um aborda o texto do ponto de vista verbal, enquanto o outro de uma perspectiva estético-literária.

É frequente a pergunta sobre qual deve ser o melhor método de ensino literário. Outrora, dominava o sistema dos grandes panoramas, históricos e biográficos, em que a memorização predominava. Começava-se pelo início da literatura e fazia-se um roteiro da evolução histórico-social-biográfica, em que os alunos recebiam apostilas sobre a vida, listas das obras e considerações políticas e históricas em torno dos autores. Era o sistema de memorização, que não se guardava na mente dos discentes, com inevitável esquecimento. Das obras, nada se ficava sabendo. Nenhuma comparação, nenhuma ligação dos escritores com os movimentos ou estilos estéticos. Era só uma noção sobre as escolas, ideia que predominava. Muitos professores dão fundamental importância e preferência às listagens de autores como se fosse possível, num curso de tempo limitado, tomar conhecimento de todos os escritores de uma Literatura. O método modernamente adotado em universidades que se prezam no ensino literário é o da leitura sistemática das obras. É o conceito didático do primado do texto. Observa-se ser muito mais proveitosa e fecunda a leitura em profundidade de um número escolhido de obras importantes e representativas de uma literatura do que o conhecimento de um vasto panorama ou de um grande número de nomes. O processo da memorização é substituído pelo da leitura das obras. E destas um número reduzido. E a leitura tem que ser feita com espírito técnico, mediante análises interiores, de estilo e estrutura, de tema e enredo, de métrica e rima, enfim de tudo aquilo que constitui o intrínseco da obra e não das circunstâncias exteriores. É muito mais útil estudarmos uma obra todo um semestre do que fazermos um voo perfunctório de toda uma literatura. Quem quiser conhecer — um estudante — toda uma literatura, na sua evolução histórica, que compulse uma obra de história literária ou um dicionário de literatura. No ensino literário, todavia, o que se pretende é que o aluno adquira o gosto literário, e para isso o que importa é que entre em contato com o fenômeno literário, através das obras, mediante a leitura das mesmas. Há muito maiores possibilidades de um estudo seguro tomando-se uma ou algumas obras e estudando-as em profundidade. O fenômeno literário é o mesmo numa obra, e numa só ele existe na sua totalidade, globalmente, em todos os seus aspectos. Tomando-se *Hamlet* ou *Madame Bovary* podem-se deslindar todos os segredos da articulação interior do fenômeno literário — no drama ou na ficção. Pode-se conhecer tudo, nos seus meandros, na sua intimidade, nas suas leis, na sua organicidade. E é isso que é literatura. Obras de arte de linguagem, caracterizadas pela soma ou continuidade de elementos estruturais, que funcionam para despertar o prazer estético. Esse prazer não se recebe da leitura maciça de uma história literária de qualquer nação, que não passa, para um jovem estudante, de um acervo morto de nomes e datas, um verdadeiro catálogo biobibliográfico. Não é isso a literatura. Mas história literária. Que tem sua importância, é indubitável. Para a fruição das obras literárias, contudo, o que se impõe é a leitura dessas mesmas obras. Elas é que nos elevam, nos dão o conhecimento do que é a vida, como deve ser vivida, e que prazer podemos tirar da literatura. Uma exposição de pintura não é a mesma coisa que o gozo de um quadro na intimidade. A literatura só vive e resiste pelos seus leitores, que retiram dela através dos tempos as sensações de estesia que ela pode proporcionar se bem fruída. Assim, no ensino literário o que se impõe é apontar o caminho que os jovens terão de seguir para retirar da literatura o máximo proveito. Não ensinar história ou catálogo de nomes e obras. Mas ler as obras. Um número reduzido de obras representativas de autores, gêneros, épocas. Só a leitura em massa dos modelos — pois o aspecto quantitativo é importante — proporcionará a necessária saturação do espírito em formação, embeberá a mente do principiante de modo definitivo. E ao lado da leitura em massa, a leitura crítica, orientada pela técnica moderna da explicação de textos. Como formar o historiador? Pela leitura sistemática de todos os grandes mestres da historiografia, da antiguidade aos nossos dias. De modo análogo, também o crítico ou o filósofo, o romancista ou o dramaturgo. A leitura em massa aliada à leitura crítica proporcionará a aquisição do espírito da disciplina e da sua técnica. Mostrarão o que já foi feito pela humanidade no terreno, e apontarão os caminhos a serem abertos para o futuro. Mesmo para renovar teremos de começar do que já foi feito. Tal aprendizado sistemático da literatura não poderá deixar de modificar nossa incapacidade de produção intelectual, sobretudo prejudicada pelas deficiências de ordem técnica. O exemplo excepcional de Machado de Assis confirma a tese, porquanto ele foi dos nossos raros escritores que não subestimaram o aprendizado técnico no exame dos clássicos. Sobretudo, produzirá uma reviravolta no sentido da disciplina, da ordem, da norma, nenhum país talvez carecendo tanto de um trabalho dessa natureza. A própria literatura é que lucrará com ele, revigorando-se nossas fontes de criação, estabelecendo-se e sistematizando-se os padrões de uma crítica sólida, uma crítica de princípios, que não se confunda com a simples resenha de livros. A criação literária envolve um problema de técnica, a partir do momento em que o espírito criador se projeta sobre o material a ser modelado em obra de arte. O artista é também um artífice, e há um aspecto técnico na poesia, no romance, no teatro, na crítica, afirmação truística mas necessária entre nós, pois concebemos a criação literária como partida exclusivamente do talento improvisador, da espontaneidade vocacional. Daí desdenharmos o aspecto técnico da obra, o trabalho de artífice. Pois justamente o lado técnico da produção é o que se pode aprender, é aquele que se absorve pelo estudo e se ministra pelo ensino. O poeta já nasce feito, mas jamais será um grande poeta se não aperfeiçoar sua técnica, seu instrumental, na meditação dos mestres. A base essencial da formação do homem de letras é o estudo do texto literário, isto é, das obras que, em cada gênero, atingiram tal grau de perfeição que se tornaram modelos clássicos. Há hoje nos grandes centros universitários um movimento, no que tange ao ensino das humanidades, chamado de "volta ao texto". Pretende restaurar a análise dos textos como base do ensino e do estudo das humanidades. Em vez do manual, o livro fonte.

Essa metodologia do primado do texto aplica-se a todo o aprendizado, seja no ensino do vernáculo e das literaturas de língua portuguesa e brasileira, seja no da história literária universal, seja no da teoria literária, seja no dos idiomas e literaturas estrangeiras, clássicas e modernas. Destarte, essa metodologia corresponde à convicção generalizada de que é mister executar o ensino mediante a leitura sistemática, séria e profunda, dos grandes textos literários. É a leitura inteligente das obras-primas que constituem o acervo da cultura literária ocidental. É o que se entende por primado do texto, como foi dito, regra de ouro do ensino de letras. O texto é diretamente absorvido, em vez do estudo através de antologias e manuais de literatura ou história literária. É muito comum encontrarem-se diplomados em letras que nunca leram obras literárias fundamentais, no estudo e meditação das quais é que se aprende literatura, e não em livros de teoria e história, desajudados da lição viva dos textos. Em consonância com esse princípio é comum atualmente a exigência de leitura sistemática de uma lista de livros — os Grandes Livros — cujo conjunto forma o maior patrimônio intelectual da humanidade, através dos quais o educando entra em contato com os mais refinados espíritos. Diz um comentarista: "O contato longo, continuado, direto, com excelentes obras, o melhor no gênero, tem um poder formativo e ordenador, especialmente sobre espíritos ainda plásticos, em crescimento, ativos na imitação." A leitura dos grandes livros coloca-nos em mão o universo. É a figura do homem que perpassa a nossos olhos, muita vez perplexos. É a maior lição para sentir e pensar. E para penetrar o desconhecido. São a maior fonte civilizadora.

O ensino da literatura faz parte de um todo chamado as humanidades. É o antigo ensino liberal, que possui um caráter funcional, preenchendo uma finalidade específica, a de fornecer ao educando uma filosofia da vida, de modo a torná-lo apto a uma existência útil à sociedade de seu tempo e a um domínio completo da expressão cultural. Não há outra finalidade para o ensino das humanidades. Elas são um caminho de humanização, isto é, visam a tornar o homem mais humano e capaz de uma vida plena na sociedade. Já se definiu mui belamente a literatura como o meio pelo qual as ideias e a vida imaginativa de um povo ou de uma civilização tomam corpo e crescem. Para tornar ativa essa concepção lata da literatura é necessário incorporá-la num plano vasto de ensino orgânico e vital. É o que procuram fazer hoje as universidades mais progressistas. A ideia básica do ensino é preferir a profundidade à extensão. Compreende-se que é mais eficaz estudar bem algumas figuras ou uma época do que toda uma literatura nacional, e que é preferível encará-las por cortes transversais do que por exames panorâmicos. Por exemplo, todo um curso sobre o *Hamlet* não visa a tornar o aluno especialista nessa peça. Parte da premissa de que para a formação (não se trata de informação) é mais valiosa a sua análise completa e minuciosa do que o estudo panorâmico e superficial de toda a literatura inglesa. No *Hamlet* estão os eternos problemas humanos, toda a alma moderna, e não só isso como os próprios problemas constantes da literatura inglesa.

É esse o significado do ensino literário.

Tornar a literatura um instrumento de vida mais bela, consciente, humana. E, ao mesmo tempo, contribuir indiretamente para a melhoria da própria produção literária, pelos homens de letras, poucos que sejam que dele possam surgir. Ao contrário do que muitos pensam no Brasil, começamos a compreender que a literatura pode ser objeto de estudo. Será a função cada vez mais larga das Faculdades de Filosofia e Letras intensificar o estudo superior de letras. Mas há outra noção que precisa ser repetida e difundida: a de que o homem de letras, o criador e o crítico de literatura — poetas, romancistas, dramaturgos, críticos — devem basear sua formação sobre o estudo da literatura, mercê de cursos especializados. Entre nós, a teoria dominante é de cunho romântico: acreditamos mais nas reservas da espontaneidade, da originalidade, da inspiração inconsciente, das forças telúricas como fontes de criatividade literária. Evidentemente, não se "fazem" escritores em cursos de letras. O escritor já nasce feito, nisso que sua vocação é recebida misteriosamente com a vida. Mas à vocação de escritor, há que acrescentar algo pela educação: as técnicas do ofício, suas regras, seus métodos. Isso se aprende, como se aprendem os da pintura, da música, de todas as artes. O artista completa-se pelo artífice. É claro que não se pretende com o ensino de letras instalar uma fábrica de literatos. O objetivo colimado é apenas disciplinar o estudo da literatura para uma formação literária mais consciente, refletida e metódica. Não se criarão escritores, que já nascem com a inclinação; mas se formarão melhores escritores, mais senhores de sua técnica, com uma cabeça mais disciplinada, cultivada e metodizada, mais dominadores da própria inspiração, com maiores recursos de mobilizá-la e veiculá-la. Esse é o objetivo dos cursos hoje comuns sobretudo nas universidades americanas, mas também nas europeias, cursos não apenas de história literária, mas cursos especiais de *writing*, isto é, de ensino das técnicas da poesia, da ficção e do drama a futuros escritores, que destarte adquirirão o *craft* da sua arte. Tais cursos terão sobretudo como resultado a criação de uma "consciência crítica" entre os escritores. Porão por terra a crença romântica na inspiração inconsciente como origem exclusiva da arte literária. Realizarão aquilo que um crítico americano chamou a morte do mito de uma literatura autóctone, de conteúdo primitivo e selvagem. A situação americana, no caso, é análoga da brasileira, e o dever dos críticos e doutrinadores literários entre nós é o de propugnar a formação daquela consciência crítica, daquela maneira crítica de encarar a literatura, em substituição ao mito do gênio virgem original, selvagem, indisciplinado. E isso mediante a valorização de uma tradição, de um "passado útil", pela educação sistemática e universitária, nunca pelo autodidatismo. A inteligência crítica é, por assim dizer, sinônima de espírito científico e é precisamente esse espírito, esse método científico, em aplicação ao estudo literário que se pretende com os cursos sistemáticos de letras.

Que é possível o ensino da literatura e que é eficiente, é noção não mais sujeita a dúvida consoante o parecer recente entre outros de experientes professores de literatura, ao mesmo tempo grandes homens de letras, que responderam a um inquérito de uma revista americana. Aliás, são inumeráveis os cursos desse tipo, que, ao lado dos cursos tradicionais de letras, oferecem as universidades americanas. E são já inúmeros os debates em torno do assunto, de que participam figuras de relevo das letras e do magistério. A conclusão é de que há certos fundamentos de seu ofício que o escritor pode e deve aprender conscientemente, *"a talented writer can be taught"*. Há que reiterar: o estudo sistemático da literatura terá por efeito a aquisição do espírito científico no seu tratamento. Não há outra finalidade para o ensino da literatura: difundir o gosto literário no homem comum que sai do nível médio, propiciar consciência crítica ao escritor e promover o espírito científico no tratamento crítico da literatura.

NOTAS

1. Emílio Willems. Sobre *A cultura brasileira* de Fernando de Azevedo (in *Folha da Manhã*. S. Paulo, 7 dez. 1943).
2. Robert K. Merton. La sociologie de la connaissance. (in *La sociologie au XXe Siècle*. I. Les grands problèmes de la sociologie). Dir. de Georges Gurvitch. Paris, Pr. Univ. de France, 1947.
3. H. I. Marrou. *Histoire de l'éducation dans l'antiquité*. 2. ed. Paris, Ed. du Seuil, 1950. p. 17.
4. Hegel, *Filosofía del derecho*. Ed. esp. Pref., p. 36.
5. Roger Bastide. Sociologie et littérature comparée. (in *Cahiers Internationaux de sociologie*. Nouvelle série. Paris, Pr. univ. de France. 93/100).
6. Sérgio Buarque de Holanda. *Moções*. Rio de Janeiro, Casa Est. Brasil, 1945. p. 7.
7. H. I. Marrou. *op. cit.* p. 18.
8. Emílio Willems. *loc. cit.*
9. Antônio Cândido de Melo e Sousa. A literatura brasileira no século XX. (in *International Colloquium on Luso-Brazilian studies*. Nashville, University Vanderbilt pr., 1950, pp. 149-153).
10. Roger Bastide. *op. cit.*, pp. 93-100.
11. Emílio Willems. *loc. cit.*
12. *Op. cit.*
13. Ronald de Carvalho. *Pequena história da literatura brasileira*, 6. ed. Rio de Janeiro, Briguiet, 1937.
14. Otávio Tarquínio de Sousa. "Um autodidata" (in *Folha da Manhã*, S. Paulo, 2 fev. 1955).
15. Malcolm Cowley. *The literary situation*. N. Y., Viking pr., 1954. Cf. La nouvelle "génération perdue". (in *L'Express*. Paris, n. 91, 19 fev. 1955). Essa observação de Cowley não implica, de. forma alguma, a negação da utilidade do "aprendizado técnico de letras". Se o ensino literário — que é do maior alcance, quando bem orientado — não cria escritores (e é isto que ele afirma), contribui certamente, como pensa Afrânio Coutinho, para dar "maior consistência e segurança artesanal" aos que tenham pendor e aptidões para atividades literárias. Não se lhe contesta a vantagem de nos fazer penetrar mais cedo no gênio da língua, de nos facilitar o domínio das técnicas ou dos instrumentos de expressão, de desenvolver o espírito crítico e a sensibilidade artística naqueles que a natureza tenha dotado de certas aptidões gerais para o exercício desse tipo de atividade intelectual. Não será, porém, menos útil aos demais, a que poderá dar maior destreza no manejo da língua, um gosto mais apurado e maior capacidade de apreciação das obras literárias. (Sobre o problema do ensino literário, ver: A. Coutinho. *Correntes cruzadas*. 1953; idem. *O ensino da literatura*, 1952).

6. *Antonio Candido*
O ESCRITOR E O PÚBLICO

A criação literária e as condições da produção. Literatura, sistema vivo de obras. Dependência do público. Diversos públicos brasileiros. Literatura e política. Nativismo e associações. Indianismo. Independência. O Estado e os grupos dirigentes. Escritor e massa. Tradição de auditório.

Em face da obra literária o nosso impulso é, frequentemente, considerá-la algo incondicionado, existindo em si e por si, agindo sobre nós graças a uma força própria que dispensa explicações. Esta ideia elementar repousa no obscuro reconhecimento de uma virtude criadora do escritor, misteriosamente pessoal; e mesmo quando cede, ao toque da análise, permanece um pouco em todos nós, leitores, na medida em que significa repugnância do afeto ante as tentativas que visam a definir-lhe os fatores, ou seja, traçar de algum modo os seus limites.

Por isso, quando investigamos tais fatores, percebemos que os essenciais e mais plenamente significativos são os "internos", que costeiam as zonas indefiníveis da criação, além das quais persiste o mistério, intacto e inabordável. Há todavia os "externos" de que se ocupará este capítulo; secundários, não há dúvida, como explicação; dependendo de um ponto de vista mais sociológico do que estético; mas necessários, senão à sondagem profunda das obras e dos criadores, pelo menos à compreensão adequada das correntes, períodos, constantes estéticas. Um autor alemão chega a dizer, neste sentido, que mesmo considerando-se *a priori* metafísico o valor artístico, só de modo sociológico é possível elucidá-lo nas suas formas concretas particulares — visto como nas sociedades civilizadas a criação é eminentemente "relação" de grupos criadores e grupos receptores de vário tipo.[1]

Vale dizer que o escritor, numa determinada sociedade, é não apenas o "indivíduo" capaz de exprimir a sua originalidade (que o delimita e especifica entre todos), mas alguém desempenhando um "papel social", ocupando uma posição relativa ao seu grupo profissional e correspondendo a certas expectativas dos grupos leitores ou auditores. A matéria e a forma da sua obra dependerão em parte da tensão entre as veleidades profundas e a consonância ao meio, descobrindo um diálogo mais ou menos vivo entre criador e público.

O panorama é todavia dinâmico, complicando-se pela ação que a obra realizada exerce tanto sobre o público, no momento da publicação e na posteridade, quanto sobre o autor, a cuja realidade se incorpora em acréscimo, e cuja fisionomia espiritual se define através dela. Em contraposição à atitude tradicional e unilateral, que considerava de preferência a ação do meio sobre o artista, vem-se esboçando na estética e na sociologia da arte uma atenção mais viva para este dinamismo da obra, que esculpe na sociedade as suas esferas de influência, cria o seu público, modificando o comportamento dos grupos e definindo relações entre os homens.[2]

A literatura é pois um sistema vivo de obras, agindo uma sobre as outras e sobre os leitores; e só vive na medida em que estes a vivem, decifrando-a, aceitando-a, deformando-a. A obra não é um produto fixo, unívoco ante qualquer público; nem este é passivo, homogêneo, registrando uniformemente o seu efeito. São dois termos interatuantes a que se junta o autor, termo inicial desse processo de circulação literária, para configurar a realidade da literatura, atuando no tempo.

Qual a influência entre eles; como se condicionam mutuamente; que relações humanas pressupõem ou motivam? São questões que o crítico propõe ao sociólogo, ou responde ele próprio colocando-se no ângulo deste. Procuremos falar como ambos, partindo da hipótese que, sob tal ponto de vista, a produção da obra literária deve ser inicialmente encarada com referência à posição social do escritor e à formação do público.

Aquela depende, em primeiro lugar, da consciência grupal, isto é, a noção desenvolvida pelos escritores de constituírem segmento especial da sociedade; ela se manifesta de maneira diversa conforme o momento histórico (exprimindo-se, por exemplo, como vocação, consciência artesanal, senso de missão, inspiração, dever social, etc.), permitindo-lhes definir um papel específico, diferente dos demais, e servindo de identificação aos membros daquele segmento.

O fato de este delimitar-se nitidamente como grupo ou permanecer virtual depende em boa parte do segundo fator: as condições de existência que os seus membros, enquanto tais, encontram na sociedade. Decorre ou não daí a profissionalização, que, embrionária noutras épocas, é tendência predominante no mundo moderno, mas não fator essencial para estruturar um grupo de escritores. Com efeito, há diversas formas de remunerar o trabalho de criação literária nas diferentes sociedades e épocas: mecenato, incorporação ao corpo de servidores, atribuição de cargos, geralmente prebendas, etc.

Finalmente, a posição do escritor depende do conceito social que os grupos elaboram em relação a ele, e não corresponde necessariamente ao seu próprio. Este fator exprime o reconhecimento coletivo da sua atividade, que deste modo se justifica socialmente. Deve-se notar, a propósito, que embora certos escritores tenham individualmente alcançado o pináculo da consideração em todas as épocas da civilização ocidental, o certo é que, como grupo e função, apenas nos tempos modernos ela lhes foi dispensada pela sociedade.

Tais fatores aparecem na realidade unidos e combinados, dependendo uns dos outros e determinando-se uns aos outros conforme a situação analisada. Assim é que se deve considerá-los, relacionando-os além disso ao segundo grupo de fatores, que integram o conceito de público.

Se a obra é mediadora entre o autor e o público, este é mediador entre o autor e a obra, na medida em que o autor só adquire plena consciência da obra quando ela lhe é "mostrada" através da reação de terceiros. O mesmo vale dizer que o público é condição do autor conhecer a si próprio, pois esta revelação da obra é a sua revelação. Sem o público, não haveria ponto de referência para o autor, cujo esforço se perderia caso não lhe correspondesse uma resposta, que é definição dele próprio. Quando se diz que escrever é imprescindível ao verdadeiro escritor, quer-se dizer que ele é psiquicamente organizado de tal modo que a reação do outro, necessária para a autoconsciência, é por ele motivada através da criação. Escrever é propiciar a manifestação alheia, em que a nossa imagem se revela a nós mesmos.[3]

Por isso, todo escritor depende do público. E quando afirma desprezá-lo, bastando-lhe o colóquio com os sonhos e a satisfação dada pelo próprio ato criador, está, na verdade, rejeitando determinado tipo de leitor insatisfatório, reservando-se para o leitor ideal em que a obra encontrará verdadeira ressonância. Tanto assim que a ausência ou presença da reação do público, a sua intensidade e qualidade, podem decidir a orientação duma obra e o destino de um artista. Mesmo porque nem sempre há contato tangível do escritor com os leitores e estes nem sempre se ordenam em grupos definidos, podendo permanecer no estado amorfo, isolados uns dos outros, por vezes em estado potencial. Para von Wiese (a quem devemos a melhor caracterização sociológica deste fenômeno tão mal estudado desde os primórdios da sociologia contemporânea), o público nunca é um grupo social, sendo sempre uma coleção inorgânica de indivíduos, cujo denominador comum é o interesse por um dado fato. É a "massa abstrata", ou "virtual", da sua terminologia.[4] Entretanto, dentro dela podem diferenciar-se agrupamentos menores, mais coesos, às vezes com tendência a organizar-se, como são os círculos de leitores e amadores entre os quais se recrutam quase sempre as *elites*, que pesarão mais diretamente na orientação do autor.

De qualquer modo, um público se configura pela existência e natureza dos meios de comunicação; a formação de uma opinião literária e a diferenciação de setores — mais restritos que tendem à liderança do gosto — as *elites*. O primeiro fator envolve o grau de ilustração, os hábitos intelectuais, os instrumentos de divulgação (livro, jornal, auditórios, etc.); o segundo e o terceiro se definem automaticamente, e aliás acabam de ser sugeridos.

Para correlacionar, agora em termos práticos, o problema do escritor e do público no contexto da presente análise, lembremos que o reconhecimento da posição daquele — a aceitação das suas ideias ou da sua técnica, a remuneração do seu trabalho — dependem da aceitação da sua obra, por parte deste. Escritor e obra constituem, pois, um par solidário, funcionalmente vinculado ao público; e no caso frequente deste conhecer determinado livro apenas depois da morte do autor, a relação se faz em termos de posteridade. De modo geral, todavia, a existência de uma obra levará sempre, mais cedo ou mais tarde, a uma reação, mínima que seja; e o autor a sentirá no seu trabalho, inclusive quando ela lhe pesa pela ausência.

Quando consideramos a literatura no Brasil, vemos que a sua orientação dependeu em parte dos públicos disponíveis nas várias fases, a começar pelos catecúmenos, causa dos autos de Anchieta, a eles ajustados e sobre eles atuando, como lição de vida e concepção do mundo. Vemos em seguida que durante cerca de dois séculos, pouco mais ou menos, os públicos normais da literatura foram aqui os auditórios — de igreja, academia, comemoração. O escritor não existia enquanto "papel social" definido; vicejava como atividade marginal de outras, mais requeridas pela sociedade menos diferenciada: sacerdote, jurista, administrador. Querendo fugir daí e afirmar-se, só encontrava os círculos populares de cantigas e anedotas, a que se dirigiu o grande irregular sem ressonância nem influência, que foi Gregório de Matos na sua fase brasileira.

A cerimônia religiosa, a comemoração pública, foram ocasião para se formarem os públicos mais duradouros em nossa literatura colonial, dominada pelo sermão e pelo recitativo. As fugazes academias constituem caso sugestivo, representando, do ponto de vista em que nos colocamos, esforço de criação artificial dum público por parte dos próprios escritores (escritores parciais, como vimos), que eram ao mesmo tempo grupo criador, transmissor e receptor; grupo multifuncional de ressonância limitada e dúbia caracterização, onde a literatura acabava por abafar a si mesma, esterilizando-se por falta de um ponto de apoio.

É preciso chegarmos ao fim do século XVIII e à fase que precede a Independência para podermos avaliar como se esboçam os elementos característicos do público e da posição social do escritor, definindo-se os valores de comunicação entre ambos. Como não se pretende aqui uma descrição completa, apenas estes elementos serão destacados, tentando-se avaliar qual foi a sua influência e persistência na evolução posterior.

Destaquemos desse contexto a função de Silva Alvarenga, provavelmente o primeiro escritor brasileiro que procurou harmonizar a criação com a militância intelectual, graças ao senso quase didático do seu papel. Em torno dele formou--se um grupo, o da *Sociedade Literária*, que se prolongou pelos dos alunos por ele formados como Mestre de Retórica e Poética, entre os quais alguns próceres da Independência. Assim, não apenas difundiu certa concepção da tarefa do homem de letras como agente positivo na vida civil, mas animou um movimento que teve continuidade, suscitando pequenos públicos fechados que se ampliariam pela ação cívica e intelectual até as reivindicações da autonomia política e, inseparável dela, da autonomia literária.

Digamos pois que, a exemplo do melodioso Alcino Palmireno, o escritor começou a adquirir consciência de si mesmo, no Brasil, como cidadão, homem da *polis*, a quem incumbe difundir as "luzes" e trabalhar pela pátria. Assim tocamos no principal elemento com que se integraram aqui, a princípio, a sua consciência grupal e o seu conceito social: o nativismo, logo tornado em nacionalismo, manifestado nos escritos e em toda a sorte de associações político-culturais que agremiaram sábios, poetas, oradores e, ao contrário das velhas academias, os encaminharam para a ação sobre a sociedade, abrindo-se para o exterior por meio da paixão libertária, mesmo quando fechadas sobre si mesmas pelo esoterismo maçônico. Esta literatura militante chegou ao grande público como sermão, artigo, panfleto, ode cívica; e o grande público aprendeu a esperar dos intelectuais palavras de ordem ou incentivo, com referência aos problemas da jovem Nação que surgia.

Esta união da literatura à política permitiu o primeiro contato vivo do escritor com os leitores e auditores potenciais, e nada exprime melhor a ardente fé nas "luzes" do que os cursos organizados na prisão pelos revolucionários de 1817, em proveito dos que esperavam a condenação, talvez a morte, e onde Muniz Tavares ensinava lógica; Frei Caneca, português; Basílio Torreão, geografia e história; Antônio Carlos, inglês... Futuros revoltosos de 1824, como Tristão de Alencar Araripe, aí se aperfeiçoaram e ganharam novas razões para lutar.[5]

Ao nativismo e às associações é preciso ajuntar a presença dos religiosos, frades e padres, proeminentes em ambos, que vieram trazer o prestígio de uma instituição básica da Monarquia, a Igreja, pondo-a ao serviço das novas ideias e conferindo respeitabilidade à atividade intelectual "ilustrada". Um sacerdote ilustre, Sousa Caldas, escreveu no último decênio do século XVIII um dos mais vigorosos libelos nativistas e ilustrados, o poema d'*As aves*; e as duas únicas restantes dentre as suas perdidas *Cartas* defendem a liberdade do pensamento em face do poder civil e religioso com um "modernismo" e um vigor que permitem considerar o seu extravio como das maiores perdas para a nossa literatura e a evolução do nosso pensamento.

De tudo se infere que, no primeiro quartel do século XIX, se esboçaram no Brasil condições para definir tanto o público quanto o papel social do escritor em conexão estreita com o nacionalismo.

Decorre que os escritores, pela primeira vez conscientes da sua realidade como grupo graças ao papel desempenhado no processo da Independência e ao reconhecimento da sua liderança no setor espiritual, vão procurar, como tarefa patriótica, definir conscientemente uma literatura mais ajustada às aspirações da jovem Pátria, favorecendo entre criador e público relações vivas e adequadas à nova fase.

A posição do escritor e a receptividade do público serão decisivamente influenciadas por este fato de a literatura brasileira ser então encarada como algo a criar-se voluntariamente para exprimir a sensibilidade nacional, manifestando-se como ato de brasilidade. Os jovens românticos da *Niterói* são em primeiro lugar patriotas que desejam complementar a Independência no plano estético; e como os moldes românticos previam tanto o sentimento de "segregação" quanto o de "missão" — que o compensa — o escritor pôde apresentar-se ao leitor como militante inspirado da ideia nacional. Vemos, então, que nativismo e civismo foram grandes pretextos funcionando como justificativas da atividade criadora; critérios de dignidade do escritor; recursos de atrair o leitor e, finalmente, valores a transmitir. Se as edições dos livros eram parcas, e lentamente esgotadas, a revista, o jornal, a tribuna, o recitativo, a cópia volante conduziam as suas ideias ao público de homens livres, disposto a vibrar na grande emoção do tempo.

Tão importante é esta circunstância para a criação e difusão da literatura, que nela buscavam razão de ser quase todas as demais tendências literárias, como as que se designam pelo nome genérico de sentimentalismo. Assim, a melancolia, a nostalgia, o amor da terra foram tidos como próprios do brasileiro; "nacionais" a seu modo; de valor quase cívico e frequentemente inseparáveis dele nas obras.

Verifica-se pois, que escritor e público definiram-se aqui em torno de duas características decisivas para a configuração geral da literatura: retórica e nativismo, fundidos no movimento romântico depois de um desenvolvimento anterior paralelo. A ação dos pregadores, dos conferencistas de academia, dos glosadores de mote, dos oradores nas comemorações, dos recitadores de toda hora, correspondia a uma sociedade de iletrados, analfabetos ou pouco afeitos à leitura.[6] Deste modo, formou-se, dispensando o intermédio da página impressa, um público de auditores, muito maior do que se dependesse dela, e favorecendo, dir-se-ia mesmo requerendo no escritor certas características de facilidade e ênfase, certo ritmo oratório que passou a timbre de boa literatura e prejudicou, entre nós, a formação dum estilo realmente *escrito* para ser *lido*. A grande maioria dos nossos escritores, em prosa e verso, *fala* de pena em punho e prefigura um leitor que ouve o som da sua voz brotar a cada passo por entre as linhas. Esta tendência recebeu incremento do nacionalismo, propenso a assumir o tom verbal e mesmo verboso, que desperta a emoção. Formado sob a sua égide, o escritor brasileiro guardou sempre algo daquela vocação patriótico-sentimental com que justificou a princípio a sua posição na sociedade do país autonomista, e logo independente; o público, do seu lado, sempre tendeu a exigi-la como critério de aceitação e reconhecimento do escritor. Ainda hoje, a *cor local*, a exibição afetiva, o pitoresco descritivo e a eloquência são requisitos mais ou menos prementes mostrando que o homem de letras foi aceito como cidadão, disposto a "falar" aos grupos, e amante da terra, pronto a celebrá-la com arroubo, para edificação de quantos, mesmo sem o ler, estavam dispostos a "ouvi-lo". Condições todas, como se vê, favorecendo o desenvolvimento, a penetração coletiva duma literatura sem leitores, como foi e é em parte a nossa.

Sob este ponto de vista, exemplo interessante é o Indianismo, que constitui elaboração ideológica do grupo intelectual em resposta a solicitações do momento histórico e, desenvolvendo-se na direção referida, satisfez às expectativas gerais do público disponível; mas graças ao seu dinamismo como sistema simbólico, atuou ativamente sobre ele, criando o seu público próprio. Não se pode aceitar a opinião de Capistrano de Abreu, para quem ele radica no popular, dando forma a certas tendências que, no seio do povo, contrastavam português e índio em sentido nativista. A sua raiz é erudita. Mergulha imediatamente no exemplo de Chateaubriand, com uma vitalidade compreensível pela influência mediata de Basílio da Gama e Santa Rita Durão — eles próprios desenvolvendo uma linha de aproveitamento ideológico do índio como protótipo da virtude natural, que remonta aos humanistas do século XVI.[7] Os românticos fundiram a tradição humanista na expressão patriótica e forneceram deste modo à sociedade do novo Brasil um temário nacionalista e sentimental adequado às suas necessidades de autovalorização. De tal forma, que ele transbordou imediatamente dos livros e operou independentemente deles — na canção, no discurso, na citação, na anedota, nas artes plásticas, na onomástica, propiciando a formação dum público incalculável e constituindo possivelmente o maior complexo de influência literária que já houve entre nós.

Mencionemos agora outra consequência importante de a literatura se haver incorporado ao civismo da Independência e se ajustado a públicos mais amplos do que os habilitados para a leitura compreensiva: a sua aceitação pelas instituições governamentais, com a decorrente dependência em relação às ideologias dominantes. Neste sentido, sobrelevam três fatores: o frequente amparo oficial de D. Pedro II, o Instituto Histórico, em parte as academias de direito (Olinda — Recife e São Paulo) — que de um lado acolhiam a atividade literária como função digna; de outro, podavam-lhe as demasias, pela padronização imposta ao comportamento do escritor na medida em que era funcionário, pensionado, agraciado, apoiado de qualquer modo. Houve neste sentido um mecenato por meio da prebenda e do favor imperial, que vinculavam letras e literatos à administração e à política, e se legitima na medida em que o Estado reconhecia desta forma (confirmando-o junto ao público), o papel cívico e construtivo que o escritor se arrogava desde logo como justificativa da criação.

À medida, porém, que o século correu, foi-se vendo outro lado desta realidade, dependente dela de certo modo e sob alguns aspectos devida às próprias faculdades jurídicas: a reação ante essa ordem excessiva, por parte do boêmio e do estudante, ou seja, o escritor na fase anterior à idade burocrática. Este elemento renovador e dinamizador acabou por ser parcialmente racionalizado pelas ideologias dominantes, esboçando-se nos costumes certa simpatia complacente pelo jovem irregular, que antes de ser homem grave quebrava um pouco a monotonia do nosso Império encartolado, e nem por isso perdia o eventual benefício do seu apoio futuro. A anedota verdadeira que nos mostra Guimarães Passos roubando carne às feras da Quinta da Boa Vista e, em consequência, admitido como funcionário da Biblioteca Imperial, simboliza admiravelmente essa atitude paternal duma sociedade em que o escritor esperava acomodar-se na aprovação pública, pela sanção da carreira paralela e respeitável. E talvez se possa dizer que uma das grandes felicidades da nossa literatura foi a morte de tantos escritores talentosos antes da idade burocrática...

Não estranha, pois, se haja desenvolvido em nossa literatura oitocentista certo conformismo de forma e fundo (apesar das exceções já referidas) ligado ao caráter, não raro assumido pelo escritor, de apêndice da vida oficial — pronto a submeter-se na criação a uma tonalidade média, enquadrando a expressão numa certa bitola de gosto. Muitos dos nossos maiores escritores — inclusive Gonçalves Dias e Machado de Assis — foram homens ajustados à superestrutura administrativa. A condição de escritor funcionou muitas vezes como justificativa de prebenda ou sinecura; para o público, como reconhecimento do direito a ambas — num Estado patrimonialista como foi o nosso. Ainda depois da Revolução de 1930, certa reforma severa no então recente Ministério da Educação, obrigando os inspetores de ensino a desempenhar efetivamente os cargos, esbarrou em três eminentes escritores e os deixou à margem da exigência, reconhecendo desta forma o direito secular do homem de letras, cuja atividade específica justificava o desleixo das que lhe eram dadas por acréscimo.

O Estado e os grupos dirigentes não funcionavam apenas como **patronos, mas** como sucedâneos do público; público vicariante, poderíamos dizer. Com efeito, na ausência de públicos amplos e conscientes, o apoio ou pelo menos o reconhecimento oficial valeram por estímulo, apreciação e retribuição da obra, colocando-se ante o autor como ponto de referência.

Note-se, também, que prosseguiu por todo o século XIX, até início deste, a tradição de auditório (ou que melhor nome tenha), graças não apenas à grande voga do discurso em todos os setores da nossa vida, mas, ainda, ao recitativo e à musicalização dos poemas. Foram estas as maneiras principais de veicular a poesia — dos poetas *oficiais*, como Magalhães ou Porto-Alegre, e dos *irregulares*, como Laurindo Rabelo ou Aureliano Lessa. Se as edições eram escassas, serenata, sarau e reunião multiplicavam o curso do verso, escandido ou cantado. Desta maneira, românticos e pós-românticos penetraram melhor na sociedade — graças a públicos receptivos de *auditores*. E não esqueçamos que para o homem médio e do povo, em nosso século, a encarnação suprema da inteligência e da literatura foi um orador, Rui Barbosa, que quase ninguém lê fora de algumas páginas de antologia.

Com traço importante devido ao desenvolvimento social do Segundo Reinado, mencionemos o papel das revistas e jornais familiares, que habituaram os autores a escrever para um público de leitoras ou para os serões domésticos, onde se lia em voz alta. Daí um amaneiramento bastante acentuado que pegou em muito estilo; um tom de crônica, de fácil humorismo, de pieguice, que está em Macedo, Alencar e até Machado de Assis. Poucas literaturas terão sofrido, tanto quanto a nossa, em seus melhores níveis, esta influência caseira e dengosa, que leva o escritor a prefigurar um público de mulheres e a ele se ajustar.

Se for válida a presente análise, dever-se-á concluir que as condições que presidiram, no Brasil, à definição tanto do público quanto do escritor, deveriam ter favorecido entre ambos comunicação fácil e ampla. Mas ficou também visto que o escritor não pôde contar, da parte do público, com remuneração de que este não era capaz, interpondo-se consequentemente entre ambos o Estado, como fonte doutras formas de retribuição.

Daí uma situação peculiar no tocante às relações entre o escritor e o grande público — agora considerado como conjunto eventual de *leitores*. É que no Brasil tem-se verificado tradicionalmente a existência de uma literatura muito acessível (na grande maioria) e, não obstante, ausência de comunicação entre o escritor e a massa. O paradoxo é apenas aparente, podendo talvez explicar-se por meio do critério aqui seguido.

Com efeito, o escritor se habituou a produzir para públicos simpáticos, mas restritos, e a contar com a aprovação dos grupos dirigentes, igualmente reduzidos. Ora, esta circunstância, ligada à esmagadora maioria de iletrados que ainda hoje caracteriza o país, nunca lhe permitiu diálogo efetivo com a massa, ou um público de leitores suficientemente vasto para substituir o apoio e o estímulo das pequenas elites. Ao mesmo tempo, a pouca riqueza cultural destas nunca permitiu a formação de uma literatura complexa, de qualidade rara, salvo as devidas exceções. Elite literária, no Brasil, significou até bem pouco tempo, não refinamento de gosto, mas apenas capacidade de interessar-se pelas letras.

Correspondendo aos públicos disponíveis de leitores — pequenos e singelos — a nossa literatura foi geralmente acessível como poucas, pois até o Modernismo não houve aqui escritor realmente difícil, a não ser a dificuldade fácil do rebuscamento verbal, que por se deixar vencer desde logo tanto agrada aos falsos requintados. De onde se vê que o afastamento entre escritor e massa veio da falta de públicos quantitativamente apreciáveis, não da qualidade pouco acessível das obras.

Daí o êxito (dentro das limitações apontadas) de todo escritor de talento, apesar de muita demagogia romântica em contrário. Nenhum exemplo mais significativo que o de Euclides da Cunha, "difícil", afrontando os poderes, fustigando o Exército — e no entanto desde logo aceito triunfalmente pelo Exército, pelos Poderes, pelos leitores.

Mas, ainda aqui, devemos voltar ao chavão inicial que nos vem guiando, e lembrar que a constituição do patriotismo como pretexto, e consequente adoção pelo escritor do papel didático de quem contribui para a coletividade, deve ter favorecido a legibilidade das obras. Tornar-se legível pelo conformismo aos padrões correntes; exprimir os anseios de todos; dar testemunho sobre o país; exprimir ou reproduzir a sua realidade — é tendência que verificamos em Magalhães, Alencar, Domingos Olímpio, Bilac, Mário de Andrade, Jorge Amado. Mesmo quando o grande público permanece indiferente, e ele só conta com os pequenos grupos, o escritor brasileiro permanece fácil na maioria dos casos. Como aconteceu na Rússia e na América Espanhola (isto é, países visando à ocidentalização rápida), ele sempre reivindicou entre nós tarefas mais largas do que as comumente atribuídas à sua função própria.

Estas considerações mostram porque não há quase no Brasil literatura verdadeiramente requintada — no sentido favorável da palavra — a ponto de tornar-se inacessível aos públicos disponíveis. A literatura considerada de elite na tradição ocidental, sendo hermética em relação ao leitor de cultura mediana, exprime quase sempre a autoconsciência extrema de um grupo, reagindo à opinião cristalizada da maioria, que se tornou pesada e sufocadora. Entre nós, nunca tendo havido consolidação da opinião literária, o grupo literário nunca se especializou a ponto de diferençar-se demasiado do teor comum de vida e opinião. Quase sempre produziu literatura como a produziriam leigos inteligentes, pois quase sempre a sua atividade se elaborou à margem de outras, com que a sociedade a retribuía. Papel social reconhecido ao escritor, mas pouca remuneração para o seu exercício específico; público receptivo, mas restrito e pouco refinado. Consequência: literatura acessível mas pouco difundida; consciência grupal do artista, mas pouco refinamento artesanal.

III. As considerações anteriores procuram apontar algumas condições da produção da literatura no Brasil, quase até os nossos dias, do ponto de vista das relações do escritor com o público e dos valores de comunicação.

No presente século houve alterações importantes no panorama traçado, principalmente a ampliação relativa dos públicos, desenvolvimento da indústria editorial, o aumento das possibilidades de remuneração específica. Em consequência houve certa desoficialização da literatura, que havia atingido no primeiro quartel a extremos verdadeiramente lamentáveis de dependência ideológica, tornando-se praticamente subsídio da vida mundana e de banais padrões acadêmicos. O escritor desafogou; e embora arriscando a posição tradicionalmente definida de "ornamento da sociedade" e consequentes retribuições, pôde definir um papel mais liberto, mesmo não se afastando na maioria dos casos do esquema traçado anteriormente — de participação na vida e aspiração nacionais. Todavia, a diferenciação dos públicos, alguns dos quais melhor aparelhados para a vida literária, permitiu maiores aventuras intelectuais e a produção de obras marcadas por visível inconformismo, como se viu nas de alguns modernistas e pós-modernistas. Vale mencionar que as elites mais refinadas do segundo quartel não coincidiram sempre, felizmente, com as elites administrativas e mundanas, permitindo assim às letras ressonância mais viva.

Se considerarmos o seu panorama atual, notamos quiçá duas tendências principais no que se refere à posição social do escritor. De um lado, a profissionalização acentua as características tradicionais ligadas à participação na vida social e a acessibilidade da forma; de outro, talvez como reação, a diferenciação de elites exigentes acentua as qualidades até aqui recessivas de refinamento e o escritor procura sublinhar as suas virtudes de ser excepcional. Uma dissociação, pois, no panorama anterior, que lhe dá maior riqueza e, afinal, um contraponto mais vivo. Ao contrário do que se havia verificado até então, quase sem exceções (pois a supervisão dos grupos dominantes incorporava e amainava desde logo inovações e inovadores), assistiu-se entre nós ao esboço de uma vanguarda literária mais ou menos dinâmica.

É preciso agora mencionar, como circunstância sugestiva, a continuidade da "tradição de auditório", que tende a mantê-la nos caminhos tradicionais da facilidade e da comunicabilidade imediata, de literatura que tem muitas características de produção falada para ser ouvida: donde a voga da retórica, da melodia verbal, da imagem colorida. Em nossos dias, quando as mudanças assinaladas apontavam para um possível enriquecimento da leitura e da escrita feita para ser lida — como é a de Machado de Assis — outras mudanças no campo tecnológico e político vieram trazer elementos contrários a isto. O rádio, por exemplo, reinstalou triunfalmente a literatura oral, e a melhoria quotidiana dos programas alarga perspectivas neste sentido. A ascensão das massas trabalhadoras propiciou, doutro lado, não apenas maior envergadura coletiva à oratória, mas um sentimento de missão social nos romancistas, poetas e ensaístas, que não raro escrevem como quem fala para convencer ou comover.

NOTAS

1   Müller-Frelenfels. "Schriftliche Beitrage zum Thema *Soziologie der Kunst*", etc. etc. (in *Verhandlungen des Siebenten Deutscheu Soziologentages*, Tübingen, 1931. pp. 279 e 280).
2   Cf. especialmente: Etienne Souriau. "L'art et la vie sociale" (in *Cahiers Internationaux de Sociologie*. vol. V, 1948. pp. 66-96); Mikel Dufrenne. "Pour une sociologie du public". (Ibidem, vol. VI, 1949, pp. 101- 112); idem. *Phénoménologie de l'expérience esthétique*, Paris, 1953, 1º vol., pp. 81-110; Q. D. Leavis. Fiction and the reading public. Londres, 1939; L. Schücking. *El gusto literario*. Ed. esp. México, 1950; A. Hauser. *The social history of art*. Londres, 1951. 2 vols.
3   A discussão mais importante sobre o papel do outro na autoconsciência se encontra em J. P. Sartre. *L'ëtre et le néant*. Paris, 1943, pp. 275-503.
4   Ver Leopold von Wiese. *System der Allgemeinen Soziologie Zweite Auflage, München und Leipzig*, 1933, pp. 405-446, especialmente 419-22 e 438-40. É preciso todavia completar a sua análise com o trabalho recente de Karl Nhlen, "Das Publikum und seine AAktionsarten" (in *Kolner Zeitschrift für Soziologie*. V, 4, pp. 46-74).
5   Damasceno Vieira. *Memórias históricas brasileiras*. Bahia, 1903, vol. I, p. 434. Ver também Muniz Tavares. *História da revolução de Pernambuco em 1817*. 3. ed., Recife, 1917, p. CCLXXI.
6   "... as peças oratórias eram escritas para ser recitadas, mas eram-no com verdadeiro entusiasmo. O povo, que nada lia, era ávido por ouvir os oradores mais famosos (...). Não havia divertimentos públicos, como hoje; o teatro era nulo; as festas de igreja eram concorridíssimas". Sílvio Romero. *História da literatura brasileira*. 2. ed., Rio de Janeiro, 1902, vol. I, p. 270.
7   Capistrano de Abreu. *Ensaios e estudos*. 1ª série, Rio de Janeiro, 1931, p. 94. Cf. Afonso Arinos de Melo Franco. *O índio brasileiro e a Revolução Francesa*. Rio de Janeiro, 1937.

7. *Wilson Martins*
A LITERATURA E O CONHECIMENTO DA TERRA

Literatura de ideias e literatura de imaginação. Literatura ufanista. Retratos do Brasil. Política e letras. Modernismo e folclore. Nacionalismo linguístico.

No que se refere ao conhecimento do Brasil, há, em toda a nossa história literária, uma espécie de contraponto entre a literatura de ideias e a literatura de imaginação: os mesmos temas, os mesmos pontos de vista, as mesmas preocupações se refletem nas obras de ensaístas, publicistas, historiadores, sábios, ficcionistas e poetas, cada qual em sua pauta própria. Nesse particular, têm o valor simbólico de um procedimento característico, as linhas iniciais de Frei Vicente do Salvador (1564?-1636/1639), na dedicatória da sua *História do Brasil*,[1] onde afirma que, depois de tê-la escrito, incitou "a um amigo que a mesma história compusesse em verso..."

Nossa evolução literária permite encontrar em todas as épocas essa transcrição simultânea: a carta de Pero Vaz de Caminha, que inicia entre nós a literatura de conhecimento da terra, e que é, por isso mesmo, o primeiro e eminente documento de uma inesgotável "brasiliana", parece ter sido o prelúdio comum a toda "coisa escrita" brasileira.[2] A nova terra descoberta era, primeiro que tudo, uma interrogação imensa voltada para os descobridores: ela reclamava, antes da interpretação, que não poderia vir senão séculos depois, a descrição esparramada e entusiasta, por se apresentar como a mais estupenda encarnação da natureza ou do Paraíso Terrestre (a expressão foi muitas vezes empregada) com que jamais poderia ter sonhado o homem europeu.

Não estranha, pois, que, desde o título, as primeiras obras aqui escritas revelem os sentimentos superlativos dos autores: são a *Prosopopeia*,[3] de Bento Teixeira (1545-depois de 1618), em 1601; os *Diálogos das grandezas do Brasil*,[4] de Ambrósio Fernandes Brandão (?-?), em 1618. Mais tarde, os títulos e as descrições mais objetivas começam a aparecer, com a *História da Província de Santa Cruz* (1576),[5] de Pero de Magalhães Gandavo (?-?) e com o *Tratado descritivo do Brasil*,[6] de Gabriel Soares de Sousa (1540-1591), publicado por Varnhagen, em 1851.

Ao lado dessas obras, visando evidentemente à publicidade, podemos colocar as que foram escritas a título privado e destinadas a poucos leitores: assim, a *Narrativa epistolar* (1583), de Fernão Cardim (c. 1548-1625), de que é preciso aproximar toda a correspondência jesuítica,[7] e o *Diário* (1839),[8] de Pero Lopes de Sousa (?-1539). Toda essa literatura demonstra o interesse despertado pela nova terra, física e socialmente tão diversa da Metrópole: ela prepara a literatura de imaginação que, nascida das mesmas solicitações, vai fundar vigorosa e perene corrente das letras brasileiras.

Os primeiros ecos dessas "prosopopeias" e desses "diálogos de grandezas" seiscentistas são, dois séculos depois, a *Música do Parnasso* (1705),[9] de Manuel Botelho de Oliveira (1636-1711), a *Cultura e opulência do Brasil* (1711),[10] de Antonil, pseud. de João Antônio Andreoni (1650-1716), *o Peregrino da América* (1728),[11] de Nuno Marques Pereira (1652-1728), que Capistrano de Abreu chamava "o Casimiro de Abreu do século XVIII" e considerava ilegível, e, sobretudo, a famosa *História da América Portuguesa*, de Sebastião da Rocha Pita (1660-1738), tronco de um gênero e de um estilo que se podem considerar típicos na literatura brasileira e dos quais o exemplo mais conhecido e mais ridicularizado, depois do Modernismo, será, no século XX, o *Por que me ufano do meu país* (1900), do Conde de Afonso Celso (1860-1938).

É difícil dizer onde termina a história e onde começa a ficção no livro de Rocha Pita: ele serve, assim, de transição quase material para os "poemas épicos" que o Brasil inspiraria logo em seguida, a Basílio da Gama (1740-1795), poeta insistentemente louvado por Machado de Assis (o que, desde logo, é importante guardar), e a Santa Rita Durão (1722-1784), sendo que o *Uraguai* (1769), do primeiro, rivaliza de importância, no século XVIII, com o não menos célebre *Caramuru* (1781), do segundo. Mesmo entre os poetas da chamada Escola Mineira — tão acusados de criar uma natureza fictícia de pastoral enquanto se mostravam cegos para o ambiente real e exuberante que os cercava — encontram-se os sinais dessa "inquietação pela terra" que vimos examinando: sem falar no *Vila-Rica* (publicado em 1839), de Cláudio Manuel da Costa (1729-1789), é inegável essa presença até em poemas de amor: "Tu não verás, Marília, cem cativos..."

Esse Varnhagen, cujo nome citamos, é, por muitos títulos e em mais uma coincidência significativa, o fundador simultâneo da nossa historiografia geral e da nossa historiografia literária. Francisco Adolfo de Varnhagen (1816-1878) é o criador entre nós da pesquisa histórica no sentido moderno da expressão, embora a sua própria maneira de escrever história já se tenha tornado obsoleta. É ele que, antes de qualquer outro grande historiador, percorre os arquivos, exumando documentos e construindo sobre essa base indestrutível e segura as suas narrativas; e, se as suas limitações provêm de ter, como escreveu Capistrano de Abreu, ignorado ou desdenhado a sociologia, nem por isso é menos certo que indicou o caminho e deixou prontas as fundações de que se beneficiariam todos os seus sucessores. Há qualquer coisa de comovente nesse Varnhagen que, apenas saído da adolescência, depara, na Biblioteca das Necessidades, com um manuscrito de Frei Vicente do Salvador: se não se pode dizer que esse achado lhe tenha despertado a vocação, podemos, ao menos, encará-lo como um desses encontros misteriosos a que nem sempre o viajante presta a necessária atenção e que, entretanto, revelam o sentido de um destino. Cruzando com Frei Vicente do Salvador e reeditando ou editando alguns dos mais importantes documentos da nossa historiografia, geral ou literária, Varnhagen ele próprio escreveria uma *História Geral do Brasil* (1854-57)[12] que, no estado em que a deixou, era apenas um monumento mutilado ou incompleto. O que lhe deu toda a significação, mostrando, ao mesmo tempo, de maneira palpável, o desenvolvimento orgânico dos nossos estudos históricos e a linha ininterrupta que une entre si os nossos historiadores, foram as reedições promovidas por Capistrano de Abreu (1853-1927), e, mais tarde, Rodolfo Garcia (1873-1949). Escolhendo Varnhagen para patrono na Academia, Oliveira Lima (1867-1928) sublinhou essa continuidade.

A obra de Varnhagen cria uma tradição e passa, assim, de geração em geração, como um legado que se engrandece, porque, se por um lado ela desabrocha nos nomes indicados — um dos quais fará da edição de Frei Vicente uma das tarefas essenciais da sua vida — por outro ela provoca, graças a uma rivalidade fecunda, o aparecimento da *História da literatura brasileira* (1888), de Sílvio Romero (1851-1914), que escreve, com esse livro, a sua "história geral do Brasil" visto pelos aspectos literários e, até, pelos aspectos sociológicos que tinham escapado ao seu antecessor.

Paralelamente, e respondendo, no fundo, à mesma necessidade de conhecimento do Brasil, aparecem os ensaístas políticos e filósofos sociais: muitos deles, como Aureliano Cândido Tavares Bastos (1839-1875), desafrontam-se, nos estudos sociais, das decepções sofridas na vida política, obtendo nos primeiros a audiência que lhes fora negada na segunda, sem que se possa dizer, contudo, que tenham exercido influência proporcional à acolhida reservada aos seus escritos; outros, como Alberto Torres (1865-1917), não encontrarão em vida a receptividade que somente novas condições sociais e uma mudança de mentalidade poderão permitir; enfim, entre os contemporâneos, confirma-se a "especialização" desses tratadistas em escritores profissionais, que como tal sempre preferiram ser encarados Oliveira Viana (1885-1951) e Gilberto Freyre (1900-1987). Mas é claro que não podemos esquecer, também, os nomes de outros grandes publicistas que foram, simultaneamente, homens de ação política: João Pandiá Calógeras (1870-1934), homem público de quem Capistrano de Abreu dizia não conhecer competidor no conhecimento do Brasil, embora o achasse, em eloquente restrição, livresco demais; Joaquim Nabuco (1849-1910), célebre, ao mesmo tempo, pelas suas qualidades de escritor e por sua ação em nossa vida pública e social, e, finalmente, o que maior "presença" obteve até hoje na existência nacional, esse Rui Barbosa (1849-1923) de quem examinaremos, adiante, o singular papel literário.

É importante assinalar que, se a literatura de ideias ou puramente descritiva forneceu aos poetas e ficcionistas os dados mais ou menos objetivos de que necessitavam para a criação das suas obras — que refletem o mesmo esforço de fidelidade ao real — a literatura poética e de imaginação, por sua vez, não deixou de inspirar e, em certo sentido, de deformar as interpretações dos ensaístas. Assim, como exemplo da primeira influência, podemos lembrar os depoimentos das sociedades antiescravagistas, parafraseados por Castro Alves, particularmente em "O navio negreiro" (1868):

> *Hoje... o porão negro, fundo,*
> *Infecto, apertado, imundo,*
> *Tendo a peste por jaguar...*

Os poemas de Castro Alves, bem como as obras de tantos outros escritores hoje esquecidos, vão, por sua vez, criar a "fisionomia" que a escravidão adquirirá para os tratadistas mais sérios, muitas vezes em desacordo com a realidade ou manifestando enganos de interpretação. É o que ocorre, para citar apenas dois casos, quanto à alimentação dos escravos ou quanto à hipertrofia sexual do negro, pontos que sofreram a revisão moderna e autorizada de Gilberto Freyre. Mas a verdade é que, como observava Alberto Torres, "o narrador dos nossos costumes sociais viu a escravidão através deste prisma literário", da mesma forma por que "a filosofia e a orientação política, que dispuseram, durante quase todo o século XIX da sorte deste país" se formaram com base em "alguns versos de poetas afamados, frases de oradores e publicistas, intrigas de romances sentimentais e eróticos", misturados, "nos cérebros de bacharéis e doutores, a provérbios populares e trechos de compêndios".

Essa influência recíproca ou essa interpretação dos mesmos temas, dos mesmos pontos de vista, na literatura de ideias e na de imaginação, tendo como estaca de partida comum a mesma intenção de conhecimento ou de descrição da terra, vai caracterizar fundamentalmente toda a literatura brasileira. Daí, talvez, não se poder falar, a rigor, de influências literárias propriamente ditas, mas da influência dos mesmos fatores sociológicos, das mesmas "provocações" ecológicas, sobre os escritores, de imaginação ou de ideias, que responderiam aos mesmos anseios, ao mesmo imperativo de satisfazer ao chamado do meio. Mas, nem sempre, essa reação se faz em linha reta e é mesmo comum que ela se manifeste através de um agente literário ou pessoal: é o caso de Varnhagen, que se desviou da geografia para a história do Brasil com a leitura do *Diário* de Pero Lopes de Sousa; da mesma forma, um escritor que nos parece tão instintivamente "telúrico", como José Lins do Rego (1901-1957), confessa dever a revelação da terra e de si mesmo ao encontro com Gilberto Freyre. Como esses, inúmeros outros casos podem ser apontados, seja de influências nascidas de contatos pessoais, seja de influências nascidas de simples leituras.

É o que se passa com o nosso romance histórico, que poderíamos, para esta síntese, resumir na figura de José de Alencar: todos sabem o que ele deve àqueles cronistas coloniais citados no início, todos conhecem a solidez das suas leituras e das suas preocupações históricas. Alencar pretendia escrever, antes de Nabuco, o seu "Estadista do Império", que seria, como o outro, a biografia de seu pai; preparava um ensaio sobre os indígenas brasileiros, da mesma forma por que o seu *Ubirajara* (1874) tem o valor de um "tratado descritivo" de etnografia. Essa influência da história, essa ânsia de conhecimento objetivo da terra — que têm sido tão erroneamente menosprezadas por críticos e historiadores menos argutos — revelam-se em todos os seus livros e foram dinamizadas, nele como em outros escritores, pelo Instituto Histórico (1838), que, no século XIX, teve uma "ação" social de presença e incentivo que estamos longe de avaliar.

Acresce que muitos desses romancistas e poetas eram, ao mesmo tempo, ensaístas de assuntos brasileiros, como Gonçalves Dias, e o Joaquim Manuel de Macedo autor de livros didáticos, ou fiéis observadores de costumes e, por isso, historiadores a seu modo, como Manuel Antônio de Almeida, Machado de Assis, Aluísio Azevedo e o próprio Alencar. Flanklin Távora foi um primeiro-secretário do Instituto Histórico, cujo entusiasmo se pôde medir nas festividades do jubileu dessa instituição. Não admira, pois, que tenha pretendido rivalizar com o autor de *O guarani* no romance histórico e que tenha dado à sua ficção, aliás medíocre, o valor de uma crônica retrospectiva. Machado de Assis, a quem, como Alencar, se tem injustamente negado as ligações com a terra, era, também, na observação de Lúcia Miguel Pereira, "um escritor profundamente preso ao meio". É ele quem em *Dom Casmurro* cita Álvares de Azevedo e Alencar como autoridades confirmadoras de sua assertiva de que era uso "namorar a cavalo" pelo meados do século XIX; é ele quem, por tantos outros episódios significativos, se revela, como a maior parte dos demais escritores brasileiros, admirável e expressivo cronista do seu tempo. De época para época, vamos encontrar no romance e na poesia os ecos de acontecimentos sincronicamente tratados em outra escala pelos publicistas e historiadores: se a voz veemente e obstinada de Rui Barbosa reboa pelos tribunais, impetrando *habeas corpus* em favor dos implicados na revolta de 1893, a mesma preocupação de "viver" esse acontecimento se revela no Lima Barreto do *Triste fim de Policarpo Quaresma* (1911), esse Policarpo Quaresma que se esmerava em possuir, na ficção, "unicamente autores nacionais ou tidos como tais", completados por uma "brasiliana" nada desprezível; é ainda a revolta da Armada que constitui o núcleo do romance de Coelho Neto, *O morto* (1898).

A ambição subconsciente de todo escritor brasileiro tem sido a de escrever um "retrato do Brasil" e isso explica a exuberância da nossa literatura regionalista. Ao contrário de Alencar, que pretendia fazer na sua obra, realmente, um retrato do Brasil, com os seus romances coloniais e indígenas, nortistas, sulinos e centrais, a grande maioria concorre apenas com os retratos do "seu

Brasil", pedaços de um "puzzle" que o leitor aos poucos reúne para a formação do grande quadro.

É assim que encontramos o Rio Grande do Sul nas obras aliás tão diferentes entre si de Simões Lopes Neto, de Alcides Maia e de Érico Veríssimo; é assim que conhecemos o sertão brasileiro através de Afonso Arinos, de Alfredo d'Escragnolle Taunay, de Domingos Olímpio ou de Oliveira Paiva; é assim que outras regiões típicas do território brasileiro já foram descritas por Xavier Marques, Rodolfo Teófilo, José Américo de Almeida, Valdomiro Silveira, Bernardo Guimarães.

Sob a influência do que Antônio Soares Amora chama o "poder sugestivo" do Modernismo, instaura-se por alguns anos o predomínio da literatura regionalista, da qual os nomes principais seriam os de José Lins do Rego, Raquel de Queirós, Graciliano Ramos, Amando Fontes, Jorge Amado... Se esses escritores não se acham diretamente ligados ao movimento modernista, devem-lhe, entretanto, a criação da atmosfera, do ambiente e da simpatia que tornariam possíveis os seus próprios livros.

Outros aspectos da vida brasileira têm sido tratados simultaneamente pelos ensaístas, de um lado, e, por outro lado, pelos ficcionistas e poetas: a atividade mineradora, por exemplo, que se é apenas um mito ou um pretexto para *As minas de prata* (1865-1866), de Alencar, ou para o *Romance de prata* (1935) de Paulo Setúbal, foi a fonte inspiradora de muitos versos de Gonzaga e de Cláudio Manuel da Costa.

O bandeirismo, tratado pelo mesmo Paulo Setúbal, no seu *A bandeira de Fernão Dias* ou em *O sonho das esmeraldas*, inspirou igualmente o Olavo Bilac de "O caçador de esmeraldas". É o mesmo Bilac quem responde, em "A Morte de Tapir", às poesias indianistas de Gonçalves Dias, a quem ele homenageava por ter celebrado

> o domínio soberano
> Das grandes tribos, o tropel fremente
> Da guerra bruta, o entrechocar insano
> Dos tacapes vibrados rijamente...

O indianismo tem, aliás, em nossa literatura, a importância e o volume de todos conhecidos: não precisaremos insistir ainda uma vez nos livros de José de Alencar, nem nos de Bernardo Guimarães, nem nos de tantos outros escritores menores. As manifestações de religiosidade primitivo — de que nasceu, em 1902, esse clássico da literatura brasileira que é *Os sertões* — encontraram no Afonso Arinos de *Os jagunços* (1898), no José Lins do Rego de *Pedra bonita* (1938) e no Antônio Calado de *Assunção de Salviano* (1954) os seus melhores ficcionistas.

O tema da escravidão, além da poesia causticante de Castro Alves, atraiu os mais variados temperamentos, desde o romântico Bernardo Guimarães, com esse outro clássico que é *A escrava Isaura* (1875), até ao Coelho Neto de *Rei Negro* (1914) e de *A conquista* (1902), passando pelo José do Patrocínio (1854-1905) das grandes campanhas sociais e de *Mota Coqueiro* (1877) e pelo Machado de Assis das alusões maliciosas e incidentes — e que assim respondiam a publicistas como Tavares Bastos ou Joaquim Nabuco.

O meio inconfundível da Amazônia provocou os romances de Inglês de Souza, as narrativas de José Veríssimo, os livros de Raimundo de Morais, as páginas inesquecíveis de Euclides da Cunha e as do seu discípulo Alberto Rangel, sem falar em autores modernos, como Gastão Cruls (*A Amazônia misteriosa*, 1925) e Dalcídio Jurandir (*Chove nos campos de Cachoeira*, 1941).

Enfim, um aspecto característico de certas regiões brasileiras, a imigração, já foi tratado por inúmeros publicistas e por alguns ficcionistas e poetas, seja como tema principal, a exemplo de Viana Moog (*Um rio imita o Reno*, 1939) e de Graça Aranha em *Canaã* (1902), seja indiretamente, como no Oswald de Andrade de *Marco zero* (1943), ou como em *Fazenda*, de Luís Martins.

Essa identidade de preocupações é tanto mais explicável quanto se sabe que muitos desses romancistas e poetas exerceram atividades políticas e nelas tiveram um contato obrigatório com as questões sociais de que trataram nos seus livros. Foi Alencar, por exemplo, quando ministro da Justiça, quem fez baixar a lei nº 1655 de 26 de dezembro de 1869, proibindo os leilões de escravos em praça pública; idênticas atitudes poderiam ser apontadas na vida política de Macedo, Taunay, Sílvio Romero e de tantos outros, deputados, políticos militantes, até se condensarem na "campanha nacionalista" de Olavo Bilac, em 1917.

Tais características da literatura brasileira podem ser estudadas sob dois aspectos, quer consideremos os "escritores de ideias" como estilistas, quer consideremos os "escritores de imaginação" como pensadores.

É sobretudo com Rui Barbosa que se estabelece a convicção de que, qualquer que seja o gênero praticado, quem emprega a palavra escrita tem o dever indeclinável de aprimorar o estilo. Esse homem, que viu no adjetivo "literário", com que lhe festejaram o jubileu intelectual, se não um insulto pelo menos uma restrição pejorativa — e que por isso insistiu, em se definir, nesse momento, como "um missionário, um soldado, um construtor" — foi, entretanto, o criador de um estilo e de um estado de espírito. É, antes de mais nada, ao seu estilo (entendida a palavra no sentido mais amplo) que ele deve a sua grande fama. Rui é, no país, a encarnação mesma da pureza vernácula e, por isso, aos olhos comuns, o escritor por excelência. Desde criança, segundo a tradição, muito antes, por consequência, daquele primeiro ato público de grande repercussão, o discurso a José Bonifácio, *o Moço*, em 1868, Rui Barbosa se preparava para assumir essa posição de depositário incorruptível da língua. Diz a pequena história que, ainda estudante, lia diariamente algumas páginas de Camilo, mesmo antes de lavar o rosto pela manhã, exercício a que se entregava por conselho paterno.[13] Assim, é ele quem primeiro chama a atenção, pela prática pessoal em textos castigados e depois pela retumbante polêmica (1902) com Ernesto Carneiro Ribeiro (1839-1920), para esse aspecto da atividade literária, se aqui aceitarmos "literatura" na acepção germânica do termo, isto é, como significando tudo o que é escrito.

Do tronco vernacularmente rico e puro de Rui Barbosa nascem grandes estilistas da literatura brasileira, os que se entregam com amorosos cuidados à lapidação da frase, à cata da abundância vocabular, ao expurgo de tudo o que não for insuspeitamente castiço. Dele é que sai, por exemplo, na ficção, um Coelho Neto, cujo primeiro livro data de 1893, e que se retrata a si mesmo, em *A conquista*, rebuscando sempre nos clássicos novos termos e proclamando "o seu vernáculo o mais belo, o mais rico, o mais soante".

Ora, 1902, ano em que se publica *A conquista*, esse romance de uma geração e dos ideais de uma geração, é igualmente o ano do *Parecer* de Rui Barbosa sobre a redação do Código Civil e da publicação de *Os sertões*, outro livro de um grande estilista que, longe de ser escritor rústico que nele quiseram ver, é, ao contrário, dos mais castigados e até dos mais preciosos. Outro estilista nascido dessa cadeia de influências, infelizmente sem a força criadora de Euclides, é Alberto Rangel, de quem se pode atribuir o malogro literário (nos livros de imaginação) a essa esmagadora influência de que não se pôde libertar.

Os escritores do último quartel do século XIX aceitaram, assim, voluntariamente, o magistério dos clássicos portugueses e se decidiram tacitamente contra Alencar na polêmica que, em 1872, o opusera a José Feliciano de Castilho e a Franklin Távora, e nos seus esforços em favor da criação de uma literatura eminentemente nacional.

Tal situação durará até 1922, quando o Modernismo reata com Alencar, exagerando, de certa forma, a importância da sua "reforma linguística", embora lhe condene implacavelmente o romantismo. É que o Modernismo, como todo movimento crítico, tinha aspirações realistas, uma das quais era justamente a da criação de uma "língua brasileira", que rejeitava, ao mesmo tempo, a tradição purista e Rui Barbosa inteiro, tanto a figura deste último se encontrava identificada, como se salientou acima, com essa orientação estilística. Como movimento realista, o Modernismo vai preconizar, igualmente, o exato e objetivo conhecimento da terra: é ao estado de espírito criado por esse movimento que se deve a evidência conquistada por publicistas até então desprezados, como Alberto Torres, por exemplo, ou o ambiente encontrado por ensaístas como Oliveira Viana e Gilberto Freyre, cujas obras respondem às aspirações dessa imensa revolução ideológica. Confirmando em aspecto particular as pesquisas mais recentes, que demonstram a lenta preparação do Modernismo a partir da primeira década deste século (para afinal eclodir na Semana de Arte Moderna, que foi o coroamento e não apenas um ponto de partida), seria possível citar alguns trabalhos esparsos de Gilberto Amado, publicado nessa época, e que reclamavam uma "atitude objetiva" em face do Brasil.

Por outro lado, o Modernismo identificará, como Sílvio Romero, a "literatura folclórica" com "literatura nacionalística", promovendo, nos mais variados domínios da atividade artística, o extraordinário favor de que ainda hoje desfrutam todas as manifestações orais e anônimas do povo brasileiro. Os livros característicos desse período — e que o resumem, por assim dizer, em seus aspectos fundamentais — são, na ficção, *Macunaíma* (1928), de Mário de Andrade, livro que é uma suma dos ideais de "conhecimento da terra" e de criação linguística, e, no ensaio, *Retrato do Brasil*, de Paulo Prado (1869-1943), publicado no mesmo ano, e que é a primeira de uma série de "interpretações do Brasil" que culminam no livro de Gilberto Freyre, porque toda a sua obra poderia ser definida como uma imensa "interpretação do Brasil", enriquecida por métodos originais de pesquisa e por um estilo inconfundível e saboroso. Sua influência intelectual se faz sentir não apenas no campo dos estudos sociológicos mas ainda na literatura de imaginação, pois lhe devemos, em verdade, uma *visão* inteiramente nova do Brasil, sejam quais forem as discordâncias que os especialistas lhe possam opor. Ao tratar desse culturalista de vistas tão originais, não poderíamos esquecer dois outros nomes que igualmente concorreram para renovar fundamente os nossos estudos de etnografia e de antropologia: Edgard Roquette-Pinto (1884-1954), cujo prestígio, através do rádio e do cinema educativos, extravasou além dos limites restritos do mundo científico, e Artur Ramos (1903-1949), a quem Roger Bastide conferiu, com a sua autoridade, o título de "mestre dos estudos africanistas", outra linha desses mergulhos na "realidade" brasileira, iniciada com Nina Rodrigues (1862- I 906).

Contra a "adulteração" do português no Brasil ou a favor da criação de uma "língua brasileira", os escritores patrícios têm lutado, em síntese, pela implantação de um estilo que responda às condições específicas do seu país. E isso nos conduz mais uma vez — fechando o círculo dentro do qual se inscreve, como se afirmou no início, toda a nossa literatura — ao estudo dos ficcionistas e poetas como pensadores, isto é, como intérpretes de uma realidade histórica, geográfica ou social. Já vimos que há um contracanto permanente entre os estudos teóricos e a literatura de imaginação: o próprio Visconde de Taunay, geralmente acusado de ter criado em *Inocência* (1872) um sertão convencional, foi entretanto, na opinião autorizada de Capistrano de Abreu, "o primeiro dentre nós que descreveu sertões de experiência e autópsia, não de *chic*"; essa mesma fidelidade, que o Modernismo elevaria à categoria de imperativo absoluto, foi sempre buscada por escritores como Franklin Távora, Domingos Olímpio ou Afonso Arinos, no que se refere à "paisagem" e ao "homem", e por escritores como José Lins do Rego, Graça Aranha, Machado de Assis ou Castro Alves, no que concerne às condições sociais. Um deles, Machado de Assis, escreveu a melhor página que possuímos sobre o nacionalismo em literatura, do qual, na sua própria obra, poderíamos citar, com as *Americanas* (1875), um exemplo magnífico.

Por outro lado, a literatura de imaginação não se contenta apenas com descrever a paisagem e os tipos humanos; ela tem, frequentemente, intenções programáticas, expõe ideais de reforma, o que ainda mais confirma essa infiltração das ideias a que conscientemente se entrega. Toda a poesia abolicionista de Castro Alves, por exemplo, tem um fim prático e concreto que é o de criar um estado de espírito favorável à libertação dos escravos; da mesma forma, encontramos em *O Cabeleira* (1876), de Franklin Távora, um eco das preocupações expostas alguns anos antes por Tavares Bastos em favor de um aproveitamento intensivo das possibilidades amazônicas; em *O tronco do ipê* (1871), Alencar se entrega à crítica social, em particular dos sistemas de educação a que então eram submetidas as moças de família; em *Mota Coqueiro*, José do Patrocínio, romancista aliás canhestro, escreveu um romance contra a pena de morte, etc. Inúmeros outros exemplos dessa tendência poderiam ser apontados, em particular os de toda a "literatura revolucionária", de tanta popularidade na década de 1930, e cujo malogro se deve precisamente ao predomínio das suas boas intenções sobre as suas qualidades propriamente literárias. Tais manifestações refletiam toda uma ambiência, expressa politicamente, e com frequência através dos mesmos homens, nas revoluções e movimentos ideológicos característicos dos anos de 20 e 30.

O que se pode afirmar, em conclusão, é que existe um fundo nítido de *ideias* em toda a literatura brasileira, da mesma forma por que nela se faz sentir ainda uma presença talvez exagerada da terra. Nossa literatura é mais "sociológica" que "psicológica" e pouco sabe ver o homem desligado da paisagem. É inegável, porém, que já se vai modificando essa tendência e que já estamos criando uma literatura "universal", sem compromissos imediatos com a terra, sem a indelével impregnação de exotismo que por tantos anos a caracterizou.

Tornou-se necessário, aqui, adotar o método das "sondagens-testemunha", para demonstrar não apenas a posição dos nossos historiadores, publicistas e ensaístas *como escritores*, mas ainda as intercomunicações, as "transposições" características dos mesmos temas em pautas diferentes, seja no seu estudo teórico, seja no seu tratamento como objeto da ficção e da poesia. Foram indicadas apenas as grandes linhas de uma pesquisa vastíssima, mas é de crer que a pormenorização só virá confirmá-las.

NOTAS

1. *A História do Brasil*, de Frei Vicente do Salvador, circula na excelente edição de Capistrano de Abreu, com anotações posteriores de Rodolfo Garcia. São Paulo, Melhoramentos, s/d.
2. A Carta, de Pero Vaz de Caminha (meados do século XV — 1500) deve ser lida na edição Jaime Cortesão. Rio de Janeiro, Livros de Portugal, 1943.
3. Da *Prosopopeia*, de Bento Teixeira; existe edição da Academia Brasileira de Letras, Rio de Janeiro, Anuário do Brasil, 1923.
4. Dos *Diálogos das grandezas do Brasil*, a melhor edição é a que foi feita sobre a da Academia Brasileira de Letras, com notas de Rodolfo Garcia e introdução de Jaime Cortesão. Rio de Janeiro, Edições Dois Mundos, 1943.
5. Da *História da província de Santa Cruz*, de Gandavo, ver edição: Rio de Janeiro, Anuário do Brasil, 1924.
6. *Tratado descritivo do Brasil*. São Paulo. Cia. Editora Nacional, 1938.
7. Dessa correspondência há as seguintes edições: Academia Brasileira de Letras, *Cartas jesuíticas*. Rio de Janeiro, 1931-1933, 3 vols. (Inclui cartas de Nóbrega, Anchieta e outros, além de documentos diversos); Serafim Leite, S. J. *Novas cartas jesuíticas*. S. Paulo, Cia. Editora Nacional, 1940; Cf. ainda Serafim Leite, S. J. *História da Companhia de Jesus no Brasil*. Lisboa — Rio de Janeiro, 1938-1950. 10 vols.
8. Do *Diário*, de Pero Lopes de Sousa, existe a edição: Comissão brasileira dos centenários portugueses, Rio de Janeiro, 1940, que é reprodução da edição crítica de Eugênio de Castro. Rio de Janeiro, Leuzinger, 1927.
9. Em edição organizada por Antenor Nascentes, Rio de Janeiro, Instituto Nacional do Livro, 1953. 2 vols.
10. De Antonil, existe a edição de Afonso d'Escragnolle Taunay. S. Paulo, Melhoramentos, 1923.
11. Do *Peregrino da América* há a edição da Academia Brasileira de Letras, Rio de Janeiro, 1939. 2 vols.
12. *A História geral do Brasil*, de Varnhagen, circula na excelente edição de Capistrano de Abreu e Rodolfo Garcia, S. Paulo, Melhoramentos. 5 vols.
13. Tradição oral recolhida por Capistrano de Abreu (*Correspondência*. II, 118).

8. Sílvio Castro
GÊNESE DA IDEIA DE BRASIL

A descoberta do mundo novo aos olhos dos europeus renascentistas. Pero Vaz de Caminha e sua Carta. O mito do paraíso terrestre. A catequese dos índios. A antologia cultural e a revelação do Brasil. A exaltação da nova terra. Visão edênica. As repercussões na Europa. Primeiras descrições.

A descoberta do Brasil, com a projeção da nova entidade na Europa quinhentista, cedo concede ao homem europeu resposta para o mítico sonho de um "mundo novo" e para as correspondentes derivações do grande mito central de uma cultura ansiosa de renovação.

Já na *Carta* de Pero Vaz de Caminha — documento que projeta logo após a sua leitura inicial e daí em diante, até a primeira publicação em 1817,[1] uma específica tradição oral — encontram-se quase todos os temas da mitologia cultural de uma Europa apenas saída dos contrastes da Idade Média. Mais que nenhum outro, o texto de Caminha tenta a difícil composição harmoniosa entre a convicção religiosa da tradição medieval e o universalismo do novo espírito humanístico-renascentista,[2] tenta propor o ideário de seu tempo.

Encontra-se na *Carta*, com a sucinta porém expressiva narração da navegação cabralina, o sentido existencial do partir, viajar, navegar, já expresso na síntese de Blumemberg: "O homem conduz a sua vida e ergue as suas instituições na terra. Mas o movimento da própria existência, ele procura compreendê-lo, na sua totalidade, especialmente com a metáfora do navegar solitário".[3]

Caminha é já aquele homem europeu que no seu mais profundo íntimo opõe o *cá* ao *lá*, o *aqui* ao *ali*. O difícil navegar solitário do primeiro cronista do Brasil é o desejo de alargar o limitado aqui pelo novo, vasto e ilimitado *lá*. E quando encontra a nova terra, no mágico dia 22 de abril de 1500, Caminha encontra igualmente um novo mundo. Diante dessa revelação, ele tenta a difícil composição de tempos diversos. Deve agora superar os limites convencionais dos conceitos da mundividência natal, para a conveniente tradução do mundo novo finalmente descoberto. Caminha, homem das tradições medievais, move-se, desta maneira, para o tempo novo do humanismo renascentista. Esta operação de concessão ao maravilhoso e ao mágico permite-lhe, em tão poucos dias de contato com a nova terra e conhecimento da nova gente, uma harmonia entre dois tempos quase antagônicos nas correspondentes essencialidades.[4]

A capacidade perovaziana de conceder-se ao mágico e ao maravilhoso permite-lhe a visão do novo mundo paradisíaco e a compreensão da gente diversa que nele habita. Quanto à terra, ele sabe opor com clara isenção o espaço deste novo *cá* ao agora antigo e distante espaço natal:

> Esta terra, Senhor, parece-me que, da ponta que mais contra o sul vimos, até outra ponta que contra o norte vem, de que nós deste ponto temos vista, será tamanha que haverá nela bem vinte ou vinte e cinco léguas por costa. Tem, ao longo do mar, em algumas partes, grandes barreiras, algumas vermelhas, outras brancas; e a terra por cima é toda chã e muito cheia de grandes arvoredos. De ponta a ponta é tudo praia redonda, muito chã e muito formosa.
> Pelo sertão nos pareceu, vista do mar, muito grande, porque a estender d'olhos não podíamos ver senão terra com arvoredos, que nos parecia muito longa.
> Nela até agora não pudemos saber que haja ouro, nem prata, nem coisa alguma de metal ou ferro; nem o vimos. Porém a terra em si é de muito bons ares, assim frios e temperados como os de Entre-Douro e Minho, porque neste tempo de agora os achávamos como os de lá.
> As águas são muitas e infindas. E em tal maneira é grandiosa que, querendo aproveitá-la, tudo dará nela, por causa das águas que tem.[5]

A mesma capacidade de maravilhar-se, de movimentar-se de dentro para fora, ele a tem em relação à nova gente:

> Andariam na praia, quando saímos, oito ou dez deles; e daí a pouco começaram a vir mais. E parece-me que viriam, este dia, à praia, quatrocentos ou quatrocentos e cinquenta. Alguns deles traziam arcos e flechas, que todos trocaram por carapuças ou por qualquer coisa que lhes davam. Comiam conosco de tudo que lhes oferecíamos. Alguns deles bebiam vinho; outros não o podiam suportar. Mas quer-me parecer que, se os acostumarem, o hão de beber de boa vontade. Andavam todos tão bem dispostos, tão bem feitos e galantes com suas tinturas que muito agradavam. Acarretavam dessa lenha, na maior quantidade que podiam, com muita boa vontade, e levavam-na aos batéis. E estavam já mais mansos e seguros entre nós do que nós estávamos entre eles.[6]

Na exaltação mítica do paraíso terrestre finalmente reencontrado, habitado por uma gente ingênua e simples, adepta do "estado natural", Pero Vaz de Caminha, homem de clara religiosidde, vê na possibilidade de cristianização pacífica da gente nova a maior riqueza da descoberta. E o diz diretamente ao Rei, leitor privilegiado da *Carta*:

> Porém, o melhor fruto que dela [terra] se pode tirar me parece será salvar esta gente. E esta deve ser a principal semente que Vossa Alteza nela deve lançar.[7]

Caminha preanunciava, de certa maneira, com as suas propostas, a atividade de catequese dos índios pelos jesuítas, a partir de 1549, que marcou um determinado tipo de estruturação cultural para o futuro Brasil.

Depois do testemunho precursor de Pero Vaz de Caminha, a mitologia cultural ligada ao Brasil se alargará em diversas direções, interessando inicialmente o originário mundo descobridor, português e europeu, e, em correspondência clara, num segundo e quase imediato momento, ao próprio mundo brasileiro, que se descobria e criava.[8]

A análise do possível *corpus* testemunhal da entidade "Brasil" compreende, em linhas gerais, dois setores distintos: o primeiro se refere a testemunhos leigos, de autoria de portugueses ou europeus não portugueses, caracterizado pela diversidade dos autores, por uma grande amplidão e aparente desarmonia expressiva, pela falta de determinada estrutura lógico-ideológica; o segundo, ligado às expressões de membros da Companhia de Jesus ou de outras Ordens, ao contrário, realiza-se com evidente coerência estrutural, modificada apenas pela maior ou menor personalidade individual do autor do testemunho.[9]

A mitologia cultural ligada ao Brasil encontra em Américo Vespúcio a primeira voz que transmite ao mundo conhecido a mensagem do encontro do "novo mundo" a partir do contato com as terras brasileiras. Depois de sua viagem como cartógrafo e geógrafo, membro da primeira expedição exploradora do litoral brasileiro organizada por D. Manuel em 1501, Vespúcio relata as suas experiências em cartas que lhe deram uma notável fama internacional. Nelas, o testemunho vespuciano faz do Brasil a referência objetiva para o conceito mítico de "Novo Mundo" em relação ao continente americano, mito que será fonte de extraordinárias expressões culturais na Europa dos séculos XVI e XVII.

Escrevendo a Pedro Soderini, gonfaloneiro da república de Florença, em 1504, ele diz:

> Ai giorni passati pienamente diedi aviso alla. S. V. del mio ritorno e, se ben mi ricordo, le raccontai di tutte questi parti del mondo nuovo alle qualli io ero andato con le caravelle del Sereníssimo Re del Portogallo; e se diligentemente saranno considerate, parrà veramente che facciamo un altro mondo, sì che non senza cagione l'abbiamo chiamato *mondo nuovo*.[10]

Logo depois, na estrutura mesma da "Carta" vespuciana, vemos que este conceito mítico o acompanhara em sua viagem: "Con felice augurio adunque alli 13 di maggio 1501, per commandamento del Re ci partimmo da Lisbona con tre caravelle armate e andammo a cercare il mondo nuovo."[11]

Diante da nova terra e da gente desconhecida, o florentino sabe superar o seu costumeiro pessimismo, e entrega-se à magia das novas revelações, ainda que sem a extensão humanística de Pero Vaz de Caminha.[12] Da gente sabe reconhecer a beleza física: "Hanno la faccia di bello e gentile aspetto",[13] ainda que, logo depois, revele o seu desconcerto pelo uso de enfeites faciais da parte dos silvícolas. Como já o fizera Caminha,[14] nota a beleza particular das mulheres índias, ainda que o faça com evidente crítica às acentuadas propensões sensuais das mesmas.[15] Já antes, em carta datada de 1502, endereçada a Lourenço dei Medici, ele soubera dar-se mais intensamente à magia da visão da terra nova:

> ... per la qual terra coremo d'essa circa a di 800 leghe, tutta volta alla quarta di libeccio ver ponente, e quella frovamo piena d'abitatori, dove notai maravigliose cose di Dio e della natura (...) Questa terra è molto amena e piena... presso al paradiso teresto.[16]

Aqui, o. "Novo Mundo" vespuciano se confunde com o paraíso terrestre habitado por homens e mulheres em estado natural. Nem por isso são o futuro "bom selvagem", pois que "... ognuno é signore di sé. Non amministrano giustizia, la quale non è loro necesario, perché non regna in loro codizia (...) soo gente belicosa, e infra loro molti crudeli".[17] Porém, este duro conceito vespuciano se ameniza logo depois, quando ele declara que esta mesma gente, em contato com a boa natureza da terra, vive longamente, é sadia de corpo e quase desconhece as doenças.

Apesar de um costumeiro pessimismo e certa dureza de juízos, Vespúcio não se exime de fazer da nova terra um Eldorado, ainda que cautelosamente afirme não levar nada de tal ouro na oportunidade.[18]

O grande sucesso e difusão na Europa dos textos de Vespúcio com a exaltação do "novo mundo", configurado principalmente pelo universo brasileiro, com a representação do paraíso terrestre nos lugares por ele visitados; com a revelação extraordinária da existência neste mesmo paraíso de uma gente gentil, bela e saudável, que ali vivia em estado primordial, integrados na natureza, homens e mulheres, plenos de saúde, livres das doenças e dos males que dizimavam os civilizados; longevos e felizes, livres, maravilhosamente livres; tudo isso projetou no Velho Mundo uma perspectiva mítica, utópica em relação às terras novamente encontradas. A lição vespuciana por isso mesmo está na base da criação de uma série de obras que exaltam a utopia dos lugares ideais, fazendo deles sede justa da vida humana. O *Elogio da loucura*, de Erasmo, publicado em 1508, é o produto inicial desse típico gênero literário, com mitos sucessores, vários deles ligados ao Brasil como lugar e dimensão míticos.[19]

Contudo, esta presença brasileira é inequívoca e profundamente marcada na *Utopia* de Thomas More,[20] publicada em 1516. Utopia é uma ilha onde todos têm uma vida ideal, o homem vive num regime de igualdade, conforme as leis da natureza, acima das diferenças de classes. A vida dos utopienses resume uma sutil harmonia entre as normas da caridade cristã e um moderado epicurismo, tendo como finalidade principal a conquista de uma existência sadia e serena. O sistema político é uma democracia dirigida por um príncipe que dita leis claras, capazes de garantir a estabilidade social da ilha. O protagonista de More é um português chamado Rafael Hythlodaemus, cujo sobrenome quer dizer "narrador de histórias fantásticas".[21]

Como lugar utópico projetado pela tradição vespuciana em relação ao Brasil, convém lembrar o fenômeno histórico da presença dos franceses na baía de Guanabara, de 1555 a 1567, com o sonho da criação de uma França Antártica. Testemunhos excepcionais dessa experiência são André Thevet, que publicou em 1558 o seu *Singularités de la France Antartique*, e Jean de Léry, que em 1578, depois de muitos anos de seu retorno à França, fez conhecer a *Histoire d'un voyage faict en la terre du Brésil*. Ambos deram ampla difusão da vida dos Tupinambás e seus costumes, e exaltaram as belezas e maravilhas da terra brasileira.

Dentro da tradição vespuciana e influenciado fortemente pelos testemunhos de Thevet e Léry, Montaigne escreve o seu famoso ensaio "Des Cannibales", publicado na primeira edição dos *Essais*, em 1580. Nele, Montaigne instaura um novo tempo para o pensamento europeu, a partir de dados relativos à vida tribal dos índios brasileiros. Afirma que medir hábitos e costumes estranhos tomando como referência os nossos significa não compreendê-los, diminuí-los; somente por meio de uma comparação não preconceituosa dos costumes é possível colher, tendo claramente em vista a diversidade de expressão, a comum natureza humana e, assim, formular julgamentos sobre a validade de cada costume particular tendo como base apenas o testemunho da razão.

> Mantive por longo tempo na minha casa um homem que vivera dez ou doze anos naquele outro mundo descoberto no nosso século, no lugar onde desembarcou Villegagnon, denominando-o França Antártica. [...] Aquele homem que vivia na minha casa era um homem simples e rude, condição esta conveniente para prestar um testemunho veraz; porque as pessoas cultas observam certamente com mais curiosidade um maior número de coisas, mas depois as glosam; e para ressaltar a própria interpretação e fazê-la mais aceitável, não conseguem eximir-se de modificar um pouco a história [...] ou, então, é necessário que a testemunha seja um homem escrupuloso, ou senão, tão simples que nada possua com que glosar e dar verossimilhança às falsas invenções, e que não tenha igualmente nenhum ponto de vista apriorístico. O meu era assim, e, além disso, me permitiu, por diversas vezes, conhecer numerosos marinheiros e mercantes que havia conhecido naquela viagem. Desta maneira eu me acontento destas informações, sem preocupar-me do que dizem os cosmógrafos.[22]

Já Rabelais, no *Cinquiesme et dernier livre de Pantagruel*, publicado postumamente em 1562, coloca o descobridor do Brasil — sob o nome de Pietre

Álvares — em meio ao fantástico de suas histórias e personagens,[23] e, no início do outro século, Daniel Defoe, antes do naufrágio e salvação de Robinson Crusoe na ilhota diante da foz do rio Orenoco, põe o seu famoso personagem escravo nas mãos de um capitão português, perambulando pelas terras brasileiras como fazendeiro e plantador de cana-de-açúcar.[24]

Foi desta maneira que a mitologia cultural reveladora do Brasil se estruturou e ganhou consistência em múltiplos âmbitos culturais do Ocidente. A terra e sua gente provocavam o interesse do dito Velho Mundo, aquela mesma terra "... ce beau Pay de Brasil, lequel n'a pas son pareil sous le ciel...", recordada por Maurício de Nassau no último momento de sua vida;[25] e aquela gente que Vieira, no mesmo final dos Seiscentos, dizia ser o único, verdadeiro Eldorado do Brasil: "... não há outro ouro nem outra prata mais que o sangue e o suor dos Índios: o sangue se vende nos que cativam e o suor se converte no tabaco, no açúcar e nas mais drogas que com os ditos Índios se lavram e fabricam".[26]

O sistema terra-gente pode servir continuamente à análise da evolução da mitologia cultural que engendra a ideia de Brasil. Os testemunhos de leigos se debruçam inicialmente com maior curiosidade sobre o elemento humano. O ângulo etnológico é então a principal referência. Porém, pouco a pouco, a natureza vai ganhando força nos depoimentos, para transformar-se, em pleno século XVI, no fulcro mais incisivo dos textos testemunhais sobre o Brasil.

Os depoimentos de jesuítas e de religiosos pertencentes a outras Ordens se preocupam principalmente, e quase sempre, com a gente, o índio. Através do índio chegam à terra. E no caso de Nóbrega, à terra considerada não como uma imensa mina de ouro, mas como o mundo novo, a casa, a pátria que deve ser criada: "Esta terra é nossa empresa, e a mais gentil do mundo".[27]

Entre os dois sistemas expressivos e testemunhais existem muitas concordâncias, mas, em geral, os pontos de vista e as bases das análises são muito diferentes.

Para Jean de Léry — que de certo modo pode ser incluído no primeiro grupo — a etnologia é a principal preocupação. Ele descobre e admira a realidade tribal dos Tupinambás; observa e recolhe com curiosa racionalidade e isenção todos os dados possíveis da vida e cultura da gente nova, quase repetindo, em antecipação, as normativas de Montaigne em relação ao mundo americano.

Léry sabe fazer uma descrição objetiva de um índio, com valores físicos que podem assemelhar-se às figuras de Eckhout:

> Se quiserdes agora figurar um índio, bastará imaginardes um homem nu, bem conformado e proporcionado de membros, inteiramente depilado, de cabelos tosquiados como já expliquei, com lábios e faces fendidos e enfeitados de ossos e pedras verdes, com orelhas perfuradas e igualmente adornadas, de corpo pintado, coxas e pernas riscadas de preto com o suco de jenipapo, e com colares de

fragmentos de conchas pendurados ao pescoço. Colocai-lhe na mão seu arco e suas flechas e o vereis retratado bem garboso ao vosso lado. Em verdade, para completar o quadro, devereis colocar junto a esses tupinambás uma de suas mulheres, com o filho preso a uma cinta de algodão abraçando-lhe as ilhargas com as pernas. Ao lado deles ponde ainda um leito de algodão feito com rede de pescaria e suspensa no ar. E acrescentai o fruto chamado ananás...[28]

Como já fizera Caminha,[29] de um modo muito diverso daquele usado por Vespúcio, Léry sabe observar a beleza física dos índios, e em particular das mulheres, demonstrando grande isenção sobre a nudez natural:

> Antes de encerrar este capítulo, quero responder aos que dizem que a convivência com esses selvagens nus, principalmente entre as mulheres, incita à lascívia e à luxúria. Mas direi que, em que pese as opiniões em contrário, acerca da concupiscência provocada pela presença de mulheres nuas, a nudez grosseira das mulheres é muito menos atraente do que comumente imaginam. Os atavios, arrebiques, postiços, cabelos encrespados, golas de rendas, anquinhas, sobressaias e outras bagatelas com que as mulheres de cá se enfeitam e de que jamais se fartam, são causas de males incomparavelmente maiores do que a nudez habitual das índias, as quais entretanto, nada devem às outras quanto à formosura.[30]

Léry vê os índios, em relação aos europeus, "mais fortes, mais robustos, mais entroncados, mais bem dispostos e menos sujeitos a moléstias, havendo entre eles muito poucos coxos, disformes, aleijados ou doentios".[31] E mais: "Poucos são os que na velhice têm cabelos brancos ou grisalhos, o que demonstra não só o bom clima da terra sem geadas nem frios excessivos que perturbem o verdejar permanente dos campos e da vegetação, mas ainda que pouco se preocupam com as coisas deste mundo."[32]

Porém, nem sempre o testemunho de Léry é de completa simpatia, principalmente quando se trata de índios de tribos diferentes da dos Tupinambás, aliados dos franceses, como é o caso dos Uetacás, os Goitacazes: "Esses diabólicos Uetecá, invencíveis nessa região, comedores de carne humana, como cães e lobos, devem ser tidos entre os mais cruéis e terríveis que se encontram em toda Índia Ocidental."[33] Todavia, em geral, Léry adota uma visão racional no tocante ao fenômeno da antropofagia entre os índios. Vê nela o sistema ritual que a condiciona, ligado à mesma estrutura cultural da heterogênea sociedade indígena das terras brasileiras: "Move-os a vingança... para satisfazer seu sentimento de ódio, devoram tudo do prisioneiro, desde os dedos dos pés até o nariz e cabeça, com exceção dos miolos, em que não tocam."[34] A informação etnológica de Léry, que na época encontra comparação somente com o texto de Hans Staden, continua em relação ao comportamento e ao caráter do silvícola: "Por mais bárbaros que sejam com seus inimigos, esses selvagens me parecem de melhor índole que a maioria dos campônios da Europa. E com efeito, discorrem melhor do que estes que, no entanto, se reputam inteligentes."[35] Da mesma opinião sobre a inteligência do indígena brasileiro, e ainda com maior convicção, é o testemunho de Ives D'Evreux:

> A sua inteligência é tão viva quanto é permitido pela natureza: vos será possível compreender tal afirmação com tudo que em seguida exponho. Quase não existem estrelas no céu que eles não conheçam; sabem julgar com boa aproximação a chegada das chuvas, e de outras estações do ano; sabem distinguir pela fisionomia um francês de um português, um *tapuia* de um *tupinambá*, e assim para os outros. Nada fazem sem antes refletir; medem a coisa segundo o próprio juízo antes de exprimir a sua opinião; permanecem parados e pensativos sem precipitar-se a falar.[36]

O índio de Léry vive em uma terra de particular maravilha: "As florestas, árvores e ervas desse país que, mesmo em fevereiro, mês em que o gelo oculta ainda no seio da terra todas essas coisas em quase toda a Europa, são tão verdes quanto na França em maio e junho. E isso acontece durante todo o ano nesta terra do Brasil."[37]

Da mesma opinião sobre o potencial da terra é o testemunho de André Thevet. Ainda que tendo permanecido pouco tempo no Brasil, e isso tenha motivado as. críticas dirigidas a ele em relação à veracidade de suas informações, muito se empenhou por fazê-las mais amplas do que permitia a sua curta permanência no Rio de Janeiro. Porém, mesmo assim, Thevet sabe colher muitos ângulos interessantes do caráter e do comportamento dos índios. Desta forma, foi um dos primeiros a dar realce ao sentido mágico preponderante na vida indígena, em que sobressai a importância do sonho no comportamento dos indivíduos:

> Os nossos selvagens, além disso, tão desprovidos de razão e do conhecimento da verdade, caem muito facilmente em inúmeras loucuras e erros. Notam e observam coisas com diligência, afirmando que tudo aquilo que sonharam deva imediatamente acontecer do mesmo modo. Se sonharam de conquistar uma vitória sobre os seus inimigos, ou de sofrer uma derrota, não podeis dissuadi-los de que tudo acontecerá necessariamente desta maneira, porque disso creem com tanta segurança como nós fazemos com o Evangelho.[38]

As descobertas das novas terras e de povos tão diferentes dos europeus provocou grande ansiedade e intensa curiosidade na Europa do século XVI, criando um hábito de consumo literário, o livro de viagem a regiões desconhecidas, que se prolongará no tempo. Tal curiosidade se endereçava quase exclusivamente ao aspecto aventura, exigindo o leitor de então o máximo de exótico e fantástico aos narradores dos fatos ligados às terras distantes. Uma tal tendência já existia anteriormente, e livros como o *Milhão*, de Marco Polo, acendera a fantasia do homem medieval; porém, é do século XV em diante, mais acentuadamente no século XVI, que uma tal moda se afirmará. As histórias de viagem dos *Volksbücher*, os livros aventurosos e populares, como acentua Max Bohmer: "se endereçavam à necessidade de leitura e de saber das camadas melhores do povo e se adaptavam aos seus desejos... davam mais valor a um conteúdo excitante capaz de surpreender o leitor e caíam no portentoso."[39]

Por isso mesmo, e para evitar qualquer dúvida sobre a veracidade de sua narração, Hans Staden escreve no prefácio da sua *Wahrhaftige Historia*: "Existem muitos viajantes que, com suas mentiras e histórias enganadoras, se fizeram responsáveis pelo fato de homens honestos e amigos da verdade, de volta dessas remotas terras, não serem acreditados."

Certo é, porém, que o livro de Hans Staden logo demonstra não incluir-se entre os "livros portentosos". Apesar do exaltante e maravilhoso contidos nos episódios por ele vividos entre os Tupinambás, a sua aventura pessoal, a sua história, não cai nunca no romanesco. Staden, através de um sábio controle expressivo, de uma certa forma de ironia ingênua, consegue conduzir com segurança e verossimilhança o seu material fantástico. *As minhas prisões entre os canibais*, como se intitula a tradução italiana, ou *Duas viagens ao Brasil*, como preferiu a tradução brasileira, a *Wahrhaftige Historia* stadeniana pode ser assim um intenso texto de aventuras vividas, em que o espírito mágico da escritura nasce da coerente adesão da linguagem ao seu material narrativo.

Staden, à semelhança de Léry, se interessa principalmente pelo homem. A contribuição etnológica que dele sempre se pôde retirar é ampla e eficaz. É através do homem, e como consequência de sua valorização, que surgem os depoimentos sobre o ambiente exterior. Ele fixa com tal intensidade o ser indígena no seu ambiente natural que — pode-se dizer — projeta a paisagem social e existencial dos Tupinambás. "... seria possível quase concluir que Staden vê o mundo do ponto de vista do homem, da sua atividade ou inércia, das suas possibilidades; e parece que considera as coisas da natureza na medida que são úteis ou danosas ao homem."[40]

Hans Staden introduz o mundo mitológico-ritualístico dos indígenas nas fases características da matança antropofágica de um prisioneiro, com a ingênua ironia demonstrada no cap. XXI, parte I, de seu livro. Levado para a aldeia tupinambá, ali ele se vê obrigado a repetir em voz alta, quase como uma antecipação de seu futuro sacrifício: "sou eu, a vossa comida, que chego."[41]

A partir desta sóbria posição, Staden participa do mundo ritual ligado à antropofagia, procurando compreendê-la, a princípio para poder salvar-se fisicamente, e, num segundo momento, para uma futura relação. Nesta participação racional com o rito ele exprime um conceito que contrasta com a posição de Nóbrega quanto à existência ou não de ídolos entre os indígenas: "Do lugar aonde me tinham raspado as sobrancelhas, eles me conduziram para a frente de uma cabana em que conservavam os *maracás*, os seus ídolos, e se colocaram em volta de mim." (cap. XXIII, 1). Seguindo todo o percurso do ritual que precede à morte dos prisioneiros, desde a colocação em casa daquele que deverá sacrificá-lo, até o recebimento de uma jovem índia que lhe servirá durante o período da prisão — o lado sexual desta relação ele apenas esboça — Hans Staden continua a atenta observação dos costumes indígenas. Em todas as suas peripécias como prisioneiro condenado à morte, pôde observar o sentido mágico que rege a mentalidade e o comportamento dos índios. Assim, lhe pedem para fazer cessar as chuvas; curar uma incipiente cegueira (cap. XXXVII, I). E, como davam importância ao sonho:

> Quando desceu a noite, o chefe supremo Cunhambebe deu uma volta pelo acampamento na floresta incitando-os e recordando-lhes que já estavam próximos ao território inimigo: que cada um se recordasse bem do sonho tido durante a noite e procurasse sonhar alguma coisa de bom augúrio. Terminados os discursos, esses dançaram com os seus ídolos até noite alta. Depois, deitaram-se para dormir. Quando o meu amo deitou-se, recomendou-me ter, também eu, um bom sonho. Respondi: "Eu não me preocupo com os sonhos. São falsos." "Então — disse-me ele — obtém do teu Deus que aprisionemos os nossos inimigos." (cap. XLI, I)

Depois de adquiridos os dados etnológicos, na segunda parte de seu livro, Hans Staden traça a "paisagem social" do Tupinambá. Para fazê-lo, preenche sua obra com uma intensa iconografia, ilustrativa do texto, de grande importância para a difusão e o esclarecimento de determinados usos e costumes dos indígenas, os mesmos que partilhavam os mitos culturais resultantes do confronto de duas alteridades tão distintas.

As ilustrações revelam traços ingênuos, simples, rudimentares, quanto ao desenho e à composição. Porém, representam elementos visuais de rara eficácia para uma comunicação extratextual. Ainda que na singeleza de linhas quase primitivas, elas deram ao público europeu uma dimensão complementar do mítico mundo selvagem.

Ingenuidade semelhante pode ser encontrada nas estampas de Joan Nieuhof, em sua *Memorável viagem marítima e terrestre no Brasil*, crônica eficaz, sob vários aspectos, dos últimos anos da presença holandesa no Brasil depois da partida de Maurício de Nassau. Naturalmente, no autor holandês a ingenuidade é de natureza diversa daquela de Staden, pois os seus signos e figuras demonstram o uso de uma técnica que Staden não possuía.[42] A mesma natureza ingênua está presente nas linhas e traços de Marcgraf na *Historia Naturalis Brasiliae* e nos desenhos de Wagener para o *Thier-Buch*.[43]

Porém, será nesse grupo de artistas holandeses trazidos ao Brasil por Maurício de Nassau que se encontrarão os primeiros exemplos da iconografia dos mitos culturais ligados ao Brasil elevados à categoria de alta expressão estética. Isto acontece com as pinturas de Frans Post, paisagista de um paraíso terrestre recuperado, e com as figuras, retratos e naturezas-mortas de certo modo caravagescas de Albert Eckout.[44]

Sobre um tal "paraíso terrestre" se exprimem os jesuítas, de Nóbrega a Vieira, como o fazem igualmente religiosos de outras Ordens. O mesmo paraíso cantado por Anchieta:

> Todo o Brasil é um jardim em frescura e bosque, e não se vê em todo o ano árvore nem erva seca. Os arvoredos se vão às nuvens de admirável altura e grossura e variedade de espécies. Muitos dão bons frutos e o que lhes dá graça é que há neles passarinhos de grande formossura e variedades e em seu canto não dão vantagem aos rouxinóis, pintassilgos, colorinos e canários de Portugal, e fazem uma harmonia quando um homem vai por este caminho, que é para louvar o Senhor, e os bosques são tão frescos que os lindos e artificiais de Portugal ficam muito abaixo.[45]

É a mesma expressão que mais tarde usará Simão de Vasconcelos, ainda que na variação de sua linguagem exaltadamente barroca.[46]

Esta terra, este paraíso recuperado, dizia Nóbrega: "é nossa empresa". Esta mesma terra exalta em sua expressão habitualmente contida:

> ... porque tudo dá a terra, posto que algumas coisas dá somente a erva e de viçosa não dá o fruto.
> É muito sã e de bons ares, de tal maneira que com ser a gente muita e ter muito trabalho, e haver mudado os mantimentos com que se criaram, adoecem muito poucos, e esses que adoecem, logo saram. É terra muito fresca, de inverno temperado, e o calor do verão não se sente muito. Tem muitas frutas e de diversas maneiras, e muito boas, e que têm pouca inveja às de Portugal. Morre no mar muito pescado e bom. Os montes parecem formosos jardins e hortas, e certamente nunca eu vi tapeçaria de Flandres tão formosa, nos quais andam animais de muitas diversas maneiras, dos quais Plínio nem escreveu nem soube.[47]

As palavras de Nóbrega são como ecos da memorável *Carta* de Caminha, ao mesmo tempo que coincidem com os louvores entusiastas do jovem calvinista Jean de Léry.

A partir da ligação com a terra, Nóbrega enceta a compromissada, mas sempre pessoal, conquista da realidade da gente. Nela não vê adoradores de ídolos, mas seres ingênuos e primitivos propensos à revelação. Tenta compreender o sentido mágico que guia aquelas existências, no desejo sempre claro de trazê-las para o seio do cristianismo. Neles apenas não aprova a antropofagia e a poligamia, coerente nisso com o seu sistema de fé. É um dos primeiros a encontrar o "bom selvagem", sem jamais negá-lo.

Quando morre algum dos seus põem-lhe sobre a sepultura pratos, cheios de viandas, e uma rede em que eles dormem mui bem lavada. Isto, porque creem, segundo dizem, que depois que morrem tornam a comer e descansar sobre a sua sepultura. Deitam-nos em covas redondas, e, se são principais, fazem-lhes uma choça de palma. Não têm conhecimento de glória nem inferno, somente dizem que depois de morrer vão descansar a um bom lugar.
E em muitas coisas guardam a lei natural. Nenhuma coisa própria têm que não seja comum, e o que um tem há de repartir com os outros, principalmente se são coisas de comer, das quais nenhuma coisa guardam para outro dia, nem curam de entesourar riquezas. As suas filhas nenhuma coisa dão em casamento, antes os genros ficam obrigados a servir a seus sogros. Qualquer cristão, que entre em suas casas, dão-lhe a comer do que têm, e uma rede lavada em que durma. São castas as mulheres a seus maridos.[48]

Anchieta revela-se de tendência em geral menos amorável em relação à natureza do índio. Segundo o padre, eles pareciam mais aproximar-se à natureza das feras que à dos homens, nisso muito vizinho à opinião de Alviano, um dos interlocutores dos *Diálogos das grandezas do Brasil*, que afirmava não fazer "diferença deles às brutas feras"; a que responde prontamente o outro interlocutor, Brandônio, aliás, Ambrósio Fernandes Brandão, autor do livro em questão: "Enganai-vos grandemente nisso, se acham neles bons discursos e agudas respostas."[49]

Leigos como Ambrósio Fernandes Brandão têm naturalmente perspectivas diferentes daquelas dos jesuítas ou de outros cronistas religiosos. O autor dos *Diálogos das grandezas do Brasil* chega mesmo a uma velada crítica às atividades dos jesuítas, porque, segundo Brandão, eles se dedicam à formação de " consumados teólogos", ao ensino da "latinidade", quando em verdade a terra necessitava de gente preparada para a atividade prática, de "pescadores", "pastores", "hortelões", "tecelões", daqueles, enfim, capazes de exercitar os ofícios "dos que hoje não há nesta terra na quantidade que era necessário houvesse."[50] Ambrósio Fernandes Brandão, assim como se pode ver nos testemunhos de portugueses interessados no Brasil, durante o século XVI — Pero Lopes de Sousa, Pero de Magalhães de Gândavo, Gabriel Soares de Sousa — volta-se inteiramente para a terra e a ela dedica o máximo de seus esforços e empenhos. Ainda que integrado no sistema mitológico cultural que provocou as navegações e as correspondentes descobertas, Brandão, mais que os demais testemunhos leigos, certamente vive com igual intensidade a conversão desse sistema ao universo brasileiro como centro principal do interesse existencial. Por isso mesmo ele luta para convencer o máximo de pessoas das grandezas da terra. Como numa exortação para que deixem a miséria vivida em tantas partes da Europa e venham gozar das riquezas do Brasil.

Certamente Gândavo já fizera o mesmo há cinquenta, sessenta anos. Tentara até convencer D. João III a esquecer ou diminuir a aplicação de interesses portugueses no Oriente, para dedicar-se completamente àquela que era a grande fonte de riquezas para a coroa, a terra brasileira. Porém, em Gândavo este convite era mais patriótico, do ponto de vista português, que pioneirístico, quanto à perspectiva do Brasil. Assim procede Gabriel Soares de Sousa em seu clássico *Tratado descritivo do Brasil*, em 1587. Porém, são eles que começam a revelar a passagem do sistema mitológico àqueles que vivem durante algum tempo na terra sonhada. Para eles, lenta, mas expressivamente, os mitos passam a ser vividos a partir de outra perspectiva, não mais apenas como sonho, mas esposados na própria terra do sonho e integrados nela. Eles estão, por isso, tendencialmente ligados ao testemunho sobre a terra. São os primeiros grandes naturalistas, capazes de informar e estruturar o sistema objetivo do universo brasileiro, quanto à fauna, à flora, à geografia. Porém, e naturalmente, como resultado dos próprios meios e recursos dos autores, essas informações são preciosas pela clareza e realismo, mas extremamente empíricas e limitadas. Somente com a aplicação de outros recursos e condições materiais mais amplas, típicas do período holandês em Pernambuco, surgirá o primeiro grande monumento sobre o complexo e múltiplo universo brasileiro, com Georg Marcgraf de Liebstad e Gulielmus Piso com a *Historia Naturalis Brasiliae* (1648).

Já então o quadro mudara muito. A primeira visão edênica do escrivão de Pedro Álvares Cabral se fizera vária e complexa. Portugueses, brasileiros-portugueses, portugueses-brasileiros; índios, mamelucos, negros, mulatos; castelhanos, franceses, holandeses, ingleses; brasileiros e portugueses. Os mitos se alargavam com a presença de tanta humanidade.

NOTAS

1 In Pe. Manuel Aires do Casal, *Corografia brasílica*. Rio de Janeiro, Imprensa Régia, 1817.
2 Neste sentido veja-se Sílvio Castro, "O Brasil como lugar e universo mítico na pesquisa humanístico-renascentista entre os séculos XVI e XVII", in S. Castro *et allii*. *Contributi sulla genesi della idea di Brasile*, Pádua, Un. di Padova, 1985, p. 11-22.
3 Hans Blumenberg, *Naufragio con spettatore* (Paradigma di una metafora dell'esistenza). Tradução italiana do original alemão por Francesca Rigotti, Bolonha, Il Mulino, 1985, p. 27.
4 A questão do relacionamento do português com o "outro", aquele homem novo e desconhecido encontrado nas diversas descobertas lusitanas é complexa e ampla. O texto de Caminha oferece uma determinada forma ou expressão desse relacionamento. Mas não é a única, nem mesmo aquela mais característica. O problema do "outro" visto pelo conquistador português encontra convincente análise em Alfredo Margarido, "La

Vision de l'autre (africain et indien d'Amérique) dans la Renaissance portugaise", in *L'Humanisme portugais et l'Europe* (Actes du XXIe. Colloque International d'Études Humanistes, Tours, 3-13 juillet 1978), Paris, Fundação Calouste Gulbenkian, 1984, p. 507-555 (com separata).

5   Sílvio Castro, *A carta de Pero Vaz de Caminha*. Porto Alegre, L & PM, 1985, p. 97-98 (transcrição atualizada).
6   *Idem, ibidem*, p. 93.
7   *Idem*, p. 96. A singular relação entre Caminha e seu Rei, D. Manuel, leitor privilegiado da Carta, é a matéria do singular ensaio filológico-linguístico de Valeria Bertolucci Pizzorusso, "Uno spettacolo per il Re: l'infanzia di Adamo nella *Carta*, di Pero Vaz de Caminha", in *Quaderni Portoghesi*, 4, outono 1978, p. 49-82.
8   Duarte Coelho pode ser considerado o primeiro personagem de grande relevo histórico que demonstra por seus atos esta passagem da mitologia cultural do Brasil. Aquele mesmo Duarte Coelho que escrevia ao Rei, D. João III, na carta de 24 de novembro de 1550: "(...) Até aqui fiz o que devia e guardei justiça. (...) Meu costume é, Senhor, ser áspero no repreender e moderado no castigar. (...) Tudo que tomo a cargo, tomo e faço como próprio pastor e não como mercenário."
9   É o caso de Vieira que em determinados escritos chega até mesmo a confrontar-se com e contra os interesses momentâneos ou circunstanciais de sua Ordem. Como acontece com o Parecer sobre a liberdade dos índios, endereçado à Câmara de São Paulo, in Pe. Antônio Vieira, *Obras escolhidas*, v. V, Lisboa, 1951.
10 Amerigo Vespucci, *Il Mondo Nuovo*, org. de Mário Pozzi, Milão, 1984, p. 89. Para as "Cartas" de Vespúcio, veja-se igualmente a edição brasileira, *Novo Mundo*, trad. de Luiz Renato Martins, Porto Alegre, L & PM, 1985.
    A questão da autenticidade das Cartas vespucianas tem a sua discussão mais ampla na edição crítica de Luciano Formisano, A. Vespucci, *Lettere di viaggio*, Milão, Mondadori, 1985.
11 *Idem, ibidem*. p. 191.
12 O humanismo de Vespúcio é de outra natureza. Nele predomina o método e o endereço científico. Os seus textos sobre a América são, para ele, o meio para denunciar a tradição científica aristotélico-ptolemaica. Vespúcio deseja mais do que tudo, com as veementes declarações de existência de vida nas zonas tórridas, contra toda a longa tradição que declarava tal fato impossível, criar uma nova cosmografia, com repercussões em todos os setores do saber humano, da física à filosofia, à teologia.
13 A. Vespucci, *op. cit.*, p. 99.
14 Sílvio Castro, *A Carta de Pero Vaz de Caminha*, ed. cit., "Transcrição crítica", p. 39 e segs.
15 "Le femine, come ho predetto, benchè vadano nude e vagabonde e siano lussuriosissime, nondimeno non sono brutte. Hanno i corpi molto ben formati, né sono arsi dal sole, come alcuni per avventura si potriano dar a credere. E ancora che siano fortemente grasse, per questo non sono disparute né disformate." *Idem, ibidem*, p. 105.
16 *Idem*, p. 77-79.
17 *Idem*, p. 79-80.
18 *Idem*, p. 107.
19 A Loucura se apresenta diante de uma assembleia internacional, diante de todos os povos, classes e épocas, e anuncia querer fazer o seu autoelogio, já que ninguém pensa em fazê-lo, enquanto, na verdade, ela é a deusa para cuja glorificação todo o mundo colabora. Elogiando, como paradoxo, os defeitos dos membros da assembleia, ela demonstra assim a onipotência presente nas raízes da vida, seja no amor, na amizade,

na guerra. na arte, em tudo. É uma sátira universal, mas principalmente a sátira ao anti-
-humanismo dogmático.
20 Sir Thomas More, *De optimo reipublicae statu deque nova insula Utopia*, 1516. Uma rica
tradição de "utopias" parte do texto de More: *A nova Atlântica*, de Bacon; *Oceânea*, de
James Harrington; *A Cidade do Sol*, de Tomaso Campanella.
21 Não é impossível pensar que o lugar da "Utopia" de More seja a ilha de Fernando de
Noronha, e Hythlodaemus aquele mesmo cristão-novo que recebeu a consagração de
D. Manuel de ser o primeiro explorador oficial do Brasil, logo depois da descoberta da
terra.
22 "J'ay eu long temps avec moy un homme qui avoit demeuré diz ou douze ans en cet
autro monde qui a esté decouvert en nostre siecle, en l'endroit ou Vilegaignon print
terre, qu'il surnomma la France Antartique, etc, etc." Montaigne, *Essais*, livro I, cap.
XXXI.
23 Cit. in Sérgio Buarque de Holanda, *Visão do Paraíso*. Rio de Janeiro, José Olympio,
1959, p. 9.
24 Daniel Defoe, *The Life and Strange Surprising Adventures of Robinson Crusoe, of York,
Mariner* (1719).
25 Maurício de Nassau, carta de 21 de dezembro de 1678 ao Marquês de Pomponne.
(Apud, José Roberto Teixeira Leite, *A pintura no Brasil holandês*. Rio de Janeiro, Ed.
GRD, 1967).
26 Pe. Antônio Vieira, *op. cit.*, p. 288.
27 Pe. Manuel da Nóbrega, *Cartas do Brasil e mais escritos*, org. de Serafim Leite, S. J.,
Coimbra, 1955, carta de 9 de agosto de 1549, ao Pe. Simão Rodrigues.
28 Jean de Léry, *Viagem à terra do Brasil*, São Paulo, 1980, p. 117-18.
29 Ver notas 14 e 15.
30 Jean de Léry, *op. cit.*, p. 143.
31 *Idem, ibidem*, p. 14.
32 *Idem*, p. 111.
33 *Idem*, p. 80.
34 *Idem*, p. 200.
35 *Idem*, p. 221.
36 Yves D'Evreux, *Suitte de l' Histoire des choses plus mémorabbes advenues en Maragnam ès
années 1613 et 1614*; ed. F. Denis, Leipzig-Paris, 1864, p. 68-69.
37 Jean de Léry, *op. cit.*, p. 77-78.
38 André Thevet, *Les singularitez de la France Antartique (1558)*, ed. Paul Gaffarel, Paris,
1878, p. 173-74.
39 *Die grossen Reisensammlungen des 16. Jahrhunderts und ihre Bedeutung*. Estrasburgo,
1904, p. 163; cit. por Amerigo Guadagnin na "Introduzione" da sua tradução de Hans
Staden, La mia prigionia tra i cannibali (1553-1555), Milão, Longanesi, 1970.
40 Horst Ebersohl, *Hans Staden von Homberg ais Vorläufer der modernen Geographie.
Analyse seiner geographischen Auffssung*, Saarbrücken, 1965, p. 44; apud A. Guadagnin,
op. cit.
41 Pontos como estes da narração de Hans Staden estão nas raízes da *Poesia Pau-brasil*,
de Osvald de Andrade, e são fontes essenciais para o "Manifesto Antropófago", publicado pelo mesmo Osvald de Andrade em São Paulo, no dia 1º de maio de 1928, no 1º
número da *Revista da Antropofagia*. Neste sentido, veja-se Sílvio Castro, *Teoria e política do modernismo brasileiro*. Petrúpolis, Vozes, 1979 (principalmente cap. 1.6).
42 Para maior compreensão do problema, veja-se José Roberto Teixeira Leite, *op. cit.*,
p. 94-97.

43 *Idem, ibidem*, cap. V, p. 91-94.
44 *Idem*, caps. II e III.
    A iconografia ligada ao Brasil tem início praticamente com a figuração de um dos Reis Magos em formas e semblantes de um índio tupiniquim, no altar-mor da Catedral de Viseu, obra possivelmente de 1505-1507.
45 Pe. José de Anchieta. *Cartas, informações, fragmentos históricos e sermões*; por Antônio de Alcântara Machado, Rio de Janeiro, 1933.
46 Sobre testemunho e expressão de Simão de Vasconcelos, veja-se Sílvio Castro, "As notícias curiosas e necessárias das cousas do Brasil de Simão de Vasconcelos", in *Studi di letteratura ibero-americana*. n. 15-16, Milão, 1983.
47 Carta de 10 de agosto de 1549, para o Dr. Martim de Azpilcueta, Coimbra. In *op. cit.*, p. 47.
48 "Informação das terras do Brasil", Pe. Manuel da Nóbrega, op. cit., p. 65. A "Informação" encontra o seu desenvolvimento natural e lógico no *Diálogo sobre a conversão do gentio* (Bahia, 1556-57), onde Nóbrega sintetiza seu conhecimento da gente e de seu ambiente, texto onde, ainda que claramente endereçado à finalidade essencial da "missão jesuítica", pode-se igualmente descobrir a presença de uma personalidade viva.
49 Ambrósio Fernandes Brandão, *Diálogos das grandezas do Brasil*, VI, 322.
50 *Idem, ibidem*, VI, p. 314.

9. José Ariel Castro
FORMAÇÃO E DESENVOLVIMENTO DA LÍNGUA NACIONAL BRASILEIRA

Período de formação. Pontes culturais. Os jesuí-tas. Humanismo novo-mundista. Os indígenas. Processos linguísticos. Consolidação do sistema: século XVII. A reação lusófila: Pombal, o Arcadismo, as escolas régias, o século XIX. O Modernismo e a língua brasileira. Enfraquecimento da norma gramatical. Conclusão.

I. PRELIMINARES TEÓRICAS E METODOLÓGICAS

A inserção de um ensaio sobre a evolução de uma dada língua nacional, como a brasileira, em uma história literária, longe de ser matéria marginal representa uma abertura conscientemente assumida, por editor e ensaísta, no sentido de se considerar importante a discussão sobre o processo de interação de literatura e língua, em uma sociedade, sob um ângulo de reescritura da história como "engajada e não alinhada, partidária e não neutra, combatente e não pacífica, livre e não oficial, moderna e não acadêmica, revisionista e não ortodoxa".[1] Na verdade, como já assinalou José Honório Rodrigues, a primeira tarefa da história combatente é rever a realidade histórica.[2] Aplicando o conceito à história linguística, resulta inevitável o dever de esquadrinhar todos os aspectos daquela falsa idealização com que "lusófilos" têm apresentado o passado linguístico brasileiro, abandonando-se os mitos em favor da realidade e enfrentando-se a ortodoxia, fortemente sustentada, há mais de duzentos anos, pelos figurões da história linguística oficial, que se confundem, com mocinhos, em guerra contra vilões, os "brasileiristas", num cenário onde há, apenas, atores.

A realidade, que se busca atingir, no contexto brasileiro, é de um tipo que, desde a antiguidade, se intuiu. Efetivamente é lícito ressaltar que, apesar de Platão (*República*) e Aristóteles (*Poética*) se terem distinguido, respectivamente, na análise do significado da poesia, por atribuir ao poeta a função de inflamar as paixões humanas ou, ao contrário, de satisfazê-las e regulá-las, têm ambos pontos comuns: poesia como *mimesis*, emoção em quem se debruça sobre a realidade, justificação da poesia pelo serviço prestado ao Estado, exercício pelo poeta de grande poder sobre os outros homens.[3]

Dando ao termo poesia o sentido mais largo, para abranger toda a produção literária, vemo-nos diante do fato de que é naquilo que separa fundamentalmente os dois filósofos que se situa o problema das relações entre o evoluir da literatura de uma dada sociedade e o desenvolvimento de sua expressão linguística.

Sendo indivíduo e sociedade entidades que interagem continuamente a partir de movimentos do primeiro (paixões, no contexto aristotélico-platoniano) é dentro de uma abordagem psicossocial da realidade expressional que o linguista deve buscar o verdadeiro confronto entre os dois desenvolvimentos, o literário e o linguístico. Isso porque a evolução da realidade linguística é *também* evolução do sentimento da mesma. O obrar linguístico é da essência da natureza humana e não exterior a ela e a literatura, como forma de expressão humana, é um dos indicadores, à disposição do analista, do sentido real da evolução linguística em seu conjunto.

A função atribuída por Aristóteles ao poeta, de satisfazer e regular os movimentos humanos, *está presente em todo falante*, ao imitar este a realidade dentro de um contexto de liberdade em relação a regras expressionais prévias, pois esta sua ação acaba sendo, basicamente uma interpretação. Assim como a arte do poeta — escritor, no sentido mais amplo — é uma virtude intelectual essencialmente prática, cujo papel primordial é a *imitação* do real, da natureza física ou do mundo moral, sem ser pura cópia mas síntese dos caracteres das coisas,[4] o usuário da língua, em um contexto de livre interação com a realidade de seu interesse, procede igualmente por imitação, sendo menos eficiente na manutenção das estruturas gramaticais de sua realidade, preexistentes que são com respeito a essa livre interação. A função imitativa, presente no obrar linguístico de tal falante, é também progressiva, levando à sedimentação, caso influa ele no meio social e seja prolongada sua experiência, de um novo conjunto de regras. A imitação começa com propósitos de exatidão, passa a ser, na segunda fase, seletiva e, persistindo as condições da livre interação, transforma-se em produção.[5] Este fato é abonado por Aires de Casal, que, citando Muratori, afirma que os índios do Uruguai sabiam ler com desembaraço os livros espanhóis, *mas não os entendiam*.[6]

A situação, assim indicada por Aires de Casal, era comum a todos os territórios em que os jesuítas eram protagonistas da cena de atração dos indígenas e inserção dos mesmos em sua esfera de interesses, que não eram os da coroa portuguesa. Esse quadro fundamental explica o processo imitativo do desempenho linguístico indígena e a consequente formação de uma realidade expressional progressivamente diversa, sem nenhum retorno ao estado de 1500 a não ser, e na língua escrita, após a destruição do esquema cultural dos padres da Companhia de Jesus.

O que diremos, a seguir, visa a demonstrar que, no Brasil, até o advento da era pombalina, viveu-se uma experiência linguística de todo dissociada da que contemporaneamente se realizava em Portugal, interagindo, em nosso meio, os falantes de todas as procedências sob a égide da imitação progressiva daquilo que progressivamente resultava do bilinguismo, realizado com o português vivo europeu e o tupinambá. Até cerca de 1750 não era uma dessas línguas, nesse processo, mais prestigiosa que a outra. A decisão política de Pombal, de alçar a língua portuguesa ao *status* de língua única, fez com que aflorasse, dentro da sociedade brasileira, uma realidade linguística que não correspondia, pelos duzentos e cinquenta anos decorridos, à denominação que recebia.[7] A história posterior desse instrumento linguístico, assim oficializado, é a história da contradição entre política da língua, *tardiamente* imposta pelo lusismo político dominante, e realidade, com o natural apoderamento dos meios de disseminação da língua escrita para o fim de deter a continuada diferenciação da língua falada.

Para realizar nosso intento, acompanharemos o conceito de língua, no contexto da expansão política das nações europeias, desde o tempo das Cruzadas até o fim da era pombalina, passando pelas vicissitudes políticas do Estado português em suas relações com a Companhia de Jesus. Após a era pombalina, seguiremos o espírito romântico a contrastar com o tenaz esforço, quase sempre bem-sucedido, dos lusófilos no sentido da preservação de uma unidade expressional de caráter escrito, sob a ilusão de poder este anular o livre, espontâneo e historicamente coerente desempenho do usuário brasileiro no plano da língua viva.

No desenvolvimento do trabalho, a preocupação maior será com as fontes, dando-se ênfase, na bibliografia da questão da língua, aos trabalhos que representem principalmente renovação doutrinária. Evitar-se-á, tanto quanto possível, a citação de contemporâneos para não se produzir polêmica. Os poucos que receberem referência o serão por corresponderem a algum aspecto particularmente relevante do estado atual do problema.

O trabalho enquadra-se no setor da linguística referente à classificação das línguas e corresponde ao aspecto da justificação do ato político de se dar nome a um idioma com base no levantamento rigoroso dos fatores históricos e socioculturais presentes em sua formação.

2. 1500-1553: CONJUGAÇÃO DE VARIÁVEIS DA FUTURA LÍNGUA DO BRASIL

2.1 *Turgimões e Línguas, base fundamental da língua nacional brasileira*

Araripe Júnior, preocupado com o problema da originalidade da Literatura Brasileira, introduziu em seu estudo o conceito de *obnubilação*, aplicado ao colono português do século XVI, que define como a transformação por que passava ele ao atravessar o Atlântico e sua posterior adaptação ao meio físico e ao ambiente primitivo da terra americana.[8] Araripe Júnior assim se exprimiu, em 1894, à luz do critério nacional:

> Foi necessário, portanto, que, alijando a bagagem de homem civilizado, os mais inteligentes para a situação se adaptassem ao novo *terrier* e se habilitassem para concorrer com os primitivos íncolas. Essa transformação, porém, não se fazia sem deformação moral e foi o que sucedeu aos turgimões, aos línguas e, na geração seguinte, aos pais dos mamelucos, àqueles que se uniram aos tupis.[9]

O caráter dessa transformação, no plano da expressão línguística, foi já por nós detalhadamente descrito e avaliado alhures.[10] É, porém, estimulante a tese, conscientemente formulada por Araripe Júnior, ou não, de que a evolução linguística, no território brasileiro, passou da fase do turgimão para a do língua e, desta, para a do mameluco. Nota-se, evidentemente, que há uma cronologia de alterações linguísticas: turgimão, primeiro; língua, depois; mameluco, finalmente. É, porém, correta esta sequência *no* espaço linguístico brasileiro?

É quase correta. Na verdade, a primeira fase não existiu entre nós em seu significado fundamental porque, no Brasil do século XVI, nenhum índio procurou, *interessadamente*, apropriar-se da expressão linguística do europeu recém-chegado. Sigamos, porém, a tese esboçada, quem sabe, de modo inconsciente, por Araripe Júnior.

O excessivamente longo período de domínio da Península Ibérica pelos árabes, do século VIII ao século XV, despertou na Igreja, entregue ao poder dos leigos, entre fins do século IX e meados do XI, a consciência de que o cristianismo, para ser efetivamente resgatado do imperialismo do Islã, devia dedicar-se a libertar para a Europa os lugares sagrados onde tinham nascido seus ideais. Constituíram-se, por isso, as Cruzadas, a partir de 1095. Com elas, iniciou-se, efetivamente, o primeiro esforço de colonização de terras estrangeiras pelos nascentes estados europeus. Na tentativa de libertar a Terra Santa, o europeu entrou em contato direto com povos e nações que, muitas vezes, teve de encarar como aliados eventuais, penetrando, assim, em muitos de seus esquemas culturais. Entre estes, estava o da prática do *targum*, isto é, da tradução ou paráfrase das sagradas escrituras, desde os primeiros séculos da era cristã, para uso, em transmissão oral, dos povos que as mantinham. Tal prática de tradução levou ao reconhecimento, com o tempo, de profissionais dessa atividade, os targumistas. No turco e no persa eram eles chamados de *tarjuman* e passaram a incorporar o sentido mais amplo de intérprete e tradutor à medida que os seguidores de Maomé avançavam, como apóstolos, por todo o espaço do Oriente Médio e do Norte da África.

Já por ocasião da IV Cruzada, aquela que foi desviada para Constantinopla, o termo introduziu-se em uma língua românica, o francês, através da forma *truchement* ou *trucheman*, com Villehardouin.[11] Tal forma aparecia concomitantemente no baixo latim como *dragumanus, drocmandus* e *turchimannus*. Sua carreira continuou, ao longo do século XIII com outros cronistas franceses como Jean de Joinville.

Os turgimões ou dragomanos ficaram conhecidos, a partir daí, como intérpretes, guias ou agentes especialmente designados para servir aos viajantes europeus, ou ainda como intérpretes de que se serviam os embaixadores que chegavam ao Oriente para seus entendimentos com as autoridades locais. Cedo, porém, alguns pensadores cristãos começaram a perceber as desvantagens de se usar como intérpretes pessoas que pertenciam ao mesmo contexto cultural dos povos orientais.

Na Inglaterra, Roger Bacon, já em 1266, como antigo amigo de Guy de Foulques, legado papal em seu país, tornado papa Clemente IV, atendeu a um pedido deste no sentido de escrever um tratado sobre as ciências. Fazendo-o sob o título de *Opus Majus*, discorreu em sua parte III, sobre a utilidade da gramática e a necessidade de o tradutor familiarizar-se completamente com a língua estrangeira para atender aos objetivos de seu trabalho. Este posicionamento, colocado de maneira teórica, foi retomado, pouco depois, independentemente, pelo filólogo catalão Raimundo Lull. Em 1305, dedica ao papa Clemente V sua *Petitio Raymundi pro conversione infidelium*, na qual propõe um plano para destruir o paganismo e dilatar a religião católica, com os seguintes pontos:

1 — que em cada província se fundasse um colégio onde homens doutos e zelosos estudassem sua *Arte Geral* (do próprio Lull) e *as línguas dos pagãos* para fins de pregação do Evangelho;
2 — que todas as Ordens militares religiosas se transformassem em uma só para se aplicarem à guerra contra os infiéis que não aceitassem a pregação;
3 — que os dízimos devidos à Igreja pelos príncipes cristãos fossem gastos na recuperação da Terra Santa de Jerusalém.[12]

Após muito esforço, conseguiu Lull, no Concílio Ecumênico de Vienne, de 1311, que o papa Clemente V, por meio de decreto, ordenasse, para facilitar a conversão dos infiéis, o ensino público das línguas orientais nas Universidades de Paris, Oxford, Bolonha, Salamanca e em todos os lugares em que residisse a corte pontifícia romana.[13] Sua vitória não teria sido possível sem o conhecimento pelos membros do Concílio, do posicionamento teórico de Roger Bacon; quase meio século antes.

Morrendo, já em 1315, não pôde Lull ver postas em prática as disposições que inspirara. Na verdade, a polêmica sobre suas doutrinas durou um século e somente em 1419, com o papa Martinho V, se obteve uma sentença definitiva favorável, ao fim de gestões de seguidos reis de Aragão. O esforço desses monarcas e dos posteriores, inclusive Fernando, o Católico, permitiu, em 1563, a aprovação pelo Concílio de Trento, da ortodoxia lulliana, apoiada pelos jesuítas, que, na parte dos deveres de catequese, a apoiaram integralmente. Portugal teve participação ativa no terceiro período desse Concílio, fundamental para a história do Brasil,[14] juntando-se aos esforços do cônego barcelonês Luis Juan Vileta, teólogo lulliano, em favor das doutrinas do Doutor Iluminado, na 20ª sessão (junho de 1562). Na 24ª sessão, em novembro (a oitava sob o pontificado de Pio IV), aprovou-se a ação de catequese da Igreja dentro da linha prática, preconizada 250 anos antes por Lull no que concerne ao instrumento linguístico:

> Sessão XXIV, Capítulo VI.
> Os Bispos e Párocos expliquem ao Povo a virtude dos Sacramentos, antes de lhos administrarem. Durante a Missa, se explique a Escritura sagrada.
> Pata que o Povo chegue com a maior reverência e devoção a receber os Sacramentos, manda o Santo Concílio a todos os Bispos que não só quando eles os administrarem por si mesmos ao Povo, mas também quando os Párocos o executarem, expliquem primeiro a sua virtude e vigor *conforme a capacidade dos que os recebem*, com piedade e prudência; o que procurarão observar na *língua vulgar*, sendo necessário, pelo teor que o Santo Concílio, prescreverá a cada um dos sacramentos no catecismo, que os Bispos procurem *traduzir fielmente na língua vulgar*, para que todos os Párocos o exponham ao Povo. E que durante a Missa e Ofícios divinos, em todos os dias de festas, bem como nos solenes, se explique ao Povo a Escritura Santa e os saudáveis documentos que nela se encerram; e que os procurem radicar nos corações de todos assim como instruí-los na Lei do Senhor, *deixadas as questões inúteis*.[15]

As ideias de Roger Bacon e Raimundo Lull chegavam assim, após dois séculos e meio das primeiras manifestações em favor do uso das línguas vulgares na catequese, a um resultado prático.

Durante esse longo período ocorreu uma mudança na maneira de o europeu avaliar e utilizar o trabalho do intérprete das línguas vulgares. Até os fins do século XV, o turgimão era uma pessoa que só se identificava com o contexto oriental, não se usando, praticamente o termo para indicar senão o intérprete não cristão:

> ...os quais eram certos mouros de grande autoridade, levando seus turgimões que interpretassem a linguagem...[16]

2.2 Descobrimentos no Oriente e encontro dos turgimões. Línguas na América: seu papel

A aprovação, pelo Papa, em 1419 das doutrinas de Raimundo Lull coincidiu com o início dos descobrimentos marítimos tanto por espanhóis quanto por portugueses. As Cruzadas, no entanto, se reduziram, após 1270, às lutas contra os árabes na Espanha. Por isso mesmo, a presença sempre constante dos cavaleiros das ordens militares religiosas, principalmente a de São João de Jesusalém, ou Ordem de Malta, acabou por disseminar, apenas no território ibérico, o conceito de língua como contrapartida para turgimão oriental. Era prática dessa Ordem de cavalaria chamar suas jurisdições territoriais de línguas. França, Provença e Alvernia eram as três línguas do território gaulês; as línguas de Castela e Portugal e Aragão e Navarra, da Espanha. Língua era, pois, sinônimo de nação ou país e, por processo metonímico, passou a designar, no século XV, o intérprete da língua do país, particularmente quando era país desconhecido.

Iniciando-se este uso de língua, como intérprete, na Espanha, logo foi incorporado pelos portugueses:

> Que procurassen de haber *línguas* de todas las tierras que descubriessen.
> Servia de *língua* um Queiximir moro, por quién el padre Andrade le hizo saber, que su venida solo habia sido à averiguar si era su Reino de christianos.[17]
>
> Loguo alli assentou Vasquo da Gama cõ êste mouro que aho outro dia fôsse por *língua* de dous homes, per quem queria mandar visitar el Rei.[18]
> ...ao qual Afonso d'Albuquerque mandou Nuno Vaz de Castelbranco em a fusta em que andava com Gaspar Pires, que servia de *língua*, saber o que queria.[19]

Tornou-se, assim, com a intensificação dos descobrimentos marítimos, prática entre castelhanos e portugueses o designar os intérpretes, nas terras encontradas, como línguas. Dos exemplos transcritos, ressalta-se que eram eles pessoas deixadas no local deliberadamente, com a finalidade de aprender a língua do povo desconhecido. Isso aconteceu na América também em consequência do fato de, na primeira viagem de Colombo, terem sido inúteis os intérpretes de línguas asiáticas levados na frota. Assim procedeu Pedro Álvares Cabral, de acordo com a carta de Pero Vaz de Caminha:

> Creio, Senhor, que com estes dois degredados que aqui ficam, ficarão mais dois grumetes, que esta noite se saíram em terra, desta nau, no esquife, fugidos, os quais não retornaram mais.[20]

Nesses primeiros tempos de descoberta, na América, conviviam as duas concepções de intérprete: a de turgimão tradicional, homem da terra encontrada, que se trazia ao contexto do explorador para, por seu intermédio, propiciar o conhecimento da língua desconhecida ou a de turgimão dos novos tempos, nacional do explorador deixado compulsoriamente entre os povos desconhecidos para, mais tarde, ensinar aos que retornassem a língua em questão.

Do primeiro tipo, que pouco durou, por diferir profundamente em civilização, do oriental muçulmano, deu-nos Americo Vespuccio, na *Lettera* escrita ao gonfaloneiro de Florença, o seguinte exemplo de sua viagem ao Brasil em 1501:

> Deliberamos trazer deste lugar dois destes homens para que nos ensinassem a língua, e ofereceram-se três de livre vontade para nos acompanharem a Portugal.[21]

Damião de Góis (*Crônica de El Rei Dom Manuel*, parte I, capítulo 51) e João de Barros (*Décadas da Asia*, Década I, livro 5, cap. 2) mencionam casos semelhantes.

O turgimão. dos novos tempos era o *língua*, figura propiciada pelas ideias, finalmente aceitas pela Igreja (1419), de Raimundo Lull. Dele, na América, multiplicam-se os exemplos, além do já tomado da carta de Caminha:

> Quarta-feira nove dias d'Agosto no quarto d'Alva fasiamos o caminho ao noroeste e a quarta do norte; e ás nove horas do dia seguimos bem pegados com a terra em fundo de oito braças de area grossa. Estando surtos mandou o capitã I. hum bargantim á terra, e nelle huã *língua* para ver se achavam gente, e para saber onde eramos... Quinta-feira 17 dias do mez de agosto veio Pedro Annes piloto no bargantim, e com elle veio Francisco de Chaves e o bacharel, e cinco ou seis castelhanos. Este bacharel havia 30 anos que estava degradado nesta terra, e o Francisco de Chaves era grande *língua* desta terra.[22]

Os jesuítas, chegados meio século depois de Cabral só usavam, praticamente, na América, o termo língua. Aliás, é fato comprovado por Davi Lopes que, no Oriente, a língua portuguesa teve destino diverso daquele do Brasil. Como os povos encontrados tinham tecnologia igual ou superior à dos portugueses, tinham interesse em plantar entre os lusitanos seus turgimões, não somente por razões comerciais mas, principalmente por motivo de segurança. Em consequência, a língua dos portugueses foi falada desde o início nessa região *por iniciativa* dos nativos:

> Nos capítulos, que formam este estudo, pretende-se mostrar que a língua portuguesa foi durante três séculos de uso corrente entre as populações marítimas de grande parte do Oriente.[23]

Davi Lopes transcreve, inclusive, trecho de carta de São Francisco Xavier em que usa apenas a palavra intérprete e Sebastião Rodolfo Dalgado faz o mesmo, em relação a turgimão, com datas de 1565, 1593, 1663 e 1739.[24]

Do confronto das duas situações, a do Oriente e a do Brasil, verifica-se que, realmente, *lengua* (espanhol) e *língua* (português) são termos que se especializaram no contexto do Novo Mundo, correspondendo mais precisamente ao sentido de uso da língua vulgar desconhecida, tal como preconizado primeiro por Raimu ndo Lull, a partir de seu envolvimento com o problema das ordens religiosas militares (língua = nação ou país) e, depois, pelo Concílio de Trento, já dominado pelos jesuítas com seu espírito contrarreformista.

Os padres da Companhia de Jesus ficaram sendo os novos templários ou hospitalários, lutando, com todas as suas forças contra o paganismo dos índios para a glória da Igreja. Fizeram-no, porém, persuasivamente, segundo a tradição lulliana. Dentro dessa tática de persuasão o uso da língua do índio por eles era medida essencial e urgente:

> Na Bahia, não se entende agora com o gentio por falta de *línguas*, que não temos.[25]

> Escreve-me o padre Luiz da Gram que agora não pode levar mais que um irmão *língua* por companheiro, para lá se ordenar.[26]

Devido a essa fundamental diferença entre os intérpretes no Oriente (turgimões ou intérpretes) e os intérpretes na América (línguas), foi corrente a língua dos portugueses na África e na Ásia, entre os séculos XVI e XVIII, mas não foi no Brasil, no mesmo período. Em consequência, o destino da língua foi diverso. Lá, um instrumento linguístico de emergência que se cristalizou, formando diferentes falares crioulos. Aqui, um instrumento linguístico não relacionado permanentemente com o uso da metrópole, mas desenvolvido autônoma e progressivamente em função do engajamento cultural, afetivo e linguístico do colonizador e seus descendentes mestiços com o índio disponível, primeiro, assustado, numa segunda etapa, e intimidado, ressentido e arredio, ao fim. O resultado só pôde ser uma terceira realidade linguística, progressivamente desvinculada dos movimentos internos do instrumento linguístico da metrópole política.

Ainda no século XVIII (1738) usava-se língua como intérprete:

> Veja-se esta deficuldade ponderada pello pde. Vyeira, e também o que via a Companhia no Brasil com seus filhos para ter lingoas, na carta ao Sr. D. Pedro 2º nas vozes saudozas fol. (169)[27]

Como explicar, na América, a preferência de espanhóis e portugueses, viajantes ou jesuítas, pela palavra *língua* em lugar de turgimão ou intérprete?

Dos textos transcritos, verifica-se que língua era para o colonizador ou para o jesuíta aquilo que o *turgimão* vinha sendo, havia séculos, para as nações do Islã: um intermediário interessado em agir dissimuladamente em proveito de seu povo ou grupo religioso original. Foi este o sentido apreendido pelos jesuítas na ação do antigo *turgimão* e, ao longo de duzentos anos, especializaram-se como *línguas* no interesse da religião católica e dos objetivos da Companhia de Jesus.

A chave dessa penetração no mundo cultural dos indígenas, foi o jesuíta progressivamente escondendo do português da metrópole e de seus representantes no Brasil, criando neles um sentimento até então inexistente, de dissimulação misturada ao ódio e à traição. Baseado em relatório de um bispo beneditino em 1762 e 1763 (*Revista do Instituto Histórico e Geográfico Brasileiro*, 9: 104-105) resumiu José Veríssimo, em 1878, a situação no seguinte trecho, que é aqui precedido de uma informação do século XVI para demonstrar a preferência ideológica, pelos padres, do índio-língua e não do português-língua:

> En este tiempo (1551) vinieron algunos niños huerfanos de Lisbona para que deprendiessen la lengua del Brasil y despues fuessen recebidos en la Comp^a siendo aptos, algunos de los quales entraron, otros tambien se ajuntaron de los nascidos en el Brasil, para ver si con la buena doctrina de los Padres se perficionava en natural y aunque no eran hermanos tratavanlos como tales, mas poco despues se deshijo esto, porque la experientia mostró tener poco natural para religiosos.
>
> A missão jesuítica também, apesar de ser a mais inteligente das que se hão ensaiado, concorreu muito e de propósito deliberado para tornar o selvagem desconfiado, gerar nele o ódio ao colono e, por conseguinte à civilização que ele trazia, porque a fim de afastá-lo da concorrência ao domínio da terra que os ambiciosos sócios de Jesus pretendiam exclusivamente, *os padres o apontavam aos índios como inimigo cujo contato e relações deviam fugir. Eles* — escreve dos jesuítas um bispo do Pará — *cuidavam muito em que os índios ignorassem a língua portuguesa, e não tratassem com brancos.*[28]

O episódio da primeira citação parece ser revelador das intenções com que vinham para o Brasil os jesuítas: exclusividade na ação de civilização dos índios, com método cuja chave não desejavam dividir com ninguém, nem com outros religiosos, nem com a metrópole portuguesa. Os fatos posteriores confirmarão isso.

Embora a situação descrita por José Veríssimo fosse a de estágio final do processo, é claro que a postura de *línguas* assumida pelos jesuítas caracterizou-lhes um ânimo de penetração em seu mundo cultural para dominar-lhes as mentes e não de atração do índio ao mundo cultural lusitano. Isso define bem o caráter do bilinguismo desenvolvido com a chegada dos jesuítas, em que a prática da língua portuguesa será desenvolvida sem afastamento dos hábitos linguísticos não contraditórios dos índios.

Ao se iniciar, pois, a primeira metade do século XVIII, os jesuítas detinham o controle dos índios, para grande prejuízo da política real. Sendo *línguas*, consagraram o bilinguismo para responder à rejeição que inocularam progressivamente nos índios em relação aos portugueses e a seus valores, até o ponto de aqueles enxergarem nos lusitanos um poder tecnológico opressivo.

A tese esboçada por Araripe Júnior pode ser, agora, efetivamente estabelecida, a partir de nossa análise.

O jesuíta não encontrou turgimão em nosso país, mas fez-se ele mesmo um língua à imagem do antigo turgimão, para melhor dominar, no espírito do Concílio de Trento e da tradição lulliana, as nações indígenas que reduzia ou aldeava.

Mas o colonizador-língua do século XVI era diverso do jesuíta-língua. No mais das vezes era ele o assustado português aqui deixado compulsoriamente desde a frota de Cabral, ou era o que, vindo nas expedições exploradoras, naufragava ou aqui ficava, *motu-proprio*, como aventureiro. Do primeiro, é exemplo provável e símbolo, João Ramalho; do segundo, Diogo Álvares Correia, o Caramuru. Ambos, pontos de partida mais representativos das duas grandes variedades da língua nacional brasileira, o dialeto caipira ou paulista e o dialeto sertanejo ou baiano. Ramalho, com grande interação com os índios acompanhada de hostilidade aos portugueses que chegavam, nem sempre para ficar; Caramuru, sem essa hostilidade.[29]

Em um caso ou no outro, eram línguas por interesse individual, não oficial, línguas pelas circunstâncias peculiares de sua chegada, capazes de adentrar o sertão e não apenas permanecer na segurança precária das primeiras fortificações da costa, destinadas a desenvolver o comércio do pau-brasil. Eram línguas, em todo caso, já sem maior sentimento de solidariedade com o povo da terra em que nasceram.

Em um caso ou no outro, Ramalho e Caramuru eram homens do século XV, como eram Afonso Ribeiro, o marinheiro aqui deixado por Cabral, e seu companheiro. Eram portugueses do século XV, que falavam a incipiente língua do território lusitano do século XV. Por toda a primeira metade do primeiro século de nossa história, aqui chegarão, e ficarão, homens cujo espírito e língua se encontram no século XV português. E o que era essa língua lusitana do século XV? Não era língua, era linguagem, como homônimo de vulgar e antônimo de latim. Nem recebido tinha ainda o nome de língua portuguesa. Apesar do exemplo da França, sob Francisco I, que alçou o dialeto da Île de France, em 1539, à condição de língua nacional, *langue françoise* (Ordonnance de Villers-Cotterets) e da tentativa, caída no vácuo, de Fernão de Oliveira (1536) e João de Barros (1540), principalmente este, de cunhar a expressão "língua portuguesa", como língua nacional, muitas gerações se passariam sem que isso acontecesse, descaracterizando-se, ou melhor, não chegando a ter caracteres realmente bem definidos, a cultura portuguesa no bilinguismo luso-castelhano. Enquanto

Portugal perdia, por tanto tempo, o rumo da língua ainda quase galega do século XV, o Brasil, pelos Ramalhos e Caramurus tomava o seu, firmemente, dentro da experiência única do mergulho total na tropicalização, na formação de um caráter novo, de um novo homem, com expressão e cultura próprias. Por isso, lançaram-se neste período de 1500 a 1553 os fundamentos de uma nova língua, que, por sua dissociação total daquela sem rumo do continente europeu, tanto direito trouxe originalmente a si de autodenominar-se, chegada a ocasião, quanto esta última. Não saía, pois, a realidade linguística brasileira, nesse limiar do século XVII de nenhuma língua portuguesa, que não existia, nem como instrumento político institucionalizado e nomeado nem como instrumento de cultura, pois, neste último caso, ao alienado humanismo cortesão vigente sucedeu a emasculação jesuística, que perdurou até Pombal.

O mameluco, ou seja, o caboclo descendente dos Ramalhos e Caramurus, mantendo ou intensificando (caso dos paulistas) essa inicial atitude cultural e política de caráter não oficial, passou a ser, após as primeiras gerações de interação, o grande povoador do interior brasileiro, povoador que agia, na maioria das vezes, em sintonia com a política indigenista estabelecida *persuasivamente* pelos padres-línguas da Companhia de Jesus. Estes encontravam frequentemente resistência entre os paulistas, que, dos *línguas*, eram os que mais tratavam os índios como se fossem, eles mesmos, índios.

Sendo língua, o mameluco se situava no mundo linguístico do índio como bilíngue espontâneo, enquanto o jesuíta, como língua, se situava no mundo linguístico do índio como turgimão, para ali plantar índios-línguas e mamelucos-línguas, seus aliados inconscientes na política de ação autônoma em relação à coroa portuguesa, porque outros os seus objetivos. Práticos como eram, porque na filosofia de sua Ordem os fins justificavam os meios, interagiram com os índios de um modo na Bahia, e, de outro, em São Paulo. Por isso, João Ramalho fez Anchieta, isto é, o espírito de completa autonomia dos colonos e aventureiros do sul condicionou a ação evangélica e linguística de Anchieta.

Caracterizada a atitude linguística dos portugueses, na metrópole, no período que acabamos de estudar, claros serão os fundamentos da língua nacional brasileira resultantes do confronto. A história posterior da realidade linguística brasileira será, como de fato é, uma consequência natural desses fundamentos assim evidenciados.

2.3 Humanismo português e ausência de política linguística como corolário da base fundamental da língua nacional brasileira

Portugal, que, como outros estados da Península Ibérica (Castela, Navarra e Aragão), se constituíra em definitivo e geopoliticamente no platô interior desde o século XIV, viu formar-se a unidade espanhola com a reunião de Granada, Navarra e Aragão sob o poder de Isabel de Castela e Fernando de

Aragão. Esta transformação da península foi de influência considerável sobre o estado português pois, sob um só rei, instituiu-se na Espanha o exemplo do governo absoluto. Os reis, já fortalecidos pelo conhecimento e utilização da pólvora, da bússola e da imprensa nos séculos XIV e XV, tenderam a centralizar em toda parte seu poder com a criação de impostos. Todos esses fatores renderam, pois, as monarquias absolutas de fins do século XV, primeiro com Luís XI da França e, depois, com Fernando de Castela.

Os descobrimentos marítimos tornaram-se a grande força dos reis de Castela e Portugal; aquela, dominando a rota comercial das Índias pelo oeste, ou seja, monopolizando o ouro e a prata do México e do Peru. Este, dominando a rota comercial das Índias pelo leste, substituindo as cidades da Itália no monopólio do comércio do Mediterrâneo.

Todas as descobertas dos séculos XV e XVI levaram as duas potências peninsulares a um só objetivo: tirar lucro imediato de suas expedições. A contrapartida do pragmatismo e imediatismo dominante entre as duas potências foi a restauração dos valores do absolutismo imperial da antiga Roma: o que agrada ao príncipe tem força de lei. Voltaram-se, pois, os súditos, para os valores do humanismo, que se tinham estabelecido desde o século XV na Itália.

As línguas nacionais, como a de Toledo, de Paris e de Florença, se enriqueceram com o intenso movimento de traduções do latim, que se desenvolveu no século XV. Essas línguas se estabeleceram, pois, e se oficializaram.

Em Portugal, todavia, chegavam enfraquecidos e com atraso esses movimentos do humanismo desde o tempo de Dom Duarte (1433-1438). Por ocasião da descoberta do Brasil, reinante Dom Manuel I, constatava João de Barros, em balanço feito em 1540, que não se traduzia o suficiente, preocupando-se mais em conquistar terras:

> Eu nan falo em latinos de que Espanha tem tomado posse antiguamente; mas agora em nossos tempos, com ajuda da empressam, deu-se tanto a gente castelhana e italiana e francesa às treladações latinas usurpando vocábulos, que ós fez mais elegantes do que foram ora á cincoenta annos. Este exercício se ó nós usáramos, já tivéramos conquistada a língua latina como temos África e Ásia, à conquista das quaes nos mais demos que às treladações latinas.[30]

A realidade é definida, dentro do poder real de D. Manuel, por Damião de Góis:

> ...Foi muito inclinado a letras e letrados, e entendia bē ha lingoa Latina em q fôra doctrinado sendo moço, da qual sabia tāto que podia julgar entre stylo bom e mao. Foi tam desejoso da nobreza do Regno ser instituída em letras, que mandava ahos seus moços fidalgos e da camara, em que pera isso havia algum geito, ouvir cada dia lição de gramática aho bairro dos scolares de Lisboa.[31]

Educação humanística foi dada por D. Manuel a seu filho, que cresceu conhecedor também da história de seu reino.[32]

Em consequência, enquanto no Brasil os portugueses tomavam aos índios o tipo das choupanas, o modo de construí-las, o hábito de dormir em rede, seus sistemas de lavoura e seus métodos de caça e pesca, seus alimentos, bebidas e remédios, seus modos de preparar a mandioca e de conservar a carne e o peixe pelo processo da defumação, num aprendizado de *línguas*, de norte a sul, em Portugal os reis se esforçavam em falar latim e estimulavam uma produção intelectual de elite, nos Estudos Gerais, toda de caráter humanista.

O humanismo fora introduzido em Portugal por Cataldo Parísio Sículo a partir de 1485 e, até o fim do reino de Dom João III (1557), o gosto do humanismo linguístico e literário de origem italiana se fez absoluto.[33] Depois, vieram os problemas.

Não obstante o aparecimento de duas gramáticas portuguesas, de Fernão de Oliveira (1536) e de João de Barros (1540),[34] a indiferença pela linguagem vulgar nos meios oficiais era geral e prova disso é a própria obra de João de Barros, *Diálogo em louvor da nossa linguagem*. Nela, João de Barros se queixa de que os portugueses não se esforçavam em conhecer sua língua,[35] que só achavam gloriosa a força das conquistas e das armas,[36] que não tinham os portugueses nenhuma política da língua na África, na Ásia e em tantas mil ilhas, subentendido entre estas o Brasil,[37] que mais dura um vocábulo, tomado aqui metonimicamente no sentido de língua, que um padrão[38] e que seria verdadeira glória povos conquistados aprenderem a fé cristã por meio da língua portuguesa.[39]

A tese de João de Barros, no momento em que a língua dos portugueses se desenvolvia livre, havia já quarenta anos, no Brasil, era de que para saber latim era preciso primeiro saber português, dando como prova de necessidade desta sua tese a existência de cartapácios do latim "em linguagem".[40]

Significativamente, João de Barros lança a ideia de se ensinar gramática portuguesa já na escola de ler e escrever e condena o fato de não se permitir, quase sempre, a não religiosos abrirem escolas elementares.[41]

Propõe uma cartilha onde se possa aprender a língua e a religião e que não se obrigue a criança a aprender a ler em frases dos livros judiciários, o que era prática em sua época.[42] Este último ponto de vista indica que João de Barros já estava influenciado pelo pensamento pedagógico dos jesuítas, mas sua proposta final de se reformar o ensino elementar como já se reformara o ensino superior, jamais foi adotada, senão pelo marquês de Pombal mais de duzentos anos depois.[43] (Alvará de 30 de setembro de 1770.)

O desconhecimento da língua portuguesa só era comparável, no período que analisamos, ao desconhecimento da própria existência do Brasil. Mesmo sendo morador do palácio real e donatário indicado de uma das capitanias em que se dividiu o Brasil, João de Barros demonstra praticamente nada conhecer do novo mundo, o que é um índice eloquente do desconhecimento geral de toda a corte. Quanto à língua, bastam os conhecidos versos de Antônio Ferreira, ele mesmo um prestigioso humanista português da época, em que fala claramente do pouco crédito que se dava à língua portuguesa, assim denominada só por alguns da elite:

> Floreça, fale, cante, ouça-se e viva a Portuguesa língua, e já onde for senhora vá de si soberba e altiva. Se té qui esteve baixa e sem louvor, culpa é dos que a mal excercitaram: esquecimento nosso e desamor.

Por outro lado, o estudo das línguas clássicas, particularmente o latim, e o descuido da língua vernácula tinham como terceiro polo de equilíbrio cultural (ou desequilíbrio) o cultivo sem freios da língua castelhana:

> Somos tão incrinados á língua castelhana que nos descontenta a nossa, sendo dina de maior estima, e não há entre nós quem perdoe a hua trova portuguesa, que muytas vezes é de cantagem das Castelhanas, que se tem aforado comnosco, e tomado posse do nosso ouvido, que nenhumas lhe soam melhor: em tanto que fora em tacha anichilamos sempre o nosso, por estimarmos o alheyo.[44]

Tudo isso explica à saciedade a facilidade com que os jesuítas se apoderaram da instrução pública em Portugal no tempo de Dom João III. Quando chegaram ao Brasil, em 1549, já eram os senhores da educação e, por isso, puderam aqui, aplicar aos índios a sua pedagogia, que nada tinha a ver com o que ensinavam na metrópole portuguesa, pois, no Brasil, os objetivos eram a catequese e o poder temporal da Companhia. Encaminhando-se Portugal, politicamente, para a submissão à Espanha, nada se atravessou no caminho dos jesuítas para desenvolver a *sua* política da língua, sob a égide do Concílio de Trento e na tradição lulliana.

Em consequência de tudo isso, o processo linguístico, no Brasil, constituiu-se de forma inteiramente autônoma em relação ao processo linguístico, em Portugal. O resultado, ao final, como se verá, só poderia ser uma diversidade de língua falada, de modo que, como única solução possível de união, tentar-se-ia impor um padrão de língua escrita a partir de modelos da metrópole.

3. 1553-1702: PERÍODO DE FORMAÇÃO DA LÍNGUA NACIONAL BRASILEIRA

3.1 *Implantação efetiva do método jesuítico: novo-mundismo por meio de pontes culturais*

Ao chegarem ao Brasil em 1549, os jesuítas só tinham nove anos em Portugal. No entanto, foram suficentes para percorrerem todos os graus de poder, sempre favorecidos por Dom João III, com dotações de colégios e privilégios entre os quais o Colégio das Artes de Coimbra, em 1542. Este favorecimento continuou, inclusive oficializado pela proteção do Concílio de Trento, no capítulo XVI de sua seção XXV (1563).

O que encontraram no Brasil, porém, foi para eles inteiramente novo e inusitado, como se depreende das cartas que o padre Nóbrega escreveu, desde 1549, ao rei e aos seus superiores. Só o fato de escrever diretamente ao rei para queixar-se indica a elevada preeminência dos jesuítas e, ao mesmo tempo, a surpresa diante do que encontraram no Brasil: índios roubados, maltratados e despojados de tudo que possuíam; discórdia semeada entre eles para se enfraquecerem ao máximo e poderem ser escravizados; disseminação, entre eles, pelo medo, de práticas que desconheciam, como a de saltear, roubar e vender aos seus para proveito dos colonos; desconhecimento de escrúpulos nos pactos feitos pelos portugueses, logo desfeitos com o consequente ressentimento e ódio da parte dos naturais. De tudo isso, resultou como maiores desejos dos jesuítas verem os portugueses reformados em seus costumes e convertidos os índios. Para isso, encareceu Nóbrega a Tomé de Souza, em 1559, que viesse um bispo para o Brasil a fim de disciplinar moralmente a todos, inclusive ao clero não jesuítico que Nóbrega considerava conivente com todos os desmandos, injustiças e atos verdadeiramente selvagens dos colonos. Como corolário, Nóbrega pleiteava o reconhecimento cabal do papel dos jesuítas, na colônia inteira, de atalhar a situação de caos em que se encontrava o Brasil.[45]

Com a chegada do segundo Governador-Geral, Duarte da Costa, em 1553, começaram os jesuítas lentamente a dar um rumo à situação. Vieram com o governador, Luís da Grã, que já fora reitor do colégio de Coimbra, quatro irmãos, entre os quais José de Anchieta, e mais dois padres. Até então, só o padre João de Aspilcueta Navarro aprendera a língua dos índios, confessando, pregando, traduzindo orações, cânticos sacros e cantigas profanas para os índios, bem como formando os primeiros línguas dentro da prática do bilinguismo que se tornaria a chave da constituição da língua nacional brasileira e dos futuros desentendimentos com a coroa lusitana. Chegando à Bahia em 8 de junho de 1553, Anchieta, na linha da ideologia jesuítica, já seguida por Aspilcueta Navarro, deu novo rumo e, afinal, novo sentido ao trabalho missionário de sua Ordem. À atitude mecânica de Navarro de obediência às diretrizes de catequese da Companhia, Anchieta fez seguir uma política de situar-se o catequista no mundo do índio, para captar-lhe a alma e tornar efetivo o trabalho de aprendizado da língua e de formação de intérpretes. Em seis meses, logo após sua chegada e contato inicial com o Padre Nóbrega, aprendeu a língua e dela fez uma *Arte de Gramática da língua mais usada na costa do Brasil*, que logo se disseminou sob a forma de manuscrito até ser publicada em Coimbra em

1595. Seu trabalho, bem como o dos companheiros, valorizou de imediato, aos olhos dos indígenas, o papel do língua, que já não era desprezado pelos silvícolas, envolvidos que estavam, em toda parte, numa guerra inglória, porém contínua contra os colonos. É significativo, a esse respeito, o relato de Frei Vicente do Salvador sobre a morte do bispo Pedro Fernandes Sardinha entre os caetés:

> ... os prenderam e ataram com cordas, e poucos a poucos os foram matando e comendo senão a dos índios que íam desta Bahia, e um português que sabia a língua.[46]

A presença do português língua entre os índios poupados — com toda certeza, outros línguas — demonstra que a atividade de intermediário linguístico era essencial aos índios e isso foi percebido em toda a sua inteireza por Anchieta que iniciou um trabalho a partir do pressuposto de que não bastava irem os padres linguisticamente aos índios, mas que era necessário uma simetria nesse trabalho, trazendo os índios aos portugueses, respeitado, porém, o mundo do silvícola. Implantava, assim, o método de São Francisco Xavier.

Graças a essa compreensão, estabeleceu-se a partir de 1553, um ambiente de troca que deixou, progressivamente, os neocolonos portugueses em desvantagem no relacionamento simpático com os naturais. Lançaram-se as bases verdadeiras para as reduções e consequente formação de aldeamentos, nos quais a ação dos jesuítas era progressivamente também aceita pelos índios brasileiros.

Uma prova eloquente dessa transformação da sociedade colonial de meados do século XVI são as referências à presença e trabalho dos jesuítas feitas por Pero de Magalhães Gândavo em seu *Tratado da terra do Brasil*, composto por volta de 1570, ou antes, e a *História da província Santa Cruz*, refundição do *Tratado* escrita dez anos depois. No *Tratado*, Gândavo dá apenas notícia da existência de "mosteiros" jesuítas em cada uma das capitanias, excetuada Itamaracá, detendo-se um pouco mais na de São Vicente, onde exalta rapidamente o papel de pacificadores dos inacianos e de seu esforço de "restituir as liberdades de muitos índios que alguns moradores da terra têm mal resgatados".[47] Na *História*, dedica um capítulo inteiro, de louvores, ao "Fruito que fazem nestas partes os padres da Companhia com sua doctrina". Diz Gândavo textualmente:

> Mas já agora nem há esta desordem na terra, nem resgates como soía.[48]

3.2 Ponte cultural dos jesuítas com colonos e índios

Parece claro que, ao desânimo dos primeiros cinco anos, bem expressos por Nóbrega em suas cartas, seguiu-se um período de mudanças disseminadas de São Vicente para o norte e alicerçados numa intensa interação linguística propiciada pelo uso generalizado da *Arte* do Padre Anchieta.

A nova postura de catequese é evidenciada pelo conteúdo das composições em tupi, português, castelhano e latim. Assim, de Anchieta, várias indicações aparecem, conforme os cantos de sua autoria que passamos a indicar:[49]

> Se os nossos Portugueses
> nos quisessem sempre honrar
> sentiram poucos reveses
> de ingleses e franceses,
> e seguros podem estar. (p. 60)

Os portugueses, aí sentiam a mensagem de Anchieta no sentido de ser o Brasil efetivamente defendido das invasões estrangeiras.

> Eu me chamo Tupinambá
> do Padre Grande mandado.
> Todos os brancos daqui
> Me tem muito bem ensinado.
> ....
> Para nos ensinar que há Deus
> Vem por mar doutrinar-nos
> Que creremos em um Deus
> E os vícios se acabaram. (p. 135, original tupi)

Aqui se vê a disposição conciliatória do índio quando na proteção dos padres da Companhia.

> Parvo, por que te perdias
> Por tão feia regateira? [mulher faladeira]
> Cuidavas que era moleira, [proprietária]
> Que furtava bem maquias? [dinheiro]
> Não houveste o que querias,
> Com ficar por derradeiro
> Seu teu rico domingueiro [bens] (p. 81)

Trata-se de exemplo de ensinamento moral dado ao colono comum.

3.3 *Ponte cultural dos índios com colonos e jesuítas*

Por outro lado, do contato com o mundo do índio, na aceitação de sua língua, vinha deles para o mundo do branco um universo de sensibilidade, antes insuspeitado. O índio não vivia só em guerras e a devorar seus semelhantes. Havia neles, também, o gosto do canto, da poesia a este inerente e o sentimento que a ambos dava fundamento. Gabriel Soares de Sousa assim dizia dos tamoios:

> ... São grandes componedores de cantigas de improviso, pelo que são muito estimados do gentio, por onde quer que vão.[50]

Dos tupinambás disse:

> Todos cantam por um tom e os músicos fazem motes de improviso e suas voltas que acabam no consoante do mote; um só diz a cantiga e os outros respondem com o fim do mote... Às vezes andam moças cantando entre eles, entre as quais há também mui grandes músicas e por isso estimadas...
> ... Entre este gentio... são mui estimados, e por onde quer que vão são bem agasalhados e muitos atravessaram já o sertão por entre seus contrários, sem lhe fazerem mal.[51]

3.4 Contradição aparente entre humanismo e novo-mundismo

A situação, assim delineada, revela-nos, na segunda metade do século XVI, um quadro intelectual aparentemente contraditório no Brasil. De um lado os jesuítas com seu apego à erudição das letras, expressa no cultivo, em ambiente primitivo, do latim e da retórica; do outro, um regime pedagógico onde os línguas eram a espinha dorsal com aceitação de seu mundo cultural naquilo que pudesse ser canalizado para os objetivos da Companhia. Teófilo Braga chama a atenção para esse imobilismo humanista dos jesuítas, ao invocar uma carta do padre Palanco, em 1564:

> Na era em que estamos, por toda parte se tem muito em conta a erudição nas coisas de humanidades, tanto que sem elas a doutrina melhor e mais sólida parece que luz menos. Por isso ao padre Geral pareceu conveniente que se escrevesse às províncias, *que tenham conta com estas letras humanas*, e façam estudar bem, quem mostrar aptidão, pelo menos o latim e a retórica, e não passem às artes ou pelo menos à teologia sem se exercitarem bem nestas letras... *que nenhum mestre de Teologia nem de artes tenha opinião nova.*[52]

O padre Anchieta, portanto, estava seguindo escrupulosamente as diretrizes da Companhia. Como na Europa, seu regime escolar foi gradativamente incluindo o costume das festas nas classes. Antes dos prêmios, fazia representar comédias chamadas de *Ludi priores* e, na época de sua distribuição, comédias mais solenes, em verso latino, que os alunos decoravam, chamadas de *Ludi solemnes*. É nesse contexto que surgia, nas aldeias pacificadas, o gosto pela criação literária, fosse da parte do jesuíta, fosse, oralmente, da parte dos índios, com sua inclinação natural para o canto, a letra musical e a representação. Aliás, Jean de Léry dá exemplos disso em seu famoso livro, *Viagem à terra do Brasil*.

3.5 Reação do índio no cenário jesuítico do humanismo novo-mundista

O engajamento do índio nesse cenário inusitado humanista novo-mundista é atestado pelo moralista francês Michel de Montaigne já no século XVI, no capítulo "Des cannibales", de seu livro *Essais*, escrito de 1571 a 1580 e publicado neste último ano. Eis um exemplo dado por ele:

> Cobrinha, um momento para
> Quero imitar teu primor
> E fazer cintura rara
> Para dar ao meu amor...
> Que adorno sejas, somente,
> De uma, a outra serpente...[53]

Outras pequenas composições são apresentadas pelo escritor francês, valendo-se de um amigo que por mais de dez anos morara no Rio de Janeiro com Villegaignon.

Explica-se, dessa maneira, o ambiente favorável à interação linguística que se desenvolveu no Brasil, a partir de 1555 em consonância com um bilinguismo ativo: jesuítas e colonos-línguas, de um lado, e índios-línguas, como intérpretes culturais de seu povo, de outro.

Anchieta cedo viu frutificar seu esforço, como nova maneira de interagir com o índio. Sua *Arte* se inicia com uma sutil apresentação de uma característica da língua dos índios:

> Nesta língua do Brasil não há f, l, s, z, rr dobrado nem muta com líquida, vt cra, pra, etc.[54]

Entre 1568 e 1570, Gândavo já tomava parte desse detalhe para, pela língua, definir o caráter do povo:

> A língua deste gentio toda pela Costa he, huma: carece de três letras — scilicet, não se acha nella F, nem L, nem R, cousa digna de espanto, porque assi não tem fé, nem Lei, nem Rei; e desta maneira vivem sem Justiça e desordenadamente.[55]

Parece claro que a tirada de Gândavo devia refletir algum dito popular, entre os colonos da época, originário certamente do fato de ser a observação de

Anchieta a primeira coisa de seu livro manuscrito, que se multiplicava em cópias. No entanto, a ampliação que fez Gândavo, na *História* do texto do Tratado, que demonstra maior conhecimento pessoal da realidade, indica que a sua observação linguística já não era mera cópia do texto anchietano, porém já uma impressão auditiva sua da elocução do índio ao tentar falar português como intérprete.

Dezessete anos depois, em 1587, Gabriel Soares de Sousa amplia as considerações morais sobre a ausência de F, L e R (no caso desta última, "grande ou dobrado"), segundo ele:

> Ainda que os tupinambás se dividiram em bandos, e se inimizaram uns com os outros, todos falam uma língua que é quase geral pela costa do Brasil, e todos têm uns costumes em seu modo de viver e gentilidades; os quais não adoram nenhuma coisa, nem têm nenhum conhecimento da verdade, nem sabem mais que há morrer e viver; e qualquer coisa que lhes digam, se lhes mete na cabeça, e são mais bárbaros que quantas criaturas Deus criou. Têm muita graça quando falam, mormente as mulheres; são mui compendiosas na forma da linguagem, e muito copiosos no seu orar; mas faltam-lhes três letras das do ABC, que são F, L, R grande ou dobrado, coisa muito para se notar; porque, se não têm F, é porque não têm fé em nenhuma coisa que adorem; nem os nascidos entre os cristãos e doutrinados pelos padres da Companhia têm fé em Deus Nosso Senhor, nem têm verdade, nem lealdade a nenhuma pessoa que lhes faça bem. E se não têm L na sua pronunciação, é porque não têm lei alguma que guardar, nem preceitos para se governarem; e cada um faz lei a seu modo, e ao som da sua vontade; sem haver entre eles leis com que se governem, nem têm leis uns com os outros. E se não têm esta letra R na sua pronunciação, é porque não têm rei que os reja, e a quem obedeçam, nem obedecem a ninguém, nem ao pai o filho, nem o filho ao pai, e cada um vive ao som da sua vontade; para dizerem Francisco dizem *Pancico*, para dizerem Lourenço dizem *Rorenço*, para dizerem Rodrigo dizem *Rodigo*; e por este modo pronunciam todos os vocábulos em que entram essas três letras.[56]

O argumento será ainda desenvolvido por Ambrósio Fernandes Brandão,[57] com o mesmo discurso moral de Gândavo mas sem os detalhes linguísticos de Gabriel Soares, e por Manoel Calado, já em pleno século XVII, que, a seu tempo, se verá.

3.6 *Ação linguística do índio no cenário jesuítico*

Gabriel Soares de Sousa amplia, como se vê do texto transcrito acima, as informações linguísticas de Pero de Magalhães Gândavo, dando agora, em pleno apogeu da missão jesuítica sob o domínio espanhol, exemplos de lusismos na boca dos índios, isto é, da língua que se formava: Francisco, Lourenço e Rodrigo. E ainda estende a alteração de F. L e R a todos os vocábulos.

A informação de Gabriel Soares de Sousa é, pois, o primeiro depoimento sobre o português do Brasil tal como o índio ia modificando. Reunido a outros exemplos que, sem intencionalidade linguística, eram apresentados por Anchieta em suas poesias tupis e ainda no século XVI, pelo Padre Leonardo Nunes em seu *Vocabulário na língua Brasílica*, composto antes de 1591[58] tem-se uma quantidade de lusismos, incorporados ao tupi e capazes de demonstrar os processos linguísticos já em pleno curso de modificação da língua dos portugueses, os quais, certamente, se achavam presentes desde que surgiram os primeiros índios-línguas brasileiros. O elenco desses lusismos, no tupi, pode ser aqui apresentado. Além de *Pancico, Rorenço, Rodigo*, acima transcritos, há na *Arte*, de Anchieta, *Peró*, para Pero, bem como em sua *Dança de dez meninos*, poesia tupi, *Paí Marasá*, para padre Marçal. Lemos Barbosa dá como lista parcial dessa época, também *pereru* (ferreiro), *cabaru* (cavalo), *sapatu* (sapato), *kabará* (cabra), *kurusu* (cruz), *kasiana* (castelhano), *saraúaia* (salvage = selvagem), *kumarara* (camarada), e *Roré* (Lourenço). As palavras terminadas em *e, i, o, u* eram oxítonas, bem como as terminadas em consoante, vogal y, vogal nasal e ditongos como *ia, ie, uo* etc. As palavras terminadas em *a* podiam ser oxítonas ou paroxítonas, o que aqui se distingue pelo acento agudo.[59]

O grande tupinólogo Frederico Edelweiss, que, ao lado do Pe. Lemos Barbosa, é tido como o mais importante autor de obras de síntese relativas ao tupi colonial, faz distinção entre tupi e tupinambá, considerando o primeiro termo na acepção genérica e dá numerosos exemplos das diferenças.[60] Distingue ainda entre brasílico e brasiliano, como termos cronologicamente sucessivos aplicáveis a dicionários do tupi.[61] Reserva para o adjetivo brasiliano o contexto da compilação da língua no Estado do Maranhão colonial e considera *nheengatu* como uma projeção geográfica deste.[62]

Cronologicamente, o material que se apresenta ao estudioso é tupi (tupinambá em São Paulo, Rio de Janeiro, Espírito Santo, etc), língua brasílica ou brasílico, língua brasiliana ou brasiliano, língua nheengatu.

Para efeito, porém, de identificação dos processos linguísticos subjacentes aos lusismos incorporados à língua dos índios, desde o século XVI, é irrelevante a rigidez da distinção, visto que incorporam-se todas essas variedades cronológicas ao tupi, em sua acepção genérica. Desta forma, uma lista de lusismos atestados em documentos da época colonial podem incluir, além dos citados:

arapineta	— alfinete
açukiri	— açúcar
jantara	— jantar
marika	— barriga
kapina	— campina
kandyba	— canavial

siara	— cear
xaví, xabí	— chave
funira	— funil
bixana	— bichano, gato
maîa	— mãe
berancia	— melancia
paîa	— pai
pana	— pano
paratu	— prato
saberu, sabaru	— sábado
toroto	— torto
cabaçu	— cabaça
cepetu	— espeto
curuçá	— cruz
kendara	— quintal
makaka	— macaco
muratu	— mulato
papera	— papel
pitá	— fita
pixana	— bichano, gato
oiji	— hoje
sorara	— soldado
taipaba	— parede de taipa
xeringa	— seringa
aramoçara	— almoçar
camixá	— camisa
martera	— martelo
navaia	— navalha
tambora	— tambor
tomaramo	— tomara, oxalá
aratara	— altar
catanha	— castanha
conhara	— cunhado
janera	— janela
manteca	— manteiga
merendara	— merendar
panera	— panela
pucuru	— púcaro
reîa	— rei
rimáo	— limão
varaia	— balaio[63]

3.7 Processos linguísticos subjacentes

Os processos linguísticos presentes nos lusismos do período colonial são os seguintes:

1 — A língua brasileira, na época colonial já tinha ritmo ascendente, isto é, tendente ao deslocamento da sílaba tônica para o final da palavra, ao contrário do que ocorria em Portugal na mesma época. Dentro deste processo se inclui o desfazimento sistemático de grupos consonantais (*curuçá, arapineta, toroto,* etc.) e o deslocamento do acento da maioria das palavras proparoxítonas e paroxítonas (*pucuru* < púcaro, *sabaru* < sába*do, pitá* < fita, etc). Esse processo linguístico contrasta com o lusitano de perda das vogais adjacentes à tônica (*m'nino*) e de paroxitonização dos verbos (*falari, comprari*). Fernão de Oliveira já identifica o fenômeno.[64]

2 — Desfazimento de encontros consonantais, em favor de sílabas não travadas, isto é, do tipo CV. Exemplos: *cepetu* (espeto), *arapineta* (alfinete), *asukiri* (açúcar), *sorara* (soldado). Em Portugal, ao contrário, aumentavam avassaladoramente os encontros consonantais.

3 — Distribuição mais equilibrada da tonicidade entre as sílabas principalmente com a generalizada preferência pela utilização do [a] em todas as posições e de fortalecimento do [i] e [o] finais: *jantara* (jantar), *pafa* (pai), *funira* (funil), *reia* (rei), *papera* (papel), *oiji* (hoje), *paí* (padre), *xavi* (chave), *toroto* (torto), etc. Em Portugal ocorreu o oposto, com mudança do [a] final em [e] e ensurdecimento do [i] e [o] finais.

Esses três processos linguísticos, gradativamente assinalados pelos jesuítas e colonos-línguas, no trato do contexto bilíngue intensificado, foram sendo responsáveis pela progressiva brasileirização, ao longo dos séculos XVI e XVII, do português trazido para cá. Como os processos indicados tinham como corolários as adaptações, por força da estrutura do tupi, da articulação, já assinalada por Anchieta e Gândavo, do [f], [l] e [rr], tornou-se logo a língua brasileira repleta de rotacismos, alveolarizações, labializações, vocalizações, próteses vocálicas e apócopes consonantais, todos explicáveis, em maior ou menor grau, pela ausência daquelas três articulações na língua do índio. Acrescente-se a isso a generalizada nasalação, típica do tupi, inclusive com sua exceção no fim de certas palavras, de que *margem, selvagem* e outros termos são exemplos.

O argumento, frequentemente levantado pelos lusófilos da tradição pombalina, imperial e salazarista brasileira, de que tais fenômenos são encontráveis em toda parte, inclusive em Portugal, é inteiramente descabido por duas razões:

a) nunca terem-se lembrado da existência dos processos linguísticos apontados como presentes no contexto de interação de línguas-intérpretes de origem europeia e línguas-intérpretes dos silvícolas;

b) nunca terem-se lembrado, intencionalmente ou não, de que, por duzentos e cinquenta anos *não* houve política linguística no Brasil e *em Portugal*, ficando a colônia, em seu *completo* isolamento cultural, entregue ao livre entrechoque das variáveis linguísticas dos atores da cena; se houve, pois, mudanças linguísticas semelhantes em Portugal, Guiné, Angola, Moçambique ou Índia, não tiveram elas *nada* a ver com as que eventualmente ocorreram, por coincidência no Brasil; ou, como diz o Padre Lemos Barbosa em seu Curso de Tupi Antigo (p. 2 l):

> admite-se que o simples fato da existência de um mesmo fenômeno num dialeto português é bastante para "desmascarar" a influência tupi no caso do português do Brasil..., o que implica uma premissa de que dois fenômenos linguísticos idênticos *só* possam provir de uma mesma causa.

José Veríssimo, sempre lúcido, forneceu, já em 1878, um argumento sólido, que faz parte hoje da teoria linguística da tradução, para empréstimos linguísticos feitos pelo não índio ao índio:

> Nem é difícil compreender e explicar como tal fato se deu. O índio começou por traduzir *verbum ad verbum* a sua frase para o português, e assim construiu esta como aquela, exceto quando não achava na língua portuguesa, por desconhecê-la, expressões que traduzissem perfeitamente o seu pensamento...[65]

Este processo, típico do língua diante de um colonizador, de que desconfiava, mas que lhe era tecnologicamente superior, desenvolveu-se por mais de dois séculos, recorrendo o índio, frequentemente, a termos portugueses intraduzíveis por falta de corrrespondentes adequados em sua língua: igreja, judeus, graça, tentação, etc. Na transcrição que nos veio dessa época, estes termos aparecem em sua roupagem lusitana, na maioria das vezes. Quando, porém, nessa forma escrita, eram necessários à rima do poema tupi composto, ou quando, gasto pelo uso, era já termo inserido na elocução normal do nativo, era apresentado com sua roupagem tupi. São, pois, os lusismos, que podem ser itens lexicais tomados isoladamente ou construções que se situam verdadeiramente no campo da morfossintaxe.

3.8 *Resultados concretos*

Dentro dessa linha de raciocínio, em que a origem e formação dos lusismos é espinha dorsal, podem ser agora compreendidos, dentro do raio da influência da língua dos índios, os seguintes fatos:

1 — Desaparecimento do [r] das desinências verbais: *sabê, comprá, fugi* em lugar de saber, comprar, fugir. É muito provável que, na época colonial, sua

articulação fosse a de alveolar simples, ou como se diz também, branda.⁶⁶ Isso favorecia a incorporação de verbos portugueses ao tupi, como atestam os lusismos *aramoçara* e *merendara*. Por outro lado há muitos exemplos, no tupinambá, não no tupi em geral, de formas paroxítonas do mesmo tipo, ou semelhantes, que se transformavam em oxítonas: *arara > ará, Ygara > Ygá* (canoa), *Yguara > ygúa* (morador de), *urapara > urapá* (arco), *poranga > porá* (bonito) etc.⁶⁷ Tal fato, aliado a situações em que o colono ou o jesuíta pronunciavam o [r] como velar em fim de sílaba — e, por isso, não reproduzido como tal pelo índio, porém como alveolar — torna natural a existência, no período colonial, da pronúncia do [r] brando ou sua eliminação.⁶⁸ Por isso, até hoje, a apócope do [r] das desinências verbais não é absoluta.

2 — Fortalecimento dos monossílabos átonos e do [i] e [u] átonos de última sílaba: *mi* dê, *ti* vi, *du* pai, *copu, nevi,* em lugar de *me* dê, *te* vi, *do* pai, *copo, neve*.⁶⁹ No caso de [ti], em te vi, ou do [di] e [ti], em de noite, não se processara ainda, na época colonial, a africação da oclusiva linguodental.⁷⁰ Além disso, a mudança do ritmo da frase, de descendente para ascendente, com a contrapartida do deslocamento maciço dos pronomes objetivos átonos para a anteposição verbal, contribuiu poderosamente para o fortalecimt!nto dos monossílabos átonos, em geral, e distribuição mais equilibrada da tonicidade no enunciado. Isso se opunha inteiramente ao que se processava em Portugal na mesma época.⁷¹

3 — Substituição do [l], que fecha sílabas por [r] e/ou sua vocalização. É fato já assinalado que o índio não articulava o [l], compensando essa inaptidão pela utilização do [r]: *Dui* — Luís, *papera* — papel, *muratu* — mulato, etc. A alteração, em meio à gente do interior, se generalizou, como se sabe, mas só explica o rotacismo. A vocalização generalizada, tanto no interior quanto no fim da palavra, é posterior ao período e isso indica que, até a primeira metade do século XVIII, coexistiam entre os línguas o rotacismo e a articulação alveolar. Como a língua tupi era avessa aos encontros consonantais, mas, ao contrário, muito dada aos ditongos, a vocalização do [l] final de sílabas se explica como alternativa menor para o rotacismo dentro das variedades do tupinambá.⁷²

4 — Queda do [l] final de palavra: fel, mel, qual, deram, no interior, frequentemente, fé, *mé, quá*. É sabido que, após a restauração portuguesa e, principalmente, o descobrimento das minas, as cidades costeiras do Brasil receberam fortes contingentes de funcionários lusitanos encarregados de movimentar a máquina arrecadora. Com isso, desde fins do século XVII, os jesuítas e seus índios retiraram-se para o interior. Tal fato permitiu, de um lado, a permanência da articulação alveolar nessas palavras, com a posterior vocalização, e, de outro, a persistência da apócope do [r], em que se converterá desde o início o [l], entre os línguas do interior. É, portanto, a apócope, fenômeno mais antigo que a vocalização.

5 — Nasalação das vogais átonas. O *m* e o *n*, no tupi antigo, nasalizavam as vogais vizinhas, e as vogais nasais finais chegavam mesmo a alterar a sílaba inicial da palavra seguinte, mudando *b* e *p* em *m* ou *mb*, *k* em *g* ou *ng*, *t* em *d* ou *nd*, *s* e *x* em *nd* e *r* em *n*.[73] Num ambiente em que tais hábitos eram tão generalizados, a tendência à nasalização, existente também entre os línguas de origem lusitana, teria de se intensificar. Como a intensificação do hábito é uma alternativa linguística dependente do contexto e este era de completo isolamento cultural em relação à metrópole, deve-se debitar o maior grau de nasalidade brasileira à ação dos índios e caboclos-línguas.[74]

3.9 *Avaliação dos resultados em função dos processos*

O índio-língua, ao procurar se exprimir na língua do colonizador e, ao mesmo tempo, na língua geral estabelecida, comportava-se como um falante basicamente estranho a dois sistemas linguísticos: um, próximo do seu, mas não igual (língua geral); o outro, completamente afastado do seu. Seu papel — e o mesmo acontecia com seu interlocutor de origem cultural europeia — o obrigava à aceitação do princípio da coexistência social dos dois sistemas, com todas as consequências de influências recíprocas que daí resultam. No interior de cada comunidade em que isso acontecia, passava-se gradualmente de polos culturais ligados por processos de permutação, relativamente à língua geral, a polos em que intervinham processos de tradução relativamente à língua do europeu. Isso levava o língua a construir, para si e para a sua comunidade bilíngue, pontes que se percorriam desde o mundo do colonizador até o mundo do índio e desde o mundo deste até o daquele.[75] Algumas dessas pontes foram acima exemplificadas. Deve ser este o sentido a se atribuir ao processo de tradução *verbum ad verbum* invocado por José Veríssimo em 1873, como antes assinalamos. É por isso que tornam-se verossímeis os empréstimos morfossintáticos do tupi defendidos, em sua efetiva incorporação ao sistema da língua nacional brasileira, por José Veríssimo, Teodoro Sampaio e outros. Entre eles estão, por exemplo, o uso de *dele* ao invés de *seu* de *será*, como partícula interrogativa, da perda do morfema de plural entre os brasileiros, transferindo a função pluralizadora ao artigo, da supressão deste, quando definido, em muitas regiões, do diminutivo afetivo, etc.[76]

Todos os casos até aqui assinalados são pontes culturais de comunicação pela língua, como o são pela música, pelo canto ou pela poesia oral os demais. Uns e outros se constituíram no período de 1553 a 1702 e, formados, sobreviveram às gerações seguintes, apesar da forte repressão oposta, e chegaram aos nossos dias.

3.10 *Consolidação do sistema linguístico: século XVII*

A realidade linguística brasileira é, portanto, um resultado cultural da presença dos jesuítas, no cenário político, econômico e cultural do país a partir de 1553, com a chegada de Anchieta e consequente início de um trabalho coerente e contínuo de toda a Companhia, sob a inspiração dos métodos de São Francisco Xavier.

Pouco tempo depois, Mem de Sá, escolhido por D. João III para realizar a política de subjugar o índio e de dar força aos inacianos, teve de manter esses objetivos mesmo após a morte do rei. A rainha-regente sem demora tornou-lhe claro o propósito de D. João:

> ... e por ellas [cartas] soube como a Capitania de Vasco Fernandes Tourinho ficava muito pacífica, e *o seu gentio tão castigado, mortos tantos, e tão principaes, que não levantariam tão cedo a cabeça...* Por diversas vias soube do muito favor que dáveis aos padres da Companhia de Jesus, para o que cumpre ao serviço de Nosso Senhor, e recebi disso o contentamento que é razão e requer o intento que se teve descobrimento dessas terras... (...) vos encommendo muito *que tenhaes particular cuidado*, como sei que tendes, *de os favorecer e ajudar no que requererem* e virdes ser necessário.[77]

A mesma recomendação faz aos vereadores e procuradores da cidade do Salvador, mudando o tom em relação aos índios.

> ... e encommendar, como encommendo muito, que queiraes haver por muito encommendado aos ditos padres, *e os favoreçaes em tudo... e que aos gentios que se fizerem cristãos trateis bem; e não os avexeis*; nem lhes tomeis suas terras.[78]

Estava inaugurada oficialmente a política dúplice da coroa: agradar aos padres e aos funcionários e colonos. Cedo isso se provou impossível por diversos e, ao mesmo tempo, iguais os objetivos dos dois lados, que se resumiam a um só: garantir para si o senhorio sobre os índios. Escravizavam-nos funcionários e colonos; tornavam-nos servos, pela persuasão, seus guias espirituais e orientadores materiais, os jesuítas. Diante do dilema que eles mesmos se puseram, os reis alternavam no favorecimento ora aos padres, ora aos colonos e funcionários. Nessa gangorra, os índios iam sendo dizimados nas "guerras justas", quando pegavam em armas para não serem escravos, ou assimilados com parte de sua cultura, quando se submetiam à servidão da roupeta, ou finalmente, empurrados mais e mais para o interior, quando se recusavam à escravidão e à dependência pela servidão. Em todo caso, porém, estabelecia pontes culturais com os jesuítas, quando menos para terem condições de enfrentar a todos. Nisso, o intercâmbio linguístico do ambiente bilíngue formado se desenvolveu sob a égide daquela língua de que muito precisavam para sobreviver, a língua viva dos padres e dos neocolonos.

Tinham, assim, os jesuítas o aval régio e o do governo geral para o controle completo dos índios. No episódio da Confederação dos Tamoios se fortaleceram, de modo que, logo após, com a proteção de Mem de Sá, só na Bahia já tinham onze aldeamentos de 5 a 6 mil índios, com escolas em cada um frequentadas por cerca de quatrocentos meninos. O grande instrumento de ação direta dos padres foram esses meninos índios, logo mestres-línguas dos seus.

Do lado dos colonos, as mulheres índias é que exerceram o papel linguístico correspondente ao dos meninos das escolas jesuíticas e, no geral, foram o fator mais importante de intensificação do bilinguismo e de preservação de muitos dos valores nativos, através da atração cultural que exerceram sobre seus maridos ou amantes e da ascendência que mantiveram, ao longo das gerações, sobre seus filhos mamelucos, que povoaram o Brasil.

Apesar do apoio real aos padres, os colonos continuavam mais e mais a escravizar, fazendo com que muitas tribos, como saída, aceitassem ser aldeadas pelos jesuítas ou se internassem no mato num movimento que não mais cessaria.

Expulsos os franceses em 1567 e continuando a ação escravista dos colonos, o jovem rei D. Sebastião enviou carta de lei a Mem de Sá, declarando os índios escravizados à força, o que causou grande descontentamento. Diante da reação, dividiu a colônia em dois governos, na Bahia e no Rio, em 1572, aceitando, porém, os dois governadores designados o conceito de "guerra justa" defendido pelos colonos. Não dando certo a divisão administrativa, voltou D. Sebastião a unificar o governo, em 1577, mas faleceu sem iniciar nenhuma política efetiva para o Brasil, preocupado que estava com a África e com o que restava das Índias.

O novo governador-geral, D. Manuel Telles Ribeiro foi quem trouxe ao Brasil a notícia, em 1582, da perda da independência por Portugal. No mesmo ano, aclamou o rei espanhol, Felipe II, que chegara a oferecer o Brasil como reino independente a seu opositor, o Prior do Crato. Foi recusada a oferta.

Os jesuítas possuíam, nessa ocasião, já três colégios, na Bahia, no Rio e em Pernambuco, fundados, respectivamente, em 1556, 1567 e 1576.

De 1582 a 1624, quando se iniciou o problema holandês, os jesuítas ampliaram de forma notável sua ação. A administração colonial, apenas mais uma no meio do imenso império espanhol, foi permitindo, com seu relaxamento, o incremento do luxo e dos prazeres, de um lado, e de outro, do roubo e dos assassínios. Só uma lei de liberdade para os índios foi baixada pelo rei em 30 de julho de 1609, mas revogada diante da reação do governador e dos colonos em 1611. Continuava entre os colonos e funcionários a doutrina da "guerra justa".

Por tudo isso, os índios, índios caboclos ou caboclos iam desenvolvendo sua aversão aos portugueses, assim considerados os que se ligavam mais diretamente aos interesses da coroa no Brasil e os perseguiam, dizimavam e escravizavam. E estes, portugueses funcionários e mazombos, se aliavam aos mamelucos paulistas numa crescente oposição à política dos padres da Companhia, que se apoiava nos compromissos internacionais da coroa, sempre em contradição com as pressões internas do Brasil. De toda forma, quem sempre perdia, politicamente, na colônia eram os portugueses identificados com a metrópole, e este foi um processo irreversível.

Nas guerras holandesas, serve de testemunho o Pe. Manuel Calado, favorável à política da metrópole, que mostra a versão aos caboclos:

> Começaram os moradores a cobrar tanto medo aos Índios Caboclos que mais os temiam que aos próprios holandeses...[79]

A seguir repete o argumento moral da falta, entre os índios caboclos, de [f], [r] e [l].[80] Trata-se já agora de índios caboclos, não os índios puros dos primeiros tempos, capazes de se entenderem numa língua sem [f], [r]e [l] com os judeus lusitanos do Brasil holandês. Para Calado, o português que defendia os interesses de Portugal era todo aquele que seguia a João Fernandes Vieira, seu "Valeroso Lucideno". Português solidário com a metrópole mas realista o suficiente para se aliar aos índios de formação psicológica lusitana, como Felipe Camarão, e a negros que já amavam sua terra de adoção forçada e violenta, como Henrique Dias.

O índio caboclo se comunicava com o holandês na língua viva lusitana que aprendera como língua. Esclarece o próprio Calado:

> ... porque como os mais deles [holandeses] *eram portugueses de nação*, e haviam fugido de Portugal por temor da Santa Inquisição, e juntamente sabiam falar a língua Flamenga, *serviram de línguas* entre os Holandeses, e Portugueses, e por esta via granjeavam dinheiro...[81]

Deste exemplo se vê, mais uma vez, a importância fundamental do intérprete, do língua, na formação da consciência de Brasil, pois continuavam em toda parte, como índios bravos (caso dos índios caboclos de Calado) ou mansos. Nesse contexto social, permaneciam como índios mesmo ainda que ajudando a portugueses e holandeses. Este bilinguismo, que se espraiava por todos os setores da sociedade, tinha sempre origem na política linguística dos jesuítas. Os inacianos, na verdade, com o passar das gerações e o envolvimento de sua política temporal no Brasil pela desconfiança, aversão e o ódio dos colonos, adotavam cada vez mais a primazia da língua geral em suas reduções, ficando, mais e mais, com a chave de seu conhecimento e reduzindo deliberadamente o conhecimento da língua viva lusitana a um número menor de índios, os línguas de todos os quadrantes. Com isso, tal idioma seguia sendo sempre uma língua que se descaracteriza, como tal, na boca do índio e de seus interlocutores, presentes sempre as pontes culturais de que falamos e que eram essenciais ao processo.

O exemplo dos línguas judeus pernambucanos serve ainda de evidência de um processo que começava, a animosidade da Inquisição em relação aos jesuítas, a partir da ação do Pe. Antônio Vieira na questão holandesa.

3.11 *Evidência da consolidação: Vieira*

A simpatia de Antônio Vieira pelos cristãos-novos incomodou a muitos, pois Vieira se colocou contra o domínio da Compahia das Índias Ocidentais enquanto Portugal estava sob o domínio espanhol. Restaurada a coroa portuguesa em 1640, não se bateu mais, com a mesma intensidade, contra a ocupação holandesa, que podia ser um equilíbrio entre o Estado do Brasil e o Estado do Maranhão, o qual se desenvolvia sob a direção dos jesuítas, com o apoio de D. João IV. O que esclarece um pouco a linha política dos jesuítas, à qual Vieira sempre prestou obediência. Não é crível que o político Vieira estivesse acima do jesuíta Vieira:

> Tem-se exprobrado à Companhia que seus princípios a fazem repelir o patriotismo. É, de fato, um organismo cosmopolita e em que a cada membro se impõe sua tarefa sem respeito da nacionalidade. Dentro d'ela, o antagonismo das procedências têm de coalhar em um sentimento comum de solidariedade. Em toda a parte onde os jesuítas se encontram em comunidade existe a mescla das nações: e a regra é sempre a mesma: a mesma a língua obrigatória, o latim morto, que exclue toda a ideia de pátria atual.[82]

Os jesuítas buscaram o estabelecimento de um Estado teocrático, primeiro, com sucesso, no Paraguai, desde os inícios do século XVII, depois no Guaíra, logo após no território entre o Paraná e o Uruguai e, por último, no Maranhão e Grão Pará.[83]

O sentimento generalizado, no sul e no Maranhão, era de que esse propósito dos jesuítas tinha assento na realidade política, o que levou alguns paulistas a querer separar-se de Portugal e proclamar Amador Bueno rei. Daí terem sido, em certo momento, expulsos os jesuítas de São Vicente pelos paulistas (1633) e, mais tarde, do Maranhão (1661). Desenvolveu-se um processo de oposição de interesses entre os inacianos, a coroa portuguesa, os paulistas e os colonos. Dentro dele se insere a queda em desgraça do padre Antônio Vieira e lenta, porém gradual, perda do poder político dos jesuítas a partir da descoberta das minas, em fins do século XVII, e da entrada em vigor, no Maranhão, da lei de 1º de abril de 1680, em que o príncipe regente Dom Pedro renova a de 1609, acima referida, abolindo todo e qualquer cativeiro dos índios.

É nesse contexto político que se devem entender as ideias linguísticas do Padre Antônio Vieira, patentes em seus sermões e cartas. São ideias jesuíticas, quando políticas, não apenas de Vieira.

De um lado, está a sua defesa do uso e ensino da língua geral:

> Quão praticada fosse a do Brasil nesta nossa Província, bem o testifica a primeira Arte, ou Gramática dela, de que foi autor e inventor o grande Anchieta... Sobretudo o testifica o mesmo uso, de que nos lembramos os velhos, em que a nativa língua Portuguesa não era mais geral entre nós que a Brasílica.

> Isto é o que alcancei, mas não é isto o que vejo hoje, *não sei se com maior sentimento, ou maior admiração*... Porém na ocasião presente, em que às obrigações desta Província se tem acrescentado a conquista universal do novo mundo do Maranhão e grande mar do Rio das Amazonas, não há dúvida que a língua geral do Brasil, como porta por onde só se pode entrar ao conhecimento das outras, nos faz grande falta e aperto em que nos vemos. Esta é a razão por que novamente ordenou nosso Reverendo Padre que nesta Província se torne a observar o estilo antigo e que o estudo da língua preceda a todos os outros, sem que a eles possa passar algum da Companhia, sem primeiro ser rigorosamente examinado e aprovado nela.[84]

Vê-se, do texto, que Vieira exortava os irmãos noviços à prática que constituía a linha mestra da política da Companhia em relação aos índios. Por outro lado, a posição de Vieira em relação à língua dos portugueses é de caráter dúplice, fruto da prolongada convivência com os grandes e pequenos, lá e cá. Embora não houvesse ainda em Portugal nenhuma política da língua — profunda tinha sido a castelhanização —, chamara Vieira a atenção de seus contemporâneos justamente porque a usava com elegância e brilho. Fazia ele a língua de Portugal ser notada pelos méritos dele, em contraste com os méritos de seus contemporâneos, quase que inteiramente voltados no passado recente para a catelhanização cultural do país:

> Avançara depressa, entre 1580 e 1640, a castelhanização cultural do país. Autores e artistas portugueses gravitavam nas órbitas de Madrid e de Valladolid (onde quer que a corte estivesse), fixavam residência em Espanha, aceitavam padrões espanhóis e escreviam cada vez mais na língua de Cervantes. Pela elite culta de ambos os países, o Português era tido por rústico e reles, bom para o mercado mas não para as expressões elevadas da poesia ou da história.[85]

Sem descartar os 60 anos de domínio político espanhol, deve ser lembrado que mais uma vez a própria expressão "língua portuguesa" era recente de apenas um século, formulada em 1536 e 1540 por Fernão de Oliveira e João de Barros, quando, no Brasil, em contexto de pleno isolamento, nova realidade linguística se formava.

A opinião de Vieira sobre a política linguística para com os índios era opinião da Companhia, não sua. De fato não é pessoal o juízo que emite sobre a realidade da língua de Portugal no Brasil, refletindo a experiência viva inaciana. Falava, então, como um devoto de Francisco Xavier na política da língua:

> Todas as nações do Oriente, de qualquer cor que sejam, falam a língua portuguesa, mas cada uma a seu modo, *como no Brasil os de Angola e os da terra*. E Xavier, que fazia para que eles o entendessem? *Arremedava* as suas linguagens *com os próprios acentos*, nunca mais eloquente, que quando nos tempos, nos casos, nos gêneros, *imitava os seus barbarismos*... A língua portuguesa, nas terras e mares por onde o santo andou, tem avesso e direito. *O direito é como nós a falamos*, e o avesso, como a falam os naturais. E Xavier, para ser melhor entendido na doutrina que ensinava, não usava do direito da língua, *senão do avesso*. Aos canarins, à canarina; aos malaios, à malaia; aos japões, à japoa... Mas, perguntara eu ao Núncio Apostólico ou ao Padre Mestre Francisco, onde aprendeu ele estas línguas ou estas meias línguas? É certo que não em Paris... Eram línguas partidas, não só porque eram muitas línguas, senão porque eram línguas e meias línguas, *dispertitae linguae, como as que ele arremedava*. Meias línguas, porque eram meio europeias e meio indianas; meias línguas, porque eram meio políticas e meio bárbaras; meias línguas, porque eram meio portuguesas e meio de todas as outras nações que as pronunciavam ou mastigavam a seu modo.[86]

Estas palavras confirmam, em pleno século XVII e no Brasil, a tese que vimos defendendo: a língua sedimentada, em nosso país, progressivamente, era o resultado de um processo linguístico, no qual se engajavam índios, em relação a jesuítas e colonos, jesuítas, em relação aos índios e colonos, em relação também aos índios. O móvel desse processo imitativo era, para os jesuítas, a necessidade de se atingir o fim da catequese, na linha doutrinária e metodológica do Concílio de Trento e na linha prática e eficiente do apóstolo Francisco Xavier. Para os colonos, o móvel era a necessidade de vencer o meio com seus próprios recursos, isolados que estavam, política e culturalmente, por força dos interesses limitados da Coroa no Brasil.

É notável, pois, o sermão de Vieira, como prova do processo linguístico deliberadamente desenvolvido pelos jesuítas no Brasil, capaz, por si só, de originar uma realidade linguística nova, como de fato originou. O início do trecho citado confirma implicitamente a origem xavieriana do método linguístico usado na catequese dos índios brasileiros: "como no Brasil os de Angola e os da terra".

São Francisco Xavier, como apóstolo do Oriente, exerceu profunda influência sobre seus companheiros jesuítas em todo o mundo. Basta ler o que sobre ele escreveu o Pe. Simão de Vasconcelos. O sucesso de seu apostolado deveu-se ao sistema de pontes culturais, pelo qual chegava Xavier ao povo que era objeto de seu esforço missionário para conquistar-lhe a adesão, por interesse ou por fé, ao cristianismo. Não tendo batizado pessoalmente um milhão de pessoas, como diziam seus contemporâneos ou pósteros imediatos, converteu todavia dezenas de milhares, lutando tenazmente contra a dificuldade linguística e usando intérpretes em quantidade, já que não tinha, como hoje se sabe, o dom das línguas que lhe atribuíram posteriormente. Mas a fama dessa faculdade foi muito forte e, em 1553, ano seguinte ao da morte de Xavier, com a chegada de Anchieta e seus companheiros ao Brasil, a política de valorização do língua, através de pontes culturais, se iniciou. A política linguística de Xavier, descrita e exaltada por Vieira, era a política que se implantara no Brasil na esteira da fama do santo de Navarra e define a realidade linguística que se formava. Os jesuítas, no meio da população nativa, falavam o português que ensinavam aos índios, mas de acordo com o modo de estes o assimilarem, na pronúncia e na gramática. Ou seja: os processos linguísticos de imitação utilizados pelos índios eram pelos próprios jesuítas utilizados porque era essa a maneira de Francisco Xavier, que "arremedava as suas linguagens com os próprios assentos" e imitava seus barbarismos. Falava o jesuíta, com o tempo, o português ao jeito tupi, como Xavier o português dos malaios à malaia, dos canarins à canarina, etc. O colono procedia da mesma forma já desde os primeiros tempos. Por isso, tornava-se o português, no Brasil, meia língua, meio portuguesa e meio de todas as outras nações que a pronunciavam a seu modo.

Mas Vieira, quando no meio estritamente português, como no púlpito, diante dos senhores da terra, lembrava-se de que havia uma língua portuguesa d'além mar. Daí manifestar-se no outro lado de sua duplicidade linguística, ou seja, de acordo com uma norma cortesã que ele mesmo estava apurando sem disso se dar conta.

A essa língua usada no púlpito pelo sacerdote, português ou não, serve de parâmetro o Sermão da Sexagésima, como se verá a seguir. Vieira dá um exemplo de sua reação concreta ao problema da língua culta do clero.

Em desfavor na corte portuguesa, se vira obrigado a voltar ao Brasil. Para pôr em prática a nova política do novo geral da Companhia, partira para o Maranhão. Diante dos graves problemas de ordem política e de corrupção no sul do país, conforme queixa sua em carta ao Padre provincial em 1654, restava a ela, no projeto de constituição de um Estado teocrático no Norte, a região do Maranhão e do Amazonas (ver nota 83), num momento em que os brasileiros travavam em Pernambuco, a favor de portugal, a guerra de expulsão dos holandeses (1653).

Recebidos, a princípio, com toda a consideração, dado o apoio real, em quinze dias os jesuítas despertaram o descontentamento devido à sua política para com os índios e o apoio que o rei lhes dava através de uma lei de liberdade para estes. Os pregadores carmelitas, capuchinhos e mercenários passaram a dirigir invectivas contra as missões jesuíticas no Maranhão. Regressando a Lisboa em 1644 e lá permanecendo até 16 de abril de 1655, pronuncia Vieira, em fevereiro deste ano, o Sermão da Sexagésima e nele verbera contra a linguagem do púlpito nessa época, ao mesmo tempo em que reage contra os pregadores que procuravam atingi-lo. Reagia o Padre Antônio Vieira contra as palavras dos mesmos, clero do Maranhão, pronunciadas, segundo ele, "num estilo tão encontrado a toda a arte" que "seriam ociosos por incompreensíveis". E arremata:

> É possível que somos portugueses e havemos de ouvir um pregador em português e não havemos de entender o que diz?[87]

Ou seja: fala o clérigo adversário, nem sempre religioso de votos, em português, mas não entende o que ele diz porque, para os padrões de Vieira, o seu português já não é mais o mesmo, seja pelo simples estilo, seja pela construção. Se fosse, não seria o estilo do clérigo tão encontrado, tão oposto, a toda a arte de pregar e, mesmo, a toda a gramática.

Aparece, assim, no Brasil, em 1655, pela primeira vez, o conceito de "mau português" para designar o português falado, principalmente no Brasil, pois brasileiros eram, de longa data, esses carmelitas, capuchos e mercenários ou mercedários (frades da Ordem das Mercês), ao contrário dos jesuítas, que excluíam toda a ideia de pátria atual. Eram eles tradicionais aliados dos administradores e colonos e, em muitos casos, se envolviam nos costumes da terra: escravização do índio, prática de roubos e de vida condenável para os padrões morais jesuíticos.[88] A duplicidade linguística de Vieira serve de demonstração eloquente do que acima evidenciamos a partir da análise dos lusismos no tupi. Entre meados do século XVI e princípios do XVIII constituiu-se, em seus fundamentos, uma língua brasileira resultante da interação linguística isolada de índios e europeus. Só faltava vir a consciência dela, o que aparece como curiosidade em Francisco Soares, no séc. XVI, e, como fato linguístico, em Vieira, segundo os trechos transcritos e ao longo de todo o século XVIII pela voz de gramáticos portugueses, quando passam a chamá-la de dialeto. No entanto, a sua própria língua só realmente tem consagrada sua denominação, como língua nacional, depois da restauração. O termo *dialeto* para designar a realidade linguística brasileira há de ser uma natural compensação para a tardia denominação da língua nacional em Portugal, dentro da consciência, também tardia, de que o Brasil também existia como terra *com uma gente própria*, que começava a levantar sua crista nacionalista. O desejo de dar nome à sua língua, o brasileiro, como o lusitano dos séc. XVII e XVIII, só teria no momento de sua independência política.

3.12 *As fontes de Vieira, como evidência do futuro caráter de língua românica de segunda geração da língua do Brasil.*

Alguns anos depois de Vieira, um jesuíta brasileiro, Francisco de Sousa, retratando também o método linguístico de catequese de São Francisco Xavier, produziu uma avaliação, provavelmente independente da do grande orador sacro. Está em seu livro, *Oriente conquistado*, publicado em Lisboa em 1710 e em que revela sua longa participação na tradição xavieriana de Goa, onde viveu. Disse ele, na pág. 29:

> Explicava de tarde aos naturaes da terra a doutrina Christãa com tanto concurso de povo, que não cabia na Igreja, *e, para se accomodar melhor aos ouvintes pouco elegantes na pronuncia da nossa lingua, fallava de proposito em Portuguez barbaro, e grosseyro.*

Estas palavras de Francisco de Sousa e as de Vieira têm uma fonte comum, a bela *Vida do padre Francisco Xavier*, também jesuíta, publicada em 1600 e escrita alguns anos antes. Dela é o seguinte trecho, na edição de Lisboa de 1959, pág. 67:

> Na declaração [explicação] das coisas *assim* [da tal maneira] *se acomodan, à capacidade dos ouvintes*, respeitando sempre a maior glória de Deus e bem das almas, *que chegava a falar o português com a gente da terra, trocado e meio negro, como o eles falam. porque melhor o entendessem.* Cousa que, nem escrita, nem porventura imitada, a todos parecerá nem estará tão bem. Mas à fervente e conhecida caridade nada lhe está mal; e ainda que põe a autoridade à parte, nunca a perde, como a não perdera S. Jerônimo, se de setenta anos, quando alumiava a Igreja e ensinava o mundo, trouxera nos braços a menina Paula e, *cortando e mal pronunciando as palavras, a ensinara a falar* como prometia a Leta, sua mãe. Facilmente será, e fora em qualquer outro, *aquela sorte de pronunciação festa e riso* ao auditório; mas na boca do Pe. Francisco era linguagem do Céu, que edificava, compungia, espantava, parecendo aos ouvintes que viam e ouviam ao apóstolo [S. Paulo] fazer-se grego com os Gregos, hebreu com os Hebreus, tudo com todos.

Embora Lucena tenha tirado muita coisa, para seu livro, da *Peregrinação*, de Fernão Mendes Pinto, amigo de São Francisco Xavier, não tirou essa informação deste famoso livro. Certamente, fazia parte da memória recente que os jesuítas tinham do santo, inclusive de papéis seus, como a cartilha que escreveu, de todos conhecida.

Aí está, de forma eloquente, a chave linguística do processo de evangelização que Vieira identificou na realidade brasileira, quando disse que o português aqui falado era "meia língua".

Qual a fonte desse sentimento linguístico geral, entre os jesuítas? Uma, o próprio São Jerônimo, citado por Lucena, doutor da Igreja, mas nem por isso insensível à necessidade evangélica de se chegar a quem recebe a palavra de Deus, imitando-lhe a maneira de falar de para melhor transmitir a mensagem apostólica. Outra, a fonte de São Jerônimo e de todos os evangelizadores da Igreja, séculos afora: São Paulo, Primeira Epístola aos Coríntios, capítulo IX (exemplo de São Paulo).

Desvenda-se, portanto, não só a realidade linguística brasileira, decorrente da ação missionária dos jesuítas, pela voz de Vieira e Lucena, mas também o próprio método missionário de José de Anchieta, que, ao fundar um segundo colégio para catequese dos índios, fundou ao mesmo tempo uma pequena aldeia, São Paulo de Piratininga. Estava imbuído das mesmas palavras inspiradoras de São Francisco Xavier, ou seja, dos ensinamentos da Primeira Epístola aos Coríntios. Ressalte-se que entre Anchieta e Xavier estavam dois elos: pela Companhia, o padre Diego Laines; pela administração portuguesa, Martim Afonso de Sousa. O primeiro, íntimo companheiro de Xavier e superior espiritual de Anchieta; o segundo, grande amigo de Xavier e mais provável motivador da decisão real de enviar ao Brasil os jesuítas, entre 1549 e 1553.

Ao propiciar, desta maneira, pela aplicação e manutenção do método, a formação gradual de uma língua nacional no Brasil, Anchieta e seus companheiros agiam como São Jerônimo, inspirador da política linguística do Concílio de Tours (813), que marca o nascimento das línguas românicas. Esta política foi retomada pelos jesuítas no Concílio de Trento, tendo como intermediários, na aplicação da mensagem de São Paulo aos novos horizontes geográficos, Roger Bacon e Raimundo Lull.

Por todos esses motivos históricos, é a realidade linguística brasileira uma língua própria — de segunda geração (a primeira, no caso, foi a galego-portuguesa) —, de cuja formação constam as mesmas variáveis que intervieram na formação das línguas românicas. Uma denominação particular a ela, como *língua brasileira*, não tem, assim, nenhum valor cosmético ou artificial, vindo a ser, ao contrário, pura manifestação de uma vontade política assentada na verdade histórica.

3.13 *Evidência adicional da consolidação da língua brasileira como realidade autônoma: alienação linguística em Portugal*

Enquanto no Brasil, nos cento e cinquenta anos que vão de 1553 a 1702, ocorria a formação de um povo novo com nova cultura e nova língua, toda ela oral, à falta de instrução pública, em Portugal murchava a tenra planta da língua escrita portuguesa, recém-descoberta por Fernão de Oliveira (1536) e João de Barros (1540). Apesar de este até morar no palácio real, não conseguiu despertar Dom João III nem sua corte para um programa de criação, via escola elementar, de uma língua nacional, a portuguesa. Isso que ele propõe, de maneira difusa, porém evidente, nos seus *Diálogos*, a França já realizava, em 1539, por meio da Ordannance de Villers Cotterets. Talvez fosse a providência, em Portugal, demasiado prematura, dadas as tradicionais condições da política cultural do país, sempre atrasada com respeito à França e Espanha. Além disso, a penetração desta, iniciada cem anos antes, era obstáculo significativo a qualquer visão mais grandiosa do instrumento linguístico de que dispunham os portugueses.[89]

A castelhanização linguística foi algo refreada no período de pouco mais de meio século de humanismo. Foi retomada e revigorada na segunda metade do século XVI, paralelamente ao processo progressivo de perda da nacionalidade portuguesa. A elite adotava o latim ou o castelhano. O povo falava a sua *linguagem* com a mesma consciência, talvez, de dois séculos antes, ou seja, sem ligar o que falava a qualquer sentimento de nacionalidade. Sem aquelas evocações culturais automáticas que denunciam um sentimento de língua nacional.

A literatura, como bem acentuou Teófilo Braga, "vegetava profundamente separada de todos os elementos tradicionais e populares", quando é ela que acaba por dar aquele sentimento. A experiência de Gil Vicente fora realmente única e, por isso mesmo, evidenciadora da inexistência de um sentimento consciente de língua nacional.[90]

Permaneceram inéditas, significativamente, até estar a nação sob o domínio espanhol, as obras de Sá de Miranda, Antônio Ferreira, Fernão Mendes Pinto, Antônio Prestes, bem como as líricas de Camões. O adesismo aos valores castelhanos era geral e, de nacionalidade portuguesa, quase nada havia. Assim foi com Jerônimo Corte Real, Fernão Álvares d'Oriente, Duarte Nunes de Leão e muitos outros. Só se distingue um fio de nacionalidade no esforço de publicar, como se disse, alguns nomes do passado. O interese era escasso, predominante que era, em toda a parte, o espírito de Castela.

O grande mal, porém, foi o exclusivismo dado ao estudo do latim pelos jesuítas, que monopolizavam a instrução em todos os níveis. Só o latim importava e, por isso, caíram no vácuo as palavras de Amaro de Reboredo, postas, em 1619, em seu *Método Gramatical para todas as línguas*. Queria que se estudasse primeiro o português, depois latim:

> Para o que fora de muita importância crear-se uma cadeira de língua materna, *ao menos* nas cortes e universidades.[91]

Ao invés disso, os autores de livros sobre a língua portuguesa, em sua época e na subsequente, procuravam reduzir as regras da língua materna às da língua castelhana e, principalmente, às do latim, reservando ao português apenas divagações retóricas sobre suas qualidades.[92] Em sua maioria, preocupam-se com a ortografia que, na época, era também disciplina de estudo da pronúncia.

Fizeram-no Pero de Magalhães Gândavo (1574), Duarte Nunes de Leão (1576), Álvaro Ferreira de Vera (1631), Bento Pereira (1666), Franco Barreto (1671). Gramático, mesmo, só há de ser Jerônimo Contador de Argote, aliás o primeiro a distinguir a realidade linguística brasileira como "dialeto" (1721).

O fato de existirem tantos ortógrafos é significativo, pois reflete a realidade da mudança do ritmo e da articulação dos sons da língua, processo que se desenvolveu exatamente durante esse período de 150 anos. No Brasil, o ritmo e a articulação, com todas as suas consequências morfofonêmicas, estavam mudando em um sentido, como demontrou-se atrás; em Portugal, o mesmo acontecia em sentido inteiramente diverso. Caminhavam, pois, as duas realidades linguísticas, nascida a brasileira em 1500, segundo rumos inteiramente independentes, pois inteiramente diversas as causas de seu caminhar.

A febre do castelhano, em Portugal, era abrasadora, o que contribuía, de um lado, para o delírio e alienação linguísticas e, de outro, para a difusa consciência dos problemas de mudança linguística, principalmente no campo da articulação. Assim, por exemplo, Álvaro Ferreira de Vera, em sua *Ortografia e modo para escrever certo na língua portuguesa* (1631), recomenda:

> E porque no formar dos plurais dos nomes, cujos singulares são em-ão, se embaraçam muitos... veja-se como termina na língua castelhana...[93]

Duarte Nunes de Leão explica a mudança de *-om* para *-am* pela "analogia e respeito que a língua portuguesa vai tendo com a castelhana..."[94] Simão de Vasconcelos, no Brasil, chama o castelhano de matriz.[95]

O vazio retórico, quando se trata de considerar a língua portuguesa, pode ser exemplificado em Francisco Rodrigues Lobo, com seu *Corte na aldeia* (1619):

> A língua portuguesa, assim na suavidade da pronunciação, como na gravidade e composição das palavras, é língua excelente... é branda para deleitar, grave para encarecer, eficaz para mover, doce para pronunciar, breve para resolver e acomodada às matérias mais importantes da prática e escritura...[96]

Pairando sobre todos os cuidados linguísticos, estava o latim e, nele, a ditadura total da gramática do jesuíta Manoel Álvares. O processo de conformação da língua portuguesa ao latim, começado nos séculos XIV e XV com as traduções promovidas pelo rei ou pelos nobres, atingiu seu apogeu nesse período, quando se tentava verdadeiramente alatinar a língua, tanto no léxico quanto na sintaxe. O povo das cidades, sempre sob a influência do prestígio das pessoas nobres, ia sendo, através dos lacaios, criados, comerciantes, artífices, funcionários e toda a gente que com eles tinha contato direto, levado a imitá-los, fosse na pronúncia, fosse na construção. Operou-se, verdadeiramente, uma mudança de cima para baixo, a que ficaram alheios, em certo grau, somente aqueles que, nos campos, dos nobres só ouviam falar. Foi justamente nessa gente, tão dispersa quanto afastada de qualquer movimento de unidade cultural, que os filólogos lusófonos dos séculos XIX e XX buscaram exemplos de coincidências linguísticas entre particularidades regionais do Brasil e Colônias. Não era essa parcela da população, propriamente, um ator na cena da crise cultural e mental que viveu o país nos cento e cinquenta anos que estamos abordando. Por isso, também esta parte da população não tem nada a ver, no seu obrar linguístico, com as mudanças linguísticas que se operavam no Brasil. Em relação a ela, outro era o contexto, outras as causas, outra a gente, outra a política. Desse fato se pode compreender como Antônio Vieira ressalta a qualquer um o tipo de construção que parece lhe ser próprio, mas que é, na verdade, reflexo do seu contexto brasileiro. Construção mais direta porque menos dependente, no Brasil, até os 33 anos de idade, de uma interação intelectual com pessoas que falavam um português alatinado.

Até a primeira metade do século XVIII perdurou a situação descrita: nenhum estudo autônomo da língua portuguesa e, principalmente, nenhum sinal da Coroa de a considerar como elemento essencial da nacionalidade, já de si inconsistente. Por esta razão, *jamais*, no período, foram os jesuítas questionados sobre sua política linguística no Brasil, a não ser, em termos pessoais, Antônio Vieira no processo que lhe moveu a Inquisição. Também não foram questionados sobre a validade e interesse para a metrópole da manutenção do sistema implantado em toda a Colônia, ou seja, bilinguismo, em que o tupi, ao invés de ter sua importância diminuída, cada vez pesava mais no relacionamento linguístico dentro da sociedade colonial. Isso, até o ponto de, nas aldeias e povoados do interior, ser amplamente majoritário e, nas cidades litorâneas, competir com destaque com a língua originária dos falares trazidos pelos colonos desde 1500.[97] Esta língua foi tão modificada, como vimos, pelos *línguas*, através de pontes culturais bilaterais, que passou a não ter nada a ver, tomada a língua de 1500 como parâmetro, com a cada vez mais indistinta e menos coerente realidade linguística das populações urbanas de Portugal. No Brasil, quanto mais se falava o tupi, mais aumentava o número de *línguas* e, consequentemente, mais se espalhava sua maneira de pronunciar e "mastigar" — tratar gramaticalmente — a antiga língua medieval galego-portuguesa trazida por Afonso Ribeiro, Ramalho, Caramuru e tantos outros.

3.14 *Dependência linguística do negro ao fim do período*

Ao longo do século XVII diminuiu consideravelmente a população indígena da costa brasileira. As razões foram sua incorporação gradativa à sociedade colonial, o extermínio dos índios rebeldes e a fuga para o interior sob o medo das perseguições escravizadoras dos colonos, muito aumentados com a imigração. A grande compensação para esse progressivo despovoamento de índios foi a intensificação do tráfico negreiro. Chegados os primeiros africanos em 1538, ao fim de poucas gerações começaram a substituir sistematicamente o índio, nômade por natureza e livre.[98]

> Com o desenvolvimento da cultura de cana de açúcar, a Metrópole concedeu a cada senhor de engenho o privilégio da introdução de escravos africanos da Guiné e da ilha de S. Tomé, em número de 120 para cada engenho...[99]

O Pe. Fernão Cardim atesta que, em 1585, para 2.000 vizinhos em Pernambuco, já havia 2.000 escravos negros.[100]

Em fins do séc. XVII, o Pe. Antônio Vieira dá um depoimento expressivo:

> Uma das grandes coisas que se veem hoje no mundo e nós, pelo costume de cada dia não admiramos, é a transmigração imensa de gentios e nações etíopes que da África continuamente estão passando a esta América... entra uma nau de Angola e desova, no mesmo dia, quinhentos, seiscentos e, talvez, mil escravos.[101]

Esta informação faz sentido com a do capuchinho Antônio Zucchelli que, estando na Bahia em 1698 e 1703, viu poucos índios em Salvador, cuja população era calculada por ele na base de três negros e pardos por um branco.[102]

A avaliação linguística desse quadro deve ser feita da mesma forma como se procedeu com relação ao índio, dentro da moldura do relacionamento social e cultural do negro com os demais atores da cena colonial: o índio, o jesuíta e o colono.

O primeiro fato que se destaca da realidade dessa época é a divisão dos negros, para todos, em dois grupos, boçais e ladinos:

> E porque comumente são de nações diversas e uns mais boçais que outros e de forças muito diferentes, se há de fazer a repartição com reparo e escolha, e não às cegas... Uns chegam ao Brasil muito rudes e muito fechados e assim continuam por toda a vida. Outros, em poucos anos, saem ladinos e espertos, assim para aprenderem a doutrina cristã, como para buscarem modo de passar a vida...[103]

Tanto os negros boçais quanto os ladinos, encontravam grandes dificuldades na vida no Brasil, fosse pela forma como tinham sido arrancados dos seus lares africanos, fosse pelo fato de aqui serem reunidos a outros, de outras tribos e de diferentes partes da África. Não havia, de início, aquela condição básica que tinham os índios escravizados, ou seja, convivência no infortúnio com companheiros de hábitos culturais, inclusive língua, iguais ou muito semelhantes.

A essa solidão em terra estranha juntavam-se os maus-tratos que lhes infligiam os senhores:

> ... os quaes, não obstante serem logo cathequisados, reduzidos a fé, e baptizados, *e viverem entre innumeravel multidão de Brancos*, quaes são os moradores desta Bahya, e mais Villas anexas, com a sugeição de Escravos, a quem os donos que os comprão, *castigam rigorosamente por qualquer delicto*, e muito mais rigorosamente sendo comprehendidos em algum crime contra a Relligiaõ, não deixão com tudo as superstições...[104]

Para livrarem-se desses maus-tratos, tentaram, desde os primeiros tempos, a fuga para o mato:

> Os primeiros inimigos são os negros da Guiné alevantados que estão em algumas serras, donde vem a fazer saltos e dar algum trabalho...[105]

Os negros fugidos não tiveram, desde o início, a simpatia do índio:

> Não furtão [os índios] per nenhū cazo. He iniuria grande pera elles. E assim querē mal aos pretos de Angola, que são ladrons. Tudo o que achão dão a seu dono.[106]

Além disso, os índios eram muito utilizados como capitães do mato:

> Só podemos explicar essa diferença [maior estabilidade do regime escravocrata no Brasil] pela contribuição do índio, destruidor-mor de quilombos, erigido daí por diante em capitão-do-mato, elemento da maior importância na segurança dos engenhos, juntamente com os mestiços [mulatos] especializados no mister.[107]

Desde o primeiro ano de Pe. Manuel da Nóbrega no Brasil, aparece o negro como escravo dos jesuítas. Estes, imediatamente à sua chegada ao Brasil, compreenderam que o índio não se prestava à escravidão, deixando o esforço neste sentido a cargo dos colonos ao mesmo tempo em que, por si mesmos ou por parte dos colonos, disseminavam a ideia de que o índio não devia ser escravizado, mas tutelado. Com isso, captaram mais e mais a simpatia dos silvícolas, que necessitavam de proteção contra as investidas escravizantes ou exterminadoras dos portugueses. Nesse contexto o negro, que já chegava como escravo, assim continuava indefinidamente. Era escravo tanto do português quanto do jesuíta.

Colocados entre a escravidão sem perspectivas, de um lado, e a fuga, de outro, para quilombos, sujeita ao atalhamento decidido dos índios, só restava aos negros, praticamente, aceitarem a escravidão, aproximando-se quanto podiam do mundo de seu senhor. Neste processo, mesmo ao fugirem, nunca se afastavam do raio de ação econômica do branco. Sua cultura preservada era a relacionada com as crenças e respectivo ritual. Não preservada, porém, em sua autenticidade, mas misturada às crenças e rituais do branco.

Não é difícil, pois, concluir que, em matéria de língua, sua absorção do instrumento do branco foi total. Este instrumento, porém, era, como vimos, uma terceira realidade, baseada na língua europeia de origem, mas suficientemente alterada, ao longo dos séculos XVI e XVII, pela ação das pontes culturais bilaterais lançadas sempre pelo branco-intérprete e pelo índio-língua.

Enquanto a cultura do índio permeava a do branco, tropicalizando-o e fazendo-o constituir um instrumento linguístico novo, a do negro isolava-se nos guetos das senzalas e assumia caráter folclórico e regionalmente localizado (Bahia e Rio).

O resultado linguístico da ação dos negros, nos séculos XVI e XVII, foi nulo, pois não houve interação estrutural. Não tinha ele intérpretes a se relacionarem com o branco sob a égide de tácitas pontes culturais. Se chegava ao Brasil já falando a língua do branco, em sua forma europeizante, ensinava-a, como negro ladino ao negro boçal:

> Dom Joam de Lancastro amigo. E El Rei... Mandando ver na Junta das Missões as vossas cartas de 12 a 25 de agosto do ano passado (1701), escritas pela mesma junta e pelo Conselho Ultramarino sobre os *inconvenientes* e dificuldades *de se comprarem negros* da costa da Mina por conta de minha fazenda *para catequistas*. Me pareceu dizer-vos que se entendeu justificada a vossa razão, e que por força dela não é de se admitir o Arbítrio dos negros de Cabo Verde para o mesmo exercício de catequistas e que deixados estes meios deveis seguir o de procurar que sejam intérpretes dos negros que vierem de novo os que houver mais ladinos e mais desembaraçados nas línguas nessa cidade para que possam instruir os outros na doutrina cristã, à vista dos missionários que os tiverem a seu cargo fazendo por este modo o ofício de catequistas com mais habilidade e segurança e menos despesa da minha fazenda.[108]

Os jesuítas eram, assim, aliados do Rei na "catequização" do escravo negro, isto é, no ensinar a língua falada no Brasil por meio de orações e frases do dia a dia. O negro boçal, assim assistido, podia tornar-se ladino e fazer retornar, em tempo mais curto, o capital empregado pelo branco:

> Agora, pergunto eu: e este é o modo com que, no Brasil, ensinam aos escravos os seus senhores, ou os seus feitores, ou os seus capelães, ou os seus filhos? Os menos negligentes fazem, quando muito, que os escravos e escravas boçais saibam as orações na língua portuguesa, não entendendo mais o que dizem que os papagaios pardos de Angola ou verdes do Brasil...
>
> ... a etiópica, com que só nesta cidade se doutrinam e catequizam vinte e cinco mil negros, não falando no infinito número dos de fora...
>
> ... e, sendo muito maior, sem comparação, o número de negros que o dos índios, assim como os índios são catequizados e doutrinados nas suas próprias línguas,

assim os negros o são na sua, de que neste colégio da Bahia temos quatro operários muito práticos, como também outros no Rio de Janeiro e Pemambuco.[109]

Devido a essa decidida solidariedade política entre brancos e jesuítas no trato do escravo, tinha este, quase sempre, como objetivo, a sobrevivência nas melhores condições possíveis, fazendo o que o senhor ordenasse e assimilando-lhe hábitos e costumes, para com isso poder até sonhar com a alforria, nem que fosse para seus filhos. Em consequência, o mestiço saído do negro, o mulato, sempre foi, psicológica e socialmente, bem diverso do mestiço saído do índio, o mameluco. Sem pontes culturais, não interagiu linguisticamente com o branco, ao contrário do índio e do mameluco.

A influência africana sobre a sociedade brasileira, como um todo, e sobre sua língua não foi significativa. E a sociedade sempre sentiu o fato dessa maneira, como acentua Capistrano de Abreu:

> Parece que o povo sempre teve consciência deste facto. Nos contos populares... o Brasileiro é figurado no caboclo, nunca no negro ou no mulato. Na literatura tivemos o indianismo, não o negrismo ou mulatismo. Nos tempos da independência, os nomes de família, jornais e partidos eram tupis e não negros.[110]

3.15 *Resultado do período: mar de brasilidade*

Foi ainda Capistrano de Abreu quem melhor resumiu a evolução do sentimento brasileiro em relação à terra americana.[111]

De ente degenerado, mazombo, em oposição ao nobre nascido em Portugal, o brasileiro passou, entre os tempos do domínio espanhol e as bandeiras de descobertas das minas, em fins do século XVII, a um ser igual a qualquer um da metrópole. A guerra contra os holandeses, ganha inteiramente pelos brasileiros, deu a estes a consciência da igualdade em relação às armas do velho Portugal. A conquista do território brasileiro, palmo a palmo, e a posse das imensas riquezas de Minas Gerais chamaram os brasileiros à consciência da igualdade econômica com relação à metrópole.

De um sentimento de inferioridade, até fins do século XVI, passou-se, portanto, a um sentimento de igualdade de direitos em relação à metrópole. Tal foi o quadro que emoldurou o nativismo brasileiro e que, no século XVIII, com a consciência dos portugueses em relação a essa mudança, e consequente reação, será substituído por outro, o quadro do nacionalismo, a emoldurar um sentimento de difícil contenção pelas armas, mas que provou ser de fácil neutralização política pelas medidas de adaptação tomadas pelos reis portugueses, a partir de Dom José I.

À formação da língua nacional brasileira correspondeu a formação, desenvolvimento e fim do nativismo no Brasil.

No plano linguístico, o período termina em 1702, quando Dom João de Lencastro, governador da Bahia de 1694 a 1702, escreveu para o rei Dom Pedro II propondo a criação de dois seminários para curumins e cunhantãs com a condição de, neles, não se falar outra língua senão a portuguesa. A finalidade da proposta, de que, na verdade, se fazia intermediário dos brasileiros, era criar-se o único remédio capaz, na ocasião, de extinguir a gentilidade do Brasil:

> ... fundar-se a custa da real fazenda nos arrabaldes desta cidade dous grandes seminários, hum para colomins, e outro para Cunhatains: este administrado por mulheres, e hum sacerdote velho de boa vida, e costumes, e aquelle pelos Religiosos da companhia de Jesus para em hum e outro seminário se criarem os meninos, e meninas filhos dos Índios de idade de quatro, athe doze annos, os quaes havião de ser mandados pelos Missionários athe de todo se extinguirem as Missoens; *com condição de que nos Seminarios se não havia de fallar outra lingoa mais do que a Portugueza*, e que por conta da junta havia de correr a criação desta multidão sem número de crianças, e que depoiz de completa a idade de doze annos se entregassem os machos aos officiaes machanicos para lhes ensinar seus officios e as femeas se repartissem por cazas de pessoas nobres, e honradas; e que finalmente os rapazes que por sua rudeza não podessem aprender officios, os obrigasse a junta a servir em lavouras a seus amos.[112]

Respondendo à sugestão, em 12 de abril de 1702, disse o rei:

> Dom Joam de Lancastro amigo. Eu El Rei vos envio muito saudar. O vosso zelo na matéria das Missões se tem feito credor do meu agradecimento como muitas vezes se vos tem repetido e como vos sempre procurei demonstrar e não deveis de o entender menos de se não aceitarem alguns arbítrios que apontais; porque nem todos os que podem ser convenientes qual o de se erigirem seminários para os índios columins e cunhatans se devem pôr em execução, por falta dos meios e também da natural inconstância dos mesmos índios.[113]

Os dois documentos transcritos, de fundamental importância para a história linguística do Brasil, devem ser considerados com referência ao Alvará de 16 de setembro de 1597, do primeiro rei espanhol de Portugal, Felipe II. Neste, procura o monarca padronizar o uso dos tratamentos devidos aos reis, príncipes e nobres na redação oficial:

> ... conviria muito a meu serviço e ao bem e socego dos meus Vassalos o reformar os Estylos de falar e escrever, e reduzi-ls à ordem e termo certo...[114]

Apesar de minucioso, o Alvará de Felipe II não toca, em nenhum momento, no problema da língua. Sequer especifica a língua portuguesa como instrumento de comunicação entre as partes.

Os três documentos referidos patenteiam a seguinte situação linguística, no Brasil, no alvorecer do século XVIII:

a) Continua não havendo em Portugal nenhuma língua oficial. Vive-se a língua que se fala sem nenhuma consciência do dever, em termos unificadores, de uma política linguística certa e definida.

b) Continua a inexistir, da parte do rei português, uma consciência do que se passa linguisticamente no Brasil e da relação entre atividade missionária dos jesuítas e gentilidade linguística.

c) Só o brasileiro é capaz de já perceber a importância de, em toda a colônia, todos falarem a língua portuguesa, denominação que davam, por dependência política, a seu instrumento diário de comunicação.

d) A descoberta das minas, com a consequente necessidade de controlar o fluxo migratório, oferecia aos brasileiros uma excelente oportunidade de trabalhar pela unidade nacional, posta, agora, em termos de igualdade econômica e política com a metrópole. A língua era o instrumento mais adequado à realização dessa unidade, para se dar outro rumo ao mar de brasilidade que era a sociedade brasileira.

Não se tratava ainda de independência nacional, tomada esta no sentido de "consciência que a colônia pouco a pouco adquiriu da sua superioridade à metrópole".[115] Tratava-se de consciência da necessidade de uma unidade política e linguística. Diante de tudo isso, pode-se entender o retrato da sociedade brasileira, pintado eloquenternente por Gregório de Matos, poeta e amigo de D. João de Lencastro:

Aos Caramurús da Bahia

Um calção de *pindoba*, a meia zorra,
Camisa de *urucú*, mantéo de *arara*,
Em logar de *cotó*, arco e *taquara*,
Penacho de *guarás*, em vez de gorra.

Furando o beiço, sem temer que morra
O pae, que lh'o envazou c'uma *titara*,
Porém a mãe a pedra lhe aplicara
Por reprimir-lhe o sangue que não corra.

Alarve sem razão, bruto sem fé,
Sem mais leis que as do gosto, quando erra,

De Paiaiá, tornou-se em *Abaité*.

Não sei onde acabou, ou em que guerra:
Só sei que d'este Adão de *Massapé*
Procedem os fidalgos desta terra.

Aos Mesmos Caramurús

Há coisa como ver um *Paiaiá*
Mui prezado de ser *Caramurú*
Descendente do sangue de *tatú*,
Cujo torpe idioma é *Cobepá*?

A linha feminina é *Carimá*,
Muqueca, pititinga, carurú,
Mingáo de puba, vinho de caju
pizado num pilão de *pirajá*

A masculina é um *Aricobé*,
Cuja filha *Cobé*, c'um branco *Pahy*
Dormiu no promontorio de *Passé*.

O branco é um Maráo que veiu aqui:
Ella é uma índia de Maré;
Cobepá, Aricobé, Cobé, Pahy.[116]

Em fins do século XVIII, na penetrante visão crítica deste último verso de Gregório de Matos, a língua (Cobepá) é o traço de união sociocultural-hierárquica entre o índio (Aricobé) e o branco (Pahy), através da filha daquele (Cobé). Como, aliás, demonstramos nas páginas anteriores. Acrescente-se a isso, como visto, o trabalho linguístico dos jesuítas, de estabelecimento de pontes culturais entre os brancos-intérpretes e os índios-línguas e utilização, para tanto, dos meninos índios, que os inacianos atraíam para suas escolas de ler e escrever.

4. 1702-1758: O DESPERTAR DE PORTUGAL PARA A REALIDADE DO BINÔMIO LÍNGUA-SOCIEDADE NO BRASIL

4.1 *Insistência pelos brasileiros de uma nova política linguística*

A questão da língua, tal como foi colocada por Dom João de Lencastro perante o rei D. Pedro II, estava estreitamente ligada à questão das missões, isto é, da política indigenista. Esta era controlada, em todo o Brasil, pelos jesuítas que, continuando com sua tutela sobre os índios, tornaram-se o grande poder temporal do Brasil, com suas fazendas, engenhos, empreendimentos agrícolas e escravos negros, sempre a contrastar com os interesses dos moradores, em todas as capitanias. A oposição aos jesuítas era canalizada pelos Senados das Câmaras das respectivas capitais e cidades principais. O alto custo dos escravos negros, sempre necessários fazia com que os moradores, em toda parte, com maior ou menor intensidade, buscassem um meio de acabar com a tutela dos índios pelos jesuítas e, com isso, poder contar com peões e domésticos. No limiar do século XVIII, era muito comum alugarem os jesuítas aos moradores os serviços dos índios aldeados.

No Maranhão e Pará, já pela necessidade da expansão comercial acelerada como política de ocupação da região, já pela história de meio século de domínio dos jesuítas na política indigenista, a ação dos moradores se fez mais intensa.

Subindo ao trono Dom João V, o rei mais decididamente absolutista de Portugal, porque tornado independente das Cortes com a descoberta das Minas, tentaram os moradores do Pará e Maranhão reverter a política em vigor.

Em 1718, conseguiram de D. João V uma lei que permitia, sob certas condições e por autoridade pública, serem descidos os índios antropófagos para as aldeias. As restrições dessa lei levaram o governador Bernardo Pereira de Berredo, no ano seguinte, a reunir uma Junta, ou seja, uma comissão, para permitir maior liberdade nas entradas no sertão e descida dos índios não só para as aldeias, mas também para os engenhos e residências dos colonos, tudo isso sob a justificativa da pobreza do Estado e da necessidade de coibir as entradas ilegais.

Dentro dessa nova política, milhares de índios foram feitos escravos nos anos seguintes, o que levou os moradores a crer, em 1728, que o novo governador, Alexandre de Sousa Freire trazia ordens do rei permitindo a livre caça aos índios. O boato levou Sousa Freire a reunir nova Junta que deixasse clara a lei de 1718, não modificada, ao contrário do que acreditavam os moradores. Foi aí que se deliberou que entre as obrigações dos colonos estava o ensino ao índio da língua portuguesa, de acordo com a carta régia de 12 de setembro de 1727, que não era ainda do conhecimento dos moradores e que tinha sido dirigida ao superior das missões, dos religiosos da Companhia de Jesus. Tratava-se, pois, de uma extensão da lei de 1718, a qual, agora, a Junta convocada por Sousa Freire tornava obrigatória também para os colonos. Eis a Carta Régia:

> Dom João, por graça de Deos, rei de Portugal e dos Algarves, daquém e dalém mar em Affrica Senhor da Guiné.
> Fasso saber a vos, Superior das Missões dos Religiosos da Companhia de Jezus do Estado do Maranhão, que se tem por notícia que assim os Indios que se achão Aldeiados nas Aldeias que são da administração da vossa Religião, como os que nascem nellas, e outros sim dos que novamente são descidos dos Certões, e se mandão para viverem nas dittas Aldeias, não só não são bem instruídos na

Lingoa Portugueza, mas que nenhum cuidado se põe em que elles a aprendão, de que não pode deixar de rezultar hum grande desservisso de Deos e meu, pois se elles se pozerem praticos nella, mais facilmente poderão perceber os misterios da fé Catholica, e ter maior conhecimento da Ley da verdade, *e com esta inteligencia, millor executarem tudo o que pertencer ao meu Real servisso*, e terem maior afeição aos mesmos Portuguezes, recebendo-se por este meio aquelas utilidades que se podem esperar dos dittos Indios, seguindo-se ahinda maiores se os inclinarem a aprender a trabalhar nos Officios mecanicos, pois a muito menor preço terão as suas obras os moradores do ditto Estado...[117]

Esta carta régia marca o verdadeiro nascimento do ensino oficial da língua portuguesa no Brasil e, aqui, é pela primeira vez apresentada. Como foi estendida aos moradores do Pará e Maranhão pelo bando, de 1728, do governador Alexandre de Sousa Freire, caracteriza-se o ato como manifestação da primeira política linguística de Portugal. Com ela, também, se oficializa, em todo o reino, a expressão língua portuguesa, como denominação do Estado para o instrumento linguístico nacional que se queria unificado. Quase duzentos anos depois do que fizera Francisco I, em relação à língua francesa, por meio da Ordonnance de Villers Cotterets, oficializava o rei português a língua portuguesa em seu reino. Significativamente o faz no contexto brasileiro, quando a realidade linguística de nosso país já era outra bem diferente, devido ao processo linguístico acionado pelos línguas desde 1500, da realidade linguística contemporânea da metrópole. O conteúdo da carta régia define-a como política linguística e liga o aprendizado da língua, em relação de causa e efeito, ao aprendizado de oficios.

O bando de Alexandre de Sousa Freire, calcado na carta régia de Dom João V, atendia igualmente ao requerimento de Paulo da Silva Nunes, procurador das Câmaras de São Luís e de Belém, no sentido de se vedar a todos o uso da língua indígena. Assim, de reclamações contra a ação dos jesuítas, feitas desde os tempos do Padre Antonio Vieira, surgiu primeiro, em 1718, a lei de Dom João V, que permitia oficialmente a descida de índios. Esta gerou uma euforia que, nove anos depois propiciou a união dos moradores em prol da liberdade total da caça aos índios, acompanhada da perda, pelos jesuítas, da jurisdição temporal das aldeias e do ensino da língua geral. Para aliviar essa proposta de seus excessos, o governador baixou o bando que atribuía aos moradores toda a responsabilidade pela comida, vestuário e pagamento (bem pequeno, por sinal) aos índios, bem como o ensino da doutrina cristã e da língua portuguesa.

Os jesuítas reagiram à situação, através do ex-governador João da Maia, em parecer apresentado ao rei em 1730. Prosseguiu, porém, a oposição entre jesuítas e colonos, hostilizados aqueles pelos governadores Alexandre de Sousa Freire e José da Serra e, em 1735, através do Desembargador Francisco Duarte dos Santos, conseguem os inacianos novo parecer a eles favorável e contrário ao estabelecido, como queriam os moradores pela Junta do governador Berredo em 1719.

Estava assim a questão, quando, em 1738, não mais no Maranhão e Pará, porém na Bahia, surgiu novamente a questão das missões jesuíticas, agora levantada perante D. João V pelo donato Diogo da Conceição. Queria este que se desaldeassem os índios do Brasil e se extinguissem as missões jesuíticas com a criação, a cada vinte léguas, de igrejas que se tornariam não somente polos de atração para os índios desaldeados, mas também para os inúmeros colonos qu se distribuiriam mais uniformemente pelo sertão, com o consequente povoamento equilibrado e racional do Brasil.[118]

O fato é que vinte anos depois (8 de maio de 1758), Dom José I acaba com os aldeamentos em todo o Brasil, depois de tê-los abolido em 6 e 7 de junho de 1755, no Maranhão. Pouco tempo depois, em 17 de agosto de 1758, Dom José I converte em lei o Diretório de 3 de maio de 1757, referente à administração dos índios do Pará e Maranhão. Pelo parágrafo VI desse Diretório, refaz-se a lei de D. João V sobre o ensino da língua portuguesa, já agora com plena justificativa:

> § 6 — Sempre foi máxima inalteravelmente praticada em todas as nações, que conquistaram novos domínios, introduzir logo nos povos conquistados o seu próprio idioma, por ser indisputável que este é um dos meios mais eficazes para desterrar dos povos rústicos a barbaridade dos seus antigos costumes; e ter mostrado a experiência que ao mesmo passo que se introduz neles o uso da língua do príncipe que os conquistou, se lhes radica também o afeto, a veneração e a obediência ao mesmo príncipe.
>
> Observando pois todas as nações polidas do mundo este prudente e sólido sistema, nesta Conquista se praticou tanto pelo contrário, que só cuidaram os primeiros conquistadores estabelecer nela o uso da língua que chamam geral, invenção verdadeiramente abominável e diabólica, para que, privados os índios de todos aqueles meios que os podiam civilizar, permanecessem na rústica bárbara sujeição em que até agora se conservaram.
>
> Para desterrar este pernicioso abuso será um dos principais cuidados dos diretores estabelecer nas suas respectivas povoações o uso da língua portuguesa, não consentindo por modo algum, que os meninos e as meninas que pertencem às escolas e todos aqueles índios que forem capazes de instrução nesta matéria usem a língua própria das suas nações, ou da chamada geral, mas unicamente a portuguesa, na forma que sua Majestade tem recomendado em repetidas ordens, que até agora se não observaram, com total ruína espiritual e temporal do Estado.[119]

4.2 *Constatação pelos portugueses de uma realidade linguística própria da América: da consciência de uma língua nacional, em Portugal, ao reconhecimento da existência de um "dialeto" brasileiro*

Foi no reinado de D. João V, monarca beato e absolutista, porém apreciador da companhia de intelectuais, em imitação admirativa de Luís XIV, que a questão da língua nacional portuguesa foi finalmente tratada de acordo com seu alto significado político. Embora já tenhamos abordado o problema sob o ângulo da ausência de uma política real, quando analisamos a alienação linguística na antiga metrópole durante os séculos XVI e XVII, é necessário aqui traçar com mais detalhe as origens dos conceitos de língua nacional e dialeto, na Europa, para se compreender não só o caráter tardio do primeiro em Portugal, mas também as condições de surgimento do segundo, ao ser aplicado pela primeira vez por um português ao Brasil.

Da confluência desses conceitos, tal como foram estabelecidos em Portugal nesse período de 1702 a 1758, é que surgirá a questão da língua, no Brasil, que se vive desde então.

A história da gramática na Idade Média tem como divisória a época de Abelardo (fim do século XI e princípio do XII). Na primeira fase (séculos IX, X e XI) apresenta terminologia, método e doutrina diversos da segunda (séculos XII, XIII, XIV e XV). A doutrina gramatical da primeira fase repousa sobre as obras dos gramáticos latinos de fins do Império Romano e dos séculos seguintes. Estas gramáticas foram adaptadas, como gramáticas de língua viva, segundo as diretrizes da reforma carolíngia de atualização do latim às necessidades desses séculos IX, X e XI. Daí o seu resultado global ser um latim medieval, não o latim clássico. Após um movimento crítico, entre fins do século XI e princípios do XII, destinado a despertar as mentes do torpor dos séculos anteriores, iniciou-se a segunda fase, em que toda a terminologia gramatical e o método de estudo linguístico do latim foram mudados. Deixa-se de pensar em correto e incorreto na arte de escrever e passa-se a teorizar para explicar os fatos gramaticais. O *Doctrinale puerorum*, de Alexandre de Villedieu e o *Grécisme*, de Evrard de Béthume, tornam-se tratados gramaticais por excelência, principalmente o primeiro, que perdura até o século XV. O *Doctrinale* era um poema em hexâmetros e se destinava a ensinar toda a gramática latina aos jovens. Desde o século XIII não houve praticamente obra didática que não apresentasse as regras sob a forma de versos. Ambas as obras mencionadas foram prescritas em estatutos de universidades, como Toulouse (1328), Paris (1366) e Viena (1389) e incorporaram a ideia, de Petrus Helias, de que a gramática visava à interpretação dos poetas. Não era mais a arte de falar e escrever corretamente, mas uma ciência puramente especulativa, que tinha por fim explicar as causas dos fatos gramaticais por meio dos princípios primeiros.[120] Tudo isso gerou tratados conhecidos pelo nome de *De modis significandi* e seus autores são conhecidos na história da linguística como modistas. Em meados do século XV, com o início do renascimento das letras na Itália, inicia-se igualmente uma reação aos modistas em geral com uma volta decidida aos gramáticos da primeira fase medieval, principalmente Donato e Prisciano. Deixava-se a filologia ou interpretação dos poetas e voltava-se à prática do correto na linguagem segundo o uso dos clássicos. O movimento iniciado na Itália, o humanismo, se expande pela França, Espanha, Alemanha, Portugal etc.

Como o latim, por antonomásia, passara a ser a própria gramática, em todos esses séculos, não houve, até fins do século XV, nenhuma gramática da língua vulgar. Esta, sem nenhuma contenção desde que passou a ser usada poetas, estava em mutação constante e acelerada.

Assim, por exemplo, se delineia a situação na França, segundo Montaigne (o mesmo Montaigne que citamos anteriormente, com seu depoimento sobre o índio brasileiro):

> Escrevo meu livro para poucos homens e por poucos anos. Se o problema fosse a permanência, seria necessário dar à língua maior estabilidade. A persistir a variação contínua que a nossa sofreu até hoje, como se pode esperar que sua forma atual esteja em uso daqui a cinquenta anos? A cada dia ela escapa de nossas mãos; desde que vivo já se alterou na metade. Dizemos que ela é perfeita. Cada um diz isso de seu século. Não tenho ilusões de segurá-la: ela fugirá e se deformará como lhe é próprio.[121]

Montaigne, como se vê, é uma testemunha confiável da realidade de sua época, seja falando do índio brasileiro, seja depondo sobre sua realidade linguística.

Se esta era a realidade linguística na França, onde já havia uma língua nacional oficializada e uma tradição literária já significativa, que dizer de um país, como Portugal, sem tal situação? Mais cambiante era a realidade linguística portuguesa e o deslocamento contínuo de homens de origem rural para o Brasil, onde isolados ficaram, política e culturalmente, bem como seus descendentes, proporcionou um desenvolvimento linguístico mais cambiante ainda. O conhecimento e ponderação da situação explicitada por Montaigne é prova adicional do distanciamento progressivo da língua transplantada para o Brasil, e isso permite compreender que, ao fim de duzentos anos, com o advento da consciência de posse de uma língua nacional, tinham mesmo os portugueses do continente europeu de, fatalmente, chegar à constatação da existência de um dialeto brasileiro.

O termo *dialeto*, por seu aspecto formal, indica origem erudita. Própria, portanto, da época em que o latim e o grego ressurgiam na Europa em suas bases clássicas. É importante ressaltar sempre que, até o advento do humanismo, predominava o uso de um latim *medieval*.

Foi necessário, como vimos, que o pensamento linguístico se deslocasse dos conceitos estabelecidos pelos modistas até o âmbito dos gramáticos latino-clássicos, como Donato, Prisciano e Varrão, para se ter a realidade dessa contínua e acelerada mutação das línguas vulgares a forçar a elite intelectual a não mais usar o termo gramática como sinônimo de língua latina. É isso que explica o surgimento das primeiras gramáticas das línguas românicas, já quando, à exceção da de Nebrija, o Brasil tinha sido descoberto havia cerca de quarenta anos e novo desenvolvimento do galego-português oral do século XV aqui se fazia, porque iniciado por homens do século XV ou dele dependentes fortemente por suas origens rurais. São, como dissemos, os Afonso Ribeiro, os Ramalhos, os Caramurus. O outro desenvolvimento se fazia no Portugal urbano, por ação da corte, desde o reinado de Afonso V, morto em 1481.

Quando se desloca o conceito de gramática para abarcar as línguas vulgares, não se encontra em toda parte uma realidade que corresponda à natureza do mundo romano ou grego: unidade cultural e política definida. Por isso, o fato político da unificação nacional torna-se o móvel do acionamento de uma gramática nacional. Primeiro, com a Espanha de Fernando e Isabel (1492); depois, com a França de Francisco I (1539). Entre ambas, a Inglaterra de Henrique VIII e de seu poderoso ministro Thomas Cromwell (1535).[122]

O ponto comum às três situações é a constituição da língua oficial do Estado, com o consequente abandono das linguagens regionais à situação de variedades da língua oficial. É como contrapartida dessa situação de constituição da língua nacional que surge, então, em pleno século XVI, o conceito de dialeto. Na França, aparece pela primeira vez, no sentido de linguagem regional, em 1550, com o poeta Ronsard. Na Espanha, segundo Corominas, em 1604. Em Portugal, segundo o dicionarista Antonio de Moraes e Silva, ainda no século XVII, mas, na verdade, só claramente definido pelo Padre Rafael Bluteau em seu *Vocabulário português-latino*, nos seguintes termos:

> Modo de fallar proprio e particular de huma lingoa nas differentes partes do mesmo Reino: o que cõsiste no accento, ou na pronunciação, ou em certas palavras, ou no modo de declinar e conjugar.[123]

O tardio aparecimento do termo *dialeto* em Portugal é, por si só, um indicador eloquente da inexistência, até fins do século XVII, da consciência de uma língua *nacional*, como existia na Inglaterra, França e Espanha desde a primeira metade do século XVI. A denominação da língua nacional só se fez, como vimos, por meio de ato administrativo baixado por Dom João V, em 1727, em relação ao Brasil. Foi, como na França e na Inglaterra, um fato político resultante, também, da constatação da existência do problema de disseminação da língua nacional.

Essa constatação, todavia, só se fez no século XVIII porque, até então, não tinham surgido as condições reais que a propiciassem: riqueza, fortalecimento político do rei e quebra da supremacia intelectual dos jesuítas. A riqueza veio do Brasil, com a descoberta das minas. Embora o Estado português não se tornasse rico com isso, rico tornou-se — e muito — o rei. Com sua fortuna e a da corte, pôde importar o estilo e as práticas de Luís XIV, seu contemporâneo de 1715, numa tentativa de criar, como de fato criou, um governo absolutista. Como tal, surgiram de Dom João V decisões que eram só dele e não mais de responsabilidae dividida com as cortes e Igreja.

O fortalecimento político do rei adveio justamente da independência sua em relação às cortes, não mais necessárias à votação de orçamentos. A quebra da supremacia intelectual dos jesuítas foi uma consequência natural da independência do rei, que, por ser rico, não tinha por que continuar a privilegiar os inacianos. Sentindo-se forte, chegou até mesmo a romper com o Papa, embora, poucos anos antes, tivesse recebido o título pomposo de Fidelíssimo.

Tudo que mudou, em Portugal, a partir de 1703, tem sua origem direta ou indireta no Brasil. Foram os brasileiros que primeiro colocaram a questão da unificação linguística da colônia (1702). Foram os brasileiros que, com o imposto do quinto, deram esplendor à corte portuguesa. Com esse esplendor, foram os brasileiros que propiciaram o surgimento, em Lisboa, dos salões literários, à moda francesa. Do salão mais destacado, o do conde de Ericeira, surgiu, em 1720, a Academia Real de História Portuguesa. Foram os brasileiros que, insistindo junto ao rei, contra o poder excessivo dos jesuítas nas questões temporais, despertaram em Dom João V a vontade de criar, dentro da Igreja, um poder pedagógico contrastante, o da Congregação do Oratório de São Felipe Nery. Foram os brasileiros que, através de Alexandre de Gusmão e Antônio José, o Judeu, fizeram surgir na corte a moda das coisas brasileiras e a polêmica sobre seu valor. Antônio José popularizou o lundu e a modinha a tal ponto que, principalmente no caso da segunda, ficaram conhecidos como ritmos lusitanos e não brasileiros como efetivamente eram. Alexandre de Gusmão ficou conhecido como o brasílico, em um sentido, dado ao termo, muito mais expressivo que anteriormente, pois indicador de um grupo que defendia interesses nem sempre coincidentes com os da corte.

O processo que levou à decisão política sobre a língua portuguesa, de 1727, teve início em 1703 quando os jesuítas baixaram um edital sobre o funcionamento do colégio das Artes de Coimbra, de que tinham o domínio, atrofiando terrivelmente o ensino público através de suas disposições. Já eram eles ministros e diretores espirituais do monarca.[124] Com a subida ao trono de D. João V, em 9 de dezembro de 1706, a situação de domínio completo dos jesuítas no ensino começou a mudar. Efetivamente, pela provisão de 17 de julho de 1708, obteve a Congregação do Oratório de São Felipe Nery privilégio real de dispensa de exames para seus alunos entrarem no Colégio das Artes. Só os jesuítas detinham esse privilégio. A provisão foi confirmada pelo rei em 1716, como protetor da Universidade de Coimbra. Embora os jesuítas reagissem fortemente com a obtenção de revogação dela em 1724, D. João V confirmou-a novamente no ano seguinte. Desse momento em diante, não mais parou de crescer o prestígio dos oratorianos. Publicaram um *Novo Método da Gramática Latina*, onde apontaram cento e vinte erros da *Arte* do padre jesuíta Manuel Álvares, tida, por muitas gerações, como o mais importante livro para o aprendizado do latim. Viam, assim, os jesuítas desmoronar seu monopólio pedagógico, em benefício da Congregação do Oratório.

O crescente prestígio dos oratorianos devia-se ao fato de que traziam eles para Portugal a filosofia e o método cartesiano dos jansenistas de Port Royal. Com isso, derrubavam o dogmatismo autoritário dos jesuítas, baseado em Aristóteles. Incorporam Bacon, Descartes, Gassendi e Locke. Entre os leigos, em Portugal, alcançam a solidariedade do rico conde de Ericeira, que exercia forte influência sobre o rei e que mantinha em sua casa, desde 1696 aquilo que chamava de Conferências Discretas e Eruditas. Na verdade, era a reunião regular de intelectuais e nobres para discutir o estado da cultura em Portugal e os meios de melhorá-lo.

Nessas reuniões tomava parte o já referido padre teatino francês Rafael Bluteau, chegado a Portugal, pela primeira vez, em 1668, aos trinta anos, onde permaneceu por quase toda a vida sem, todavia, cortar seus laços com a França. Frequentava a corte de Luís XIV, morto em 1715 e, por isso, era tido por seus inimigos como agente do rei francês em sua política de tornar Portugal um baluarte da luta contra a Casa de Áustria. Era, de todo modo, Rafael Bluteau renomado tanto na França quanto em Portugal.

Foi através de Rafael Bluteau que se introduziu em Portugal a consciência da língua nacional. Seu depoimento sobre o estado da língua portuguesa é fundamental para a compreensão do processo de denominação da língua de Portugal e da política daí resultante, tanto na metrópole quanto no Brasil:

> No ano de 1668, cheguei a este reino, e desde aquele tempo raro foi o dia em que não me aproveitasse de alguma notícia da língua portuguesa... [imaginava-se que a língua portuguesa era] casualmente formada de vários fragmentos da língua mourisca e castelhana... Também houve quem com rústica simplicidade me disse que não merecia a língua portuguesa tanto trabalho. A razão deste disparate é que, na opinião da maior parte dos estrangeiros, *a língua portuguesa não é língua de per si*, como é o francês, o italiano, etc., mas língua enxacoca e corrupção do castelhano, como os dialetos, as linguagens particulares das províncias, que são corrupções das línguas, que se fala na corte e cabeça do reino... Sobre esta errada apreensão tenho tido grandes debates com estrangeiros de porte e literatos. A razão em que se fundam é que muitos vocábulos portugueses são radicalmente

castelhanos, mas truncados e diminutos; falta que (segundo eles dizem) denota a sua pouca derivação.[125]

Deste expressivo testemunho de Rafael Bluteau, confirma-se o que dissemos nas seções anteriores: não havia, em inícios do século XVIII, consciência da língua portuguesa como língua nacional, nem chegavam a considerá-la os seus falantes um instrumento independente em relação à língua espanhola.

Bluteau estava ligado, na corte portuguesa, a homens cultos e influentes como o Marquês de Alegrete, o Conde de Ericeira e o padre Jerônimo Contador de Argote, introdutor, como ele, do pensamento linguístico de Port Royal.

Foram Contador de Argote e Rafael Bluteau os dois grandes conselheiros do rei em matéria linguística e, certamente, estão por trás da carta régia de 1727, principalmente Argote. É preciso notar que, em 1710, Antônio de Melo da Fonseca, pseudônimo de José de Macedo (1667-1717), autor do *Antídoto da língua portuguesa*, ao cuidar que as línguas são suscetíveis de modificação ao arbítrio do legislador, apela para a intervenção oficial legiferante do monarca, no sentido de que se aperfeiçoe a língua nacional:

> ... Se alguma pessoa de autoridade falar ao nosso monarca sobre a reformação da nossa língua, mui facilmente se moveria o seu generoso ânimo a fazer-nos tocante a este negócio algum favor tão grande que parecesse dos maiores que um príncipe pode fazer a seus vassalos, e que por isso bem se podesse contar entre as ações memoráveis de sua majestade, e as mais dignas do amor paterno que nos deve mostrar, e da suma propensão e benevolência com que nos deve favorecer.[126]

O alguém de autoridade a que se refere Melo da Fonseca só podem ter sido Rafael Bluteau e Jerônimo Contador de Argote, também teatino. A definição que ambos dão para dialeto, pressupõe a concepção dominante na França: corrupção da língua que se fala na corte. A preocupação consequente dos jansenistas de Port-Royal-des-Champs era neutralizar a ação dos dialetos por meio da criação de *petites écoles*, onde se ensinasse a língua materna, como base e instrumento para o estudos posteriores. Tal pedagogia, consagrada no *Traité des Études*, de Rollin, foi disseminada em Portugal pelos oratorianos e teatinos. Um destes, Luís Caetano de Lima, já publicava em 1710 uma *Gramática francesa ou Arte para aprender o Francês por meio da língua portuguesa*.

A definição de Bluteau, antes transcrita, é importante para a compreensão da primeira menção que se fez em Portugal da realidade linguística brasileira como algo diverso da portuguesa. De fato, tendo sido publicados os oito volumes do *Vocabulário* de Bluteau entre 1712 e 1721, já era sua definição de dialeto conhecida de Jerônimo Contador de Argote quando, em 1725 dá sua própria definição de dialeto e de dialeto da língua portuguesa:

> Mestre. Que quer dizer Dialecto?
> D. Quer dizer modo de fallar.
> M. Que cousa he Dialecto?
> D. He o modo diverso de fallar a mesma lingua.
> M. Dizey exemplo.
> D. O modo, com que se fala a língua Portuguesa nas terras v.g. da Beyra, he diverso do com que se falla a mesma lingua Portugueza em Lisboa porque em huma parte se usa de humas palavras, e pronuncia, e em outra parte se usa de outras palavras, e outra pronuncia, não em todas as palavras, mas em algumas. Esta diversidade pois de fallar, que observa a gente da mesma lingua, he que se chama Dialecto.[127]

Mais adiante diz Contador de Argote:

> M. Ha mais algum Dialecto?
> D. Ha os Dialectos ultramarinos, e conquistas de Portugal, como India, Brasil, & C. os quaes tem muytos termos das línguas barbaras, e muytos vocabulos do Portuguez antigo.[128]

É significativo o reconhecimento, por Contador de Argote, da realidade linguística brasileira como um dialeto que se destaca lexicamente, seja pela absorção de termos indígenas, seja pela manutenção de vocábulos já na metrópole arcaizados.

Contador de Argote, da mesma maneira que Rafael Buteau, pertenceu à Academia Real da História Portuguesa, instituída por decreto de Dom João V em 8 de dezembro de 1720, com o fim de

> purificar da menor sombra de falsidades a narração dos sucessos pertencentes a uma e outra História (eclesiástica e secular), e investigar aqueles que a negligência tem sepultado nos arquivos.[129]

A confluência da obra de Bluteau e Argote com as atividades da Academia Real explica a carta régia de 12 de setembro de 1727, acima transcrita, que, pela primeira vez, oficializa a expressão língua portuguesa e institui uma política linguística no Brasil.[130]

Esta maneira *oficial* de a metrópole encarar, pela primeira vez, a realidade linguística brasileira, contrasta com a maneira objetiva de fazê-lo tal como se depreende, em 1750, do texto do Padre Severino de São Modesto, ao refutar as ideias do Padre Luís Antônio Vemey a respeito das reformas que se faziam necessárias no sistema de ensino português, controlado pelos jesuítas:

... Os que vão das outras Províncias do Reyno para Paris, posto saibão alguma couza da língua geral, he com grande imperfeição, principalmente na pronuncia, e se vêm obrigados a procurar, quem os ensine em casa; que as escolas são para meninos; e depois de algumas liçoens, com o uso, e exercício de fallar com os mais cultos, se acabão de aperfeiçoar. *Isto sucede aos Portugueses criados na India, ou America, que tem diverso acento na pronuncia*; mas se não são rudes, em breve tempos fallão, como os da Corte, sem aprenderem Gramatica.[131]

Do texto do Padre Severino de São Modesto se verifica que um brasileiro, para chegar a falar como um português, precisava de tempo e de não ser rude, isto é, de ter algum estudo. O que demonstra, significativamente, o distanciamento entre as duas realidades.

Antes de findo o reinado de João V, é publicado anonimamente o *Verdadeiro método de estudar*, de Luís António Vemey (1746). Refletindo um descontentamento generalizado contra o domínio jesuítico do ensino, a obra foi a grande alavanca de mudança da sociedade portuguesa, quase anestesiada pela ação cultural dos jesuítas e pela inércia dos governantes. Foi, todavia, num dos setores em que D. João V revelou criatividade, a política linguística, que Verney mais revolucionou. Dedicando largo capítulo de seu livro de reforma pedagógica ao ensino e estudo da língua portuguesa, conseguiu ele arregimentar legiões de adeptos quando preconizou a supremacia do estudo do português em relação ao latim. Ao lado disso, lançou a ideia do clássico moderno:

Contudo, deveria o P. Bluteau não abraçar senão os autores que falaram melhor, v. g. desde o fim do século passado para cá; ou encurtar mais o tempo. E ainda nesses, que talvez não serão iguais em tudo, escolher o que é mais racionável, e não tudo o que aportuguesaram alguns destes, prezados eruditos, que por força querem introduzir uma mistura de Português com Latim.[132]

A investida de Verney em favor da língua portuguesa estava destinada a dois resultados no reinado seguinte, de D. José I, pela ação de seu ministro, o Marquês de Pombal:
a) Oficialização do ensino da língua portuguesa em todo o reino, inclusive no Brasil. Até então, não existia como mandamento legal nas escolas.
b) Início do culto aos clássicos da língua, escolhidos segundo o critério enunciado por Vemey.

A implantação da primeira política de estudo e ensino da língua portuguesa encontrará no Brasil uma clientela completamente diferente da de Portugal, o que fará aqui surgir uma questão da língua quando, em Portugal, deixava ela de existir. A questão da língua, no Brasil, há de ser, então, a profunda separação entre língua escrita e língua falada, pois jamais entre os brasileiros fora possível escrever o que e como falavam diante da ausência completa, durante dois séculos e meio, de qualquer tipo de política cultural, e educacional da parte da metrópole.

O período que vimos de abordar, quase todo dominado pelo reinado de D. João V, levou ao clímax o processo linguístico brasileiro: conscientização, pelos brasileiros, da necessidade de uma política linguística; oficialização desta, no Brasil, por D. João V; conscientização consequente, pelos portugueses, da posse de uma língua nacional; e, finalmente, conscientização, pelos portugueses da existência de uma realidade linguística própria no Brasil, como colônia e divisão do reino.

O problema que configuravam essas conscientizações, de sentidos diferentes para brasileiros e portugueses, recebeu solução a partir das ideias de Verney e Ribeiro Sanches: abolição da pedagogia jesuítica com oficialização, no reino, do ensino do português e promoção dos clássicos. Solução ótima para Portugal, mas impraticável, por ignorância da realidade cultural da colônia, para o Brasil como um todo. Impraticável porque, desde o início do século, vinha-se transformando o sentimento nativista do brasileiro em sentimento nacionalista. O esplendor bizarro da corte de D. João V era conseguido com a riqueza e o braço do brasileiro, que, consciente disso, iniciou uma rivalidade aberta contra os portugueses. Em 1704, no Rio, derrotaram os lusos em eleição municipal, o que motivou representação destes ao rei. Em 1708, a guerra dos Emboabas pôs em campos opostos os paulistas e os interesses portugueses nas formidáveis riquezas descobertas no atual Estado de Minas Gerais. Em 1710 e 1711 eclodiu a guerra dos moradores de Olinda contra os portugueses de Recife, chamados de mascates. Na Bahia, em 1711, amotinou-se o povo contra o preço do sal e contra a inércia do governador frente à tomada, por piratas franceses, do Rio de Janeiro. Em 1720, revoltado o povo, em Vila Rica, contra as casas de fundição pela aplicação da nova lei dos quintos sobre todo ouro fundido, evoluiu para a exigência da não entrada na capitania nem de governador nem de oficiais nomeados pelo rei. Sufocada duramente a revolta, foi executado por esquartejamento o tribuno da mesma, Felipe dos Santos, e seu chefe, Veiga Cabral, acabou morrendo na prisão, em Lisboa.

O nascente nacionalismo explica a sensibilidade que D. João V, a partir de 1718, demonstrou em relação à descida de índios para servirem aos moradores; fora, na prática, da tutela dos jesuítas. Embora a primeira medida se referisse ao Estado do Maranhão, o alvo era a política linguística dos jesuítas, detrimentosa da disseminação da língua portuguesa, como vimos em 4.1, e garantidora ainda da universalidade da língua geral. Isso revela que o rei já se preocupava com as causas da rivalidade entre brasileiros e portugueses. Afinal, a divisão entre Estado do Maranhão e Estado do Brasil era meramente administrativa, afetando a um o que acontecesse ao outro. Sutilmente, pois, se iniciava, na Corte, o enfraquecimento dos jesuítas num processo em que, para a Coroa, o Brasil, com sua imensas riquezas, sustentáculo do reino, valia mais que a Companhia de Jesus. D. João V dissolveu quanto pôde, na burocracia, a reação dos jesuítas à sua contínua perda de prestígio no Brasil, primeiro, e em Portugal. Mas seu sucessor, D. José I, assumiu a responsabilidade do encaminhamento de uma solução definitiva para o problema.

5. 1758-1826: SOLUÇÃO POMBALINA PARA A QUESTÃO DA LÍNGUA NO BRASIL E EM PORTUGAL
5.1 *Primeiras medidas em Portugal*

Os jesuítas resistiram com determinação e orgulho ao processo de sua exclusão da cena política e cultural. Só tiveram sucesso, porém, enquanto Dom João V esteve vivo. Embora persistente em sua política de favorecer o clero anti-jesuítico, nunca demonstrou o monarca, verdadeiramente, o desejo de excluir de vez os inacianos.

Com a morte Dom João V, o clero insatisfeito consegue que entre no ministério Sebastião José de Carvalho, o marquês de Pombal. Deveu a medida à ação da rainha viúva.

O terremoto de 1755 permitiu a Carvalho mostrar sua capacidade administrativa.

Não era Pombal, no início, um inimigo completo dos jesuítas. Varnhagen assevera que, em carta ao provincial João Henriques, o ministro de Dom José I declarava "que as principais queixas que tinha o governo contra os jesuítas versavam sobre os assuntos do Brasil".[133]

A oposição decidida de Pombal aos jesuítas resultou da imprudência do Padre Malagrida, que, por ocasião do terremoto de Lisboa, anatematizou excessivamente o que considerava como erros dos governantes portugueses: execução do Tratado de Madri, de 1750, pelo qual, para compensar a cessão da Colônia do Sacramento à Espanha, subjugava pela força as Missões Orientais do Uruguai, controladas, até então, pelos jesuítas espanhóis. Além disso, os jesuítas insistiam em sua política de tutela dos índios no Estado do Maranhão. Um atentado cometido contra Dom José I em 1758 deu a Pombal o pretexto para expulsar os jesuítas de Portugal e Colônias em 1759, pelo decreto de 3 de setembro. Pouco antes (28 de junho) suprimira as escolas jesuíticas do reino. No lugar delas surgiram escolas monásticas de beneditinos, carmelitas e franciscanos.

O alvará de 28 de junho de 1759 foi acompanhado de *Instruções* que consagram, por inspiração de Verney, o estudo do latim por intermédio da língua vernácula:

> Todos os homens sábios confessam que deve ser em vulgar o método para aprender os preceitos da gramática, pois não há maior absurdo que intentar aprender uma língua no mesmo idioma que se ignora.

E, mais adiante:

> Para que os estudantes vão percebendo com mais facilidade os princípios da gramática latina, é útil que os professores lhes vão dando uma noção da portuguesa...[134]

Os livros dos jesuítas, tanto de latim quanto de gramática portuguesa, são proibidos no Alvará. Em seu lugar entram os organizados pela Congregação do Oratório.

O conjunto das *Instruções* visa a oficializar, pela primeira vez, o ensino da língua portuguesa, a secularizar, na maior escala possível, o ensino, e a criar nos alunos um interesse pelo ingresso nos cursos maiores, abreviando-lhes os estudos e simplificando o aprendizado do latim, bem como o gosto da latinidade, da cultura clássica, e não do latim como língua.

A reforma dos estudos menores, assim estabelecida, revelava não apenas que Pombal tomava definitivamente o partido dos oratorianos, mas também que, no campo literário, solidarizava-se ele com os objetivos da Arcádia Ulissiponense, reestruturada em 19 de junho de 1757, depois de sua criação em 11 de março de 1756. Dentro dessa reestruturação, predominava o purismo clássico, com a valorização prévia de qualquer peça escrita por um sócio em português, antes que em latim, francês, espanhol ou italiano. Pombal deu à Arcádia apoio oficial, o que elevou grandemente a cotação do título de árcade.[135]

Para pôr em execução a reforma consubstanciada no Alvará de 28 de junho de 1759, Pombal criou o cargo público de professor régio. As aulas régias visavam a suprir as lacunas deixadas com a extinção das classes dos jesuítas a nível de ensino secundário. Criou também o cargo de diretor geral dos estudos, espécie de ministro da educação e a cadeira de ler e escrever, destinada ao ensino primário. Todos os professores eram professores régios, que tinham como colegas, fora desse sistema, apenas os religiosos das escolas monásticas.

A instrução pública, até então da responsabilidade única dos jesuítas, passou, portanto, ao Estado, burocratizando-se.

5.2 *Medidas no Brasil e suas consequências*

Já em 1759 realizavam-se na Bahia concursos para provimento das cadeiras de latim e retórica. Desde cedo nota-se a preocupação com o preenchimento das cadeiras de ensino secundário, para atender à burguesia da colônia. O ensino no primário entrou em processo de acelerada decomposição. Tal fato teve duas consequências: aceleração adicional da diferenciação da língua falada e fixação de critérios para a língua escrita estreitamente dependentes do que se passava entre os árcades portugueses. Neste último caso, isso aconteceu por insuficiência de aulas régias na colônia, insatisfação com o desempenho dos professores que chegavam e consequente necessidade de envio dos estudantes ricos para Portugal, onde passavam a constituir uma elite intelectual brasileira, nacionalista, em muitos casos, lusófila, na maioria, mas, de todo modo, impregnada da ideologia cortesã e do gosto árcade. Esses ingredientes fizeram a independência brasileira de 1822.

Houve, no Brasil, desde o início, uma reação xenófoba dos nativos. Segundo Laerte Ramos de Carvalho,[136] os filhos da terra preferiam decididamente os professores nacionais, recrutados principalmente no clero. O professor régio, ao chegar ao Brasil, agia como uma pessoa que

> se persuade que é um príncipe e, cheio de soberba, de altivez e de vaidade, pretende pisar e meter debaixo dos pés a todos que se acham destas bandas; e lhe custa muito estar sujeito e obediente aos legítimos superiores.[137]

Antes da criação do subsídio literário, tributo estabelecido em 1772 sobre a produção de aguardentes, vinhos e vinagre, a reação aos que vinham ensinar a língua portuguesa foi muito grande.

Os professores régios, portugueses mandados ao Brasil para implantar a reforma pombalina do ensino, tomaram o lugar dos brasileiros porque, na base da aplicação dessa política do ensino, estava a consciência da diferença cultural e expressional já sobejamente constatada. A reversão desse quadro era o objetivo da administração portuguesa, quando enviava ao Brasil seus professores régios. A contrapartida tinha de ser o aprofundamento das disposições estabelecidas no diretório dos índios de 1748:

> A notícia que V. Ex.ª me participa em carta de 13 de junho deste presente ano [1760], sobre ter Sua Majestade aprovado as providências que V. Ex.ª deu a respeito do pernicioso uso da Língua geral neste Estado, comunicando-as ao público por meio de um Bando que mandou lançar, estando governando o mesmo Estado, me deixa certo de que Sua Majestade foi servido aprová-lo inteiramente e me ordena o faça executar, cuidando com toda eficácia em que se estabeleça por todas as Povoações deste Governo a Língua Portuguesa, em benefício de todos os seus moradores; assim o farei observar.[138]

Foi, particularmente, da implantação do sistema de professores régios em Pernambuco, que chegaram até nós documentos esclarecedores da realidade linguística e da política de sua modificação empreendida pelo diretor-geral de estudos, como autoridade encarregada de executar a nova política.

Os professores régios eram tidos como estrangeiros pelos brasileiros em relação aos professores nacionais:

> No breve tempo que eu servi de subdelegado do Excelentíssimo, Reverendíssimo Diretor, indaguei e disse a este fidalgo o seguinte: que o professor régio estabelecido no bairro do Recife não teria grande número de discípulos, como se poderia presumir à vista das minhas faculdades, porque o amor dos brasileiros aos seus nacionais a que se não pode negar igual viveza, que preguiça os obrigava a fazerem deles um conceito extraordinário, e a reputarem por ofensa toda ação exclusiva do seu préstimo. Esta, enquanto a mim, é a causa da pouca aceitação dos professores, e não tenho fundamento sólido, que me faça mudar de inteligência...[139]

A aversão da sociedade de Recife e Olinda aos professores régios não resultava apenas da obrigação de se aplicar, no ensino secundário, o ensinamento das gramáticas latinas e portuguesas que substituíam as dos jesuítas. Tratava-se também da própria prática da língua lusitana, de vez que ensinando-se, de forma independente da latina, a gramática portuguesa, surgia evidente a diferença das duas realidades linguísticas, de Brasil e Portugal, de onde vinham esses professores régios:

> ... mas, tornando ao fio do que tratava, é tal a oposição que em todos experimento ao novo método, que afirmo, conforme entendendo na minha consciência, que *a nenhuma pessoa do país se deve fiar alguma cadeira*, sendo necessária, como me parece é na vila do Recife, uma, nem obsta o deixasse à falta de pessoas idôneas para isto sem serem dos nacionais, porquanto algum dos nossos discípulos que têm sido criados, conforme dos nossos discípulos, que têm sido criados, conforme Sua Majestade ordena, podem ocupar este ministério; e, já na classe do meu companheiro, tem um bem apto, capaz de fazer um exame público, sendo necessário; e que, com a doutrina que tem tido, a de educar de outra sorte os discípulos, que se lhes confiasse; e, enfim, é bem capaz de encher a sua obrigação. Eu tenho feito esta experiência, muitas vezes *em construir, reger e compor, tanto em prosa como em verso*; na minha classe por ora ainda não tenho outro tão adiantado, porquanto as repetidas e continuadas faltas, que todos eles têm feito na frequência, é causa da sua mesma perdição...[140]

Pelo texto da carta que tivemos de pontuar para melhor entendimento, em face da obscuridade expressional da língua escrita lusitanizante da época, mesmo na prática epistolar, vê-se claramente que em assuntos de construção, regência e composição — de língua portuguesa, portanto — os alunos brasileiros fugiam das aulas do senhor Manuel de Melo e Castro. Somente um se aproveitou e, por isso, pensava o professor régio em aproveitá-lo no futuro para mestre. A língua escrita de Manuel de Melo e Castro e dos autores que utilizava aparece, por conseguinte, como algo estranho ao ambiente tropical de Pernambuco.

Com a criação do subsídio literário, em 1772, professores régios estrangeiros foram sendo substituídos por nacionais. Em ritmo lento porém. A língua viva brasileira continuava cada vez mais viva, o que se prova adicionalmente com a seguinte afirmação do gramático Monte Carmelo em seu *Compêndio de ortografia* (1767):

> Finalmente, costumam pronunciar-se com dois acentos dominantes as dicções do seguinte catálogo, e as derivadas, as quais devem notar bem os brasilienses, *porque confundem os acentos de nossa língua:*... còrar, esquècer, etc.[141]

Com a morte de Dom José I em 24 de fevereiro de 1777, subiu ao trono Dona Maria I. Ocorreu, então, a chamada *viradeira*, nome dado ao alijamento de Pombal, junto com sua política. O *rigorismo* dos anos de saúde mental da rainha foi, na verdade, uma tentativa de restaurar muitos dos valores dos jesuítas. A obra de Pombal, todavia, tinha sido muito profunda, de modo que o espírito geral de sua reforma permaneceu. No campo linguístico-literário, inclusive, intensificou-se com a disseminação generalizada da preocupação com o purismo gramatical.

No Brasil, ao enfraquecimento profundo do ensino público das primeiras letras correspondeu a necessidade de se criarem estabelecimentos, a nível de instrução secundária, que servissem de manancial para a renovação das elites. Por isso, foram criados em Olinda e Recife dois estabelecimentos modelares, para os padrões da época: o Seminário de Olinda e a Escola de Meninas, em Recife. Seu criador foi o bispo José Joaquim da Cunha de Azeredo Coutinho, em 1798. Nos estatutos de ambas as instituições, preocupa-se em erradicar os vícios de pronúncia, seja de origem portuguesa, como *aiágua* ou de origem negra como *fio*, em lugar de filho.[142]

O bispo Azeredo Coutinho não dá, com suas instruções, uma ideia muito nítida de suas convicções línguísticas, embora se possa perceber que, diante do quadro advindo da implantação da reforma pombalina, acreditava ser necessário expurgar evidentes pronúncias lusitanas e flagrantes pronúncias das senzalas do Nordeste ("sair o som pelos narizes"). Era ele, efetivamente, um defensor da escravidão negra, como provam dois livros seus, em favor da mesma, publicados em 1794 e 1798.

A iniciativa de constituição de escolas, como no caso de Azeredo Coutinho, não estava na linha de ação da reforma pombalina. As aulas régias confundiam-se com os professores régios e, na verdade, mesmo contando com auxiliares, jamais poderiam eles substituir quantitativamente as antigas escolas dos jesuítas. Assim, não se pôde manter no Brasil, após o Alvará de 28 de junho de 1759, a continuidade do ensino, tal fato levando ao desamparo as populações que, até então, se beneficiavam da rede de instrução pública dos jesuítas. Em São Paulo, por exemplo, criaram-se, em poucos anos, "estatutos que hão de observar os mestres das escolas dos meninos nesta capitania de São Paulo":

1. Que haverão dois mestres nesta cidade e um em cada uma das vilas adjacentes, os quais serão propostos pelas Câmaras respectivas e aprovados pelo General e não poderão exercitar o seu ministério sem ser com esta aprovação e dela tirarem provisão ou licença...
2. Que nenhum menino se possa passar ao estudo da língua latina sem preceder a mesma licença, a qual se dará com informação do mestre sobre a sua capacidade, para se saber se se acham bem instruídos no *ler, escrever e contar*, e bons costumes, para que não suceda passarem a outros estudos maiores, sem estes primeiros e mais necessários fundamentos da religião cristã e obrigações civis...
3. Que o número de mestres, estabelecidos nesta cidade e em cada uma das vilas não poderá nunca, em caso algum, ser alterado ou excedido, sem nova consulta e expressa ordem nesta matéria para que não suceda ser instruída a mocidade com pessoas menos idôneas...
4. Que todos os mestres sejam obrigados a ensinar pelo livro do Andrade e seguir em tudo aquelas regras, que no princípio do dito livro se prescrevem para a boa direção das escolas, e será bom que tenha outros livros, como a *Educação d'um menino nobre, a Produção das obrigações civis*, de Cícero, para que possam inspirar aos meninos as boas inclinações e o verdadeiro merecimento do homem.[143]

Bastam esses estatutos para se entender a ideologia da reforma pombalina, tal como foi implantada no Brasil:

a) a preocupação maior está em se intensificar e disseminar o estudo da língua portuguesa, condição primordial para a passagem ao nível seguinte.

b) a burocratização acompanhava a implantação da reforma, tornando dificil o acesso ao nível secundário de estudos, o da gramática latina seja com a dificuldade nos exames, sempre bem fiscalizados hierarquicamente, seja com o número limitado de mestres, não passíveis de alteração, os quais eram eles mesmos a própria escola.

c) a instrução baseava-se naquilo que se tinha na metrópole como educação nobre e isso implicava a valorização dos escritores clássicos portugueses, como indicavam os árcades da Academia Ulissiponense, e a cultura clássica antiga.

Sendo insuficientes os professores régios, criaram-se aulas por meio do subsídio literário da lei de 5 de agosto de 1772. Foram dezessete aulas de ler e escrever (duas no Rio, quatro na Bahia, quatro em Pernambuco e uma em Mariana, São Paulo, Vila Rica, Sabará, São João del-Rei, Pará e Maranhão), quinze aulas de gramática-latina, seis de retórica, três de grego e três de filosofia.[144] A simples observação desses números mostra que as aulas régias, a nível de instrução secundária, sobrepujavam de muito as aulas de ler e escrever: vinte sete contra dezessete. Levando-se em conta que isso se fazia para sanar os treze anos de fracasso do Alvará de 28 de junho de 1759 e se exercia, sob a forma de professores individuais, num território imenso, como já era o do Brasil, conclui-se, obviamente, que a instrução pública destinava-se a poucos privilegiados, capazes de, com seu dinheiro e suas viagens a Portugal, formar a elite dirigente de que necessitava a coroa para manter o domínio sobre a população marginalizada de todo progresso cultural.

5.3 *Arcádia, língua e purismo gramatical*

Em 30 de setembro de 1770, o marquês de Pombal baixou um decreto em que estabelece definitivamente o ensino do idioma como língua nacional:

> ... a correção das línguas nacionais é um dos objetos mais atendíveis para a cultura dos povos civilizados, sendo, pelo contrário, a barbaridade das línguas a que manifesta a ignorância das nações.[145]

Com sua medida, Pombal oficializou o estudo dos clássicos, discernível já em Bluteau e preconizado por Luís Antônio Verney e Francisco José Freire, como assinalamos. Levou-o, porém, aos requintes do purismo. Surgem, principalmente na Arcádia, os que se devotam ao policiamento da língua oficializada, expurgando o errado e louvando o correto. Uns se preocupam com a homonímia e a sinonímia, outros com os galicismos; um terceiro grupo com os arcaísmos; um último, com a expressão retórica. O cardeal Saraiva, Filinto Elísio, Francisco Dias Gomes, entre outros, tornam-se autores em que os brasileiros ricos ou destacados, como Monte Alverne, Diogo Antônio Feijó, José Lino Coutinho; José da Silva Lisboa, José Bonifácio de Andrada e Silva e o Bispo Dom José Joaquim da Cunha de Azeredo Coutinho, entre tantos outros, buscavam firmar suas convicções linguísticas.

5.4 *Independência política e política da língua ao fim do período*

O resultado do processo acima relatado, no Brasil, é eloquentemente descrito pelo padre Francisco de Nossa Senhora dos Prazeres, com referência ao estado da língua no alvorecer do século XIX:

> Presentemente, a língua corrente no país é a portuguesa; *os instruídos a falam muito bem*; porém *entre os rústicos* ainda corre *um certo dialeto* que, enquanto a mim, *é o resultado da mistura das línguas das diversas nações* que tem habitado no Maranhão: eles a falam com um certo metal de voz, que faz muito agradável ao ouvido. A seguinte carta dá alguma ideia dele:

Meu fio: estimarei que tu já esteja mió das túa cezão; eu e tua comade Quitaja não passâmo tão má... Ahi ti mándo um côfo, e den delle duas garrafas d'agoa arden; bai d'ellas vão duas faca e treis cuié di prata embruiadas núas fôia. Não te remeto agora o moléque Cazuza porque o vejo ainda muito columin; elle cá nos vai servindo para i ó má pescá com o Tótó! O nosso Lulú esteve tão má dos óio, que eu cuidei ele lhe spocávo. Agora está tão gordo que o Chichi não o póde abraçá. Tem cuidado no feitô; manda tirá o capim lôlô e tijuco terreiro. Meu fio, eu te dou a minha bençam e Deu nosso sinhô ti dê a sua por seu infinito amô. Aceita muitas lembrança do nhô Mâno, e do Quinquim. Tua may Poluca.[146]

O texto, evidentemente, é uma mistura de língua escrita e língua oral. As regras da parte oral, aplicadas à outra, permitiriam mais ainda a visão de uma língua oral regional, com maior realidade. Apesar disso, as características evidenciadas encontram-se em quase todas as outras regiões do país e não podem ser descartadas sob a alegação de constituírem regionalismos. Afinal, a época a que correspondem se distinguia, como vimos, pela existência de uma população quase que inteiramente alijada do processo de instrução. O que seria hoje regionalismo era, então, uma maneira generalizada de se exprimir, em enorme contraste com a expressão oral de insignificante parcela da população, a qual, por sua vez, devido ao ritmo brasileiro que lhe era próprio, conforme atestavam Monte Carmelo, Severino de São Modesto e outros, se distanciava grandemente da expressão oral lusitana.

O problema linguístico do Brasil do alvorecer do século XIX era, pois, o do distanciamento entre língua oral e língua escrita, conformando-se os agentes da instrução pública em buscar uma sujeição dessa língua escrita aos cânones estabelecidos pelos puristas da metrópole. A vinda da família real vai realizar esse desiderato, de que serão prova, pela primeira vez, as atas da Assembleia Constituinte, de 1823, e da Câmara dos Deputados, a partir de 1826.

Cerca de quarenta anos depois da criação do subsídio literário, não mudou a situação de preocupação generalizada em promover mais aulas de gramática latina do que de primeiras letras. Aires de Casal dá seu testemunho ao longo de sua *Corografia brasílica*, publicada em 1815. Excetuando o Rio de Janeiro e Salvador, onde assinala a presença de vários professores de primeiras letras, no restante do país, a partir de sua indicação no singular, constata-se a existência, entre 1812 e 1815 de vinte e um professores de primeiras letras contra cinquenta e quatro de latim. Em lugares privilegiados, como Olinda, São Luís, Salvador, Vila Rica, Rio de Janeiro e São Paulo havia também aulas de retórica, de filosofia e de línguas estrangeiras. O fato destacado, porém, é o da desproporção entre aulas de ler e escrever e aulas de latim, tal como em 1772. Isso confirma que a imensa maioria da população estava alijada do processo de instrução, usando exclusivamente a língua falada. O trecho que transcrevemos do Padre Francisco dos Prazeres é, pois, um ponto de referência expressivo para a documentação da língua que realmente corria na boca do povo brasileiro.

Com a vinda da família real em 1808 iniciou-se um processo linguístico singular no Rio de Janeiro. Duplicada a população com a chegada dos portugueses de alto nível social, contados em muitos milhares, passou a população do Rio a sofrer a influência cultural resultante do contato direto com a corte. Gradativamente começaram a mudar alguns hábitos linguísticos dos cariocas, o principal dos quais foi uma tendência à palatalização das oclusivas dentais e das constritivas alveolares. O resultado foi a africação do [t] e [d], antes de [i] e a palatalização do [s] final de dicção.

Dentre as muitas medidas tomadas pelo príncipe Dom João no Rio de Janeiro com a finalidade de viabilizar a colônia como sede do governo real, esteve a encomendação ao tenente-general Francisco de Borja Garção Stockler, indicado ao regente por seu principal ministro, Antônio de Araújo Azevedo, o Conde da Barca, de um plano para a organização do ensino na colônia. Boicotado pelos que queriam que o Brasil continuasse como colônia, seu trabalho só foi tornado público em 16 de junho de 1826, quando a Comissão de Instrução Pública da Câmara dos Deputados começou a discutir a implantação de um sistema de ensino para o Império recém-constituído. O plano do general Stockler é importante como elo ideológico entre a reforma de ensino do marquês de Pombal e o ensino que se organizará para vigorar durante o Império. Assim reza o plano em seu título VI:

Da direção e inspeção das escolas públicas
Art. 1º — Haverá na capital do Império uma corporação de homens instruídos, do mais distincto merecimento debaixo da denominação de — *Instituto do Brasil*—, a cujo cargo estará a direcção da instrucção publica em toda a extensão do Imperio, e a inspecção das escolas publicas, que nelle se achem estabelecidas, e para o futuro se estabelecerem.
Art. 23 — O instituto procederá, portanto, a fazer que se componhão na *lingua nacional*, ou que para ela se traduzão, os compendios elementares apropriados à natureza e extensão de cada escola...[147]

Verifica-se dessas disposições que o plano de Stockler, redigido provavelmente entre 1814 e 1815, procura realizar no Brasil o que Pombal realizou em Portugal: centralização da instrução pública na capital e unificação da língua, como língua nacional, a partir da língua falada na corte. Sob este último aspecto, é uma atualização, no contexto brasileiro, do decreto do marquês de Pombal, de 30 de setembro de 1770.

Embora o plano de Stockler não tenha sido aprovado pelo Parlamento, seu espírito permaneceu com a transformação, alguns anos depois, do Seminário de São Joaquim em Colégio de Pedro II, cuja função passou a ser a de parâmetro do ensino secundário no Brasil, no modelo do Instituto do Brasil, de Stockler, e baluarte do esforço de unificação da língua do país, a partir das características da língua escrita resultante do purismo gramatical arcádico.

Apenas proclamada a independência, José da Silva Lisboa, o Visconde de Cairu, formado em Portugal, como assinalamos atrás, demonstrou claramente a presença da ideologia cultural cortesã, entre os fatores de nossa independência, ao discutir a localização de uma universalidade no Brasil:

> Uma razão muito ponderosa me ocorre de mais para a preferência da Universidade nesta corte e é *para que se conserve a pureza e a pronúncia da língua portuguesa...* Sempre, em todas as nações, se falou melhor o idioma nacional nas cortes. Nas províncias há dialetos com os seus particulares defeitos: o Brasil os tem em cada uma, que é quase impossível subjugar, ainda pelos mais doutos do país.[148]

As considerações do Visconde de Cairu indicam que, ao ser proclamada a independência do Brasil, o desejo da elite intelectual da corte do Rio de Janeiro era de tentar fazer o povo brasileiro falar como o português falava e escrever como os árcades o faziam. Queria que o idioma nacional do Brasil fosse o de Portugal, apesar de reconhecer, pela primeira vez ser isso quase impossível devido à existência de *dialetos* em cada província brasileira.

Era natural que, diante de uma maioria que assim pensava, se opusesse um grande número de brasileiros, que queriam um Brasil verdadeiramente desatrelado da administração e da maneira de viver dos portugueses. José Veríssimo resumiu o estado de espírito desses verdadeiros patriotas, heróis e mártires, hoje completamente esquecidos pela história oficial, como o norte-rio-grandense André de Albuquerque Maranhão, um dos líderes dos 75 dias da revolução republicana de 1817:

> Não há duvidar, a dominação portuguesa tirara tudo de nós, o nosso ouro, as nossas riquezas, o nosso brio, e quando por último parecíamos querer afirmar o nosso direito a uma existência livre e forte, ela ainda zombou de nós, enforcando os gloriosos rebelados de Pernambuco em 1817 e dando-nos para rei um príncipe seu em 1822.[149]

Este espírito verdadeiramente brasileiro, vai eclodir pela primeira vez na questão da língua do Brasil, pela voz de José Clemente Pereira, ao propor que os diplomas dos médicos cirurgiões fossem redigidos "em linguagem brasileira, que é a mais própria".[150]

Ao assim pronunciar-se, José Clemente Pereira apoiava o que logo antes dele, no debate, dissera Bernardo Pereira de Vasconcelos:

Nós podemos ser brasileiros sem seguir tanto à risca as instituições de Portugal, e podemos ser sábios sem tanto nos guiarmos pela Universidade de Coimbra.[151]

Bernardo Pereira de Vasconcelos apoiou a emenda de Clemente Pereira que, na sessão seguinte (23 de junho de 1826), melhor exprimia seu pensamento, a qual foi assim redigida:

> As cartas serão passadas *em língua brasileira* e impressas em pergaminho; e que se suprima tudo o mais.[152]

O apoio de Bernardo Pereira de Vasconcelos se fez nos seguintes termos:

> Não sei, Sr. Presidente, porque razão se não hão de passar as cartas na *língua brasileira*.[153]

A resposta da ideologia lusófila veio, imediatamente, pela voz de José Lino Coutinho que, antes da independência, havia sido deputado nas Cortes de Lisboa:

> Demais, eu não sei qual seja a língua brasileira em espécie: ainda não vi gramática brasileira. Todos nós falamos português, assim como os americanos do norte falam inglês, e ainda não fizeram linguagem distinta. Todo aquele que, entre nós, campear em falar bem, procura instruir-se na legítima linguagem portuguesa.[154]

Para compreender bem o sentido político dessa manifestação, em que se verberava, dentro do espírito árcade-pombalino, a primeira tentativa de se oficializar a expressão "língua brasileira" como denominação da língua nacional do novo país, recordemos, mais uma vez, o lúcido e incisivo José Veríssimo:

> Infelizmente não tivemos um Washington, um Franklin, um Bolívar ou um San Martins, *senão alguns áulicos*, que, a contragosto, viam e acompanhavam o movimento liberal do reino, de sorte que foi fácil a esperteza saloia de D. João VI de mãos dadas com o espírito aventureiro e, de nenhum modo, escrupuloso, do Príncipe D. Pedro, empolgar para a sua dinastia um Império que forçosamente lhes escaparia...[155]

José Lino Pereira foi o principal instrumento da elite cultural lusófila, a serviço do Imperador, no trabalho de fazer morrer no nascedouro qualquer tentativa de dirigir a instrução fora do espírito do plano de Stockler. E o fez com eficiência, ajudando a organizar uma instrução pública, no caso da língua, dentro da perspectiva do purismo gramatical de base exclusivamente lusitana e do classicismo latino antigo.

5.5 O "idiome brésilien" do Visconde da Pedra Branca

Ainda em 1826, aparece uma referência à realidade linguística do Brasil, apresentada, pela primeira vez, por João Ribeiro.[156] Renato Mendonça saudou um tanto bombasticamente o fato:

> O autor desta verdadeira descoberta da América, nos domínios da história dos brasileirismos, foi João Ribeiro...[157]

Em que pese o louvor de Renato Mendonça, o documento não tem o sentido que lhe parece atribuir o autor de *A influência africana no português do Brasil*. Aliás, João Ribeiro foi cauteloso na avaliação do mesmo: "... veiu à luz quando apenas se desenhavam os primeiros elementos do problema".[158]

Trata-se de uma interessante avaliação feita por Domingos Borges de Barros, o Visconde da Pedra Branca, no livro *Introduction à l'Atlas ethnographique du globe ou Classification des peuples anciens et modernes d'apres leurs langues* (Paris, 1826), de Adriano Balbi, ilustre estatístico e geógrafo veneziano. O Visconde da Pedra Branca, deputado baiano às "Cortes geraes, extraordinárias e constituintes da nação portugueza" em 15 de dezembro de 1821, tornou-se, em fevereiro de 1822, encarregado de negócios do Brasil junto ao rei da França. Era poeta de gosto arcádico e muitas de suas poesias foram publicadas no *Patriota*, jornal literário, político e comercial, o primeiro do gênero surgido no Brasil. Também no *Patriota* saíam composições de Filinto Elísio, o que ajuda a esclarecer o sentido de sua contribuição linguística.

O *Atlas*, de Balbi, era um livro que visava a reunir considerações gerais sobre as línguas, sua filiação, relações e divergências umas com as outras, tudo com base em informações na fonte, de acordo com a notável linha filológica que começava na Alemanha. Em outra obra de Balbi, *Essai statistique sur le royaume de Portugal et d'Algarve* (Paris, 1822), já saíra um pequeno ensaio, de autor anônimo, sobre a língua portuguesa (p. 23-31) em que se dera notícia sobre os dialetos do Minho e do Alentejo. Por isso, não era de estranhar que, no *Atlas*, Balbi alargasse um pouco mais as informações sobre a língua portuguesa atribuindo ao Visconde da Pedra Branca, provavelmente quando ainda era embaixador, a tarefa de dizer algo sobre a língua em vigor no Estado recém-independente. Assim escreveu Balbi em francês, que traduzimos:

> ... mas esta língua [a portuguesa], levada para o Brasil, se ressente da doçura do clima e do caráter de seus habitantes; ganhou com o uso, com a expressão de sentimentos ternos e, conservando embora sua energia, tornou-se mais amena. Fica-se convencido disso quando se leem as poesias de Gonzaga, de J. B. da Gama [José Basílio da Gama] (juntamos o nome do barão de Pedra Branca) [Balbi é autor desse parêntese] e de vários outros escritores brasileiros. A esta primeira diferença,

que abarca o idioma brasileiro, em geral, deve-se acrescentar a das palavras que mudaram inteiramente de sentido, assim como a de várias outras expressões que não existem de forma algúma na língua portuguesa e que foram tomadas aos índios ou trazidas ao Brasil pelos habitantes das diferentes colônias portuguesas de ultramar.[159]

Como se vê, trata Borges de Barros, primeiro, do ritmo da língua no Brasil, que atribui, como era natural na época e antes, ao clima e, por via de consequência, ao caráter dos habitantes, que se deduz influenciado por ele. Dá como prova os poemas de dois árcades, a que Balbi junta o nome do próprio colaborador. Por isso mesmo, e por coincidência, mais um árcade. Depois, destaca a diferença do "idioma brasileiro" com base no léxico indígena e africano.

Como as provas apresentadas são as poesias de escritores arcádicos, não é crível que "idioma brasileiro" tenha aí o sentido de *língua brasileira*, tal como se apresentou no debate da Câmara dos Deputados. Os árcades pregavam a pureza gramatical com base nos clássicos. Demais "idioma" significava também, como hoje, uma forma peculiar, uma variação de uma *língua*. Ou seja, um dialeto.[160]

Embora importante, ao lado das observações esparsas, aplicáveis ao Brasil, contida na *Gramática filosófica da língua portuguesa*, de Jerônimo Soares Barbosa (Lisboa, 1822), a contribuição do Visconde da Pedra Branca não se insere propriamente na história da questão da língua, como questão que envolve um sentimento de instrumento linguístico próprio, independente, como tal, do lusitano.

6. 1826-1882: INSTITUCIONALIZAÇÃO DA POLÍTICA LUSÓFILA DA LÍNGUA COMO PERSISTÊNCIA DO ARCADISMO E COMO AÇÃO ANTIRROMÂNTICA

6.1 *Avaliação global das sete décadas de despotismo esclarecido na educação brasileira*

Ao serem expulsos do Brasil em 1759, os jesuítas eram 590, repartidos por 113 residências e lecionando desde o curso primário até as cadeiras de retórica, filosofia e teologia.[161] Estavam bem distribuídos e atendiam bem às necessidades da população, que não eram muitas, no campo da instrução, levando-se em conta a completa omissão da Coroa desde a época do descobrimento. Eram os jesuítas que ministravam a instrução pública e secundária, repartida um pouco, neste último caso, com outras ordens religiosas.

Expulsos os jesuítas, ocorreu imediatamente um grande vazio no campo da instrução, só mitigado com a instituição do subsídio literário pela lei de 10 de novembro de 1772. Dias antes, em 6 de novembro de 1772 outra lei fundava escolas de estudos menores e as distribuía na forma de um mapa, que acompanhava. Por ele, verifica-se que, do total de 479 mestres de ler e escrever, apenas 17 (3,5%) cabiam ao Brasil e dos 236 de gramática latina, apenas 15 (6%) ao Brasil. Ao Reino cabiam, respectivamente, 440 (92%) e 205 (87%), em uma população de 3 milhões de habitantes, igual à da colônia. A proporção permaneceu a mesma até a ascensão do Brasil a Reino Unido, o que demonstra cabalmente a substituição de uma política de total omissão, em dois séculos e meio, por uma de enorme descaso, no período de 1759 a 1822. São números eloquentes, mesmo quando se considera a quantidade de negros escravos, os quais, aplicados à realidade linguística, servem de demonstração da persistência, sem nenhuma entrave adicional, da língua brasileira falada, constituída independentemente da lusitana a partir do galego-português dos primeiros colonos e da língua de imitação mútua, daí resultante, das gerações seguintes e de seus mentores jesuítas.

O único instrumento de reação linguística da coroa ao descaso com que se tratara a língua portuguesa em toda a história da nação, foi o Alvará de 30 de setembro de 1770, acima parcialmente citado, que, a par de alçar a língua portuguesa ao nível de língua nacional, estabelece a maneira de a disseminar como tal:

> Eu El-Rei Faço saber aos que este Alvará virem, que em Consulta da Real Meza Censoria Me foi presente, que sendo a correcção das linguas Nacionaes hum dos objectos mais attendiveis, para a cultura dos Póvos civilisados, por dependerem della a clareza, a energia, e a magestade, com que devem estabelecer as Leis, persuadir a verdade da Religião, e fazer uteis, e agradaveis os Escritos: Sendo pelo contrario a barbaridade das linguas a que manifesta a ignorancia das Nações; e não havendo meio, que mais possa contribuir para polir, e aperfeiçoar qualquer idioma, e desterrar delle esta rudez, do que a applicação da Mocidade ao estudo da grammatica da sua propria lingua: porque sabendo-a por principios, e não por mero instincto, e habito, se costuma a fallar, e escrever com pureza, evitando aquelles erros, que tanto desfigurão a nobreza dos pensamentos, e vem a adquirir-se com maior facilidade e sem perda de tempo a perfeita intelligencia de outras differentes linguas; pois que tendo todas princípios communs, acharão nellas os principiantes menos que estudar todos os rudimentos, que levarem sabidos na Materna; de sorte que o referido methodo, e espirito de educação foi capaz de elevar as linguas Grega, e Romana ao grão de gosto, e perfeição, em que se virão nos formosos Séculos de Athenas, e Roma, o que bem testemunhão as excellentes, e inimitaveis Obras que delles ainda nos restão: Conformando-me Eu com o exemplo destas, e de outras Nações illuminadas, e desejando, quanto em Mim he, adiantar a cultura da língua Portugueza nestes Meus Reinos, e Domínios, para que nelles possa haver Vassallos uteis ao Estado: sou servido ordenar que os Mestres da Lingua Latina, quando receberem nas suas Classes os Discípulos para lha ensinarem, os instruão previamente por tempo de seis mezes, se tantos forem necessários para a instrucção dos Alumnos,

na Grammatica Portugueza, composta por Antônio José dos Reis Lobato, e por Mim aprovada para o uso das ditas Classes, pelo methodo, clareza, e boa ordem com que lhe he feita. E por quanto Me constou que nas Escolas de ler, e escrever se praticava até agora a lição de processos litigiosos, e sentenças, que somente servem de consumir o tempo, e de costumar a Mocidade ao orgulho, e enleios de Foro: Hei por bem abolir para sempre hum abuso tão prejudicial: E mando, que em lugar dos ditos processos, e sentenças, se ensine aos meninos por impressos, ou manuscritos de differente natureza, especialmente pelo Catecismo pequeno do Bispo de Montpellier Carlos Joaquim Colbert, mandado traduzir pelo Arcebispo de Evora para instrucção dos seus Diocesanos, para que por elle vão também aprendendo os Principios da Religião, em que os Mestres os devem instituir com especial cuidado, e preferência a outro qualquer estudo. E este se cumprirá tão inteiramente como nelle se contém, sem dúvida, ou embargo algum. Pelo que mando à Real Meza Censoria, Meza do Desembargo do Paço, Director Geral dos Estudos, Senador da Camara, e a todos os Desembargadores, Corregedores, Provedores, Juízes, e mais pessoas destes Meus Reinos, e Dominios o cumprão, e guardem...[162]

Neste Alvará encontra-se, portanto, todo o primeiro programa de estudos e ensino da língua portuguesa: é, agora, língua nacional e não mais língua que se fala por instinto; é uma língua erigida em sistema com base no purismo dos que a falaram e escreveram melhor; é um sistema que se deve estudar e ensinar previamente ao estudo e ensino da língua latina; é um sistema, igualmente, que deve ser entendido segundo os princípios da gramática filosófica de Port--Royal, para melhor entendimento das outras línguas; é uma língua que deve ser ensinada sob a égide de um livro único, o de Antônio José dos Reis Lobato e seu acompanhamento, sob a forma de leitura, não é mais nenhum texto de processo judiciário, como se fazia de longa data e já fora criticada por João de Barros; o acompanhamento seria o catecismo, para assegurar a necessária moral da religião. Esta lei, aplicada ao Brasil, colônia que sustentava inteiramente o Reino, mas que, do esforço da instrução pública deste, só recebia entre 3,5 e 6%, foi responsável pela formação da elite da Independência, ideologicamente solidária com o sistema monárquico português do qual herdou, inclusive, a casa reinante. Tal como no plano da expressão linguística, o povo permaneceu marginalizado no plano da instrução pública feita inteiramente, como se verá, de acordo com os interesses políticos da antiga metrópole.

6.2 *A elite de 1827 e a política linguística*

Depois da inesperada manifestação de nacionalismo linguístico, ocorrida nas sessões da Câmara dos Deputados de 22 e 23 de junho de 1826, organizaram-se os defensores, conscientes ou inconscientes, da manutenção da mentalidade lusitana no Brasil para solidamente calçar o ensino da língua, no

Brasil, de acordo com essa mentalidade. Fizeram parte desse grupo José Lino Coutinho, Januário da Cunha Barbosa, Antônio Ferreira França, José Cardoso Pereira de Melo, Manuel Odorico Mendes, Diogo Antôonio Feijó, José Bernardino Batista Pereira, Raimundo José da Cunha Matos, José Bento Leite Ferreira de Melo e alguns outros. Muitos deles tinham cursado a Universidade de Coimbra, alguns foram deputados às Cortes portuguesas e todos formados dentro do espírito do arcadismo vigente. O próprio José Clemente Pereira tinha essa formação, porém sua noção de Brasil, exposta na representação que provocou o Fico de Dom Pedro I, era muito mais despojada de automáticos liames lusistas que a de seus colegas parlamentares. Bernardo Pereira de Vasconcelos, na ocasião, estava mais perto da posição de José Clemente Pereira. Os ideais republicanos certamente não lhes eram estranhos, de modo que a manifestação de José Clemente Pereira, nas duas sessões, em defesa da expressão *língua brasileira* não era gratuita. A prova é que, no projeto sobre os diplomas dos médicos cirurgiões, acabou o artigo 3º perdendo o vocábulo *português*, no sentido de língua, sendo substituído por *linguagem vulgar*.

De todos os parlamentares citados sobressaíam, particularmente, José Lino Coutinho, por sua atividade em plenário na defesa da língua portuguesa, e Manuel Odorico Mendes, por seu já respeitado trabalho de emérito cultor das línguas e defensor do purismo gramatical, na linha de seu mestre Francisco Manuel do Nascimento, o Filinto Elísio da Arcádia Ulissiponese. Este era, igualmente, o modelo de quase todos os parlamentares ligados às letras. Pode-se dizer que o ideal arcádio, inclusive no plano da expressão linguística era de quase toda a geração da lndependência.

Filinto Elísio só tinha como competidor, em prestígio, a Manuel Maria Barbosa du Bocage, o Elmano da Arcádia. Na apologia da língua portuguesa, porém, não teve competidor e dele, verdadeiramente, brotou o purismo gramatical que queria expurgar da língua todos os peregrinismos e vulgarismos.

6.3 *Filinto Elísio, força inspiradora do lusismo linguístico de 1827 a 1841*

O modelo de Filinto são os quinhentos e seus dois imitadores do seiscentos, Jacinto Freire de Andrade e Antônio Vieira.[163] Lamentava que se ensinasse, na França, a língua nacional ao contrário do que acontecia em Portugal.[164] Na edição de suas poesias, que podemos acompanhar na numeração das páginas, não deixa jamais de pugnar pela defesa da língua. Aponta como causa da ignorância dela os sessenta anos de domínio espanhol, o que o leva a pregar a retomada da língua de quinhentos (p. 4 e 9). Critica o pouco estudo do português e considera o espanhol já oficializado. Para o francês, faltava pouco para isso. Estes eram motivos suficientes para se polir a língua (p. 11). Considerava o estudo do português tão estimulante que, com ele qualquer estrada se abria para expressar todo pensamento (p. 23). Para Filinto, estudar a língua é ter capacidade de usar vocabulário rico, expurgando-se os estrangeirismos, príncipalmente galicismos (p. 28). Esta é razão suficiente para valorizar-se o clássico português (p. 30). Enquanto o manancial de vocábulos é o século XVI, a fonte da sintaxe está no seiscentista Vieira (p. 33 e 49). Considera o latim estrada nobre e o português, estrada de todos. Acusava os francesistas de terem obstado a tomada dessa estrada, cuidando pouco das gramáticas, que, quando apareciam, eram prolixas e excessivamente voltadas para o momento do autor (p. 83 e 92). Por tudo isso, defendia a Arcádia, que era o templo onde a língua portuguesa passara a ser verdadeiramente cultivada (p. 93).

O purismo arcádico dos brasileiros do Primeiro Império foi ridicularizado pelo Pe. Manuel do Sacramento Lopes Gama, no livro anônimo, *O novo Carapuceiro* (ver nota 174). Nele insere, às páginas 5-8, um artigo sob o título de "Os puristas". Depois de referir-se a um trabalho anterior sobre o mesmo assunto, publicado no jornal *O Brasil*, provavelmente em 1841, Lopes Gama dá ao tema novo tratamento:

> Não há no mundo purista mais assanhado que Silvio, ou que mais presuma de sê-lo. O seu enthusiasmo e zelo pela pureza da linguagem sobe às vezes tanto de ponto que até lhe dão acessos de convulsões, em lhe soando aos ouvidos cousa que se pareça com gallicismo (p. 5). E, porém, com todo o horror que Silvio professa ou affecta professar aos gallicismos, não ha ninguém que os commetta tão asquerosos (p. 6).

E segue dando exemplos do que assevera. Detém-se, mais adiante, no gosto "quinhentista" de Sílvio:

> O ídolo a que Silvio rende de melhor vontade todo o seu culto he o *quinhentismo*. Quer que todos o tenham por quinhentista...
> Quem vir a frequência e affectação com que Silvio amontoa estas carradas de termos obsoletos, dirá que queimou suas pestanas com a leitura dos classicos de todas as épocas, e sobretudo com os da época de quinhentos. He hum engano. *Fr. Marcos de Lisboa, Vida de Henrique Suso*, e mesmo *Floresta* do Pe. Bernardes são nomes de que Silvio so tem noticia, porque alguma vez os ouvio. A sua tactica he muito differente e infinitamente mais facil.
> Quando tem de compôr algum artigo, pega no diccionario de Bluteau, ou no resumo de Moraes que he mais maneiro; e á proporção que nelle encontra palavra extravagante e desusada, vai della tomando nota até ter feito sufficiente peculio para o que precisa. Feito isto, começa a escrever, e vai espalhando com a maior profusão que póde todas as palavras que recolheu, até que a composição mais se pareça com ensalmos de feiticeiros, que com linguagem da gente christãa. Silvio, ao ler a sua obra, fica extasiado por ter produzido hum pedaço de portuguez tão castiço, que todos o comerão como se fosse de Ruy de Pina ou Castanheda; mas

as pessoas de gosto e entendidas dizem que Silvio, em lugar de ter imitado os quinhentistas, nada mais fez do que a caricatura delles (p. 7 e 8).

Neste curioso texto, que desenterramos, surge claramente o problema da língua do Brasil, em sua modalidade escrita, alguns anos após a Independência. Língua escrita não apenas divorciada da realidade, como também sujeita a um padrão de moda lusitano inteiramente incompatível com a vida do país. Seu flagrante artificialismo leva o Pe. Lopes Gama a dar sua posição:

A língua deve andar com a éra, do mesmo modo que os costumes e os vestidos (p. 8).

O texto é uma prova de que a mentalidade arcádica das elites chegou até 1841 e que só a partir daí, realmente, é que se pode considerar a ação dos românticos, inclusive na postulação de uma literatura nacional apoiada em uma língua nacional que lhe fosse própria.

6.4 O debate parlamentar de 1827, reação ao de 1826

Estava a questão da língua, no Brasil, sujeita, pois, a três variáveis: o Alvará de 30 de setembro de 1770, a posição contrária à denominação da língua nacional como brasileira, em 1826, e o condicionamento arcádico dos parlamentares e da elite intelectual.

Proposto à Câmara, em 1826, o plano de Francisco Borja Gastão Stockler, só se discutiu a matéria no ano seguinte quando, por força de questão de ordem, elaborou a Comissão de Instrução Pública um projeto de lei sobre ele. As discussões se fizeram principalmente nos dias 10, 11 e 13 de julho de 1827.

Empregava o plano de Stockler, como vimos, a expressão língua nacional, mas, ao lado dela, como no artigo 5º do título IV, a expressão língua portuguesa ao lado, significativamente, de "gramática geral":

Art. 5º — o segundo dos indicados professores de filosofia especulativa ensinará a gramática geral ou arte de falar, com especial aplicação à língua portuguesa, e a retórica ou arte de escrever. A sua cadeira se denominará "Da aplicação da filosofia à linguagem vocal".[165]

Estavam assim presentes, no plano de Stockler, os elementos do Alvará de 30 de setembro de 1770: gramática filosófica, língua nacional e língua portuguesa. A expressão língua nacional é sempre, no plano, sinônimo de língua portuguesa e assim permanecerá na lei das escolas de primeiras letras, em 1827.

Posto em discussão o projeto sobre as escolas de primeiro grau ou, como se dizia então, pedagogia, assim se pronunciou o deputado Padre Januário da

Cunha Barbosa, presidente da Comissão de Instrução Pública, na sessão de 10 de julho:

> Ouvi dizer que a palavra pedagogia é bárbara! Eu não deixarei passar semelhante testemunho; receberei sempre uma palavra estrangeira *quando os clássicos dela tiverem usado*. Frei Amador Arraes usa desta palavra; por consequência, é nossa.[166]

A preeminência dos clássicos no aprendizado da língua escrita foi firmemente defendida, com o apoio dos demais deputados, pelo famoso Manuel Odorico Mendes:

> Diz o projeto que os professores ensinarão a ler e escrever; acho bom determinar alguns livros por onde isso possa ser ensinado, a saber, a Constituição do Império e alguns dos clássicos da língua portuguesa... A utilidade de ler-se a Constituição é patente; quanto aos clássicos, ainda que os meninos não possam alcançar os seus pensamentos, contudo, como eles têm a memória fresca, facilmente decoram frases e termos os mais puros da língua, com o que para o futuro, virão a explicar as suas ideias com mais propriedade e sem mistura de língua alheia. Proponho que os livros, por onde os professores ensinem a ler os seus discípulos, sejam a Constituição do Império e *os clássicos da nação portuguesa*.[167]

A gramática da língua nacional era, na ocasião, gramática da língua portuguesa, como sintetizou o deputado Ferreira França:

> A respeito da gramática da língua nacional, desejava que se dissesse — declinações e concordância dos nomes da língua portuguesa — e mais nada...[168]

Uma ressalva de que a língua falada no Brasil era a língua portuguesa, em contraste com a inusitada expressão língua brasileira surgida no ano anterior, é feita por José Lino Coutinho:

> Primeiramente quer que os professores ensinem a ler, escrever, contar e gramática da língua portuguesa, *que é a nossa*...[169]

Estas e outras considerações, feitas nas sessões de 10 e 11 de julho de 1827, serviram para incorporar ao sistema legal brasileiro a expressão *língua nacional* com o sentido de língua portuguesa, alicerçada esta no cultivo dos clássicos portugueses, segundo o pensamento árcade-pombalino. Todavia, na sessão de 18 de julho, preferiu-se aprovar o projeto sem a menção aos clássicos portugueses. A lei resultante, de 15 de outubro de 1827, assim estabeleceu:

Art. 5º — Os professores ensinarão a ler, escrever... a gramática da língua nacional e os princípios de moral cristã e da doutrina da religião católica e apostólica romana... preferindo para as leituras a Constituição do Império e a História do Brasil.[170]

6.5 As vertentes vocabulista e literária do conceito de língua brasileira durante o Império

A lei de 15 de outubro de 1827, elaborada a partir do entrechoque de posições, em 1826 e 1827, com relação à realidade linguística brasileira, serviu de marco delimitador da questão da língua brasileira para quase todo o período imperial. Na verdade, o que acontecia no Parlamento refletia-se em toda a sociedade, cuja elite mantinha estreito relacionamento com deputados e senadores ou com suas ideias. Um problema como o da língua nacional não ficava afeto ao grosso da população mas, apenas, à elite atuante. Por isso, a história da língua nacional brasileira, no decurso do Império, continua a ser, em termos políticos, o que pensam os intelectuais a respeito. Exatamente como nos séculos anteriores, mas com a diferença de que, agora, se tinha um país independente.

O visconde da Pedra Branca e a lei de 15 de outubro de 1827 forneceram aos intelectuais brasileiros duas linhas de ação no esforço, doravante consciente, de se fixar uma língua nacional brasileira. O primeiro, por explicitar pela primeira vez as diferenças lexicais entre o Brasil e Portugal; a segunda, por estabelecer como pontos de apoio para a língua escrita a Constituição do Império e a História do Brasil. Do primeiro, surgiu a corrente dos vocabulistas; da segunda resultou a expressiva linhagem dos que passaram a advogar a existência de uma língua brasileira como contrapartida natural para a existência, já comprovada, de uma literatura nacional.

6.6 A corrente vocabulista

Estimulados pelo trabalho de Domingos Borges de Barros, já que publicado num livro divulgadíssimo, a *Introduction a l'Atlas etnographique du globe*, de que falamos, muitos intelectuais brasileiros passaram a se dedicar, com ânimo nacionalista, ao trabalho de levantar os brasileirismos. Por isso, já em 1832, Luís Maria Silva Pinto publica em Ouro Preto o *Dicionário da língua brasileira*. Antônio Pereira Coruja, no Rio e no tomo 15 da Revista do Instituto Histórico (1852), dá à luz sua *Coleção de vocábulos e frases usados na Província de São Pedro no Rio Grande do Sul*, a que se segue, no ano seguinte, o *Vocabulário brasileiro para servir de complemento aos dicionários da língua portuguesa* de Brás da Costa Rubim. Na mesma linha, surge em 1870 o *Popularium sul-riograndense e o Dialeto nacional*, de Apolinário Porto Alegre. O citado Brás da Costa Rubim reaparece, em 1872, com seu *Vocábulos indígenas e outros introduzidos no uso vulgar*, saindo na revista *Luz*, tomo 1.

O trabalho dos vocabulistas atinge ponto alto, em 1880, com a publicação, na *Revista Brasileira*, tomo IV, dos *Estudos lexicográficos do dialeto brasileiro*, de Antônio Joaquim de Macedo Soares, com a publicação na *Gazeta Literária*, do Rio, em 1883 e 1884, do *Glossário de vocábulos brasileiros*, de Beaurepaire Rohan, com as *Cenas da vida amazônica*, de José Veríssimo, em 1886 e com o *Dicionário brasileiro da língua portuguesa*, do mencionado Macedo Soares, em 1888.

Em meio a essas publicações, que dizem respeito ao léxico geral do Brasil, em claro contraste com o de Portugal, são publicados numerosos vocabulários especiais, cuja relação se encontra no livro de Artur Neiva.[171]

O trabalho vocabulista teve dupla função: uma foi a de contribuir para manter viva a chama da brasilidade que, ao longo do período imperial, foi enfraquecida por um sistema político excessivamente europeizado em sua base ideológica; a outra foi a de fornecer aos escritores românticos os argumentos lexicais de que necessitavam para a construção de sua língua literária brasileira. Prosseguindo esta corrente ainda no período republicano somente diminui de ritmo quando, às vésperas do fim da Primeira República, o conceito de língua brasileira, pressionado pelo esforço de unificação ortográfica, resvalou para o âmbito estrutural com a incorporação a ele da noção de uma gramática brasileira.

6.7 *A corrente dos defensores da língua brasileira como expressão de uma literatura brasileira*

O regime monárquico, no Brasil, foi gradativamente amortecendo os ímpetos de renovação intelectual de que nos primeiros anos a própria imprensa se fazia intérprete:

> Até o dia de hoje, o regime colonial tinha sufocado a instrução primária: era preciso aos jovens brasileiros correr além dos mares para irem buscar uma educação incompleta, consumirem-se em estudos recheados de estéreis dificuldades e voltarem curvados sob o degradante peso dos prejuízos de uma educação que era, em grande parte, o patrimônio dos frades da Metrópole; agora, porém, a mesma Europa traz ao nosso próprio solo suas riquezas científicas e literárias e, por isso, o estudo das línguas estrangeiras já faz no Brasil progressos incríveis; uma educação mais metódica se difunde em escolas regulares; as artes se cultivam com felizes resultados; e a literatura, prestando à política, as armas e a linguagem que lhe é própria já se vai afastando da poeira da rotina, despindo-se das sutilezas escolásticas e já abjura a filosofia obscura e silogística das escolas teológicas de Portugal.[172]

Tais eram as esperanças dos primeiros anos de funcionamento das instituições. Menos de dez anos depois, todavia, no campo específico da educação, se afirmava uma linha oposta à dessa renovação, como se vê do discurso de Bernardo Pereira de Vasconcelos, de inauguração, em 25 de março de 1838, do Colégio Pedro II:

> Releva, pois, ser fiel a este princípio: manter e unicamente adotar os bons métodos; resistir a inovações que não tenham a sanção do tempo e o abono de felizes resultados... O governo só fita à mais perfeita educação da mocidade: e lhe deixa (com não pequeno pesar) as novidades e a celebridade dos especuladores...[173]

O conservadorismo de Vasconcelos é, na verdade, o da Regência que, assim, demonstrava a permanência da mentalidade lusitana no país recém independente. Com tal espírito, o ensino da língua seguia firmemente o caminho traçado pelos árcades parlamentares. Não haverá senão o cultivo da linguagem dos clássicos portugueses em completo afastamento da língua viva brasileira que se encontrava em toda a parte. Exemplos desta, na ocasião (1832 a 1847) se encontram no *Carapuceiro* (chamado, em 1842, de *O Novo Carapuceiro*) do padre Miguel do Sacramento Lopes Gama.[174] Nas crônicas desta publicação, representa-se criticamente o tipo popular brasileiro que emprega palavras ou construções como *mandá, buscá, comê, mi spere, ti faço, mi deixe, coler, muler, le pediu, cadê ele*, etc. Observa-se atentamente, porém, em 1842, a língua do dia a dia, oposta à língua escrita, como fizera o bispo Azeredo Coutinho em 1798, e critica-se o purismo distanciado da realidade, como já vimos.

As palavras de Bernardo Pereira de Vasconcelos e do padre Lopes Gama, pronunciadas num tom que denuncia já a implantação firme de um sistema de instrução em que, naturalmente, a língua escrita ocupa seu lugar de preeminência, contrastam com as do bispo Azeredo Coutinho, transcritas por nós integralmente (nota 42). Enquanto, porém, o bispo pernambucano condena indiferentemente certas formas lusitanas e brasileiras, o Pe. Lopes Gama só o faz em relação ao contexto brasileiro. Depreende-se, portanto, a existência de uma norma, que não existia em 1798.

À luz desses fatos, deve-se considerar o surgimento do conceito de língua brasileira como instrumento de expressão de uma literatura brasileira. Como se implantou uma norma de língua escrita no Brasil com a criação da Imprensa Régia e como tal norma se tornou mais coerente com a organização do sistema de instrução pública brasileiro em 1827, cada vez mais se fez notar o distanciamento entre língua falada e língua escrita. Os escritores brasileiros tinham como referência legal de leitura, de acordo com a lei de 15 de outubro de 1827, o texto da Constituição e, principalmente, os textos da História do Brasil. A esta pertenciam vultos eminentes de nosso mundo cultural, desde Gregório de Matos até os árcades da Escola Mineira. Numa época em que o grito da Independência era ainda muito recente, não aceitariam naturalmente os escritores brasileiros, em face da lei e da história, que Cláudio Manuel da Costa, ou um Tomás Antonio Gonzaga viessem a ser classificados como escritores portugueses.

Era isso, porém, que acontecia em Portugal desde a publicação, em 1826, ano mesmo da primeira manifestação de nacionalismo linguístico no Brasil, do *Parnaso Lusitano*, de Almeida Garrett. Nesta obra, enfatiza o escritor português o seguinte:

> Mui distinto lugar obteve entre os poetas portugueses desta época Cláudio Manuel da Costa: o Brasil o deve contar seu primeiro poeta ("em antiguidade", acrescenta em nota de rodapé), e Portugal entre um dos melhores...
> E agora começa a literatura portuguesa a avultar e enriquecer-se com as produções dos engenhos brasileiros. Certo é que as majestosas e novas cenas da natureza naquela vasta região deviam ter dado a seus poetas mais originalidade, mais diferentes imagens, expressões e estilo, do que neles aparece: a educação europeia apagou-lhes o espírito nacional: parece que receiam de se mostrar americanos, e daí lhes vem uma afetação e impropriedade que dá quebra em suas melhores qualidades.[175]

Um espírito de sentimento nacional na literatura já existia em São Paulo, entre os estudantes da Faculdade de Direito no período de 1828-1829, conforme a expressão *linguagem brasileira* usada pelo escritor João Salomé Queiroga para designar a língua que entre eles se usava, estudante que foi nesse mesmo período. Recordando aquela época, Queiroga fala em 1870, da linguagem que se foi produzindo no país:

> Acresce que a mistura das raças devia produzir, como efetivamente produziu, uma linguagem nova que irá melhorando para o futuro, mas sempre com o tipo próprio do país...[176]

Aliás, é o próprio Queiroga que usa a expressão linguagem brasileira em 1873, para designar a língua que usou durante toda a sua vida:

> Dizem que sou acusado por deturpar a linguagem portuguesa. Mais de uma vez tenho escrito que, compondo para o povo de meu país, faço estudo e, direi, garbo, de escrever em linguagem brasileira; se isso é deturpar a língua portuguesa, devo ser excomungado pelos fariseus luso-brasileiros. Escrevo em nosso idioma, que é *luso-bundo-guarani*.[177]

Não havia, assim, na década de 20 do século XIX, um sentimento de *língua brasileira* apenas na Câmara dos Deputados; já existia entre os estudantes da Faculdade de Direito de São Paulo dois anos depois de Garrett ter publicado as palavras acima citadas.

Por isso mesmo, não se deve estranhar a reação provocada, em 1835, pelas considerações sobre a colonização portuguesa feitas por José Inácio de Abreu e Lima, em seu *Bosquejo histórico, político e literário do Brasil*. Sua tese era a de que Portugal, por ser uma nação atrasada, manteve suas colônias em atraso e que, em consequência, sua literatura, excetuando Camões, não tinha importância alguma em meio à Europa intelectual. Se Portugal não tinha importância, muito menos o Brasil.[178]

No *Jornal do Commercio*, entre 1839 e 1842, José da Gama e Castro, português de Coimbra, assinando-se "um Português", rebate a tese demolidora de Abreu e Lima, afirmando a existência de uma literatura portuguesa e a não existência de uma literatura brasileira. Para ele, se existisse uma literatura brasileira, seria necessário que estivesse consignada noutra língua que não a portuguesa.[179]

Dessa conclusão de José da Gama e Castro foi que surgiu o ensaio do brasileiro Santiago Nunes Ribeiro no primeiro número do Jornal literário *Minerva Brasiliense*. Defende ele, em 1843, a existência de uma literatura nacional brasileira apesar de o instrumento linguístico expressional ser o mesmo:

> Se pois nas línguas europeias há diferenças radicais de estilo e de maneira, isto é, se numa língua mesma, falada por povos que estão debaixo do mesmo céu, a pequenas distâncias e com relações já seculares, há literaturas diferentes, por que não se há de permitir que as de povos que habitam a duas e três mil léguas de distância, e cujos costumes, leis e usanças longe estão de ser perfeitamente idênticos, tomem a denominação de sua própria nacionalidade.[180]

Por julgar tímida ainda a defesa da existência de uma literatura brasileira autônoma, Joaquim Norberto de Sousa e Silva alargou a questão, reconhecendo como fundamento da literatura brasileira a existência de uma língua brasileira:

> Logo é fácil de demonstrar que temos uma língua em que devemos escrever de preferência a todas as existentes, embora nos fosse legada pelos conquistadores portugueses; nem vejo obstáculo ou impropriedade alguma em chamá-la brasileira. Tomar-se-á sempre, não há dúvida, por língua portuguesa, mas modificada em sua índole pela influência do clima, e carácter dos nacionaes, e enriquecida pela introdução de grande cópia de vocábulos, que nos são peculiares, e que sem eles não nos saberíamos exprimir a respeito de muitas coisas, os quais não só passarão ás linguas da Europa, como á linguagem scientífica. Já sob essas vistas derão a luz os prelos de Ouro-Preto um *Diccionário da língua brasileira*, cujas palavras são as que falamos, pois por *língua brasileira* se não pode tomar a língua primitiva de nossos indígenas, que já não é língua vernácula do Brazil.[181]

Esta posição de Joaquim Norberto, dentro da questão da nacionalidade da literatura brasileira, tornou-se muito conhecida por se inserir dentro da história do sentimento natlvista do povo brasileiro.[182]

Na sequência histórica dos defensores da língua brasileira como expressão de uma literatura brasileira, deve-se separar o grupo dos críticos literários, a que pertencem Santiago Nunes Ribeiro, João Salomé Queiroga e Joaquim Norberto de Sousa e Silva, do grupo de escritores propriamente ditos que, no caso, são os românticos do período imperial. Gonçalves de Magalhães, Gonçalves Dias e José de Alencar, ao introduzirem e consolidarem o romantismo no Brasil, incorporaram à discussão política do nacionalismo a tese da nacionalidade na literatura, a que, fatalmente, se seguiu a da nacionalidade na língua. Enquanto o grupo dos críticos, com visão mais ampla do horizonte abrangido, cedo chegou ao conceito de nacionalidade linguística, o grupo dos escritores ficou preso à problemática da língua como instrumento de trabalho e, nessa visão, foi incapaz de estender sua apreciação à própria estrutura da realidade linguística. Permaneceram, via de regra, na consideração do universo lexical como fator de diferenciação linguística entre Portugal e Brasil. É neste sentido que se devem entender as colocações sucessivas de Gonçalves de Magalhães, Gonçalves Dias e José de Alencar. Gonçalves de Magalhães, por exemplo, em seu "Discurso" sobre a literatura do Brasil, publicado em 1836 na revista *Niterói*, fala do poeta e de sua língua:

> Sempre porém como o peregrino no meio dos bosques, que vai cantando sem esperança de recompensa, o poeta brasileiro não é guiado por nenhum interesse, e só o amor mesmo da poesia e da pátria o inspira... Se, em total esquecimento, muitos deles existem, provém isso em parte da língua em que escreveram, que tão pouco conhecida é a língua portuguesa na Europa... Não pretendemos que a esmo se louve tudo o que nos pertence, só porque é nosso; vaidade fora insuportável; mas por ventura vós que consumistes vossa mocidade no estudo dos clássicos latinos e gregos, vós que ledes Racine, Voltaire, Camões ou Filinto Elísio, e não cessais de admirá-los, muitas vezes mais por imitação que por própria crítica, dizei-me, apreciastes vós as belezas naturais de um Santa Rita Durão, de um Basílio da Gama e de um Caldas?[183]

Para Gonçalves de Magalhães, a língua de Santa Rita Durão, de Basílio da Gama e de Caldas Barbosa é a língua portuguesa revestida, porém, daquele espírito de pátria que, pelo próprio Santa Rita Durão, em seu prefácio ao *Caramuru*, já tinha sido evidenciado.

Ao introduzir o romantismo no Brasil, Gonçalves de Magalhães tomou o tema do índio como aquele que convinha essencialmente a essa introdução. O brasileiro era resultado da interação com o índio e o problema deste foi sempre o problema abrasador dos séculos anteriores. Ninguém poderia melhor preencher o ideal romântico do herói nacional senão o índio. Tudo que lhe dizia respeito devia ser de interesse do escritor brasileiro. Por isso, a *Confederação dos Tamoios*, de Magalhães, recebeu o apoio imediato dos escritores da época e propiciou a justificação do indianismo, inclusive em suas repercussões na língua, da parte de Gonçalves Dias:

> Os oito ou nove milhões de brasileiros terão direito de aumentar e enriquecer a língua portuguesa e de acomodá-la às suas necessidades como os quatro milhões de habitantes que povoam Portugal? Pois se queremos introduzir qualquer indústria no Brasil, havemos de esperar que daqui nos batizem as mil ideias que ela suscita?... Instrumento, a arte, o engenho, eis as três questões essenciais; mas, ao passo que o engenho vem de Deus — o instrumento e a arte, isto é, o estudo da língua e o estilo, aquele mais ou menos completo, este mais ou menos aprazível e formoso, está ao alcance de qualquer de nós... Sou de opinião que o Governo do Brasil, seguindo os princípios da nossa constituição, tão liberal em matérias de ensino, devia mandar reimprimir e vender, pelo custo da impressão, *os bons escritores portugueses*...[184]

A língua que queria Gonçalves Dias para o Brasil era a língua portuguesa, porém com um estilo brasileiro. Esta tese foi retomada pelos lusófilos do século XX, depois da criação da língua literária brasileira pelos modernistas. E isto aconteceu como recuo diante da primeira revolução brasileira da língua escrita, que foi o advento da língua literária modernista. Recuo, porque a língua literária sempre foi modalidade da língua escrita e parâmetro para a gramática da língua. Transformada a língua literária, a língua escrita fica mudada e também a gramática da língua que tem de levar em conta essa mudança ao lado das que ocorrem no âmbito da língua falada.

Para sermos mais precisos, temos de dizer que Gonçalves Dias foi a segunda etapa do movimento que levou à independência do instrumento linguístico dos modernistas. Antecedido por Gonçalves de Magalhães e seguido por José de Alencar, os três deram sua contribuição significativa ao processo de mudança, pugnando pelo estilo brasileiro que se situava, com eles, no plano semântico da expressão linguística e não ainda no plano da estrutura. Nem se poderia esperar que fossem mais longe pois, afinal, o sistema da instrução pública, no setor do ensino da língua, era todo voltado, como vimos, para os valores expressionais lusitanos da reforma pombalina, do arcadismo e da lei de 15 de outubro de 1827.

O germe do nacionalismo linguístico, aparecido em 1826 e 1827 com José Clemente Pereira, o visconde de Cairu, os estudantes paulistas e outros agentes sepultados no esquecimento pela história oficial, continuou sempre a atuar de forma endêmica em todo o período imperial, ativando, sem que soubessem, os vocabulistas e os defensores da língua brasileira como expressão de uma literatura nacional.

José de Alencar representa uma etapa mais aprofundada desse processo. Seu indianismo é, também, um indianismo linguístico:

> O conhecimento da língua indígena é o melhor critério para a nacionalidade da literatura.[185]

Aprofundando seu nacionalismo linguístico, vaticinou o surgimento de uma língua brasileira:

> Se o português, transferindo-se para a América, desenvolvendo-se no seio de uma natureza tão opulenta como aquela onde se enriqueceu o sânscrito, seu antepassado; se o português, nessas condições, não tivesse o viço e a seiva necessários para brotar de si *um novo idioma* sonoro, exuberante e vigoroso; triste dele; seria uma língua exausta, votada a breve e rápida extinção.[186]

Alencar, na linha de nacionalismo linguístico de base lexical, não pretende defender um nacionalismo linguístico de base estrutural. Assim procede, não porque não tenha potencial para isso, mas porque, condicionado naturalmente pelos fatores de ordem literária, quer também uma língua portuguesa com estilo brasileiro. Não tinha consciência de que, historicamente, a existência de uma língua brasileira tinha de ser manifestação formal de uma gramática brasileira, ainda não defendida desde quando José Lino Coutinho, na sessão da Câmara dos Deputados de 23 de junho de 1826, contraditara José Clemente Pereira de forma expressiva:

> De mais, eu não sei qual seja a língua brasileira em espécie: ainda não vi gramática brasileira.[187]

Esta foi a questão não respondida por vocabulistas ou românticos, mas não tardaria a sê-lo, pela voz de José Jorge Paranhos da Silva.

6.8 *A "Escola linguística brasileira"*

Em carta a um amigo, em 22 de dezembro de 1882,[188] o vocabulista Antônio Joaquim de Macedo Soares torna conhecida de um público maior a existência de uma "escola linguística brasileira" cuja fundação assinalou ao indigenista Batista Caetano e na qual colocava igualmente José Jorge Paranhos da Silva. Como fundamento ideológico do grupo, colocava as seguintes palavras de Batista Caetano:

> —Independentes! Independência do Brasil, colônia separada da metrópole, emancipados de Portugal... histórias, palavras, nada disso é real. Nem pelo comércio,

nem pela indústria, nem pelas letras, nem pelos hábitos e tradições, nem por algum outro lado estamos independentes de Portugal; como pois, se há de dizer que temos emancipação política?[189]

Dando razão a Batista Caetano, Macedo Soares perguntava:

Abstraíamos da imprensa provinciana — essa sim é brasileira: diga-me, V. que é especialista em matéria de jornalismo, o que é a imprensa da Corte? o que são os jornais da capital do Império? gazetas do Chiado; não passam disto. Ramalho Ortigão, Eça de Queiróz, Júlio Cesar Machado, Lino d'Assumpção, Pinheiro Chagas, Dona Maria Amália, Mariano de Pina, Guilherme de Azevedo, genuínos representantes do português francelho que se fala e escreve hoje em Lisboa, são os mais autorizados escritores da grande imprensa fluminense! Toda ela, com exceções raríssimas, está nas mãos dos portugueses, e recebe o santo e a senha, e sofre o influxo único dos literatos do Chiado. E que gênero de literatura? o folhetim! Eis ao que se reduz o movimento literário da imprensa da Corte. E aí mesmo, repare, enquanto Alencar, Macedo, Ferreira de Menezes, Ferreira de Araújo, Augusto de Castro, Carlos de Laet, Patrocínio têm medo ou vexame de assinarem de rubrica, os do Chiado escarrapacham os seus nomes, como impondo-se à admiração dos imbecis da colônia ultramarina!... "Vós não sabeis português", diz-nos Pinheiro Chagas, por exemplo, numa tirada de cem palavras, das quais cinquenta são francesas, em itálico ou sem grifo; vinte e cinco tecem frases afrancesadas. e apenas no quarto restante, mal se percebe o que o homem quis dizer na sua algaravia.[190]

Macedo Soares, também membro dessa "escola linguística brasileira", apresenta-nos, com essas expressivas palavras, o quadro da elite cultural de um regime monárquico que se esgotava. Como dissemos acima, a época imperial foi, toda ela, um período de esmagamento dos ideais republicanos dos anos da Independência e de manutenção, em política sempre coerente e intensificada, do espírito lusitano da dinastia de Bragança. A ausência de Universidade, o ensino secundário centralizado no Colégio Pedro II, como fonte do espírito lusófilo, e o ensino primário balizado pela lei de 1827, de profunda inspiração pombalino-arcádica, levavam à formação de uma elite fortemente subordinada aos interesses culturais e econômicos da casa reinante. Os poucos que se rebelavam praticamente nenhum trânsito conseguiam, a não ser por um talento excepcional e pela adoção de uma postura de compromisso com os ideais da elite imperante. O Instituto Histórico e Geográfico Brasileiro foi um dos caminhos de compromisso. Há indícios de que, nele, se admitia desenvolver estudos sobre índios e negros desde que aparecessem como fatores componentes e não condicionadores da sociedade brasileira, na perspectiva histórica. Por isso, puderam surgir homens como Gonçalves Dias e Batista Caetano, em seu seio.

A imprensa, como assinala Macedo Soares, era toda comprometida com a ideologia dos interesses lusitanos.

À medida, porém, que crescia o ideal republicano, mais altas se tornaram as vozes que ousavam arremeter contra o domínio cultural luso, mesmo quando defendiam a unidade linguística.

Como contrapartida do grupo da escola linguística brasileira, aumentava o número daqueles que, por um curioso nacionalismo às avessas, combatiam os literatos portugueses, acusando-os de não conhecerem a língua portuguesa como apregoavam. Típico representante do grupo é Carlos de Laet que, em polêmica com Camilo Castelo Branco, procurou demonstrar que os tupiniquins brasileiros conheciam tanto ou mais o português que os grandes escritores lusos.

A existência desse grupo contraditório, que foi representado mais tarde por Rui Barbosa e Carneiro Ribeiro, levou à radicalização de posições no tocante ao problema da língua brasileira. Enquanto um Salomé Queiroga defendia um *luso-bundo-guarani* e Macedo Soares um *luso-brasileiro*, um José Jorge Paranhos da Silva defendia uma *língua brasileira*, mesmo. Ao publicar o seu *O idioma do hodierno Portugal comparado com o do Brasil*, em 1879, já se assina, significativamente como, "um Brasileiro". Sua tese é a de que a língua brasileira desenvolveu-se independentemente da língua portuguesa que se formou, em Portugal, no mesmo período, isto é, desde inícios do século XVI. Enfatizando a pronúncia como parâmetro mais adequado da divergência entre as duas realidades linguísticas, Paranhos da Silva classifica linguisticamente os portugueses como primos dos brasileiros. Quer ele assim dizer que de um pré-quinhentista idioma galego fortemente espanholizado surgiram variedades, em Portugal, que não se alinharam sob a supremacia de uma língua centralizada, na corte, senão no século XVIII. Como o mesmo fenômeno ocorreu no Brasil, a partir, igualmente, de uma linguagem pré-quinhentista, são os brasileiros, em sua variedade dialetal, meros primos dos portugueses. Esta concepção pan-dialetal leva Paranhos da Silva a estender, na segunda parte de seu trabalho, dedicada à expressão do pensamento, sua análise ao plano sintático e semântico. Em consequência, depreende das obras de Antônio Vieira, uma manifestação de linguagem brasileira, que ele ainda chama de *luso-brasileiro*. Para provar que, linguisticamente, brasileiros e portugueses seguem processos expressionais diferentes, tanto de estrutura gramatical, quanto de expressão semântica, Paranhos da Silva toma uma poesia de Almeida Garret e a apresenta na tradução de um amigo, no *idioma brasileiro*, expressão agora decididamente adotada por ele na segunda parte de seu trabalho, como sinônimo de brasileiro. Eis o poema, em ambas as formas:

A uns olhos negros

(Idioma de Portugal)

Por uns olhos negros, negros
Trago eu negro o curação;
De tanto pedir-lhe amores
E elles a dizer que não.

Nem mais eu quero outros olhos
Negros, negros como são;
Que os azues dão muita esp'rança,
Mas fiar-me eu n'elles, não!

Só negros, negros os quero;
Que em lhes chegando a paixão,
Se uma vez disserem — sim,
Nunca mais dizem que não.

(Idioma brasileiro)

Por causa de uns olhos negros
Negro está meo coração,
De viver pedindo amores,
E elles só dizendo — não.

Mas já não quero outros olhos,
Mesmo assim como elles são:
Os azues prometem muito;
Mas eu não me fio não!

Só quero os negros, bem negros;
Pois se lhes chega a paixão,
Uma vez dizendo sim,
Nunca mais dizem — não.

Das notas feitas por Paranhos da Silva a essa curiosa tradução, verifica-se claramente que seu propósito não é, de forma alguma, literário. Não cabem, pois as críticas que se fizeram a respeito, considerando o resultado absurdo por não corresponder ao pensamento de Garrett. Aí, justamente, encontra Paranhos da Silva a base para sua avaliação. Língua e pensamento, em termos de teoria linguística, são conceitos antecipados já por um brasileiro em 1879. Falar brasileiro é pensar à brasileira e, se a isso correspondem peculiaridades decididamente coerentes de estrutura e forma linguística, tem-se uma realidade linguística diversa. Na verdade, Paranhos da Silva apresentava-se, sem o saber, como um eficiente observador da realidade histórica da língua do Brasil, em que a sucessiva e constante construção de pontes culturais entre os colonos e seus descendentes, a que se juntaram os jesuítas desde 1549, em um processo de progressiva aproximação imitativa da realização da língua lusitana pelos índios, foi o fator que gerou a maneira peculiar de pensar dos brasileiros, que se corporifica exemplificativamente no poema traduzido de Garrett.

Os três brasileiros acima citados, Batista Caetano, Macedo Soares e Paranhos da Silva tinham, pois, a língua do Brasil como uma realidade diversa da de Portugal. Todos os três denominavam-na *luso-brasileiro*, mas Paranhos da Silva, principalmente após a publicação de seus trabalhos ortográficos, a chamava simplesmente de *brasileiro*. O trabalho que o grupo se propunha é sintetizado muito objetivamente por Macedo Soares:

Analisar os fatores da língua portuguesa que se fala no Brasil, do *luso-brasileiro*, dissecando-os um por um, e aplicando a cada um o método rigoroso empregado no estudo do guarani, que, com o português colonial, o africano, o francês, o castelhano e outras línguas, forma a nossa atual linguagem. Assentar o alfabeto de que deveríamos usar, e com ele construir o dicionário brasileiro, adotando a ortografia fonética, ou aquela que os resultados demonstrassem mais racional e de acordo com as tradições nacionais: Não era, senhor redator, um plano colossal, e, também, uma empresa patriótica?[191]

Macedo Soares, ao propor a ortografia sônica, em 1882, não estava fazendo outra coisa senão tentar disseminar as ideias de Paranhos da Silva, chamado por ele de "apóstolo da ortografia sônica", e expostas em diferentes trabalhos do autor de *O idioma do hodierno Portugal*, entre 1880 e 1882.

7. 1882-1924: RECRUDESCIMENTO DO PURISMO COMO REAÇÃO AO NACIONALISMO LINGUÍSTICO EMBUTIDO NOS IDEAIS REPUBLICANOS

7.1 *Regime republicano e nacionalidade linguística e literária*

As ideias da denominada escola linguística brasileira eram um aspecto do movimento republicano em sua fase final. As palavras que transcrevemos, de Batista Caetano e Macedo Soares, se inseriam em um contexto político no qual se buscava resgatar o ideal de independência autêntica dos anos 20. De fato, já em 1860, Macedo Soares, na *Revista Popular* (ano 2, tomo 8), chamava a atenção para a perda dos compromissos verdadeiramente nacionalistas de 1822:

> De 22 para cá nada nos tem sido permitido além da organização política e administrativa do país, além da consolidação da nacionalidade conquistada, além do estabelecimento sobre bases indestrutíveis da forma de governo adotada.[192]

A reação ao nacionalismo linguístico de fins do Império se fazia por meio de críticos, como Carlos de Laet, que queriam policiar o português dos portugueses ou de gramáticos que, na linha imposta pelo Colégio Pedro II, editavam compêndios cada vez mais distanciados da língua viva do Brasil. Carlos de Laet, apreciando a edição recente do *Dicionário brasileiro da língua portuguesa*, publicada nos Anais da Biblioteca Nacional, de 1888, assim se pronunciou:

> O belo trabalho de Macedo Soares parou em meio da letra C... Muito resta a publicar... Entendo que todos devemos exigir: venha o resto. Como prefácio da obra, disse unicamente o autor: "É tempo dos brasileiros escreverem como se fala no Brasil, e não como se escreve em Portugal." Se, com isto, pretende aconselhar a formação daquele dialeto brasileiro do Sr. Araripe Júnior, tenha paciência o Sr.

Macedo Sorares, que não ganhará meu voto. Sobre a perduração do português como língua nacional e admirável liame dos diversos elementos étnicos que constituem a nossa pátria, estou tranquilo, porque tenho por mim a lição da história literária.[193]

Aconteceu, então, no Brasil, a mais inesperada mudança que se podia imaginar para os rumos de nossa história cultural. Ao invés de, finalmente, libertar-se o mundo literário brasileiro da dominação portuguesa, mais a ela se aferrou graças a um contraditório espírito gramatical manifestado pelos políticos republicanos. Rui Barbosa foi o principal responsável por essa contradição abrindo caminho, com seu exagerado purismo justificado por uma erudição quase que exclusivamente formal, para o surgimento de um gramático português, Cândido de Figueiredo, responsável pelo atraso expressional dos brasileiros durante muitos anos. A famosa polêmica que manteve Rui Barbosa com Ernesto Carneiro Ribeiro (1902) ficou como símbolo dessa contradição: republicanos e nacionalistas mantendo os mesmos cacoetes culturais do império brasileiro. Foi necessário que ventos soprassem decididamente da Europa para o Brasil como consequência das lesões impostas pela Primeira Guerra Mundial para que espíritos lúcidos respondessem, pela primeira vez, à questão formulada um século antes por José Lino Coutinho sobre a inexistência de uma gramática brasileira.

Aqueles que, como Rui Barbosa, começaram a pronunciar-se sobre a língua do Brasil ainda no período imperial, para continuar mais intensamente depois de proclamada a República, tenderam a considerar a realidade linguística brasileira como um aspecto ou dialeto, da portuguesa. Machado de Assis, por exemplo, em 1873, queria os clássicos mas admitia ao mesmo tempo a incorporação de locuções novas como decorrência da influência popular:

> Feitas as exceções devidas, não se leem muito os clássicos no Brasil... Nem tudo tinham os antigos, nem tudo têm os modernos; com os haveres de uns e outros é que se enriquece o pecúlio comum.[194]

José Veríssimo, em 1879, era mais tendente ao nacionalismo linguístico. Não descartava, todavia, a língua portuguesa como a língua dos brasileiros:

> Fácil é mostrar, e o seguimento deste estudo parece-me comprová-lo, que o português experimenta no Brasil sérias e profundas modificações, mas não é isso razão para concluir-se precipitadamente que a nossa língua não é a mesma de Portugal...[195]

O fato mais significativo, porém, do período que tratamos foi a fundação, em 20 de julho de 1897, da Academia Brasileira de Letras. O discurso inaugural do secretário-geral, Joaquim Nabuco, define a opinião predominante sobre a questão da língua e seu entrelaçamento com o fazer literário dos brasileiros:

> A principal questão ao fundar-se uma Academia de Letras brasileira é se vamos tender à unidade literária com Portugal... Julgo outra utopia pensarmos em que nos havemos de desenvolver literariamente no mesmo sentido que Portugal ou conjuntamente com ele em tudo que não depende do gênio da língua. O fato é que, falando a mesma língua, Portugal e Brasil têm de futuro destinos literários tão profundamente divididos como são os seus destinos nacionais... A raça portuguesa, entretanto, como raça pura, tem maior resistência e guarda assim melhor o seu idioma; *para essa uniformidade de língua escrita devemos tender*. Devemos opor um embaraço à deformação que é mais rápida entre nós; devemos reconhecer que eles são os donos das fontes, que as nossas empobrecem mais depressa e que é preciso renová-las indo a eles. A língua é um instrumento de ideias que pode e deve ter uma fixidez relativa; nesse ponto tudo precisamos empenhar para secundar o esforço e acompanhar os trabalhos dos que se consagrarem em Portugal à pureza do nosso idioma, a conservar as formas genuínas características, lapidárias, da sua grande época... Nesse sentido nunca virá o dia em que Herculano, Garrett e os seus sucessores deixem de ter toda a vassalagem brasileira. A língua há de ficar perpetuamente *proindiviso* entre nós; a literatura, essa tem que seguir lentamente a evolução diversa dos dois países, dos dois hemisférios.[196]

Assim se constituiu, contraditoriamente, a vassalagem linguística e literária da elite intelectual brasileira em relação a Portugal, mal começara a República. Contraditória essa vassalagem à luz da visão pan-linguística de Macedo Soares, de Batista Caetano, de Paranhos da Silva, de Couto de Magalhães e, mesmo, de José Veríssimo. A República surgira também como consequência de um achatamento cultural, em relação aos componentes essenciais da cultura brasileira, promovido pelo Império brasileiro. O recrudescimento de uma postura lusófila na língua e na literatura era um contrassenso diante da realidade social e política que o país vivia. Por isso, criou-se uma situação artificial que, mantendo de um lado os primeiros regionalistas e um escritor tão poderosamente original, como ficou sendo Euclides da Cunha, e, de outro, a maioria dos acadêmicos, iria provocar, como de fato provocou, uma ruptura, em 1922, com consequências permanentes na postura literária e linguística dos brasileiros.

7.2 Surgimento da questão ortográfica como instrumento de manutenção do domínio luso da língua

Constituída a Academia Brasileira de Letras, permanecerá ela como ponto de referência obrigatória para o trabalho literário e linguístico. Inaugurada sob a égide do lusismo — e, aí, não se considera apenas Joaquim Nabuco —, partiram do novo grêmio iniciativas que, em maior ou menor grau, contribuíram para a revolução literária de 1922 e o grande abalo linguístico que se seguiu.

O *Dicionário de brasileirismos* foi uma delas. Sua história é uma história de torpedeamentos, com final infeliz. O *Dicionário brasileiro da língua portuguesa*, um pouco posterior, teve fim semelhante.

Vingou porém, a ideia da reforma ortográfica como instrumento da política de vassalagem linguística em relação a Portugal.

Nunca houve, antes de século XX, qualquer medida oficial de estabilização ortográfica. Até fins do terceiro quartel do século XX, os sistemas ortográficos eram livres, predominando, nesta ou naquela época, o de um escritor em particular ou aquele usado, por costume, nos documentos oficiais.

A questão ortográfica apresentou-se em Portugal quando, em 1878, um grupo de cidadãos do Porto, Adriano de Abreu Cardoso Machado, Manuel Felipe Coelho, Agostinho da Silva Vieira e José Barbosa Leão representou à Academia Real das Ciências sobre a reforma da ortografia, advogando pela voz de seu relator, José Barbosa Leão, a solução de uma ortografia sônica.

No Brasil, o grupo da "Escola linguística brasileira" estava ativo e, imediatamente, agiu sobre o mesmo tema. José Jorge Paranhos da Silva foi quem efetivamente trabalhou, publicando, em 1880, seu *Sistema de ortografia brasileira* e, em 1881, sua *Carta de nomes para se ensinar em pouco tempo a ler e escrever figurando a pronúncia do Brasil.*[197]

No primeiro livro, Paranhos da Silva refere-se a Barbosa Leão e, justificando historicamente a estabilização ortográfica, propõe um sistema que, por si só, distingue à simples vista a realidade linguística brasileira da portuguesa. Em 1882, publicou uma coleção de artigos sobre o mesmo tema, defendendo seu método e negando mais uma vez o caráter de dialeto para a língua do Brasil, que chama decididamente de *brasileiro*. Todos esses trabalhos, apesar de originais e incorporadores das doutrinas da época, foram ignorados pelo *establishment* lusófilo.

Começou então, em Portugal, a atividade de Aniceto dos Reis Gonçalves Viana que, na linha de seus contemporâneos e compatriotas Francisco Adolfo Coelho e José Leite de Vasconcelos, tinha a língua do Brasil como dialeto da língua nacional lusitana. O argumento dos três não tinha, em seus fundamentos, nenhuma originalidade porque iguais aos dos introdutores do conceito de dialeto em Portugal, Rafael Bluteau e Jerônimo Contador de Argote.

Arejada pela presença de José Veríssimo, a Academia Brasileira de Letras aceita, na sessão de 13 de junho de 1901, uma proposta de Medeiros e Albuquerque no sentido de se estabelecerem regras para a fixação da ortografia acadêmica. Formada uma comissão composta pelo mesmo Medeiros, José Veríssimo e Silva Ramos, apresenta Medeiros, em 25 de abril de 1907, o seu projeto de reforma. Silva Ramos, professor do Colégio Pedro II, considerava a língua do Brasil como dialeto que se encaminhava para, um dia, tornar-se língua própria:

> A dialetação, como bem sabeis, é um fenômeno natural que a ninguém é dado acelerar ou retardar, por maior autoridade que se arrogue: ao tempo e só ao tempo, é que compete produzi-lo. As línguas românicas foram dialetos do latim, um dos dialetos, por sua vez, do ramo itálico, dialeto ele próprio da língua dos árias; não pode haver, portanto, dúvida mínima, para quem aprendeu na aula de lógica a introduzir, que o idioma brasileiro, de dialeto português que ainda é, chegará a ser um dia a língua própria do Brasil.[198]

Os acadêmicos lusófilos, entre os quais Salvador de Mendonça e Afrânio Peixoto, prolongaram, todavia, a discussão por muitos anos até que, em 11 de novembro de 1915, a Academia resolveu adotar integralmente a reforma ortográfica portuguesa de 1911, pela qual Gonçalves Viana, seu idealizador, consagrou um sistema simplificado de base inteiramente lusitana.

O resultado dessa submissão foi crescer o número de escritores que defendiam uma reforma profunda na mentalidade brasileira. A aproximação do centenário da Independência foi poderosa alavanca para a manifestação de repúdio declarado ou tácito da postura lusófila e, desse movimento, acionado pela Semana de Arte Moderna de 1922, foram expressões marcantes os manifestos modernistas de Oswald de Andrade (Da poesia pau-brasil, em 1924 e Antropófago, em 1928), bem como *O linguajar carioca em 1922*, de Antenor Nascentes e *O dialeto caipira*, de Amadeu Amaral (1920).

7.3 *Caráter essencial do período e suas implicações no problema da língua do Brasil*

De modo geral, o período que ora tratamos, dominado pela preocupação da prática do ideal republicano, acabou se caracterizando, ao fim de duas décadas, como uma fase da história intelectual brasileira de predomínio do *deslumbramento* resultante da libertação do dirigismo cultural monárquico. Como consequência, as contradições que envolvem o fenômeno psicológico do deslumbramento afloram gradativamente no meio intelectual. É, comparativamente, aquilo que Brito Broca chamou de "a euforia do 1900". Sucede à definida por Batista Caetano e Macedo Soares como estéril, e à década final do Império, classificada por José Veríssimo como a mais apagada de toda a história intelectual do Brasil.[199]

É nessa primeira fase da República que, criada a Academia Brasileira, exerce ela toda a sua influência sobre a vida intelectual, refletindo as contradições da sociedade e devolvendo a esta toda uma imagem de hesitações e desnorteamento, seja por seus escândalos evidentes, seja por sua permeabilidade ao poder dos políticos, seja ainda pela solidariedade tácita que dá à boêmia dourada, com as consequências daí resultantes, da valorização das modas literárias, das polêmicas e da rápida absorção do ambiente literário parisiense. *Belle époque*, em suma, com intermediação do ambiente luso.

A questão da língua teria, naturalmente, de refletir este estado de espírito dominado pelas contradições peculiares ao deslumbramento. Junto com a produção literária, a de cunho linguístico-gramatical teria de traçar caminhos ao invés de estrada principal, com o predomínio, porém, da postura gramatical de origem lusitana. Essa postura torna-se clara quando se avalia o papel do Colégio Pedro II, depois de proclamada a República.

De fato, continuando a inexistir universidade no Brasil, a política da língua seguiu sendo a existente a nível de ensino secundário. O Colégio Pedro II, chamado de Ginásio Nacional, permaneceu com a direção dessa política. Seus professores mantinham o mesmo prestígio da época imperial como fixadores de doutrina e rumos no desenvolvimento do ensino da língua.

Pela Reforma Epitácio Pessoa, de 1º de janeiro de 1901 (Decreto nº 3890, artigo 382, II), a organização dos programas de ensino, incluído, naturalmente, o da língua portuguesa, continuou sendo da "exclusiva competência da congregação do Ginásio Nacional". O fato evidencia que a preeminência dos clássicos lusitanos não sofreu nenhum abalo com o advento da República.

Reunido administrativamente o ensino secundário, como ensino fundamental, ao ensino superior através de um Conselho Superior de Ensino pela Reforma Rivadávia (Decreto 8.659, de 5/4/1911), não mais se explicitou essa preeminência. Na prática, não deixou de existir, já que a reforma seguinte (Decreto nº 11.530, de 18/3/1915 — Reforma Carlos Maximiano) estabeleceu, por seu artigo 24, que nenhum estabelecimento de instrução secundária poderia ser equiparado ao Colégio Pedro II.

De tudo isso se verifica que só uma decidida mudança de rumos literários poderia levar a uma nova estrada na política da língua. Foi o que aconteceu em 1922.

8. 1924-1946: CRIAÇÃO DA LÍNGUA LITERÁRIA DO PAÍS E PRIMEIRO RECONHECIMENTO PÚBLICO DA EXISTÊNCIA DA LÍNGUA BRASILEIRA

8.1 *Origens da reação ao gramaticalismo vigente*

O período anterior, como assinalamos, apresenta, entre suas contradições mais destacadas, o gosto pela norma gramatical lusitana até o ponto de irritar muitos que aceitavam, por princípio, a necessidade da permanência dos chamados clássicos. Os vernaculistas foram pessoas que, acima de tudo, punham o que consideravam como herança clássica de Portugal. À medida que se apegavam a essa posição extremada, geravam reações naturais devido ao fato da evidente inaplicação ao ambiente brasileiro de inúmeras regras. As polêmicas surgiram desse inegável descompasso: entre Carlos de Laet, Araripe Júnior e João Ribeiro, entre Alfredo Gomes e Carlos de Laet, entre João Ribeiro e Leite de Vasconcelos, entre Paulino de Brito e Cândido de Figueiredo, entre Alfredo Gomes e Larck Chired, na *Tribuna Liberal* e, antes de todas elas, entre José de Alencar e o escritor português Pinheiro Chagas. Em todos os casos, excetuadas as polêmicas de puristas lusófilos como Rui Barbosa, Carneiro Ribeiro e Carlos de Laet, um dos lados sempre queria um maior abrandamento na aplicação das normas lusas.

A proliferação de gramáticos brasileiros, iniciada com Júlio Ribeiro, em 1881 e continuada com Charles Grivet, João Ribeiro, Alfredo Gomes, Carneiro Ribeiro, Costa e Cunha, Pacheco da Silva Júnior, Heráclito Graça, Otonirl Mota, Manuel de Said Ali, Mário Barreto e alguns outros, teve como contrapartida, ao iniciar-se a década de vinte do presente século, uma forte visão crítica do gramaticalismo e uma valorização mais acentuada da língua do Brasil.[200] Dos que tomaram esta atitude, maior influência tiveram, pelo prestígio de que desfrutavam, Silva Ramos, Amadeu Amaral e Eduardo Carlos Pereira.

O *dialeto caipira*, de Amadeu Amaral, publicado em 1920, chamou a atenção para o fato de se ter desenvolvido no Brasil uma realidade linguística que se prende, sem solução de continuidade, aos primeiros tempos da colônia.

Silva Ramos, em seu *Pela vida a fora...* (1922), exerceu considerável influência sobre os que viam na Academia Brasileira um *forum* onde se pudesse resgatar a realidade linguística nacional. Sua posição contra o gramaticalismo pode ser considerada como decisiva para a ideologia linguística do Modernismo:

> É que ninguém já agora acredita que se adquira o conhecimento de uma língua com folhear algumas gramáticas. Daí o descrédito em que têm caído esses codigozinhos de bem falar e a intenção depreciativa dada ao epíteto gramaticógrafo. Donde se originou tal desvalia? Primeiramente, de que as verdadeiras dificuldades da língua não as resolve a teoria. E mais, de se conservarem os gramáticos duplamente segregados, por uma parte, da língua viva, da língua do tráfego diário, impossível de abranger nas suas infinitas modalidades: por outra parte, da ciência da linguagem cujas leis afetam desconhecer, cujos princípios se comprazem em desdenhar: donde resulta que, em contradição com uma e com outra, desatam as dúvidas que lhes caem na alçada, segundo o modo de ver de cada um, o que faz desses manuais um corpo de doutrina inconsistente, sem base sólida na natureza, incapaz, por consequência, de se impor.[201]

Eduardo Carlos Pereira, professor paulista, resumiu em seus livros, com método e clareza, toda a doutrina da linguística histórica disponível em seu tempo. Por isso mesmo, teve condição para formular com lógica e precisão a individualidade histórica da língua do Brasil:

Há quatrocentos anos que o português do Brasil se segregou do de Portugal. Foi na época de maior esplendor da língua, no período áureo do quinhentismo, que dele se transplantou para aqui uma vergôntea forte e vigorosa, pelos donatários e colonos, que vieram povoar nossas costas. Bifurcou-se o português, e, sob o influxo de novos fatores mesológicos, prosseguiu ele aqui a sua evolução genial. Quatro séculos são passados de uma dupla evolução, e, a esta hora, apresenta a língua, na história de sua dialectação divergente, o aspecto de um amplo triângulo, cujo ápice atinge o século XVI, e a cujos pontos extremos da base correspondem já apreciáveis diferenciações dialetais. Deste ponto de vista, apresentam-se o falar brasileiro e o lusitano como um duplo aspecto da evolução divergente do português quinhentista, e não raro, se descobrem, como adiante mostraremos, em nossos hábitos prosódicos, vestígios quinhentistas, que em Portugal se perderam. Seguindo a sua trajetória dialectal, o português, no Brasil, vai se distanciando do de Portugal, como se vê, não só no léxico, mais ainda nos vários domínios da gramática. Sendo a língua o expoente moral de uma raça, a afirmação característica de uma nacionalidade, é natural que essas diferenciações lexicológicas e gramaticais se vão refletindo nas produções literárias.[202]

Reunindo, ao mesmo tempo, em sua obra, a rígida doutrina gramatical portuguesa e uma visão nacionalista da língua do Brasil, como codialeto, ao lado do dialeto continental lusitano, da língua portuguesa, contribuiu Eduardo Carlos Pereira para tornar mais influente o ceticismo gramatical de Silva Ramos, que era parte do antigramaticalismo oriundo dos primeiros tempos do independente José Veríssimo e do autossuficiente João Ribeiro. Estavam, assim, disponíveis os ingredientes para a revolução gramatical que, dentro do modernismo, levaria à criação da língua literária brasileira.

8.2 *Manifestos modernistas e língua brasileira*

O movimento modernista brasileiro logo chegou ao campo linguístico. O responsável por esse desdobramento foi Oswald de Andrade que, no *Manifesto da Poesia Pau Brasil*, de 1924, disse o que estava na cabeça de todos que queriam mudar:

> A língua sem arcaísmos, sem erudição. Natural e neológica. A contribuição milionária de todos os erros. Como falamos, como somos.[203]

Quatro anos mais tarde, no *Manifesto Antropófago*, justifica e explica o brasileiro, acabando com as convenções:

> Foi porque nunca tivemos gramática, nem coleções de velhos vegetais.[204]

Com o *Manifesto Antropófago*, o grupo modernista de Oswald de Andrade de que faziam parte também Mário de Andrade e Raul Bopp, lançou a ideia da subgramática, ou seja, da expressão autenticamente brasileira, afastada dos purismos lusitanos:

> Leis de gravidade do idioma e seus valores incógnitos. A gramática atravessou o oceano e instalou-se na Casa-Grande, com as suas fórmulas vernáculas, preocupada com purismos lusos nas maneiras de dizer. Não ouvia as vozes lá fora. Mas o Brasil amansou o idioma... a linguagem, nas suas múltiplas relações de cultura, foi-se diferençando das usadas em livros de além-mar. Expressões idomáticas, em delicadas construções acústicas, respondiam à índole musical do povo. Nas camadas baixas da fala brasileira, desgovernada e em formação contínua, encontra-se uma variedade de confecções léxicas, de valor primitivo. Em linguagem oral, as palavras muitas vezes deformam-se, numa acomodação fonética, esmagadas pelo peso do beiço: *Florianospi*.[205]

Para realizar os ideais da *Antropofagia*, os membros do grupo planejaram a organização de uma "bibliotequinha antropofágica", de que seriam parte o *Macunaíma*, de Mário de Andrade, o *Cobra Norato*, de Raul Bopp, os *Estudos da linguinha nacional*, de Aníbal Machado e uma *Subgramática*, de Raul Bopp, além de outros trabalhos. A parte linguística deste plano é que, certamente, reforçou o projeto da *Gramatiquinha*, de Mário de Andrade, idealizada desde 1922.[206]

Em artigo publicado no jornal *A Manhã*, de 24 de agosto de 1947, o crítico Tristão de Athayde, recapitulando a opção do Modernismo, assinalou que fora ele um movimento contra tudo que representasse uma tradição, um passado, uma permanência e que, tendo sido antes de tudo uma insurreição, viera contra, brusca, violenta e desabusadamente, criando barreiras e repudiando os movimentos anteriores. Assinalou igualmente que o movimento foi mesmo nacionalista e até regionalista, fazendo o Brasil ser descoberto pelos brasileiros.

É importante, porém, assinalar que o inegável caráter "anti" do modernismo não pode ser tomado como de rebeldia pela rebeldia. No caso da língua do Brasil, inseria-se claramente num movimento histórico recorrente, pois dirigido contra a política linguística produzida desde a Independência com ênfase, naturalmente, nas contradições e absurdos do período recente. Retomava a tese de muitos brasileiros da época da Independência e da "Escola linguística brasileira" de 1880.

A postura linguística de Mário de Andrade e dos escritores do grupo antropofágico cedo empolgou a maioria dos intelectuais brasileiros. Manuel Bandeira, por exemplo, em seu livro de poemas *Libertinagem*, publicado em 1930, escreve:

> A vida não me chegava pelos jornais nem pelos livros;
> Vinha pela boca do povo, na língua errada do povo,
> Língua certa do povo.
> Porque ele é que fala gostoso o português do Brasil.
> Ao passo que nós
> O que fazemos
> é macaquear a sintaxe lusíada.

Em outro passo, desabafou:

> Estou farto do lirismo que para e vai averiguar no dicionário
> o cunho vernáculo de um vocábulo.
> Abaixo os puristas.
>
> Todas as palavras, sobretudo os barbarismos universais.
> Todas as construções, sobretudo as sintaxes de exceção.[207]

Nestes versos de Manuel Bandeira estão as teses da língua brasileira defendidas antes do Modernismo e durante sua vigência: gramática brasileira, no sentido de língua "errada" do povo; sintaxe brasileira, no sentido de construção brasileira; léxico brasileiro, no sentido de "barbarismos" generalizados; liberdade expressional contra a vernaculidade, como sinônimo de purismo clássico.

A tese é também exposta, em 1933, por Bastos Tigre:

Mas em tudo, o que me "rala"
É o querer que uma P'soa
Escreva como se fala
Em Lisboa
....
Indagando de qualquer
Acerca de algum assunto,
"Pregunte" lá quem quiser,
Eu "pergunto".
....
O meu bom senso repele
Esse sistema babel
De escrever mel e ler "mele",
De escrever pele e ler "pel".

Cada terra tem seu uso;
Bom ou mal, tem o que é seu;
Deixemos falar o luso
O idioma que Deus lhe deu.

> E seja por nós falado
> E escrito o nosso "patuá";
> Não troquemos pelo fado
> A modinha "nacioná".
>
> ....
>
> Se assim é, porque essa míngua
> De patriotismo viril?
> Nossa língua é "nossa língua",
> Desde que é livre o Brasil.
>
> Tomemos portanto a peito
> Aquilo que é nosso; e vamos
> Nós falar ao nosso jeito
> E escrever como falamos.
>
> Respeito às fontes exigem
> Fernão Mendes, Bernardim?
> Então que indo logo à origem,
> Falemos todos latim.[208]

8.3 Reação lusófila dentro do contexto ditatorial fascista luso-brasileiro

No momento em que Bastos Tigre assim se pronunciava, sendo lido pela maioria daqueles que aumentavam sua voz contra a política linguística vigente, consolidava-se em Portugal o regime de Antonio de Oliveira Salazar. Nesse mesmo ano de 1933 era aprovada por plebiscito a Constituição redigida por Salazar que implantava no país o regime fascista do Estado Novo. Detentor do poder desde 1928, com a ascensão do General Antônio Carmona, Salazar vinha realizando, passo a passo, uma política autoritária na economia, na sociedade e na cultura. Seu modelo era o do fascismo italiano, no poder desde 1925. O Estado Corporativo imposto por Salazar nada mais era do que o Estado fascista, tradicionalista, corporativista, ético e cristão, ao contrário do regime abolido, da Constituição de 1911, que consagrava o Estado democrático, liberal, parlamentarista e neutro em matéria moral ou religiosa.

O ideal cultural de Salazar era a promoção de um grande Portugal, em que se procurasse reunir, como movimento de defesa nacional, uma legião portuguesa para o resguardo dos valores históricos da nação. Em consequência, queria a unidade linguística como braço dessa afirmação histórica. Era uma visão autoritária da cultura portuguesa que, historicamente, assim era explicada por dois salazaristas:

[Portugal] criou padrões de cultura de novo tipo, numa Pátria nova — o Brasil — e noutras em embrião — Angola e Moçambique; e construindo em suma com a sua fé e a sua língua o esforço do seu braço e a energia do seu espírito, uma unidade social e nacional característica: Portugal, Portugal que continua...[209]

Com o início da ditadura de Getúlio Vargas em 1930, surgiu no momento de maior entusiasmo da afirmação da individualidade linguística brasileira, a oportunidade de neutralizar esse movimento de nacionalismo em nossa terra. Até o ano anterior, viam os propagandistas do regime salazarista, com pessimismo e inquietação, a onda nacionalista no Brasil:

> Já o meu colega sabe que, para mim, os verdadeiros e únicos *donos* da língua literária comum são os mortos que a escreveram bem e os vivos que lhes respeitam e seguem a lição... A pronúncia é exterior à língua geral e comum, cuja alma está na sintaxe e cujo corpo é o vocabulário culto e genérico... Digo, em primeiro lugar, que a ortografia é coisa ainda mais exterior à língua do que a pronúncia. O seu valor é puramente prático e não faz de certo sentido (além de outros fortes motivos que recomendam a unidade ortográfica entre Portugal e Brasil) que um estrangeiro tenha de reaprender aqui a escrever português depois de o ter aprendido a escrever lá, ou vice-versa.[210]

Desencadeava, assim, o regime salazarista sua reação contra o nacionalismo linguístico do Modernismo. Auxiliado pela ascensão do ditador Getúlio Vargas, o regime salazarista retomou os contatos da Academia de Ciência de Lisboa com a Academia Brasileira de Letras, interrompidos em 1924, quando o Modernismo literário começava a empolgar a intelectualidade.

O resultado foi imediato. Em 15 de junho de 1931, pelo decreto nº 20.108, foi sancionado por Getúlio Vargas um acordo ortográfico celebrado entre a Academia Brasileira de Letras e a Academia de Ciências de Lisboa. Por outro decreto, nº 23.028, de 2 de agosto de 1933, o Chefe do Governo Provisório brasileiro tornou obrigatório o uso da ortografia resultante desse acordo. A permanência, porém, de Getúlio Vargas no poder, sem a legitimação do povo, acasionou um movimento constitucionalista que exigia fosse o povo ouvido sobre a fixação de seus destinos. Na área linguística, a Constituição de 1934, refletindo a opinião geral formada após a eclosão do Modernismo, ignorou o acordo, em seu artigo 26, estipulando que se voltasse à ortografia qe 1891. Mais do que um posicionamento em favor de um sistema ortográfico um tanto indefinido, a decisão dos constituintes significava uma oposição ao dirigismo cultural dos governos brasileiro e português, semelhante ao dirigismo cultural do Império.

O resultado dessa tomada de posição foi o rompimento público, pela primeira vez, com a norma gramatical lusitana. A ortografia era o pretexto, visto que, por meio dela, tinham os lusófilos buscado, até então, dar à língua escrita a aparência de unidade que inexistia na língua viva e contra a qual se tinham rebelado os escritores modernistas.

No Rio de Janeiro, por iniciativa do vereador Frederico Trota, a Câmara Municipal baixou um decreto, de número 25, de 16 de setembro de 1935, pelo qual:

> Art. 1º — Os livros didáticos, relativos ao ensino da língua, serão adotados nas escolas primárias e secundárias do Distrito Federal quando denominarem de "Brasileira" a língua falada e escrita no Brasil.
>
> ....
>
> Art. 3º — Nos programas de ensino, os capítulos referentes à língua pátria deverão referir-se, exclusivamente, à língua brasileira.
>
> Art. 4º — As denominações das cadeiras de ensino da língua pátria, em todos os estabelecimentos de ensino mantidos pela municipalidade, serão imediatamente substituídas pela denominação "Língua brasileira".

A resolução dos vereadores saiu como decreto legislativo por se ter o prefeito recusado a sancioná-lo, vetando-o. Na época, o júbilo foi geral, ocorrendo manifestações de augúrio pela imediata execução da lei. Isso, todavia, não ocorreu devido à ditadura imposta aos brasileiros pela Constituição fascista de 1937. No entanto, a repercussão, a nível nacional, da medida do legislativo carioca foi enorme e, ainda em 1935, a Câmara dos Deputados Federais pôs em discussão projeto de lei que mandava chamar de "língua brasileira" ao idioma vernáculo do Brasil. O projeto, apoiado inicialmente por 150 deputados, foi defendido por Artur Neiva, conforme discurso do *Diário do Poder Legislativo*, de 30 de novembro de 1935. O relator designado foi o baiano Edgar Sanches, que foi favorável à mudança, e, de seu relatório, resultou seu conhecido livro, da Coleção Brasiliana, *Língua Brasileira*.

Apesar da perspectiva de aprovação do projeto, esta não ocorreu, também por força da ditadura implantada por Getúlio Vargas em 1937.

Usando das largas prerrogativas do artigo 180 da Constituição do Estado Novo brasileiro, mesma denominação usada pelo regime político salazarista, Getúlio Vargas baixou, em 23 de fevereiro de 1938, o decreto-lei nº 292, restabelecendo a obrigatoriedade do uso da ortografia resultante do acordo sancionado pelo decreto 20.108 de 1931. Estava ganha assim, pelos lusófilos, a batalha da denominação da língua nacional e se arrematou a vitória com novo acordo, de 1943, que visava a fixar a acentuação gráfica em 16 regras e 17 observações. Uma revisão de inspiração lusitana, promovida em 1945, não foi adotada no Brasil.

Todas as peripécias do período que tratamos nesta seção revelam claramente que os propósitos de liberdade e nacionalidade linguística estabelecidos pelos intelectuais brasileiros entre 1922 e 1930 foram frustrados pela ação cultural da ditadura salazarista em conluio com a ditadura, igualmente fascista, de Getúlio Vargas.

O espírito salazarista continuou, como se verá adiante, mas, em socorro dos que, com seu conhecimento linguístico e histórico, pugnam pelo reconhecimento oficial da realidade linguística brasileira, veio a modernização do ensino universitário no Brasil e a implantação de um sistema de pós-graduação, que passou a propiciar uma análise mais científica da questão da língua brasileira.

A ação no campo da ortografia foi um dos aspectos da reação lusófila ao esforço dos modernistas no sentido do reconhecimento da existência de uma língua brasileira. Um outro aspecto importante dessa reação foi a instrumentalização da progressiva implantação pela ditadura Vargas de uma Universidade brasileira. O surgimento desta, com, pelo menos, um século de atraso foi, naturalmente, um passo fundamental para a formação de uma sociedade brasileira mais definida, capaz de buscar conscientemente, dentro de si, os instrumentos de uma afirmação verdadeiramente nacional. Criou-se oficialmente a Universidade brasileira em 11 de abril de 1931, por meio do decreto 19.851. Nele se previa a obrigatoriedade, na constituição de uma entidade desse nível, de faculdades de Filosofia, Direito, Engenharia e Medicina, concomitantemente ou não. Essa lei de Getúlio Vargas abriu caminho para a criação da Universidade do Brasil em 5 de julho de 1937 e, dentro desta, da Faculdade Nacional de Filosofia em 4 de abril de 1939.

A "língua portuguesa" foi constituída como cadeira obrigatória dos cursos de letras clássicas, neolatinas e anglo-germânicas da Faculdade Nacional de Filosofia. Tal providência significou a retirada, pela primeira vez, da direção da política do ensino da língua do Brasil do âmbito do Colégio Pedro II. Em consequência, direcionou-se o estudo da língua portuguesa para um caminho ao mesmo tempo gramatical, na tradição que vinha do século XIX, e filológico.

Em Portugal dominava na década de 30 o autoritarismo filológico de José Leite de Vasconcelos, que deitava opiniões autossuficientes em todos os aspectos da história linguística portuguesa. Imune ao arejamento das escolas linguísticas do século XX, Leite de Vaconcelos produzia uma filologia ultrapassada, por excessivamente dogmática. O regime ditatorial português encontrou em seu método excelente instrumento de disseminação de sua política cultural. Os discípulos de Leite de Vasconcelos em Portugal, já ativos depois da ascensão de Salazar, contribuíam fortemente para o caráter autoritário do ensino da língua portuguesa.

Graças à aliança ideológica entre as ditaduras brasileira e portuguesa, o autoritarismo filológico-gramatical foi transplantado para o Brasil e implantado no sistema de ensino da língua portuguesa em todo o país. A primeira consequência desse fato foi a não ocupação de nenhuma cátedra de português, no Brasil, por pessoas que estivessem impregnadas do espírito de valorização da realidade linguística brasileira. Tornaram-se donos da política de ensino da língua nas universidade apenas lusófilos.

Para realizar essa política, esses lusófilos passaram a contar não somente com apoio para viagens ao estrangeiro, como também para a organização de encontros em que propagavam sua posição linguística. Exemplo disso foi o Primeiro Congresso de Língua Nacional Cantada, realizado em São Paulo em 1937. Devido à vitória obtida no problema da unificação ortográfica, elegeram os lusófilos, como meta, a padronização da pronúncia do Rio de Janeiro, passo que, alcançado, levaria ao estabelecimento de um padrão de língua culta unificado com o padrão português de Lisboa.

Tal ideia, nascida em Portugal, no ambiente universitário salazarista, atendia ao objetivo mais alto do regime português de tornar a sua realidade linguística incontrastável em todas as suas colônias e no Brasil. A viagem de destacados professores lusófilos a Portugal foi-se tornando rotina e, com isso, manteve-se firmemente o domínio do ensino da língua no Brasil, de acordo com os padrões lusitanos.

9. 1946-1986: CONSOLIDAÇÃO DA LÍNGUA LITERÁRIA BRASILEIRA E AFROUXAMENTO DA NORMA GRAMATICAL DA LÍNGUA ESCRITA

9.1 *Nova tentativa de denominação da língua nacional*

Em fins de 1945, com a queda do ditador Getúlio Vargas, elegeu-se uma Assembleia Nacional Constituinte. Tal como aconteceu com a Assembleia Constituinte de 1934, surgiram vozes, em plenário, que passaram a defender a expressão "língua brasileira" como denominação da língua do país. Os pronunciamentos a respeito podem ser encontrados no *Diário da Assembleia*, de 1946, p. 1.889, 2.019, 2.031, 2.052, 3.149, 3.151, 3.227, 3.273, 3.414, 3.458, 3.525, 3.645, 3.906, 4.064, 4.888, 4.889, 4.923, 4.967, 4.968, e 5.034.

Para lutar pela denominação "língua brasileira" fundou-se no Rio de Janeiro, em 1946, um Instituto de Língua Brasileira, de que fazia parte Herbert Parente Fortes, o qual se inspirara em ideia semelhante de Cassiano Ricardo. Parente Fortes era um entusiasmado defensor da língua brasileira desde 1927, quando ganhou menção honrosa da Academia Brasileira de Letras para seu livro *Transformismo, linguística e léxico*. Posteriormente publicou *A questão da língua brasileira* e *A língua que falamos*.

Do outro lado da questão da denominação da língua nacional, tal como foi posta na Assembleia Nacional Constituinte de 1946, estava a Academia Brasileira de Letras. Desde sua fundação, manteve-se muito mais ligada à corrente dos lusófilos e disso é prova a quantidade de prêmios atribuídos aos autores de gramáticas, manuais ou estudos na tradição lusitana. Em 1920, premiou Manuel Said Ali, com *Lexiologia do português antigo*, e Carlos Góis, com o *Dicionário de raízes e cognatos da língua portuguesa*. O segundo prêmio foi dado a Júlio Nogueira, por seu *Manual ortográfico brasileiro*, em que segue os princípios da ortografia lusitana de 1911. Em 1927, torna a premiar Manuel Said Ali, desta vez com dois livros: *Formação de palavras e sintaxe do português histórico* e *Meios de expressão e alterações semânticas*. O terceiro prêmio, conferido a Júlio Nogueira, distinguiu o livro *A linguagem usual e a composição*, em que se consagram as normas da língua escrita de base mais purista que inovadora. Em 1932, foram premiados Antenor Nascentes, com seu *Dicionário etimológico* e B. Sampaio, com *Elementos de gramática portuguesa*. Em 1934, distinguiu, pela primeira vez, trabalhos que interessam à realidade linguística brasileira: *O elemento afro-negro na língua portuguesa*, de Jacques Raimundo, e *A influência africana no português do Brasil*, de Renato Mendonça. Em 1937 volta a premiar um livro de feição purista, *A estética da língua portuguesa*, de Joaquim Ribeiro. Compensa o fato, atribuindo o segundo prêmio a Renato Mendonça com o seu *O português do Brasil*, mas tende decididamente ao tradicionalismo, já agora na linha filológica lusitana, premiando Serafim da Silva Neto e Arthur de Almeida Torres. Aquele, com *Fontes do latim vulgar*, excelente livro, e *Do latim às línguas românicas* que seria parte de sua futura *História da língua portuguesa*; este, com *Regência verbal*.

À exceção dos dois prêmios de 1934 e o segundo prêmio de 1937, a Academia tinha, pois, uma história de valorização do posicionamento gramatical lusitano e da filologia inspirada em Leite de Vasconcelos.

Assim definido o quadro de 1946, completado com o recente acordo ortográfico feito com a Academia de Ciências de Lisboa, podia-se prever o resultado do esforço no sentido de se introduzir na Constituição a denominação *língua brasileira*. A solução encontrada foi colocar o assunto nas *Disposições transitórias*, onde ficou como artigo 35:

Art. 35 — O governo nomeará comissão de professores, escritores e jornalistas, que opine sobre a denominação do idioma nacional.

O Ministro da Educação foi encarregado de formar essa comissão e designou para ela professores lusófilos, como o Padre Augusto Magne, relator, Sousa da Silveira e José de Sá Nunes. A comissão produziu um parecer contrário à denominação "língua brasileira", naturalmente.

Assim terminou o esforço, de inspiração modernista, de valorizar a realidade linguística brasileira.

9.2 *Enfraquecimento da gramática filológica e advento da descrição linguística*

Até 1960, quando faleceu Serafim da Silva Neto, mantiveram-se firmes na direção da política linguística brasileira os gramáticos e professores catedráticos universitários que eram solidários com o dirigismo lusitano em matéria de língua. No plano doutrinário, concentraram-se no esforço de padronização da pronúncia brasileira com vistas à produção de uma norma culta luso-brasileira. Para isso, foi realizado, em 1956, o Primeiro Congresso Brasileiro de Língua Falada no Teatro. Os trabalhos produzidos, com exceção de alguma matéria marginal, reforçaram a tese do estabelecimento de uma língua culta, erudita e universalista. A expressão dessa tese foram as "Normas" aprovadas ao fim do Congresso.

No meio universitário, todavia, produzia-se lentamente uma reação à postura filológico-gramatical. Com o desaparecimento de Serafim da Silva Neto, deflagrou-se, a partir da Falculdade Nacional de Filosofia, um movimento de valorização da descrição linguística com base no estruturalismo de Ferdinand de Saussure e na fonologia de Praga. Seu chefe foi Joaquim Matoso Câmara Júnior, que estudara nos Estados Unidos quando, neste país, dominava a linguística europeia de Saussure, Trubezkoi e Jakobson. À falta de um nome que renovasse os estudos filológicos, como aconteceu na Alemanha, na França, na Itália, na Espanha e na Inglaterra, a corrente estruturalista passou a dominar o ambiente universitário e cedo produziu resultados na política da língua. De fato, em 11 de agosto de 1971, foi sancionada a lei 5.692 que, no âmbito da língua do Brasil, mudava a direção de seu ensino:

> Art. 4º § 2º No ensino de 1º e 2º graus, dar-se-á especial relevo ao estudo da língua nacional, como instrumento de comunicação e como expressão da Cultura Brasileira.

Dando consequência à lei o Conselho Federal de Educação baixou resolução, anexada a seu parecer 853/71, estabelecendo em seu artigo 3º, alínea a, que o ensino deve visar

> ... em Comunicação e Expressão, ao cultivo de linguagens que ensejem ao aluno o contato coerente com os seus semelhantes e a manifestação harmônica de sua personalidade, nos aspectos físico, psíquico e espiritual, ressaltando-se a Língua Portuguesa como expressão da Cultura Brasileira.

Como decorrência das novas normas legais, disseminou-se em todo o território brasileiro o culto da língua oral e a subordinação a ela da língua escrita. O desenvolvimento dos meios de comunicação, primeiro com o rádio e, depois, com a televisão, tornou-se base sólida para a valorização da língua viva brasileira. Desde então, através de revistas populares e de novelas de televisão, produziu-se um afastamento contínuo da norma gramatical anteriormente consagrada, com reflexos em toda a sociedade.

O movimento iniciado em 1922 assim se completava: abandono da língua literária lusitana, criação e implantação de uma língua literária brasileira, resistência à unificação ortográfica, repúdio à filologia bolorenta e imobilista e consagração da língua viva oral. Todo esse processo acabou por ficar em contradição com os padrões lusitanos da língua escrita que, teimosamente, insistiram em manter os gramáticos brasileiros, em geral. Uma tentativa de mudar esse quadro gramatical anacrônico foi feita por Celso Pedro Luft com sua *Moderna gramática brasileira*, de 1974. Os rumos dessa mudança não foram ainda definidos e, por isso, uma nova abordagem da questão da língua brasileira, tanto na perspectiva histórica quanto na sincrônica, se faz necessária. Várias monografias universitárias, dissertações de Mestrado ou teses de Doutorado, têm sido produzidas. Falta, porém, uma obra de síntese. O presente trabalho se insere no esforço da compreensão histórica do problema e se faz num momento em que se esboça uma reação lusófila na forma de *Diretrizes para o aperfeiçoamento do ensino/aprendizagem da língua portuguesa*.[211]

10. RECAPITULAÇÃO METODOLÓGICA, SÍNTESE HISTÓRICA DA QUESTÃO E CONCLUSÃO

Há alguns anos, o Prof. David T. Haberly, da Universidade de Harvard, ao resenhar historicamente a busca de uma língua nacional por parte dos escritores pós-coloniais do Novo Mundo e Austrália, classificou o procedimento de criar novos nomes para os idiomas transplantados — *American Language, Federal language, língua brasileira* — como solução cosmética da questão da língua em cada país. Alegava não ter havido geralmente, da parte desses apologistas, até então, nenhuma tentativa de provar filológica ou linguisticamente a validade da mudança.[212]

Tinha razão o professor, mas cada caso é um caso. Hoje, não se pode defender tais mudanças sem que cada um se apoie firmemente em um método seguro para a análise da questão. Além disso, nem sempre a questão se resume, mesmo teoricamente, à existência de uma língua capaz de corresponder a uma literatura historicamente delimitada. Pode não haver, em tese, literatura significativa na perspectiva histórica e haver a necessidade imperiosa da distinção da nação por meio de uma língua nacional que lhe seja própria.

Decorre daí que chamar a realidade linguística do Brasil de "língua brasileira" envolve justificar o procedimento segundo, pelo menos, um dos critérios reconhecidos pela comunidade científica internacional para a classificação das línguas.

Tais critérios vão desde a inteligibilidade mútua de duas variedades linguísticas geneticamente aparentadas, considerada ela para fins políticos, até a necessidade da denominação individualizada como resposta pura e simples à exigência política de autoafirmação nacional. É o que prognosticou Clóvis Monteiro, conhecido estudioso do problema da língua brasileira:

Se isto vier a acontecer, ver-se-á que uma simples palavra pode ter efeitos mágicos. Toda essa força latente da nacionalidade, a que fizemos menção, irromperá, cheia de seiva, impetuosamente, vivaz, e nós veremos, dentro de dez anos, a língua tomar um desenvolvimento tal, como nunca teve nos cem de vida independente.[213]

Junto a esses critérios coexistem outros que, por si sós, levariam à nova denominação, como o conjunto de fatores históricos e socioculturais presentes na formação da realidade linguística considerada e a classificação genética ou tipológica das realidades comparadas. Neste penúltimo caso, a classificação visa a objetivos distinguidores claramente temporais, enquanto no último se atende a objetivos descritivos, estruturais e taxonômicos, claramente sincrônicos. É o que, na linguística moderna, envolve três versões no trabalho de busca de elementos gramaticais, básicos e ao mesmo tempo distinguidores: IA (*Item-and-Arrangement*), IP (*Item-and-Process*) e WP (*Word-Paradigm*).[214] A observância de cada uma dessas versões pode levar a se considerar mais ou menos afastada a estrutura de uma realidade linguística de outra e servir isso, então, de base para o ato, *sempre político*, de dar um nome à língua nacional.

No presente trabalho fizemos pela primeira vez, na história dos estudos sobre a realidade linguística brasileira, um levantamento, o mais rigoroso possível, dos fatores históricos e socioculturais que estiveram presentes no processo de formação da língua nacional brasileira. Esperamos ter contribuído para a discussão de sua denominação como ato político.

Os resultados podem ser assim sintetizados:

1 — A aproximação pelos europeus de povos desconhecidos se fazia, em fins do século XV, segundo táticas sociais e psicológicas assimiladas praticamente dos turgimões orientais.

2 — No Brasil, a primeira interação linguística se fez com o primeiro português aqui deixado solitariamente, chamado esse português de *língua* em semelhança funcional com o turgimão, já que estabelecia pontes culturais com o nativo.

3 — Os jesuítas disseminaram em todo o território brasileiro a prática das pontes culturais, acrescentando, porém, a elas, deliberadamente, o hábito linguístico de falar arremedando o português tal como era realizado pelo nativo, método do grande evangelizador São Francisco Xavier, segundo a opinião corrente na época.

4 — Tanto essa prática quanto esse hábito, em contraste com a ausência de qualquer política educacional da parte dos portugueses durante dois séculos e meio, levaram à formação de uma realidade linguística brasileira inteiramente independente daquela que correspondia a processos linguísticos em desenvolvimento no solo português.

5 — Levada a coroa lusitana a assumir oficialmente, em pleno século XVIII, a língua portuguesa como *língua nactonal*, em repúdio à *língua instintiva*, de uso

até então, defrontou-se com a existência concreta de uma realidade linguística brasileira diversa na América, classificando-a automaticamente como dialeto dentro, na época, do sentido dessa palavra, dependente do de língua nacional.

6 — Por razões de Estado, foram os jesuítas expulsos do Brasil, deixando um vácuo no ensino público e na política indigenista, logo ocupado autoritariamente pelo governo português em face do peso econômico do Brasil e de seu potencial de libertação.

7 — Implantada a língua nacional portuguesa em contradição com a realidade da língua oral brasiieira, única existente, criou-se uma tensão linguística não claramente conscientizada pelos brasileiros, a qual aflorou, pela primeira vez, no primeiro ano de funcionamento da Câmara dos Deputados.

8 — À solução implantada pelos portugueses de um regime monárquico no país, conduzido de acordo com a índole portuguesa, correspondeu uma política de achatamento e desprestígio da realidade linguística brrasileira.

9 — A reação à política linguística da monarquia foi primeiro promovida por escritores românticos que precisavam de temas nacionais.

10 — A questão da língua do Brasil, posta inicialmente como questão dependente da literatura nacional, desprendeu-se desta e passou a existir autonomamente à medida que se precipitavam os ideais republicanos.

11 — Proclamada a República, a língua continuou dependente, agora à distância, do dirigismo cultural lusitano por força do ambiente de liberdade espontânea que se criou após a queda da monarquia, gerando uma contradição que forçava uma solução.

12 — O movimento modernista encaminhou esta solução, consagrando a língua brasileira como instrumento expressional por excelência repudiando a persistente norma lusitana de língua escrita e de língua literária.

13 — Contra o movimento modernista na língua reagiu um grupo de intelectuais, solidário com a política linguística salazarista, o qual usou, para a consecução de seus propósitos, o problema ortográfico, que sensibilizava a Academia Brasileira, e a política universitária de ensino do vernáculo, tudo sob o apoio ostensivo do regime ditatorial brasileiro.

14 — Nas duas oportunidades de reconhecimento público da língua brasileira pela Assembleia Constituinte (1934 e 1946), foram seus defensores neutralizados por manobras inspiradas pelos lusófilos da linha filológico-gramatical.

15 — Consolidada a língua literária do Modernismo, os adversários da língua brasileira foram, por sua vez, neutralizados pela introdução no país da descrição linguística estruturalista, com o consequente banimento da gramática clássica e promoção generalizada da língua oral, reforçada pelos meios de comunicação modernos em revistas, jornais e telenovelas.

16 — A partir da promoção da pronúncia-padrão, no Brasil, através de congressos, encontros e projetos previamente direcionados, os lusófilos

passaram a propagar a necessidade do estabelecimento de uma norma culta, ponto de apoio para nova unificação ortográfica e gramatical, bem como para a retomada da política linguística salazarista. Neste estado se encontra, pois, agora, a questão da língua do Brasil: tentativa, pelos lusófilos, de recobrar o terreno perdido para os linguistas depois de terem tirado de cena os defensores da língua brasileira. Estes, porém, estão prontos para voltar com sua proposta de produção do ato político de denominar a língua nacional como *língua brasileira*.[215]

Camilo Castelo Branco, praticando um hábito muito comum entre os literatos portugueses desde a época de sua Constituinte, chamava os brasileiros de macacos, mulatos e botocudos. Gostava de dizer que os da América

> ... às vezes excitam-se bastantemente com cerveja ordinária, têm então ímpetos imoderados, dão guinchos, fazem caretas, coçam as barrigas, exigem banana, cabriolam se lhes atiram ananás, e não fazem mal à gente branca.[216]

Sob certo ângulo, acertou.

Dentro de casa, somos brancos-negros. No portão, nas ruas ou nas estradas, somos brancos-índios. Em nenhuma parte somos apenas brancos, excetuados os lugares de recentíssima imigração europeia ou asiática. Isso é decorrência do fato de que Portugal *nunca* colonizou o Brasil; apenas o explorou.

Era uma exploração movida pelos compromissos do deslumbramento com a riqueza fácil e pelas pressões das alianças europeias de segurança.

Quando sentiu que essa exploração mais difícil se tornava pela conscientização do explorado de que valia mais do que se proclamava, Portugal usou primeiro da força e, depois, da astúcia, mantendo na América um domínio monárquico que se mostrou, com o tempo, impraticável em termos de unidade transatlântica.

Angustiado por sua decadência europeia, reviveu Portugal o mito do sebastianismo, trocando D. Sebastião pelo Brasil saído de seu domínio, e vem insistindo no tema desde o início de nosso regime republicano. Apela sentimentalmente, nesse contexto, para a unidade linguística, que é realidade sem nunca ter sido, não se dando conta de que o sol do Brasil é outro, por enquanto externo às suas fronteiras americanas, mas que promete, brevemente, nascer e se pôr aqui mesmo, dentro do país.

Esta é a realidade da vida e da história, e Portugal deve procurar compreender isso, desativando seu corpo de porta-vozes brasileiros e poupando o Brasil de movimentos diplomáticos, na área cultural, constrangedores, porque fruto de uma insistência exagerada.

NOTAS

1. RODRIGUES, José Honório. *Vida e história*. Rio de Janeiro, Civilização Brasileira, 1966, p. 10.
2. *Ibidem*, p. 15. O que diz nosso emérito historiador está em consonância com as ideias de Lucien Febvre (*Combats pour l'Histoire*, Paris, 1953) e, mais recentemente, Fernand Braudel. Para a postura histórica mais ampla, que assumimos no presente ensaio, consulte-se H. I. MARROU, *De la connaissance historique* (Paris, Seuil, 1955), particularmente os capítulos III e IV (L'histoire est inséparable de l'historien. L'histoire se fait avec des documents).
3. O terna pode ser inicialmente consultado, vasto que é, em J. J. THONNARD, *Précis d'histoir e de la Philosophie*, Paris, 1948, p. 79 e 122-123 e no verbete Literary Criticism, de Frederick C. Crews, na ENCYCLOPAEDIA BRITANNICA, Macropaedia, 15 ed., 1980, v. 10, p. 1.038. As convicções tomísticas do primeiro não o impedem de apresentar objetivamente as diferentes doutrinas.
4. THONNARD, *op. cit.*, p. 123.
5. NURSS, J. R. & DAY, D. E. "Imitation, comprehension and production of grammatical structures". *Journal of Verbal Learning and Verbal Behaviour*, 10: 68-74, 1971; MOERCK, E. L. "Processes and products of imitation". *Journal of Psycholinguistic Research*, 6: 187-202, 1977. As investigações de Nurss e Day confirmam e suplementam trabalhos anteriores de outros pesquisadores de que a imitação é uma habilidade linguística que não depende da compreensão, envolvendo somente os aspectos expressionais do sistema linguístico, enquanto a produção de estruturas gramaticais pode envolver tanto os aspectos expressionais, quanto os de significado da língua. A sequência imitação-compreensão-produção deve ser entendida como aquela em que imitar é mais fácil que produzir, o que significa que, na formação de um sistema gramatical, gerar regras é menos fácil do que repetir as preexistentes. Em outras palavras: constitui-se um sistema linguístico mais ou menos diferente com relação a outro, mais por imitação do que por raciocínio.
6. CASAL, Aires de. *Corografia brasílica*. Fac-símile da edição de 1817. Rio de Janeiro, Imprensa Nacional, 1945. T. 1., p. 179, e nota 19.
7. A abordagem psicossocial de línguas nacionais transplantadas pode ser iniciada teoricamente com base nas seguintes obras, entre outras: GILES, Howard, ROBINSON, W. Peter e SMITH, Philip M., edits. Language: social psychological perspectives. Oxford, Pergamon, 1980 (muito importante); JOHN, V. & GOLDSTEIN, L. The social context of language acquisition. *Merril Palmer Quarterly of Behaviour and Development*, 10: 265-275, 1964; DRESSLER, W. For a socio-psycholinguistic theory of phonological variation. In: SALZBURGER FRÜHLINGSTAGUNG FÜR LINGUISTIK, Salzburg, vom. 24 bis 25. Mai 1974. Akten. Tübing en, 1974, p. 13-23; DIEBOLD, A. R. Incipient bilingualismo. *Modern Language Journal*, 49: 220-227, 1965; BLASDELL, R. & JENSEN, P. Stress and word position as determinants of imitation in first-language learners. *Journal of Speech and Hearing Research*, 13: 193-202, 1970; LAMBERT, Wallace E. A social psycology of bilingualism. *Journal os Social Issues*, 23 (2): 91-109, 1967.
8. COUTINHO, Afrânio. *A tradição afortunada*. O espírito de nacionalidade na crítica brasileira. Rio de Janeiro, José Olympio, 1968, p. 130-131. Este livro de Afrânio Coutinho resgata o sentimento da nacionalidade na literatura brasileira e, a cada passo,

oferece novos estímulos à detecção do mesmo em diversos setores da vida nacional, inclusive na tradição linguística. Seguiu-se ao revelador *A polêmica Alencar-Nabuco* (Rio de Janeiro, Tempo Brasileiro, 1965) e precedeu ao *Caminhos do pensamento crítico* (Rio de Janeiro, Americana, 1974). Ambos, indispensáveis repositórios, crítica e organicamente apresentados, do material criativo surgido com o romantismo e evidenciador de um bem disseminado espírito de rebeldia à política lusófila oficial. Os temas de literatura de seu *O processo de descolonização literária* (Rio de Janeiro, 1983), principalmente os seis primeiros, são um complemento importante desse posicionamento.

9   COUTINHO, *A tradição*... p. 131.
10 CASTRO, José Ariel. Língua, sociedade e cultura no Brasil. In: MISCELÂNEA de estudos literários. Homenagem a Afrânio Coutinho. Rio de Janeiro, Pallas — Pró-Memória — INL, 1984, p. 343-366.
11 LITTRE, E. *Dictionnaire de la Langue Française*, s. v. drogman: — Hist. XIIIes. *Li empereres entra en une chambre, et n'i mena fors l'empereris sa fame, et son DRUGHEMANT et son chancelier, et les quatre messages*, VILLEH. LXXXVI.
12 FERNANDEZ DE NAVARRETE, Martin. *Historia de las Cruzadas*. Tomo XII da tradução espanhola da História das Cruzadas, de Joseph François Michaud, Madrid, 1832, p. 84-85.
13 CHAUVIERRE, Patrice. *Histoire des Conciles Oecuméniques*, Paris, Vaton Freres, 1869, p. 366.
14 CASTRO, José de. *Portugal no Concílio de Trento*. Lisboa, 1944-1946. 6v.
15 *O Sacrossanto, e Ecumênico Concílio de Trento em latim e português*. Lisboa, Oficina de Antônio Rodrigues Galhardo, 1807. v. 2, p. 285.
16 AZURARA, Gomes Eanes de. *Crônica da tomada de Ceuta*, capítulo 34.
17 *Diccionário de la lengua castellana*. Real Academia Española, Madrid, 1734, tomo IV, p. 382.
18 *Damião de Góis*. Introdução, seleção e notas por Antônio Álvaro Dória. Lisboa, Livraria Clássica, 1944, p. 58.
19 *Historiadores quinhentistas*. Seleção, prefácio e notas de Rodrigues Lapa. Belo Horizonte, Itatiaia, 1960, p. 53.
20 CASTRO, Sílvio. *La lettera di Pero Vaz de Caminha sulla scoperta dei Brasile*. Padova, 1984, p. 82. Há uma tradução desse livro, da editora brasileira L & PM em 1985, sob o título de *A carta de Pero Vaz de Caminha sobre a descoberta do Brasil*. Varnhagen emitiu sua opinião sobre o papel dos degredados: "Esta política de deixar degredados fundava-se no coração patriótico do homem, que sempre promoveria os interesses de sua Nação". Este trecho é citado na *História da colonização portuguesa do Brasil*, tomo 2, p. 140. É realmente pouco crível que se acendessem no coração de degredados, muitas vezes gente injustiçada, ardores correspondentes ao patriotismo assinalado, ao serem deixados à própria sorte em meio a povos estranhos, e no caso do Brasil, selvagens. Tratava-se, pois, de patriotismo mal endereçado. Muito expressivo a esse respeito é o relato de Ramuzio (Veneza, 1550) sobre os degredados de Cabral: "...*deixando, como já disse, os dois degredados neste mesmo lugar; os quais começaram a chorar e foram animados pelos naturais do país, que mostravam ter piedade deles.*" Diante desse depoimento, a opinião de Varnhagen perde toda a consistência. Os portugueses seguiam apenas uma prática de gerações, não uma política por eles inventada. Os futuros línguas oficiais, na verdade, iniciavam sua experiência com pouco ânimo de solidariedade ou interesse de ajuda em relação a seus algozes e compatriotas. Deste modo, os línguas que se formaram ao longo dos cinquenta anos seguintes só podem ter tendido à obnubilação de que fala Araripe Júnior. Caramuru e, principalmente, João Ramalho hão de ser a prova

eloquente dessa identificação com a terra, que se traduzirá, também, numa postura linguística de adesão à língua dos indígenas e de afastamento progressivo da língua materna, mais intensa no mundo de João Ramalho do que no de Caramuru. A diferença entre o mundo de João Ramalho e o mundo de Caramuru há de ser a própria diferença entre a variedade setentrional, ou sertaneja, da língua do Brasil e a meridional, ou caipira.

21 DIAS, Carlos Malheiro et alii. *História da colonização portuguesa do Brasil*. Porto, 1923, tomo 2, p. 201. É interessante notar que esse turgimão tradicional se institucionalizou na França, mas não em Portugal. Com o nome de drogeman, passou ele a formar na diplomacia francesa, desde o século XVI, um corpo especial, submetido a regras particulares, que só se extinguiu por um decreto de 29 de maio de 1902. Cf. Henry BONFILS, *Manuel de Droit International Public*, Paris, 1912, p. 486. Vejam-se os numerosos exemplos apresentados pelos dicionários franceses e italianos, desde o século XVII. Do terceiro quartel do séc. XIV, por exemplo, é uma arte poética catalã ou tratado de poesia provençalizante, que tem o título de *Torcimany del Gay Saber*, onde *torcimany* está no sentido de "intérprete", o que a supor ser o termo de uso corrente na época e antes. Cf. MILÁ Y FONTANALS, *De los trovadores en España*, Barcelona, Libreria de Joaquim Verdaguer, 1861, p. 477.

22 ALMEIDA, Candido Mendes de. Os primeiros povoadores. Quem era o bacharel de Cananéa? *Revista Trimensal do Instituto Histórico, Geográfico, e Etnográfico do Brasil*, 40: 165. A transcrição é do *Diário da navegação*, de um anônimo da expedição de Pero Lopes de Sousa, irmão de Martim Afonso de Sousa (1530). Cândido Mendes dá aí sua opinião sobre os línguas portugueses, sem relacioná-los aos turgimões: "*Sabe-se que nas frotas portuguezas, que se dirigiam à descoberta de paízes novos, iam de ordinário alguns degradados, que se deixavam n'esses paízes, sempre aos pares, a fim de conhecerem os costumes dos naturaes e aprenderem sua linguagem, para que servissem de intérpretes aos portuguezes em suas relações commerciais futuras. Assim praticavam na África e mesmo na Ásia, e o fizeram também na nossa América, de que deu o primeiro exemplo Pedro Alvares Cabral, em Porto Seguro*" (p. 175-176). Cândido Mendes dá também o exemplo colhido em Antônio de Herrera y Tordesillas cujo nome figura no *Catálogo de Autoridades de la lengua*, editado pela Real Academia Española: "*y un yerno suyo se concertó com Diego Garcia de yr por lengua al rio de la Plata*". Refere-se Herrera à viagem do piloto Diego Garcia, em 1527 e à sua chegada ao porto de São Vicente.

23 LOPES, David. *A expansão da língua portuguesa no Oriente nos séculos XVI, XVII e XVIII*, 2 ed. Porto, 1969, p. IX.

24 DALGADO, Sebastião Rodolfo. *Glossário luso-asiático*, Coimbra, 1921, v. 2, p. 393.

25 *Revista Trimensal do Instituto Histórico, Geográfico, e Etnográfico do Brasil*, 43: 95.

26 *Ibidem*, p. 132. A prática do uso do termo língua pelos jesuítas levou os indígenas a assimilarem-lhe o sentido, construindo uma forma linguará que, para Macedo Soares (*Dicionário brasileiro da língua portuguesa*, Rio, 1954, s. v.), é resultante de língu(a) + guar. (i) ará, ou seja, senhor da língua, intérprete.

27 *Anais do Arquivo Público da Bahia*, 29: 173. Trata-se de parecer pedido pelo conde André de Melo de Castro ao prelado jesuíta do Colégio da Bahia, Plácido Nunes, entre outros, sobre a representação feita ao rei D. João V pelo donato (frade leigo) pernambucano Diogo da Conceição, em 1738, propondo a extinção dos aldeamentos de índios em toda a Bahia e Brasil. Após receber unânimes pareceres contrários ao longo desse ano de 1738, a proposta foi arquivada. Dom José I, todavia, acolheu o conteúdo da mesma em 7 de junho de 1755, acabando com os aldeamentos no Pará e Maranhão e invocando a condenação dos abusos contra os índios proferida pelo Papa Benedito

XIV em 29 de dezembro de 1741. Em 8 de maio de 1758 Dom José I estendeu sua medida a todo o Brasil.
28 História dos Colégios do Brasil. In *Anais da Biblioteca Nacional*, 19: 82, 1897; VERÍSSIMO, José. *Estudos amazônicos*. Rio de Janeiro, 1970, p. 19.
29 É interessante notar o persistente caráter de colaborador de Diogo Álvares Correia até a época de Dom Pedro I: "*Chama-se Caramuru aqueles traidores à pátria que são sequazes do malvado ex-tirano Dom Pedro I e o desejam introduzir no Brasil: os caramurus são chamados Restauradores, monstros infames que nos atraiçoaram, e forcejam por estabelear o governo absoluto e acabar com a nossa independência e liberdade*" (*Sentinela da Liberdade*, Rio de Janeiro, no 32, p. 283-284).
30 BARROS, João de. *Diálogo em louvor da nossa linguagem*, por Luciana Stegagno Picchio, edit. Modena, 1959, p. 81.
31 Damião de Góis, *op. cit.*, nota 18, p. 99.
32 *Ibidem*, p. 100.
33 RAMALHO, Américo da Costa. Coimbra no tempo de Anchieta (1548-1551). In: CONGRESSO BRASILEIRO DE LÍNGUA E LITERATURA, 8. *Anais*... Rio de Janeiro; Gemasa, 1977, p. 49-69.
34 A gramática de Fernão de Oliveira pode ser consultada na edição de Rodrigo de Sá Nogueira e Aníbal Ferreira Henriques (Lisboa, 1933). Há uma edição brasileira de Olmar Guterrez da Silveira (1954), cheia, porém, de erros de curioso na matéria. A gramática de João de Barros pode ser consultada na edição cuidada de José Pedro Machado (Lisboa, 1957).
35 BARROS, *op. cit.*, nota 30, p. 83, linhas 400-406.
36 *Ibidem*, p. 84, linhas 420-424.
37 *Ibidem*, p. 85, linhas 445-450.
38 *Ibidem*, p. 85, linhas 452-454.
39 *Ibidem*, p. 85, linhas 457-464.
40 *Ibidem*, p. 86.
41 *Ibidem*, p. 86.
42 *Ibidem*, p. 87-89. A prática durou até o Alvará de 30/9/1770.
43 *Ibidem*, p. 90, linhas 584-592. Antes, linhas 481-500.
44 Jorge Ferreira de VASCONCELOS, *Aulegrafia, citado na edição do Diálogo*, de João de Barros, de Luciana Stegagno Picchio, p. 31.
45 Veja-se a esse respeito: Cartas dos padres da Companhia dos primeiros anos da Colônia. *Revista Trimensal do Instituto Histórico, Geográfico, e Etnográfico do Brasil*, tomo 43, p. 163; GALANTI, Raphael S. J. *Compêndio de História do Brasil*, São Paulo. 1896, v. I, p. 190-246.
46 SALVADOR, Vicente do. *História do Brasil*. 7 ed., Belo Horizonte, Itatiaia, 1982, p. 148.
47 GÂNDAVO, Pero de Magalhães. *Tratado da terra do Brasil; História da província Santa Cruz*. Belo Horizonte, Itatiaia, 1980, p. 40.
48 *Ibidem*, p. 142-143.
49 ACADEMIA BRASILEIRA DE LETRAS. *Primeiras Letras*; Cantos de Anchieta; o diálogo de João de Léry; Trovas indígenas. Rio de Janeiro, Anuário do Brasil, 1923.
50 SOUSA, Gabriel Soares de. Tratado descritivo do Brasil em 1587. *Revista Trimensal do Instituto Histórico*, 14: 84.
51 *Ibidem*, p. 294.
52 BRAGA, Teófilo. *Curso de história da literatura portuguesa*, Lisboa, 1885, p. 250-251.
53 ACADEMIA BRASILEIRA DE LETRAS, *op. cit.*, nota 49, p. 248.

54 ANCHIETA, José de. *Arte de gramática da língoa mais usada na costa do Brasil*. Edição fac-similar da Biblioteca Nacional do Rio de Janeiro. Rio de Janeiro, Imprensa Nacional, 1933, p. 1.
55 GÂNDAVO, *op. cit.*, nota 47, p. 52.
56 SOUSA, *op. cit.*, nota 50. cap. CL.
57 *Diálogo das grandezas do Brasil*. Salvador, Progresso, 1956, p. 319.
58 BARBOSA, A. Lemos. *O "vocabulário na língua brasílica"*. Rio de Janeiro, MEC, s.d.
59 BARBOSA, A. Lemos. *Curso de tupi antigo*. Rio de Janeiro, São José, 1956, p. 33, 340, 385.
60 EDELWEISS, Frederico G. *Estudos tupis e tupi-guaranis*, Rio de Janeiro, Livraria Brasiliana, 1969, p. 69-108.
61 *Ibidem*, p. 111.
62 *Ibidem*, p. 38-45 et passim.
63 *Ibidem*, p. 172-187. Trata-se, no caso, de um capítulo com o título de "Os lusismos nos vocabulários brasílicos" que, ao lado da lição 59 (p. 382-391) do *Curso de tupi antigo*, do Padre Lemos Barbosa, constituem o melhor que existe sobre os processos linguísticos de apreensão da língua lusitana pelos brasileiros na época colonial. Baseados nesses dois trabalhos e em alguns outros marginais, dedicamos nós mesmos algumas páginas ao problema, com vistas a levantar a pronúncia da língua brasileira na época colonial. Está esse trabalho publicado no artigo referido na nota 10, p. 359-366.
64 "*Também somos amigos de cortar as vozes: onde se escrevem l ou r quando depois destas letras se auia descrever vogal como sylba por syllaba*". (OLIVEIRA, *op. cit.* nota 34, cap. XXVI.)
65 VERÍSSIMO, *op. cit.* nota 28, p. 34.
66 CASTRO, *op. cit.*, nota 10, p. 365, letras h e e.
67 EDELWEISS, *op. cit.*, nota 60, p. 88-93.
68 CASTRO, *op. cit.*, nota 10, p. 365, letra e.
69 *Ibidem*, p. 365, letras b e c.
70 *Ibidem*, p. 365, letra g.
71 Em nossa tese de doutorado *A colocação do pronome pessoal átono no português arcaico* (Rio de Janeiro, Faculdade de Letras da UFRJ, 1974), demonstramos cabalmente esse fortalecimento quando comparamos o hábito de colocar pronomes nos séculos XIII, XVI e XX.
72 CASTRO, *op. cit.* nota 10, p. 365, letra d e 366, letra i.
73 São abundantes os exemplos dados pelo Padre Lemos Barbosa em seu Curso de tupi antigo, já referido na nota 59, p. 28 e 38-39.
74 CASTRO, *op. cit.* nota 10, p. 365, letra f.
75 DEVOTO, Giacomo. L'istituto linguístico. In: BOLELLI, Tristano, edit. *Linguística generale, strutturalismo, linguística storica*. Pisa, Nistri-Lischi, 1971, p. 161.
76 VERÍSSIMO, *op. cit.*, nota 28, p. 27-53, e Theodoro SAMPAIO, A língua portuguesa no Brasil, *Revista de Philologia e de História*, 1 (4): 465-472, 1931.
77 GALANTI, *op. cit.*, nota 45, vol. I, pl 259-260.
78 *Ibidem*, p. 261.
79 CALADO, Manuel, Pe. *O valeroso Lucideno*, Rio, 1945, p. 70.
80 O argumento ainda será repetido pelo Pe. Antônio Vieira, em 1662, no sermão da Epifania. (PEIXOTO, Afrânio e ALVES, Constâncio. *Vieira brasileiro*. Rio de Janeiro, 1921, vol. II, p. 253). Um ano depois, o Pe. Simão de Vasconcelos fará o mesmo (*Crônica da Companhia de Jesus*, Petrópolis, Vozes, 1977, v. I, p. 97).
81 CALADO, *op. cit.*, nota 79, p. 42-43.
82 AZEVEDO, João Lúcio de. *História de Antônio Vieira*. Lisboa, 1918, t. I, p. 75.

83 ROQUETE, J. J. *Cartas seletas do Padre Antônio Vieira*, Paris, 1838, p. XVI. Roquete, depois de exumar um depoimento de contemporâneo de Vieira em 1655, João Soares de Brito, conclui que aquele se propunha a algum projeto de divisão ou independência de províncias da Companhia, após sua retumbante, mas polêmica, atividade política em nome de Dom João IV. Tal afirmação, naturalmente, está na linha da oficializada pelo irmão do Marquês de Pombal, Francisco Xavier de Mendonça Furtado, feito Governador e Capitão-Mor do Pará e do Maranhão. Segundo ele os jesuítas seguiam "um sistema diabólico para usurpar, em seu proveito, as possessões ultramarinas de Portugal". É de se notar, todavia, que o Superior Geral da Companhia, Gosvino Nickel, assumindo em 17 de março de 1652, logo preveniu a todos os membros dela que evitassem o exagerado amor nacional e provincial. Meses após sua posse, mais precisamente em novembro, recebeu Vieira ordens terminantes dos superiores de embarcar para o Maranhão. Por coincidência, tornou-se, anos depois, confessor da famosa rainha Cristina da Suécia, que fora convertida ao catolicismo, entre outros, pelo Superior Geral Gosvino Nickel.

84 PEIXOTO, *op. cit.*, nota 80, v. II, p. 333-337.

85 MARQUES, A. H. de Oliveira. *História de Portugal*, Lisboa, 1980. v. II, p. 169.

86 *Sermões do Padre Antônio Vieira*. Oitava parte. Xavier dormindo e Xavier acordado. Xavier acordado. Sermão I. Anjo. Lisboa, na oficina de Miguel Deslandes, 1694, p. 163-165. "Mastigar" aqui não tem o sentido de pronunciar, mas, certamente de usar gramaticalmente a língua. Já notara o Pe. Francisco Soares, ao redigir o importante manuscrito *Coisas notáveis do Brasil*, entre 1591 e 1596, *como soava diferente* o português na boca do índio: "Onde residem os nossos em suas aldeas, commumente tem missa cantada em canto de orgão, os quais são muito inclinados a cantar. Ha moços que não chegam a 5 annos... que cantam muito destros seus tipres à missas e mais motetes; e, escassamente sabem ler, tomam seus ditos e representam obras em português, com certa graça no pronunciação..." (*Coisas notáveis do Brasil*. Edit. A. G. Cunha. Rio de Janeiro, 1966, p. 9). Desde o século XVI, portanto, pode-se documentar a língua medieval luso-galega na boca do língua, do intérprete e do menino índio. Vieira, com Manuel Calado, nota o já notado.

87 VIEIRA, Antônio. *Sermão da sexagésima*. Prefácio e notas de Augusto César Pires de Lima. Porto, 1959, 64 p. O sermão foi pregado na Capela Real e parece referir-se aos pregadores em geral. Encerra, todavia, vários dados que indicam ser seu alvo o clero do Maranhão. São indicadores disso os seguintes trechos: "Tudo isso padeceram os semeadores evangélicos da missão do Maranhão de doze anos a esta parte" (p. 16). "Sim, Padre, porém esse estilo de pregar não é pregar cuto... O estilo culto não é escuro, é negro, e negro boçal, e muito cerrado". Aqui Vieira compara esse "estilo tão encontrado a toda a arte" a estilo de negro boçal, pois esta expressão era usada, inclusive por ele, para designar o negro que não sabia falar português. Por isso, imediatamente, Vieira diz: "É possível que somos portugueses etc". Mais adiante completa seu raciocínio: "Na comédia, o rei veste como rei e fala como rei; o lacaio veste como lacaio; o rústico veste como rústico e fala como rústico, mas um pregador, vestir como religioso e falar como... não o quero dizer por reverência do lugar". Em carta a D. João IV, em 8 de dezembro desse ano de 1655, Vieira, já de volta ao Maranhão, pede ao rei que faça mercê à Companhia "de que possamos viver nela [missão do Maranhão] quieta e pacificamente, sem as perturbações e perseguições com que os portugueses, eclesiásticos e seculares continuamente nos molestam e inquietam. Temos contra nós o povo, as Religiões, os donatários das capitanias mores..." (*Cartas do Padre Antônio Vieira*. Coordenadas e anotadas por J. Lúcio d'Azevedo. Coimbra, 1925, vol. I, carta LXXIV,

p. 452-453). O fato é que bom efeito já surtira a pregação de Vieira pois em 9 de abril de 1655, uma semana antes de seu regresso ao Maranhão, conseguiu a provisão que queria: não se faria guerra aos índios sem ordem régia; os convertidos seriam governados por seus chefes e todos pelos jesuítas; nos resgates, os jesuítas indicariam o comando. Diz João Lúcio D'Azevedo: "Com isto passava às mãos de Vieira e seus consórcios o domínio real do gentio em todo o Estado, exceto os cativos, estes mesmos, daí por diante, somente com o seu voto como tais reconhecidos". (*História de Antônio Vieira*, Lisboa, 1918, t. I, p. 276). Depois disso a companhia pós em ação seus projetos: outras missões se iniciaram em Ibiapaba, Tocantins, Tapajós, Gurupi e ilha de Joanes. O que é isso, senão a realização em marcha do Estado teocrático acalentado? A oposição dos brasileiros veio implacável até a prisão de todos, inclusive Vieira, em 1661, e deportação para Portugal, onde tudo mudara após a morte de D. João IV em 1656. Vieira, engajado em instruções secretas do falecido rei de abandonar Portugal à Espanha e fazer a Rainha, D. Luiza de Gusmão, fixar a dinastia no Brasil, aqui se refugiando, passou a ser tenazmente perseguido a partir de 1663. Sobre esse projeto real secreto, consulte-se, entre outros, João Lúcio d'AZEVEDO, *Novas epanáforas*, Lisboa, 1932, p. 23-25. Desmoronava, assim, de vez, o claro projeto inicial dos jesuítas de fazer coexistirem um Estado do Brasil, com a dinastia de Bragança, um Estado Holandês, um Estado Jesuíta bilíngue no Maranhão e um Portugal novamente associado à Espanha. Não se deve perder de vista que Vieira nunca deixou de ser um fiel jesuíta, sempre submisso às suas regras, o que não o eximia de discordar internamente. Por isso, a política linguística, que pôs em execução apenas três dias depois de chegar ao Maranhão, era a da Companhia e seus depoimentos, em função dela, são valiosos para a compreensão da língua do Brasil na segunda metade do século XVIII.

88   Esse "baixo" clern e seu comportamento foi satirizado por Gregório de Matos em vários poemas, como o seguinte: "E nos Frades há mangueiras?... Freiras/ Em que ocupam os serões?... Sermões/ Não se ocupam em disputas?... Putas/ Com palavras dissolutas/ me concluis na verdade/ que as lidas todas de um Frade/ são Freiras, Sermões e Putas." (*Obras completas*, org. James AMADO. Salvador, 1968, vol. 1, p. 33.)

89   A Ordonnance de Villers Cotterets se explica como uma das manifestações importantes, porém naturais, do período decisivo da unificação francesa: período de 50 anos (1500 a 1550) dentro do processo que se desenrolou de 1450 a 1600 até atingir sua plena maturação. Explica-se igualmente pela expansão, na mesma época, da civilização francesa. Tudo ao contrário de Portugal, que não somente não se unificava, sob a pressão espanhola, como não expandia nenhuma civilização portuguesa, concentrando seus esforços, principalmente nos reinados de D. Manuel e D. João III, em arrecadar dinheiro para pagar suas enormes dívidas. (MARROU, op. cit., nota 1, p. 181-182). O que aconteceu na França ocorrera antes na Espanha, que se unificara sob Fernando e Isabel e desta unificação é monumento notável, com o mesmo sentido da Ordonnance de Villers Cotterets, a *Gramática de la lengua castellana*, de Elio Antonio de Nebrija (1492), primeira gramática de uma língua românica.

O historiador português A. H. de Oliveira Marques, em livro pioneiro (*A sociedade medieval portuguesa*, 4 ed., Lisboa, Sá da Costa, 1981, p. 175-176) empregando a expressão "língua oficial" no sentido de "língua de textos públicos", resume a situação da língua de Portugal desde os tempos de D. Dinis: "Se bem que o português se tenha convertido em língua oficial desde o reinado de D. Dinis, a verdade é que *nunca* escolas e mestres particulares *o ensinaram* até finais da Idade Média. Um pouco à maneira dos dialectos de hoje, o português era ouvido no berço, falava-se depois naturalmente e escrevia-se (os que sabiam escrever) sem nunca se ter aprendido".

Na verdade, acrescentaremos, tal não aconteceu só até finais da Idade Média, mas até a segunda metade do século XVIII e a prova incontestável é o Alvará de 30 de setembro de 1770 (V. nota 162), em que o falar natural, a que faz referência Oliveira Marques, é o falar. instintivo que nele se condena. Isso era só o que se fazia até essa ocasião. Daí, visar o Alvará à transformação dessa língua falada "por mero instincto" em língua nacional: "... sendo a correcção das línguas Nacionaes hum dos objectos mais attendíveis, para a cultura dos Povos civilisados..."

90   BRAGA, op. cit., nota 52, p. 286, para o trecho transcrito. Sirva de exemplo também evidenciador da inexistência de um sentimento consciente de língua nacional, em todo o período anterior a 1540, o *Livro de vita Christi*, editado pelo Pe. Augusto Magne (Rio de Janeiro, Casa de Rui Barbosa, 1957) sobre o fac-símile do incunábulo português de 1495, que, na página 5, apresenta a expressiva informação: "... e visto como nestes regnos som muito mais os vulgares que os que a lingua latina conhecem, querendo aproveitar aa salvaçam dos muitos... mandou [Sua Alteza] estampar e de fôrma fazer em lingua materna e português linguagem as quatro partes do livro intitulado *Vita Christi*". Não há, pois, língua portuguesa, como expressão e conceito oficiais sob beneplácito régio; há vulgar em oposição a latim; não há língua portuguesa, há linguagem, isto é, há vulgar, o modo de falar do vulgo, não do cortesão. Nem mesmo o adjetivo "português" encontrara ainda seu lugar próprio na elocução, o que indica, diante da expressão "língua latina", pouco antes usada, ausência efetiva de um significante definido correspondente. Isso acontece cinco anos antes de o Brasil ser descoberto e de, nele, iniciar-se a interação linguística autônoma que levará à língua nacional brasileira. Serão necessários quarenta e cinco anos para que se lance, sem grande repercussão na elite e sem nenhuma junto ao rei, a expressão "língua portuguesa". Este monarca, D. João II, falecido no mesmo ano de publicação do *Livro de Vita Chisti*, foi quem introduziu a imprensa em Portugal e seu avô, D. Duarte (1433-1438), em seu conhecido *Leal Conselheiro*, deu ares literários à "linguagem português" sem reconhecê-la por esta expressão, mas por língua dadinha : "...e non screvo esto per maneira scollastica, mas o que leeo per livros de latym e de toda língua ladinha, do que algua parte se me entende, concordo com a pratica cortezã na mais conveniente maneira que me parece". (*Leal conselheiro* e *Livro da ensinança de bem cavalgar*, Lisboa, 1843, p. 168). O mesmo D. Duarte chamava a língua portuguesa de seu tempo, simplesmente "linguagem", na maior parte das vezes. É depois dele, na regência de D. Afonso V, exercida pelo Condestável D. Pedro, que alguém usa pela primeira vez a expressão "língua portuguesa", e em castelhano, assim mesmo como sinônimo de língua galega, o que depõe em favor do caráter galego do idioma falado até o século XV. Quem o fez, entre 1438 e 1446, foi o famoso espanhol, Marquês de Santillana: "... cualesquier decidores e trovadores destas partes, agora fuesen castellanos, andaluces ó de la Extremadura todas sus obras componian en lengua gallega ó portuguesa". (LOPEZ DE MENDONZA, Iñigo, Marqués de Santillana. Proemio al Condestable de Portugal. In: OCHOA, E., org. Biobrioteca de Autores Españoles, LXII. *Epistolário español*. Madrid, 1908. Tomo II, p. 10-14). Até meados do século XVI, não houve, pois, em Portugal um sentimento de língua nacional, com denominação própria, como na França. Ao surgir, porém, fracamente, em 1540, com João de Barros (Fernão Lopes o teve mais fraco ainda), pouco durou, sendo sufocado pela perda da nacionalidade em favor dos espanhóis. Só após a restauração, ressurgiu, sem ser oficializado, o que só foi acontecendo no decorrer do século XVIII, quando a língua brasileira estava já plenamente constituída.

91   BRAGA, *op. cit.*, nota 52, p. 311.
92   *Ibidem*, p. 312.

93 *Ibidem*, 312-313.
94 *Ibidem*, p. 313.
95 Eis suas palavras: "... porque debaixo de alguma cabeça comum, a que chamam matriz, se comunicam algumas palavras, qual a do castelhano, ou galego, com a do português". (*Crônica da Companhia de Jesus*. Petrópolis, Vozes, 1977. vol. I, p. 96).
96 BRAGA, *op. cit.* nota 52, p. 314.
97 Simão de Vasconcelos, referindo-se aos mamelucos Ramalhos do século XVI, declara: "Não param aqui, vão-se à aldeia de Maniçoba, residência moderna dos nossos, perturbam tudo, e persuadem com a destreza de sua língua àquele rebanho ignorante, que larguem os padres homens estrangeiros... os pobres índios, suposto que mansos por natureza, enganados da eloquência e eficácia dos mamelucos... assim se foram embravecendo e amotinando..." (*Crônica*, vol. I, p. 258-259). O pe. Antônio Vieira relata a situação quase século e meio depois, quando se fez uma junta na Bahia e nela se propuseram os moradores de São Paulo algumas dúvidas sobre a administração dos índios. Por mandado de El-Rei deu parecer a respeito o Pe. Antônio Vieira, em 12 de junho de 1694: "O que tudo suposto, depois de muito considerado e encomendado a Deus o remédio da matéria tão importante não só ao alívio e vida tolerável e racional dos índios, senão muito mais às consciências de tanto número de portugueses até agora na vida e na morte tão arriscados; o meio ou meios que se me oferecem são os seguintes: Primeiramente é certo que as famílias dos Portugueses e índios em S. Paulo estão tão ligados hoje umas com as outras, que as mulheres e os filhos se criam mística e domesticamente e a língua, que nas ditas famílias se fala é a dos índios, e a portuguesa vão os mínimos aprender à escola; e a desunir tão natural ou tão naturalizada união seria gênero de crueldade entre os que assim se criaram e há muitos anos vivem". (*Vozes saudosas da eloquência... do Padre Antonio Vieira*. Org. P. André de Barros. Lisboa Ocidental, 1736., vol. 1, p. 161-162). Tudo isso revela que o uso do Tupi, como língua dos brasileiros, ao invés de diminuir, aumenta grandemente de 1550 a 1700.
98 Ao fim de duzentos e trinta e oito anos de convivência e luta com o índio, era a seguinte a opinião típica a seu respeito, o que ajuda a compreender o aumento do tráfico negreiro: "He esta gente (fallo dos Indios em geral) naturalmente inclinada ao ocio, inimiga do trabalho, anda sempre determinada a mudar de domicílio, e habitação, sem ter esta certa, porque dorme aonde lhe anoitece, hé outros si vorás sem providência, nem economia, e sobre tudo ingrata, infiel, desconfiada e traidora." (Parecer do abade do Mosteiro de São Bento da Bahia, Calixto de São Caetano, em 1738, a pedido do rei, sobre a proposta do donato Diogo da Conceição de se extinguirem os aldeamentos. *Anais...*, *op. cit.*, nota 27, p. 203).
99 RAMOS, Artur. *Introdução à antropologia brasileira*. Rio de Janeiro, 1951, vol. 1, p. 247.
100 CARDIM, Fernão. *Tratados da terra e gente do Brasil*. Rio de Janeiro, 1925, p. 333.
101 PEIXOTO, *op. cit.*, nota 80, vol. II, p. 317-318.
102 EDELWEISS, *op. cit.*, nota 60, p. 25.
103 ANTONIL, André João. *Cultura e opulência do Brasil*. Belo Horizonte, 1982, p. 89.
104 *Anais...*, *op. cit.*, nota 27, p. 205. É continuação do parecer citado na nota 97.
105 GOULART, José Alípio. "Os quilombos." In *Revista Brasileira de Cultura* 2 (6): 130 e 139, 1970. Trata-se da constatação de quilombos em fins do século XVI. Os primeiros negros parecem ter chegado em 1526 mas o fato é que D. João III, já em 1534, por meio de alvará, confere a Duarte Coelho, donatário agraciado com a capitania de Pernambuco, um vigário e quatro capelães, acompanhado aquele de duas peças de escravos, que poderá cada ano resgatar da sua roupa forra de todos os direitos. Ou seja,

poderiam esses escravos ser vendidos no reino, livres de todos os direitos. (Frei Odulfo O. F. M., "As primeiras paróquias do Brasil e seus administradores", *Cor - Revista Eclesiástica Brasileira*, ano I, 1939, pág. 607).

106 SOARES, *op. cit.*, nota 86, p. 15.
107 GOULART, *op. cit.*, nota 105, p. 139.
108 *Anais...*, *op. cit.*, nota 27, p. 90.
109 PEIXOTO, op. cit., nota 80, vol. II, p. 328, 335 e 348.
110 ABREU, Capistrano de. História pátria. In: *Ensaios e estudos*. Rio, 1938, p. 172.
111 *Ibidem*, p. 173-178.
112 *Anais...*, *op. cit.*, nota 27, p. 186.
113 *Ibidem*, p. 95-96.
114 GUEDES, João Alfredo Libânio & RIBEIRO, Joaquim. *História Administrativa do Brasil*, volume III. Rio de Janeiro, DASP, 1957, p. 241.
115 ABREU, *op. cit.*, nota 110, p. 177.
116 NEIVA, Arthur. *Estudos da língua nacional*. São Paulo, 1940, p. 271-272.
117 Conselho Ultramarino, Arq. 1.2.33. (Instituto Histórico e Geográfico Brasileiro).
118 Toda a polêmica gerada pelo donato Diogo da Conceição está nos *Anais do Arquivo Público da Bahia*, acima citado, nota 27, p. 163-210.
119 COLEÇÃO DA LEGISLAÇÃO PORTUGUESA, ano de 1757.
120 THUROT, Charles. *Notices et extraits de divers manuscrits latins pour servir à l'histoire des doctrines grammaticales au Moyen Age*. Paris, 1868, p. 112, 120 et passim.
121 JULLEVILLE, L. Petit de. *Histoire de la langue et de la littérature française*. Paris, 1897, vol. 3, p. 722.
122 Act of Union de Gales à Inglaterra, cláusula terceira: "... o beneficio de todo tipo de imposto sobre os Estados do rei será recusado às pessoas que empreguem a língua de Gales, sob pena de decadência a menos que adotem elas a língua inglesa".
123 Para a etimologia de dialeto, veja-se CORTELAZZO, Manlio, *Avviamento critico allo studio della dialettologia italiana*, Pisa, 1976, p. 9-13.
124 BRAGA, *op. cit.*, nota 52, p. 329.
125 *Ibidem*, p. 330. Os trechos são tirados do Suplemento do *Vocabulário português-latino*, publicado em 1727.
126 *Ibidem*, p. 329.
127 *Regras da língua portuguesa*, Lisboa, 1725, p. 291.
128 *Ibidem*, p. 300.
129 REMÉDIOS, J. Mendes dos. *História da literatura portuguesa*. 6. ed. Coimbra, 1930, p. 393.
130 Houve uma provisão de 2/12/1722 ao Governador do Maranhão, avisando-o de que era preciso que os missionários de lugares que especificava fossem práticos na língua dos índios e de que aos mesmos se ensinasse a língua portuguesa. (LEITE, Serafim. *História da Companhia de Jesus no Brasil*. Tomo IV, p. 311). O documento, porém, por seu alcance restrito, não reflete ainda uma política linguística nova, de uso geral e obrigatório, como é o caso da carta régia de 1727.
131 SÃO MODESTO, Severino de. *Conversação familiar*. Valensa, 1750, p. 54.
132 VERNEY, Luís Antônio, *Verdadeiro método de estudar*. Lisboa, 1949, p. 132.
133 VARNHAGEN, Francisco Adolfo. *História geral do Brasil antes de sua separação e independência de Portugal*, s/d, tomo IV, p. 171.
134 CARVALHO, Laerte Ramos de. *As reformas pombalinas da instrução pública*. São Paulo, 1978, p. 81.
135 BRAGA, *op. cit.*, nota 52, p. 345-346.

136 CARVALHO, *op. cit.*, nota 134, p. 129-130.
137 *Ibidem*, p. 130.
138 Carta de Manuel Bernardo de Melo e Castro, Governador do Pará em substituição a Francisco Xavier de Mendonça Furtado, irmão de Pombal. A carta, de 15 de outubro de 1760, é dirigida a este último, depois de retornado à metrópole. Está no Arquivo do Conselho Ultramarino, 1.1.3. Acervo do Instituto Histórico e Geográfico Brasileiro, Rio.
139 CARVALHO, *op. cit.*, nota 134, p. 211. Carta de 22 de agosto de 1762, do Subdelegado Luís Diogo Lobo da Silva, dando parecer sobre as *Instruções* de Dom Tomás de Almeida, diretor-geral dos estudos, concernentes à aplicação da reforma em Pernambuco.
140 *Ibidem*, p. 226-227. Trata-se de carta do professor régio Manuel de Melo e Castro ao diretor-geral dos estudos, Dom Tomás de Almeida.
141 Citado por Serafim da Silva Neto em *Introdução ao estudo da língua portuguesa no Brasil*, Rio de Janeiro 1963, p. 98.
142 Nos *Estatutos do Seminário Episcopal de N. Senhora da Grasa da Cidade de Olinda* (Lisboa, 1798, p. 46) escreve o Bispo Azeredo Coutinho: "Quanto á Arte de Ler. 2. Deve o Professor ensinar aos seus Dicipulos a conhecer as letras, ou caratéres de que se áde servir, fazendo diferensa das vogaes, e das consoantes, e do sôm de cada uma delas separadas, ou juntas umas com as outras não lhes consentindo que pronunciem umas em lugar de outras: v. gr. v em lugar de b, nem b, em lugar de v, como vento em lugar de Bento, e Bento em lugar de vento, nem acrescentar letras aonde naõ á, como v. gr. aiagua em lugar de a agua, naci aiá em lugar de naci a á; nem tirar letras onde á, como v. gr. Janero em lugar de Janeiro; teado em lugar de telhado; mio em lugar de milho; nem inverter a ordem das letras, pondo em primeiro lugar as que se devem pôr em segundo, como v. gr. treato em lugar de teatro cravão em lugar de carvão; virdasa em lugar de vidrasa; breso em lugar de berso; provezinho em lugar de pobrezinho &c. Deve ensinar-lhes a pronunciar os ditongos com clareza, e em toda sua forsa: como v. gr. meu pai, e naõ meu Pai; pauzinho e não pazinho; e naõ num &c. § 3. Deve ensinar-lhes a proferir com perfeição os sons das vogaes de cada uma das palavras, como por exemplo a vogal à da palavra bordado, que é longa, e se deve proferir com à boca mais aberta, do que o à da palavra covado, que é breve, e que se deve pronunciar com a boca mais fexada: a vogal e da palavra febre, cujo primeiro e é longo, e se pronuncia com a boca mais aberta do que o segundo e, o qual com tudo naõ se deve pronunciar com a boca taõ fexada que paresa i, como febri, di Deus, di cá, di lá; a vogal i da palavra gentio, frio, que é longo, e se pronuncia como se fossem dois ii, e com a boca mais aberta, do que o i da palavra abrio, consentio, e este mais aberto do que o ida palavra Indio, relojio, que é breve; a vogal ó da palavra olhe, que se deve pronunciar com a boca mais aberta; como o ó das palavras cólhe, mólhe, e naõ olhe com o o fexado, e proprio do o das palavras folha, cujo segundo o ainda é mais fexado do que o primeiro, e se pronuncia quazi como u folhu: a vogal u da palavra escrupulo, cujo primeiro u é longo, e se pronuncia com a boca um pouco menos fexada do que o segundo u, que é breve &c. A falta destas, e d'outras semelhantes advertencias, que parecem impertinencias aos que refletem pouco, produs defeitos que ainda que nas primeiras idades, e nas Escolas são muito faceis de se emendarem, e de se corrijirem; com tudo depois são muito dificultozos, e muitas vezes irremediaveis." Já nos *Estatutos do Recolhimento de N. Senhora da Gloria do Lugar da Boa-Vista* (Lisboa, 1798, p. 101) pronuncia-se igualmente sobre o assunto: "Quanto á arte de ler... Nas lisões de ler porá a Mestra muito cuidado em evitar nas suas Disciplinas tres vícios, ou defeitos, em que se abituaõ muitas por descuido de quem as ensinou. O primeiro é no pronunciar das palavras o inverter

em algumas a ordem das letras como por exemplo breso em lugar de berso: cravaõ em lugar de carvaõ: outras vezes suprimindo no meio das palavras algumas letras, como teado em lugar de telhado: fio em lugar de filho: outras suprimindo a letra última principalmente no número plural. E nos nomes, que acabão em agudo como muitas flore em lugar de muitas flores: Portugá em lugar de Portugal &c. O segundo defeito em que muitas ficaõ é o ler sempre duvidando, ou como soletrando cada palavra, fazendo asim defeituozisima a leitura, e impercetivel o que dizem; ainda quando elas saõ expeditas no falar. O terceiro é o modo, e tom de ler como cantando, e ás vezes fazendo sair o som pelos narizes: o que tudo procede do costume, que tomaraõ nas aulas por negligência das Mestras, que naõ as souberaõ corrigir de semelhantes defeitos".

143 Arquivo do Conselho Ultramarino, 1, 2, 3, volume 32, ano de 1768. O livro *A educação d'um Menino nobre* é, na verdade, a obra *Apontamentos para a educação de hum menino nobre* de Martinho de Mendonça de Pina e de Proença, editado no Porto em 1734 e 1761. Dela escreve Francisco Bernardo de Lima também em 1761, em sua *Gazeta Literária* (Porto, vol. I, no 13, p. 200): "com muita razão adverte o Autor, que não merece menor cuidado a Grammatica da língoa Portugueza. Prouverá a Deos, que neste estudo imitássemos os antigos Gregos, e Romanos, e algumas naçoens modernas, como Francesa, a qual tem uma Academia composta dos mais distintos engenhos do seu Paiz, destinada só para a perfeição de sua língua".

144 CARVALHO, *op. cit.*, nota 134, p. 133.

145 VASCONCELOS, José Leite de. *Opúsculos*. Filologia — parte II. Coimbra, 1929, p. 870.

146 *Revista do Instituto Histórico e Geográfico Brasileiro*, 54(1): 139-140. No texto, fio está por filho; mió, por melhor; cezão, por sezões; comade, por comadres; Quitaja, por Quitéria; má por mal; côfo é cesto; den está por dentro; arden, por ardente; bai, por debaixo; cuié, por colheres; di, por de; embruiadas, por embrulhadas; núas, por em umas; fôia, por folhas; columim significa rapaz, menino; i está por ir; ó, por ao; má, por mar, pescá, por pescar; Cazuza, por José; Tótó, por Antonio; Lulú, por Luís; ôio, por olhos; cuidei'elle, por "cuidei que eles"; spocávo, significa "saltavam fora"; Chichi está por Francisco; abraçá, por abarcar; feitô, por feitor; tirá, por tirar; capim lôlô significa "erva do arroz"; tijuco significa lama, subentendendo-se, logo após, a palavra Deu está por Deus; sinhô, por senhor; ti, por te; amô, por amor; nhô, por senhor; Quimquim, por Joaquim; May, por mãe; e Poluca, por Apolônia.

147 *Annaes* do Parlamento Brazileiro — Camara do Srs. Deputados, sessão de 16 de junho de 1826, tomo segundo, p. 154-155. O plano de Stockler foi apresentado pela Comissão de Instrução Pública da Câmara no dia 31/5/1826. Integravam-na: Januário da Cunha Barbosa, José Cardoso Pereira de Melo e Antônio Ferreira França. Por questão de ordem levantada pelo Dep. Sousa França, teve o plano de retornar como projeto, o que foi feito, em 16 de junho, pelo presidente da Comissão, Januário da Cunha Barbosa, com modificações de forma.

148 *Annaes* da Assembleia Constituinte de 1823, tomo IV, p. 144.

149 VERÍSSIMO, *op. cit.* nota 28, p. 105.

150 Annaes, *op. cit.*, nota 147, p. 264 (sessão de 22 de junho de 1826).

151 *Ibidem*, p. 264.

152 *Ibidem*, p. 281. A expressão língua brasileira parece que era usada também, nessa época, por José da Silva Lisboa, o Visconde de Cairu, conforme testemunho de Joaquim Norberto de Sousa e Silva na Revista Popular, tomo 7, de 1.8.1860, p. 157: "Em Portugal", dizia o sábio Visconde de Cairu, "não foi aceita a obra [Caramuru, de Santa Rita Durão] por se cantar um país rude e conter nomes e frutos da mata virgem. A

língua portuguesa tem taful e paul e a língua brasileira não terá paraguaçu e tatu?" É provável que o trecho faça parte do livro de Cairu, *Escola Brasileira*, publicado no Rio de Janeiro em 1827. Não pudemos verificar.

153 *Ibidem*, p. 282.
154 *Ibidem*, p. 282.
155 VERÍSSIMO, *op. cit.*, nota 28, p. 101.
156 RIBEIRO, João. *A língua nacional*. São Paulo, edição da Revista do Brasil, s.d.
157 MENDONÇA, Renato. *O português do Brasil*. Rio de Janeiro, Civilização Brasileira, 1936, p. 80.
158 RIBEIRO, *op. cit.*, nota 156, p. 27.
159 BALBI, Adrien. *Introduction à l'Atlas Ethnographique du Globe*. Paris, Chez Rey et Gravier, Libraires, 1826, p. 173.
160 Depois de, na p. 172, Balbi ter apresentado inicialmente o barão (como ele o chama, na ocasião) da Pedra Branca como "ministre de S. M. l'empereur du Brésil à la cour de France", arremata, na pág. 175, sua abordagem da realidade linguística brasileira assim: "ce petit échantillon des differences offertes par deux dialectes de la langue portugaise, donne un nouveau poids à ce que nous avons dit à la page 32". Nesta página, evidencia seu conceito de dialeto com base em listas de palavras diferentes, como fez o Visconde da Pedra Branca. A distinção de dialetos com base no léxico era normal desde os tempos do poeta francês Ronsard, como vimos. No Brasil isso perduraria nos vocabulistas do século XIX e nos literatos que, neste mesmo século, pugnaram por uma língua brasileira como contrapartida da nacionalidade literária.
161 MADUREIRA, J. M. de, S. J. *A liberdade dos índios, a Companhia de Jesus, sua pedagogia e seus resultados*. Rio de Janeiro, Imprensa Nacional, 1929, v. II, p. 417.
162 COLEÇÃO DA LEGISLAÇÃO PORTUGUESA. Legislação de 1763 a 1774. Lisboa, 1829, p. 497-498.
163 ELÍSIO, Filinto. *Poesias*, Seleção, Prefácio e Notas do Professor José Pereira Tavares. Lisboa, Sá da Costa, 1941, p. 2, versos 14-19.
164 *Ibidem*, p. 3.
165 *Annaes* do Parlamento Brasileiro, Câmara dos Srs. Deputados, sessão de 16 de junho de 1826, p. 152.
166 *Ibidem*, sessão de 10 de julho de 1827, p. 102.
167 *Ibidem*, sessão de 11 de julho de 1827, p. 115.
168 *Ibidem*, p. 114.
169 *Ibidem*, p. 116.
170 FREITAS, Bento C. *Evolução histórica do ensino no Brasil*. Teresópolis, s.d., p. 20.
171 NEIVA, op. cit., nota 116, p. 6-14.
172 *Aurora Fluminense*, ano 1, n. 1, edição de sexta-feira, 21 de dezembro de 1828.
173 VASCONCELOS, Bernardo Pereira de. Discurso proferido por ocasião da abertura das aulas do Colégio de Dom Pedro II. Rio de Janeiro 1902, p. 7.
174 *O Novo Carapuceiro*, ou typos da nossa época. Rio de Janeiro, Tipografia de J. Villeneuve, 1842.
175 COUTINHO, *op. cit.*, nota 8, p. 20.
176 COUTINHO, *Caminhos do pensamento crítico*, citado na nota 8; v. I, p. 239-242.
177 *Ibidem*, p. 243.
178 COUTINHO, *op. cit.*, nota 8, p. 24-27.
179 *Ibidem*, p. 31.
180 *Ibidem*, p. 35.

181 SILVA, Joaquim Noberto de Sousa e Silva. "Nacionalidade da literatura brasileira". In *Revista Brasileira*, 7: 157,1860.
182 COUTINHO, *op. cit.*, nota 8, p. 45-58.
183 COUTINHO, *op. cit.*, nota 176, v. 1, p. 18.
184 *Ibidem*, p. 63.
185 *Ibidem*, p. 105.
186 *Ibidem*, p. 175.
187 Vide nota 154.
188 Publicada no nº 612 do *Monitor sul mineiro*, de 20 de dezembro de 1883.
189 SOARES, Antônio Joaquim de Macedo. *Estudos lexicográficos do dialeto brasileiro*. Rio de Janeiro, Imprensa Nacional, 1943, p. 16.
190 *Ibidem*, p. 16.
191 SOARES, *op. cit.*, nota 189, p. 17.
192 COUTINHO, *op. cit.*, nota 176, v. I, p. 268.
193 SOARES, *op. cit.*, nota 26, p. XVIII.
194 COUTINHO, *op. cit.*, nota 176, v. 1, p. 351.
195 VERÍSSIMO, *op. cit.*, nota 28, p. 32.
196 NEVES, Fernão. *A Academia Brasileira de Letras* — notas e documentos para a sua história. Rio de Janeiro, Academia Brasileira, 1940, p. 195.
197 Ambos os livros foram publicados no Rio de Janeiro pela Tipografia de Lourenço Winter.
198 *Anuário do Colégio Pedro II*, 4: 152-153, 1918-19.
199 BROCA, Brito. *A vida literária no Brasil — 1900*. Rio de Janeiro, José Olympio, 1975, p. 3-4. Esta obra é fundamental para a compreensão do período.
200 Apenas respigamos alguns nomes. Uma visão detalhada da produção gramatical no Brasil até 1960 pode ser obtida com a conjugação de três trabalhos: MACIEL, Maximino. *Gramática descritiva*. Rio de Janeiro, 1916, p. 441-450 (Apêndice); NASCENTES, Anterior. *Estudos filológicos*. Rio de Janeiro, 1939, p. 21-45 (A filologia portuguesa no Brasil); ELIA, Sílvio. *Ensaios de filologia*. Rio de Janeiro, 1963, p. 157-232 (Os estudos filológicos no Brasil). De 1960 para cá (ou mesmo antes) é mais prudente consultar o *Handbook of Latin American Studies*, editado pela Biblioteca do Congresso, de Washington, e o *The Year's Work in Modern Language Studies*, que mantém, de longa data, uma seção dedicada aos estudos da língua portuguesa. Ambas as publicações apreciam apenas os trabalhos mais destacados, sem a preocupação dos repertórios bibliográficos internacionalmente reconhecidos.
201 RAMOS, José Júlio da Silva. *Pela vida a fora*. Rio de Janeiro, 1922, p. 161.
202 PEREIRA, Eduardo Carlos. *Gramática histórica*. São Paulo, Cia. Editora Nacional, 1927, p. 194-195 e 198.
203 COUTINHO, *op. cit.*, nota 176, v. I, p. 358.
204 *Ibidem*, p. 361.
205 BOPP, Raul. *Movimentos modernistas no Brasil*. Rio de Janeiro, São José, 1966, p. 82-83.
206 PINTO, Edith Pimentel. *A Gramatiquinha*. Texto e contexto. Tese de livre-docência na USP. São Paulo, 1982, p. 84. Para uma visão geral da preocupação de Mário de Andrade com a língua brasileira, consulte-se o artigo de Sílvio Elia na MISCELÂNEA de estudos literários. Homenagem a Afrânio Coutinho, Rio, 1984.
207 Estão nos poemas "Poética" e "Evocação do Recife", que se podem ler em BANDEIRA, Manuel. *Estrela da vida inteira*. Rio de Janeiro, José Olympio, 1970, p. 108 e 116.
208 TIGRE, Bastos. *Poesias humorísticas*. Rio de Janeiro, 1933, p. 250-253.

209 MACHADO, Fernando Falcão & FIRMINO, Nicolau. *Pequeno tratado de história de Portugal e de história do Brasil*. Porto, [1952].
210 CAMPOS, Agostinho de. *Futuro da língua portuguesa no Brasil*, Rio, 1948, p. 121-123. Reproduz entrevista do autor dada ao Diário de Lisboa, de 30 de abril de 1929.
211 O documento foi produzido em 20 de dezembro de 1985 por uma comissão designada pelo Presidente da República. Suas conclusões são, em geral, anacrônicas, recomendando, ao contrário da realidade dos últimos 60 anos que se dê o nome de "Português" ou "Língua Portuguesa" ao idioma oficial e que se apoie uma projetada comissão transnacional, encarregada de estudar a unificação do sistema ortográfico da língua. Quando o presidente brasileiro, Café Filho, vetou o acordo ortográfico de 1945, imposto pelos portugueses, o fez dentro do argumento fundamental da soberania do país. A maneira de nacionais escrever em sua língua não pode ficar na dependência de parâmetros estabelecidos por outros estados — no caso, Portugal. A ortografia deve refletir valores e não o contrário. Basta abrir o Webster para se verificar, por exemplo, o caráter norte-americano da ortografia dos Estados Unidos.
212 HABERLY, David T. "The search for a national language: a problem in the comparative history of postcolonial literatures". In *Comparative Literature Studies*, 11 (1): 85-97, 1974. A alegação está na pág. 89. Vale a pena reproduzir o abstract do artigo: "A common problem in the development of postcolonial literatures was the widely felt need for a separate national language as the essential basis for a separate national literature, the widespread longing to replace the inherited European language with a native tongue. The solutions to this problem that were proposed in the United States, Brasil, Argentina, French Canada, and Australia reflect a deeper and quite sophisticated debate over the nature of language itself: whether it irrevocably controls the thoughts and emotions it is used to express or is itself shaped by the ideas, perceptions, and feelings of those who use it. The debate was everywhere resolved in favor of the second view, but the search for linguistic independence strongly influenced both the form and content of postcolonial literatures."
213 Citado por Herbert Parente Fortes em seu livro *A questão da língua brasileira*, já indicado, p. 217.
214 HOCKET, Charles F. "Two models of grammatical description", In *Readings in Linguistics*. Washington, 1957.
215 Afrânio Coutinho é um deles e, em sua coluna do Jornal do Commercio, vem defendendo com argumentos convincentes o ato político da nova denominação. A questão também é retomada por Hildo do Couto, professor da Universidade de Brasília, em *O que é português brasileiro* (São Paulo, Brasiliense, 1986), no qual defende uma posição contrária à dos lusófilos do momento.
216 BRANCO, Camilo Castelo. *Polêmicas em Portugal e no Brasil*. Rio de Janeiro, Dois Mundos, 1944; p. 120.

BIBLIOGRAFIA DA LITERATURA BRASILEIRA E ASSUNTOS AFINS

1. HISTÓRIA DA CULTURA E DA LITERATURA

1.1 *Dicionários biobibliográficos e literários*

ACHEGAS A UM DICIONÁRIO DE PSEUDÔNIMOS, INICIAIS, ABREVIATURAS E OBRAS ANÔNIMAS DE AUTORES BRASILEIROS E DE ESTRANGEIROS, SOBRE O BRASIL OU NO MESMO IMPRESSAS. Tancredo de Barros Paiva. Rio de Janeiro, Ed. J. Leite, 1929.

BIBLIOTECA GENEALÓGICA LATINA. São Paulo, Rev. Genealógica Brasileira, 1955.

BRASIL E BRASILEIROS DE HOJE. Afrânio Coutinho. Rio de Janeiro, Ed. Sul Americana, 1961, 2 v.

BRASÍLIA. Supl. ao vol. IV. Coimbra, Fac. de Letras da Univ. de Coimbra, 1949.

BREVE DICIONÁRIO DE AUTORES CLÁSSICOS DA LITERATURA BRASILEIRA. A. C. Chichorro da Gama. Rio de Janeiro, Lito-Tip. Fluminense, 1921.

DICIONÁRIO AMAZONENSE DE BIOGRAFIAS: VULTOS DO PASSADO. Agnelo Bittencourt. Rio de Janeiro, Conquista, 1973.

DICIONÁRIO BIBLIOGRÁFICO BRASILEIRO. Sacramento Blake. Rio de Janeiro, Tipografia Nacional, 1883-1902. 7v.

DICIONÁRIO BIBLIOGRÁFICO PORTUGUÊS. Inocêncio Francisco da Silva. Estudos aplicáveis a Portugal e ao Brasil. Lisboa, Imprensa Nacional, 1858-1923. 22v.

DICIONÁRIO BIOBIBLIOGRÁFICO BRASILEIRO. J. F. Velho Sobrinho. Rio de Janeiro, Pongetti, MES, 1937-40.

DICIONÁRIO BIOBIBLIOGRÁFICO BRASILEIRO DE DIPLOMACIA, POLÍTICA EXTERNA E DIREITO INTERNACIONAL. Argeu Guimarães. Rio de Janeiro, Ed. do Autor. 1938.

DICIONÁRIO BIOBIBLIOGRÁFICO BRASILEIRO DE ESCRITORES MÉDICOS. O. Carneiro Griffoni. São Paulo, Nobel, 1972.

DICIONÁRIO BIOBIBLIOGRÁFICO CEARENSE. Barão de Studart. Fortaleza, Tipo-Litografia a vapor, 1910. 3v.

DICIONÁRIO BIOBIBLIOGRÁFICO DE AUTORES TEATRAIS BRASILEIROS. *Anuário teatral argentino-brasileiro*. Rio de Janeiro, 1926. p. 46-49.

DICIONÁRIO BIOBIBLIOGRÁFICO DE ESCRITORES CARIOCAS. J. S. Ribeiro Filho. Rio de Janeiro, Brasiliana, 1965.

DICIONÁRIO BIOBIBLIOGRÁFICO DE MULHERES ILUSTRES, NOTÁVEIS E INTELECTUAIS DO BRASIL. Adalzira Bittencourt. Rio de Janeiro, Pongetti, 1955. 3v.

DICIONÁRIO BIOBIBLIOGRÁFICO DE REPENTISTAS E POETAS DE BANCADA. Átila Augusto F. de Almeida & José Alves Sobrinho. João Pessoa, Campina Grande, Editora

Universitário/Centro de Ciências e Tecnologia, 1978. 2v.

DICIONÁRIO BIOBIBLIOGRÁFICO DO AUTOR DA MICRORREGIÃO DO AGRESTE DA BORBOREMA. Campina Grande, PB, Univ. FURNe, 1982.

DICIONÁRIO BIBLIOGRÁFICO DO PARANÁ. Júlio Estrela Moreira. Curitiba, Imprensa Oficial do Estado, 1960.

DICIONÁRIO BIOBIBLIOGRÁFICO LUSO-BRASILEIRO. Víctor Brinches. Rio de Janeiro, Ed. Fundo de Cultura, 1965.

DICIONÁRIO BIOBIBLIOGRÁFICO SERGIPANO. Armindo Guaraná. Rio de Janeiro, Ofs. da Empr. Gráf. Ed. Paulo Pongetti, 1925.

DICIONÁRIO BIOGRÁFICO DE BRASILEIROS CÉLEBRES. Rio de Janeiro, Laemmert, 1871.

DICIONÁRIO BIOGRÁFICO DE PERNAMBUCANOS CÉLEBRES. Francisco Augusto Pereira da Costa. Recife, Fundação de Cultura Cidade do Recife, 1981. (1. ed. 1882 — Tip. Universal).

DICIONÁRIO BIOGRÁFICO MATO-GROSSENSE. Rubens de Mendonça. 2. ed. Goiânia, Rio Bonito, 1971.

DICIONÁRIO BIOGRÁFICO UNIVERSAL. São Paulo, Três Livros e Fascículos, 1983. 4v.

DICIONÁRIO BRASILEIRO DE ARTES PLÁSTICAS. Coord. Valmir Aiala. Brasília, INL, 1977.

DICIONÁRIO BRASILEIRO DE ARTISTAS PLÁSTICOS. Carlos Cavalcanti. Brasília, INL, 1973-80. 4v.

DICIONÁRIO BRASILEIRO DE DATAS HISTÓRICAS. José Teixeira Oliveira. 2. ed. Rio de Janeiro, Depto. de Imp. Nac., 1950.

DICIONÁRIO CRÍTICO DA LITERATURA INFANTIL E JUVENIL BRASILEIRA (1822-1982). Neli Novais Coelho. São Paulo, Ed. Quiron Ltda., 1983.

DICIONÁRIO CRÍTICO DO MODERNO ROMANCE BRASILEIRO. Pedro Américo Maia. Belo Horizonte, Grupo Gente Nova, 1970. 3v.

DICIONÁRIO DAS ARTES PLÁSTICAS NO BRASIL. Roberto Pontual. Rio de Janeiro, Civilização Brasileira, 1969.

DICIONÁRIO DAS LITERATURAS PORTUGUESA, BRASILEIRA E GALEGA. Dir. Jacinto Prado Coelho. Porto, Livr. Figurinhas, 1960 (3. ed. 1978).

DICIONÁRIO DE ARTISTAS E ARTÍFICES DOS SÉC. XVIII E XIX EM MINAS GERAIS. Judite Martins. Rio de Janeiro, Inst. Patrimônio Histórico e Artístico Nacional, 1974.

DICIONÁRIO DE AUTORES PAULISTAS. Luís Correia de Melo. São Paulo, Irmãos Andrioli, 1954.

DICIONÁRIO DE LITERATURA. Dir. Jacinto do Prado Coelho; Antônio Soares Amora; Ernesto Guerra da Cal. Rio de Janeiro, Cia. Bras. de Publicações, 1969.

DICIONÁRIO DE LITERATURA PORTUGUESA E BRASILEIRA. Celso Pedro Luft. Porto Alegre, Globo, 1967.

DICIONÁRIO DE MACHADO DE ASSIS; história e biografia das personagens. Francisco Pati. São Paulo, Rede Latina Ed. Ltda., [s.d.].

DICIONÁRIO DE PSEUDÔNIMOS, COGNOMES E TÍTULOS FAMOSOS. Roberto Feijó Ribeiro. Fortaleza, Gráf. Ed. Cearense, 1983.

DICIONÁRIO DE PSEUDÔNIMOS USADOS POR AUTORES TEATRAIS BRASILEIROS. Miguel Santos. Rio de Janeiro, Ed. da Soc. Bras. de Autores Teatrais, 1952.

DICIONÁRIO DE RIMAS DA LÍNGUA PORTUGUESA. José Augusto Fernandes. Rio de Janeiro, Record, 1984.

DICIONÁRIO DE TERMOS LITERÁRIOS. Massaud Moisés. São Paulo. Cultrix, 1974.

DICIONÁRIO DO FOLCLORE BRASILEIRO. Luís da Câmara Cascudo. 4. ed. São Paulo/Brasília, Melhoramentos/INL, 1979.

DICIONÁRIO HISTÓRICO-BIOGRÁFICO BRASILEIRO: 1930-1983. Coord. de Israel Beloch e Alzira Alves de Abreu. Rio de Janeiro, Ed. Forense-Univ.; FGV/CPDOC; Financiadora de Estudos e Projetos — FINEP, 1984. 2v.

DICIONÁRIO HISTÓRICO E LITERÁRIO DO TEATRO NO BRASIL. Augusto Lopes Gonçalves. Rio de Janeiro, Cátedra, 1975, 3v.; 2. ed. 1979.

DICIONÁRIO HISTÓRICO, GEOGRÁFICO E ETNOGRÁFICO DO BRASIL. Rio de Janeiro, Instituto Histórico e Geográfico Brasileiro, 1922. 2v.

DICIONÁRIO LITERÁRIO BRASILEIRO. Raimundo de Meneses. 2. ed. Rio de Janeiro, Livros Técnicos e Científicos, 1978. (1. ed. 1969. 5v.).

DICIONÁRIO LUSITÂNO-BRASILEIRO. Eno Teodoro Wanke. Rio de Janeiro, Plaquette, 1981.

DICIONÁRIO PRÁTICO DE LITERATURA BRASILEIRA. Assis Brasil. Rio de Janeiro, Ed. de Ouro, 1979.

A DICTIONARY OF CONTEMPORARY BRASILIAN AUTHORS Compiled by David William Foster and Roberto Reis. Center for Latin American Studies, Arizona State University, 1981.

ENCICLOPÉDIA BRASILEIRA. Alarico Silveira. Rio de Janeiro, INL, 1958.

ENCICLOPÉDIA DA MÚSICA BRASILEIRA, ERUDITA, FOLCLÓRICA E POPULAR. São Paulo, Art. Ed., 1977. 2v.

ENCICLOPÉDIA MIRADOR INTERNACIONAL. Rio de Janeiro, Enc. Britânica do Brasil, 1980.

GRANDE ENCICLOPÉDIA DELTA LAROUSSE. Rio de Janeiro, Delta, 1970. 12v.

ESCRITORES DO RIO GRANDE DO SUL. Ari Martins. Porto Alegre, Ed. da UFRGS/Inst. Est. do Livro, 1978.

MULHERES DO BRASIL. Fortaleza, Henriqueta Galeno, 1971.

MULHERES E LIVROS. Adalzira Bittencourt. Rio de Janeiro, 1948.

A MULHER NA LITERATURA (das línguas novilatinas). Maria Rita Soares de Andrade. Aracaju, Ofs. Gráfs. da "Casa Ávila", 1929.

A MULHER PAULISTA NA HISTÓRIA. Adalzira Bittencourt. Rio de Janeiro, Livros de Portugal, 1954.

NOVO DICIONÁRIO DE HISTÓRIA DO BRASIL. São Paulo, Melhoramentos, 1970.

PEQUENO DICIONÁRIO DE LITERATURA BRASILEIRA. José Paulo Pais e Massaud Moisés. São Paulo, Cultrix, 1969, 2. ed. 1980.

PEQUENO DICIONÁRIO INFORMATIVO DO ESTADO DO ESPÍRITO SANTO. Eurípedes Queirós do Vale. 2. ed. Vitória, Imprensa Oficial, 1959.

PSEUDÔNIMOS DE JORNALISTAS PERNAMBUCANOS. Luís do Nascimento. Recife, Ed. Universitária, 1983.

OS QUARENTA IMORTAIS. Luís Auturi. Rio de Janeiro, Imp. Borsoi, 1945.

QUEM É QUEM NAS ARTES E NAS LETRAS DO BRASIL. Rio de Janeiro, Min. Relações Exteriores, 1966.

QUEM É QUEM NO BRASIL. São Paulo, Sociedade Brasileira de Expansão Comercial, 1955.

SERVIÇO NACIONAL DE TEATRO. *Índice de autores e peças da dramaturgia brasileira*. Rio de Janeiro, 1977.

TITULARES DO IMPÉRIO. Carlos G. Rheingantz. Rio de Janeiro, Ministério da Justiça e Negócios Interiores, 1960.

VIDAS BRASILEIRAS. José Teixeira Oliveira. Rio de Janeiro, Pongetti, 1945.

1.2 *Biobibliografias gerais*

ACADEMIA BRASILEIRA DE LETRAS. *Anuário*. Rio de Janeiro, Civilização Brasileira, 1935-53. 10v.

ACADEMIA BRASILEIRA DE LETRAS. *Discursos acadêmicos* (1897-1948). Rio de Janeiro, Civilização Brasileira, 1934-48. 12v.

AMBROSI, Luís Alberto Musso. *Bibliografia uruguaia sobre Brasil*. Montevidéu, 1973.

ANAIS DO PRIMEIRO CONGRESSO BRASILEIRO DE CRÍTICA E HISTÓRIA LITERÁRIA. Recife, 7-14 de agosto de 1960. Rio de Janeiro, MEC/Biblioteca Nacional, [s.d.]

ANAIS DO PRIMEIRO CONGRESSO BRASILEIRO DE ESCRITORES. Promovido pela Associação Brasileira de Escritores (ABDE). São Paulo, Gráf. da Revista dos Tribunais, 1945. 425 p.

ANAIS DO PRIMEIRO CONGRESSO BRASILEIRO DE TEATRO. 9-13 de julho de 1951. Rio de Janeiro, Empr. Gráf. Ouvidor, 1953.

ANAIS DO QUARTO CONGRESSO DE HISTÓRIA NACIONAL. 21-28 de abril de 1949. Rio de Janeiro, Departamento de Imprensa Nacional, 1951. 11v.

ANAIS DO TERCEIRO CONGRESSO BRASILEIRO DE TEATRO. 7-12 de janeiro de 1957. Rio de Janeiro, Jornal do Commercio, 1957.

ANUÁRIO BRASILEIRO DE LITERATURA, 1937-44. Rio de Janeiro, Pongetti, 1937-44. 8v.

ANUÁRIO DA ACADEMIA BARBACENENSE DE LETRAS. Barbacena, 1981.

ANUÁRIO DA LITERATURA BRASILEIRA. Rio de Janeiro, 1960-63. 3v.

ANUÁRIO GENEALÓGICO LATINO: bibliografia de apelidos no Brasil. Salvador de Moia. São Paulo, Revista Genealógica Latina, 1958.

ARAÚJO, Zilda Galhardo. *Guia de bibliografia especializada*. Rio de Janeiro, Associação Brasileira de Bibliotecários, 1969.

AUSTREGÉSILO, Antônio. *Estátuas harmoniosas*. (Perfis acadêmicos). Rio de Janeiro, Guanabara, 1940.

AUTORES E LIVROS. Supl. lit. de *A Manhã*, Rio de Janeiro, Dir. Múcio Leão.

ÁVILA, Antero Ferreira d'. *Retratos biográficos de acadêmicos contemporâneos*. São Paulo, Tip. Imparcial, 1866.

AZEVEDO, A. G. de Miranda. *Mortos ilustres*. 1900-1901. São Paulo, Diário Oficial, 1902.

AZEVEDO, Moreira de. *Ensaios biográficos*. Rio de Janeiro, Tip. de de F. A. de Almeida, 1861.

_____. *Homens do passado*; crôn. dos séc. XVIII e XIX. Rio de Janeiro, B. L. Garnier, 1875.

AZEVEDO SOBRINHO, José Vicente de. *Efemérides da Academia Brasileira de Letras* (Atualizadas até 1940). Rio de Janeiro, Jornal do Commercio, Rodrigues & Cia., 1942.

BALDUS, Herbert. *Bibliografia comentada de etnologia brasileira*. Rio de Janeiro, Ed. Sousa, 1954.

BARBOSA, Francisco de Assis. Romance, novela e conto no Brasil (1893-1949). *Cultura*. Rio de Janeiro (Ano I) 3: p. 193-242, maio-ago, 1949.

BARRETO, Abeillard. *Bibliografia sul-riograndense*. Rio de Janeiro, Conselho Federal de Cultura, 1973. 2v.

BERGER, Paulo. *Bibliografia do Rio de Janeiro*: viajantes e autores estrangeiros.

1531-1900. Rio de Janeiro, SEEC, 1980.
BIBLIOGRAFIA. Rio de Janeiro, ABL, 1931-43. 13v. (Col. Afrânio Peixoto, III).
BIBLIOGRAFIA ANALÍTICA DA LITERATURA INFANTIL E JUVENIL PUBLICADA NO BRASIL (1965-74). São Paulo/ Brasília, Melhoramentos/INL, 1977.
BIBLIOGRAFIA BRASILEIRA DE CIÊNCIAS SOCIAIS. Rio de Janeiro, IBBD, 1958.
BIBLIOGRAFIA CATÓLICA BRASILEIRA. Rio de Janeiro, José Olympio, 1955.
BIBLIOGRAFIA DE ALMACHIO DINIZ. Rio de Janeiro, Olímpica, 1953.
BIBLIOGRAFIA DE CINEMA. Rio de Janeiro, v. 1, n. 1, 1978.
BIBLIOGRAFIA DE FRANCISCO DE MATOS. Org. por Renato Herbert de Castro. Salvador, [s.ed.], 1982 (mimeogr.).
BIBLIOGRAFIA DE JUNQUEIRA FREIRE. Org. pela Seção de Referência da Bibl. Nacional, Rio de Janeiro, 1955 (mimeogr.).
BIBLIOGRAFIA DE MÍRIAM FRAGA. Org. por Renato Herbert de Castro. [s.l.]; [s.ed.] 1983 (mimeogr.).
BIBLIOGRAFIA DE ODORICO TAVARES. Org. por Renato Herbert de Castro. [s.l.]. Conselho Estadual de Cultura, 1980 (mimeogr.).
BIBLIOGRAFIA DE PUBLICAÇÕES OFICIAIS BRASILEIRAS: área federal 1975/77. Brasília, Câmara dos Deputados, 1981.
BIBLIOGRAFIA ORLANDO GOMES. Salvador, Gráf. Universitária, 1981.
BIBLIOTECA DO INSTITUTO DOS BACHARÉIS EM LETRAS. Publ. sob a dir. e red. de Anastácio Luís do Bonsucesso. Rio de Janeiro, Correio Mercantil, 1867.
BIBLIOTECA NACIONAL DO RIO DE JANEIRO. *Boletim bibliográfico*. Rio de Janeiro, 1918-63. 33v. (com algumas falhas).
BIBLIOTECAS ESPECIALIZADAS BRASILEIRAS: guia para intercâmbio bibliográfico. Rio de Janeiro, Conselho Nacional de Pesquisas, 1962.
BITTENCOURT, Liberato. *Duas dezenas de imortais*. Rio de Janeiro, Ofs. Gráfs. do Ginásio 28 de Setembro, 1934-35. 2v.
BOLETIM BIBLIOGRÁFICO. Belo Horizonte, 1 jul. 1962.
BOLETIM BIBLIOGRÁFICO: obra editadas. São Paulo, Univ. de São Paulo, n. 10.
BOLETIM BIBLIOGRÁFICO. Publ. da Biblioteca Pública Municipal de São Paulo. SP, 1943-52.
BOLETIM BIBLIOGRÁFICO BRASILEIRO. Rio de Janeiro, (1) 1, nov.-dez., 1952. Rio de Janeiro, A Estante, 1952.
BOLETIM BIBLIOGRÁFICO DA BIBLIOTECA NACIONAL. Rio de Janeiro, Bibl. Nac., 1886-88, 1918-21, 1945, 1951-55.
BRASIL. INSTITUTO NACIONAL DO LIVRO. *Bibliografia brasileira*. 1938. Rio de Janeiro, INL, 1938. 5v.
BRASIL E BRASILEIRO DE HOJE. Dir. Afrânio Coutinho. Rio de Janeiro, Foto Service, 1961.
CARMO, J.A. Pinto do. *Bibliografia de Capistrano de Abreu*. Rio de Janeiro, Imprensa Nacional, 1943.
____. *Novelas e novelistas brasileiros*. Indicações bibliográficas. Rio de Janeiro, Org. Simões, 1957.
CARPEAUX, Otto Maria. *Pequena bibliografia crítica da literatura brasileira*. 3. ed. Rio de Janeiro, Letras e Artes, 1964.
CARVALHO, Alfredo de. *Bibliografia exótica-brasileira*. Publicada sob a dir. de Eduardo Tavares. Rio de Janeiro, Pongetti, 1929-30. 3v.
____. Biblioteca exótica-pernambucana (A-Z). *Anais da Biblioteca Nacional*. Rio de Janeiro, v. 77, 1963.

CARVALHO, José Lopes Pereira de, ed. *Os membros da Academia Brasileira em 1915.* (Traços biobibliográficos, acompanhados de excertos de suas produções). Pref. do prof. Maximino Maciel, dat. de 1916. Rio de Janeiro, Of. Gráf. da Liga Marítima Brasileira [s.d.].

CARVALHO, Osvaldo. *Bibliografia de censura intelectual* (mimeogr.). São Paulo, 1956.

____. *Bibliografia de direitos autorais.* São Paulo, 1956 (mimeogr.).

____. *Bibliografia de hemerografias.* São Paulo, 1956 (mimeogr.).

O CATOLICISMO NO BRASIL. Rio de Janeiro, Biblioteca Nacional [s.d.].

CHAGAS, Pinheiro. *Brasileiros ilustres.* 4. ed. rev. e acresc. Porto, Chardron/ Lello, 1909.

COELHO NETO, Paulo. *Bibliografia de Coelho Neto.* Rio de Janeiro, INL, 1972.

DEPUTADOS BRASILEIROS: repertório biográfico dos membros da Câmara dos Deputados da Sexta Legislatura (1967-71). Brasília, Bibl. Câmara dos Deputados, 1968 e 1983.

DUARTE, José Afrânio Moreira. *De conversa em conversa.* São Paulo, Ed. do Escritor, 1976.

____. *Palavra puxa palavra*: entrevistas. São Paulo, Ed. Escritor, 1982.

ELITE INTELECTUAL E DEBATE POLÍTICO NOS ANOS 30: uma bibliografia comentada da Revol. de 1930. Rio de Janeiro/Brasília, FGV/ INL, 1980.

ESTUDANTES DA UNIVERSIDADE DE COIMBRA (1772-1872). Rio de Janeiro, Imprensa Nacional, 1943.

FERREIRA, Orlando da Costa. *Imagem e letra*; introdução à bibliografia brasileira. São Paulo, Melhoramentos/USP, 1976.

FLEXOR, Maria Helena Ochi. *Abreviaturas*: manuscritos dos séc. XVI ao XIX. São Paulo, Secr. de Cultura, 1979.

FONSECA, Gondin da. *Biografia do jornalismo carioca* (1808-1908). Rio de Janeiro, Quaresma, 1941.

FORD, J.D.M. *(et al.). A tentative bibliography of Brazilian belles-lettres.* Cambridge, Mass., Harvard Univ. Pr., 1931.

FROTA, Guilherme de Andréa. "Os franceses e a fundação do Rio de Janeiro"; ensaio bibliográfico. In: *Verbum.* Rio de Janeiro, (20) 2, jun. 1963.

GALERIA DOS BRASILEIROS ILUSTRES (os contemporâneos). Rio de Janeiro, Sisson, 1859-61. 2v.

GALERIA NACIONAL: vultos proeminentes da história brasileira. Rio de Janeiro, Jornal Brasil, 1932-36. 10 fasc.

GARRAUX, A. L. *Bibliographie brésilienne.* Introd. de Francisco de Assis Barbosa. Rio de Janeiro, José Olympio, 1962.

GOMES, Celuta Moreira. *O conto brasileiro e sua crítica.* Rio de Janeiro, Biblioteca Nacional. 1977. 2v.

____ et AGUIAR, Teresa da Silva. *Bibliografia do conto brasileiro 1841-1967.* Rio de Janeiro, Biblioteca Nacional, 1968. 2v.

GRANDES vultos das letras. São Paulo, Melhoramentos, [s.d.] 15v.

HORCH, Hans Jurgen W. *Bibliografia de Castro Alves.* Rio de Janeiro, INL, 1960.

ÍNDICE DE BIBLIOGRAFIA BRASILEIRA. J. Galante de Sousa. Rio de Janeiro, INL, 1963.

ÍNDICE DO *CORREIO BRASILIENSE.* Rio de Janeiro, Div. de Publ. e Divulgação, 1976.

INSTITUTO NACIONAL DO LIVRO. *Bibliografia brasileira.* Rio de Janeiro, 1938-66. 17v.

INSTITUTO NACIONAL DO LIVRO. *Bibliografia brasileira mensal.* Rio de Janeiro, nov. 1967 — dez. 1970.

INTRODUÇÃO AO ESTUDO DA LITERATURA BRASILEIRA. Rio de Janeiro, INL, 1963.

MACEDO, Joaquim Manuel de. *Ano biográfico brasileiro.* Rio de Janeiro,

Tip. e Litografia do Imperial Inst. Artístico, 1876-80. 4v.

MACEDO, Roberto. *Apontamentos para uma bibliografia carioca.* Rio de Janeiro, Centro Carioca, 1943.

MACHADO, Diogo Barbosa. *Biblioteca lusitana.* Coimbra, Atlântida, 1965-67. 4v.

MANUAL BIBLIOGRÁFICO DE ESTUDOS BRASILEIROS. Rio de Janeiro, Gráf. Ed. Sousa, 1949.

MATOS, Ricardo Pinto de. *Manual bibliográfico português*; de livros raros, clássicos e curiosos. Porto, Livr. Portuense Ed., 1878.

MELO, Aristeu Gonçalves de. *O controle bibliográfico no Brasil.* Brasília, Câmara dos Deputados, 1981.

MELO, Homem de. *Esboços biográficos.* Rio de Janeiro, Diário do Rio de Janeiro, 1862. 2v. (Biblioteca Brasileira, 2 e 4).

MODERNISMO BRASILEIRO: bibliografia (1918-71). Org. por Xavier Place, Rio de Janeiro, Div. de Publ. e Divulgação, 1972.

MOISÉS, M. *Bibliografia da literatura portuguesa.* São Paulo, 1968.

MORAIS, Rubens Borba de. *Bibliografia brasileira do período colonial.* São Paulo, Inst. Est. Brasileiros, 1969.

____. *Bibliografia brasiliana.* Rio de Janeiro, Colibis Ed. Ltda., 1958. 2v.

____ /e/ BERRIEN, William. *Manual bibliográfico de estudos brasileiros.* Rio de Janeiro, Gráf. Ed. Sousa, 1949.

MOREIRA, Júlio Estrela. *Dicionário bibliográfico do Paraná.* Curitiba, Imprensa Oficial, 1960.

MULHER BRASILEIRA: bibliografia anotada. São Paulo, Brasiliense, 1979.

NASCIMENTO, Bráulio do. *Bibliografia do folclore brasileiro.* Rio de Janeiro, Biblioteca Nacional, 1971. 360p.

OLIVEIRA, José Teixeira de. *Vidas brasileiras.* 1. sér. Rio de Janeiro, Irmãos Pongetti, Ed., 1945.

PAIM, Antônio. *Bibliografia filosófica brasileira.* São Paulo, GRD; Brasília, INL, 1979.

PEQUENA BIOBIBLIOGRAFIA COMEMORATIVA DO 80º ANIVERSÁRIO DO ESCRITOR (Menotti del Picchia). Rio de Janeiro, Livr. São José, 1972.

PERDIGÃO, H. *Dicionário universal da literatura.* 2. ed. Porto, Ed. Lopes da Silva, 1940.

PEREIRA, Amâncio. *Traços biográficos.* 1. sér., 1º livro. [s.l., s.ed.] 1897. 61p.

PEREZ, Renard. *Escritores brasileiros contemporâneos.* Rio de Janeiro, Civilização Brasileira, 1960. 2v.

PERIÓDICOS BRASILEIROS DE CULTURA. Rio de Janeiro, Inst. Bras. de Bibliogr. e Documentação, 1956.

PI. Fernando. *Bibliografia comentada de Carlos Drummond de Andrade (1918-30).* Rio de Janeiro, Brasília/José Olympio. INL, 1980.

PINHEIRO, Mário Portugal Fernandes. *Cônego Fernandes Pinheiro.* Vida e obra. Rio de Janeiro, Depto. de Imprensa Nacional, 1958.

PIRES, Evaristo Nunes. *Esboços históricos e biográficos.* (Primeira tentativa). Rio de Janeiro, Tip. Cinco de Março, 1874.

QUEM É QUEM NAS ARTES E NAS LETRAS DO BRASIL. (Artistas e escritores contemporâneos ou falecidos depois de 1945). Rio de Janeiro, Min. das Relações Exteriores — Depto. Cultural e de Informações, 1966.

RAEDERS, Georges. *Bibliographie Franco-Brésilienne.* Rio de Janeiro, INL, 1960.

REIS, Antônio Simões dos. *Bibliografia sul-rio-grandense.* Notas, 1º vol. Rio de Janeiro, Jornal do Commercio, Rodrigues & Cia., 19 39.

____. *Pseudônimos brasileiros.* Pequenos verbetes para um dicionário. Rio de Janeiro, Zélio Valverde, 1941-43. 6 fase. 2v.

____. *Bibliografia das bibliografias brasileiras.* Rio de Janeiro, Imprensa Nacional, 1942.

____. *Bibliografia nacional*. Rio de Janeiro, Z. Valverde, 1942. 8v.

____. *Bibliografia da história da literatura brasileira de Sílvio Romero*. Rio de Janeiro, Z. Valverde, 1944.

____. *Biblioteca brasileira I*. Poetas do Brasil. Rio de Janeiro, Org. Simões, 1949.

____. *Poetas do Brasil*. Bibliografia. Rio de Janeiro, Org. Simões, 1949-51. 2v.

____. *João Ribeiro*: bibliografia sobre a sua obra. Suplemento da *Rev. do Livro*. Rio de Janeiro, INL, 1960.

____. *Bibliografia da crítica literária*: em 1907 através dos jornais cariocas. Rio de Janeiro, Casa de Rui Barbosa, 1968.

____. *Mário de Andrade*; bibliografia sobre a sua obra. Suplemento da *Rev. do Livro*. Rio de Janeiro, INL [s.d.]

REIS, Irene Monteiro. *Bibliografia de Euclides da Cunha*. Rio de Janeiro, INL 1971.

RIBEIRO, Adalberto Mário. *Instituições brasileiras de cultura*. Rio de Janeiro. MES, Serviço de Documentação 1945-48. 2v.

RIBEIRO FILHO, G.S. *Dicionário bibliográfico de escritores cariocas*. Rio de Janeiro, 1965.

RIO BRANCO, J. M. da S. Paranhos, Barão do. *Efemérides brasileiras*. 2. ed. Rio de Janeiro, Impr. Nac., 1938.

RODRIGUES, José Honório. *Historiografia e bibliografia do domínio holandês no Brasil*. Rio de Janeiro, INL, 1949.

____. *As fontes da história do Brasil na Europa*. Rio de Janeiro, Imprensa Nacional, 1950.

SALES, Davi. *Bibliografia de e sobre Xavier Marques*. Salvador, Centro de Estudos Baianos, 1969.

SAMBAQUI, Lídia de Queirós. *O IBBD e os serviços que se propõe a prestar*. Rio de Janeiro, Instituto Brasileiro de Bibliografia e Documentação, 1957.

SILVA, Inocêncio Francisco da. *Dicionário bibliográfico português*. Lisboa, Imprensa Nacional, 1858-1923. 22v.

SILVA, J. M. Pereira da. *Os varões ilustres do Brasil durante os tempos coloniais*. Paris, H. Plon, 1858. 2v.

SILVA, Joaquim Norberto de Sousa. *Brasileiras célebres*. Rio de Janeiro, Garnier, 1862.

SILVA, M. Nogueira da. *Bibliografia de Gonçalves Dias*. Rio de Janeiro, Imprensa Nacional, 1942.

SOARES, José Carlos de Macedo. *Fontes da história da Igreja Católica no Brasil*. Separata da *Revista do Instituto Histórico e Geográfico Brasileiro*. Rio de Janeiro, 1954.

SODRÉ, Nelson Werneck. *O que se deve ler para conhecer o Brasil*. Rio de Janeiro, Centro Brasileiro de Pesquisas Educacionais, INEP — MEC, 1960.

SOUSA, J. Galante de. *Bibliografia de Machado de Assis*. Rio de Janeiro, INL, 1955.

____. *Fontes para o estudo de Machado de Assis*. 2. ed. ampl. Rio de Janeiro, INL, 1969. (l. ed. 1958).

TAVARES, Regina H. & LISBOA, Hadjine. *Influencias africanas en la America Latina*: bibliografia preliminar. Rio de Janeiro. 1963.

A TENTATIVE BIBLIOGRAPHY OF BRAZILIAN BELLES-LETTRES. Cambridge, Massachusetts, Harvard University Press, 1931.

VALADARES, José. *Arte brasileira*. (Bibliografia, 1943-1953). 1955.

VALE, Maria Cecília Malta. *Literatura e sociedade*. Rio de Janeiro, Faculdade de Letras, 1982.

VASCONCELOS, Eduardo Pinto Coelho de. *Biografias dos maiores vultos do Brasil*. Rio de Janeiro, Francisco Alves, 1937.

VELHO SOBRINHO, J. F. *Dicionário biobibliográfico brasileiro*. Pongetti, 1937-40. 2v.

VILAS-BOAS, Pedro. *Notas de bibliografia sul-rio-grandense*. Porto Alegre, A Nação, Instituto Estadual do Livro, 1974.

____. *Panorama bibliográfico do regionalismo*. Porto Alegre, Fundação Instituto Gaúcho de Tradição e Folclore, 1978.

1.3 *Biobibliografias regionais*

ALVES, Henrique L. *Bibliografia afro-brasileira*. Rio de Janeiro/Brasília, Cátedra; INL, 1979.

ALVES, Marieta. *Escritores baianos*. Salvador, 1977.

ARAÚJO, Raimundo. *Livros e autores do Ceará*. Fortaleza, Ed. Henriqueta Galeno, 1977.

BITTENCOURT, Liberato. *Homens do Brasil*; Paraíba (paraibanos ilustres). Rio de Janeiro, Gomes Pereira, 1914.

____. *Homens do Brasil*; Sergipe; 2. ed. Rio de Janeiro, Mascote, 1917.

COSTA, A. *Baianos de antanho*. Rio de Janeiro, Pongetti, 1955.

COSTA, Pereira F. A. *Dicionário biográfico de pernambucanos célebres*. Recife, Tip. Universal, 1882.

CUNHA, Raimundo Ciriaco Alves da. *Paraenses ilustres*. Paris, Jablonski, Vogt e Cia., 1896. 142p.

FONSECA, Edson Neri da. *Bibliografia de obras de referência pernambucanas*. Recife, Impr. Universitária, 1964.

GAMA, Oscar. *História do teatro capixaba: 395 anos*. Vitória, Fundação Cultural, 1981.

GUARANÁ, Armindo. *Dicionário biobibliográfico sergipano*. Rio de Janeiro, Pongetti, 1925.

LEAL, A. H. *Panteon maranhense*. Lisboa, Imprensa Nacional, 1873-75. 4v.

MACEDO, Roberto. *Apontamentos para uma bibliografia carioca*. Rio de Janeiro, Ed. do Centro Carioca, 1943.

MELO, Luís Correia de. *Subsídios para um dicionário dos intelectuais riograndenses*. [s.l.] Distribuição da Ed. Civilização Brasileira, 1944.

OTONI, Carlos. *Mineiros distintos*. Ouro Preto. Liberal Mineiro, 1884.

PINHO, Péricles Madureira de. *São assim os baianos*. Rio de Janeiro, Fundo de Cultura, 1960.

SANTOS, P. Leri. *Panteon fluminense*. Rio de Janeiro, G. Leuzinger, 1880.

SOUSA, Antônio Loureiro de. *Baianos ilustres* (1567-1925.) 3. ed. São Paulo, Brasília, IBRASA/INL, 1979.

SOUSA, Maria da Conceição. *Estudos bibliográficos cearenses*. Fortaleza, Imprensa Universitária, 1975.

____. *Autor cearense*: índice de biobibliografias. Fortaleza, Ed. UFC, 1982.

STUDART, Barão de. *Para a história do jornalismo cearense* (1824-1924). Fortaleza, Tip. Moderna/F. Carneiro, 1924.

STUDART, Guilherme. *Dicionário biobibliográfico cearense*. Fortaleza, Tip. Litográfica a vapor, 1910-15. 3v.

TELES, Gilberto Mendonça. *O conto brasileiro em Goiás*. Goiânia, Depto. Estadual de Cultura, 1969.

____. *A poesia em Goiás*. 2. ed. Goiânia, Ed. da Universidade Federal de Goiás, 1983.

VEIGA, J. P. Xavier da. *Efemérides mineiras* (1664-1897). Ouro Preto, Imprensa Oficial de MO, 1897. 4v.

VIEIRA FILHO, Domingos. *Populário maranhense* (bibliografia). Rio de Janeiro, Civilização Brasileira; São Luís, SECMA, 1982.

VILAS-BOAS, Pedro. *Pseudônimos de regionalistas e abreviaturas*. Porto Alegre, Impr. Moliterni, 1967.

____. *Notas de bibliografia sul-rio-grandense*. Autores. Porto Alegre, A Nação, Inst. Est. do Livro, 1974.

____. *Panorama bibliográfico do regionalismo*. Porto Alegre, 1977, 48 p.

VÍTOR, Nestor. *Três romancistas do norte*. Rio de Janeiro, Jornal do Commercio, 1915.

1.4 Obras diversas

ABÍLIO, Henrique. *Crítica pura*. Seguida de "O erro objetivo do 'Primitivismo". São Paulo, Panorama, [s.d.], [1942].

ABRANCHES, Dunshee de. *Governos e congressos da República dos Estados Unidos do Brasil*. São Paulo, M. Abranches, 1918. 2v.

ABREU, Bricio de. *Esses populares tão desconhecidos*. Rio de Janeiro, E. Raposo Carneiro, Ed. 1963.

ABREU, Capistrano de. *Capítulos de história colonial*. Rio de Janeiro, Briguiet, 1928.

____. *Ensaios e estudos*. Rio de Janeiro, Briguiet, 1931-32-38. 3v.

ABREU, Edith da Gama e. *O romance*. Salvador, Progresso, [s.d.]

ABREU, Jorge. *História da literatura nacional*. Rio de Janeiro, Mundo Médico, 1930.

ACADEMIA BRASILEIRA DE LETRAS. *Curso de romance*. Rio de Janeiro, Cia. Brasileira de Artes Gráficas, 1952.

____. *Curso de poesia*. Rio de Janeiro; Cia. Brasileira de Artes Gráficas, 1954.

____. *Curso de teatro*. Rio de Janeiro, Cia. Brasileira de Artes Gráficas, 1954.

____. *Curso de crítica*. Rio de Janeiro, Cia. Brasileira de Artes Gráficas, 1956.

____. *Curso de conto*. Conferências realizadas na ABL. Rio de Janeiro, Gráf. Tupi, 1958.

____. *Curso de jornalismo*. Conferências realizadas na ABL. Rio de Janeiro, Gráf. Tupi, 1958.

____. *Livro do cinquentenário*. Rio de Janeiro, Impr. Nac., 1948.

ADERALDO, Mozart Soriano. *Esboço de história da literatura brasileira*. Fortaleza, Clã, 1948.

____. *Livros e ideias:* crítica e ensaio. Fortaleza, Clã, 1954.

ADONIAS FILHO. *O romance brasileiro de 30*. Rio de Janeiro, Bloch, 1969.

____. "Aspectos sociais do romance brasileiro". In: *Revista Brasileira de Cultura*. Rio de Janeiro, MEC, CFE, 1970.

ALBUQUERQUE, Medeiros e. *Páginas de crítica*. Rio de Janeiro, Leite Ribeiro & Maurillo, 1920.

____. *Homens e coisas da Academia Brasileira*. Rio de Janeiro, Renascença, 1934.

ALBUQUERQUE, Moacir de. *Alguns romancistas contemporâneos*. Recife, Nordeste, 1954.

____. *Literatura e técnica literária*. Recife, Imprensa Oficial, 1962.

ALDRIDGE, Alfred O. *The Brazilian maxim*. Sep. *Comparative literature*. (XV) *1*, 1963.

ALECRIM, Otacílio. *Ensaios de literatura e filosofia*. Método comparativo. Rio de Janeiro, Oficinas de Seleções Brasileiras, 1955.

ALENCAR, Mário de. *Alguns escritos*. Rio de Janeiro/Paris, Garnier, 1910.

ALMANSUR HADDAD, J. *O romantismo brasileiro e as sociedades secretas do tempo*. São Paulo, Gráf. Siqueira, 1945.

ALMEIDA, Filinto de. *Colunas da Noite*. Paris, Livr. Francesa e Estrangeira, Truchy-Leroy, [s.d.].

ALMEIDA, Guilherme de. *Do sentimento nacionalista na poesia brasileira* (tese de concurso). São Paulo, Casa Garraux, 1926.

ALMEIDA, José Maurício Gomes de. *A tradição regionalista no romance brasileiro* (tese). Rio de Janeiro, F.L., 1980; Achiamé, 1981.

ALMEIDA, José Osório de Oliveira. *Aspectos do romance brasileiro*. Lisboa, 1943.

ALMEIDA, Mauro. *A comunicação de massa no Brasil*. Recife, Júpiter, 1971.

ALMEIDA, Miguel Osório de. *Ensaios, críticas e perfis*. Rio de Janeiro, Briguiet, 1938.

ALMEIDA, Paulo Mendes de. *De Anita ao Museu*. São Paulo, Conselho Estadual de Cultura, Comissão de Literatura, 1961.

ALMEIDA, Pires de. *A Escola Byroniana no Brasil*. São Paulo, Conselho Estadual de Cultura, Comissão de Literatura, 1962.

ALMEIDA, Sílvio de. *Estudos*. Introd., seleção e notas de Leonardo Arroio. São Paulo, Conselho Estadual de Cultura, Comissão de Literatura, 1967.

ALTAVILA, Jaime d', pseud. Anfilófio de Melo. *Estudos de literatura brasileira*. Maceió, Of. Gráf. da Casa Ramalho, 1937.

ALVARENGA, Otavio Melo. *Mitos e valores*. Rio de Janeiro, INL, 1956.

ALVES, Constâncio. *Figuras*. Rio de Janeiro, Anuário do Brasil (Almanaque Laemmert), 1921.

ALVES, Henrique. *Ficção de 30*. São Paulo, SBFLE, 1978.

ALVES, Ivia. *Arco & flexa*. Salvador, Fundação Cultural Estado da Bahia, 1978.

ALVES FILHO, F. M. Rodrigues. *O sociologismo e a imaginação no romance brasileiro*. Rio de Janeiro, José Olympio, 1938.

ALVIM, Decio Ferraz. *História da literatura brasileira nos sécs. XVI-XVII-XVIII*. São Paulo, Helicon, 1966.

AMADO, Gilberto. *A chave de Salomão e outros escritos*. Rio de Janeiro/São Paulo/Belo Horizonte, Francisco Alves; Paris, Lisboa, Aillaud, Alves & Cia., 1914.

_____. *A dança sobre o abismo*. Rio de Janeiro, Ariel, [s.d.] José Olympio, 1952.

AMARAL, Amadeu. *Letras floridas*. Rio de Janeiro, Leite Ribeiro & Maurillo, 1920.

_____. *O elogio da mediocridade* (Estudos e notas de literatura). São Paulo, Nova Era, 1924.

AMARAL, Luís. *Técnica de jornal e periódico*. 3. ed. Fortaleza, Tempo Brasileiro, 1982.

AMARAL, Rubens do. *Luzes do planalto*. São Paulo, Conselho Estadual de Cultura, Comissão de Literatura, 1962.

AMORA, Antônio Soares. *O romantismo (1833-38/1878-81)*. São Paulo, Cultrix, 1967 (A literatura brasileira, v. 2)

AMORA, Antônio Soares (org.) *Era luso-brasileira (Sécs. XVI-c.XIX)*. Rio de Janeiro, Civilização Brasileira, 1959 (Panorama da poesia brasileira, v. 1)

_____. *História da literatura brasileira*. São Paulo, Saraiva, 1960.

_____. *Classicismo e romantismo no Brasil*. São Paulo, Conselho Estadual de Cultura, 1966.

ANDRADE, Almir de. *Aspectos da cultura brasileira*. Rio de Janeiro, Schmidt, 1939.

_____. *Formação da sociologia brasileira, vol. I Os primeiros estudos sociais no Brasil (sécs. XVI, XVII, XVIII)*. Rio de Janeiro, José Olympio, 1941.

ANDRADE, Carlos Drummond de. *Passeios na ilha. Divagações sobre a vida literária e outras matérias*. Rio de Janeiro. Org. Simões, 1952.

ANDRADE, Goulart de. *Cadeira nº 6 da Academia Brasileira de Letras 1915-1925*. ed. Com um pref. de João Guimarães, Rio de Janeiro, Alba, 1933.

ANDRADE, José Oswald de Sousa. *A Arcádia e a Inconfidência*. (Tese) São Paulo, Rev. dos Tribunais, 1945.

ANDRADE, Mário de. *Música do Brasil*. São Paulo, Guaíra, 1941.

_____. *O movimento modernista*. Rio de Janeiro, Casa do Estudante do Brasil, 1942.

_____. *Aspectos da literatura brasileira*. Rio de Janeiro, Americ, 1943.

_____. *O empalhador de passarinho*. 2. ed. São Paulo, Martins, 1955.

_____. *Cartas de Mário de Andrade a Manuel Bandeira*. Pref. e notas de Manuel Bandeira. Rio de Janeiro, Org. Simões, 1958.

ANDRADE, Olímpio de Sousa. *O livro brasileiro*. Rio de Janeiro/Brasília. Paralelo/INL, 1974. (2. ed. Ed. Cátedra/INL, 1978).

ANOS 70: arte, música, cultura, literatura, cinema, teatro, televisão. Rio de

Janeiro, Europa Emp. gráf. e Edit., 1979-80. 5v.

ANSELMO, Manuel. *Família literária luso-brasileira* (Ensaios de literatura e estética). Rio de Janeiro, José Olympio, 1943.

ARAGÃO, J. Guilherme de. *Fronteiras da criação*. Rio de Janeiro, José Olympio, 1959.

ARANHA, Graça. *Espírito moderno*. 2. ed. São Paulo, Cia. Editora Nacional, [s.d.] ARANTES, Altino. *Passos do meu caminho*. Rio de Janeiro, José Olympio, 1958.

ARARIPE JÚNIOR, T. A. *Literatura brasileira, movimento de 1893*. Rio de Janeiro, Democrática, 1896.

_____. *Obra crítica*. Rio de Janeiro, Fundação Casa de Rui Barbosa, 1958-70. 5v.

ARAÚJO, Carlos da Silva. *A cultura no Brasil colonial*. Rio de Janeiro, São José, 1955.

ARAÚJO, J. Aureliano Correia de. *Ensaios de crítica literária e psicanalítica*. Recife, [s.ed.], 1957.

ARAÚJO, Murilo. *Quadrantes do modernismo brasileiro*. Rio de Janeiro, MEC, 1958.

ARINOS, Afonso. *Notas do dia*: comemorando. São Paulo, Tip. Andrade, Melo & Cia., 1900.

ARROIO, Leonardo. *O tempo e o modo*. São Paulo, Conselho Estadual de Cultura, Comissão de Literatura, 1963.

ASPECTOS DA FORMAÇÃO E EVOLUÇÃO DO BRASIL. Rio de Janeiro, Jornal do Commercio, 1953.

ASSIS, Brasil. *O modernismo*. Rio de Janeiro, Pallas; Brasília, INL, 1976.

ASSIS, Machado de. *Crítica* (Coleção feita por Mário de Alencar). Rio de Janeiro, Paris, Garnier, [s.d.] (pref.: 1910).

_____. *Crítica literária*. Rio de Janeiro/São Paulo/Porto Alegre, W. M. Jackson Inc., 1937.

_____. *Crítica teatral*. Rio de Janeiro/São Paulo/Porto Alegre, W. M. Jackson Inc. 1937.

ATAÍDE, Vicente. *Literatura da língua portuguesa*. Curitiba, Ed. Curso Abreu, 1969.

ATRÁS DA MÁSCARA: depoimentos prestados a Simon Khoury. Rio de Janeiro, Civilização Brasileira, 1983. 2v.

ÁVILA, Afonso (org.) *O modernismo*. São Paulo, Perspectiva, 1975.

AZEREDO, Carlos Magalhães de. *Homens e livros*. Rio de Janeiro/Paris, Garnier, 1902.

AZEVEDO, Ciro de. *Literatura brasileira*. Conferencias pronunciadas en la Universidad de Montevideo (Versión taquigráfica) [s.n.t.]

AZEVEDO, Fernando de. *Ensaios*: crítica literária para *O Estado de S. Paulo* 1924-25. São Paulo, Melhoramentos, 1929.

_____. *A cultura brasileira*. 3. ed. São Paulo, Melhoramentos, 1958. 3v.

_____. *Máscaras e retratos*: estudos literários sobre escritores e poetas do Brasil. 1. ed., 1929 sob o título "Ensaios". 2. ed. revista e aum. São Paulo, Melhoramentos, 1962.

AZEVEDO, J. Lúcio de. *Novas epanáforas*: estudos de história e literatura. Lisboa, Clássica, A. M. Teixeira & Cia. (Filhos), 1932.

AZEVEDO, Luís Heitor Correia de. *Relação das óperas de autores brasileiros*. Rio de Janeiro, MES, 1938.

AZEVEDO, Raul de. *Confabulações*: páginas de outrora e de hoje. Lisboa, Aillaud e Bertrand, 1919.

_____. *Bazar de livros* (Comentários). Rio de Janeiro, Adersen, 1934.

_____. *Meu livro de saudades*: homens, cidades, paisagens. Rio de Janeiro, Freitas Bastos, 1938.

_____. *Vida dos outros*: diário dum cronista. Rio de Janeiro, Civilização Brasileira, 1938.

_____. *Terras de homens*. Rio de Janeiro, Irmãos Pongetti, 1948.

AZEVEDO FILHO, Leodegário de. *Introdução ao estudo da nova crítica no Brasil*. Rio de Janeiro, Acadêmica, 1965.

____. *Síntese crítica da literatura brasileira*. Rio de Janeiro, Gernasa, 1971.

____. *Curso de literatura brasileira*. Rio de Janeiro, Gernasa, 1975.

____. *Três poetas de* Festa: Tasso, Murilo e Cecília. Rio de Janeiro, Padrão, 1980.

BALÃO JÚNIOR, Jaime. *Impressões literárias*. Curitiba, Empr. Gráf. Paranaense, 1938.

BANDEIRA, Antônio Rangel. *Diálogos no espelho*. São Paulo, Conselho Estadual de Cultura, Comissão de Literatura, 1968.

BANDEIRA, J. C. de Sousa. *Estudos e ensaios*. Rio de Janeiro/Paris, H. Garnier, 1904.

BANDEIRA, Manuel. *Apresentação da poesia brasileira*. Rio de Janeiro, 1946.

____. *Noções de história das literaturas*. São Paulo, Cia. Editora Nacional, 1942. (2. ed. 1953)

____. *Brief History of Brazilian Literature*. Washington, Panamerican Union, 1958.

____. *Poesia e prosa*. vol. 2. Rio de Janeiro, Aguilar, 1958.

____. *Andorinha, andorinha*. Rio de Janeiro, José Olympio, 1966.

BANDEIRA, Sousa. *Páginas literárias*. Rio de Janeiro, Francisco Alves, 1917.

BARBOSA, Antônio da Cunha. *Estudos históricos*. Rio de Janeiro, Imprensa Nacional, 1899.

BARBOSA, Francisco de Assis. *Le Roman, la nouvelle et le conte au Brésil*. Paris, Seghers, 1953 (O romance, a novela e o conto no Brasil. In: *Cultura*. Rio de Janeiro, 5, 1950)

BARBOSA, Francisco de Assis. *Retratos de família*. Rio de Janeiro, José Olympio, 1954.

____. *Achados do vento*. Rio de Janeiro, INL, 1958.

BARBOSA, João Alexandre. *Ensaio de historiografia literária brasileira*. Separata da *Revista do DECA*. Recife (3) *4*, 1963.

BARBOSA, Osmar. *História da literatura da língua portuguesa*. Rio de Janeiro, Ed. de Ouro, 1965.

BARBUDA, Pedro Júlio. *Literatura brasileira*. Salvador, Dois Mundos, 1916.

BARRETO, Lima. *Correspondência*. São Paulo, Brasiliense, 1956. 2v.

____. *Impressões de leitura*: crítica. Pref. de M. Cavalcanti Proença. São Paulo, Brasiliense, 1956.

BARRETO, Plínio. *Páginas avulsas*. Pref. de Antônio Cândido. Rio de Janeiro, José Olympio, 1958.

BARROS, Homero Batista de. *Críticas e crônicas*. Curitiba, João Haupt & Cia., 1936.

BARROS, Jaime de. *Espelho dos livros* (Estudos literários). 1ª sér. Rio de Janeiro, José Olympio, 1936.

____. *Poetas do Brasil*. Rio de Janeiro, José Olympio, 1944.

BARROS, João de. *Presença do Brasil*: páginas escolhidas (1912-1946). Pref. de Ribeiro Couto. Lisboa, Dois Mundos, 19 46.

____. *Hoje, ontem, amanhã...* Ensaios e esquemas. Lisboa, Clássica, 1950.

BARROS, João Borges de. *Relação panegírica das honras funerais, que as memórias do muito alto, e muito poderoso Senhor Rei Fidelíssimo D. João V consagrou a cidade da Bahia, Corte da América Portuguesa...* Com uma coleção de cinco orações fúnebres, e várias poesias, latinas e vulgares. Lisboa, na Régia Oficina Silviana, e da Academia Real, 1853.

BARROS, Roque Spencer Maciel de. *A ilustração brasileira e a ideia de universidade*. São Paulo, Faculdade de Filosofia, Ciências e Letras/USP, 1959.

BARROS, Sousa. *Um movimento de renovação cultural*. Rio de Janeiro, Cátedra, 1975.

BARROSO, Haydée M. Jofré. *Esquema histórico de la literatura brasileña*. Buenos Aires, Nova, 1959.
BASTIDE, Roger. *Études de littérature brésilienne*. Paris, Centre de Documentation Universitaire, [s.d.]
____. *Poetas do Brasil*. Curitiba, Guaíra, [s.d.]
BASTOS, C. Tavares. *O simbolismo no Brasil e outros escritos*. Rio de Janeiro, São José, 1969.
BASTOS, Sousa. *Carteira do artista*: apontamentos para a história do teatro português e brasileiro. Lisboa, antiga casa Bertrand, J. Bastos, 1898.
BELLEGARDE, Guilherme. *Subsídios literários*. Rio de Janeiro, Livraria Contemporânea de Faro & Lino, 1883. T. 1.
BELO, José Maria. *Estudos críticos*. Rio de Janeiro, J. R. dos Santos, 1917.
____. *Novos estudos críticos* (Machado de Assis, Joaquim Nabuco e outros artigos). Rio de Janeiro, Rev. dos Tribunais, 1917.
____. *A margem dos livros*. Rio de Janeiro, Ed. do Anuário do Brasil, 1923.
____. *Imagens de ontem e de hoje*. Rio de Janeiro, Ariel, 1936.
____. *Inteligência do Brasil*. 3. ed. São Paulo, Cia. Editora Nacional, 1938.
____. *História da República*. Rio de Janeiro, Civilização Brasileira, 1961.
BENEDETTI, Lúcia. *Aspectos do teatro infantil*. Rio de Janeiro, Serviço Nacional de Teatro/MEC, 1969.
BENEVIDES, A. E. *Aspectos da evolução do romance cearense*. Fortaleza, FTD, 1971.
BERARDINELLI, W. *Medicina e médicos*. Pref. de Menotti del Picchia. 2. ed. aum. Rio de Janeiro, Org. Simões, 1955.
BERGER, Paulo. *A tipografia no Rio de Janeiro*. Rio de Janeiro, Cia. Piraí, 1984.
BESOUCHET, Lídia & FREITAS, Newton. *Literatura del Brasil*. Buenos Aires, Sudamericana, 1946.

BEVILÁQUA, Clóvis. *Épocas e individualidades*; estudos literários. Salvador, Livr. Magalhães, 1895.
____. *História da Faculdade de Direito do Recife (1827-1927)*. Rio de Janeiro, Francisco Alves, 1927. 2v.
____. *Revivendo o passado*. Rio de Janeiro, Apollo, 1937-43. 7v.
BEZERRA, Afonso. *Ensaios, contos e crônicas*. Rio de Janeiro, Pongetti, 1967.
BEZERRA, Alcides. *A filosofia na fase colonial*. Rio de Janeiro, Of. Gráf. do Arquivo Nacional, 1935.
BIBLIOGRAFIA DE E SOBRE TEATRO (1938-67). *Revista do Livro*. Rio de Janeiro (XI) *34*, 1968.
BIBLIOTECA EDUCAÇÃO E CULTURA. Rio de Janeiro, MEC/FENAME/Bloch, 1980, 10v.
BIBLIOTECA INTERNACIONAL DE OBRAS CÉLEBRES. Coleção das produções literárias mais célebres do mundo. Lisboa, Sociedade Internacional, [s.d.], 24 v.
BIBLIOTECA NACIONAL. *O romance brasileiro* (exposição). Rio de Janeiro, 1974.
BILAC, Olavo. *Conferências literárias*. Rio de Janeiro, Francisco Alves & Cia., 1912.
____. *Últimas conferências e discursos*. Rio de Janeiro, Francisco Alves, 1924.
BILAC, O. & PASSOS, Sebastião Guimarães. *Tratado de versificação*. 8. ed. Rio de Janeiro, Francisco Alves, 1944.
BITTENCOURT, Liberato. *Críticas e críticos*: ligeiros ensaios de crítica, de polêmica, de ciência e de filosofia. Pref. de Sílvio Romero, vol. 1. Rio de Janeiro, Of. Gráf. do Ginásio 28 de Setembro, 1919.
____. *Academia Brasileira de Letras, estudos críticos dos patronos e ocupantes*. Rio de Janeiro, Of. Gráf. do Ginásio 28 de Setembro, 1941. 2v.
____. *Nova história da literatura brasileira*. Rio de Janeiro, Of. Gráf. do Colégio 28 de Setembro, 1945. 6v.

BLOEM, Rui. *Palmeiras no litoral* (Anotações à margem dos livros). São Paulo, Martins [s.d.]

BOAVENTURA, Maria Eugênia da Gama Alves. *Movimento brasileiro*: contribuição ao estudo do modernismo. São Paulo, Secretaria de Cultura, Ciência e Tecnologia, Estadual de Artes e Ciências Humanas, 1978.

BOCCANERA JÚNIOR, Sílio. *O teatro brasileiro*: letras e artes na Bahia. Salvador, Imprensa Econômica, 1906.

____. *Teatro nacional: autores e atores dramáticos, baianos em especial*. Salvador, Imprensa Oficial do Estado, 1923.

BOPP, Raul. *Movimentos modernistas no Brasil — 1922-1928*. Rio de Janeiro, São José, 1966.

____. *Vida e morte da antropofagia*. Rio de Janeiro/Brasília, Civilização Brasileira/INL, 1977.

BORBA, Osório. *A comédia literária*. Rio de Janeiro, Alba, 1941.

BORBA FILHO, Hermilo. *História do teatro*. Rio de Janeiro, Casa do Estudante do Brasil, [s.d.] (pref.: 1950).

BOSCOLI, J. V. *Lições de literatura brasileira*. Niterói, Casa Jerônimo Silva, 1912.

BOSI, Alfredo. *A literatura brasileira*: O pré-modernismo. São Paulo, Cultrix, 1%5. v.5.

____. *História concisa da literatura brasileira*. São Paulo, Cultrix, 1970.

BRAGA, Belmiro. *Dias idos e vividos*. Rio de Janeiro, Ariel, 1936.

BRAGA, Teófilo. *Filinto Elísio e os dissidentes da Arcádia. A Arcádia brasileira*. Porto, Chardron, 1901.

BRAINER, Sônia. *Labirinto do espaço romanesco*: tradição e renovação da literatura brasileira: 1880-1920. Rio de Janeiro/Brasília/Civilização Brasileira, INL, 1979.

BRANDÃO, Otávio. *Os intelectuais progressistas*. Rio de Janeiro, Org. Simões, 1956.

BRANDÃO, Paulo José Pires. *Vultos do meu caminho*. Pref. do Conde Afonso Celso. São Paulo, Instituto D. Ana Rosa, 1935.

BRASIL EM PERSPECTIVA. São Paulo, Difusão Europeia do Livro, 1968.

BRASIL: 1º tempo modernista — 1917/29; documentação. Pesquisa, seleção, planejamento: Marta Rossetti Batista, Telê Porto Ancona Lopez, Yone Soares de Lima. São Paulo, Instituto de Estudos Brasileiros, 1972.

BRASIL, Assis. *A nova literatura*. Rio de Janeiro, Americana, 1973-75. 4v.

____. *O modernismo*. Rio de Janeiro/Brasília, Pallas/INL, 1976.

____. *O livro de ouro da literatura brasileira*: 400 anos de história literária. Rio de Janeiro, Ed. de Ouro, 19 80.

____. *A técnica da ficção moderna*. Rio de Janeiro, Nórdica, 1982.

BRAZIL: papers (presented in the Institute for Brazilian Studies). Nashville, Vanderbilt University Press, 1953.

BRITO, Jomar Muniz de. *Do modernismo à bossa nova*. Rio de Janeiro, Civilização Brasileira, 1966.

BRITO, Lemos. *O crime e os criminosos na literatura brasileira*. Rio de Janeiro, José Olympio, 1946.

BRITO, Mário da Silva. "O modernismo". *Panorama da poesia brasileira*. Rio de Janeiro, Civilização Brasileira, 1959.

____. *História do modernismo brasileiro*: antecedentes da semana moderna. São Paulo, Saraiva, 1958; 2. ed. rev. Rio de Janeiro, Civilização Brasileira, 1964.

BROCA, Brito. *Horas de leitura*. Rio de Janeiro, INL, 1957.

____. *Machado de Assis e a política e outros estudos*. Rio de Janeiro, Org. Simões, 1957.

____. *A vida literária no Brasil — 1900*. Rio de Janeiro, 1956; 2. ed. Rio de Janeiro, José Olympio, 1960.

____. *Pontos de referência*. Rio de Janeiro, MEC, 1962.

____. *Memórias*. Texto org., anot. e com introd. de Francisco de Assis Barbosa. Rio de Janeiro, José Olympio, 1968.

____. *Românticos, pré-românticos, ultrarromânticos*: vida literária e romantismo brasileiro. São Paulo/Brasília, Polis/INL, 1979.

BROCA, Brito & SOUSA, J. Galante de. *Introdução ao estudo da literatura brasileira*. Rio de Janeiro, INL, 1963.

BRUNO, (pseud.) José Pereira Sampaio. *O Brasil mental*: esboço crítico. Porto, Chardron de Lello, 1898.

BRUNO, Haroldo. *Anotações de crítica*. Recife, Prefeitura Municipal do Recife, 1954.

____. *Estudos de literatura brasileira*. Rio de Janeiro, O Cruzeiro, 1957-66. 2v.

BRUZZI, Nilo. *O cofre partido*. Rio de Janeiro, Aurora, 1951.

____. *A fonte da beleza*. Rio de Janeiro, Aurora, 1951.

BUENO, André Luís de Lima. *Contracultura: as utopias em marcha*. Rio de Janeiro, Pontifícia Universidade Católica, 1978.

BUENO, Lucilo. *Ouro, incenso e mirra*. Rio de Janeiro, Jornal do Commercio — Rodrigues & C., 1945.

CABRAL, Alfredo do Vale. *Anais da Imprensa Nacional do Rio de Janeiro, de 1808 a 1822*. Rio de Janeiro, Tip. Nacional, 1881.

____. Anais da Imprensa Nacional. 1823-1831. *Anais da Biblioteca Nacional*. Rio de Janeiro, 73: 39-108, 1954.

____. Suplemento aos Anais da Imprensa Nacional. 1808-1823. *Anais da Biblioteca Nacional*. Rio de Janeiro, 73: 109-15, 1954.

CABRAL, Mário. *Caderno de crítica*. 2. ed. Aracaju, Livr. Regina, 1945.

____. *Crítica e folclore*. Aracaju, Livr. Regina, 1952.

CACCESE, Neusa Pinsard. *Festa*: contribuição para o estudo do modernismo. São Paulo, Inst. de Estudos Brasileiros, 1971.

CAETANO, João. *Lições dramáticas*. Rio de Janeiro, MEC — Serviço de Documentação, 1958.

CALENDÁRIO CULTURAL DO BRASIL 76. Brasília, MEC/CFC, 1975.

CALMON, Pedro. *Figuras de azulejo*: perfis e cenas da história do Brasil. 2. ed. Rio de Janeiro, A Noite, [s.d.]

____. *História do Brasil na poesia do povo*. Rio de Janeiro, A Noite, [s.d.].

____. *Introdução à história do Brasil*. Rio de Janeiro, MEC, 1960.

____. *História do Brasil*. Rio de Janeiro, José Olympio, 1963. 7v.

CAMARINHA, Mário. *Origens do romance brasileiro*. Rio de Janeiro, Casa do Livro, 1941.

CAMEU, Elza. *Introdução ao estudo da música indígena brasileira*. Rio de Janeiro, Conselho Federal de Cultura, 1977.

CAMINHA, Adolfo. *Cartas literárias*. Rio de Janeiro, Aldina, 1895.

CAMPOS, Ernesto de Sousa. *Educação superior no Brasil*. Rio de Janeiro, Serv. Gráf. do Ministério da Educação, 1940.

CAMPOS, Haroldo de. *Metalinguagem*. Petrópolis, Vozes, 1967.

CAMPOS, Humberto de. *O conceito e a imagem na poesia brasileira*. Rio de Janeiro, Livr. Ed. Leite Ribeiro, 1929.

____. *Carvalhos e roseiras*: figuras políticas e literárias. 4. ed. Rio de Janeiro, José Olympio, 1935.

____. *Sepultando os meus mortos* (Crônicas). Rio de Janeiro, José Olympio, 1935.

____. *Crítica*. Rio de Janeiro. Livr. Ed. Marisa, 1933-36. 4v,

____. *Perfis* [Crônicas]. 2. sér. Org. e revisado por Henrique de Campos. Rio de Janeiro, José Olympio, 1936.

____. *Perfis* (Crônicas]. 1. sér. 2. ed. Org. e revisto por Henrique de Campos. Rio de Janeiro, José Olympio, 1939.

CAMPOS, Milton Godoi. *Antologia poética da geração 45*. 1966.

CAMPOS, Renato Carneiro. *Arte, sociedade e região*. Salvador, Publicações da Universidade da Bahia, 1960.

CANABRAVA, Euríalo. *Estética da crítica*. Rio de Janeiro, MEC — Serviço de Documentação, 1963.

CÂNDIDO, Antônio. *Brigada ligeira*. São Paulo, Martins, [s.d.]

____. *O observador literário*. São Paulo, Conselho Estadual de Cultura, Comissão de Literatura, 1959.

____. *Formação da literatura brasileira*. São Paulo, Martins, 1959. 2v.; 2. ed. 1964.

____. *Tese e antítese* (Ensaios). São Paulo, Cia. Editora Nacional, 1964.

____. *Literatura e sociedade*: estudos de teoria e história literária. 2. ed. São Paulo, Cia. Editora Nacional, 1967.

CÂNDIDO, Antônio *et alii*. *Barroco literário*. São Paulo, Fundação Armando A. Penteado, 1962 (mimeogr.)

CÂNDIDO, António & CASTELO, José Aderaldo. *Presença da literatura brasileira*. 3. ed. São Paulo, Difusão Europeia do Livro, 1968. 3v.

CANSTATT, Oscar. *Repertório crítico da literatura teuto-brasileira*. Trad. de Eduardo de Lima Castro. Rev. e notas de Hans Jürgen W. Horch. Rio de Janeiro, Presença, 1967.

CARA, Salete de Almeida. *A recepção crítica*. São Paulo, Perspectiva, 1983.

CARDIM, Elmano. *Na minha seara*. Rio de Janeiro, Jornal do Commercio, Rodrigues & Cia., 1949.

____. *A imprensa no reinado de Pedro II*. Petrópolis, [s. ed.], 1970.

CARDOSO, Vicente Licínio. *Figuras e conceitos*. Rio de Janeiro, Anuário do Brasil, 1924.

CARMO, J. A. Pinto do. *Ciclos de la poesía brasileña*. Traducción del Dr. Andrés J. Abad., Buenos Aires, Union Cultural Americana, 1954.

____. *Nuevos rumbos en la literatura brasileña*. Traducción y prólogo de Ariel Bouchaton Martini. Montevideo, Casa de America del Uruguay, 1955.

____. *Novelas e novelistas brasileiros*. Rio de Janeiro, Org. Simões, 1957.

____. *Presença de Espanha*. 2. ed. Rio de Janeiro, Olímpica, 1959.

CARNEIRO, Davi. *Lembrando poetas*. Curitiba, Centro de Letras do Paraná, 1956.

____. *Galeria de ontem e de hoje*. Livro primeiro. Galeria de ontem. Curitiba, Vanguarda, 1963.

CARNEIRO, Edison. *O folclore nacional* (1943-1953). Rio de Janeiro, Ed. Souza, 1954.

CAROLO, Cassiana Lacerda. *Decadismo e simbolismo no Brasil*: crítica e poética. Rio de Janeiro/Brasília, Livros Técnicos e Científicos/INL, 1981. 2v.

CARONE, Edgar. *A primeira República (1889-1930)*. Texto e contexto. São Paulo, Difusão Europeia do Livro, 1969.

CARPEAUX, Oto Maria. *Origens e fins* (Ensaios). Rio de Janeiro, Casa do Estudante do Brasil, 1943.

____. *Presenças*. Rio de Janeiro, INL, 1958.

____. *Livros na mesa*. Rio de Janeiro, São José, 1960.

CARVALHO, Aderbal de. *O naturalismo no Brasil*. São Luís, J. Ramos, 1894.

____. *Esboços literários*. Rio de Janeiro, H. Garnier, 1902.

CARVALHO, Álvaro de. *Ensaios de crítica e estética*. João Pessoa, Impr. Of., 1920.

____. *Augusto dos Anjos e outros ensaios*. João Pessoa, Depto. de Publicidade, 1946.

CARVALHO, Antônio Gontijo de. *Ensaios biográficos*. São Paulo, Revista dos Tribunais, 1951.

CARVALHO, Beni. *De florete e de luvas...* Fortaleza, Assis Bezerra, Minerva, 1935.

CARVALHO, Elísio de. *As modernas correntes estéticas na literatura brasileira*. Rio de Janeiro/Paris, Garnier, 1907.

____. *Os bastiões da nacionalidade*. Rio de Janeiro, Anuário do Brasil, 1922.

____. *Lauréis insignes*. Rio de Janeiro, Anuário do Brasil, 1924.

CARVALHO, Maria Amália Vaz de. *No meu cantinho*: homens — fatos — ideias. Lisboa, Parceria A. M. Pereira, 1909.

____. *Coisas d'agora.* Lisboa, Parceria A. M. Pereira, 1913.
CARVALHO, Ronald de. *Pequena história da literatura brasileira.* 5. ed. Rio de Janeiro, Briguiet, 1953 (1. ed. 1919).
____. *O espelho de Ariel.* Rio de Janeiro, Alvaro Pinto, Editor, 1923.
____. *Estudos brasileiros.* 1. sér. Rio de Janeiro, Anuário do Brasil, 1924. 22lp.; 2. sér. Rio de Janeiro, Briguiet, 1931. 203p.; 3. sér. Rio de Janeiro, Briguiet, 1931. 170p.
____. *Pequena história da literatura brasileira.* Rio de Janeiro, Briguiet. 1929.
CASCUDO, Luís da Câmara. *Alma patrícia*: crítica literária. Natal, Tip. M. Vitorino, 1921.
____. *História da literatura brasileira.* Rio de Janeiro, José Olympio, 1952.
____. *Literatura oral.* Rio de Janeiro, José Olympio, 1952.
____.*Cinco livros do povo*: introdução ao estudo da novelística no Brasil. Rio de Janeiro, José Olympio, 1953.
CASTELO, José Aderaldo. *A·introdução do romantismo no Brasil.* São Paulo, Universitária, 1950.
____. *A polêmica sobre "A Confederação dos Tamoios".* São Paulo, Faculdade de Filosofia, Ciências e Letras da Universidade de São Paulo, Seção de Publicações, 1953.
____. *Homens e intenções.* São Paulo, Conselho Estadual de Cultura, Comissão de Literatura, 1959.
____. (org.) *Textos que interessam à história do romantismo.* São Paulo, Conselho Estadual de Cultura, Comissão de Literatura, 1960-64. 3v.
____. *Aspectos do romance brasileiro.* MEC, Serv. Documentação, 1961.
____. *Manifestações literárias da era colonial (1500-1808/1836).* São Paulo, Cultrix, 1962. (A literatura brasileira, vol. 1).
____. *A literatura brasileira.* vol. 1. " A era colonial". São Paulo, Cultrix, 1965.
____. *Método e interpretação.* São Paulo, Conselho Estadual de Cultura, Comissão de Literatura, 1965.
____. *O movimento academista no Brasil (1641-1820/1822).* São Paulo, Conselho Estadual de Cultura, 1969-78. 3v. 14t.
CASTELO BRANCO, Cristino. *Homens que iluminam.* Rio de Janeiro, Aurora, 1946. 190p.
____. *Frases e notas.* Rio de Janeiro, Pongetti, 1957.
____. *Escritos de vários assuntos.* Rio de Janeiro, Pongetti, 1968.
CASTRO, Aloísio de. *Palavras de um dia e de outro.* 3. sér. Rio de Janeiro, Renascença, 1933.
____. *O Período parnasiano na poesia brasileira.* Rio de Janeiro, Cia. Bras. de Artes Gráfs., 1954.
CASTRO, Manuel Antônio de et allii. *Origens da literatura brasileira.* Rio de Janeiro, Tempo Brasileiro, 1979.
CASTRO, Sílvio. *Tempo presente*: crítica literária (1958-60). Rio de Janeiro, Anuário da literatura brasileira, 1962.
____. *Teoria e política do modernismo brasileiro.* Petrópolis, Vozes, 1979.
____. *Introduzione alle letterature portoghese e brasiliana.* Itália, Aldo Francisci, 1982.
CASTRO, Sílvio Rangel de. *Literatura e arte brasileira*: romance, conto, poesia, pintura, escultura. Conf. em Buenos Aires. Rio de Janeiro, L. Ribeiro, 1922.
CASTRO, Tito Lívio de. *Questões e problemas.* Publ. póstuma. Com um pref. de Sílvio. Romero. São Paulo, Emp. Propaganda Literária Luso-Brasileira, 1913.
CAVALCANTI, Maria Luísa. *A literatura no Brasil.* Rio de Janeiro, Record, 1963.
CAVALCANTI, Povina. *O acendedor de lampiões.* Rio de Janeiro, Jacinto Ribeiro dos Santos Ed., 1923.
____. *Telhado de vidro.* Rio de Janeiro, A Pernambucana, 1928.
____. *Ausência da poesia.* Rio de Janeiro, A. Coelho Branco Filho, 1943.
____. *Viagem ao mundo da poesia.* Encontro com Tasso da Silveira, Mutilo Araújo

e Ronald de Carvalho. Rio de Janeiro, Pongetti, 19 57.

CAVALCANTI, Valdemar. *Jornal literário*. Rio de Janeiro, 1950.

CAVALHEIRO, Edgard. *Testamento de uma geração*. Porto Alegre, Globo, 1944.

____. "Evolução do conto brasileiro". Rio de Janeiro, *Cadernos de Cultura*, 74, 1954.

____. "O Romantismo". *Panorama da Poesia Brasileira*. Rio de Janeiro, Civilização Brasileira, 1959, vol. 2.

CENTRO CULTURAL E ESTUDANTIL JOAQUIM NABUCO. *Excertos literários*. Rio de Janeiro, Emp. Gráf. Ouvidor, 1966.

CÉSAR, Guilhermino. *História da literatura do Rio Grande do Sul*. Porto Alegre, Globo, 1956.

____. *Bouterwek*. Porto Alegre, Lima, 1968.

____. *Simonde de Sismondi e a literatura brasileira*. Porto Alegre, Lima, 1968.

CHAGAS, M. Pinheiro. *Novos ensaios críticos*. Porto, Casa da Viúva Moré, 1867.

CHAMIE, Mário. *Lavra lavra*: poema praxis 1958 a 1961. São Paulo, Massao Ohno, 1962.

CHAVES, Flávio Loureiro *et allii*. *Aspectos do modernismo brasileiro*. Porto Alegre, UFRGS, 1970.

CHAVES JR., Edgard de Brito. *Memórias e glórias de um teatro*: história do Teatro Municipal do Rio de Janeiro. Rio de Janeiro, América, 1971.

CHIACCHIO, Carlos. *Biocrítica*. Salvador, ALA, 1941.

____. *Modernistas e ultramodernistas*. Salvador, Progresso, 1951.

CHIOCCHIO, Anton Ângelo (org.). *Poesia post-modernista in Brasile*. Roma, dell'Arco, [s.d.]

CIDADE, Ernani. *O conceito de poesia como expressão de cultura*: sua evolução através das literaturas portuguesa e brasileira. 2. ed. cor. e atual. Coimbra, Armênio Amado, 1957.

CINCINATO, Lúcio Quinto, pseud. de José Feliciano de Castilho. *Questões do dia* (Observações políticas e literárias escritas por vários). Rio de Janeiro, Imparcial, 1871-72 (53 fascículos).

COELHO, Neli Novais. *Tempo, solidão e morte*. São Paulo, Conselho Estadual de Cultura, Comissão de Literatura, 1964.

COELHO, Saldanha (org.). "Modernismo: estudos críticos". Rio de Janeiro, Rev. Branca, 1954.

COELHO NETO. *Compêndios de literatura brasileira*. Rio de Janeiro, Francisco Alves, 1913.

____. *O meu dia*: Hebdomadas d'A Noite. Porto, Chardron, Lello, 1922.

____. *As quintas*. Porto, Chardron, Lello, 1924.

____. *A bico de pena*: fantasias, contos e perfis. 3. ed. Porto, Chardron, Lello, 1925.

____. *Velhos e novos*. Porto, Chardron, Lello, 1928.

COIMBRA, Creso. *A fenomenologia da cultura brasileira*. São Paulo, LISA — Livros Irradiantes S.A., 1972.

CONCERNING LATIN AMERICAN CULTURE. New York, Columbia University Press, 1940.

CONGRESSO INTERNACIONAL DE HISTÓRIA DA AMÉRICA (1922). *Revista do Instituto Histórico e Geográfico Brasileiro*. Rio de Janeiro, Tomo especial, vol. 9, 1930.

CORBISIER, Roland. *Formação e problema da cultura brasileira*. 3. ed. Rio de Janeiro, Inst. Superior de Estudos Brasileiros, 1960.

CORDEIRO, Luciano. *Estros e palcos*. Lisboa, Tip. Universal, 1874.

CORONA, Fernando. *Caminhada nas artes (1940-76)*. Porto Alegre, UFRGS, 1977.

CORREIA, Nereu. *Temas de nosso tempo*. Rio de Janeiro, *A Noite*, 1953.

____. *O canto do cisne negro e outros estudos*. Florianópolis, Depto. de Cultura da Secretaria de Educação e Cultura de Santa Catarina, 1964.

CORREIA, Frederico José. *Um livro de crítica*. Maranhão, Tip. do Frias, 1878.

CORREIA, Leôncio. *A boêmia do meu tempo*. 2. ed. Curitiba, Ed. do Estado do Paraná, 1955.

CORREIA, Roberto Alvim. *Anteu e a crítica*. Rio de Janeiro, José Olympio, 1948.

____. *Correspondência de Capistrano de Abreu*. Org. e pref. por José Honório Rodrigues. Rio de Janeiro, INL, 1954-56. 3v.

____. *O mito de Prometeu*: ensaios literários. Pref. de Alceu Amoroso Lima. Rio de Janeiro, Agir, 1951.

COSTA, Afonso. *À sombra da arte e à luz da história*. Bahia, Emp. Nac. de Ed., 1923.

COSTA, Benedito. *Le roman au Brésil*. Paris, Garnier, 1918.

COSTA, Dante. *Os olhos nas mãos*. Rio de Janeiro, José Olympio, 1960.

COSTA, Dulce Mascarenhas de Freitas. *Itinerário de "Homens e obras"* (1928-46); rodapés de Carlos Chiacchio em *A Tarde*. Rio de Janeiro, F.L., 1977.

COSTA, João Cruz. *A filosofia no Brasil*. Porto Alegre, Globo, 1945.

____. *Contribuição à história das ideias no Brasil*. Rio de Janeiro, José Olympio, 1956.

____. *O positivismo na República*. São Paulo, Cia. Editora Nacional, 1956.

____. *Panorama of the History of Philosophy in Brazil*. Washington, Pan American Union, 1962.

COSTA, Licurgo & VIDAL, Barros. *História e evolução da imprensa brasileira*. Rio de Janeiro, Orion, 1940.

COSTA, Oton. *Conceitos e afirmações*. Rio de Janeiro, Pongetti, [s.d.]

____. *Notas e impressões*. Rio de Janeiro, Continental, 1959.

COSTA FILHO, Odilo. *Graça Aranha e outros ensaios*; ensaios de crítica brasileira. Rio de Janeiro, Selma, 1934.

COUTINHO, Afrânio. *Aspectos da literatura barroca*. Rio de Janeiro, [s.ed.], 1950.

____. *Correntes cruzadas*: questões de literatura. Rio de Janeiro, A Noite, 1953.

____ (org.) *A literatura no Brasil*. Rio de Janeiro, Sul Americana, vol. I, t. 1 (Barroco, Neoclassicismo, Arcadismo), 1956; vol. I, t. 2 (Romantismo, 1956); vol. II (Realismo, Naturalismo, Parnasianismo, 1955); vol. III, t. 1 (Simbolismo. Impressionismo, Modernismo), 1959.

____. *Conceito de literatura brasileira*. Rio de Janeiro, Acadêmica, 1960.

____. *A tradição afortunada*: o espírito de nacionalidade na crítica brasileira. São Paulo/Rio de Janeiro, USP/José Olympio, 1968.

____. *An Introduction to Literature in Brazil*. New York, Columbia, 1969.

____. *Da crítica e da nova crítica*. 2. ed. Rio de Janeiro, Civilização Brasileira/INL, 1975.

____. *Introdução à literatura no Brasil*. 5. ed. Rio de Janeiro, Dist. Livros Didáticos, 1968; 7. ed. Dist. Livros Escolares, 1975.

____. *Crítica e poética*. 2. ed. Rio de Janeiro, Civilização Brasileira, 1980.

____. *O processo da descolonização literária*. Rio de Janeiro, Civilização Brasileira, 1983.

COUTINHO, Carlos Nelson. *Literatura e humanismo*. Rio de Janeiro, Paz e Terra, 1967.

____ et allii. *Realismo e antirrealismo na literatura brasileira*. Rio de Janeiro, Paz e Terra, 1974.

COUTINHO JÚNIOR, J. A. *Impressões de leitura*: apreciações feitas em pequenas palestras sobre autores lidos. Rio de Janeiro, *A Noite*, 1952.

COUTO, Pedro do. *Caras e caretas*. Rio de Janeiro/Paris, Garnier, [s.d.]

____. *Páginas de crítica*. Lisboa, Clássica, 1906.

CRIPA, Adolfo (coord.). *As ideias filosóficas no Brasil*. São Paulo, Convívio, 1978. 3v.

____ (coord.). *As ideias políticas no Brasil*. São Paulo, Convívio, 1979. 2v.

CRULS, Gastão. *Antônio Torres e seus amigos*: notas biobibliográficas

seguidas de correspondência. São Paulo, Cia. Editora Nacional, 1950.
CRUZ FILHO. *O soneto...* Rio de Janeiro, Elos, 1961.
CUNHA, Dulce Sales. *Autores contemporâneos brasileiros.* São Paulo, Cupolo, 1951.
CUNHA, Fausto. *A luta literária.* Rio de Janeiro, Lidador, 1954.
____. *O romantismo no Brasil*: de Castro Alves e Sousândrade. Rio de Janeiro/Brasília, Paz e Terra/INL, 1971.
CUNHA, Tristão da. *Coisas do tempo.* 2. ed. Rio de Janeiro, Schmidt, 1935.
CURSO de jornalismo; conferências realizadas na ABL. Rio de Janeiro, 1958.
D., F. F. *Literatura brasileira.* Rio de Janeiro, Francisco Alves, [s.d.]
DANTAS, Paulo. *Os sertões de Euclides da Cunha e outros sertões.* São Paulo, Conselho Estadual de Cultura, Comissão Literatura, 1969.
DELPECH, Adrien. *Da influência estrangeira em nossas letras.* Rio de Janeiro, J. Leite, 1922.
DENIS, Ferdinand. *Résumé de l'histoire littéraire du Portugal, suivi du résumé de l'histoire littéraire du Brésil.* Paris, Lecointe et Durey, 1826.
DEPOIMENTOS. Rio de Janeiro, Serv. Nac. de Teatro, MEC, 1976-77. 3v.; I, 1976; II, 1977; III, 1977.
DIAS, Deraldo. *Sobre poesia e poetas brasileiros.* Salvador, Imprensa Oficial, 1926.
DICK, Hilário Henrique. *A cosmovisão do romance nordestino moderno.* Porto Alegre, Sulina, 1970.
DINIS, Almáquio. *Zoilos e estetas*: figuras literárias. Porto, Chardron, Lello, 1908.
____. *Da estética na literatura comparada*: com aplicações aos programas ginasiais. Rio de Janeiro/Paris, Garnier, 1911.
____. *Meus ódios e meus afetos.* São Paulo, Monteiro Lobato & Cia., 1922.
____. *A relatividade na crítica.* Rio de Janeiro, Papelaria Vênus [s.d.] (na capa: 1923/100).

DÓRIA, Gustavo A. *Moderno teatro brasileiro.* MEC, SNT, 1975.
DOYLE, Plínio. *História de revistas e jornais literários.* Rio de Janeiro, Fund. Casa de Rui Barbosa, 1976.
DRUMMOND, Pizarro. *Quadrante 45.* [s.n.t.]
____. *Personagens e símbolos.* Rio de Janeiro, Aurora, 1960.
DUARTE, Bandeira. *Efemérides do teatro carioca.* Rio de Janeiro, Prefeitura do DF/Secret. Geral de Educação e Cultura [s.d.]
DUQUE ESTRADA, Osório. *Crítica e polêmica* (1908-24). Rio de Janeiro, Papelaria Vênus, Henrique Velho & Cia., 1924.
EGAS, Eugênio. *Necrológios* (1916-18). São Paulo, Siqueira, 1919.
ELIA, Antônio d'. *A mágica mão.* São Paulo, Conselho Estadual de Cultura, Comissão de Literatura, 1963.
ELIA, Miguel Alfredo d'. *La literatura del Brasil.* Buenos Aires, Platt Estabelecimentos Gráfs., 1948.
ELLISON, Fred P. *Brazilian Novel.* U. California Press, 1954.
ENEIDA [Morais, Eneida de]. *Alguns personagens.* Rio de Janeiro, MEC, Serv. de Doc., 1954.
____. *Romancistas também personagens.* São Paulo, Cultrix, 1962.
ENSAIOS LITERÁRIOS. Coleção de trabalhos da sociedade deste título. Rio de Janeiro, Tip. de A. Marques & Cia., 1877.
ERSE, Armando [João Luso]. *Elogios.* Porto, Renascença Portuguesa, 1916.
ESCOLAR, Hipólito. *História do livro em cinco mil palavras.* São Paulo/Brasília, Quíron/INL, 1977.
EULÁLIO, Alexandre. *A aventura brasileira de Blaise Cendrars*: ensaio, cronologia, filme, depoimentos, antologia. São Paulo/Brasília, Quíron/INL, 1978.
FALCÃO, Luís Aníbal. *Do meu alforge.* Rio de Janeiro, Livr. Geral Franco-Brasileira, 1945.

FARIA, Alberto. *Aérides*: literatura e folclore. Rio de Janeiro, Jacinto R. dos Santos, Ed., 1918.

———. *Acendalhas*: literatura e folclore. Rio de Janeiro, L. Ribeiro & Maurillo, 1920.

FAUSTINO, Mário. *Cinco ensaios sobre poesia*. Rio de Janeiro, GRD, 1964.

FAZENDA, José Vieira. Antiqualhas e memórias do Rio de Janeiro. *Revista do Instituto Histórico e Geográfico Brasileiro*. Rio de Janeiro, vols. 140, 1919; 142, 1920; 143, 1921; 147, 1923; 149, 1924.

FEDERAÇÃO DAS ACADEMIAS DE LETRAS DO BRASIL (org.) *Conferências*. Rio de Janeiro, Briguiet, 1939. V. 1; 1940. V. 2.

FEDERAÇÃO DAS ACADEMIAS DE LETRAS DO BRASIL (org.). *Conferências*. Rio de Janeiro, Gráf. Sauer, 1940, V. 3 e V. 4.

———. *Conferências*. Rio de Janeiro, Gráf. Santo Antonio, 1914.

FERNANDES, José. *O existencialismo na ficção brasileira* (tese). Rio de Janeiro, UFRJ, 1981.

FERNANDES, Sebastião. *Galarim*. Rio de Janeiro, Irmãos Pongetti, 1935.

———. *Figuras e legendas*. Rio de Janeiro, Irmãos Pongetti, 1946.

FERNANDES FILHO, Manuel. *Conceito moderno de soneto*. Rio de Janeiro, Arte Moderna, 1971.

FERREIRA, Carlos. *Feituras e feições*. Campinas, Tip. a vapor Livro Azul — A.B. de Castro Mendes, 1905.

FERREIRA, Damasceno. *Revivências*. Rio de Janeiro, Leuzinger, 1928.

FERREIRA, Eda Arzua. *Integração de perspectivas*. Rio de Janeiro, Cátedra, 1975.

FERREIRA, João Francisco. *Fundamentos da cultura rio-grandense*. Porto Alegre, Fac. Filosofia, UFRGS, 1954.

FERREIRA, Maria Celeste (Madre M. da SSma. Trindade). *O indianismo na literatura romântica brasileira*. Tese de doutorado... Rio de Janeiro, Depto. de Imprensa Nacional, 1949.

FERREIRA, Pinto. *Interpretação da literatura brasileira*. Rio de Janeiro, 1957.

———. *Petite histoire de la littérature brésilienne*. 2. ed. Caruaru, Faculdade de Direito, 1960.

FERREZ, Gilberto. *A fotografia no Brasil*. Rio de Janeiro, Pró-memória, 1985.

FICCIÓN: sobre o conto brasileiro. Buenos Aires, enero-febrero 1958.

FIGUEIREDO, Cândido de. *Figuras literárias nacionais e estrangeiras*: perfis e medalhões. Lisboa, Livr. Ed. Viúva Tavares Cardoso, 1906.

FIGUEIREDO, Fidelino de. *História da crítica literária em Portugal*. Lisboa, Teixeira, 1917.

———. *Aristarcos*. Rio de Janeiro, Antunes, 1941.

FIGUEIREDO, Guilherme. *Xântias*. Rio de Janeiro, Civilização Brasileira, 1957.

FIGUEIREDO, Jackson de, *Humilhados e luminosos*. Rio de Janeiro, Anuário do Brasil, 1921.

———. *Literatura reacionária*. Rio de Janeiro, Centro D. Vital, Anuário do Brasil, 1924.

———. *Afirmações*. Rio de Janeiro, Centro D. Vital/Anuário do Brasil [s.d.] (1925-?).

———. *A coluna de fogo* (7-24 — 7-25). Rio de Janeiro, Centro D. Vital/Anuário do Brasil, 1925.

———. *Durval de Morais e os poetas de Nossa Senhora*. Rio de Janeiro, Centro D. Vital/Anuário do Brasil, 1925.

FLÁVIO, Alcides [pseud. Antônio Fernandes Figueira. *Velaturas*: páginas de um velho. Rio de Janeiro, Livr. Castilho, A. J. Castilho — Ed., 192 0.

FLEIUSS, Max. *A semana* (1893-95): crônica de saudades. Rio de Janeiro, Tip. da Emp. Literária e Tipográfica R. Elias Garcia, Porto, 1915.

———. *Páginas brasileiras*. Rio de Janeiro, Imprensa Nacional, 1919.

———. *O teatro no Brasil e sua evolução*. In: *Dicionário histórico, geográfico e etnológico do Brasil*. Rio de Janeiro, Imprensa Nacional, 1922, II pp. 1532-50.

FLUSSER, Vilém. *Da religiosidade*. São Paulo, Conselho Estadual de Cultura, Comissão de Literatura, 1967.

FONSECA, Aníbal Freire da. *Conferências e alocuções*. Rio de Janeiro, Jornal do Brasil, 1958.

FONSECA, Gondim da. *Biografia do jornalismo carioca* (1808-1908). Rio de Janeiro, Quaresma, 1941.

FONSECA, Luísa da. Bacharéis brasileiros. In: CONGRESSO DE HISTÓRIA NACIONAL. 4. *Anais do Rio de Janeiro*, Imprensa Nacional, *11*, 1951.

FONTES, Martins. *Nós, as abelhas*: reminiscências da época de Bilac. São Paulo, Emp. Ed. J. Fagundes [s.d.]

____, ed. *Boemia galante*. Poesia cômica... Santos, Ed. do Bazar Americano, B. Barros & Comp. [s.d.] (no dorso: 1923).

FRAGA, Clementino. *A cadeira 36 na Academia Brasileira*. 2. ed. Rio de Janeiro, Depto. de Imprensa Nacional, 1963.

FRANÇA, Antônio. *Modernismo brasileiro*. Recife, Região, 1948.

FRANCA, Leonel. *Noções de história da filosofia*. Rio de Janeiro, Cia. Editora Nacional, 1944.

FRANCO, Afonso Arinos de Melo. *Espelho de três faces*: ensaios, crônicas, perfis. São Paulo, Ed. e Publ. Brasil, 1937.

____. *Ideia e tempo*: crônica e crítica. São Paulo, Cultura Moderna, 1939.

____. *Mar de sargaços*. São Paulo, Martins, 1944.

____. *Portulano*. São Paulo, Martins, 1945.

____. *Pela liberdade de imprensa*. Rio de Janeiro, José Olympio, 1957.

FRANCO, Augusto. *Ensaios literários*. Juiz de Fora, Pereira, Aníbal & Comp., 1899.

____. *Um livro de crítica*. Juiz de Fora, 1900.

____. *Fragmentos literários*: crônicas ligeiras. Belo Horizonte, Tip. Beltrão, 1904.

____. *Três estudos*. Lisboa, A Editora, 1905.

____. *Estudos e escritos*: esboços e crônicas. Belo Horizonte, Imprensa Oficial de O Estado de Minas, 1906.

FRANCOVICH, Guilhermo. *Filósofos brasileiros*. Rio de Janeiro, Borsói, 1939.

FREIRE, Ezequiel. *Livro póstumo*. São Paulo, Weiszflog Irmãos, 1910.

FREIRE, Gilberto. *Sobrados e mucambos*. São Paulo, Cia. Editora Nacional, 1936.

____. *Continente e ilha*. Rio de Janeiro, CEB, 1943.

____. *Perfil de Euclides e outros perfis*. Com desenhos de Cândido Portinari e Tomás Santa Rosa. Rio de Janeiro, José Olympio, 1944.

____. *Heróis e vilões no romance brasileiro*. São Paulo, Cultrix, 1979.

FREIRE, Laudelino. *Os próceres da crítica*. Rio de Janeiro, Fotomecânica do Brasil, 1911.

____. *Clássicos brasileiros*: breves notas para a história da literatura filológica nacional. Rio de Janeiro, Revista de Petrópolis, 1923, 1º vol.

FREIRE, Sampaio. *Ensaios críticos*. Campinas, Casa Genoud, 1915.

FREITAS, Bezerra de. *História da literatura brasileira*. Porto Alegre, Globo, 1939.

____. *Fontes da cultura brasileira*. Porto Alegre, Globo, 1940.

____. *Forma e expressão no romance brasileiro*. Rio de Janeiro, Pongetti, 1947.

____. *Forma e expressão no romance brasileiro*. Do período colonial à época pós-modernista. Rio de Janeiro, Pongetti, 1947.

FREITAS, José Antônio de. *Estudos críticos sobre a literatura do Brasil*. 1. O lirismo brasileiro. Lisboa, Horas Românticas, 1877.

____. *O lirismo brasileiro*. Lisboa, David Corazzi, 1877.

FREITAS, Leopoldo de. *Literatura nacional*. São Paulo, Gráf. Magalhães, 1910.

FREITAS, Newton. *Ensaios americanos*; crítica literária. Tradução revisada por

Luís M. Baudizzone. Buenos Aires, Ed. Shapire, [s.d.]

FREITAS, Sena, Pe. *Observações críticas e descrições de viagem.* vol. 1. Crítica. Campinas, SP, Tip. do Livro Azul de A. B. de Castro Mendes & C., 1888.

FREITAS JÚNIOR, Otávio de. *Ensaios de crítica de poesia.* Recife, lmp. Industrial, 1941.

____. *Ensaios do nosso tempo.* Rio de Janeiro, Casa do Estudante do Brasil, 1943.

FREIXEIRO, Fábio. *Da razão à emoção II*: Ensaios rosianos, outros ensaios e documentos. Rio de Janeiro, Tempo Brasileiro, 1971.

____. *Páginas de história.* 2. ed. Rio de Janeiro, Imprensa Nacional, 1930.

____. *Recordando*: casos e perfis. Rio de Janeiro, Imprensa Nacional, 1941.

FRIAS; Sanches de. *Memórias literárias*: apreciações e críticas. Lisboa, Tip. da Emp. Literária e Tipográfica, 1907.

FRIEIRO, Eduardo. *Páginas de crítica e outros escritos.* Belo Horizonte, Itatiaia, 1955.

FUNDAÇÃO BIENAL DE SÃO PAULO. *Tradição e ruptura.* Síntese de arte e cultura brasileiras. São Paulo, 1984-85.

FUNDAÇÃO CASA RUI BARBOSA. *Do simbolismo aos antecedentes de 22.* Rio de Janeiro, 1982.

FUNDAÇÃO UNIVERSIDADE REGIONAL DE BLUMENAU. *I Simpósio de língua e literatura.* Blumenau, Depto. Letras, 1970.

FURTADO, Celso. *Formação econômica do Brasil.* Rio de Janeiro, Fundo de Cultura, 1959.

FUSCO, Rosário. *Política e letras*: síntese das atividades literárias brasileiras no decênio 1930-40. Rio de Janeiro, José Olympio, 1940.

____.*Vida literária.* São Paulo, S. E. Panorama, 1940.

GALANTI, Rafael Maria, S. J. *Biografias de brasileiros ilustres.* Resumidamente expostas pelo padre... São Paulo, Duprat & C., 1911.

GALVÃO, Francisco. *A Academia de Letras na intimidade.* Rio de Janeiro, A Noite, 1937.

GAMA, A. C. Chichorro da. *Através do teatro brasileiro.* Rio de Janeiro, Luso--Brasileira, 1907.

____. *Escorços literários.* Rio de Janeiro, Paris, H. Garnier, 1909.

____. *Miniaturas biográficas*: apontamentos de literatura clássica brasileira. Rio de Janeiro, Francisco Alves, 1914.

____. *Os fundamentos do teatro brasileiro.* São Paulo, Nova Era, 1924.

____. *Românticos brasileiros.* Rio de Janeiro, Briguiet, 1927.

GARBUGLIO, José C. *Literatura da língua portuguesa.* São Paulo, Conselho Estadual de Cultura, 1970.

GARCIA, Rodolfo. *Escritos avulsos.* Rio de Janeiro, BN, 1973.

GIFONI, O. Carneiro. *Estética e cultura.* São Paulo, Continental, [s.d.], 1944 (?).

GOICOCHEA, Castilhos. *Homens e ideias*: ensaios. Rio de Janeiro, Pongetti, 1942.

GÓIS, Eurico de. *Os símbolos nacionais*: estudo sobre a bandeira e as armas do Brasil. São Paulo, Escolas Profissionais Salesianas, 1908.

GÓIS, Fernando (org.). *Panorama da Poesia Brasileira*: Simbolismo. Rio de Janeiro, Civilização Brasileira, 1959. V. 4.

____ (org.) *Panorama da Poesia Brasileira*: o Pré-modernismo. Rio de Janeiro, Civilização Brasileira, 1960. V. 5.

____. *O espelho infiel.* São Paulo, Conselho Estadual de Cultura, Comissão de Literatura, 1966.

GOLDBERG. *Brazilian literature.* Nova York, Alfred A. Knopf, 1922.

GOLDSTEIN, Norma Seltzer. *Do penumbrismo ao modernismo*: o primeiro Bandeira e outros poetas significativos. São Paulo, Ática, 1983.

GOMES, Celuta Moreira. *O conto brasileiro e sua crítica.* Rio de Janeiro, BN, 1977. 2v.

GOMES, Danilo. *Escritores brasileiros ao vivo*. Belo Horizonte/Brasília, Comunicação/INL, 1979. 2v.
GOMES, Eugênio. *Prata de casa*: ensaios de literatura brasileira. Rio de Janeiro, A Noite, [s.d.].
____. *Espelho contra espelho*. São Paulo, Progresso, 1949.
____. *Aspectos do romance brasileiro*. Bahia, Univ. da Bahia Progresso, 1958.
____. *Visões e revisões*. Rio de Janeiro, INL, 1958.
GOMES, João Carlos Teixeira. *Camões contestador e outros ensaios*. Salvador, Fund. Cultural do Estado da Bahia, 1979.
GOMES, Perilo. *Ensaios de crítica doutrinária*. Rio de Janeiro, Centro D. Vital/Álvaro Pinto, Anuário do Brasil, 1923.
GONZAGA, Alcides. *Homens e coisas de jornal*. Porto Alegre, Globo [s.d.]
GONZAGA FILHO, J. B. N. *Palestras*. Lisboa, Portugal-Brasil, [s.d.], (pref.: 1923).
____. *Miscelânea*. Rio de Janeiro, Jacinto R. dos Santos, 1925.
GRANDES PERSONAGENS DA NOSSA HISTÓRIA. 4v.
GRIECO, Agripino. *Evolução da poesia brasileira*. 2. ed. Rio de Janeiro, H. Antunes [s.d.].
____.*Caçadores de símbolos*: estudos literários. Rio de Janeiro, L. Ribeiro, 1923.
____. *Vivos e mortos*. Rio de Janeiro, Schmidt, 1931.
____. *Evolução da poesia brasileira*. Rio de Janeiro, José Olympio, 1947 (1. ed. 1932).
____. *Evolução da prosa brasileira*. Rio de Janeiro, José Olympio, 1947 (l. ed. 1933).
____. *Gente nova do Brasil*. Rio de Janeiro, José Olympio, 1935.
____. *Carcaças gloriosas*. Rio de Janeiro, H. Antunes, 1937.
____. *Evolução da poesia brasileira*. 2. ed. Rio de Janeiro, H. Antunes, 1944.
____. *Amigos e inimigos do Brasil*. Rio de Janeiro, José Olympio, 1954.
____. *O sol dos mortos*. Rio de Janeiro, José Olympio, 1957.
GRIPUS, [pseud. Visconti Coaraci]. *Galeria teatral*. Rio de Janeiro, Moreira, Maximino & C., 1884.
GRUPO GENTE NOVA. *A problemática moral no moderno romance brasileiro*. Belo Horizonte, 1968.
GUIMARÃES, Moreira. *Estudos e reflexões*. Rio de Janeiro, Papelaria Brasil, 1910.
GUIMARÃES, Reginaldo. *O folclore na ficção brasileira*: roteiro das "Memórias de um sargento de milícias". Rio de Janeiro/Brasília, Cátedra/INL, 1977.
GUINSBURG, J. *Motivos*. São Paulo, Conselho Estadual de Cultura, Comissão de Literatura, 1964.
GULLAR, Ferreira. *Cultura posta em questão*. Rio de Janeiro, Civilização Brasileira, 1965.
____. *Vanguarda e subdesenvolvimento*: ensaios sobre arte. 2. ed. Rio de Janeiro, Civilização Brasileira, 1978 (1. ed. 1969).
HESSEL, Lothar F. *O partenon literário e sua obra*. Porto Alegre, Flama/Instituto Estadual do Livro, 1976.
____ & RAEDERS, Georges. *O teatro no Brasil*. Porto Alegre, UFRGS, 1974-79, 2v.
HILL, Telênia. *Estudos de teoria e crítica literária*. Rio de Janeiro, Francisco Alves, 1983.
HISTÓRIA DA CULTURA BRASILEIRA. Rio de Janeiro, CFC/FENAME, 1973. 2v.
HISTÓRIA DA IGREJA NO BRASIL. Petrópolis, Vozes, 1977.
HISTÓRIA DA TIPOGRAFIA NO BRASIL. São Paulo, MASP, 1979.
HOLANDA, Aurélio Buarque de. *O romance brasileiro*: de 1752 a 1930. Rio de Janeiro, O Cruzeiro, 1952.
HOLANDA, Heloísa Buarque de. *Impressões de viagens*: CPC, Vanguarda e Desbunde: 1960/70. São Paulo, Brasiliense, 1980.
____ et PEREIRA, Carlos Alberto M. *Patrulhas ideológicas*: arte e

engajamento em debate. São Paulo, Brasiliense, 1980.

HOLANDA, Sérgio Buarque de. *Cobra de vidro*. São Paulo, Martins, 1944.

____. *Visão do paraíso*: os motivos edênicos no descobrimento e colonização do Brasil. Rio de Janeiro, José Olympio, 1959.

____. *História geral da civilização brasileira*. São Paulo, Difusão Europeia do Livro, 1960. 10v.

____. *Raízes do Brasil*. Rio de Janeiro, José Olympio, 1936. 5. ed. rev. 1969.

HOORNAERT, Eduardo. *Formação do catolicismo brasileiro*: 1500-1800. Petrópolis, Vozes, 1978.

HOUAISS, Antônio. *Crítica avulsa*. Salvador, Universidade da Bahia, 1960.

____. *Seis poetas e um problema*. Rio de Janeiro, MEC — Serviço de Documentação, 1960.

HULET, Claude. *Brazilian Literature*. Washington, Georgetown University Press, 1974, 3v.

A IMAGEM DE MÁRIO: textos extraídos da obra de Mário de Andrade. Rio de Janeiro, Alumbramento, 1984.

ÍNDICE DE AUTORES E PEÇAS DA DRAMATURGIA BRASILEIRA. Rio de Janeiro, SNT, 1977.

INOJOSA, Joaquim. *Escritos diversos*: II. Crítica e polêmica. Rio de Janeiro, Ed. Férias [s.d.].

____. *Um "movimento" imaginário*: resposta a Gilberto Freyre, Rio de Janeiro, O Autor, 1972.

____. *Os Andrades e outros aspectos do modernismo*. Rio de Janeiro, Civilização Brasileira, 1975.

____. *Pá de cal*. Rio de Janeiro, MeioDia, 1978.

____. *Sursum corda!*: desfaz-se o "equívoco" do manifesto regionalista de 1926. Rio de Janeiro, Olímpica, 1981.

____. *A arte moderna*: 60 anos de um manifesto modernista. Recife 5 jul. 1924 — 5 jul. 1984; O manifesto que originou a 2ª fase do Modernismo. Rio de Janeiro, Cátedra, 1984. Edição fac-similar.

INSTITUTO DE PREVIDÊNCIA E ASSISTÊNCIA DOS SERVIDORES DO ESTADO, ed. *O servidor público homem de letras*. Rio de Janeiro, Serviço de Publicidade, 1956.

INTRODUÇÃO AO ESTUDO DA LITERATURA BRASILEIRA. Rio de Janeiro, INL 1963.

IPANEMA, Marcelo de. *A censura no Brasil (1808 a 1821)*. Rio de Janeiro, Aurora, 1949.

____. *Das coisas raras*. Rio de Janeiro, Aurora, 1949.

____. *Legislação de imprensa*. Rio de Janeiro, Aurora, 1949, 2v.

____. *Livro das leis de imprensa de D. João*. Rio de Janeiro, Aurora, 1949.

____. *A tipografia na Bahia*. Rio de Janeiro, Inst. de Comunicação Ipanema, 1977.

IVO, Ledo. *Paraísos de papel*. São Paulo, Conselho Estadual de Cultura, Comissão de Literatura, 1961.

____. *Poesia observada*. Rio de Janeiro, Orfeu, 1967.

JABOATÃO, Antônio de Santa Maria, Frei. *Novo orbe seráfico brasílico ou Cronica dos frades menores da província do Brasil*, por... Impressa em Lisboa em 1761, e reimpressa por ordem do Instituto Histórico e Geográfico Brasileiro. Rio de Janeiro, Tip. Brasiliense de Maximiano Gomes Ribeiro, 1858-59. 5v.

JACOBBI, Ruggero. *A expressão dramática*. Rio de Janeiro, MEC-INL, 1956.

____. *O espectador apaixonado*. Belo Horizonte, Faculdade de Filosofia, 1962.

JAGUARIBE, Hélio. *A filosofia no Brasil*. Rio de Janeiro, Inst. Superior de Estudos Brasileiros/MEC, 1957.

JARDIM, Silva. *A gente do mosteiro*: no ano passado, 2. ed. São Paulo, Tip. da Tribuna Liberal, 1879.

JOBIM, Renato. *Anotações de leitura*. Rio de Janeiro, Revista Branca, [s.d.].

____. *Crítica*. Rio de Janeiro, São José, 1960.

JORGE, Araújo. *Ensaios de história e crítica*. Rio de Janeiro, Instituto Rio Branco — Serv. de Publ., 1948.

JÚLIO, Sílvio. *Fundamentos da poesia brasileira*. Rio de Janeiro. A. Coelho Branco Fº, 1930.

____. *Relações da língua portuguesa com a literatura brasileira*. Niterói, Oficinas Gráf. do Diário Oficial, 1936.

____. *Reações na literatura brasileira*. Rio de Janeiro, H. Antunes,.1938.

____. *Três aspectos do drama na atualidade brasileira*. Rio de Janeiro, 1957.

____. *Conexões folclóricas e literárias na poesia no Brasil*. Rio de Janeiro, A. Coelho Branco Fº, 1965.

JUREMA, Aderbal. *Provincianas*. 1ª série. Recife, Ed. Nordeste, 1949.

KELLY, Celso. *Machado de Assis e outros pretextos*. Rio de Janeiro, São José, 1972.

____. *Tendências do gosto brasileiro*. Rio de Janeiro, Agir, 1979.

KHÉDE, Sônia Salomão. *Censura teatral no século XIX* (tese). Rio de Janeiro, 1980 (mimeogr.)

____. *Censores de pincenê e gravata* (Censura teatral no Brasil). Rio de Janeiro, Codecri, 1981.

KHOURY, Simon. *Atrás da máscara*. Rio de Janeiro, Civilização Brasileira, 1983. 2v.

KIEFER, Bruno. *História da música brasileira*. Rio de Janeiro, Movimento, 1976.

KOPKE, Carlos Burlamaqui. *Faces descobertas*. São Paulo, Martins, 1944.

____. *Fronteiras estranhas*. São Paulo, Martins, 1946.

____. *Meridianos do conhecimento estético*. São Paulo, Revista Brasileira de Poesia, 1950.

____. *História e solidão do homem*. São Paulo, Melhoramentos, 1952.

____. *A forma e o tempo*. São Paulo, Martins, 1953.

____. *Alguns ensaios de literatura*. São Paulo, Pégaso, 1958.

____. *Do ensaio e de suas várias direções*. São Paulo, Conselho Estadual de Cultura, Comissão de Literatura, 1964.

KUSNET, Eugênio. *Ator e método*. Rio de Janeiro, MEC/SNT, 1975.

LA VALLE, Mercedes (org.) *Un secolo di poesia brasiliana*. Prefazione di Francesco Flora. Siena, Casa Editrice Maia, 1954.

LACERDA, Virgínia Cortes de. "Unidades literárias". *História da Literatura Brasileira*. São Paulo, Cia. Editora Nacional, 1944.

LACOMBE, Américo Jacobina. *Introdução ao estudo da História no Brasil*. São Paulo, USP, 1973.

LAET, Carlos de. *O frade estrangeiro e outros escritos* (Org. e pref. de Múcio Leão). Rio de Janeiro, ABL, 1953.

LAFETÁ, José Luís. *1930: a crítica e o modernismo*. São Paulo, Duas Cidades, 1974.

LAGO, Laurenio. *Supremo Tribunal de Justiça e Supremo Tribunal Federal*. Rio de Janeiro, Bibl. Ed., 1978.

LARA, Cecília de. *Nova Cruzada* (contribuição para o estudo do pré-modernismo). São Paulo, Inst. de Estudos Brasileiros, 1971.

LEAL, Antônio Henriques. *Lucubrações*. São Luís, Livr. Popular de Magalhães & Cia., 1874.

LEÃO, A. Carneiro. *À margem da história da República*. Rio de Janeiro, Anuário do Brasil, 1924.

LEÃO, Múcio. *Ensaios contemporâneos*. Rio de Janeiro, 1923.

LEITE, Aureliano. *Retratos a pena*. São Paulo, 1929.

____. *Retratos a pena*. Nova série. São Paulo, São Paulo Ed., 1930.

LEITE, Dante Moreira. *O amor romântico e outros temas*. São Paulo, Conselho Estadual de Cultura, Comissão de Literatura, 1964.

____. *Psicologia e literatura*. São Paulo, Conselho Estadual de Cultura, Comissão de Literatura, 1965.

____. *O caráter nacional brasileiro*. São Paulo, Pioneira, 1969.
LEITE, Lígia Chiappini Morais. *Regionalismo e Modernismo*. São Paulo, Ática, 1978.
LEITE, Luisa Barreto. *Teatro e criatividade*. Rio de Janeiro, MEC/SNT, 19 75.
LEITE, Sebastião Uchoa. *Participação da palavra poética*: do modernismo à poesia contemporânea. Petrópolis, Vozes, 196 6.
LEITE, Serafim, S. J. *História da Companhia de Jesus no Brasil*. Lisboa/Rio de Janeiro, 1938-50. tov.
LEITE, Solidônio. *Notas e contribuições de um bibliófilo*. Rio de Janeiro, J. Leite, 1925.
LESSA, Luís Carlos da Silva. *O Modernismo brasileiro e a língua portuguesa*. 2. ed. rev. e ampl. Rio de Janeiro, Grifo, 1976.
LIDMILOVÁ, Paula. *Alguns temas de literatura brasileira*. Rio de Janeiro, Nórdica, 1984.
LIMA, Abdias. *Paisagem dos livros*. Fortaleza, Paulinas, 1949.
LIMA, Alceu Amoroso. *Estética literária*. Rio de Janeiro, Americ Ed., [s.d.].
____. *Estudos*. 1. sér. 2. ed. Rio de Janeiro, A Ordem, 1928; id. 2. sér. Rio de Janeiro, 1929; id. 3. sér. Rio de Janeiro, 1930. 2 tomos; id. 4. sér. Rio de Janeiro, 1931; id. 5. sér. Rio de Janeiro, 1933.
____. *Contribuição a história do Modernismo*. O pré-modernismo. Rio de Janeiro, José Olympio, 1939. 1º vol.
____. *Poesia brasileira contemporânea*. Belo Horizonte, Paulo Bluhm, 1941.
____. *O crítico literário*. Rio de Janeiro, Agir, 1945.
____. *O romance brasileiro*. Rio de Janeiro, O Cruzeiro, 1952.
____. *Introdução à literatura brasileira*. Rio de Janeiro, Agir, 1956.
____. *Quadro sintético da literatura brasileira*. Rio de Janeiro, Agir, 1956.
____. *A crítica literária no Brasil* (Com apêndice de Eduardo Portela). Rio de Janeiro, MEC — Biblioteca Nacional, 1959. 22p. (Separata *Decimalia*).
____. *L'influence de la pensée française au Brésil*. Paris, Firmin-Didot, 1968.
____. *Evolução intelectual do Brasil*. Rio de Janeiro, Grifo, 1971.
LIMA, Augusto de. *Noites de sábado*. Rio de Janeiro, Álvaro Pinto/Editor/Anuário do Brasil, 1923.
LIMA, Ebion de. *Literatura brasileira*. 2. ed. São Paulo, Salesiana, 1963.
____. *Lições de literatura brasileira*. 3. ed. rev. e atualizada por Dino del Pino. São Paulo, Salesiana, 1965.
LIMA, Herman. *O conto*. Salvador, Progresso, [s.d.].
____. "Variações sobre o conto". *Cadernos de cultura*. Rio de Janeiro, 37, 1952.
____. *História da caricatura no Brasil*. Rio de Janeiro, José Olympio, 1963. 4v.
____. *Poeira do tempo*: memórias. Rio de Janeiro, José Olympio, 1967.
LIMA, Hermes. *Ideias e figuras*. Rio de Janeiro, MEC — Serviços de Documentação, 1957.
LIMA, Luiz Costa. *Por que literatura*. Petrópolis, Vozes, 1966.
____. *Lira e antilira* (Mário, Drummond, Cabral). Rio de Janeiro, Civilização Brasileira, 1968.
LIMA, Mário de. *Ideias e comentários*. Belo Horizonte, Imprensa Oficial, [s.d.].
LIMA, Oliveira. *Aspectos da literatura colonial brasileira*. Leipzig, Brochaus, 1896.
LIMA, R. A. Rocha. *Crítica e literatura*. São Luís, Tip. do País — Imp. Cristino V. de Campos, 1878.
____. *Crítica e literatura*. Pref. de Capistrano de Abreu. Introd. e notas de Djacir Meneses. 3 ed. Fortaleza, Impr. Universitária do Ceará, 1968.
LIMA, Roberto Sarmento & SARMENTO, Eduardo. *Evolução do romance brasileiro*: do romantismo ao modernismo. Maceió, 1977.
LIMA SOBRINHO, Barbosa. *Desde quando somos nacionalistas?* Rio de Janeiro, Civilização Brasileira, 1963.

LINCOLN, J. N. *Charts of Brazilian Literature*. Michigan, 1947.
LINHARES, Augusto. *Presença da poesia*. Brasília, Borsoi, 1958.
LINHARES, Mário. *Gente nova* (Notas e impressões). Fortaleza, Eugenio Gadelha & Filhos [s.d.]. (1922?)
____. *Semeadores*. Rio de Janeiro, Mendonça, Machado, 1926.
LINHARES, Temístocles. *Introdução ao mundo do romance*. Rio de Janeiro, José Olympio, 1953.
____. *Intrrogações*. Rio de Janeiro; José Olympio, 1959-66. 3v.
____. *Diálogos sobre o conto brasileiro atual*. Rio de Janeiro, José Olympio, 1973.
____. *Diálogos sobre a poesia brasileira*. São Paulo/Brasília, Melhoramentos/INL, 1976.
____. *Diálogos sobre o romance brasileiro*. São Paulo/Brasília, Melhoramentos/INL, 1978.
LINS, Álvaro (Dir.) *História da literatura brasileira*.
____. *Jornal de crítica*. Rio de Janeiro, José Olympio, 1941-63. 7v.
LINS, Édison. *História e crítica da poesia brasileira*. Rio de Janeiro, Ariel, 1937.
LINS, Edmundo. *Reminiscências literárias*. Rio de Janeiro, Jornal do Commercio — Rodrigues & Cia., 1941.
LINS, Ivan. *História do Positivismo no Brasil*. São Paulo, Cia. Ed. Nacional, 1964.
____. *Estudos brasileiros*. São Paulo, Lisa, 1973.
LINS, Osman. *Um mundo estagnado*. Recife, Imprensa Universitária, 1966.
____. *Guerra sem testemunhas*: o escritor, sua condição e a realidade social. São Paulo, Ática, 1974.
____. *Problemas inculturais brasileiros*. São Paulo, Summus, 1977.
____. *Evangelho na taba*: outros problemas inculturais brasileiros. São Paulo, Summus, 1979.
LÍRICA NACIONAL. Rio de Janeiro, Diário do Rio de Janeiro, 1862. (Biblioteca Brasileira, 1). Traz pref. de Quintino Bocaiúva.

LISBOA, Henriqueta. *Convívio poético*. Belo Horizonte, Publ. da Secretaria da Educação do Estado de Minas Gerais, 1955.
A LITERATURA BRASILEIRA (Roteiro das grandes literaturas). São Paulo, Cultrix, 1965-66. 6v.
LITRENTO, Oliveiros. *O crítico e o mandarim*. Rio de Janeiro, São José [s.d.] (pref.: 1961)
____. *Apresentação da literatura brasileira*. Brasília, Bibl. do Exército/Forense Universitária Ltda., 1974. 2v.
LIVRO DO CENTENÁRIO (1500-1900). Rio de Janeiro, Imprensa Nacional, 1900. 4v.
LIVRO DO NORDESTE. Comemorativo do primeiro centenário do Diário de Pernambuco, 1825-1925. Recife, Diário de Pernambuco, 1925.
O LIVRO DO SEMINÁRIO. Div. aut. 1ª Bienal Nestlé de Literatura, 1982.
LOANDA. Fernando Ferreira de. *Panorama da nova poesia brasileira*. 1951.
LOBATO, Monteiro. *A barca de Gleire*: quarenta anos de correspondência literária entre Monteiro Lobato e Godofredo Rangel. São Paulo, Brasiliense, 1950. 2 V.
____. *Ideias de Jeca Tatu*. São Paulo, Brasiliense, 1950.
____. *Prefácios e entrevistas*. São Paulo, Brasiliense, 1950.
LOBO, Pelágio. *Recordações das arcadas*. São Paulo, Reitoria da Universidade de São Paulo, 1953.
LOEWENSTAMM, Kurt. *Vultos judaicos no Brasil*: Uma contribuição à história dos judeus no Brasil. Tempo colonial 1500-1822. Tradução do Dr. Kurt Hahn. Rio de Janeiro, 1949.
LOPES, Hélio. *A divisão das águas*: contribuição ao estudo das revistas românticas Minerva Brasiliense e Guanabara. São Paulo, Conselho Estadual de Artes e Ciências Humanas, 1978.

LOPES, Moacir C. *A situação do escritor e do livro no Brasil.* Rio de Janeiro, Cátedra, 1978.
LOUSADA, Wilson. *O caçador e as raposas.* Rio de Janeiro, MEC, Serviço de Documentação, 1953.
____. *Espelho de Orfeu.* Rio de Janeiro, MEC — Serviço de Documentação, 1968.
LUCAS, Fábio. *Temas literários e juízos críticos.* Belo Horizonte, Tendência, 1963.
____. *Compromisso literário.* Rio de Janeiro, o osé, 1964.
____. *Horizontes da crítica.* S. 1., Movimento — Perspectiva, 1965.
____. "Considerações sobre a ficção". Separata de *Estudos Universitários,* 7(23): 161-194, abr./set. 1967.
____. *The Brazilian novel and short story. Latin American scholarship since world war II.* 1971.
____. *Fronteiras imaginárias*: crítica. Rio de Janeiro, Cátedra, 1971.
____. *Poesia e prosa no Brasil.* Belo Horizonte, Interlivros, 1976.
LUSO, João, [pseud. Armando Erse]. *Orações e palestras.* Rio de Janeiro, José Olympio, 1941.
____. *Quatro conferências.* Rio de Janeiro, Depto. de Imprensa Nacional, 1950.
LUZ, Fábio. *Estudos de literatura.* Rio de Janeiro, Of. Gráf. do Ginásio 28 de Setembro, 1926.
____. *Dioramas*: aspectos literários (1908-1932). Rio de Janeiro, Ravaro, 1934. Vol. I.
LUZ, Joaquim Vieira da. *Dunshee de Abranches e outras figuras.* Rio de Janeiro, Jornal do Brasil, 1954.
____. *Fran Paxeco e as figuras maranhenses.* Rio de Janeiro, Ed. do Autor, 1957.
MACEDO, Joaquim Manuel de. *Ano biográfico brasileiro.* Rio de Janeiro, Tip. e litogr. do Imperial Inst. Artístico, 1876-1880. 4v.
MACEDO, S. A. *A literatura no Brasil colonial.* Rio de Janeiro, Brasília, [s.d.]
MACEDO, Ubiratã Borges de. *A liberdade no império.* São Paulo, Convívio, 1977.

MACHADO, Raul. *Dança de ideias.* Rio de Janeiro, A Noite, [s.d.] (na capa: 1939).
MACHADO FILHO, Aires da Mata. *Crítica de estilos.* Rio de Janeiro, Agir, 1956.
MACHADO NETO, Antônio Luís. *Estrutura social da república das letras*: sociologia da vida intelectual brasileira, 1870-1930. São Paulo, Grijalbo/USP, 1973.
MACHADO NETO, Zaidé. *Sociologia e romance.* Salvador, I.E.F.B., 1961.
MAGALDI, Sábato. *Panorama do teatro brasileiro.* Rio de Janeiro, MEC/SNT, [s.d.]
____. *Panorama do teatro brasileiro.* São Paulo, Difusão Europeia do Livro, 1962.
____. *Temas da história do teatro.* Belo Horizonte, Faculdade de Filosofia UFRGS, 1963.
____. *Aspectos da dramaturgia moderna.* São Paulo, Conselho Estadual de Cultura, Comissão de Literatura, 1964.
____. *Iniciação ao teatro.* São Paulo, Buriti, 1965.
____. *O cenário no avesso.* São Paulo, Perspectiva, 1977.
MAGALHÃES, Basílio de. *Os jornalistas da Independência.* Rio de Janeiro, Imprensa Nacional, 1917.
MAGALHÃES, Celso de. *A poesia popular brasileira.* Rio de Janeiro, Biblioteca Nacional, 1973.
MAGALHÃES, Valentim. *Notas à margem*; crônica quinzenal. Rio de Janeiro, Moreira Maximino & C. e Carlos Gaspar da Silva, 1887-88.
____. *Escritores e escritos* (Perfis literários e esboços críticos). Rio de Janeiro, Carlos Gaspar da Silva Editor, 1889.
____. *A literatura brasileira* (1870-1895). Lisboa, A. M.Pereira, 1896.
MAGALHÃES JÚNIOR, Raimundo. *A maior mistificação da imprensa brasileira*; as crônicas escandalosas do Segundo Reinado nas falsas cartas de um diplomata. Brasília, Ebrasa [s.d.].

MAGNO, Orlando Carlos. *Pequena história do teatro Duse*. Rio de Janeiro, SNT, 1973.
MAIA, Alcides. *Pelo futuro*. Porto Alegre, Franco & Irmão, 1897.
____. *Crônicas e ensaios*. Porto Alegre, Barcelos, Bertaso & C., Livr. do Globo, 1918.
MALTA, Tostes. *Crônica dos livros*. Rio de Janeiro, A Noite, 1932.
MAPA CULTURAL; artesanato, folclore, patrimônio ecológico, patrimônio histórico. 2v.
MARINHO, Henrique. *O teatro brasileiro*. Rio de Janeiro, Garnier, 1904.
MARIZ, Vasco. *A canção brasileira* (erudita, folclórica e popular). Rio de Janeiro, MEC — Serviço de Documentação, 1959.
MAROBIN, Luís. *Estética das escolas literárias do Brasil*: roteiro para o estudo teórico. Porto Alegre, Univ. Vale do Rio dos Sinos, 1971.
MARQUES, Osvaldino. *O poliedro e a rosa*. Rio de Janeiro, MEC — Serviço de Documentação, 1952.
____. *A seta e o alvo*. Rio de Janeiro, INL, 1957.
____. *Ensaios escolhidos* (Teoria e crítica literária). Rio de Janeiro, Civilização Brasileira, 1968.
MARQUES, Xavier. *Letras acadêmicas*. Rio de Janeiro, Renascença, 1933.
____. *Ensaios*. Rio de Janeiro, Academia Brasileira, 1944.
MARTINS, Ari. "Os nossos autores dramáticos". In: *Anais do III congresso sul-rio-grandense de história e geografia*. 3v. Porto Alegre, Of. Gráf. da Livr. do Globo, 1940. p. 1419-31.
MARTINS, Heitor, ed. *The brazilian novel*. Indiana UP, Luso-brazilian studies, 1976.
MARTINS, Luís. *Uma coisa e outra*. Rio de Janeiro, MEC — Serviço de Documentação, 1959.
____. *Homens & livros*. São Paulo, Conselho Estadual de Cultura, Comissão de Literatura, 1962.

MARTINS, Mário. *Vida*: crônicas, estudos, biografias. Rio de Janeiro, Coeditora Brasílica, 1939.
MARTINS, Mário R. *A evolução da literatura brasileira*. Rio de Janeiro, [s.d.], 1945. 2v.
MARTINS, Wilson. *Interpretações*. Rio de Janeiro, José Olympio, 1946.
____. *A palavra escrita*. São Paulo, Anhembi, 1957.
____. O teatro no Brasil. *Hispania*, 46 (2): 239-51, maio, 1963.
____. "O modernismo" (1916-1945). *A literatura brasileira*. São Paulo, Cultrix, 1965. V. 6.
____. *História da inteligência brasileira*. São Paulo, Cultrix, 1978. 7v.
____. *A crítica literária no Brasil*. Rio de Janeiro, Francisco Alves, 1983 (1. ed. 1952).
MASCARENHAS, Dulce. *Carlos Chiacchio: homens e obras*. Salvador, Academia de Letras da Bahia, 1979.
MATOS, Mário. *O personagem persegue o autor*. Rio de Janeiro, O Cruzeiro, 1945.
MATOSO, Ernesto. *Coisas do meu tempo*: (Reminiscências). Bordeaux, Imprimeries Gouilhou, 1916.
MATOSO, Glauco. *O que é poesia marginal*. São Paulo, Brasiliense, 1981.
MAXWELL, Kenneth. *A devassa da devassa*: a Inconfidência Mineira (Brasil e Portugal 1750-1808). Rio de Janeiro, Paz e Terra, 1977.
MEANDRO POÉTICO. Coordenado e enriquecido com esboços biográficos e numerosas notas históricas, mitológicas e geográficas pelo Cônego Dr. J. C. Fernandes Pinheiro (org.). Rio de Janeiro, Garnier, 1846.
MEDEIROS, Aluísio. *Crítica*. Fortaleza, Clã, 1947-56. 2v.
MEDEIROS, Maurício de. *Homens notáveis*. Rio de Janeiro, José Olympio, 1964.
MEIER, Augusto. *Prosa dos pagos*. São Paulo, Martins, 1943.

____. *À sombra da estante.* Rio de Janeiro, São Paulo, José Olympio, 1947.
____. *Preto & branco.* Rio de Janeiro, INL, 1956.
____. *A chave e a máscara.* Rio de Janeiro, O Cruzeiro, 1964.
____. *A forma secreta.* Rio de Janeiro, Lidador, 1965.
MEIER, Marlise. *Pirineus, caiçaras... deambulações literárias.* São Paulo, Conselho Estadual de Cultura, Comissão de Literatura, 1967.
MEIRA, Cecil. *Introdução ao estudo da literatura.* 2. ed. Rio de Janeiro, Z. Valverde, 1945.
MEIRA, Célio. *Vida passada...* (Notas biográficas) vol. I. Recife, Imprensa Oficial, 1939.
MELO, A. L. Nobre de. *Mundos mágicos.* Rio de Janeiro/São Paulo, José Olympio, 1949.
MELO, Gladstone Chaves de. *Origem, formação e aspectos da cultura brasileira.* Lisboa, Centro do Livro Brasileiro, 1974.
MELO, Mário Vieira de. *Desenvolvimento e cultura*: o problema do estetismo no Brasil. São Paulo, Cia. Editora Nacional, 1963.
MELO FRANCO, A. A. *O índio brasileiro e a revolução francesa.* Rio de Janeiro, José Olympio, 1937.
____. *Mar de sargaços.* São Paulo, Martins, 1944.
MENDES, Oscar. *A alma dos livros.* Belo Horizonte, Os amigos do livro, 1932.
MENDONÇA, A. P. Lopes de. *Memórias de literatura contemporânea.* Lisboa, Panorama, 1855.
MENDONÇA, Carlos Sussekind de. *História do teatro brasileiro.* Rio de Janeiro, Mendonça Machado, 1926.
MENDONÇA, Fernando. *Três ensaios de literatura.* São Paulo, Faculdade de Filosofia, Ciências e Letras de Assis, 1967.
MENDONÇA, Lúcio de. *Caricaturas instantâneas.* Com ilust. de Julião Machado. Rio de Janeiro, A Noite [s.d.] (pref.: 1939).
MENDONÇA, Renato de. *O ramo de oliveira.* Porto, Lello, 1951.
MENESES, Djacir. *Evolução do pensamento literário no Brasil.* Rio de Janeiro, Org. Simões, 1954.
____. *O Brasil no pensamento literário.* 2. ed. Cons. Fed. de Cult./MEC, 1972.
MENESES, Raimundo de. *Escritores na intimidade.* São Paulo, Martins [s.d.]
MENNUCCI, Sud. *Rodapés* (1ª série). São Paulo, Casa Ed. Antonio Tise, 1927.
____. *Humor.* 2. ed. rem. São Paulo, Ed. Piratininga, 1934.
MÉROU, Martín García. *El Brasil intelectual*: impresiones y notas literarias. Buenos Aires, Félix Lajouane, 1900.
MERQUIOR, José Guilherme. *Razão do poema.* Rio de Janeiro, Civilização Brasileira, 1965.
____. *De Anchieta a Euclides*: breve história da literatura brasileira. Rio de Janeiro, José Olympio, 1977.
MICELI, Sérgio. *Intelectuais e classe dirigente no Brasil (1920-1945).* São Paulo, Difel, 1979.
MIGUEL-PEREIRA, Lúcia. *Prosa de ficção (1870-1920).* Rio de Janeiro, José Olympio, 1957.
MILLIET, Sérgio. *Terminus seco e outros cocktails.* São Paulo, Estabelecimento Gráfico Irmãos Ferraz, 1923-32.
____. *Diário crítico.* São Paulo, Brasiliense/Martins, 1944-60. 10v.
____. *Panorama da moderna poesia brasileira.* Rio de Janeiro, MEC, 1952.
____ *Três conferências.* Rio de Janeiro, MEC — Serviço de Documentação, 1955.
MIRANDA, Adalmir da Cunha. *À margem das páginas*: estudos de literatura. Salvador, Caderno da Bahia, 1952.
____. *Aspectos da expressão literária.* Limeira, Letras da Província, 1961.
MIRANDA, Veiga. *Os faiscadores*: crônicas e impressões de leitura. São Paulo, Monteiro Lobato, 1925.
MISCELÂNEA DE ESTUDOS LITERÁRIOS EM HOMENAGEM A

AFRÂNIO COUTINHO. Rio de Janeiro, Palas, 1984.
MISCELÂNEA FILOLÓGICA EM HONRA À MEMÓRIA DO PROFESSOR CLÓVIS MONTEIRO. Rio de Janeiro, Ed. do Professor, 1965.
MOISÉS, Massaud. *Temas brasileiros*. São Paulo, Conselho Estadual de Cultura, Comissão de Literatura, 1964.
____. "Simbolismo". In: *A literatura brasileira*. São Paulo, Cultrix, 1966, V. 4.
____. *A literatura brasileira através dos textos*. São Paulo, Cultrix, 1971.
MOMENTOS DE CRÍTICA LITERÁRIA. In: *Atas do congresso brasileiro de crítica literária*. *4*, Campina Grande, 1977.
MONIZ, Heitor. *Vultos da literatura brasileira* (1ª série) Rio de Janeiro, Marisa, 1933.
MONTALEGRE, Duarte de. *Ensaio sobre o parnasianismo brasileiro*. Coimbra, 1945.
MONTEIRO, Adolfo Casais. *O romance e os seus problemas*. Lisboa, Biblioteca de Cultura Contemporânea, 1950.
MONTEIRO, Clóvis. *Traços do romantismo na poesia brasileira*. Rio de Janeiro, 1929.
____. *Esboços de história literária*. Rio de Janeiro, Colégio Pedro II, 1961.
MONTELLO, Josué. *Histórias da vida literária*. Rio de Janeiro, Nosso Livro, 1944.
____. *Estampas literárias*. Rio de Janeiro, Org. Simões, 1956.
____. *Caminho da fonte*. Rio de Janeiro, INL, 1959.
____. *A oratória atual do Brasil*. Rio de Janeiro — DASP — Serviço de Documentação, 1959.
____. *Santos de casa*. Fortaleza, Universidade do Ceará, 1966.
____. *Uma palavra depois de outra*: notas e estudos de literatura. Rio de Janeiro, INL, 1969.
____. *Estante giratória*. Rio de Janeiro, São José, 1971.

____. *Os bonecos indultados*. Rio de Janeiro, A Casa do Livro, 1973.
MONTENEGRO, Abelardo F. *História do cangaceirismo no Ceará*. Fortaleza, 1955.
MONTENEGRO, Braga. *Correio retardado*. Fortaleza, Universidade do Ceará, 1966.
MONTENEGRO, João Alfredo. *Evolução do catolicismo no Brasil*. Petrópolis, Vozes, 1972.
MONTENEGRO, Olívio. *O romance brasileiro*. 2. ed. rev. e aum. Rio de Janeiro, José Olympio, 1953. (1. ed. 1952).
____. *Retratos e outros ensaios*. Rio de Janeiro, José Olympio, 1959.
MONTENEGRO, Tulo Hostilio. *Tuberculose e literatura*. 2. ed. Rio de Janeiro, A Casa do Livro, 1971.
MOOG, Viana. *Uma interpretação da literatura brasileira*. Rio de Janeiro, CEB, 1943.
MORAIS, Carlos Dante de. *Viagens interiores* (Ensaio). Rio de Janeiro, Schmidt, 1931.
____. *Tristão de Ataíde e outros estudos*. Porto Alegre, Globo, 1937.
____. *Realidade e ficção*. Rio de Janeiro, MES — Serviço de Documentação, 1952.
____. *Três fases da poesia*. Rio de Janeiro, Depto. de Imprensa Nacional, 1960.
MORAIS, Francisco. "Estudantes da Universidade de Coimbra nascidos no Brasil". *Brasília*. Suplemento ao vol. IV. Coimbra, 1949.
MORAIS, Péricles. *Confidências literárias*. Rio de Janeiro, O Cruzeiro, 1944.
MORAIS, Rubens Borba de. *Livros e bibliotecas no Brasil colonial*. Rio de Janeiro/São Paulo, Livros Técnicos e Científicos/Secretaria de Cultura, Ciências e Tecnologia, 1979.
MORAIS FILHO, Melo. *Curso de literatura brasileira*. 5. ed. Rio de Janeiro, Garnier, [s.d.]
____. *João Caetano*. Rio de Janeiro, Laemmert, 1903.

_____. *Artistas do meu tempo.* Rio de Janeiro/ Paris, Garnier, 1904.
_____. *Fatos e memórias.* Rio de Janeiro, Paris, Garnier, 1904.
_____. *Artistas do meu tempo.* Rio de Janeiro, Garnier, 1905.
MORAIS NETO, Prudente de. *O romance brasileiro.* Rio de Janeiro, José Olympio, 1939.
_____. *The Brazilian romance by...* 1939. Traduzido por Luiz Victor Le Coq d'Oliveira. Rio de Janeiro, Imprensa Nacional, 1943.
MOREIRA, Vivaldi. *Figuras, tempos, formas.* Belo Horizonte, Ed. Movimento/Perspectiva, 1966.
MOTA, Artur. *Vultos e livros.* São Paulo, Monteiro Lobato e Cia. Ed., 1921.
_____. *A história da literatura brasileira.* São Paulo, Editora Nacional, 1930. 3v.
MOTA, Carlos Guilherme. *Ideologia da cultura brasileira, 1933-1974.* São Paulo Ática, 1977.
_____. *Ideia de revolução no Brasil*: estudo das formas de pensamento. Petrópolis, Vozes, 1979.
MOTA, Lourenço Dantas (coord.). *A história vivida.* 3. ed. São Paulo, O Estado de S. Paulo, 1981. 3v.
MOTA, Mauro. *Geografia literária.* Rio de Janeiro, INL, 1961.
MOTA FILHO. *Introdução ao estudo do pensamento nacional: O romantismo.* São Paulo, Helios/Novíssima, 1926.
_____. *O caminho de três agonias.* Rio de Janeiro, José Olympio, 1944.
_____. *Notas de um constante leitor.* São Paulo, Martins, 1960.
MOURA, Carlos Francisco. *O teatro em Mato Grosso no séc. XVIII.* Cuiabá, Universidade Federal de Mato Grosso, 1976.
MOURA, Odilão D., pe. *Ideias católicas no Brasil.* São Paulo, Convívio, 1978.
MOUTINHO, José Aderaldo Nogueira. *A procura do número.* São Paulo, Conselho Estadual de Cultura, Comissão de Literatura, 1967.

MOVIMENTO TEATRAL DE 1975. Rio de Janeiro, Gráfica Editora do Livro 1976.
MULHERES DO BRASIL: pensamento e ação. Fortaleza, H. Galeno, 1971. 2v.
MURAT, Tomás. *O sentido das máscaras.* Rio de Janeiro, Pongetti, 1939.
MURICI, Andrade. *O suave convívio.* Rio de Janeiro, Anuário do Brasil, 1922.
_____. *Panorama do movimento simbolista brasileiro.* Rio de Janeiro, INL, 1952. 3v.
_____. *Panorama do movimento simbolista brasileiro.* Brasília, INL, 1973. 2v.
NAPOLI, Roselis Oliveira de. *Lanterna verde e o modernismo.* São Paulo, Instituto de Estudos Brasileiros, 1970.
NASCIMENTO, Luis do. *Sesquicentenário do primeiro jornal pernambucano.* Recife, Assessoria de Imprensa, 1971.
NATI, Mario. "Il racconto nella letteratura brasiliana." Extr. de *Dialoghi.* n. 3-5, 1963.
NEME, Mario. *Plataforma da nova geração.* Porto Alegre, Globo, 1945.
NEVES, Fernão, [pseud. Fernando Nery.] *A Academia Brasileira de Letras: notas e documentos para a sua história (1896-1940).* Pref. de Afrânio Peixoto. Rio de Janeiro, Academia Brasileira, 1940.
NEVES, Henrique das. *Individualidades.* Lisboa, Parceria A. M. Pereira, 1910.
NEVES, João Alves das. *Temas Luso-brasileiros.* São Paulo, Conselho Estadual de Cultura, Comissão de Literatura, 1963.
NIST, John. *The Modernist Movement in Brazil.* Texas, University of Texas Press, 1967.
NOGUEIRA, J. L. Almeida. *Academia de São Paulo: tradições e reminiscências.* São Paulo, Vanordem, 1907. 9v.
NONATO, Raimundo. *Aspectos do teatro em Mossoró.* Rio de Janeiro, Serviço Nacional de Teatro, 1967.
NORBERTO, Joaquim. *História da literatura brasileira.* Org. Afrânio Coutinho. [s.n.t.]

NORONHA, Eduardo de. *Evolução do teatro: o drama através dos séculos*. (Comp. de vários estudos). Lisboa, Livr. Clássica Ed. de A. M. Teixeira, 1909.

NUNES, Cassiano. *A experiência brasileira*. São Paulo, Conselho Estadual de Cultura, Comissão de Literatura, 1964.

NUNES, Maria Luísa. *The New-Criticism in Brazil*. Columbia University. Tese mimeogr. [s.d.]

NUNES, Mário. *40 anos de teatro*. Rio de Janeiro, Serviço Nacional de Teatro, 1956-59. 3v.

OILIAM, José. *Racismo em Minas Gerais*. Belo Horizonte, Imprensa Oficial, 1981.

OLINTO, Antônio. *Cadernos de crítica*. Rio de Janeiro, José Olympio, 1959.

____. *A verdade da ficção*. Rio de Janeiro, Cia. Brasileira de Artes Gráficas, 1966.

____. *A invenção da verdade: crítica de poesia*. Rio de Janeiro/Brasília, Nórdica/INL, 1983.

OLINTO, Antônio. v. TAVARES, Ednalva Marques.

OLIVEIRA, A. Lopes. *Como trabalham nossos escritores*. Lisboa, Proença, 1950.

OLIVEIRA, Ana Maria Zanelli Moreira de. *Presença do feudalismo na ficção brasileira* (Tese). Rio de Janeiro, PUC, 1978.

OLIVEIRA, Franklin de. *A fantasia exata*. Rio de Janeiro, Zahar, 1959.

____. *Viola d'amore*. Rio de Janeiro, Ed. do Val, 1965.

____. *Morte da memória nacional*. Rio de Janeiro, Civilização Brasileira, 1967.

OLIVEIRA, José Osório de. *Enquanto é possível* (Ensaios e outros escritos). Lisboa, Universo, 1942.

____. *Aspectos do romance brasileiro* (Conferência para um público português). Lisboa, Of. Gráfica Ltda., 1943.

____. *História breve da literatura brasileira*. Lisboa, Inquérito, 1939; 2. ed. Martins, 1956.

OLIVEIRA, José Teixeira de. *Vidas brasileiras*. Rio de Janeiro, Pongetti, 1945.

OLIVEIRA, Valdemar de. *O teatro brasileiro*. Salvador, Aguiar & Souza Ltda., Progresso [s.d.]

OMEGNA, Nelson. *A cidade colonial*. Rio de Janeiro, José Olympio, 1961.

ORBAN, Victor. *Littérature brésilienne*. Rio de Janeiro, Garnier, [s.d.]

PACHECO, Armando Correia. *Ensaystas del Brasil. Escuela de Recife*. Washington, UPA, 1952.

PACHECO, João. *A literatura brasileira. O realismo*. São Paulo, Cultrix, 1963.

PAIM, Antônio. *História das ideias filosóficas no Brasil*. São Paulo, Grijalbo, 1967.

____. *O estudo do pensamento filosófico no Brasil*. Rio de Janeiro, Tempo Brasileiro, 1979.

____. *Pombal e a cultura brasileira*. Rio de Janeiro, Tempo Brasileiro, 1982.

____. *História das ideias filosóficas no Brasil*. 3. ed. São Paulo, Convívio, 1984.

PAIS, José Paulo. *Mistério em casa*. São Paulo, Conselho Estadual de Cultura, Comissão de Literatura, 1961.

PAIXÃO, Múcio da. *Espírito alheio*. São Paulo, Teixeira, 1916;

____. *O teatro no Brasil*. Rio de Janeiro/Brasília, 1936.

PARANHOS, Haroldo. *História do romantismo no Brasil*. São Paulo, Cultura, 1937-38. 2v.

PARKER, J. M. "Rumbos de la novela brasileña contemporanea: (1950-70)". In: *Revista de Cultura Brasileña*. Madrid, *38*.

PASSOS, Alexandre. *A imprensa no período colonial*. Rio de Janeiro, MEC, 1952.

____. *Um século de imprensa universitária*. Rio de Janeiro, Pongetti, 1971.

PAULO FILHO, M. *Literatura e história*. Rio de Janeiro, Francisco Alves [s.d.]

PEIXOTO, Afrânio. *Poeira da estrada: ensaios de crítica e de história*. 2. ed. Rio de Janeiro, Francisco Alves, 1921.

____. *Ramo de louro: novos ensaios de crítica e de história*. São Paulo, Cia. Editora Nacional, 1928.

____. *Noções de história da literatura brasileira.* Rio de Janeiro, Francisco Alves, 1931.

____. *Humor: ensaio de breviário nacional do humorismo.* 2. ed. São Paulo, Cia. Editora Nacional, 1936.

____. *Pepitas: novos ensaios de crítica e de história.* São Paulo, Cia. Editora Nacional, 1942.

____. *Panorama da literatura brasileira.* São Paulo, Cia. Editora Nacional, 1947.

PEIXOTO, Almir Câmara de Matos. *Direção em crítica literária.* MEC — Serviço de Documentação, 1951.

PEIXOTO, Silveira. *Falam os escritores.* São Paulo, Guaíra, 1941, 2. ed. Conselho Estadual de Cultura, 1971, 2v.

PELO LIVRO: PLANOS, FATOS, RESULTADOS. Rio de Janeiro, INL, 1969.

PENA, J. O. de Meira. *Em berço esplêndido.* Rio de Janeiro, Brasília, José Olympio/INL, 1974.

PEREGRINO JÚNIOR. *O movimento modernista.* Rio de Janeiro, MEC — Serviço de Documentação, 1954.

PEREIRA, Armindo. *A esfera iluminada* (Ensaios). Pref. de Oto Maria Carpeaux. Rio de Janeiro, Elos, 1966.

PEREIRA, Astrogildo. *Interpretações.* Rio de Janeiro, Casa do Estudante do Brasil, 1944.

____. *Crítica impura: autores e problemas.* Rio de Janeiro, Civilização Brasileira, 1963.

PEREIRA, Carlos Alberto Messeder. *Retrato de época.* Rio de Janeiro, Museu Nacional, 1980. (Tese)

PEREIRA, Lúcia Miguel. "Prosa de ficção (de 1870 a 1920)." In: *História da literatura brasileira.* Dir. de Álvaro Lins. Rio de Janeiro, José Olympio, 1950, v. 12.

____. "Cinquenta anos de literatura." In: *Cadernos de Cultura.* Rio de Janeiro, 28, 1952.

PEREZ, Renard. *Escritores brasileiros contemporâneos.* 1ª Sér. 2. ed. ilust. Rio de Janeiro, Civilização Brasileira, 1970. 2ª sér. 1971.

PERIÉ, E. *A literatura brasileira nos tempos coloniais. (sécs. XVI-XIX).* Buenos Aires, 1885.

PERSPECTIVAS (Ensaios de teoria e crítica). Div. autores. Rio de Janeiro, Faculdade de Letras da Universidade Federal do Rio de Janeiro, 1984.

PESSOA, Frota. *Crítica e polêmica.* Rio de Janeiro, Editor Artur Gurgulino, 1902.

PICANÇO, Melquíades. *Vários assuntos.* Niterói, Dias Vasconcelos, 1937.

PICCAROLO, A. "O romantismo no Brasil". In: *Conferências Soc. Cult. Art. 1914-15.* São Paulo, Levi, 1916.

PICCHIA, Menotti del. *A crise da democracia: pesquisas de política e de sociologia contemporâneas.* São Paulo, São Paulo Ed., 1931.

____. *A longa viagem: 2ª etapa.* São Paulo, Martins, Conselho Estadual de Cultura, 1972.

PICCHIO, Luciana Stegagno. *La letteratura brasiliana.* Roma, Sansoni-Accademia, 1972.

PIMENTEL, Alberto. *Figuras humanas.* Lisboa, Parceria A. M. Pereira, 1905.

PIMENTEL, Mesquita. *Prata de casa: estudos sobre escritores brasileiros.* Petrópolis, L. Silva & Cia., 1926.

PIMENTEL, Osmar. *Apontamentos de leitura.* São Paulo, Conselho Estadual de Cultura, Comissão de Literatura, 1959.

____. *A lâmpada e o passado* (Estudos de literatura e psicologia). São Paulo, Conselho Estadual de Cultura, Comissão de Literatura, 1968.

____. *A cruz e o martelo* (Ensaios de literatura e psicologia). São Paulo, Conselho Estadual de Cultura, Comissão de Literatura, 1970.

PINHEIRO, Brandão. *Estudos literários e biográficos.* Sér. I. Rio de Janeiro, Impr. Industrial de João Paulo Ferreira Dias, 1882.

PINHEIRO, J. C. Fernandes. *Estudos históricos*. Rio de Janeiro, B. L. Garnier, 1876. 2v.

____. *Curso elementar de literatura nacional*. 2. ed. melh. Rio de Janeiro, B. L. Garnier, 1883. 2. ed. 1978.

____. *Literatura nacional*. Rio de Janeiro, B. L. Garnier, 1883.

____. *Resumo de história literária*. Rio de Janeiro, B. L. Garnier, 1883. 2v.

PINHO, Vanderlei. *Salões e damas do segundo reinado*. 3. ed. Desenhos de J. Wasth Rodrigues. São Paulo, Martins, 1959.

PINO, Dino del. *Introdução ao estudo da literatura*. Porto Alegre, Movimento, 1972.

PINTO, Alcides (org.). *A moderna poesia brasileira*. Pref. de Aníbal Machado. Rio de Janeiro, Pongetti, 1951.

PINTO, Ferreira. *Interpretação da literatura brasileira*. Rio de Janeiro, José Konfino, 1957.

PINTO, Luís. *A influência do Nordeste nas letras brasileiras*. Rio de Janeiro, José Olympio, 1961.

PINTO, Rolando Morel. *Estudos de romance*. São Paulo, Conselho Estadual de Cultura, 1965.

PIRES, Heliodoro, pe. *Nas galerias da arte da história*. Petrópolis, Vozes, 1944.

PITAN, Atalício. *O romantismo e a poesia brasileira*. Porto Alegre, Tip. Esperança, 1919.

PLACER, Xavier. *O poema em prosa*. [s.l.], MEC — Serviço de Documentação, [s.d.].

____. *Modernismo brasileiro*. Bibliografia (1918-1971). Rio de Janeiro, Biblioteca Nacional, 1972.

PÓLVORA, Hélio. *A força da ficção*. Petrópolis, Vozes, 1971.

PONTES, Carlos. *Motivos e aproximações*. Rio de Janeiro, Jornal do Commercio, 1953.

PONTES, Elói. *Obra alheia* (Crítica). 1ª sér. Rio de Janeiro, Selma [s.d.].

____. *Romancistas*. Curitiba, Guaíra, 1942.

PONTES, Joel. *O aprendiz de crítica*. v. 1. Recife, Prefeitura Municipal do Recife — Departamento de Documentação e Cultura, 1955.

PORTELA, Eduardo. *Dimensões* (Crítica literária). Rio de Janeiro, José Olympio, 1958-65. 3v.

____. *Literatura e realidade nacional*. Rio de Janeiro, Tempo Brasileiro, 1963.

____. *Crítica literária: método e perspectiva*. Rio de Janeiro, FL-UFRJ, 1970. (Tese mimeogr.)

____. *Fundamento da investigação literária*. Rio de Janeiro, Tempo Brasileiro, 1974; 3. ed. 1981.

PORTO SEGURO, Visconde de. *História geral do Brasil antes de sua separação e independência de Portugal*. São Paulo, Melhoramentos, [s.d.] 5v.

PORTO SEGURO, Visconde de. v. também VARNHAGEN, Francisco Adolfo de.

PORTUGAL AND BRASIL — AN INTRODUCTION. Oxford, Clarendon Press, 1953.

PÓVOA, Pessanha. *Anos acadêmicos: S. Paulo 1860-64*. Rio de Janeiro, Tip. Perseverança, 1870.

PRADO, Antônio Amoni. *1922 — Itinerário de uma falsa vanguarda: os dissidentes, a semana e o integralismo*. São Paulo, Brasiliense, 1983.

PRADO, Décio de Almeida. *Apresentação do teatro brasileiro moderno*. São Paulo, Martins, 1956.

____. *Teatro em progresso: crítica teatral (1955-1964)*. São Paulo, Martins, 1964.

____. "Evolução da literatura dramática". In Coutinho, Afrânio. *A literatura no Brasil*. vol. VI, 1971.

____. *João Caetano*. São Paulo, Perspectiva, 1972.

____. *João Caetano e a arte do ator*. São Paulo, Perspectiva, 1984.

PRADO, Yan de Almeida. *A grande Semana de Arte Moderna*. São Paulo, Edart, 1976.

PRADO JÚNIOR, Caio. *A formação do Brasil contemporâneo: colônia.* São Paulo, Brasiliense, 1942.
PRIMEIRA VISITAÇÃO DO SANTO OFÍCIO AS PARTES DO BRASIL. 1591-93. São Paulo, 1925.
1º CENTENÁRIO DO JORNAL DO COMMERCIO — 1827 — OUTUBRO — 1927. Ed. comemorativa. Rio de Ja-. neiro, 1928.
PROCÓPIO. *História e efemérides do teatro brasileiro.* Rio de Janeiro, Casa dos Artistas, 1979.
PROENÇA, M. Cavalcanti. *Augusto dos Anjos e outros ensaios.* Rio de Janeiro, José Olympio, 1959.
_____. *Estudos literários.* Pref. de Antônio Houaiss. Rio de Janeiro, José Olympio, 1971.
PROJETO CONSTRUTIVO BRASILEIRO NA ARTE (1950-1962). Rio de Janeiro/São Paulo, Museu de Arte Moderna/Pinacoteca do Estado, 1977.
PUBLICAÇÕES DA ACADEMIA CARIOCA DE LETRAS. Rio de Janeiro, 1935-38. 5v.
PUTNAM, S. *Marvelous Journey, a Survey of Four Centuries of Brazilian Literature.* New York, A. Knopf, 1948.
4 SÉCULOS DE CULTURA: o Rio de Janeiro estudado por 23 professores. Rio de Janeiro, Universidade Federal do Rio de Janeiro, 1966.
QUEIRÓS JÚNIOR, Teófilo. *Preconceito de cor e a mulata na literatura brasileira.* São Paulo, Ática, 1975.
RABASSA, Gregory. *O negro na ficção brasileira.* Rio de Janeiro, Tempo Brasileiro, 1965.
RAMOS, Péricles Eugênio da Silva. *O amador de poemas* (Ensaios sobre poesia). São Paulo, Clube de Poesia, 1956.
_____ (org.) "Parnasianismo". In: *Panorama da poesia brasileira.* Rio de Janeiro, Civilização Brasileira, 1959, v3.
_____. *O verso romântico e outros ensaios.* São Paulo, Conselho Estadual de Cultura, Comissão de Literatura, 1959.
_____. *Do barroco ao modernismo: estudos da poesia brasileira.* São Paulo, Conselho Estadual de Cultura, 1967.
RAMOS, Silva. *Pela vida fora...* Rio de Janeiro, Ed. da Rev. de Língua Portuguesa, 1922.
RAMOS, Tânia Regina Oliveira. *A sistematização histórica e crítica da literatura brasileira no século XIX.* Rio de Janeiro, PUC, 1979. (Tese).
RAMOS, Vítor. *Estudos em três planos.* São Paulo, Conselho Estadual de Cultura, Comissão de Literatura, 1966.
RANGEL, Alberto. *Quando o Brasil amanhecia* (Fantasia e passado). Lisboa, Livr. Clássica Ed. de A. M. Teixeira, 1919.
_____. *Livro de figuras.* Tours, Tip. E. Arrault e Cia., 1921.
_____. *Textos e pretextos.* Tours, Tip. de Arrault e Cia., 1926.
_____. *Papéis pintados* (Avulsos e fragmentos). Paris, Duchartre & Van Bujjenhoudt, 1928.
REALE, Miguel. *Momentos decisivos e olvidados do pensamento brasileiro.* Porto Alegre, Instituto de Filosofia da Universidade do Rio Grande do Sul, 1957.
_____. *Filosofia em São Paulo.* São Paulo, Conselho Estadual de Cultura, 1962; 2. ed. São Paulo, Grijalbo/USP, 1976.
_____. *Experiência e cultura.* São Paulo, Grijalbo/USP, 1977.
REGO, José Lins do. *Conferências no Prata.* Rio de Janeiro, Casa do Estudante do Brasil, 1946.
_____. *Gordos e magros.* Rio de Janeiro, Casa do Estudante do Brasil, 1942.
_____. *Poesia e vida.* Rio de Janeiro, Universal, 1945.
_____. *Presença do Nordeste nas letras brasileiras.* Rio de Janeiro, Departamento de Imprensa Nacional, 1957.
_____. *O vulcão e a fonte.* Apres. de Lêdo Ivo. Rio de Janeiro, O Cruzeiro, 1958.
REIS, Antônio Manoel dos. *Álbum literário.* São Paulo, Tip. Imparcial de J. R. de A. Marques, 1862.

REIS, Antônio Simões dos. "A crítica no Brasil em 1890". In: *Revista do Livro*. Rio de Janeiro, 9, mar. 1958.

REIS, Francisco Sotero dos. *Curso de literatura portuguesa e brasileira*. São Luís, 1866-1873, 5v.

REVISTA CIVILIZAÇÃO BRASILEIRA. "Teatro e realidade brasileira." Rio de Janeiro, Civilização Brasileira, 2 jul. 1968. Caderno Especial. 2.

RIBEIRO, João. *Notas de um estudante*. São Paulo, Ed. da Revista do Brasil, Monteiro Lobato & Cia. [s.d.]

____. *Colmeia* (Segunda série de — Notas de um estudante — do mesmo autor). São Paulo, Monteiro Lobato & Cia., 1923.

____. *Cartas devolvidas*. Porto, Chardron, 1926.

____. *Crítica* (Org., pref. e notas de Múcio Leão). Rio de Janeiro, Academia Brasileira de Letras, 1952-61. 7v.

RIBEIRO, Joaquim. *Estética da língua portuguesa*. Rio de Janeiro, A Noite [s.d.]

____. *Capítulos inéditos da história do Brasil*. Rio de Janeiro, Org. Simões. 1954.

RIBEIRO, J. A. Pereira. *O romance histórico na literatura brasileira*. São Paulo, Conselho Estadual de Cultura, 1976.

RIBEIRO, Santiago Nunes. *Da nacionalidade da literatura brasileira*. Org. Afrânio Coutinho. [s.n.t.]

RIBEIRO, Soterio da Silva, [pseud, Frei Manuel da Madre de Deus] (org.). "Sumula triunfal da nova; e grande celebridade do glorioso, e invicto mártir S. Gonçalo Garcia." In: *Revista do Instituto Histórico e Geográfico Brasileiro*, 153 (1926). Rio de Janeiro, 1928, p. 5-104 (reprod. da ed. de 1753).

RIBEIRO FILHO, J. S. *Dicionário biobibliográfico de escritores cariocas (1565-1965)*. Rio de Janeiro, Brasiliana, 1965.

RIBEIRO NETO, Oliveira. *Cinco capítulos das letras brasileiras*. São Paulo, Conselho Estadual de Cultura, 1962.

RICARDO, Cassiano. *O homem cordial e outros pequenos estados brasileiros*. Rio de Janeiro, INL, 1959.

____. *Algumas reflexões sobre a poética de vanguarda*. Rio de Janeiro, José Olympio, 1964.

____. *22 e a poesia de hoje*. São Paulo, Invenção, 1961.

RIEDEL, Dirce Cortes. *Meias-verdades no romance*. Rio de Janeiro, Achiamé, 1980.

RIO, João do. *O momento literário*. Rio de Janeiro, Garnier, [s.d., 1911?].

RIO BRANCO, Barão do. *Efemérides brasileiras*. 2. ed. rev. pelo prof. Basílio de Magalhães. Rio de Janeiro, Imprensa Nacional, 1938.

RIO BRANCO, Miguel. *Etapas da poesia brasileira*. Lisboa, Livros do Brasil, 1955.

RIZINI, Carlos. *O jornalismo antes da tipografia*. São Paulo, Cia. Editora Nacional, 1968.

____. *O livro, o jornal e a tipografia no Brasil, 1500-1822*. Rio de Janeiro, Kosmos, 1946.

ROCHA, Hildon. *Entre lógicos e místicos*. Rio de Janeiro, São José, 1968.

ROCHA, Noemi Vale. *Quatro perfis literários*. Porto Alegre, Thurmann, 1956.

ROCHA, Tadeu. *Modernismo e regionalismo*. 2. ed. Maceió, Imprensa Oficial, 1964.

RODRIGUES, Angel Vega. *Crítica ao positivismo na imprensa católica maranhense*. Rio de Janeiro, Civilização Brasileira, 1978.

RODRIGUES, José Honório. *História da História do Brasil*. São Paulo, Cia. Editora Nacional/MEC, 1979.

____. *História e historiadores do Brasil*. São Paulo, Fulgor, 1965.

____. *Historiografía del Brasil*. Trad. del portugués por A. Alatorre. México, 1963.

____. *A pesquisa histórica no Brasil*. 3. ed. São Paulo, Cia. Editora Nacional, 1978.

____. *Teoria da história do Brasil*. São Paulo, Cia. Editora Nacional, 1957. 2v.

____. *Teoria da história do Brasil.* Introdução metodológica. 3. ed. São Paulo, Cia. Editora Nacional, 1969.

RODRIGUES, Mário. *Babel (Crítica social e de arte).* São Paulo, Monteiro Lobato & Cia., 1923.

O ROMANCE BRASILEIRO (De 1752 a 1930). Div. autores. Rio de Janeiro, O Cruzeiro, 1952.

ROMERO, Nelson. *A história da literatura brasileira.* Rio de Janeiro, José Olympio, 1944.

ROMERO, Sílvio. *Ensaios de sociologia e literatura.* Rio de Janeiro, H. Garnier, 1901.

____. *Estudos de literatura contemporânea: páginas de crítica.* Rio de Janeiro, Laemmert, 1885.

____. *Evolução da literatura brasileira* (Vista sintética). Com uma biografia do autor por Dunshee de Abranches. Campanha, Tip. D'A Campanha, 1905.

____. *História da literatura brasileira.* 2. ed. melh. pelo autor. Rio de Janeiro, Garnier, 1902, 2v.

____. *História da literatura brasilera.* 5. ed. Rio de Janeiro, José Olympio, 1953. 5v. (1. ed. 1888, 2v.)

____. *A literatura. 1500-1900.* In: *Livro do centenário* (1500-1900) vol. 1. Rio de Janeiro, Imprensa Nacional, 1900.

____. *Novos estudos de literatura contemporânea.* Rio de Janeiro, Paris, Garnier, 1899.

____. *Outros estudos de literatura contemporânea.* Lisboa, A Editora, 1905.

____. *Quadro sintético da evolução dos gêneros na literatura brasileira.* Porto, Chardron de Lello, 1911.

ROMERO, Sílvio e RIBEIRO, J. *Compêndio de história da literatura brasileira.* 2. ed. Rio de Janeiro, Francisco Alves, 1909.

____. *História da literatura brasileira.* Rio de Janeiro, Francisco Alves, 1909.

ROMEU JUNIOR, Soares. *Recordações literárias.* Porto, Braga, Livr. Internacional de Ernesto Chardron, Eugenio Chardron, I 877.

RÓNAI, Paulo. *Encontros com o Brasil.* Rio de Janeiro, INL, 1958.

ROQUETE-PINTO, E. *Seixos rolados (Estudos brasileiros).* Rio de Janeiro, Mendonça, Machado & C., 1927.

ROSENFELD, Anatol. *Doze estudos.* São Paulo, Conselho Estadual de Cultura, Comissão de Literatura, 1959.

ROSSI, Giuseppe Cario. *A literatura italiana e as literaturas da língua portuguesa.* Porto, Livr. Telos, 1973.

RUI, Afonso. *História do teatro na Bahia.* Séc. XVI-XX. Edição conjunta com a Universidade da Bahia. Salvador, Progresso, 1959.

RUI, Jota. *A alegre história do humor no Brasil.* Rio de Janeiro, Expressão e Cultura, 1979.

SABINO, Inês. *Mulheres ilustres do Brasil.* Rio de Janeiro, Paris, Garnier, 1899.

SALES, Antônio. *Retratos e lembranças* (Reminiscências literárias). Fortaleza, Waldemar de Castro e Silva, Editor [s.d.], 1938?.

SALES, Fritz Teixeira de. *Literatura e consciência nacional.* Belo Horizonte, Imprensa Oficial, 1973.

____. *Das razões do modernismo.* Brasília/Rio de Janeiro, Ed. Brasília, 1974.

SAMPAIO, Adovaldo Fernandes. *Voces femininas de la poesia brasileña.* Goiás, Oriente, 1979.

SAMPAIO, José Pereira v. BRUNO

SAMUEL, Rogel. *Crítica da escrita.* Rio de Janeiro, 1981.

SANCHEZ, Amauri M. Tonucci. *Panorama da literatura no Brasil.* São Paulo, Abril, 1982.

SANCHEZ-SAEZ, Braulio. *Vieja y nueva literatura del Brasil.* Santiago, Ercilla, 1935.

SANMARTIN, Olinto. *Mensagem: temas literários.* Porto Alegre, A Nação, 1947.

SANTANA, Afonso Romano de. *Análise estrutural de romances brasileiros.* Petrópolis, Vozes, 1973.

____. *Por um novo conceito de literatura brasileira.* Rio de Janeiro, Eldorado, 1977.

____. *Música popular e moderna poesia brasileira*. 2. ed. rev. e ampl. PetrópoJis, Vozes, 1980.
SANTOS, Luís Gonçalves dos. *Memórias para servir à História do Reino do Brasil*. Pref. e anotações de Noronha Santos. Rio de Janeiro, Z. Valverde, 1943. 2v.
SANTOS, Vito. *Poesia e humanismo* (Ensaios). Rio de Janeiro, Artenova, 1971.
SAYERS, Raymond. *O negro na literatura brasileira*. Trad. e nota de Antônio Houaiss. Rio de Janeiro, O Cruzeiro, 1958.
____. *Portugal and Brazil in Transition*. Minneapolis, Minnesota University, 1968.
____. *A literatura no Portugal oitocentista*. Lisboa, 1972.
____. *Onze estudos de literatura brasileira*. Rio de Janeiro, Civilização Brasileira, 1983.
SCANTIMBURGO, João de. *Tratado geral do Brasil*: estudos brasileiros, da formação da nacionalidade à prospectiva futura. 2. ed. rev. São Paulo, Pioneira, 1978.
SCHÜTZ, Alfred. *O mundo artístico do Brasil*. Rio de Janeiro, Pró-Arte [s.d.].
SCHWARZ, Roberto. *A sereia e o desconfiado: ensaios críticos*. Rio de Janeiro, Civilização Brasileira, 1965.
SEABRA, Armando. *Ensaios de crítica e literatura*. Natal, Atelier Tip. M. Victorino A. Camara & C., 1923.
SENA, Ernesto. *História e histórias*. Paris/Buenos Aires, Casa Ed. HispanoAmericana [s.d.].
____. *Rascunhos e perfis* (Notas de um repórter). Rio de Janeiro, Jornal do Commercio, 1909.
SENA, Homero. *República das letras*. 2. ed. Rio de Janeiro, Olímpica, 1968.
SERPA, Fócion. *Variações literárias*. Rio de Janeiro, Tip. São Benedito, 1931.
SERRANO, Jônatas. *Homens e ideias*. Rio de Janeiro, Briguiet, 1930.
____. *História da filosofia*. Rio de Janeiro, Z. Valverde, 1944.

6º CONGRESSO BRASILEIRO DE LÍNGUA E LITERATURA. (15-19 de julho de 1974) Rio de Janeiro, Gernasa/Nova Cultura, 1975.
SILVA, Alfredo Pretextato Maciel da. *Os generais do exército brasileiro*. Rio de Janeiro, M. Orosco & C., 1906-1907. v. 1 e 2.
SILVA, Anazildo Vasconcelos da. *Lírica modernista e percurso literário brasileiro*. Rio de Janeiro, Ed. Rio, 1978.
SILVA, Armando Sérgio da. *Oficina: do teatro ao te-ato*. São Paulo, Perspectiva, 1981.
SILVA, Domingos Carvalho da. *Introdução ao estudo do ritmo da poesia modernista*. São Paulo, Revista Brasileira de Poesia, 1950.
____. *Vozes femininas da poesia brasileira*; ensaio histórico-literário seguido de uma breve antologia. São Paulo, Conselho Estadual de Cultura, Comissão de Literatura, 1959.
____. *Eros & Orfeu*. São Paulo, Conselho Estadual de Cultura, Comissão de Literatura, 1966.
SILVA, J. M. Pereira da. *Nacionalidade, língua e literatura de Portugal e Brasil*. Paris, Guillard, Aillaud et Ca., 1884.
____. *Os varões ilustres do Brasil durante os tempos coloniais*. Paris, Livr. de A. Franck/Livr. de Guillaumin et Ca., 1858, 2v.
SILVA, João da. *Vultos do meu caminho* (Estudos e impressões de literatura). Porto Alegre, Barcelos, Bertaso & C., [s. d.]
____. *Fisionomias de "novos"*. São Paulo, Monteiro Lobato & Cia., 1922.
____. *Vultos do meu caminho*. 2. ed. rev. e ampl. II sér. Porto Alegre, Santa Maria e Pelotas, Globo, 1926.
SILVA, Joaquim Norberto de Sousa. *Modulações poéticas*. Precedidas de um bosquejo da história da poesia brasileira. Rio de Janeiro, Tip. Francesa, 1841.
SILVA, L. *Figuras do teatro*. Rio de Janeiro, Leite Ribeiro, 1928.

____. *História do teatro brasileiro.* Rio de Janeiro, MES, 1938.
SILVA, Mário Camarinha da. *Introdução ao estudo das origens do romance brasileiro.* Rio de Janeiro, A Casa do Livro, 1941.
SILVA, Maximiano de Carvalho e. *O centro de pesquisas da Casa de Rui Barbosa.* Rio de Janeiro, Fundação Casa de Rui Barbosa, 1972.
SILVA NETO, Serafim da. *História da língua portuguesa.* Rio de Janeiro, Livros de Portugal, 1952.
SILVEIRA, Alcântara. *A amêndoa inquebrável.* São Paulo, Clube de Poesia, 1961.
____. *Telefone para surdos.* São Paulo, Conselho Estadual de Cultura, Comissão de Literatura, 1962.
____. *Presença feminina na literatura.* São Paulo, Academia Paulista de Letras, 1969.
SILVEIRA, Homero. *Panorama da poesia brasileira contemporânea.* São Paulo, Conselho Estadual de Cultura, Comissão de Literatura, 1970.
____. *Aspectos do romance brasileiro contemporâneo.* São Paulo, Convívio, 1977.
SILVEIRA, Joel. *Os homens não falam demais...* 2. ed. Rio de Janeiro, Leitura, 1946.
SILVEIRA, Miroel. *A contribuição italiana ao teatro brasileiro.* São Paulo, Quíron, 1976.
SILVEIRA, Paulo. *Asas e patas.* Rio de Janeiro, Benjamim Costalat & Micolis [s.d.].
SILVEIRA, Ribas (org.). *Antologia ponta-grossense.* Ponta Grossa, 1960.
SILVEIRA, Tasso da. *A igreja silenciosa.* Rio de Janeiro, Anuário do Brasil, 1922.
____. *Definição do modernismo brasileiro.* Rio de Janeiro, Forja, 1931.
SILVERMAN, Malcom. *Moderna ficção brasileira.* Rio de Janeiro, Civilização Brasileira, 1981. 2v.
SIMÕES, João Gaspar. *Caderno de um romancista.* Lisboa, Livr. Popular de Francisco Franco [s.d.].
____. *Liberdade do espírito.* Porto, Portugália [s.d.]
____. *Crítica.* I (A prosa e o romance contemporâneos). Porto, Latina, 1942.
____. *Literatura, literatura, literatura...* Lisboa, Portugália, 1964.
SINZIG, Pedro, O.F.M. *Através dos romances.* 2. ed. Petrópolis, Vozes, 1923.
SIQUEIRA, Sonia A. *A inquisição portuguesa e a sociedade colonial.* São Paulo, Ática, 1978.
SISMONDI, Simonde de. *Simonde de Sismondi e a literatura brasileira.* Apres. e trad. de "La littérature du midi de l'Europe" na parte referente ao Brasil por Guilhermino César. Porto Alegre, Lima, 1968.
SOARES, Aloísio Alexandre. *Páginas literárias.* Belém, Amazónia, 1948.
SOBRAL, Francisco Fernandes. *Críticas, crónicas, discursos literários.* Juiz de Fora, Caminho Novo, 1957.
SOCIEDADE DE CULTURA ARTÍSTICA (org.). *Conferências 1912-13.* São Paulo, Of. Cardoso Filho & C., 1914.
____. *Conferências 1914-15.* São Paulo, Tip. Levi, 1916.
SODRÉ, Hélio. *História universal da eloquência.* Rio de Janeiro, Forense, 1967.
SODRÉ, Nelson Werneck. *Orientações do pensamento brasileiro.* Rio de Janeiro-Vecchi, 1942.
____. *Síntese do desenvolvimento literário no Brasil.* São Paulo, Martins, 1943.
____. *O que se deve ler para conhecer o Brasil.* Rio de Janeiro, Leitura, 1945.
____. *Introdução à revolução brasileira.* Rio de Janeiro, José Olympio, 1958.
____. *Quem é o povo no Brasil?* Rio de Janeiro, Civilização Brasileira, 1962.
____. *A ideologia do colonialismo.* 2. ed. Rio de Janeiro, Civilização Brasileira, 1965.
____. *O naturalismo no Brasil.* Rio de Janeiro, Civilização Brasileira, 1965.
____. *História da burguesia brasileira.* Rio de Janeiro, Civilização Brasileira, 1964.

____. *A História da imprensa no Brasil*. Rio de Janeiro, Civilização Brasileira, 1966.
____. *Formação histórica do Brasil*. São Paulo, Brasiliense, 1962; 5. ed. 1968.
____. *História da literatura brasileira; seus fundamentos econômicos*. São Paulo, Cultura Brasileira, 1938; 5. ed., Civilização Brasileira, 1969.
____. *Síntese de história da cultura brasileira*. 5. ed. Rio de Janeiro, Civilização Brasileira, 1977.
SOLDON, Renato. *Verve cearense* (de Quintino Cunha e outros). Rio de Janeiro, Ed. do Autor, 1969.
SOLDON, Renato v. também TIGRE, Bastos.
SOMMER, F. *O intercâmbio literário entre a Alemanha e o Brasil*. São Paulo, Gráf. Planeta, Weiss & Cia., 1941.
SOUSA, Antônio Loureiro de. *Gregório de Matos e outros ensaios*. Salvador, Progresso, 1959.
SOUSA, C. O. *O teatro no Brasil*. Rio de Janeiro, J. Leite [s.d].
SOUSA, J. Galante de. *O teatro no Brasil*. Rio de Janeiro, INL/MEC, 1960. 2v.
____. *Introdução ao estudo da literatura brasileira*. Rio de Janeiro, INL, 1963.
____. *Em torno do poeta Bento Teixeira*. São Paulo, Instituto de Estudos Brasileiros, 1972.
____. *Machado de Assis e outros estudos*. Rio de Janeiro, 1979.
SOUSA, Leal de. *A romaria da saudade*. Rio de Janeiro, Jornal do Commercio, de Rodrigues & Cia.
SOUSA, Lincoln de. *Águas passadas*. Rio de Janeiro, Papelaria Popular, 1920.
____. *Vida literária*. Rio de Janeiro, Pongetti, 1961.
SOUSA, Mário Pires. *Vademecum das literaturas portuguesa e brasileira*. Rio de Janeiro.
SOUSA, Otávio Tarquínio de. *Introdução à história dos fundadores do Império do Brasil*. Rio de Janeiro, MEC, 1957.
SOUSA, Remi de. *Vocação filosófica do Brasil*. Salvador, Progresso, 1960.

SOUSA FILHO. *Crítica humanística*. Pref. do Prof. Leonardo Van Acker. São Paulo, Martins, 1949.
SOUZA, Cacilda F. de. *Literatura nacional*. Rio de Janeiro, Laemmert, 1902.
SPINA, Segismundo. *Da idade média e outras idades*. São Paulo, Conselho Estadual de Cultura, Comissão de Literatura, 1964.
SPINOLA, Lafaiete. *Harpas e farpas*. Salvador, Progresso, 1943.
STEEN, Edla van (org.). *O canto da mulher brasileira*. São Paulo, Vertente, 1978.
STUDART, Barão de. *Para a história do jornalismo cearense*. Fortaleza, Moderna, 1924.
TATI, Miécio. *Estudos e notas críticas*. Rio de Janeiro. INL, 1958.
TAUNAY, Afonso de E. *Escritores coloniais*. São Paulo, Diário Oficial, 1JJ5.
____. *A missão artística de 1816*. Rio de Janeiro, MEC, 1956.
TAUNAY, Visconde de. *Filologia e crítica* (Impressões e estudos). Caieiras, São Paulo/Rio de Janeiro, Melhoramentos, 1921.
____. *Estrangeiros ilustres e prestimosos no Brasil (1800-1892) e outros escritos*. Pref. de Afonso de E. Taunay. São Paulo, Melhoramentos [s.d.] pref.: 1932.
TEATRO EXPERIMENTAL DO NEGRO - TESTEMUNHOS. Rio de Janeiro, GRD, 1966.
TEIXEIRA, Maria de Lourdes. *Esfinges de papel*. São Paulo, Edart, 1966.
____. *O pássaro tempo*. São Paulo, Conselho Estadual de Cultura, Comissão de Literatura, 1968.
TELES, Gilberto Mendonça. *A poesia brasileira de 1960 a 1970*. Separata de *Revista das Academias de Letras*. Rio de Janeiro, 1972.
____. *Vanguarda europeia e modernismo brasileiro*. 6. ed. rev. e aum. Petrópolis/Brasília, Vozes/INL, 1976.
____. *Camões e a poesia brasileira*. 3. ed. rev. Rio de Janeiro, Livros Técnicos e Científicos, 1979.

TENDÊNCIAS NA LITERATURA CONTEMPORÂNEA. Rio de Janeiro, Gernasa, 1969.
TEXTOS QUE INTERESSAM À HISTÓRIA DO ROMANTISMO (org.). José Aderaldo Casteio. São Paulo, Comissão Est. de Lit., 1961, 1963. 2v.
THIOLLIER, René. *A semana de arte moderna* (Depoimento inédito) — 1922. São Paulo, Cupolo [s.d, 1954?]
TINHORÃO, José Ramos. *A província e o naturalismo*. Rio de Janeiro, Civilização Brasileira, 1966.
TINOCO, Godofredo. *Imprensa fluminense*. Rio de Janeiro, São José, 1965.
TOBIAS, José Antonio. *História das ideias estéticas no Brasil*. São Paulo, Grijalbo, 1967.
TOMÁS, Joaquim. *Sóis eternos* (Crítica). Rio de Janeiro [s. ed.] 1954.
____. *O trigo sob a mó* (Crítica). Rio de Janeiro [s.ed.] 1954.
TORRES, Antônio. *Pasquinadas cariocas*. Rio de Janeiro, Castilho, 1921.
TORRES, João Camilo de Oliveira. *O positivismo no Brasil*. Petrópolis, Vozes, 1943; 2. ed. 1957.
TORRES RIOSECO, Arturo. *Expressão literária do Novo Mundo*. Trad. e notas de Valdemar Cavalcanti. Rio de Janeiro, Casa do Estudante do Brasil, 1945.
TOURINHO, Eduardo. *Retratos brasileiros*. Rio de Janeiro, Biblioteca do Exército, 1956.
TRAVASSOS, Nelson Palma. *Nos bastidores da literatura*. Pref. de Monteiro Lobato. São Paulo, Brasiliense, 1944.
TRÊS DEDOS DE ORFEU: POESIAS. Fortaleza, Instituto do Ceará, 1955.
TRINGALI, Dante. *Escolas literárias*. São Paulo, UNESP, Araraquara, 1983.
UMA EXPERIÊNCIA PIONEIRA DE INTERCÂMBIO CULTURAL. Porto Alegre, Universidade Federal do Rio Grande do Sul, 1963.
VAMPRÉ, Spencer. *Memórias para a história da Academia de São Paulo*. São Paulo, Acadêmica/Saraiva & Cia. 1924. 2v.
VARNHAGEN, Francisco Adolfo de. *História geral do Brasil*. 4. ed. São Paulo, Cia. Editora Nacional, 1948 (1. ed. 1854-57).
____. *Correspondência ativa*. Colig. e anotada por Clado Ribeiro de Lessa. Rio de Janeiro, INL, 1961.
VELINHO, Moisés. *Letras da província*. Porto Alegre, Globo, 1944.
VENANCIO FILHO, Alberto. *Das arcadas ao bacharelismo*. São Paulo, Perspectiva [s.d.]
VERÍSSIMO, Érico. *Brazilian Literature*. Toronto, Macmillan, 1945.
VERÍSSIMO, José. *Estudos brasileiros* (1877-1885). Belém, Tavares Cardoso, & Cia. Livr. Universal, 1889.
____. *Estudos brasileiros*. Segunda série (1889-1893). Rio de Janeiro, São Paulo, Laemmert, 1894.
____. *Que é literatura e outros escritos*. Rio de Janeiro, Garnier, 1907.
____. *Letras e literatos*. Rio de Janeiro, José Olympio, 1936.
____. *História da literatura brasileira*. Rio de Janeiro, Francisco Alves, 1916 (3. ed. José Olympio, 1954 e 5. ed. José Olympio, 1969).
____. *Estudos de literatura brasileira*. São Paulo, Universidade de São Paulo, 1976. 7v.
VIANA, Hélio. *Contribuição à história da imprensa brasileira (1812-1869)*. Rio de Janeiro, Imprensa Nacional, 1945.
VIANY, Alex. *Introdução ao cinema brasileiro*. Rio de Janeiro, INL, 1959.
VIEIRA, Damasceno. *Esboços literários*. Porto alegre, Tip. da Deutsche Zeitung, 1883.
____. *A crítica na literatura*. Salvador, Tip. e Encadernação Reis & Cia., 1907.
VITA, Luís Washington. *Monólogos e diálogos*. São Paulo, Conselho Estadual de Cultura, Comissão de Literatura, 1964.

_____. *Tendências do pensamento estético contemporâneo no Brasil.* Rio de Janeiro, Civilização Brasileira, 1967.

_____. *A filosofia contemporânea em São Paulo.* São Paulo, Grijalbo/Instituto Brasileiro de Filosofia, Universidade de São Paulo, 1969.

VÍTOR, Nestor. *Três romancistas do norte.* Rio de Janeiro, Jornal do Commercio, 1915.

_____. *A crítica de ontem.* Rio de Janeiro, Leite Ribeiro & Maurillo, 1919.

_____. *Cartas a gente nova.* Rio de Janeiro, Anuário do Brasil, 1924.

_____. *Ode hoje; figuras do movimento modernista brasileiro.* São Paulo, Cultura moderna (Sociedade Ed. Ltda.), 1938.

_____. *Obra crítica de...* Rio de Janeiro, Fundação Casa de Rui Barbosa, 1969-79. 3v.

VITORINO, Eduardo. *Atores e atrizes* (Autores, jornalistas, críticos, políticos e empresários de outrora e de hoje). Rio de Janeiro, A Noite, 1937.

WANKE, Eno Teodoro. *A trova.* Rio de Janeiro, Pongetti, 1973.

_____. *A trova literária.* Rio de Janeiro, Folha Carioca, 1976.

_____. *O trovismo.* Rio de Janeiro, Cia. Brasileira de Artes Gráficas, 1978.

WEBER, João Ernesto. *do modernismo à nova narrativa.* Porto Alegre, Metrópole, INL, 1976.

WOLF, Ferdinand. *O Brasil literário* (História da literatura brasileira). Trad., pref. e notas de Jamil Almansur Haddad. São Paulo, Cia. Editora Nacional, 1955.

_____. *Le Brésil litteraire.* Berlim, Asher, 1963 (O Brasil literário. Trad., pref. e notas de J. A. Haddad. São Paulo, Cia. Editora Nacional, 1955).

XISTO, Pedro. *Poesia e situação.* Fortaleza, Imprensa Oficial, 1960.

2. ANTOLOGIAS

ABERTURA. Curitiba, Beija-Flor, 1980.

ABERTURA; poesia e prosa de escritores novos. Curitiba, União Paranaense dos Estudantes (1º/2º graus); Movimento de Iniciação Literária — MIL, 1976.

ACADEMIA BRASILEIRA DE LETRAS, ed. *Anthologie de quelques conteurs brésiliens.* Paris, Sagittaire, 1938.

ACADEMIA BRASILEIRA DE LETRAS, ed. *Prosatori brasiliani.* Scelta di novelle e racconti. Tradução de Maria Quarello. Osimo, Ismaele Barulli & Figlio, 1939.

ACADEMIA BRASILEIRA DE LETRAS, ed. *Sonetos brasileños.* Traducidos al español por D. Alvaro de las Casas. Prologo del Dr. Claudio de Souza. Rio de Janeiro, Gráfica Sauer, 1938.

ACADEMIA CAMPINENSE DE LETRAS, ed. *Antologia.* Campinas, 1966.

ACADEMIA CARIOCA DE LETRAS, ed. *Aspectos do Distrito Federal.* Rio de Janeiro, Gráfica Sauer, 1943.

ACADEMIA CEARENSE DE LETRAS, ed. *Antologia cearense* (1ª série). Fortaleza, Imprensa Oficial, 1957.

ACADEMIA DIVINOPOLITANA DE LETRAS, ed. *Mar, todas as águas te procuram.* Divinópolis, Gráfica Brasil, 1962.

ADET, Emílio & SILVA, Joaquim Noberto de Sousa, ed. *Mosaico poético.* Poesias brasileiras antigas e modernas, raras e inéditas, acompanhadas de notas, notícias biográficas, e de uma introdução sobre a literatura nacional... Rio de Janeiro, Tipografia de Berthe e Haring, 1844.

ADONIAS FILHO *et alii. Histórias da Bahia.* Pref. de Adonias Filho. Capa de Caribé. Rio de Janeiro, Edições GRD, 1963.

____. *Modernos ficcionistas brasileiros*. Rio de Janeiro, O Cruzeiro, 1958.
____. *Modernos ficcionistas brasileiros*. 2ª série. Rio de Janeiro, Tempo Brasileiro, 1965.
AFONSO, José, ed. *Seleta de prosadores mineiros*. Belo Horizonte, Imprensa Oficial do Estado de Minas Gerais, 1914.
AGUIAR, Pinto de. *Contos regionais brasileiros*. 2. ed. Salvador, Aguiar e Souza. Progresso, 1957.
____. *Homens, livros e ideias*. Prefácio de Vitorino Nemésio. Salvador, Aguiar e Souza. Progresso Editora, s.d., 1960.
AIALA, Valmir. *Antologia dos poetas brasileiros a fase colonial*. Ed. de Ouro, 1967.
____. *A novíssima poesia brasileira*. Rio de Janeiro, Lux, 1962, 2v.
____. *Poetas novos do Brasil*. Rio de Janeiro, INL, 1969.
AIMBERÊ. [s.l.] Ed. autor, 1979.
AIRES, Félix. *Os mais belos sonetos piauienses*. Belém, Revista da Veterinária, 1940.
____. *O Natal na poesia brasileira*. Rio de Janeiro, Leo Ed., 1957.
ALBUQUERQUE, Mateus de. *As belas atitudes*. 3. ed. Rio de Janeiro, Pongetti, 1965.
ALEGRE EM PROSA E VERSO. Alegre (ES), Casa de Cultura, 1981.
ALMEIDA, João Martins de, ed. *Antologia de poetas pindenses*. Rio de Janeiro, Gráfica Tupi, s.d.
____. *Poetas de Pindamonhangaba*. Pindamonhangaba, Vênus, 1952 (xerox).
ALMEIDA, Serafim Vieira de, ed. *Antologia de poetas sergipanos*. São Paulo, Tipografia Cupolo, 1939.
ALVES, Joaquim. *Autores cearenses*. Fortaleza, Edições Clã, 1949.
AMORA, Antônio Soares. *Panorama da poesia brasileira*. Rio de Janeiro, Civilização Brasileira, 1959. 6v.
AMORA, Antônio Soares & SILVA, Domingos Carvalho da, ed. *Poetas da Academia do Senado da Câmara de São Paulo*. Prefácio de Antônio Soares Amora. Notas de Domingos Carvalho da Silva. São Paulo, Clube de Poesia, 1956.
ANDRADE, Carlos Drummond de *et allii*. *Elenco de cronistas modernos*. 3. ed. Rio de Janeiro, José Olympio, 1974.
ANDRADE, Maria Rita Soares de. *A mulher na literatura*. Aracaju, Casa Ávila, 1929.
ANDRADE, Mário *et allii*. *Nós e o Natal*. Rio de Janeiro, Artes Gráficas Gomes de Sousa, 1964.
AUTOGRAFIA DO III CONCURSO DE POESIA DO CENTRO DE LETRAS DO PARANÁ. Curitiba, O Formigueiro [s.d.]
ANTOLOGIA. 1. ed. Belo Horizonte, Interlivros, 1975.
ANTOLOGIA 1: A vida é assim. Rio de Janeiro, Fundação Movimento Brasileiro de Alfabetização, 1979.
ANTOLOGIA 2: Labirintos. Rio de Janeiro, Fundação Movimento Brasileiro de Alfabetização, 1979.
ANTOLOGIA 3: Estórias de sempre. Rio de Janeiro, Fundação Movimento Brasileiro de Alfabetização, 1979.
ANTOLOGIA ACADÊMICA. São Paulo, Acad. de Letras da Fac. de Direito da USP, 1948.
ANTOLOGIA BRASILEIRA DE FICÇÃO CIENTÍFICA. Prefácio de João Camilo de Oliveira Torres. Rio de Janeiro, Edições GRD, 1961.
ANTOLOGIA BRASILEIRA DE HUMOR. Porto Alegre, L & PM, 1976. 2v.
ANTOLOGIA CEARENSE. Fortaleza, Imprensa Oficial, 1957.
ANTOLOGIA DA ACADEMIA MARANHENSE DE LETRAS. São Luís, AML, 1958.
ANTOLOGIA DA ESTÂNCIA DA POESIA CRIOULA. Porto Alegre. Sulina, 1970. (Estância da Poesia Crioula, 1974).
ANTOLOGIA DA LITERATURA BRASILEIRA, PROSA.

Montevidéu, Inst. Cult. Uruguaio-brasileiro, 1966.
ANTOLOGIA DE CONTOS DE ESCRITORES NOVOS DO BRASIL. Rio de Janeiro, *Rev. Branca*, 1949.
ANTOLOGIA DE GRANDES POETAS NORTE-BRASILEIROS. Rio de Janeiro [s.ed.] 1970.
ANTOLOGIA DE POETAS CEARENSES CONTEMPORÂNEOS. Fortaleza, Impr. Univ., 1965.
ANTOLOGIA DO CONTO CEARENSE. Fortaleza, Impr. Univ., 1965.
ANTOLOGIA DO CONTO GOIANO; org. de Anatole Ramos, Luís Fernando Valadares e Miguel Jorge. Goiânia, Depto. Est. de Cultura, 1969.
ANTOLOGIA DO POEMA PORNÔ. Rio de Janeiro, E. Tovre [s.d.]
ANTOLOGIA DO VARAL LITERÁRIO; textos escolhidos pelo público. Florianópolis, Ed. da UFSC, 1983.
ANTOLOGIA DOS POETAS LAUREADOS NO CONCURSO DE POESIA DE "LEITURA". Rio de Janeiro, São José, 1958.
ANTOLOGIA FEMININA (prosadoras e poetisas contemporâneas). 3. ed. Rio de Janeiro, Ed. da " A Dona de Casa", 1937.
ANTOLOGIA MUNDIAL DO CONTO ABSTRATO. Sel., trad., pref. e notas de Diógenes Magalhães. Rio de Janeiro, *Folha Carioca* [s.d.]
ANTOLOGIA POÉTICA DE JUNDIAÍ. São Paulo, Jundiaí, 1979.
ANTOLOGIA POÉTICA DO MOVIMENTO ANTROPONÁUTICO. São Luís, Depto. de Cultura do Maranhão [s.d.]
ANTOLOGIA POÉTICA 2. por Antônio Barreto e outros. Belo Horizonte, Interlivros, 1977.
ANTOPOÉ. São Paulo, Ed. do Escritor, 1978.
ARAÚJO, César de & AIALA, Valmir. *Abertura poética*: primeira antologia de novos poetas do novo Rio de Janeiro. Rio de Janeiro, C.S. Ed., 1975.
ARAÚJO, Raimundo. *Livros e autores do Ceará*. Fortaleza, Ed. Henriqueta Galeno, 1977.
ARCÁDIA DE POUSO ALEGRE, ed. *Cigarras em desfile*. Pouso Alegre, Minas Gerais, [s.d.], 1957.
ARCÁDIA DE POUSO ALEGRE, ed. *Cinco poetas em um livro*. Coletânea organizada pela... Pouso Alegre, s.ed., 1956.
ARCÁDIA DE POUSO ALEGRE, ed. *Coletânea poética*. Sonetos. Pouso Alegre, s.ed., 1965.
ARCÁDIA DE POUSO ALEGRE, ed. *Garimpeiros de sonhos*; nova coletânea de 240 sonetos organizada pela... Pouso Alegre, Tipografia da Escola Profissional [s.d] pref. 1957.
ARQUIVO POÉTICO OU COLEÇÃO DE POESIAS ESCOLHIDAS. Rio de Janeiro, Tip. Imp. e Const. de J. Villeneuve e Comp., 1843. 3v.
ARRUDA, Amélia R. de Sampaio, ed. *Nova coletânea selecionada de 200 sonetos*. Rio de Janeiro, Olímpica, 1953.
ASPECTOS DO MODERNISMO BRASILEIRO por Flávio Loureiro Chaves e outros. Porto Alegre, Comissão Central de Publicações/UFRGS, 1970.
ASSIM ESCREVEM OS CATARINENSES; org., sel. e notas Emanuel Medeiros Vieira. São Paulo, Alfa-Omega, 1976,
ASSIM ESCREVEM OS GAÚCHOS; org., sel. e notas de Janer Cristaldo. São Paulo, Alfa-Omega, 1976.
ASSIM ESCREVEM OS PAULISTAS; org., sel. e notas de Hamilton Trevisan. São Paulo, Alfa-Omega, 1977.
ATAS Poemas. Rio de Janeiro, IBGE, 1974.
ATO 5. Campos, Grupo Uni-verso, 1979.
AVELAR, Romeu de. *Antologia de contistas alagoanos*. Alagoas, 1970.
____. *Coletânea de poetas alagoanos*. Rio de Janeiro, Minerva, 1959.

AZEVEDO, J. Eustáquio de. *Antologia amazônica*. 3. ed. Belém, Conselho Estadual de Cultura, 1970.

AZEVEDO FILHO, Leodegário A. de, ed. *Moderna poesia baiana*. Apresentação de Valmir Aiala. Rio de Janeiro, Tempo Brasileiro, 1967.

_____. *Poetas do modernismo*; antologia crítica. Brasília, INL, 1972. 6v.

BALADAS do inútil silêncio. Salvador, Artes Gráficas, 1965.

BANDEIRA, Manuel. *Antologia de poetas brasileiros bissextos contemporâneos*. Rio de Janeiro, 1966.

_____. *Antologia dos poetas brasileiros da fase parnasiana*. Rio de Janeiro, MEC, 1940.

_____. *Antologia dos poetas brasileiros da fase romântica*. 2. ed. Rio de Janeiro, MEC, 1940.

_____. *Antologia dos poetas brasileiros da fase simbolista*. Rio de Janeiro, Ed. de Ouro, 1967.

_____. *Apresentação da poesia brasileira*. Rio de Janeiro, Ed. de Ouro, 1965.

_____. *Obras primas da lírica brasileira*. São Paulo, Martins, 1943.

_____. *Poesias do Brasil*. Rio de Janeiro, Ed. do Autor, 1963.

BANDEIRA, Manuel & AIALA, Valmir. *Antologia dos poetas brasileiros da fase moderna. Depois do modernismo*. Rio de Janeiro, Ed. de Ouro, 1967.

_____. *Poesia da fase moderna*. Rio de Janeiro, Ed. de Ouro, 1967.

BANDEIRA, Manuel e CAVALHEIRO, E. *Obras primas da lírica brasileira*. São Paulo, Martins, 1943.

BARBOSA, A. R. /e/ CAVALHEIRO, E. *As obras primas do conto brasileiro*. São Paulo, Martins, 1943.

BARBOSA, Benedito Rui *et allii*. *Depois das seis*; antologia de contos de escritores que trabalham em propaganda. Rio de Janeiro, Edições GRD, 1964.

BARBOSA, Januário da Cunha, ed. *Parnaso brasileiro ou coleção das melhores poesias dos poetas do Brasil, tanto inéditas como já impressas*. Rio de Janeiro, Tipografia Imperial e Nacional, 1829-32. 2v.

BARRETO, Fausto e LAET, Carlos de. *Antologia nacional*. 39. ed. Rio de Janeiro, Francisco Alves, 1963.

BARROS, Jaime de. *Poetas do Brasil*. Rio de Janeiro, José Olímpio, 1944.

BASTIDE, Roger. *A poesia afro-brasileira*. São Paulo, Martins, 1943.

BASTOS, A. D. Tavares. *Anthologie de la poésie brésilienne contemporaine*. Paris, Pierre Tisné, 1954.

BASTOS, C. Tavares. *De Dante a Luiz Delfino*; pequena antologia da poesia universal, preparada para os alunos das Faculdades de Filosofia, Ciências e Letras. Rio de Janeiro, Olímpica, 1970.

BASTOS, Teixeira. *Poetas brasileiros*. Porto, Chardron/Lello, 1895.

BATISTA, Francisco das Chagas. *Literatura popular em verso*. Rio de Janeiro, FCRB, 1977. t. 4.

BENEVIDES, Artur Eduardo. *Antologia de poetas bissextos do Ceará*. Fortaleza, Clã, 1970.

BESOUCHET, Lidia & FREITAS, Newton. *Diez escritores de Brasil*. Buenos Aires, M. Gleizer, 1939.

BIBLIOTECA EDUCAÇÃO E CULTURA. Rio de Janeiro, Bloch/FENAME, 1980.

BILAC, Olavo & CORREIA, Raimundo, CARVALHO, Vicente. *Coletânea de sonetos de amor*. Rio de Janeiro, Pongetti [s.d.]

BILHARINHO, Guido. *Poetas do triângulo mineiro*. Uberaba, Acad. de Letras do Triângulo Mineiro, 1976.

BRASILIANISCHE. *Poesie des 20, Jahrhunderts*. München, 1975.

BRAYNER, Sônia, org. *Poesia no Brasil*; das origens até 1920. Rio de Janeiro, Livr. Bras., 1981.

BRITO, Cândida de. *Antologia feminina*. 3. ed. Rio de Janeiro, Ed. da A Dona de Casa, 1937.

BRITO, Helena Godói *et allii*. *Rio de toda gente*; antol. para o ensino médio de

português. 2. ed. Rio de Janeiro, Edild, 1967.
BRITO, Mário da Silva. *Poesia do modernismo*. Rio de Janeiro, Civilização Brasileira, 1968.
_____ comp. *Poetas paulistas da Semana de Arte Moderna*. São Paulo, Martins/Conselho Estadual de Cultura, 1972.
CAMPOS, Humberto de. *Antologia da Academia Brasileira de Letras*. Rio de Janeiro, José Olímpio, 1935.
CAMPOS, Mílton Godói de. *Antologia poética de 45*. São Paulo, Clube de Poesia, 1966.
CANDELÁRIA, Inocêncio. *Poetas do norte de São Paulo*. Rio de Janeiro, Tupi, 1958.
CANTIGAS de trovadores medievais em português moderno. Rio de Janeiro, Org. Simões, 1953.
CANTOS BRASILEIROS OU COLEÇÃO DE POESIAS MODERNAS. Bahia, Tipografia de Epifânio Pedrosa, 1851. v. 2.
CANTOS SOLIDÁRIOS por Adair José e outros. São Paulo, Ed. do Escritor, 1980.
CARDOSO, Flávio José; MIGUEL, Salim; SOUSA, Silveira de. *Este mar catarina*. Florianópolis, UFSC, 1983.
CARNEIRO, Édison. *Antologia do negro brasileiro*. Porto Alegre, Globo, 1950.
CARVALHO, Humberto Feliciano de. *Antologia da poesia uruguaianense*. Uruguaiana, Novidade, 1957.
CARVALHO, Rodrigues de. *Cancioneiro do Norte*. Fortaleza, Militão Bivar e Cia, 1903.
CARVALHO FILHO, A. de. *Coletânea de poetas baianos*. Rio de Janeiro, Minerva, 1951.
CASCUDO, Luís da Câmara, ed. *Antologia do folclore brasileiro*. 3. ed. São Paulo, Martins, 1965. 2v.
_____. *Cinco livros do povo*. Rio de Janeiro, José Olympio, 1953.
_____. *Contos tradicionais do Brasil*. Rio de Janeiro, 1967.

CASTELO, José Aderaldo. *Antologia do ensaio literário paulista*. São Paulo, Conselho Estadual de Cultura, 1960.
CASTELO BRANCO, Camilo. *Cancioneiro alegre de poetas portugueses e brasileiros*. 2. ed. Porto, Chardron, 1887. 2v.
CASTRO, Neil Leandro de, ed. *Contistas norte-rio-grandenses*. Antologia. Seleção, apresentação e notas de... Natal, Departamento Estadual de Imprensa, 1966.
CATEQUESE poética. São Paulo, Palma, 1968.
CAVALCANTI, Valdemar. *14 poetas alagoanos*. Maceió, Depto. de Assuntos Culturais, 1974.
CAVALHEIRO, Edgard. *O conto mineiro*. Rio de Janeiro, Civilização Brasileira, 1959.
_____. *O conto paulista*. Rio de Janeiro, Civilização Brasileira, 1959.
CAVALHEIRO, Edgard & BRITO, Mário da Silva, ed. *O conto romântico*. Seleção de Edgard Cavalheiro. Introdução e notas de Mário da Silva Brito. Rio de Janeiro, Civilização Brasileira, 1961. (Panorama do conto brasileiro, V. 2).
CAVALHEIRO, Edgard & MENESES, Raimundo. *Histórias de crimes e criminosos*; antologia de contos brasileiros. São Paulo, CODIL, 1956.
CAVALHEIRO, Matia Tereza. *Nova antologia brasileira da árvore*. São Paulo, Iracema, 1974.
CEARÁ. Poesia concreta Minas; coleção temposom — 6/ [s.n.t.]
CEIA LITERÁRIA. Fortaleza, Gráf. Editorial Cearense Ltda., 1982.
CEM POEMAS BRASILEIROS. Sel. de Y. Fujyama e Vladir Nader. São Paulo, Vertente, 1980.
100 TROVAS SOBRE O MAR; I jogos florais de Niterói. Niterói, Gráf. Falcão, 1964.
CIDADES E TROVAS: resultado do III concurso de trovas 1981. Belo Horizonte, União Brasileira de trovadores, 1982.

CINCO EM HUM. São Paulo, Ed. do Escritor, 1980.
CINCO ITINERÁRIOS (trovas). Rio de Janeiro, Nobre, 1964.
CINCO POETAS. Salvador, Macunaíma, 1966.
CIRANDA. São Paulo, Áquila, 1963.
CIRNE, Moaci. *A poesia e o poema no Rio Grande do Norte*. Natal, Fundação José Augusto, 1979.
CIRNE, Paulo Roberto de Fraga. *Chimarreando a rima*. 2. ed. Santa Maria, Polloti, 1982.
____. *Herança de trovadores*. Santa Maria, Pollotti, 1982.
COELHO, Saldanha, ed. *Contistas brasileiros*. Rio de Janeiro, Revista Branca, 1958.
COLEÇÃO DE POESIAS INÉDITAS DOS MELHORES AUTORES PORTUGUESES. Lisboa, Impressão Régia, 1809-11. 3v.
COLÉGIO BRASILEIRO DE POETAS. *O poetas em busca de um leitor*; antologia. São Paulo, Mariposa, 1981.
COLÉGIO BRASILEIRO DE POETAS. *Remada de pássaros*. São Paulo, 1980.
COLETÂNEA CASA DO POETA DO PARANÁ. Curitiba, Casa do Poeta, 1983.
COLETÂNEA DA SOCIEDADE BRASILEIRA DE ESCRITORES MÉDICOS. Regional de Pernambuco. Recife, 1978.
COLETÂNEA DE POETAS DE MARINGÁ. Curitiba, Ed. Rui Barbosa, 1966.
COLETÂNEA POÉTICA DO GRÊMIO LITERÁRIO CASTRO ALVES. Porto Alegre, Ed. Especial "Condor nº 3".
COMPANHEIROS DE DURO OFÍCIO. Santa Rosa, Barcelos, 1981.
CONTO CANDANGO. Brasília, Thesaurus Ed., 1980.
CONTOS DA REGIÃO CACAUEIRA. Ilhéus. CEPLAC, 1979.
CONTOS DE BARRA MANSA. Org. de José Lourenço. Barra Mansa, Ed. Novo Horizonte, 1978.
CONTOS E POEMAS; org. de Teobaldo Jamundá. Florianópolis, Fundação Carinense de Cultura, 1980.
CONTOS MINEIROS. São Paulo, Ática, 1984.
OS CONTOS PREMIADOS NO CONCURSO UNIBANCO DE LITERATURA. Rio de Janeiro, Abril, Edibolso, 1978.
OS CONTOS PREMIADOS NO CONCURSO UNIBANCO DE LITERATURA. São Paulo, Edibolso, 1978.
CONTOS PROVINCIANOS. Limeira, Ed. Paulista, 1952.
CONTRAMÃO. São Paulo, Pindaíba, 1978.
CORDEIRO, Francisca de Basto. *Vultos que passaram (Esboços biográficos)*. Rio de Janeiro, Edição da Cultura Intelectual Feminina, Tip. do Patronato, 1944.
CORREIA, Marlene de Castro. *Pequena antologia de metapoemas*. Rio de Janeiro, UFRJ, 1971.
CORREIA, Orlando de Assis, org. *A panela do Candal*. Porto Alegre, Correia Martins, 1977.
COSTA, Afonso, ed. *Parnaso brasileiro*. Cem poetas contemporâneos por... Barcelona, Casa Editorial Maucci, s.d.
____. *Poetas de outro sexo*. Rio de Janeiro, 1930.
COSTA, Flávio Moreira da. *Antologia do conto gaúcho*. Rio de Janeiro, Simões, 1969.
COSTA, Nelson, ed. *Páginas cariocas*. 11. ed. modificada. Rio de Janeiro, Secretaria de Educação e Cultura, 1961.
COUTINHO, Afrânio. *Antologia brasileira de literatura*. 2. ed. rev. e aum. Rio de Janeiro, Ed. Distr. de Livros Escolares Ltda., 1967. 3v.
____. org. *Caminhos do pensamento crítico*. Rio de Janeiro, Cia. Editora Americana, 1974. 2v.

____. *Caminhos do pensamento crítico* (antol.). Rio de Janeiro, Palas, 1980. 2v.

COUTINHO, Edilberto. *Erotismo no conto brasileiro*; antologia. Rio de Janeiro, Civilização Brasileira, 1980.

____. *Erotismo no romance brasileiro*; anos 30 a 60; antologia crítica. 2. ed. Rio de Janeiro, Nórdica, 1979.

____. *Presença poética do Recife.* Rio de Janeiro, José Olympio, Recife, Fundarpe, 1983.

COUTINHO, Frederico dos Reis. *As mais belas poesias brasileiras de amor.* 4. ed. Rio de Janeiro, Vecchi, 1954.

CRISTÃDOR. Salvador, Ed. Contemp., 1981.

CRÔNICAS BRASILEIRAS; a portuguese reader. Gainesville, Center for Latin American Studies, Univ. of Florida, 1971.

CRÔNICAS MINEIRAS. São Paulo, Ática, 1984.

CRUZ, Arlete Nogueira da. *A atual poesia do Maranhão.* Rio de Janeiro, Olímpica, 1976.

CRUZ FILHO. *O soneto.* Rio de Janeiro, Elos [1956?].

CUNHA, Carlos. *Poesia maranhense hoje, ou 50 anos de poesia.* São Luís, Mirante, 1973.

CUNHA, Dulce Sales. *Autores contemporâneos brasileiros* (Depoimento de uma época). São Paulo, Cupolo, 1951.

DAMATA, Gasparino. *Antologia da Lapa.* Rio de Janeiro, Codecri, 1978.

____ ed. *Histórias do amor maldito.* Sel. de... Pref. de Otávio de Freitas Jr. Rio de Janeiro, Gráf. Record Ed., 1967.

10 POETAS em busca de um leitor; antologia. [s.l.] Ed. Mariposa [s.d.]

DEZOITO CONTISTAS BAIANOS. Salvador, Prefeitura de Salvador, 1978.

OS DEZOITO melhores contos do Brasil (I Congresso Nacional de Contos). Rio de Janeiro, Bloch, 1968.

DINES, Alberto *et allii. 20 histórias curtas.* Rio de Janeiro, Antunes & Cia., 1960.

DOZE poetas alternativos. Rio de Janeiro, Trote, 1981.

DUARTE, José Afrânio Moreira. *Alvinópolis e literatura.* Rio de Janeiro, Pongetti, 1973.

DUQUE-ESTRADA, Osório. *Tesouro poético brasileiro.* Rio de Janeiro, Francisco Alves, 1913.

EDIÇÕES MARGINAIS 3; histórias de um novo tempo, pré-lançamento do livro de contos de Antônio Barreto, Luís Fernando Imediato e outros. Belo Horizonte, Copibel, 1977.

ELENCO DE CRONISTAS MODERNOS. 3. ed. Rio de Janeiro, José Olympio, 1974.

ELTON, Elmo. *Poetas do Espírito Santo.* Vitória, Univ. Fed. do Espírito Santo, 1982.

EM REVISTA 6-10. São Paulo, Ed. do Escritor, 1976-80. 4v.

ESCRITORES E POETAS. Porto Velho, Associação dos Escritores de Rondônia [s.d] (mimeogr.).

ESTÓRIAS DE SEMPRE; antologia 3. Rio de Janeiro, Mobral, 1979.

ESTÚDIO 44. São Paulo, Ed. do Escritor, 1975.

FACHINELLI, Nelson da Lenita. *Antologia poética.* Porto Alegre, Pro-letra, 1981.

____. *Poetas do Sul.* Canoas, La Salle, 1980.

____. *Trovadores do Rio Grande do Sul.* Porto Alegre, Sulina, 1972. 2v.

____. *Vozes do Sul.* Porto Alegre, Fotolitográfica Dubus, 1983.

FALCÃO, R. *Antologia de poetas fluminenses.* Rio de Janeiro, 1968.

FARIA, Álvaro *et allii. Encontro de vários autores.* Rio de Janeiro, Segrafa, 1982.

FEIRA DE CONTOS. Joinville, 1981.

FEIRA LIVRE. Rio de Janeiro, Benjamim Costallat e Miccolis Ed., 1923.

FERNANDES, Aparício. *Anuário de poetas do Brasil.* Rio de Janeiro, Folha Carioca, 1976-81. 14v.

____. *Escritores do Brasil.* Rio de Janeiro, Cia. Brasileira de Artes Gráficas, 1978-80. 6v.

____. ed. *O grande rei*; em prosa e verso. Autores nacionais e estrangeiros. Rio

de Janeiro/São Paulo, Freitas Bastos, 1966.
_____. *As mais belas poesias de exaltação às mães.* Rio de Janeiro, Minerva, 1967.
_____. *Nossa mensagem.* Rio de Janeiro, Folha Carioca, 1977.
_____. *Nossas trovas.* Rio de Janeiro, Cia. Bras. de Artes Gráficas, 1973.
_____. *Poetas do Brasil.* Rio de Janeiro, Folha Carioca, 1975. 2v.
_____. *A hora no Brasil;* história e antologia. Rio de Janeiro, Artenova, 1972.
_____. *Trovadores do Brasil.* Rio de Janeiro, Minerva, 1967-70. 3v.
FERNANDES, Nabor. *Galeria Valenciana.* Rio de Janeiro, Pongetti, 1969 (xerox).
FIGUEIRA, Gaston. *Poesia brasileira contemporânea;* 1920-1968; 2. ed. Montevidéu, Inst. Cult. Uruguaio-Brasileiro, 1969.
FIGUEROA, Gaston. *Poesia Brasilena contemporanea.* Montevidéu, 1969.
FISCHER, Almeida. *Contistas de Brasília.* Brasília, Dom Bosco, 1965.
FLOR, TELEFONE, MOÇA E OUTROS CONTOS BRASILEIROS: Edição bilíngue. Machado de Assis. Lima Barreto, Alcântara Machado, Mário de Andrade, Graciliano Ramos. Clarice Lispector. Carlos Drummond de Andrade. /Paris/L'Alphée, 1980.
FLORES DO MESMO JARDIM. Rio de Janeiro, Sabedoria, [s.d.]
FLORILÉGIO da poesia brasileira. F.A. Varnhagen, 3. ed. Rio de Janeiro, ABL, 1946. 3v.
FREIRE, Laudelino. *Clássicos brasileiros.* Rio de Janeiro, Rev. de Língua Portuguesa, 1923.
_____. *Clássicos brasileiros.* Rio de Janeiro, Rev. de Língua Portuguesa, 1923.
_____. *Seleta clássica brasileira.* Rio de Janeiro, Ed. da Rev. de Língua Portuguesa, 1924.
_____. *Sonetos brasileiros.* Rio de Janeiro, Briguiet, 1904.

FREITAS, Jaime Martins de. *Poetas contemporâneos de Vitória da Conquista.* Itapetinga, Dimensão Gráf. Ed., 1980.
FUJIYAMA, Y. e outros (org.). *Veia poética.* São Paulo, Serpente, 1981.
FUTEBOL E CULTURA; coletânea de estudos. Org. de José Carlos Sebe Bom Meihy e José Sebastião Witter. São Paulo, Imprensa Oficial — Arquivo do Estado, 198 2.
GADELHA, João do Rego, org. *Antologia de poetas paraenses.* Rio de Janeiro, Shogun Arte, 1984.
GALENO, Cândida. *O livro Agebiana.* Fortaleza, Ed. Henriqueta Galeno, 1979.
GESTEIRA, Sérgio Martagão *et allii. Novos contistas.* Rio de Janeiro, Francisco Alves, 1977.
GIRIBANDA: antologia poética rio-grandina; tomo II. Coord. geral, composição, arte final e capa de Rudi Meireles. Porto Alegre. Dubus, 1983.
GOMES, L. *Contos populares.* São Paulo, Melhoramentos [s.d.] 2v.
GONÇALVES, Armando. *Colar de pérolas.* Niterói, Jerônimo Silva, 1919.
GRANDE PONTO; contos, poesias, ensaios, depoimentos; Org. e coord. de Socorro Trindad. Natal, Ed. universitária, 1981.
GRANDES POETAS ROMÂNTICOS DO BRASIL. Org. Soares Amora e F.J. Silva Ramos. São Paulo, LEP, 1949.
GRÃO: coletânea de prosa e verso. Rio de Janeiro, Graphos, 1984.
GRIECO, Donatelo. *Antologia do conto brasileiro.* Rio de Janeiro, A Noite [s.d.]
GUIMARÃES, Torrieri, ed. *Paixões e vícios.* São Paulo, Soma, 1980.
GUIMARÃES, Ulisses, ed. *Poesia sob as arcadas 1935-1940...* Pref. de Alcântara Machado. São Paulo, Rev. dos Tribunais, 1940.
GUIMARÃES FILHO, Alphonsus de. *Antologia da poesia mineira.* Belo Horizonte, Cultura Brasileira, 1946.

HADDAD, Jamil Almansur. *História poética do Brasil*. Rio de Janeiro, Ed. de Ouro, 1966.

____. *Poesia religiosa brasileira*. Rio de Janeiro, Ed. de Ouro, 1966.

HERA 10. Salvador, Ed. Cordel, 1978.

HISTÓRIAS DE UM NOVO TEMPO. Rio de Janeiro, Codecri, 1977.

HOHLFELDT, Antônio, sel. *Antologia da literatura rio-grandense contemporânea*. Porto Alegre, L & PM, 1978. 2v.

HOLANDA, Aurélio Buarque de. *Território lírico*. Pref. de Augusto Meier. Rio de Janeiro, O Cruzeiro, 1958.

HOLANDA, Heloísa Buarque de. *Vinte e seis poetas de hoje*. Rio de Janeiro, Labor, 1976.

HOLANDA, Sérgio Buarque de. *Antologia dos poetas brasileiros da fase colonial*. Rio de Janeiro, INL, 1953. 2v.

HORA DE GUARNICÊ; poesia nova no Maranhão. Rio de Janeiro, Olímpica, 1975.

HORTAS, Maria de Lurdes. *Palavra de mulher*; poesia feminina brasileira contemporânea. Rio de Janeiro, Fontana, 1979.

HUGO, Vítor. *Sonetos cearenses*. Fortaleza, Imprensa Oficial, 1938.

JARDIM, Raquel. *Mulheres e mulheres*; antologia de contos. Rio de Janeiro, Nova Fronteira, 1978.

JORGE, J. G. de Araújo, ed. *Antologia da nova poesia brasileira*. Rio de Janeiro, Vecchi, 1948.

JORGE, Miguel. *Antologia do novo conto goiano*. Goiânia, Depto. Est. de Cultura, 1972.

JOVENS TAMBÉM ESCREVEM. (Antologia do Colégio-Notre Dame). Rio de Janeiro, Cátedra, 1974.

JUREMA, Aderbal. *Poetas e romancistas de nosso tempo*. (Provincianas — 2. sér.). Recife, Ed. Nordeste, 1953.

KAC, Eduardo et TRINDADE, Cairo Assis. *Antologia*: arte pornô. Rio de Janeiro, 1984.

KOPKE, Carlos Burlamaqui. *Antologia da poesia brasileira moderna*. São Paulo, Clube de Poesia de São Paulo, 1953.

LABIRINTOS; antologia 2. Rio de Janeiro, Mobral, 1979.

LAGO, Nélson Rodrigues do, et allii. *Antologia acadêmica*. São Paulo, Arcádia, 1948.

LAMEGO, Alberto. *A Academia Brasílica dos Renascidos*. Sua fundação e trabalhos inéditos. Paris — Bruxelles, L'Édition d'Art Gaudio, 1923.

LEANDRO Gomes de Barros — 2. João Pessoa, UFPB, 1977. Tomo III.

LEITURAS EM VERSO OU POESIAS SELETAS; para uso da infância de ambos os sexos. Rio de Janeiro, Emp. Tip. — Dois de Dezembro — de P. Brito Impressor da Casa Imperial, 1853.

LEMOS, Mariano. *História geral da literatura pernambucana: antologia*. Recife, Acad. Pernambucana de Letras, 1955.

LESSA, Luís Carlos. *As mais belas poesias gauchescas*. Porto Alegre, Goldman, 1951; 2. ed. 1960.

LIÇÕES DE CASA; exercícios de imaginação por Afonso Romano de Sant'Ana e outros. [s.l.] Livr. Cultura Ed. [s.d.]

LIMA, Mário de. *Coletânea de autores mineiros*; prosadores. História, oratória. Belo Horizonte, Imprensa Oficial, 1922.

____. *Coletânea de autores mineiros I*. Escola mineira. Pré-românticos. Belo Horizonte, Imprensa Oficial, 1922.

LIMA SOBRINHO, Barbosa. *Antologia do Correio Brasiliense*. Rio de Janeiro/ Brasília/ Cátedra; INL, 1977.

____. *Os precursores do conto no Brasil*. Rio de Janeiro, Civilização Brasileira. 1960.

LINHARES, Augusto. *Coletânea de poetas cearenses*. Rio de Janeiro, Minerva, 1952.

LINHARES, Mário. *Poetas esquecidos*. Rio de Janeiro, Pongetti, 1938.

LINS, Álvaro e HOLANDA, Aurélio Buarque de. *Roteiro literário do Brasil e*

de Portugal. Rio de Janeiro, José Olympio, 1955. 2v.
LINS, José dos Santos. *Seleta literária do Amazonas.* Pref. de Artur César Ferreira Reis. Manaus, Ed. Governo do Estado do Amazonas, 1966.
LÍRICA DE NATAL. São Paulo, Refaga, 1963.
LISBOA, Henriqueta. *Antologia poética*; para a infância e a juventude. Rio de Janeiro, INL, 1961.
LITERATURA POPULAR EM VERSO. Rio de Janeiro, Casa de Rui Barbosa, 1961-64. 2v.
LOANDA, Fernando Ferreira. *Antologia da nova poesia brasileira.* Rio de Janeiro, Livr. Portugal, 1965.
____. *Panorama da nova poesia brasileira.* Rio de Janeiro, Pongetti; Lisboa, Ed. Orfeu, 1951.
LOBO, Chiquita Neves, ed. *Poetas de minha terra.* 1. sér., São Paulo, Brusco & Cia., 1947.
LOPES, Moacir C., ed. *Antologia de contistas novos.* Rio de Janeiro, INL/MEC, 1971. 2v.
LOUSADA, Wílson. *Antologia de contos de carnaval.* Rio de Janeiro, Ed. de Ouro, 1965.
MACEDO, Joarivar. *Autores caririenses.* Juazeiro do Norte — CE, Gráf. Mascote, 1981.
MACHADO, Antônio Carlos. *Coletânea de poetas sul-rio-grandenses.* Rio de Janeiro, Minerva, 1952.
MACHADO, Simão Ferreira, ed. Triunfo eucarístico... In: ÁVILA, Afonso. *Resíduos seiscentistas em Minas.* Belo Horizonte, Centro de Estudos Mineiros, 1967. 1º vol. p. 131-283 (fac-símile da ed. de 1734).
MAGALHÃES JÚNIOR, Raimundo. *Antologia de humorismo e sátira.* Rio de Janeiro, Civilização Brasileira, 1957.
____. *Antologia de poetas franceses* (séc. XV ao XX). Rio de Janeiro, Gráf. Tupi, 1950.
____. *O conto da vida burocrática.* Rio de Janeiro, Civilização Brasileira, 1960.
____. *O conto do norte.* Rio de Janeiro, Civilização Brasileira, 1959. 2v.
____. *O conto do Rio de Janeiro.* Rio de Janeiro, Civilização Brasileira, 1959.
____. *O conto feminino.* Rio de Janeiro, Civilização Brasileira, 1959.
____. *Seleção de contos do norte.* Rio de Janeiro, Ed. Ouro, 1967. 2v.
____. *Seleção de contos do Rio de Janeiro.* Rio de Janeiro, Ed. Ouro, 1967.
____. *Seleção de contos femininos.* Rio de Janeiro, Ed. de Ouro, 1967.
MAIA, Vasconcelos & ARAÚJO, Nélson de. *Panorama do conto baiano.* Salvador, Progresso, 1959.
AS MAIS BELAS TROVAS DA LÍNGUA PORTUGUESA; cantigas de muita gente. Rio de Janeiro, Freitas Bastos, 1962.
MALDONADO, João Cristiano. *Poesia de Santos.* Santos, A Tribuna de Santos Jornal, 1977.
MANSUR, Gilberto e LAJOLO, Marisa. *5 contos jovens.* São Paulo, Brasiliense, 1974.
MARANHÃO, Carlos. *Pássaros feridos.* Rio de Janeiro, 1952.
MARAVILHAS DO CONTO BRASILEIRO. Introd. de Fernando Góes; org. de Diaulas Riedel; sel. de Fernando R.P. Santos. São Paulo, Cultrix, 1958.
MARÇAL, João Batista. *Antologia da poesia quaraiense.* Porto Alegre, Pirâmides, 1977.
MARIANTE, Helio Moro. *Alfredo Ferreira Rodrigues*; antologia dos patronos da Academia Rio-grandense de Letras. Porto Alegre, Martins, 1982.
MARINÓSIO FILHO. *Vozes.* Londrina, Univ. Est. de Londrina, 1982.
MARTINS, Ari. *Escritores do Rio Grande do Sul.* Porto Alegre, UFRGS, Instituto Estadual do Livro, 1978.
____. "Poetas do Rio Grande do Sul." In: ANAIS DO CONGRESSO SUL-RIO-GRANDENSE DE HISTÓRIA E GEOGRAFIA. Porto Alegre, Globo, 1940. v. 3.

MARTINS, Heitor. *Neoclassissismo: uma visão temática; antologia*. Brasília, Academia Brasiliense de Letras, 1982.

MARZULO, Elsa. *Antologia das rosas*. Rio de Janeiro, Editora de Laboratórios Leite de Rosas, 1948.

MATOS, Elias (org.) *Miscelânea poética ou coleção de poesias diversas de autores escolhidos*. Rio de Janeiro, Jornal das Senhoras, 1853. 198p.

MATOS, J. Miguel de. *Antologia poética piauiense*. Rio de Janeiro, Artenova, 1974.

____. *Caminheiros da sensibilidade*. Teresina, Tipografia Antonio Lopes — Albuquerque & Cia., 1966.

____ (org). *Caminheiros da sensibilidade*. (Antologia poética). 2 vol. Ilustrações de Genes. Teresina, Destaque, 1967.

MAURICEA, Cristovão de. *Antologia mística de poetas brasileiros*. Rio de JaneirO, Briguiet, 1928.

MEIRELES, Elvira. *Antologia didática de escritores paranaenses*. Curitiba, 1970.

MEIRELES, Mário M. et allii (org). *Antologia da Academia Maranhense de Letras 1908-1958*. Rio de Janeiro, Gráfica Taveira, 1958.

O MELHOR DO CONTO BRASILEIRO. Rio de Janeiro, José Olympio, 1979.

OS MELHORES CONTOS BRASILEIROS DE 1973. Porto Alegre, Globo, 1974.

OS MELHORES CONTOS BRASILEIROS DE 1974. Porto Alegre, Globo, 1975.

MELO, Anísio (org). *Lira amazônica* (Antologia). vol. 1. São Paulo, Correio do Norte, [s.d.] Pref.: 1965, 296p.

MELO, Oliveira. *Paracatu e Patos de Minas: uma antologia*. Belo Horizonte, Instituto de História, Letras e Artes, 1966.

MELO, Veríssimo de. *Patronos e acadêmicos* (Antologia e biografia). Academia Norte-rio-grandense de Letras. Rio de Janeiro, Pongetti, 1972-74. 2v.

MELO FILHO, Osvaldo Ferreira de & MIGUEL, Salim (org). *Contistas novos de Santa Catarina*. Introd. de Nereu Correia. Ilustr. de artistas plásticos catarinenses. Florianópolis, Sul. [s.d.]

MENDES, Alípio. *Poetas da minha terra*. Rio de Janeiro, São José, 1971.

MENDES, Fradique. *Feira livre*. Rio de Janeiro, 1923.

MENDES, Oscar. *Poetas de Minas*. Belo Horizonte, Impr. Publicações, 1970.

MENDONÇA, Rubens de (org.). *Antologia bororo*. Curitiba, Guaíra, 1946. (Estante Matogrossense, 4).

____. *Poetas matogrossenses*. São Paulo, Gráfica Mercúrio, 1958.

MENESES, Manuel Jácome Bezerra de (org). *A gratidão pernambucana ao seu benfeitor o Exmo. e Rmo. Senhor D. José da Cunha de Azeredo Coutinho...* Lisboa, Of. de João Rodrigues Neves, 1808.

MENESES, Raimundo de et MARTINS, Fernando de Barros. *Obras primas da novela brasileira*. São Paulo, Martins, 1957.

MILANO, D. *Antologia de poetas modernos*. Rio de Janeiro, Ariel, 1935.

MILLIET, Sérgio. *Panorama da moderna poesia brasileira*. Rio de Janeiro, MEC Serviço de Documentação, 1952.

MIRANDA, Afonso (org). *Pequena antologia de alunos da Faculdade de Direito de Niterói*. Rio de Janeiro, Jornal do Commercio/Centro Acadêmico Evaristo da Veiga, 1955.

MODERNA POESIA BAIANA. Rio de Janeiro, Tempo Brasilei ro, 1967.

MODERNOS POETAS DO AMAPÁ. Rio de Janeiro, Gráf. Lux, 1960.

MONTE, Airton e outros. *Verdes versos*. Fortaleza, Centro Médico Cearense, 1981.

MONTEIRO, Adolfo Casais. *A moderna poesia brasileira*. São Paulo, Clube de Poesia, 1956.

MONTEIRO, Clóvis. *Nova antologia brasileira*. 7. ed. Rio de Janeiro, Briguiet, 1941.

MONTEIRO, Jerônimo. *O conto fantástico*. Rio de Janeiro, Civilização Brasileira, 1959.

____. *O conto trágico*. Rio de Janeiro, Civilização Brasileira, 1960.

MORAIS FILHO, A. Melo. *Parnaso brasileiro*. Rio de Janeiro, Garnier, 1885. 2v.

____. *Poetas brasileiros contemporâneos*. Rio de Janeiro, Paris, Garnier, 1903.

MOREIRA, Álvaro. *Antologia de poetas da nova geração*. Rio de Janeiro, Pongetti, 1950.

MOTA, Fernando de Oliveira. (org.) *Antologia de poetas pernambucanos*. Recife, Cooperativa Ed. e de Cultura Intelectual, 1945.

MOURA, Eneas de. *Coletânea de poetas paulistas*. Rio de Janeiro, Minerva, 1951.

MOURA, Francisco Miguel de. *Piauí: terra, história e literatura*. São Paulo, Ed. do Escritor; Piauí, Cirandinha, 1980.

MOVIMENTO SALA 17. *Reis Magros*. Curitiba, Beija-Flor, 1978.

MULHERES DA VIDA. Org. por Leila Míccolis. São Paulo, Vertente, 1978.

MULHERES E MULHERES. Org. de Raquel Jardim. Rio de Janeiro, Nova Fronteira, 1978.

MURICI, Andrade. *Alguns poetas novos*. Rio de Janeiro, Rev. dos Tribunais, 1918.

____. *A nova literatura brasileira*. Porto Alegre, Globo, 19 36.

NASCENTE, Gabriel. *A nova poesia em Goiás*. Goiânia, Oriente, 1978.

NASCIMENTO, Esdras. *Coletânea 1*. Rio de Janeiro, GRD, 1963.

NASCIMENTO, Filinto E. do. (org). *Lira sergipana*: coleção de poesias dos melhores autores sergipanos desde 1857 até hoje. Aracaju, Tip. do Comércio, 1883.

NOVA HISTÓRIA. Rosário, Livr. Rosariense, 1935.

A NOVA POESIA BRASILEIRA. Rio de Janeiro, Shogun Arte, 1983.

NOVANTOLOGIA. São Paulo, Ed. do Escritor. [s.d.]

9 HISTÓRIAS REIÚNAS. Rio de Janeiro, Biblioteca do Exército, 1956.

NOVOS CONTISTAS. Vencedores do VII Congresso Nacional de Contos do Paraná. Rio de Janeiro, Francisco Alves, 1977.

NOVOS POETAS. Rio de Janeiro. Ed. Dos Jovens, [s.d.]

OBRAS-PRIMAS DO CONTO BRASILEIRO. São Paulo, Martins, 1966.

OLINTO, Antônio. (org.) *Doze contistas da Bahia*. Rio de Janeiro, Record, 1969.

OLIVEIRA, Alaíde Lisboa de; FROTA, Zilah & LEITE, Marieta. *A poesia no curso primário*. Rio de Janeiro, Francisco Alve s, 1939.

OLIVEIRA, Alberto de. *Os cem melhores sonetos brasileiros*. 5. ed. Rio de Janeiro, Freitas Bastos, 1950.

____. *Contos brasileiros*. Rio de Janeiro, Garnier, 1922.

____. *Páginas de ouro da poesia brasileira*. Rio de Janeiro, Garnier, 1911.

OLIVEIRA, Alberto de & JOBIM, Jorge. *Contos brasileiros*. Rio de Janeiro, Garnier, 1922.

____. *Poetas brasileiros*. Rio de Janeiro, Garnier, 1921-22. 2v.

OLIVEIRA, Almir de. *Poetas e prosadores de Juiz de Fora*. 1950, 69p. [s.l.] [s.ed.]

OLIVEIRA, Andradina de. *A mulher rio-grandense*. I. sér.: Escritoras mortas. Porto Alegre, Livr. Americana, 1907.

OLIVEIRA, Joanir de. *Antologia dos poetas de Brasília*. Brasília, Coordenada Ed. de Brasília, 1971.

____ org. *Brasília na poesia brasileira*. Rio de Janeiro/Brasília, Cátedra/INL, 1982.

OLIVEIRA, José Osório de (org). *Contos brasileiros*. Lisboa, Livr. Bertrand. [s.d.]

OTÁVIO, Luís, [pseud. de] Gilson de Castro (org). *Meus irmãos os trovadores: coletânea de trovas de autores brasileiros*. Rio de Janeiro, Vecchi, 1956.

PACHECO, Armando Correia. *Ensaystas del Brasil*. Washington, Union Panamericana, 1952.

PACHECO, João (org). *Antologia do conto paulista*. São Paulo, Conselho Estadual de Cultura, Comissão de Literatura, 1959.

PADILHA, Telmo. *Doze poetas grapiúnas*. Rio de Janeiro, Antares, 1979.

____. *O moderno conto da região do cacau*. Rio de Janeiro, Antares, 1978.

____. *Poesia moderna da região do cacau*. Rio de Janeiro, Civilização Brasileira, 1977.

PAIS, José Paulo et allii (org). *Maravilhas do conto moderno brasileiro*. São Paulo, Cultrix, 1961.

PANORAMA DO CONTO BRASILEIRO. Rio de Janeiro, Civilização Brasileira, 1959. 1lv.

PANORAMA DO CONTO BRASILEIRO: HOMENAGEM A MACHADO DE ASSIS. 1882-1982. 8ª Feira Internacional de Livros. Buenos Aires.

PARA GOSTAR DE LER. São Paulo, Ática, 1977-83. 8v.

PARNASO LUSITANO OU POEMAS SELETOS DOS AUTORES PORTUGUESES ANTIGOS E MODERNOS, ilustrados com notas. Precedido de uma história abreviada da língua e poesia portuguesa. Paris, 1826-27. 5v.

PARNASO MARANHENSE. São Luís, Tip. do Progresso, pref.: 1861/285p. A comissão de organização foi constituída por: Gentil Homem de Almeida Braga, Antônio Marques Rodrigues, Raimundo de Brito, Gomes de Sousa, Luís Antônio Vieira da Silva, Joaquim Serra e Joaquim da Costa Barradas. [s.d.]

PASIN, José Luís. *Poetas de Guaratinguetá*. São Paulo, Ed. do Escritor, 1974.

PAULA, Flávio de. *Apóstolos do sonho*. Salvador, Empresa Gráfica, 1952.

PEDROSA, Mílton (org). *O olho na bola*. Apresentação de Otávio de Faria. Rio de Janeiro, Gol, 1968.

PEIXOTO, Afrânio. *Panorama da literatura brasileira*. 2. ed., São Paulo, Cia. Editora Nacional, 1947.

PEQUENA ANTOLOGIA DA MODERNA POESIA BRASILEIRA. Sel. e pref. de Osório de Oliveira. Lisboa, Of. Gráf., 1944.

PERES, M. de Araújo, (org.). *Academia Teresopolitana de Letras*: ANTOLOGIA. Rio de Janeiro, São Paulo, Freitas Bastos, 1964.

PICARÉ: UMA DÚZIA DE POETAS. Santos, Coleção Picaré/Poesia, 1982.

PIGNATARI, Décio. *Antologia do verso à poesia concreta 1949-1962*. São Paulo, Massao Ohno, 1962.

PIMENTEL, Ciro (org). *Breve antologia de poesia nova brasileira (1942-1954)*. Braga, Rev. Quatro Ventos, 1956.

PINHEIRO, Luís Leopoldo Fernandes. *Musa das escolas*. 4. ed., Rio de Janeiro, Garnier, 1902.

PINHEIRO, Xavier. *Musa cívica*: antologia brasileira destinada às escolas primárias da República. Rio de Janeiro, Leite Ribeiro e Maurillo, 1920.

PINTO, Alcides. *Antologia: a moderna poesia brasileira*. Rio de Janeiro, Pongetti, 1951.

____ et allii (org.). *Antologia de poetas da nova geração*. Pref. de Álvaro Moreira. Rio de Janeiro, Pongetti, 1950.

PINTO, Luís, (org). *Antologia da Paraíba*. Séculos XVII, XVIII, XIX e XX. Rio de Janeiro, Minerva, 1951.

____. *Caderno de poetas paraibanos*. Rio de Janeiro, 1949.

____. *Coletânea de poetas paraibanos*. Rio de Janeiro, Minerva, 1953.

PITA, Odete F., CESAR, Daniel L. A. *Poesias seletas*. São Paulo, Impr. Metodista. [s.d.]

POEMÁRIO DA VIDA HEROICA. Rio de Janeiro, Clássica Brasileira, 1955.

POESIA: Apolo Taborda França, Assad Amadeu, Hélio de Freitas Puglielli, João Manuel Simões. Curitiba, Artes Gráficas, 1967.

POESIA BRASILEIRA HOJE. Tempo Brasileiro. n. 42/43, jul./dez. 1975.
POESIA BRASILEIRA SELECIONADA. São Paulo, Melhoramentos, 1967. 6v.
POESIA CONCRETA. São Paulo, Abril Educação, 1982.
POESIA DO MAR, Antologia. 2 ed. Rio de Janeiro, Ministério da Marinha, 1957.
POESIA EM JUIZ DE FORA. Juiz de Fora, Esdeva Empresa Gráfica, 1981.
POETA PARANAENSE (em 1908). Curitiba, PR. Tip. Der Beobachter, A. Schneider & Filho. [s.d.]
POESIA QUIXOTE. Porto Alegre, Globo [s.d.]
POESIA EM G. São Paulo, Greve, 1975.
POESIAS BRASILEIRAS: antologia. 2.ed. rev. e aum. por Milton de Godói Campos.
POETAS CONTEMPORÂNEOS. Rio de Janeiro, J. R. de Oliveira e Cia., 1938.
POETAS DA ACADEMIA DO SENADO DA CÂMARA DE SÃO PAULO. São Paulo, Clube de Poesia, Prefeitura Municipal, 1956.
POETASIA; quinta estação. São Paulo, Poetasia, 1980.
PONTA DE LANÇA NA PRAÇA. Uberaba, MG, Juruna, 1980.
PONTIERO, G. *An Anthology of Brazilian Modernist Poetry*. Oxford, 1969.
PORTO ALEGRE, Aquiles. *Homens ilustres do Rio Grande do Sul*. Porto Alegre, Erus. [s.d.].
PRÊMIO APESUL. REVELAÇÃO LITERÁRIA 78: poesias, contos, crônicas. Porto Alegre, Instituto Estadual do Livro, 1978.
PRÊMIO APESUL REVELAÇÃO LITERÁRIA 79: conto, crônica. 2. ed., Porto Alegre, Instituto Estadual do Livro, 1980.
PRÊMIO APESUL REVELAÇÃO LITERÁRIA 80: Porto Alegre, Instituto Estadual do Livro, 1980.

PRESENÇA; antologia poética. Salvador, Contemporânea, 1981.
PRESENÇA DO CONTO, A. São Paulo, Ed. do Escritor, 1979.
PRIMEIRAS LETRAS. Rio de Janeiro, ABL, 1923.
1º MUTIRÃO LITERÁRIO. Livramento, RS, A Plateia, 1981.
PROCESSO 1. Rio de Janeiro, 1969.
QORPO INSANO: uma antologia provisória. Porto Alegre, 1977.
QUADRÍVIO. São Paulo, Massao Ohno, 1980.
4 POETAS MODERNOS. Rio de Janeiro, Cátedra, 1976.
QUINTAL LITERAL. Rio de Janeiro, Comissão Cultural das Letras, USU. [s.d.].
QUÍNTUPLO. Recife, Aquário, 1973.
RABELO, Alberto. *Contos do norte*. Rio de Janeiro, Jacinto Ribeiro dos Santos, 1927.
RAITANI NETO, Felício, SOUSA, Colombo de. *Letras paranaenses*. 2. ed. Curitiba, Ociron Cunha, 1971.
RAMALHETE POÉTICO. 3. ed., Recife, M. Nogueira de Sousa, 1913.
RAMOS, Clóvis. *Antologia dos poetas espíritas*. Rio de Janeiro, Pongetti, 1959.
RAMOS, Graciliano. *Contos e novelas*. Rio de Janeiro, Casa do Estudante do Brasil, 1957. 3v.
RAMOS, Oliveira. *Poesia atual do Maranhão*. São Luís, Legenda, 1976.
RAMOS, Péricles Eugênio da Silva. *Poesia barroca*. Antologia. São Paulo, Melhoramentos, 1967.
_____. *Poesia do ouro*. São Paulo, Melhoramentos, 1964.
_____. *Poesia moderna*. São Paulo, Melhoramentos, 1967.
_____. *Poesia parnasiana*. Antologia. São Paulo, Melhoramentos, 1967.
_____. *Poesia romântica*. Antologia. São Paulo, Melhoramentos, 1965.
_____. *Poesia simbolista*. Antologia. São Paulo, Melhoramentos. 1965.

REBELLO, Marques. *Antologia escolar brasileira*. [s.l.] Departamento Nacional de Educação/MEC, 1967.

REIS Magros. Curitiba, Beija-Flor Ltda, 1978.

RESENDE, Edgard (org). *O Brasil que os poetas cantam*. 2. ed., rev. e aum. Rio de Janeiro/São Paulo, Freitas Bastos, 1958.

____ (org). *Os mais belos sonetos brasileiros*. 3. ed., rev. e melh. Rio de Janeiro, São Paulo/Freitas Bastos, 1956.

RÉSTIA DE CORTE E VIDRO. Geraldo Coni Caldas e outros. Coord. Luís Ademir Sousa. Salvador, Contemporânea, 1977.

RETAMOZO, Hilário (org.). *Antologia de poetas são-borgenses*. SC, Martins, 1982.

REUNIÃO: CONTOS (org.). Sônia Coutinho. Salvador, Universidade Federal da Bahia, 1961.

REVELAÇÃO LITERÁRIA 81: poesias, crônicas, contos. Sant'Ana do Livramento, A Plateia/Prefeitura Municipal Secretaria Municipal de Cultura, Desporto e Turismo, 1982.

REVOADA DE PÁSSAROS NEGROS. Mauá, SP, Coleção Brasileira de Poetas, 1980.

A REVOLUÇÃO: e outros escritores santanenses. Sant'Ana do Livramento, RS, A Plateia, 1983.

RIBEIRO, João. *Autores contemporâneos*. 21. ed. Rio de Janeiro, Francisco Alves, 1931.

____. *Páginas escolhidas*. Rio de Janeiro, Garnier, 1906. 2v.

____. *Seleta clássica*. 2. ed. Rio de Janeiro, Francisco Alves, 1910.

RIEDEL, Dirce Cortes *et allii*. *Literatura brasileira em curso*. Rio de Janeiro, Bloch, 1968.

RIMÁRIO CAMPISTA: sonetos. Campos, RJ, Constante Queirós, 1931.

RODA DE FOGO: 12 gaúchos contam. Porto Alegre. Movimento, 1970.

RODRIGO JÚNIOR, pseud. João Batista Carvalho de Oliveira (org.) *Sonetos da minha terra*. Curitiba, Centro de Letras do Paraná, 1953.

RODRIGO JÚNIOR, PLAISANT, Alcibíades. *Antologia paranaense*. Curitiba, Mundial, 1938.

ROMERO, Sílvio. *Folclore brasileiro*. Contos e cantos populares do Brasil. Rio de Janeiro, José Olympio, 1954. 3v.

____ (org). *Parnaso sergipano*. Aracaju, O Estado de Sergipe, 1889-1904. 2v.

ROSA, Sérgio Ribeiro (org). *Mutirão de poesia*. Rio de Janeiro, Cultura Contemporânea, 1983.

ROSAL FRATERNO: antologia poética. Rio de Janeiro, Laemmert, 1969.

ROSAS DE SANGUE. Brasília, Valei, 1979.

SÁ, Manuel Tavares de Sequeira e (org). *Júbilos da América, na gloriosa exaltação, e promoção do Ilustríssimo e Excelentíssimo Senhor Gomes Freire de Andrada... Coleção das obras da Academia dos Seletos, que na Cidade do Rio de Janeiro se celebrou em obséquio, e aplauso do dito Excelentíssimo Herói...* Lisboa, na Of. do Dr. Manoel Álvares Solano, 1754.

SÁ, Vítor de (org). *Terra carioca: antologia de escritores nacionais e estrangeiros*. Ilustr. de Yarema Ostrog e Trinas-Fox. Rio de Janeiro, Alba, 1960.

SABINO, Fernando *et allii*. *A vida é assim*. Rio de Janeiro, 1979.

SACHET, Celestino (org). *Antologia de autores catarinenses*. Rio de Janeiro, Laudes, 1969.

SALES, Davi. *Histórias da Bahia*. Rio de Janeiro, GRD, 1963.

____. *Reunião*. Salvador. Universidade da Bahia, 1961.

SALES, H. *Os belos cantos da eterna infância*. Rio de Janeiro, 1966.

SALVAGUARDAS POÉTICAS. Sant'Ana do Livramento, RS, A Plateia, 1980.

SAMPAIO, Adovaldo Fernandes. *Voces femeninas de la poesía brasileña*. Goiânia, Oriente, 1979.

SANGRA CIO. Curitiba, Reprocopi, 1980.

SANTOS, Da Costa. *Joias da poesia mineira.* Belo Horizonte, Mantiqueira, 1952.

____. *Nosso Senhor e Nossa Senhora*: na poesia brasileira. 2. ed. Rio de Janeiro, Leo, 1957.

SANTOS, Leri. *Panteon fluminense.* Rio de Janeiro, Leuzinger & Filhos, 1880.

SARAIVA, Gumercindo. *Antologia da canção brasileira.* São Paulo, Saraiva, 1963.

SCHIAVO, J. *Os 150 mais célebres sonetos da língua portuguesa.* Rio de Janeiro, Ed. de Ouro, 1968.

II ENCONTRO DE TROVADORES DE PETRÓPOLIS. Petrópolis, RJ, 1972. [s.d.]

SEIS POETAS. Campos, RJ, Acad. Pedralva, 1959.

SERAINE, Florival. *Antologia do folclore cearense.* 2. ed., Fortaleza, UFC, 1983.

SEREJO, Hélio (org). *Poesia matogrossense.* São Paulo, 1960.

SERIAL. Salvador, 1968.

SERPA, Alberto de (org). *As melhores poesias brasileiras.* Lisboa, Portugália, 1943.

SETE POETAS. Rio de Janeiro, 1959. [s.ed.]

VI CONGRESSO DE CONTOS DE CARANGOLA. Rio de Janeiro, Imprinta. [s.d.]

SILVA, Domingos Carvalho da; RIBEIRO NETO, Oliveira *et* RAMOS, Péricles E. da Silva. *Antologia da poesia paulista.* São Paulo, Conselho Estadual de Cultura, 1960.

SILVA, Francisco Ribeiro da (org). "Áureo trono episcopal". *In:* ÁVILA, Afonso. *Resíduos seiscentistas em Minas.* Belo Horizonte. Centro de Estudos Mineiros, 1967. 2v. p. 335-592 (fac-símile da ed. de 1749).

SILVA, Jaime Ribeiro da *et allii.* (org). *Antologia da poesia cruzeirense.* Cruzeiro, João Silveira, 1961.

SILVA, J. M. P. da (org). *Parnaso brasileiro ou seleção de poesias dos melhores poetas brasileiros desde o descobrimento do Brasil.* Precedido de uma introdução histórica e biográfica sobre a Literatura Brasileira. Rio de Janeiro, Eduardo e Henrique Laemmert, 1843-48. 2v.

SILVA, Luz (org). *Em revista*: antologia. São Paulo, Ed. do Escritor, 1976-77. 4v.

SILVA, Matias Pereira da (org.). *A fênix renascida ou obras poéticas dos melhores engenhos portugueses.* Lisboa, 1745. 5v.

SILVA, Oliveira e. *Coletânea de poetas pernambucanos.* Rio de Janeiro, Minerva, 1951.

SILVA, Rudi Matos da. *Antologia de poetas vassourenses.* Vassouras, RJ, Graficarte, I984.

SILVEIRA, Homero. *Panorama da poesia brasileira contemporânea.* São Paulo, Conselho Estadual de Cultura. [s.d.]

SILVEIRA, Sousa da. *Trechos seletos*: complemento prático às "Lições de Português" do mesmo autor. 6. ed. Rio de Janeiro, Briguiet, 1961.

SINANTOLOGIA. Fortaleza, SIN Ed., 1968.

SOARES, Antônio J. de Macedo (org). *Harmonias brasileiras.* Cantos nacionais coligidos e publicados. 1ª sér. São Paulo, Tip. Imperial de Joaquim Roberto de Azevedo Marque s, 1859.

SOARES, Iaponan. *Panorama do conto catarinense.* Porto Alegre, Movimento, 1971.

SOBRE A MESA E O MURO: 6 poetas. Rio de Janeiro, Ed. dos Autores, 1979.

SOCIEDADE BRASILEIRA DE ESCRITORES MÉDICOS, Regional de Pernambuco. *Coletânea: seleção de trabalhos apresentados e publicados 1973-77.* Recife, 1978.

SODRÉ, Nelson Verneck (org). *Narrativas militares.* Rio de Janeiro, Biblioteca do Exército, 1959.

SONETOS DE AMOR: Olavo Bilac, Raimundo Correia e Vicente de Carvalho. Dir. Renato Travassos. Rio de Janeiro, Pongetti/ Guanabara. [s.d.]

SONETOS MARANHENSES. [s.l.] Of. de M. Silva & Cia., 1922.

SONETOS PARANAENSES. Curitiba, Tip. Mercantil Oto L. Reche, 1922.

SONETOS REGIONAIS. Curitiba, Oliveira, 1928.

SOPOESIA. São Paulo, Ed. do Escritor, 1976.

SOTOMAIOR, Sebastião Paraná de Sá. *Galeria paranaense*. Curitiba, Mundial, 1922.

SOUSA, Crisótomo de. *Sonetos maranhenses*. São Luís, Tribuna, 1940.

STATUS. *25 contos brasileiros*: literatura especial. São Paulo, Três, n. 23/A. Número especial.

TABORDA, Tarcísio Antônio Costa (org). *A cidade sonho*: Antologia e impressões de Bagé. [s.l.] Cetuba, 1958.

TABORDA, Vasco José & WOCZIKOSKY, Orlando (org). *Antologia de trovadores do Paraná*. Curitiba, O Formigueiro. [s.d.]

TAMBÉM: poemas e crônicas. (s.l.) [s.ed.] 1980.

TAQUES, Alzira Freitas. *Perfis de musas, poetas e pensadores brasileiros*. 1956-58. 5v.

TEIXEIRA, Múcio. *Os gaúchos*. Rio de Janeiro, Leite Ribeiro & Maurillo, 1920-21. 2v.

TELES, Gilberto Medonça. *O conto brasileiro em Goiás*. Goiânia, 1969.

____ et allii (org). *Antologia da literatura brasileira*: I. Prosa. Montevidéu, Uruguaia Colombino, 1966.

TELES, José Medonça. *Poesia e contos 2* (bacharéis). 2. ed. Goiânia, Oriente, 1976.

3º TORNEIO NACIONAL DE POESIA FALADA: poesias finalistas. Rio de Janeiro, Apex, 1970.

TIGRE, Bastos. SOLDON, Renato. *Musa gaiata*: antologia da poesia cômica brasileira. São Paulo, Empresa O Papel, 1949. 2v.

TIMÓTEO, Pedro. *Antologia do jornalismo brasileiro*. Rio de Janeiro, Zélio Valverde, 1944.

TORRES, Artur de Almeida. *Poetas de Resende*: palestra realizada na Academia Fluminense de Letras em 26 de novembro 1948. Niterói, RJ, Imprensa Estadual, 1949.

TRAVASSOS, Renato. *Coletânea de sonetos de amor*. Rio de Janeiro, Renascença, 1932.

3 MOMENTOS DE POESIA. Rio de Janeiro, José Olympio. [s.d.]

TROTA, Federico (org). *Mãe!* Antologia sentimental. Com notas biobibliográficas. 2. ed. Rio de Janeiro, Vecchi, 1964.

____. *Poemas cariocas em quatrocentos anos*. Rio de Janeiro, Vecchi, 1961.

TROVADORES BRASILEIROS. Coordenação do Professor Clério José Borges. Rio de Janeiro, Shogun Arte, 1984.

TROVAS E TROVADORES. São Paulo, Nova Brasília, 1962.

UM SÉCULO DE POESIA: poetisas do Paraná. Curitiba, 1959. [s.ed.]

UMA ANTOLOGIA DO CONTO CEARENSE. Com um estudo de Braga Montenegro. Fortaleza, Imprensa Universitária do Ceará, 1965.

VAENI, Valter (org). *Pequena antologia de sonetistas brasileiros*. Santos, SP. [s.d.]

VALE, Osvaldo de Sousa (org). *Antologia de grandes poetas norte-brasileiros*. Rio de Janeiro, Jangada, 1970.

VAMOS LER. São Paulo, Ed. do Escritor, 1980.

VAN STEEN, Edla. *O conto da mulher brasileira*. São Paulo, Vertente, 1978.

____. *O papel do amor*. São Paulo, Cultura, 1979.

____. *Viver e escrever*. Porto Alegre, L & PM, 1981.

VANDERLEI, Ezequiel. *Poetas do Rio Grande do Norte*. Recife, Industrial, 1922.

VANDERLEI, Rômulo C. *Panorama da poesia norte-rio-grandense*. Rio de Janeiro, Do Val, 1965.

VARNHAGEN, F. Q. de. *Florilégio da poesia brasileira*. Rio de Janeiro, ABL, 1946. 3v.

VASCONCELOS, J. M. P. de (org). *Jardim poético ou coleção de poesias antigas e modernas, compostas por naturais da província do Espírito Santo*. Vitória, Pedro Antônio de Azeredo, 1856-60. 2v.

_____. *Seleta brasiliense ou notícias, descobertas, observações, fatos e curiosidades em relação aos homens, à história e coisas do Brasil*. Rio de Janeiro, Laemmert, 1868-70. 2v.

VAZ, G. M. Coelho (org). *Vultos catalanos*: Coletânea literária. Uberaba, MG, Zebu, 1959.

VEIGA NETO. *Antologia goiana*. Goiânia, Bolsa de Publicações Hugo C. R., 1944.

OS VENCEDORES: concurso nacional de contos de Paraná. São Paulo, McGraw-Hill, 1978.

VENDE VERSOS. Fortaleza, Centro Médico, 1981.

VENTONOVO. Curitiba, Coop. de escritores, 1976.

VERAS, Murilo Moreira (org). *Coletânea do círculo literário de Brasília*. Brasília, Itiquira, 1981.

VERSO 3. Porto Alegre, Centro Universitário de Cultura, DCE/UFRGS, 1979.

A VIDA É ASSIM: antologia 1. Rio de Janeiro, Mobral, 1979.

VIOLETAS POÉTICAS: álbum de poesias para dias de anos, colecionadas dos melhores poetas brasileiros. Rio de Janeiro, Laemmert, 1936 (?).

VÍTOR, HUGO (org). *Poetas do Ceará*. Sonetos cearenses. Fortaleza, Imprensa Oficial, 1938.

VOCÊ FAZ QUESTÃO DE SABER O QUE ESTÁ ACONTECENDO? OU FAZ COMO TODO MUNDO? São Paulo, Ed. do Escritor, 1971.

WANKE, Eno Teodoro (org). *Trovadores de Santos*. Coletânea. 1ª sér., Rio de Janeiro, Pongetti, 1967.

WOJCIECHOWSKI, Antônio Tadeu et allii. *Sala 17*. Curitiba, 1978.

WORMS, Pedro de Alcântara. *232 poetas paulistas*. Rio de Janeiro, Conquista, 1968.

XAVIER, Francisco Cândido, VIEIRA, Valdo. *Trovadores do além*. Rio de Janeiro, Federação Espírita Brasileira, 1965.

3. CATÁLOGOS

BASTOS, Antônio Cândido Tavares. *Correspondência e catálogo de documentos da coleção da Biblioteca Nacional*. Brasília, Senado Federal, 1977.

BIBLIOTECA BRASILIENSE SELETA. *Catálogo de uma preciosa coleção de livros, gravuras e mapas, referentes ao Brasil... que pertenceu ao conhecido bibliófilo e homem de letras Dr. Alfredo de Carvalho*. Recife, Livraria Econômica, 1916.

BIBLIOTECA NACIONAL (org). *Exposição lançamentos do ano*. Rio de Janeiro, 1961, 1963, 1964. 3v.

BIBLIOTECA NACIONAL (org). *O romance brasileiro*. Catálogo da exposição organizada pela Seção de Exposições e inaugurada em dezembro. 1974. Rio de Janeiro, 1974.

BIBLIOTECA NACIONAL. *Catálogo da exposição comemorativa dos 170 anos de existência da Biblioteca Nacional e 70 anos da sua atual sede*. Rio de Janeiro, Biblioteca Nacional, 1980.

BRANCO, Zelina Castelo, BRANCO, Carlos H. *Raridades biliográficas*. São Paulo, LEART, 1980.

BRASILIANA. Col. Sir Henry Lynch. Catálogo publicado em comemoração do 25º aniversário da Sociedade Brasileira de Cultura Inglesa. Rio [s.ed.], 1959.

CABRAL, Alfredo do Vale. *Anais da Imprensa Nacional do Rio de Janeiro, de 1808 a 1822*. Rio de Janeiro, Tipografia Nacional, 1881.

_____. Anais da imprensa nacional. 1823-31. *Anais da Biblioteca Nacional*. Rio de Janeiro, v. 73. 1954. p. 39-108.

_____. Suplemento aos anais da imprensa nacional. 1808-23. *Anais da Biblioteca Nacional*. Rio de Janeiro, v. 73. 1954. p. 109-15.

CARVALHO, Pérola de. *Catálogo de periódicos da biblioteca*. Rio de Janeiro, Ministério da Justiça, 1965.

_____. *Catálogo de periódicos*. Separata da Revista do Instituto de Estudos Brasileiros. São Paulo, ano 2, n. 2, 1967.

CASA DE RUI BARBOSA (org). *Catálogo da biblioteca de Rui Barbosa*. Rio de Janeiro, 1944-57. v. 1-3.

CATÁLOGO ALFABÉTICO. Biblioteca do Senado Federal da República dos Estados Unidos do Brasil. Rio de Janeiro, Imprensa Nacional, 1898. 344 p. Org. por R. Vila-Lobos, que assina as notas.

CATÁLOGO ANOTADO DA BIBLIOTECA DE SOLIDÔNIO LEITE. 1ª parte. Clássicos do catálogo da academia. Rio, J. Leite & C. [s.d.].

CATÁLOGO BIBLIOGRÁFICO DA COLEÇÃO EURICO FACÓ. Pref. de Américo Facó. Rio, Dois Mundos, 1947.

CÁTÁLOGO BIBLIOGRÁFICO DE GOIÁS. Publ. da Estante do Escritor Goiano. Goiânia. Sesc, 1966.

CATÁLOGO COLETIVO DOS ARQUIVOS BRASILEIROS. Contribuição preliminar de repertório referente à Independência do Brasil. Rio de Janeiro, Arquivo Nacional, 1972.

CATÁLOGO DA BIBLIOTECA DA FACULDADE DE DIREITO DO RECIFE. Recife, A Província, 1896. Org. por Manuel Cícero, que assina a "Advertência".

CATÁLOGO DA BIBLIOTECA DE FRANCISCO RAMOS PAZ. Rio de Janeiro, O Imparcial, 1920.

CATÁLOGO DA BIBLIOTECA DO ARQUIVO PÚBLICO NACIONAL. Rio de Janeiro, Imprensa Nacional, 1901.

CATÁLOGO DA BIBLIOTECA DO EMBAIXADOR ASSIS CHATEAUBRIAND. São Paulo, Falmicão, 1974.

CATÁLOGO DA BIBLIOTECA DO MINISTÉRIO DA VIAÇÃO E OBRAS PÚBLICAS. 2. ed. atualizada. Rio de Janeiro, Serviço de Documentação, 1954.

CATÁLOGO DA BIBLIOTECA DO MINISTÉRIO DO TRABALHO, INDÚSTRIA E COMÉRCIO. Rio de Janeiro, MTIC. Serviço de Documentação, 1951.

CATÁLOGO DA BIBLIOTECA ESTADUAL CELSO KELLY. Rio de Janeiro, Inelivro, 1981.

CATÁLOGO DA BIBLIOTECA MUNICIPAL. Rio de Janeiro, Tipografia Central de Brown & Evaristo, 1878. 815p. Org. por Afonso Herculano de Lima, que assina a "Explicação".

CATÁLOGO DA BIBLIOTECA PAULO MENDES. São Paulo, Departamento de Cultura, 1945.

CATÁLOGO DA EXPOSIÇÃO BIBLIOGRÁFICA DE JORGE DE LIMA (1893-1953). Maceió, Universidade Federal de Alagoas, 1983.

CATÁLOGO DA EXPOSIÇÃO DE HISTÓRIA DO BRASIL. *Anais da Biblioteca Nacional do Rio de Janeiro*. v. IX (1881-82). Rio de Janeiro, 1881. *Suplemenlo ao catálogo da exposição de História do Brasil*. Rio de Janeiro, G. Leuzinger, 1883.

CATÁLOGO DA EXPOSIÇÃO DO LIVRO BRASILEIRO. Semana do livro. Rio de Janeiro, Sindicato Nacional dos Editores de Livros, 1971.

CATÁLOGO DA LITERATURA GOIANA. Goiânia, Oriente, 1971.

CATÁLOGO DA REVISTA BRASILEIRA DE ESTUDOS PEDAGÓGICOS. Rio de Janeiro, Instituto Nacional de Estudos Pedagógicos, 1952.

CATÁLOGO DAS OBRAS EXISTENTES NA BIBLIOTECA DO

GABINETE PORTUGUÊS DE LEITURA EM 1881. Bahia, João G. Tourinho, 1882.

CATÁLOGO DAS OBRAS RARAS E VALIOSAS. Biblioteca Frederico Edelweiss. Salvador, Universidade Federal da Bahia, 1981.

CATÁLOGO DAS PUBLICAÇÕES DO SERVIÇO DE DOCUMENTAÇÃO 1947-65. [s.l.] Departamento de Imprensa Nacional, 1965.

CATÁLOGO DAS TESES DE LIVRE DOCÊNCIA, DOUTORADO E DISSERTAÇÕES DE MESTRADO DA FACULDADE DE LETRAS DA UNIVERSIDADE FEDERAL DO RIO DE JANEIRO. Rio de Janeiro, Seção de Publicações, 1980.

CATÁLOGO DE EXPOSIÇÃO DE LIVROS REALIZADA NO LANÇAMENTO DA COLEÇÃO CASA DA MADRINHA. Rio de Janeiro, Faculdade de Letras da Universidade Federal do Rio de Janeiro, 1981.

CATÁLOGO DE INCUNÁBULOS DA BIBLIOTECA NACIONAL DO RIO DE JANEIRO. Rio de Janeiro, Ministério da Educação e Cultura, 1956.

CATÁLOGO DE JORNAIS BRASILEIROS: 1808-1889. Rio de Janeiro, Arquivo Nacional, 1979.

CATÁLOGO DE JORNAIS E REVISTAS DO RIO DE JANEIRO (1808-89) EXISTENTES NA BIBLIOTECA NACIONAL. *Anais da Bblioteca Nacional*. Rio de Janeiro, v. 85. 1965.

CATÁLOGO DE OBRAS FILOSÓFICAS. Salvador, Centro de Documento Pensamento Brasileiro, 198 3.

CATÁLOGO DE OBRAS RARAS. Rio de Janeiro, Arquivo Nacional, 1972.

CATÁLOGO DOS LIVROS DA BIBLIOTECA DO INSTITUTO HISTÓRICO E GEOGRÁFICO E ETNOGRÁFICO BRASILEIRO. Rio de Janeiro, Tipografia de Domingos L. dos Santos, 1860.

CATÁLOGO DOS LIVROS DA BIBLIOTECA FLUMINENSE. Rio de Janeiro, Tipografia Comercial de Soares, 1852.

CATÁLOGO DOS LIVROS DESTINADOS AO INSTITUTO DE ESTUDOS PORTUGUESES DA BAHIA. Lisboa, Instituto de Alta Cultura, 1957.

CATÁLOGO GERAL DA BIBLIOTECA DO GABINETE PORTUGUÊS DE LEITURA EM PERNAMBUCO. Porto, Imprensa Portuguesa, 1882. Org. por Feliciano de Azevedo Gomes, que assina a introdução, e A. de Sousa Pinto.

CATÁLOGO GERAL DAS GALERIAS DE PINTURA E DE ESCULTURA. Rio de Janeiro, O Norte, [s.d.].

CATÁLOGO METÓDICO DOS LIVROS EXISTENTES NA BIBLIOTECA DA MARINHA ORGANIZADO SEGUNDO O SISTEMA DE MR. BRUNET. Rio de Janeiro, Tipografia de Francisco de Paula Brito, 1858. Org. por Sabino Elói Pessoa.

CATÁLOGO METÓDICO DOS LIVROS EXISTENTES NA BIBLIOTECA DA MARINHA ORGANIZADO SEGUNDO O SISTEMA DE MR. BRUNET. Rio de Janeiro, Tipografia Esperança, 1879. Org. por Luís Felipe Saldanha da Gama.

CATÁLOGO SUPLEMENTAR DOS LIVROS DO GABINETE PORTUGUÊS DE LEITURA NO RIO DE JANEIRO. Rio de Janeiro, Tipografia Perseverança, 1868. Org. por Manuel de Melo.

COELHO, Aníbal Rodrigues. "Catálogo e índice da coleção Documentos Brasileiros". Separata da *Revista do Livro*. [s.n.t.].

DIAS, Antônio Caetano. *Catálogo das obras raras ou valiosas da Biblioteca da Escola*

Nacional de Belas-Artes. Rio de Janeiro, Imprensa Nacional, 1945.

DIAS, J. S. da Silva. *O primeiro rol de livros proibidos*. Coimbra, Faculdade de Letras da Universidade de Coimbra, 1963.

DOCUMENTAÇÃO PARANAENSE 1. *Catálogo bibliográfico*. Curitiba, Secretaria de Estado da Cultura e do Esporte, 1980.

EXPOSIÇÃO COMEMORATIVA DO CENTENÁRIO DE NASCIMENTO DE MANUEL CÍCERO PEREGRINO DA SILVA (1866-1966). Rio de Janeiro, Biblioteca Nacional, 1966.

EXPOSIÇÃO LANÇAMENTOS DO ANO 1962. Rio de Janeiro, Biblioteca Nacional, 1962.

FACULDADE DE FILOSOFIA, CIÊNCIAS E LETRAS DA UNIVERSIDADE DO ESTADO DA GUANABARA (org.). *I simpósio de língua e literatura portuguesa* (10 a 25 janeiro 1967). Rio de Janeiro, Gernasa, 1967.

FREIXEIRO, Fábio. *Documentação literária e paraliterária do Museu Histórico Nacional*. Rio de Janeiro, Museu Histórico Nacional/Ministério da Educação e Cultura, 1974.

GALVÃO, Benjamim Franklin Ramiz. *Catálogo do Gabinete Português de Leitura no Rio de Janeiro*. Rio de Janeiro, Jornal do Commercio, 1907. 2 v.

ÍNDICES: Almanaque Garnier, 1903-14; *Gazeta Literária*, 1883-84; direção e apresentação de José Honório Rodrigues. Brasília, Universidade de Brasília, 1981.

INSTITUTO NACIONAL DO LIVRO (org.). *Exposição do. livro brasileiro: Madri, 1968*. Rio de Janeiro, 1968.

JABOATÃO, Antônio S. Maria. *Catálogo genealógico*; das principais famílias... [s.l.] Livr. J. Leite [s.d.]

MATOS, Cleofe Person de. *Catálogo temático das obras do Padre José Maurício Nunes Garcia*. Rio de Janeiro, Ministério da Educação e Cultura, 1970.

MATOS, Joaquim Alves da Costa. *Catálogo da biblioteca do exército brasileiro*. Rio de Janeiro, Imprensa Nacional, 1885.

MENSÁRIO DO ARQUIVO NACIONAL. Ano 2, nº 3, 1971. Rio de Janeiro, Arquivo Nacional.

MÚSICA NO RIO DE JANEIRO IMPERIAL: 1822-70. Exposição comemorativa do 1º decênio da seção de música e arquivo sonoro. Rio de Janeiro, Biblioteca Nacional, [s.d.]

OBRAS RARAS NA BIBLIOTECA DO MINISTÉRIO DA JUSTIÇA. Brasília, 1981.

ORGANIZAÇÕES E PROGRAMAS MINISTERIAIS. Regime parlamentar no Império. 3. ed. Brasília, Instituto Nacional do Livro, 1979.

PLACER, Xavier. FIGUEIRA, Nelie. *Publicações da Biblioteca Nacional*. Catálogo 1873-1974. Rio de Janeiro, Biblioteca Nacional, 1975.

PORTO, João Augusto dos Santos. *Catálogo da Biblioteca da Marinha*. Rio de Janeiro, Imprensa Nacional, 1904. 2v.

PROGRAMA DE HISTÓRIA ORAL. *Catálogo de depoimentos*. Rio de Janeiro, Fundação Getulio Vargas, 1981.

3 SÉCULOS DO RIO DE JANEIRO. Exposição comemorativa IV centenário da fundação da Cidade do Rio de Janeiro 1565-1965. Rio de Janeiro, Ministério da Educação e Cultura, 1965.

SANT'ANA, Eurídice Pires de. *Catálogo coletivo regional de periódicos da Bahia*. Salvador, Universidade Federal da Bahia, 1969.

SOUSA, Deraldo Inácio de. *Bibliotecas da Bahia — 1952*. Salvador, Centro de Estudos Baianos, 1960.

TOURINHO, Otávio de Campos. *Arquivo brasileiro de ex-libris*. Rio de Janeiro, [s.ed.] 1950.

VALE, Maria Cecília Malta. *Catálogo de teses de livre docência, doutorado e dissertações de mestrado da Faculdade* de Letras da Universidade Federal do Rio de Janeiro. Rio de Janeiro, Serviço de Documentação — Faculdade de Letras/Universidade Federal do Rio de Janeiro, 1980.

4. CONGRESSOS, ANAIS, ATAS

ANAIS DA IMPRENSA PERIÓDICA BRASILEIRA. *Revista do Instituto Histórico e Geográfico Brasileiro*. Tomo consagrado à exposição comemorativa do I centenário da imprensa periódica do Brasil, Rio de Janeiro, Imprensa Nacional, 1908. v. 1, parte 2.

BIBLIOTECA NACIONAL. *Anais*. Rio de Janeiro, 1980. 100v.

CENÁCULO BRASILEIRO DE LETRAS E ARTES. *Anais*. Rio de Janeiro, 1974.

COLÓQUIO INTERNACIONAL DE ESTUDOS LUSOS-BRASILEIROS. *Atas*. Washington, Vanderbilt University, 1 1950.

COLOQUIO INTERNACIONAL DE ESTUDOS LUSO-BRASILEIROS, 4. Salvador, agosto 1959. Salvador, Univesidade Federal da Bahia/UNESCO, 1959.

____. Programa geral. Haward, Columbia, 1966.

COLÓQUIO INTERNACIONAL DE ESTUDOS LUSO-BRASILEIROS, 5, Coimbra, 1963. *Anais*. Coimbra, 1966. 3v.

CONGRESSO BRASILEIRO DE CRÍTICA E HISTÓRIA LITERÁRIA, 1, Recife, 7/14 de agosto de 1960. Rio de Janeiro, Ministério da Educação e Cultura/Biblioteca Nacional, 1961.

CONGRESSO BRASILEIRO DE CRÍTICA E HISTÓRIA LITERÁRIA, 2, Assis, 24/30 de julho de 1961. *Anais*. São Paulo, Faculdade de Filosofia, Ciências e Letras de Assis, 1963.

CONGRESSO BRASILEIRO DE CRÍTICA LITERÁRIA, 4. *Atas. Momentos de crítica literária*. Campina Grande, Paraíba, 1977.

CONGRESSO BRASILEIRO DE ESCRITORES (ABDE), 1, São Paulo, 22/27 de julho de 1945.

CONGRESSO BRASILEIRO DE LÍNGUA E LITERATURA, 2. Rio de Janeiro, 6/17 julho 1970. Rio de Janeiro, Gervasa, 1971.

____. 3. Rio de Janeiro, 17/21 de julho de 1971. Rio de Janeiro, Gervasa, 1972.

CONGRESSO BRASILEIRO DE LÍNGUA E LITERATURA, 5. Rio de Janeiro, 16/20 de julho de 1973. Rio de Janeiro, Gervasa, 1974.

____. 6, Rio de Janeiro, julho de 1974. Rio de Janeiro, Gervasa, 1975.

____. 7, Rio de Janeiro, 14/18 de julho de 1975. Rio de Janeiro, Gervasa, 1975.

____. 8, Rio de Janeiro, 19/23 julho 1976. Rio de Janeiro, Gervasa, 1977.

____. 9, Rio de Janeiro, 18/22 de julho de 1977. Rio de Janeiro, Gervasa, 1978.

CONGRESSO BRASILEIRO DE LÍNGUA FALADA NO TEATRO, 1, Salvador, 5/12 de setembro de 1956. *Anais*. Rio de Janeiro, Ministério da Educação e Cultura/Biblioteca Nacional, e Universidade da Bahia, 1958.

CONGRESSO BRASILEIRO DE LÍNGUA VERNÁCULA. *Anais*. Rio de Janeiro, Casa de Rui Barbosa, 1949-59, 3v.

CONGRESSO BRASILEIRO DO TEATRO, 1, Rio de Janeiro, Associação Brasileira de Críticos Teatrais, 1951.

CONGRESSO BRASILEIRO DO TEATRO, 2. *Anais*. São Paulo, Associação Brasileira de Críticos Teatrais, 1953.

CONGRESSO CEARENSE DE ESCRITORES, 1. *Anais*. Afirmação. Fortaleza, Associação Brasileira de Escritores, Clã, 1947.

CONGRESSO DAS ACADEMIAS DE LETRAS DO BRASIL, 2, Rio de Janeiro, 21 de junho/5 de julho. *Anais*. Rio de Janeiro, Borsoi, 1939. 506p.

CONGRESSO DAS ACADEMIAS DE LETRAS E SOCIEDADES DE CULTURA LITERÁRIA DO BRASIL. *Anais*. 3/16 de maio de 1936. Rio de Janeiro, A Noite, 1936.

CONGRESSO DE CRÍTICA E HISTÓRIA LITERÁRIA, 1, Recife, 7/14 de agosto de 1960. *Anais*. Rio de Janeiro, Tempo Brasileiro, 1964.

CONGRESSO DE HISTÓRIA NACIONAL, 1. *Revista do Instituto Histórico e Geográfico Brasileiro*. Rio de Janeiro, 1917. parte 5. Número especial.

CONGRESSO DE LÍNGUA E LITERATURA, 1, Rio de Janeiro, 3/17 de julho de 1969. Rio de Janeiro, Gervasa, 1970.

____, 4, Rio de Janeiro, 17/21 de julho de 1972. Rio de Janeiro, Gervasa, 1973.

CONGRESSO ESTADUAL DO LIVRO, 2. Rio de Janeiro, 1982. 2v.

CONGRESSO INTERNACIONAL DE ESCRITORES INTELECTUAIS. São Paulo, Sociedade Paulista de Escritores, 1957.

CONGRESSO INTERNACIONAL DE LITERATURA IBERO-AMERICANA, 18. *Anais*. Rio de Janeiro, 1978.

CONGRESSO NACIONAL DE CIÊNCIAS E LETRAS SOCIAIS, 1, 27 de julho/2 de agosto de 1950. Rio de Janeiro, SWAM, 1977.

CONGRESSO NACIONAL DE ESTUDOS DE LÍNGUA E LITERATURA, 5. Rio de Janeiro, SWAM.

CONGRESSO NACIONAL DE ESTUDOS DE LINGUÍSTICA E LITERATURA, l, 5/12 de janeiro de 1976. Rio de Janeiro, SWAM, 1977.

____. 4, 7/13 de janeiro de 1979. Rio de Janeiro, SWAM, 1979.

CONGRESSO SUL-RIO-GRANDENSE. DE HISTÓRIA E GEOGRAFIA, 3. *Anais*. Porto Alegre, Prefeitura Municipal de Porto Alegre, Globo, 1940. 4v.

ENCONTRO DE PROFESSORES UNIVERSITÁRIOS DE LITERATURA INFANTIL E JUVENIL, 1. *Anais*. Rio de Janeiro, Fundação Nacional do Livro Infantil e Juvenil, 1980.

ENCONTRO DE REITORES DAS UNIVERSIDADES DO NORDESTE, 2. *Anais*. Fortaleza, Universidade Federal do Ceará, 1982.

ENCONTRO EM CADERNOS BRASILEIROS, 1, 2/3 de outubro de 1964. Rio de Janeiro, Cadernos Brasileiros, 1964.

ENCONTRO INTERNACIONAL DE ESTUDOS BRASILEIROS. *Anais*. São Paulo, Instituto de Estudos Brasileiros (EUB), 1972. 3v.

IMPRENSA DA BAHIA. *Anais*. Org. por João N. Torres e Alfredo de Carvalho. Salvador, Tip. Baiana, 1911.

INTERNACIONAL COLLOQUIUM ON LUSO-BRAZILIAN STUDIES, 4. *Europe Informed*, Cambridge, Mass., USA, 1966.

SIMPÓSIO BRASILEIRO DE LÍNGUA E LITERATURA, 1, 3/17 de julho de 1969. Rio de Janeiro, Gervasa, 1970.

5. DICIONÁRIOS — 1938/1967

ABREU, Durval Ferreira de & SÁ, Oto Garcindo de — *Dicionário do imposto de consumo*: classificação dos produtos tributados e isentos. 2. ed. Rio de Janeiro, Fundação Getulio Vargas, 1966.

AGRÍCOLA, Derthys — *Dicionário de sinônimos dos adjuntos*. Obra de consulta e estudos, contendo ampla coleção de termos de anatomia, astronomia, geologia, botânica, gramática, música, liturgia, química, religião, mitologia, zoologia, geografia, gíria etc... Pref. de Sylvio Alves. Rio de Janeiro, Tupã, 1956.

ALBUQUERQUE, Arcy Tenório d'. 1899 — *Dicionário de citações*: pensamentos, frases, máximas, aforismos, reflexões, imagens, paradoxos, epigramas, provérbios, sentenças etc., extraídos da obra dos maiores escritores universais; 16000 citações coligidas. Rio de Janeiro, Conquista, 1957/1960. 8v.

____. *Dicionário de linguagem*; como falar e escrever corretamente a língua portuguesa... [1.]. 2 ed., Rio de Janeiro, Conquista, 1953/1955.

ALIANDRO, Hígino — *Dicionário de bolso das línguas portuguesa e inglesa*: tomo 1º: inglês-português; Pocket dictionary of the Portuguese and English language. São Paulo, Dicionários Aliandro, 1962.

ALMEIDA, Napoleão Mendes de, 1911 — *Dicionário de erros, correções e ensinamentos da língua portuguesa*. São Paulo, Saraiva, 1955.

ALTMANN, Martin R. (org.) — *Dicionário técnico contábil inglês-português, português-inglês*: Accouting dictionary English-Portuguese, Portuguese-English. São Paulo, Atlas, 1966.

ALVES, Afonso Teles (org.) — *Dicionário moderno da língua portuguesa*. São Paulo, Úteis, 1956/1958.

AMENDOLA, João — *Dicionário italiano-português*. Pref. do prof. Mário Moretti. São Paulo, Fulgor, 1961.

ARAÚJO, Avelino — *Technical dictionary English-Portuguese and Portuguese English*. Dicionário técnico português-inglês e inglês-português. Rio de Janeiro, Freitas Bastos, 1964.

ARAÚJO, J.A. dos Santos — *Pequeno dicionário de regras práticas de português*. Rio, Gráfica Record. [s.d. 1962].

ARCHERO JÚNIOR. Aquiles & CONTE, Alberto — *Dicionário de sociologia*. São Paulo, Brasil, 1939.

ASDRATI, Herdoni — *Dicionário do amor e de assuntos e temas correlatos*. [1.] - 3 ed. São Paulo, Rede Latina. [s.d. 1954/1956].

ASSIS, Francisco Eugênio de. 1892 — *Dicionário geográfico-histórico do Estado do Espírito Santo*. Pref. de Eurípedes Queiroz do Vale. Vitória, Ed. Autor, 1941.

AUCLAIR, Marcelle, 1899 — *Dicionário da beleza feminina*; O abc da beleza. [La beauté de A a Z]. Trad. de E. Ribeiro. Desenhos de Bernard. São Paulo, Martins, 1951.

AULETE, Francisco Júlio Caldas, 1879 — *Dicionário contemporâneo da língua portuguesa*. Ed. brasileira atual, rev. aum... por Hamilcar Garcia, com um estudo sobre a origem e evolução da língua portuguesa... por Antenor Nascentes. [2.-5. ed.] Rio de Janeiro. Delta, 1958/1964, 5v.

AUMÜLLER, Adalberto, 1899 — *Novo dicionário técnico e químico inglês-português*. [New English-Portuguese technical and chemical dictionary] [1.] - 5. ed., Rio de Janeiro, Kosmos, 1946/1948.

____. *New English-Portuguese technical dictionary*. 1. ed. Rio de Janeiro, Kosmos, 1946.

____. *Novo dicionário técnico inglês-português*. [New English-Portuguese technical dictionary] 3. ed. Rio de Janeiro, Kosmos, 1945.

____. *Novo dicionário técnico e das ciências afins alemão-português*. Rio de Janeiro, Kosmos. 1939.

____. *Novo dicionário técnico e químico alemão-português*. [Neues technisch chemisches Wörterbuch deutsch-portuguesisch] 3. ed. Rio de Janeiro, Kosmos, 1958.

AZEVEDO. Fernando de, 1894 — *Pequeno dicionário latino-português*. [1.] - 7. ed. São Paulo. Cia. Ed. Nacional, 1944-1957.

AZEVEDO, Francisco Ferreira dos Santos, 1875-1942 — *Dicionário analógico da língua portuguesa* (ideias afins). São Paulo, Cia. Ed. Nacional, 1950,

BAHLIS, Jorge — *Dicionário de contabilidade*. Porto Alegre [s. ed.] 1950.

BALDUS, Herbert & WILLEMS, Emílio — *Dicionário de etnologia e sociologia*. São Paulo, Cia. Ed. Nacional, 1939.

BASILE, Ragy — *Dicionário etimológico dos vocábulos portugueses derivados *do árabe*; parte portuguesa rev. por Hermano Requião. Rio de Janeiro, [s. ed.] 1942.

BASSECHES, Bruno, 1927 — *Dicionários e enciclopédias de química*. Rio de Janeiro, [s. ed.] 1951.

BECKER, Idel, 1910 — *Dicionário espanhol-português*. São Paulo, Pauliceia, 1943.

____. *Dicionário espanhol-português;* com vocabulário português-espanhol. 3. ed. São Paulo. Brasil, [s.d. 1961].

____. *Dicionário popular espanhol-português*. São Paulo, Cia. Ed. Nacional, 1951.

____. *Pequeno dicionário espanhol-português*. São Paulo, Cia. Ed. Nacional, 1945.

BENN, A. E. — *Dicionário de administração*; padronização de definições e conceitos da terminologia no campo da administração de pessoal. [The management dictionary.] Trad. de Neil R. da Silva. Belo Horizonte, Itatiaia, 1964.

BERGO, Vittorio — *Pequeno dicionário brasileiro da gramática portuguesa* (segundo a nova nomenclatura gramatical brasileira). Rio de Janeiro, Civilização Brasileira, 1960.

BIERGE, Ambrose Gwinett, 1842?-1914 — *O dicionário do diabo*. [The devil's dictionary] Trad. de Marina Guaspari. São Paulo, Prometeu, 1959.

BINNS, Harold Howard — *Dicionário inglês-português*. 4.-9. ed. — São Paulo, A Bolsa do Livro, 1943, Cia. Ed. Nacional, 1949 [1954/1958]

BITTENCOURT, Mário — *Dicionário onomástico de medicina e farmácia*. 1 vol. Rio de Janeiro, J. do Vale, 1939. — 2. vol. (1. fascículo) Ateneu, 1943.

BÖLTING, Rudolf, 1905 — *Dicionário grego-português*. Rio de Janeiro, Instituto Nacional do Livro, 1941. fac-símile da edição de 1941 [1953].

____. *Dicionário alemão-português e português-alemão*. Rio de Janeiro, Franz Timon, 1941.

BOMFIM, Benedito Calheiros, 1915 — *Dicionário de decisões trabalhistas*. Rio de Janeiro. Revista do Trabalho, 1950. Contendo toda jurisprudência do Supremo Tribunal Federal, do Tribunal Superior do Trabalho e do Tribunal Regional (1ª Região) relativa ao segundo trimestre de 1951 e do ano de 1952. Rio de Janeiro, Vitória, 1953.

____. Contendo jurisprudência do Supremo Tribunal Federal, do Tribunal Superior do Trabalho e do Tribunal Regional (1ª Região) relativa aos anos de 1953 e 1954. Rio de Janeiro, Ementário Trabalhista, 1955.

____. Contendo jurisprudência do Supremo Tribunal Federal, do Tribunal Superior do Trabalho e do Tribunal Regional(1ª Região) relativa aos anos de 1955/56. Rio, Ementário Trabalhista, 1957.

____. Contendo jurisprudência do Supremo Tribunal Federal, do Tribunal Superior do Trabalho e dos Tribunais Regionais das 1ª e 2ª Regiões, relativa a 1957 e 1958. Rio de Janeiro, José Konfino, 1959.

____. Jurisprudência do Tribunal Superior do Trabalho e dos Tribunais Regionais, dos anos de 1959 a 1960. Rio de Janeiro, Ed. Trabalhista, 1961.

____. Acórdãos do Tribunal Superior do Trabalho e Tribunais regionais das 1ª, 2ª, 3ª e 8ª Regiões, relativas a 1961, 1962 e 1963. [8. ed. aum.] Rio de Janeiro, Ed. Trabalhista, 1965.

BONORINO, Laurentino Lopes — *Dicionario dissilábico inverso*; contendo 48153 vocábulos e locuções dos principais léxicos usados em charadas e palavras cruzadas. São Paulo, Saraiva, 1952.

BRAGA. Ismael Gomes. 1891 — *Dicionário esperanto-português*. 1. ed. Rio de Janeiro, Federação Espírita, 1956.

____. *Dicionário português-esperanto*. Rio de Janeiro, Cooperativa Cultural dos Esperantistas, 1954.

BRASIL, LEIS, DECRETOS, etc. — *Dicionário do regulamento do imposto de renda de 1966*; decreto nº 58400 de 10 de maio de 1966. Rio de Janeiro, Ed. Financeiras, 1966.

BRIGHT, S. — *Dicionário inglês-português.* Rio de Janeiro, Spiker, 1959.

____. *Dicionário português-inglês.* Rio de Janeiro, Spiker, 1959.

BRINCHES, Victor — *Dicionário bibliográfico luso-brasileiro.* Rio de Janeiro, Fundo de Cultura, 1965.

BRIQUET JÚNIOR, Raul, 1918 — *Pequeno dicionário inglês-português de anatomia, zoognósia, fisiologia, zootecnia e tecnologia dos produtos animais.* Rio de Janeiro, Serviço de Informação Agrícola, 1952.

BUCKLAND, A. R. & WILLIAMS, Lukyn — *Dicionário bíblico universal,* pelo Rev. A. R. Buckland, M. A. com o auxílio do Rev. dr. Lukyn Williams. Trad. por Joaquim dos Santos Figueiredo. 2. ed. Rio de Janeiro. Livros Evangélicos, [s.d.] 1960.

BUENO, Francisco da Silveira, 1898 - (org.). — *Dicionário escolar da língua portuguesa.* Com a colaboração técnica de Dinorá da Silveira, Campos Pecoraro, Felipe Jorge, Giglio Pecoraro, Geraldo Pressane. Rio de Janeiro, Departamento Nacional de Educação, 1955.

____. *Grande dicionário etimológico prosódico da língua portuguesa*; vocábulos, expressões da língua geral e científica — sinônimos, contribuições do tupi-guarani, 1./6. vol. A-P. S. Paulo, Saraiva, 1963/1966.

BURTIN-VINHOLES, Suzanne — *Dicionano francês-português, português francês*; redigido por M. J. Nonnenberg e L. Curtenaz. 3.-23. Porto, Globo, 1941/1967.

BUZZONI, Henrique Antônio, 1916 — *Dicionário de termos técnicos inglês--português*; nomenclatura e abreviação dos termos e frases usadas em eletricidade, construção civil, siderurgia, aeronáutica, arquitetura... e um glossário de termos técnicos usados em oficinas. São Paulo, Lep, 1947.

BUZZONI, Henrique Antônio, 1916 & LAGO, Sousa — *Dicionário de termos técnicos inglês-português,* 3. 5. ed. São Paulo, Lep, 1954/1964.

CABRAL, Teodoro, 1891-1955 — *Dicionário comercial espanhol-português e português-espanhol.* Rio de Janeiro. Gertum Carneiro, 1947.

CÂMARA JÚNIOR, Joaquim Matoso, 1904 — *Dicionário de fatos gramaticiais.* [Pref. de Thiers Martins Moreira] Rio de Janeiro, Casa de Rui Barbosa, 1956.

____. *Dicionário de filosofia e gramática referente à língua portuguesa.* 2. ed. ref. Rio de Janeiro, J. Ozon, 1964.

CAMARGO, Paulo de — *Dicionário de bolso*; de acordo com a nova ortografia nacional. São Paulo, Brasileira, 1938.

CÂMERA, Angelina C. — *Dicionário da língua portuguesa.* 9.-12. ed. São Paulo, 1956/1958.

CAMINHA, Herik Marques & MELO, José Geraldo da Costa Cardoso de (org.) — *Dicionário marítimo brasileiro.* 1. ed. Rio de Janeiro, Clube Naval Seção Científica, 1961.

CAMPOS, Alexandre & SILVA, Da Costa e — *Dicionário de curiosidades do Rio de Janeiro.* [Pref. de Eneida] São Paulo, Comércio e Importação de Livros, [s.d./1965).

CAMPOS, Aristides José de — *Dicionário de matemática.* S. Paulo, Cruzeiro do Sul, 1938.

CAMPOS, Geir, 1924 — *Pequeno dicionário de arte poética*; 618 verbetes e remissões com farta exemplificação e resenha bibliográfica. Rio de Janeiro, Conquista, 1960.

CAMPOS JÚNIOR, José Luís, 1895 — *Dicionano inglês-português ilustrado*; English-Portuguese ilustrated dictionary [1.]. 2. ed. São Paulo, Lep, 1951/1954.

____. *Dicionário português-inglês.* 9. ed. São Paulo, Lep, 1956.

____. *Dicionário de verbos ingleses.* São Paulo, Lep [1.] -4. ed. 1950/1953.

CANAZIO, Aldo — *Dicionário de masculinos e femininos da língua portuguesa* (com um suplemento). Rio de Janeiro, Freitas Bastos, 1960.

CARDOSO, Edith — *Dicionário francês português*. 10. ed. São Paulo, Lep, 1959.

CARDOSO, Sílvio Tulio — *Dicionário biográfico de música popular*. Rio de Janeiro, Ouvidor, 1965.

CARNEIRO, Erimá, 1905 — *Dicionário do imposto de renda* (contendo o texto integral da lei nº 154 e do regulamento do imposto de renda). Rio de Janeiro, Aurora, 1951.

— Contendo o texto integral da lei nº 2.862 e do regulamento do imposto de renda de 1956. Rio de Janeiro, Revista das Sociedades Anônimas, 1957.

CARO, Herbert et alii — *Dicionário escolar português-latino*. [1.] 5. ed., 1. ed. 6. impr. Porto Alegre, Globo, 1944/1958.

CARVALHO, J. — *Dicionário da língua portuguesa*; rev. e ampl. por Vicente Peixoto: [1.] -16. ed. São Paulo, Lep, 1947/1964.

____. *Dicionário português-francês*. São Paulo. [1.] -5. ed. Lep, 1946/1954.

CARVALHO, J. & PEIXOTO, Vicente — *Dicionário da língua portuguesa*; rev. e ampl. por F.J. da Silva Ramos, prof. Otavio Augusto Pereira de Queirós, Edith Cardoso e Ubiratan Rosa. Il. por Jean Cario e Rubens Azevedo. 16. ed. inteiramente rev. São Paulo, Lep, 1964.

CARVALHO, José Mesquita de, 1901 — *Dicionário prático da língua nacional* [1.]-5. ed. Porto Alegre, Globo, 1946/1955.

CARVALHO, M. Cavalcanti de — *Dicionário de direito do trabalho, medicina do trabalho, direito sindical e previdência social*; repertório enciclopédico contendo a legislação, a doutrina e a jurisprudência, de cada assunto, em ordem alfabética. Rio de Janeiro, Borsoi, 1959.

CASCUDO, Luís da Câmara, 1899 — *Dicionário do folclore brasileiro* [1.] 2. ed. [Pref. de Antônio Balbino] Rio de Janeiro, Instituto Nacional do Livro, 1954/1962.

CASTELO BRANCO, Eurico — *Dicionário de jurisprudência do Tribunal e Segurança nacional*. Pref. de Raul Machado. São Paulo, Universal, 1943.

CASTRO, Almerindo Martins de — *Dicionário de rimas*; precedido do estudo "A arte do poeta", por Murilo Araújo. Rio de Janeiro, Zélio Valverde, 1944.

CASTRO, Antônio M. de & SIMÕES, S. J. — *O dicionário do amanuense*; de acordo com o Decreto-Lei nº 292, de 23 de fevereiro de 1939. Recife, Colombo, 1939.

CASTRO, Rómulo de — *Pequeno dicionário de nomes de pessoas*; indicando a origem e a significação de 1.200 prenomes usados no Brasil. 2. ed. Rio de Janeiro, 1941.

CAVALCANTE, José Cândido Marques — *Dicionário inglês-português para economistas*. Rio de Janeiro, Freitas Bastos, 1960.

CHOMPRÉ — *Dicionário da fábula*. Rio de Janeiro, Briguiet, 1938.

CLAIRVILLE, Alexandre Lichtendorff, 1882 — *Dicionário poliglota de termos médicos*. Versão brasileira. Trad. pelo Dr. Bernardo Radunski. Pref. do prof. Luiz Capriglione — (e versión española por Dr. Edwin Velez [Luna] e prof. Antonio Galvan... Pref. del prof. G. Marañon...) Paris. Sipuco [e] Rio de Janeiro, Freitas Bastos, 1952/1953.

COELHO, Paulo Japiasssu — *Dicionário monossilábico enciclopédico*, com um índice analógico. [1.] -3.ed. Juiz de Fora. Cia. Dias Cardoso, 1944/1956.

COLLINS, D. E. & BACELLAR, C. — *Dicionário de gíria americana*. 1. ed. São Paulo, Pioneira, 1959.

COOKE, Nelson M. & MARKUS, John — *Dicionário de rádio, televisão e eletrônica*. [Electronics dictionary] Trad. de Carlos Auto de Andrade e José Gurjão Neto. Porto Alegre, Globo, 1966.

CORRÊA, Roberto Alvim, 1901 (org.) — *Dicionário francês-português,*

português-francês; com a colaboração de Bela Jozef e outros. Rio de Janeiro, Departamento Nacional de Educação, 1958.

CORREIA, Manuel Pio, 1874-1934 — *Dicionário das plantas úteis do Brasil e das exóticas cultivadas*. Vol. III (F-G), com a colaboração de Leonam de Azeredo Pena. [Pref. de José Irineu Cabral] Rio de Janeiro, Serviço de Informação Agricola, [s.d.], 1954.

COSME, Luís, 1908-1964 — *Dicionário musical*. Rio de Janeiro, Instituto Nacional do Livro, 1957.

COSTA, Agenor — *Dicionário de sinônimos e locuções da língua portuguesa*. Rio de Janeiro, Departamento de Imprensa Nacional, 1950. 2. ed. [s.d.] 1959, 2 v. Suplemento contendo 19.632 termos com novos verbetes. Rio de Janeiro, Jornal do Commercio, 1952.

COSTA, Altino — *Dicionário de coletivos e correlatos* — Rio de Janeiro, Tupã, [s.d. 1960].

____. Ed. melh. e aum. por Leonam de Azeredo Pena. Spiker, [s.d. 1963].

COSTA, Geraldo de Andrade — *Dicionário de isenções e incidências do imposto de consumo*; contendo em ordem alfabética todos os produtos isentos e tributados constantes do Decreto nº 45422, de 12-2-1959. S. Paulo, Revista dos Tribunais.

COUTO, H. — *Pequeno dicionário de inglês básico*. Rio Grande, A Casa do Livro, 1940.

CRETELLA JÚNIOR, José, 1920 — *Dicionário de direito do trabalho* (história-teoria-legislação). Rio de Janeiro, Freitas Bastos, 1951.

CRETELLA JÚNIOR, José, 1920 & CINTRA, Geraldo de Ulhoa, 1913 — *Dicionário latino-português*. Obra destinada a todas as classes de latim. 7. ed. São Paulo, Anchieta, Cia. Ed. Nacional, 1944/1956.

DANTAS, Arnaldo da Costa — *Dicionário enciclopédico inverso da língua portuguesa*; 2 letras, Natal [s. ed.].

— 3 letras, 1957/1959.

DAVIS, John D. — *Dicionário da bíblia*. Trad. do Rev. J. R. Carvalho Braga. 2. ed. Rio de Janei ro, Casa Publ. Batista, 1960.

DELPHY, Luís Leony — *Dicionário português -inglês*. 7-10. ed. São Paulo, Lep, 1956/1958.

D'ERCEVILLE, Simmone-Marie. — *Dicionário das mulheres*. [Dictionaire des femmes]. Trad. de Hédon Casanova. [Il. de Tom Keogh] São Paulo, Grijalbo, 1965.

DIAS, Gonçalves, 1823-1864 — *Dicionário da língua tupi, chamada língua geral dos indígenas do Brasil* (tupi-português) Rio de Janeiro, S. José, 1955.

____. *Dicionário agrícola*; Vol. 1. Revisto por Carlos Souza Duarte. Rio de Janeiro, Primor, 1938.

____. *Dicionário da língua portuguesa*. 31.-33 ed. atual. e de acordo com o pequeno vocabulário ortográfico da língua portuguesa, org. pela Academia Brasileira de Letras e com a Nomenclatura gramatical brasileira. Rio de Janeiro, Francisco Alves, 1958/1965.

____. *Dicionário de ciências ocultas*. 8. ed. São Paulo, O Pensamento, 1946/1963.

____. *Dicionário de doutrina espírita* por ADGMT. 1. ed., Rio de Janeiro, Grupo Espírita Regeneração, [s.d. 1964].

____. *Dicionário de Sociologia Globo* [Org. pela seção especializada do Departamento de Educação da Editora Globo, com uma introdução do prof. Fernando de Azevedo e um trabalho do prof. Alberto Povina] Porto Alegre, Globo [1.], 1. ed. 2. impr., 1961/1963.

____. *Dicionário russo-português*. Rio de Janeiro. E. Lorier, 1949.

DINIZ, Olney P. — *Dicionário de sinônimos químico-farmacêutico*. Rio de Janeiro, O Livro Médico, 1945.

DINOTOS, Sábado — *Dicionário hebraico-português*. São Paulo, H. Koersen, Imp. Metodista, 1962.

DUTRA, Erlon — *Diconário de umbanda e outros assuntos*. São Paulo, Bentivegna, 1957.

EDWARDS, Reginald Hurley, 1902 — *Dicionário de verbos ingleses*. Rio de Janeiro, Para Todos, 1943, Gertum Carneiro, 1950, Edições de Ouro, 1956.

ELIA, Sílvio, 1913 *et alii* — *Dicionário gramatical* português, Sílvio Edmundo Elia; francês, Paulo Rónai; inglês, J. de Matos Ibiapina; espanhol, David José Perez; italiano, G. D. Leoni; latino, Paulo Rónai; grego, Felisberto Carneiro; expõe a matéria gramatical em verbetes com as necessárias definições. — [1.] -3. ed. 1. impr. Porto Alegre, Globo, 1953-1962.

ESPÍRITO SANTO, Vitor do, 1902 & BOMFIM, Benedito Calheiros, 1915 — *Dicionário de decisões trabalhistas*. Rio de Janeiro, Bibl. do Bureau de Informações Jurídicas, 1944, Nacional de Direito, 1945.

ESTEVES SOBRINHO, Alfredo — *Dicionário de expressões idiomáticas inglês-português*. Rio de Janeiro, Edições de Ouro, 1946.

FARIA, Ernesto, 1906-1962 *et alii* — *Dicionário escolar latino português*. Com a colaboração de Maria Amélia Pontes Vieira, Sieglinde Monteiro Autran, Ruth Junqueira de Faria, com a cooperação dos professores Estela Glatt, Maria Augusta Bevilaqua, Paulo Maia de Carvalho, Hilda Junqueira. Rio de Janeiro, Departamento Nacional de Educação, 1955.

FERNANDES, Alberto Couto, 1871-1946 — *Dicionário de bolso esperanto-português* (com as terminações, afixos e radicais oficiais do esperanto), 4. ed. do Radikaro esperanto-portugala. Rio de Janeiro, Liga Esperantista Brasileira, 1947.

FERNANDES, Alberto Couto 1871-1946 & DOMINGUES, Carlos, 1896 — *Dicionário esperanto-português*. Rio de Janeiro, Federação Espírita, 1945.

FERNANDES, Eurico, 1902 — *Dicionário médico inglês-português, baseado no dicionário médico de Gould*. Rio de Janeiro, Gertum Carneiro, 1947.

FERNANDES, Francisco, 1900 — *Dicionário de regimes de substantivos e adjetivos*. [1.] 4. ed. 2. ed. 2., 3. impr. Porto Alegre, Globo, 1950/1964.

____. *Dicionário de sinônimos e antônimos da língua portuguesa*. [1.] 11. ed. 2. ed. 3. impr. Porto Alegre, Globo, 1945/1962.

____. *Dicionário de verbos e regimes*. 4. ed. 9. impr. Porto Alegre, Globo, 1940/1965.

FERNANDES, Francisco, 1900 & GUIMARÃES. F. Marques — *Dicionário brasileiro contem porâneo*. [1.] 2. ed. 4. impr. Porto Alegre, Globo, 1953/1966.

FERREIRA, Aurélio Buarque de Holanda, 1910 (org.) — *Pequeno dicionário da língua portuguesa*; supervisionado e consideravelmente aum. Com a assistência de José Batista da Luz. [Vinhetas decorativas de Poty] 10.11. ed. 2. impr. Rio de Janeiro, Civilização Brasileira, I960/1967. (As edições anteriores entraram em Lima, Hildebrando de.)

FIGUEIREDO, Francisco — *Dicionório do imposto de consumo*; isenções e incidências. Rio de Janeiro, Forense, [s.d. 1965].

FIGUEIREDO, José — *Dicionário de mitologia*. Rio de Janeiro, Pongetti, 1961.

FIRMINO, Nicolau — *Dicionário latino-português*. Revisto e ampliado. 2-5. ed. São Paulo, Melhoramentos, 1952/1959.

FLORENZANO, Éverton — *Dicionário alemão-português...* Rio de Janeiro, Edições de Ouro, 1963.

____. *Dicionário de bolso da língua portuguesa...* Rio de Janeiro, Edições de Ouro, 1962/1966.

____. *Dicionário francês-português...* Rio de Janeiro, Edições de Ouro, 1961.

____. *Dicionário espanhol-português...* Rio de Janeiro, Edições de Ouro, 1963.

____. *Tesouro-dicionário de sinônimos & antônimos e ideias afins...* Rio de Janeiro, Edições de Ouro, 1961.

FORESTIER, J. — *Dicionário português francês.* Rio de Janeiro, Spiker, 1959.

FORTES, Amyr Borges et alii — *Dicionário geográfico brasileiro.* Com ilustrações e mapas dos Estados e territórios. [Cartografia planejada por José Alberto Moreno e Edgar Klettner] Porto Alegre, Globo, 1966.

FORTES, Hugo, 1889 — *Dicionário de termos médicos inglês-português.* 2. ed. Rio de Janeiro, Científica, [s.d. 1958].

____. *Dicionário médico inglês-português.* Rio de Janeiro, Olímpica, 1945.

FRANCO, Álvaro — *Dicionário inglês-português e português-inglês.* 2.26. ed. Porto Alegre, 1938-1962.

FRANCO, Ari Azevedo, 1910-1963 — *Dicionário de jurisprudência civil do Brasil*; Coletânea das decisões em matéria civil e comercial, do Supremo Tribunal Federal. São Paulo, Saraiva, 1939.

FRANCO Francisco de Assis Carvalho, 1886 — *Dicionário de bandeirantes e sertanistas do Brasil*, séculos XVI, XVII, XVIII. São Paulo, Comissão do 4º Centenário, 1954.

FREIRE, Laudelino, 1873 & CAMPOS, J. L. de — *Grande e novíssimo dicionário da língua portuguesa*; com a colaboração técnica do prof. J. L. de Campos. Rio de Janeiro, A Noite, 1939-1944. 19 fasc. 2., 3. ed. José Olympio, 1954/1957.

FREITAS, Gaspar de — *Pequeno dicionário de análise léxica.* Rio de Janeiro, Francisco Alves, 1944.

FREITAS, Ivan — *Dicionário de nomes próprios.* Rio de Janeiro, Gertum Carneiro, 1953.

FRITZ, O. F. — *Dicionário técnico de eletrônica inglês-português.* São Paulo, Arte Gráf. Tamoio, [s.d. 1965].

FRÓES, Heitor Pragueuer, 1900 — *Dicionário internacional de siglas e abreviaturas.* — [1.] -2. ed. Rio de Janeiro, Muniz, 1958/1961.

FURSTENAU, Eugênio, 1913 — *Dicionário de termos técnicos inglês-português.* [1.] 4. ed. 2. impr. Rio de Janeiro, Gertum Carneiro, 1946/1967.

____. *Dicionário técnico brasileiro da língua portuguesa.* Rio de Janeiro, Gertum Carneiro, 1949.

FUX, Robert, 1905-1953 — *Dicionário enciclopédico da música e músicos.* [Kleines *Musik Lexikon*] Ed. Brasileira org. por Han Koranyi. São Paulo, São José [s.d.] 1959.

GARCIA, Hamilcar de — *Dicionário espanhol-português.* [1.] 5. ed. Porto Alegre, Globo [1943/1963].

____. *Dicionário português-espanhol.* Porto Alegre, Globo, 1947..

GÓIS, Carlos. 1881-1934 — *Dicionário de afixos e desinências* (curso secundário — etimologia). 4. ed. Rio de Janeiro, Francisco Alves, 1946.

____. *Dicionário de galicismos.* [1.] 4. ed. Rio de Janeiro, Francisco Alves, [1940/1949].

____. *Dicionário de raízes e cognatos da língua portuguesa.* 3. ed. Rio de Janeiro, Francisco Alves, 1945.

GOLDBERGER, Nicolás — *Dicionário radiotécnico brasileiro* [1.] 23. ed., São Paulo, Instituto Rádio Técnico Monitor, 1959.

GOMES, Luiz L. & COLLINS, Donald E. — *Dicionário de expressões idiomáticas americanas* (A dictionary of American idioms). São Paulo, Pioneira, 1964.

GOMES, Luís Souza, 1889 — *Dicionário econômico comercial*; terminologia de economia, finanças, comércio e contabilidade. Pref. do prof. A. Nogueira de Paula. [1.] 8. ed. Rio de Janeiro, Pongetti, 1938/1942: Tupã, 1951/1956; Civilização Brasileira, 1962/1966.

GONÇALVES, Maximiano Augusto, 1912 — *Dicionário de dificuldades da língua portuguesa.* Rio de Janeiro, Antunes, 1959, Edições de Ouro, 1967.

GOUL, M. D. — *Dicionário de termos médicos, inglês-português*. Trad. de Eurico Fernandes. Rio de Janeiro, Gertum Carneiro, 1946.

GRAVINAS, Alexandre — *Dicionário dos excêntricos*. São Paulo, Martins, 1955.

GRUEN, Erich — *Dicionário alemão-português*. Rio de Janeiro, Spiker, 1959.

GUÉRIOS, Rosário Farani Mansur, 1907 — *Dicionário das tribos e línguas indígenas da América Meridional*. Curitiba, Tipografia João Haupt, 1949.

_____. *Dicionário etimológico de nomes e sobrenomes*. Curitiba, São Paulo, Ed. do Brasil, 1949.

GUERRA, Antônio Teixeira, 1924 — *Dicionário geológico-geomorfológico*. [Edição comemorativa do XXV aniversário do Instituto Pan-Americano de Geografia e História]. Rio de Janeiro, Instituto Pan-Americano de Geografia e História, Comissão de Geografia, 1954.

GUIMARÃES, João Néri — *Dicionário inglês-português*. São Paulo, Martins, 1948.

GUIMARÃES, Maria Ferreira — *Dicionário de abreviaturas* — Belo Horizonte, UPC, 1955.

HERING, Rodolfo von, 1883-1939 — *Dicionário dos animais do Brasil*. Pref. de Mário de Sampaio Ferraz. São Paulo, Brasil, 1940.

JENNINGS, P. — *Dicionário moderno de sexo e de amor*. Rio de Janeiro, Gertum Carneiro. [s.d. 1951].

JOBIM, Homero de Castro — *Dicionário inglês-português de termos militares*. Porto Alegre, Globo, 1944.

JOELS, Josefo — *Dicionário completo esperanto-português*. Pref. Ismael Gomes Braga. Rio de Janeiro, Federação Espírita, 1939 [1940].

JOHA, Zélio dos Santos — *Dicionário de adjetivos afins*; apêndice de plurais, femininos, aumentativos, diminutivos, coletivos, onomatopeias, superlativos. Niterói, J. Gonçalves, 1955.

JUCÁ FILHO, Cândido. 1901 — *Dicionário escolar das dificuldades da língua portuguesa*. Rio de Janeiro, Departamento Nacional de Educação, Campanha Nacional de Material Escolar, 1963.

KOEHLER, Henrique, SJ — *Dicionário escolar latino-português*. [1.] 7. ed. Porto Alegre, Globo, 1940/1953.

LAGO, Souza — *Dicionário de termos técnicos inglês-português*. São Paulo, Pauliceia, 1943.

LANTEUIL. Henri de, 1894 — *Dicionário brasileiro da língua francesa; francês-português*. Rio de Janeiro, Lux, 1958.

LEDOUX, Alberto — *Dicionário francês-português*. Rev. e pref. de Cleófano Lopes de Oliveira. São Paulo, Presença, 1945.

LEITE, José F. Marques & JORDÃO, A.J. Novais — *Dicionário latino vernáculo*; etimologia, literatura, história, mitologia, geografia. [1.] 3. ed. Rio de Janeiro, A Noite, 1944, Lux, 1956/1958.

LEITE, Yara Muller, 1914 — *Dicionário jurídico brasileiro*; contendo termos, expressões idiomáticas e brocardos usuais em direito. Rio de Janeiro, Pongetti, 1965.

LIGER-BELAIR. Edgard — *Novo dicionário de verbos franceses*. Rio de Janeiro, Briguiet, 1960.

LIMA, Gastão César Bierrenbach, 1885 — *Dicionário geográfico do Estado de São Paulo*. São Paulo, Garraux, 1943.

LIMA, Hildebrando de, 1904 & BARROSO, Gustavo, 1888-1959 — *Pequeno dicionário brasileiro da língua portuguesa*. Rev. na parte integral por Manuel Bandeira e José Batista da Luz, inteiramente rev. e consideravelmente aumentada — sobretudo na parte de brasileirismos por Aurélio Buarque de Holanda Ferreira. 3.-9. ed. (reimpressão). Rio de Janeiro, Civilização Brasileira, 1942/1957. (As edições sequentes entraram em Ferreira, Aurélio Buarque de Holanda.)

LINS, Paulo — *Dicionório de termos técnicos de automobilismo, inglês-português e português-inglês.* Rio de Janeiro, Irmãos Di Giorgio, 1954.

LODEIRO, José — *Pequeno dicionário de frases latinas*; provérbios, locuções e curiosidades. Porto Alegre, Tabajaras, 1946/1947.

LOMBAS, José Navarro — *Dicionário;* curso de rádio, televisão e filme sonoro, régua de reparações, cálculo radioelétrico. Rio de Janeiro, H. Antunes, 1940.

LOPES, Alexandre Monteiro — *Novo dicionário jurídico brasileiro.* Rio de Janeiro, A. Coelho Branco Fº, 1943.

LUCAS, Virgílio, 188 — *Dicionário de sinônimos* (químicos-farmacêuticos), em colaboração com o farmacêutico Mário Sartini Lucas. 4.-5. ed. Rio de Janeiro [s.ed.] 1950, Científica, 1956.

LUZ, José Batista da, 1905 — *Dicionário popular brasileiro.* Ed. resumida do Pequeno Dicionário Brasileiro da Língua Portuguesa. [1] 21. ed. São Paulo, Cia. Ed. Nacional, 1949/1957, 38. Rio de Janeiro, Civilização Brasileira, 1966.

MACEDO, Manuel — *Dicionário de rimas.* Rio de Janeiro, Gertum Carneiro, [s.d.1952].

MACEDO, Walmiro de, 1930 — *Dicionário de palavras homógrafas.* Rio de Janeiro, Lux, 1961.

MACHADO, Ernesto, 1915 — *Dicionário de jurisprudência trabalhista.* Pref. de Oliveira Viana. Rio de Janeiro, Jacinto, 1941.

MACHADO FILHO, Aires da Mata, 1909 — *Dicionário didático e popular da língua portuguesa*; rev. e complementação de Eduardo Sucupira Filho. S. Paulo, Brasiliense, 1965.

MAGALHÃES, Álvaro, 1909 — *Dicionário enciclopédico brasileiro ilustrado.* Com a colaboração de Francisco Fernandes, Érico Veríssimo, Everardo Backheuser, Aroldo de Azevedo, Balduíno Rambo, SJ, Amaral Fontoura e mais 50 professores e especialistas. [1] 9.ed. Porto Alegre, Globo, 1943/1964, 4v.

MAGALHÃES, Fernão de — *Dicionário da língua portuguesa*; rev. de Ruy Onaga. 2-11. ed. S. Paulo. Lep, 1953/1959.

____. *Dicionário espanhol-português.* 2.-3. ed. São Paulo, Lep, 1956/1958.

____. *Dicionário francês-português.* 5. ed. São Paulo, Lep, 1956.

____. *Dicionário português-francês.* 5. ed. São Paulo, Lep, 1956.

____. *Dicionário português-latim.* 4. ed. São Paulo, Lep, 1959.

MAGALHÃES JÚNIOR, Raimundo, 1907 — *Dicionário de coloquialismos angloamericanos* — provérbios, idiotismos e frases feitas; a dictionary of Anglo-American colloquialismus, proverbs, idioms, and clichés. [il. de Roland]. Rio de Janeiro. Civilização Brasileira, 1964.

____. *Dicionário de provérbios e curiosidades*; adágios comparados, frases feitas [1.] 2 ed. São Paulo, Cultrix, 1960/1964.

MAGNE. Augusto, 1887-1966 — *Dicionário da língua portuguesa*, especialmente dos períodos medieval e clássico. Com a colaboração do prof. Felisberto Carneiro. [Apresentação de Clemente Mariani. Introdução de Augusto Meyer] Vol. I, A-Af; Vol. II - t.l, Ag-Al. Rio de Janeiro, Instituto Nacional do Livro, 1950/1954.

____. *Dicionário etiomológico da língua latina*; famílias de palavras e derivações vernáculas. Vol. I, A-Ap; Vol. II, Aq-Cal; Vol. III, Camp-Ci; Vol. IV, Cl-Cr. Rio de Janeiro. Instituto Nacional do Livro. 1952/1961.

MAIA. Rui Moreno. 1910 & CASTRO, Oswaldo Carijó de, 1911 ____. *Dicionário prático do servidor do Estado* (processamento e jurisprudência administrativa). Rio de Janeiro, A. Coelho Branco Fº, 1944.

MALANGA, Eugénio — *Dicionário inglês-português de armamento e tiro.* São Paulo, Lep, 1947.

MALTA, Cristovão Piragibe Tostes — *Dicionário de doutrina trabalhista.* Guanabara, Ed. Trabalhistas, 1966.

MARIZ, Vasco, 1921 — *Dicionário biobibliográfico musical* (brasileiro e internacional) Pref. de Renato Almeida. Rio de Janeiro, Kosmos, 1948.

MARMO, Arnaldo Augusto — *Dicionário brasileiro de sinônimos e antônimos da língua portuguesa.* Rio de Janeiro, Tupã, 1959.

MARTINS, Mário Augusto — *Dicionário escolar inglês-português.* São Paulo, S. José, 1940.

____. *Dicionário popular inglês-português,* com a pronúncia figurada. 2. ed. São Paulo, Brasil, 1945.

MARTZ, Martin — *Dicionário português alemão.* 2. ed. São Paulo, Lep, 1957.

MASUCCI, Folco, 1912 — *Dicionário de pensamentos*; máximas, aforismos, paradoxos, etc. de autores clássicos e modernos, nacionais e estrangeiros. Pref. de Afonso de E. Taunay. [1.] 5. ed. São Paulo, Universitária, 1944, Leia, 1946/1961.

____. *Dicionário humorístico.* Pref. do prof. Sud Mennucci. Il. de O. Morgantini. [1.] 2. ed. São Paulo, Leia, 1948/1958.

MASUCCI, Oberdan — *Dicionário, italiano-português português-italiano.* Pref. de Giuseppe Baccaro. [1.] 2. ed. São Paulo, Leia, 1957/1964.

____. *Dicionário português-italiano* [Pref. de Gianfederico Portal] São Paulo, Leia, 1963.

____. *Pequeno dicionário de nomes próprios.* São Paulo, Leia, 1958.

MAURICEA FILHO, Alfredo — *Dicionário de curiosidades etimológicas.* Rio de Janeiro, Pongetti, 1961.

MEDEIROS, José Rodrigues Coriolano de — *Dicionário corográfico do Estado da Paraíba.* 2. ed. Rio de Janeiro, Instituto Nacional do Livro, 1950.

MELO, Durval — *Dicionário charadístico monossílabo.* Pref. de Fernão de Magalhães. S. Paulo, Lep, 1950.

MELO, Gladstone Chaves de, 1917 — *Dicionários portugueses.* Rio de Janeiro, Ministério da Educação e Saúde, Serviço de Documentação, 1947.

MELO, José Nelino de, 1917 — *Dicionários de assuntos sexuais*; obra instrutiva e de orientação popular, Rio de Janeiro, Organização Simões, 1954.

____. *Dicionário de conjugação de verbos.* Rio de Janeiro, E. Melso [s.d.] 1967.

MELO, Otaviano — *Dicionário tupi (nheegatu) — português e vice-versa*; com um dicionário de rimas tupi. Pref. de Artur Cesar Ferreira Reis. São Paulo, Folco Masucci, 1967.

MELO, Rubens Ferreira de, 1896 — *Dicionário de direito internacional público.* Rio de Janeiro, Iguassu, 1962.

MENDONÇA, Rubens de — *Dicionário biográfico mato-grossense.* Com um pref. de S. Excia. Revma. o Sr. Dom Fernando de Aquino Corrêa. São Paulo, Mercúrio, 1953.

MENDONÇA NETO, M. J. de — *Dicionário de sinônimos da língua portuguesa.* Rio de Janeiro, Batista de Sousa, 1938.

MICHAELIS, Henriette — *Novo Michaelis dicionário ilustrado*; vol. I: Inglês-português. Orientação de Fritz Pietzchke. [1.] 6. ed.[São Paulo], Melhoramentos [1957/1966).

____. *Novo Michaelis, dicionário ilustrado*; vol. II: Português-inglês. [1.] 4. ed. São Paulo, Melhoramentos, 1957/1966.

MIGUEZ, A — *Dicionário espanhol-português.* Rio de Janeiro, Spiker, 1959.

MILEA, Antonino Paolo — *Dicionário de siglas e abreviaturas*; com comentários. Pref. de Raimundo de Meneses. São Paulo, Leia, 1958.

MIRANDA, Estevam Teixeira de — *Dicionário prático elementar* (do charadista) formulado com palavras de uma a sete letras. Juiz de Fora [s.ed.] 1958.

MONTEIRO, Joaquim Valladão, 1907 — *Dicionário brasiliense do jogador de xadrez.* Rio de Janeiro, Taveira, 1956.

____. *Dicionário tecnológico e filosófico do jogador de xadrez.* Reed. inteiramente rev. e ligeiramente aum. Rio de Janeiro, Taveira, 1958.

MONTENEGRO, César — *Dicionário de prática processual civil*. [1.] ed. São Paulo, Sugestões Literárias [s.d. 1966].

MONTONI, Révei — *Dicionário de locuções*. Juiz de Fora, Ed. Lar Católico, 1953.

MORAES, Osvaldo da Costa — *Dicionário de jurisprudência penal e processual militar*. Porto Alegre, Liv. Sulina, 1955.

MORAIS, Orlando Mendes de, 1889 — *Dicionário de gramática*, e Noções básicas de gramática pelo prof. João Guimarães. Ed. aum. e atual. [1.] 6. ed. Rio de Janeiro, Getúlio Costa, 1946. Tupã, 1956, Spiker, 1959/1963.

____. *Dicionário de sinônimos e antônimos*; organizado por um grupo de professores. [1.] 8. ed. Rio de Janeiro, Getúlio Costa, 1944/1946, Tupã, 1952/1954, Spiker, 1959/1966.

____. *Dicionário ginasiano brasileiro da língua portuguesa*; para uso das escolas, colégios e ginásios de todo o Brasil. Rio de Janeiro, Getúlio Costa, 1949.

MUSSOLIN, Owem Ranieri — *Dicionário da mitologia greco-romana e etrusca*. Rio de Janeiro, Enigmística Moderna [s.d. 1966].

____. *Dicionário da mitologia nórdica*, contém como suplemento um dicionário das mitologias egípicias e de alguns povos semíticos. Rio de Janeiro, Enigmística Moderna, [s.d. 1963.]

____. *Dicionário de alquimia*, cabala e forças ocultas. Rio de Janeiro, Enigmística Moderna, [s.d. 1966].

____. *Dicionário de personagens de ópera*. Rio de Janeiro, Enigmística Moderna. [s.d. 1966.]

____. *Novo dicionário de palavras cruzadas* (palavras de 2, 3 e 4 letras). Rio de Janeiro, Enigmística Moderna, [s.d. 1962]..

____. *Pequeno dicionário de monossílabos e abreviaturas*. [1.] ed. São Paulo [s.ed.] [s.d. 1956].

____. *Pequeno dicionário geográfico*. São Paulo [s.ed.] [s.d. 1955].

NASCENTES, Antenor, 1886 — *Dicionário básico do português do Brasil*. São Paulo, Martins, 1949.

____. *Dicionário da língua portuguesa*, a fim de ser submetido à Academia para as devidas alterações. 1º tomo, A-C. Rio de Janeiro, Academia Brasileira de Letras, 1961; 2º tomo, D-I, Departamento de Imprensa Nacional 1964; 3º tomo, J-P, 1966.

____. *Dicionário de dúvidas e dificuldades do idioma nacional*. [1.] 4. ed. Rio de Janeiro, Freitas Bastos, 1941/1962.

____. *Dicionário de sinônimos*. Coimbra, Atlântica, Rio de Janeiro, Livros de Portugal, 1957.

____. *Dicionário do português básico do Brasil*. Rio de Janeiro, Edições de Ouro, 1966.

____. *Dicionário etimológico da língua portuguesa*. Rio de Janeiro, São José, Francisco Alves, Livros de Portugal, 1952-1955. 2v.

____. *Dicionário etimológico resumido*. Pref. de Celso Ferreira da Cunha. Rio de Janeiro, Instituto Nacional do Livro, 1966.

NAUFEL, José — *Novo dicionário jurídico brasileiro*. Rio de Janeiro, José Konfino, 1953/1965, 3v.

NAYFELD, Carlos — *Dicionário aerotécnico inglês-português*. Rio de Janeiro, Leitura, 1945.

NEGRÃO, Teotônio — *Dicionário da legislação federal*. Rio de Janeiro, Departamento Nacional de Educação, Campanha de Material de Ensino, 1961.

NEIVA, Sebastião da Silva, OFM — *Dicionário de verbos irregulares espanhóis*. Petrópolis, Vozes, 1956.

NOGUEIRA, Júlio, 1873 — *Dicionário e gramática de "Os Lusíadas"*. Rio de Janeiro, Freitas Bastos, 1960.

NUNES, Pedro — *Dicionário de tecnologia jurídica*. [1.] ed. [s.d. 1938] [2.], 3. ed. Rio de Janeiro, Freitas Bastos, 1948/1956.

OLIVEIRA, Cândido de (org.) — *Dicionário Mor da língua portuguesa ilustrado*; supervisão geral; prof... Il, prof. Alberto Mascheroni... S. Paulo, Livro Mor Ed., Editora Pedagógica Brasileira [s.d.], 1967.

OLIVEIRA. José Teixeira de, 1913 — *Dicionário brasileiro de datas históricas.* [1.] 2. ed. Rio de Janeiro, Epasa, 1941; Panamericana, 1944; Pongetti, 1950.

OLIVEIRA, Valter Martins de — *Pequeno dicionário de abreviaturas (siglas) mais usadas no Brasil.* Niterói, Gráfica Vasconcelos, 1950.

ORLANDO, Pedro — *Novíssimo dicionário jurídico brasileiro.* Apresentação do prof. Aníbal Freire. São Paulo, Lep, [1956].

PAGANO, Letícia — *Dicionário biobibliográfico de músicos.* São Paulo, Irmãos Vitale, 1951.

PÂNDU, Pandiá — *Dicionário de pensamentos da língua portuguesa.* Rio de Janeiro, Edições de Ouro, 1962.

PARANHOS, R. — *Dicionário de sinônimos.* Rio de Janeiro, Spiker, 1959.

PASSOS, Sebastião dos Guimarães 1867-1909 — *Dicionário de rimas*; o mais completo até hoje publicado. Rev. e aum. 4-5. ed. Rio de Janeiro, Francisco Alves, 1949/1956.

PATI, Francisco, 1898 — *Dicionário de Machado de Assis*; história e biografia das personagens. São Paulo, Rede Latina, 1958.

PENA, Leonam de Azeredo, 1903 — *Dicionário de latim-português.* Rio de Janeiro, Spiker, 1959.

____. *Dicionário de português-latim.* Rio de Janeiro, Spiker, 1959.

____. *Dicionário popular de futebol*; as leis e a gíria do futebol. Rio de Janeiro, Pongetti, 1951.

PENA, José Flávio Meira, 1876 — *Dicionário brasileiro de plantas medicinais*; descrição das plantas medicinais indígenas e das exóticas aclimadas no Brasil. 3. ed. Rio de Janeiro, Kosmos, 1946.

____. *Dicionário de plantas medicinais.* Rio de Janeiro, A Noite, 1941.

PEREIRA, Arlindo — *Dicionário de sinônimos odontológicos*; contendo mais de 7.000 vocábulos sobre odontologia e ciências correlatas. Pref. do prof. Frederico Eyer. Apresentação do prof. Benjamim Gonzaga. Rio de Janeiro, Científica, 1956.

PEREIRA, Osni Duarte, 1912 — *Dicionário da legislação civil brasileira*; código civil e leis codificadas de minucioso índice alfabético. Rio de Janeiro, José Konfino, 1947.

____. *Dicionário da legislação comercial brasileira*; código comercial e leis modificadoras seguidas de minuciosos índices alfabéticos e cronológicos. Rio de Janeiro, José Konfino, 1947.

PÉRICLES, Jaime, et allii — *Dicionário do imposto de consumo* (decreto-lei nº 301, de 24-2-38, e de todos os decretos e decisões posteriores, até 7-7-38). Rio de Janeiro, 1938.

PFALTZGRAFF, Rogério, 1925 — *Novíssimo dicionário de contabilidade geral*; interpretação e prática dos sistemas contábeis. Rio de Janeiro, J. Ozon, 1962.

PICCOLO, Ivo Arménio Cauduro, 1911 — *Dicionário têxtil.* Rio de Janeiro [s.ed.], 1947.

PINHEIRO, Aurélio, 1883-1938 — *Dicionário de sinônimos da língua nacional.* Rio de Janeiro, Brasília, 1938.

PINHEIRO, Iracindo Carvalhães & Ferreira, Célio — *Dicionário inverso para palavras cruzadas*, 6º fascículo. Rio de Janeiro, Dinver, 1957.

PINHO, Diva Benevides — *Dicionário de cooperativismo* (doutrina, fatos gerais e legislação cooperativa brasileira). Pref. do prof. Paul Hugon. [1.] 2. ed. São Paulo, E. Dotto Garcia 1901, Faculdade de Filosofia, Ciências e Letras, 1962.

PINTO, L. C. — *Dicionário da língua portuguesa.* Rio de Janeiro, Spiker, 1959.

PINTO, Pedro Augusto, 1882 — *Dicionário de sinônimos*; breve estudo de alguns sinônimos e de pseudossinônimos. 2., 3. ed. Rio de Janeiro, Científica, 1956/1960.

———. *Dicionário de termos farmacêuticos*. Rio de Janeiro, Científica, 1959.

———. *Dicionário de termos médicos*. 2-7.ed. Rio de Janeiro, Científica, 1938/1958.

PIRAGIBE, Vicente — *Dicionário de jurisprudência penal do Brasil*. 2. ed. Rio de Janeiro, Freitas Bastos, 1938.

PITIGRILLI, pseudônimo de Dino Sagre, 1893 — *Dicionário antiloroteiro*. [Dizionario antibalístico. Trad. de Marina Guaspari] Rio de Janeiro, Vecchi, 1956.

PONTUAL, José da Silveira — *Dicionário colorido*. Ilustrado por André Reversé. Pref. de Pedro Calmon. Criação de Marcel Beerens. [1.] 6-7. ed. Rio de Janeiro, Marcel Meerens, 1955; Cedolivre, 1966.

PORTA, Frederico — *Dicionário de artes gráficas*. Porto Alegre, Globo, 1958.

PRAZERES, Rinus *et allii* — *Dicionário geográfico, gramatical e biográfico ilustrado*; 1 fascículo. Rio de Janeiro. Brasileira Artística, 1943.

PUTTI, Antônio, 1918 & VELOSO, Valter Ferreira, 1923 — *Dicionário de meteorologia*. São Paulo, João Bentivegna, 1954.

RAMOS, Frederico, José da Silva — *Dicionário francês-português*. 8. 12. ed. São Paulo, Lep 1954/1958.

———. *Dicionário inglês-português* [1.] 18. ed. São Paulo, Lep, 1943/1958.

RAMOS, Frederico José da Silva & CAMPOS JÚNIOR, José Luís, 1895 — *Dicionário inglês-português*. Dicionário português-inglês. 6. ed. São Paulo, Lep, 1964.

RANGEL, Mário, 1904 — *Dicionário de sinônimos químicos-farmacêuticos*; sinonímia farmacêutica. (1.), 2. ed. Rio de Janeiro, Irmãos Di Giorgio, 1949/1954.

———. *Dicionário médico*; medicina — farmácia — biologia — física — química — higiene — botânica. Rio de Janeiro, Irmãos DiGiorgio, 1951.

REAL, Regina M. — *Dicionário de belas-artes*; termos técnicos e matérias afins. Rio de Janeiro, Fundo de Cultura, 1962.

REBELO, Antônio Sampaio Pires, 1908 — *Dicionário de beleza*. [2. ed.] Rio de Janeiro, Companhia Brasileira de Artes Gráficas, 1953.

REIS, Anfilóquio, 1877-1941 — *Dicionário técnico de marinha*. Rio de Janeiro, Borsoi, 1947.

RESENDE, Tito & PÉRICLEs, Jaime — *Dicionário do imposto de consumo*. Rio de Janeiro, Rev. Fiscal, 1946.

REVELLEAU, A. — *Dicionário de assuntos gramaticais e literários*; letra A. Rio de Janeiro, Organização Simões, 1956.

RIBEIRO, José da Silva — *Dicionário do imposto do selo*. [1.] ed. São Paulo, Contasa, 1966.

RIBEIRO FILHO, João de Sousa, 1915 — *Dicionário biobibliográfico de escritores cariocas (1565-1965)*. Rio de Janeiro, Brasiliana, 1965.

ROCHA, João Clímaco da — *Dicionário potamográfico brasileiro*. Rio de Janeiro, Lux, 1958.

RODRIGUES. Dirceu A. Vitor — *Dicionário de brocados jurídicos*. 5. ed. rev. e aum. São Paulo, Sugestões Literárias, 1965.

———. *Dicionário latino-português*. São Paulo, Brasil, 1943.

ROSA, Eliézer — *Dicionário de processo civil*. Rio de Janeiro. Edições de Direito, 1957.

ROSA, Ubiratan — *Novo dicionário da língua portuguesa*. [1.] 5.ed. São Paulo, Brasil, 1949/1953.

ROSAY, Madeleine — *Dicionário de ballet*. [Pref. de Paschoal Carlos Magno], Rio de Janeiro, Alahebi Publicações, 1965.

ROSE NTAL, M. & IUDIN, P. — *Pequeno dicionário filosófico*. Trad. de Guarani

Gallo e Rudy Margherito. São Paulo, Exposição do Livro. [s.d. 1962].

ROTHWEISS, Willhelm — *Dicionário de eletricidade, rádio e televisão*. Trad. e org. de Renato Nidossi e Germano Eisenbron. Rio de Janeiro, Tupã [s.d.], 1957.

ROWER, Basílio, OFM, 1877-1958 — *Dicionário litúrgico*, para uso do Revmo. clero e dos fiéis. 3. ed. aum. Petrópolis, Vozes, 1947.

RUBBIANI, Ferrucio — *Dicionário italiano-português*. São Paulo, Leia, 1951.

____.*Dicionário para as "Fábulas" de Pedro*. São Paulo, Humberto Chiggino, 1943.

____. *Dicionário para "Eutropii breviarium"*. São Paulo, Humberto Chiggino, 1943.

— *Dicionário português-italiano*. São Paulo, Leia, 1954.

SÁ, Antônio Lopes de, 1927 — *Dicionário de Contabilidade*. [1.] 4.ed. São Paulo, Atlas, 1957/1966, 4v.

SABOYA, Geraldo, 1916 — *Pequeno dicionário de produtos brasileiros*, contendo: indústria extrativa vegetal, animal e mineral; indústria fabril, agricultura, principais vegetais, animais e minerais. [1.], 2. ed. Rio de Janeiro, Ministério do Trabalho, Indústria e Comércio, Serviço de Documentação, 1952, Elo; 1958.

SALES, Joaquim — *Dicionário de elementos gregos*; Complemento etimológico, para uso dos colégios, escolas normais e cursos similares. Rio de Janeiro, Conquista, 1956.

SAMPAIO, Aluísio, 1926 & LIMA. Paulo Jorge de — *Dicionário jurídico trabalhista* (direito material e direito processual do trabalho). Pref. de Antônio Lamarca. São Paulo, Fulgor, 1962.

SANTOS, A. Lopes dos — *Dicionário popular ilustrado da língua portuguesa*. Rev. por J. Rodrigues. São Paulo, Teixeira, 1942.

SANTOS, Amilcar, 1903 — *Dicionário de seguros*. [1.], 2. ed. Rio de Janeiro. Imprensa Nacional, 1944, Instituto de Resseguros do Brasil, 1948.

SANTOS, Epaminondas E. dos — *Dicionário de avicultura e ornitotecnia*; vol. II letra J-Z. Rio de Janeiro, O Campo, 1939.

SANTOS, Eurico, 1883 & QUEIRÓS. Eusébio de — *Dicionário de avicultura*; e ornitotécnica; vol. 1. Rio de Janeiro, O Campo, 1940.

SANTOS, H. P. — *Dicionário espanhol-português*. 7. ed. São Paulo, Lep, 1958.

SANTOS, Miguel, 1884-1963 — *Dicionário de pseudônimos usados por autores teatrais brasileiros*. Rio de Janeiro, Sociedade Brasileira de Autores Teatrais, 1952.

SANTOS, Teobaldo Miranda, 1904 — *Meu primeiro dicionário*, para crianças de 5 a 8 anos. Capa e il. de Paulo Lopes dos Santos. Rio de Janeiro, Agir, 1959.

SCARTEZZINI, Carmelino — *Dicionário farmacêutico*. Rio de Janeiro, Científica, 1956.

____. *Dicionário odontológico*; contendo termos de medicina, farmácia, diagnóstico, fórmulas, produtos químicos e farmacêuticos, etc. [1.] 2. ed. São Paulo, 1945, Rio de Janeiro, Científica, 1955.

SCARTEZZINI, César — *Dicionário francês-português*. Rev. e ampl. por Gil José Câmara e Rey Onaga. 2. ed. São Paulo, Lep, 1958.

SCHLESINGER, Hugo — *Pequeno dicionário do comércio exterior*. São Paulo, Instituto de Estudos, Pesquisas e Estatística, 1956.

SCHMIDT, Mário Junqueira, 1900 & DELAMARE, Marina — *Pequeno dicionário francês-português*. [1.] 5. ed. São Paulo, Cia. Ed. Nacional, 1949/1957.

SERAINE, Florival, 1910 — *Dicionário de termos populares* (registrados no Ceará). Rio de Janeiro, Organização Simões, 1958.

SERPA, Osvaldo, 1895 — *Dicionário inglês-português*. São Paulo, Brasil, 1945/1948.

____. *Dicionário escolar inglês-português, português-inglês.* [1.] 4. ed. Rio de Janeiro, Departamento Nacional de Educação, Campanha Nacional de Material de Ensino, 1957/1963.

SIBILA DE CUMAS — *Dicionário explicativo dos sonhos e a numerologia e sua aplicação prática*— [1.] 2. ed Rio de Janeiro, Vecchi, 1960/1966.

SILVA, Adalberto Prado e, 1910 — *Novo dicionário brasileiro Melhoramentos ilustrado.* Colaboração e assistência: José Curado, Theodoro Henrique Maurer Jr., Ary Tupinambá Ferreira, M.B. Lourenço Filho, Fernando de Azevedo, Alceu Maynard e outros. 2. ed. rev. São Paulo, Melhoramentos, 1964.

SILVA, Ernani Doyle & FERREIRA, Lélio — *Dicionário inverso para palavras cruzadas.* Rio de Janeiro, Dinver, 1956.

SILVA, Francisco de Oliveira e 1897 — *Dicionário das sociedades anônimas.* [1.] 3. ed. Rio de Janeiro, Freitas Bastos, 1939/1956.

____. *Dicionário das sucessões e testamentos.* Rio de Janeiro, Borsoi. [1940].

SILVA, L. — *Dicionário francês-português.* Rio de Janeiro, Spiker, 1959.

SILVA, Wilton Pereira da — *Dicionário dos registros públicos.* 1. ed. São Paulo, Novo Mundo, 1953.

SILVEIRA, Alfredo de Castro — *Pequeno dicionário elucidativo de assuntos pouco vulgares.* Pref. de Nicanor Miranda. [3.] 4. ed. Rio de Janeiro, J. Ozon, 1960, São José, 1965.

SILVEIRA, Osvaldo da — *Dicionário moderno*; contendo vocábulos e expressões que não figuram nos léxicos nacionais. [vol. I A-azuma] São Paulo, Leia [s.d. 1956].

SILVEIRA, Valdemar César da — *Dicionário do direito romano.* São Paulo, José Bushatsky, 1957.

SIMAS, Antônio M. de Castro e SJ — *O dicionário do amanuense* (nomes próprios, verbos, ortografia, acentuação, etc.). Salvador, Mensageiro da Fé, 1948.

SINZIG, Pedro, OFM, 1876-1952 — *Dicionário musical.* [1., 2. ed.] Rio de Janeiro, Kosmos, 1946/1947.

SMITH, Frederick W. — *Dicionário Pitman inglês-português.* Rio de Janeiro, Tecnoprint [s.d.], 1952/1957.

SOARES, Antônio Joaquim de Macedo, 1838-1905 — *Dicionário brasileiro da língua portuguesa.* Coligido, rev. e completado por seu filho dr. Julião Rangel de Macedo Soares, vols. 1/11. Rio de Janeiro, Instituto Nacional do Livro, 1954/1955.

SOARES, Órris, 1884-1964 — *Dicionário de filosofia*; vol. I, A-D. Rio de Janeiro, Instituto Nacional do Livro, 1952.

SOUSA, Bernardino José de, 1885 — *Dicionário da terra e da gente do Brasil.* 4., 5. ed. São Paulo, Cia. Ed. Nacional, 1939, 1961.

SOUSA, Milton O'Reilly de — *Dicionário de fonografia.* Rio de Janeiro, Freitas Bastos, 1960.

SOUSA, Antônio M. de — *Dicionário do charadista*; 1ª a 13ª parte. Rio de Janeiro, Edições Palavras Cruzadas, 1956/1961.

SOUSA, José Ribeiro de — *Dicionário africano de umbanda*; africano-português e português-africano, anexo conversações. Rio de Janeiro, Aurora, 1963.

SOUSA, Júlio César de Mellome, 1895 — *Dicionário curioso e recreativo da matemática*; 1º vol. Rio de Janeiro, Getúlio Costa, 1940.

____. *Dicionário de matemática*; 2º vol. Rio de Janeiro, Conquista, Getúlio Costa, 1943/1950.

SOUSA, Paulo C. B, *Dicionário português-italiano*, 4. ed. São Paulo, Lep, 1957.

SPALDING, Tassilo Orpheu — *Dicionário da mitologia greco-romana.* Belo Horizonte, Itatiaia, 1965.

SPINA, Segismundo — *Dicionário prático de verbos conjugados.* São Paulo, Centro Universitário [s.d. 1965].

SPITZER, Carlos, SJ, 1883-1922 — *Dicionário analógico da língua portuguesa*; tesouro de vocábulos e frases da língua portuguesa. Publicado pelo Pe. Lidvino Santini SJ, 2., 3. ed. Porto Alegre, Globo, 1952, 1953.

STROKSCHOEN, Iris — *Dicionário de termos comerciais em 4 línguas*; português-inglês-francês-alemão. Porto Alegre, Globo, 1956.

SUSSEKIND, Arnaldo, 1917 — *Dicionário brasileiro de decisões trabalhistas*. Rio de Janeiro, A Noite, 1948/1954.

TERREL, Charles William — *Dictionary of commonest phrases*; in two parts: English-Portuguese Portuguese-English. 3. ed. Rio de Janeiro, Aurora [s.d. 1958].

TERSARIOL, Alpheu — *Dicionário de antônimos e de vocábulos acentuados*. 2. ed. ampl. rev. e atual. São Paulo, Livros Irradiantes, 1966.

____. *Dicionário de sinônimos da língua portuguesa*. São Paulo, Livros Irradiantes, 1966.

TOCHTROP, Leonardo — *Dicionário alemão-português*. [1.] 2. ed. Porto Alegre, Globo, 1943 [1947].

TOCHTROP, Leonardo & CARO, Herbert — *Dicionário alemão-português e português-alemão*. 1. ed. 1. impr. [3. ed.] Porto Alegre, Globo [s.d.]. 1959.

TOLEDO, João Maneio de — *Dicionário geográfico e biográfico monossilábico*. Rio de Janeiro, Empresa Gráfica A Chave, 1954.

____. *Dicionário monossilábico* (inversão) Rio de Janeiro, Laemmert, 1953.

____. *Pequeno dicionário de inventos, inventores e cientistas*; antigos e modernos, livro primeiro: biografia, vol. segundo: inventos, leis, descobertas, fundadores etc. Rio de Janeiro, Escola de Aeronáutica, 1949.

TORRES, Artur de Almeida, 1907 — *Dicionário de dificuldades da língua portuguesa e regência verbal*. Rio de Janeiro, Fundação Getulio Vargas, 1967.

VALE, Eurípedes Queirós do — *Pequeno dicionário informativo do Estado do Espírito Santo*. 2. ed. Vitória, Departamento de Imprensa Oficial, 1959.

VALLANDRO, Leonel, 1907 — *Dicionário escolar inglês-português e português inglês*. [1.] 1. ed. 2. impr. Porto Alegre, Globo, 1965/1967.

____. *Dicionário inglês-português*, riqueza de explanação e exemplificação, termos técnicos e científicos — vocabulário de nomes próprios — abreviaturas — estudos da pronúncia e da gramática inglesa. [1.] 2. ed. 1. impr. Porto Alegre, Globo, 1954/1966.

VASCONCELOS, Nuno Smith de, 1893 — *Pequeno dicionário inglês-português*. 2. ed. rev. e aum. São Paulo, Cia. Ed. Nacional, 1950.

VASCONCELOS SOBRINHO — *Dicionário de termos técnicos de botânica*. 2. ed. Recife, Imprensa Industrial, 1945.

VELHO SOBRINHO, João Francisco — *Dicionário biobibliográfico brasileiro*; vol. II Azevedo Castro, B. Virgínia. Rio de Janeiro, Ministério da Educação e Saúde, 1940.

VIDAL, Valmiro Rodrigues — *Dicionário*; aumentativos, coletivos, diminutivos, gentílicos, masculinos e femininos, superlativos, vocábulos compostos que se grafam com hífen... Rio de Janeiro, J. Ozon [s.d.], 1961.

VIEIRA, Geraldo Pontes & LOBATO, Alberto Ferreira — *Dicionário de termos técnicos da aeronáutica* (inglês-português). Pref. de Antônio Guedes Muniz. Rio de Janeiro, Ibis, 1944.

VIOTTI, Manuel — *Dicionário da gíria brasileira*. [1.] 3. ed. ref., cor. e muito aum. em anexo Vocabulário cigano e vocabulário quimbundo de autoria do prof. João Dornas Filho. São Paulo, Universitária, Bentivegna, Rio de Janeiro, Tupã, [1945/1956 s.d. 1957].

VITÓRIA, Luís Augusto Pereira, 1901 — *Dicionário da mitologia* [3. ed.] Rio de Janeiro, Gertum Carneiro, 19521

____. *Dicionário de origem e da evolução das palavras.* [1.] 4. ed. Rio de Janeiro, Império/Científica, 1958/I065.

____. *Dicionário de citações de frases célebres de grandes homens.* [1.] 3. ed. Rio de Janeiro, 1952/1953.

____. *Dicionário de conjugação dos verbos franceses.* 2., 3. ed. Rio de Janeiro, Império, Científica, 1958, 1960.

____. *Dicionário de conjugação dos verbos ingleses.* 3., 4. ed. Rio de Janeiro, Império, Científica, 1959/1961.

____. *Dicionário de dificuldades, erros e definições de português* (2.000 verbetes classificados em ordem alfabética). [1.] 3. ed. Rio de Janeiro, Pongetti, 1954/1959.

____. *Dicionário de frases, citações e aforismos latinos*; distribuídos sob quatrocentos títulos, dispostos em ordem alfabética. [1.] 3. ed. Rio de Janeiro, Pongetti. Científica/1954/1966.

____. *Dicionário de provérbios brasileiros e portugueses.* [2. ed.] Rio de Janeiro, Gertum Carneiro, 1952.

____. *Dicionário de sinônimos.* Rio de Janeiro, Gertum Carneiro, 1953.

____. *Dicionário de sinônimos, antônimos, parônimos e sincréticos.* Rio de Janeiro, Científica, 1961/1965.

____. *Dicionário de verbos ingleses.* Rio de Janeiro, Império, 1955.

____. *Dicionário ideológico de coletivos*, adjetivos difíceis, topônimos e gentílicos, plurais irregulares, aumentativos, superlativos, masculinos e femininos, parônimos, vozes de animais, filhotes de animais, etimologias interessantes. Rio de Janeiro, Pongetti, 1957/1960.

____. *Dicionário reversivo de topônimos e gentílicos* (contém 4.000 termos). Rio de Janeiro, Organização Simões, 1954.

VITORINO, Eduardo — *Dicionário de ideias afins.* Rio, Jornal do Brasil, 1948.

VLADOV, L. P. & BRANDÃO, S. e V. — *Dicionário russo-português* [em apêndice pequena gramática da língua russa] Rio de Janeiro, Fundo de Cultura, 1960.

____. *Dicionário russo-português*, contendo um resumo gramatical da língua russa elaborado por Vera Newerowa. Rio de Janeiro, Lux, 1960.

VOLTAIRE, François Marie Arouet, 1694-1778 — *Dicionário filosófico.* Trad. de Líbero Rangel de Tarso. [1.] 4. ed. São Paulo, Atena, 1943/1956.

XAVIER, Francisco Cândido, 1910 — *Dicionário da alma.* Rio de Janeiro, Grupo Espírita, 1964.

WADEN, Carlos de Bonhomme Seymour — *Dicionário brasileiro de jurisprudência e doutrina trabalhista*; vol. I, A, B e C. Porto Alegre, Globo, 1941.

WANKE, Eno Theodoro, 1929 — *Dicionário quadrado* (humorístico em trovas). Rio de Janeiro, Freitas Bastos, 1964.

WERLANG, C. A. — *Dicionário de aeronáutica*; parte técnica. 2. ed. Rio de Janeiro, Irmãos Di Giorgio, 1947.

WILLEMS, Emílio, 1905 — *Dicionário de sociologia.* Porto Alegre, Globo, 1950.

NOTA: Esta bibliografia de dicionários foi transcrita da *Revista do livro*. Rio de Janeiro [MEC/INL], 32, 1968. Sobre o assunto, ver, ainda, Gladstone Chaves de Melo. *Dicionários portugueses.* Rio de Janeiro, Ministério da Educação e Saúde, 1947.

6. ADENDO

ADRIÃO, Padre Pedro. *Tradições clássicas da língua portuguesa.* Porto Alegre, 1945.

ALMEIDA, Horácio de. *Dicionário de termos eróticos e afins.* Rio de Janeiro, Civilização Brasileira, 1981.

____. *Dicionário erótico da língua portuguesa.* Rio de Janeiro, 1980.

BARBOSA, Plácido. *Dicionário de terminologia médica portuguesa.* Rio de Janeiro, Francisco Alves, 1917.

BECKER, Idel. *A nomenclatura biomédica*. São Paulo, Nobel, 1970.

CABRAL, Tomé. *Dicionário de termos e expressões populares*. Fortaleza, 1972.

CALAGE, Roque. *Vocabulário gaúcho*. Porto Alegre, Bertaso, 1926.

CALAZANS, José Júlio. *Notas à terminologia das moléstias mortais*. Bahia, 1923.

CAMPOS, Agostinho de. *Grossário*. Lisboa, Bertrand, 1938.

CARNEIRO, Edison. *A linguagem popular da Bahia*. Rio de Janeiro, 1951.

CASANOVAS, C. F. de Freitas. *Dicionário geral dos monossílabos*. Rio de Janeiro, Ministério da Educação e Cultura/ Instituto Nacional do Livro, 1968.

CIEROT, L. F. R. *Vocabulário de termos populares e gíria da Paraíba*. Rio de Janeiro, 1959.

CORREIA, Jonas Morais (coord.). *Vocabulário de gíria militar*. Rio de Janeiro, Biblioteca do Exército, 1958.

COSTA, Firmino. *Vocabulário analógico*. São Paulo, Melhoramentos, [s.d.]

COSTA, F. A. Pereira da. *Vocabulário pernambucano*. 1937. 2. ed. Recife, Secretaria de Educação e Cultura, 1976.

CRUZ, Antônio da. *Páginas de substantivos e adjetivos*. Petrópolis, Vozes, 1941.

CUNHA, Antônio Geraldo da. *Dicionário histórico das palavras portuguesas de origem tupi*. São Paulo, Melhoramentos, 1978.

____. *Vocabulário ortográfico Nova Fronteira*. Rio de Janeiro, Nova Fronteira, 1983.

DICIONÁRIO GRAMATICAL. Porto Alegre, Globo, 1953.

ESPÍNDOLA, Itamar. *Escolha bem o nome de seu filho*. Fortaleza, 1974.

FERNANDES, I. Xavier. *Topônimos e gentílicos*. Porto, Educação Nacional, 1941.

FERREIRA, Aurélio Buarque de Holanda. *Novo dicionário da língua portuguesa*. Rio de Janeiro, Nova Fronteira, 1975.

FONSECA, Quirino da. *Memorial dos adjetivos da língua portuguesa*. Lisboa, Clássica, 1921.

FREIRE, Laudelino. *Graças a gala de linguagem*. Rio de Janeiro, Rev. Língua Portuguesa, 1931.

GALVÃO, Ramiz. *Vocabulário etimológico, ortográfico e prosódico da língua portuguesa*. Rio de Janeiro, Francisco Alves, 1909.

GIRÃO, Raimundo. *Vocabulário popular cearense*. Fortaleza, Imprensa Universitária, 1967.

INÁCIO FILHO, José. *Termos e tradições populares do Acre*. Rio de Janeiro, 1969.

JUCÁ FILHO, Cândido. *Manual de conjugações verbais*. Rio de Janeiro, Colégio Pedro II, 1961.

LUSTOSA, Vicente. *Frases e locuções da literatura* (sua origem e aplicações). Rio de Janeiro, Leuzinger, 1902.

MACHADO, José Pedro. *Dicionário etimológico da língua portuguesa*. 2. ed. Lisboa, Confluência, 1967.

MIRANDA, Vicente Chermont de. *Glossário paraense*. Belém, Universidade Federal do Pará, 1968.

NASCENTES, Antenor. *Tesouro da frasiologia brasileira*. Rio de Janeiro, Freitas Bastos, 1945.

____. *A gíria brasileira*. Rio de Janeiro, Acadêmica, 1953.

ORTÊNCIO, Bariani. *Dicionário do Brasil Central*. São Paulo, Ática, 1983.

PAIVA, Jorge O'Grady de, Pe. *Dicionário brasileiro de astronomia e astronáutica*. 2. ed. Rio de Janeiro, 1975.

PASSOS, Alexandre. *A gíria baiana*. Rio de Janeiro, São José, 1973.

PINTO, Pedro & PEIXOTO, Afrânio. *Dicionário dos Lusíadas*. Rio de Janeiro, Francisco Alves, 1924.

RABELO, F. E. *Nomenclatura dermatológica*. Rio de Janeiro, 1980.

RIBEIRO, João. *Dicionário gramatical*. Rio de Janeiro, 1889.

RÓNAI, Paulo. *Dicionário universal Nova Fronteira de citações*. Rio de Janeiro, 1985.

SÃO PAULO, Fernando. *Linguagem médica popular no Brasil*. Bahia, Itapuã, 1970. 2v.

SOUTO MAIOR, Mário. *A Morte na boca do povo*. Rio de Janeiro, São José, 1974.
____. *Nomes próprios pouco comuns*. Rio de Janeiro, São José, 1974.
____. *Dicionário do palavrão e termos afins*. Recife, Guararapes, 1980.
TACLA, Ariel. *Dicionário de marginais*. Rio de Janeiro, Record, 1968.
TESCHAUER, Carlos S. J. *Novo dicionário nacional*. Porto Alegre, Globo, 1928.
VIANA, A. R. Gonçalves. *Vocabulário ortográfico e remissivo da língua portuguesa*. Lisboa, Aillaud, 1914.
VÍTOR, E. D'Almeida. *Pequeno dicionário de gíria entre delinquentes*. Rio de Janeiro, Pongetti, 1969.